HISTOIRE
DE LA CROISADE

CONTRE

LES HÉRÉTIQUES ALBIGEOIS

ÉCRITE EN VERS PROVENÇAUX PAR UN POËTE CONTEMPORAIN

TRADUITE ET PUBLIÉE

PAR M. C. FAURIEL

MEMBRE DE L'INSTITUT DE FRANCE
PROFESSEUR A LA FACULTÉ DES LETTRES DE PARIS

PARIS
IMPRIMERIE ROYALE

M DCCC XXXVII

COLLECTION

DE

DOCUMENTS INÉDITS

SUR L'HISTOIRE DE FRANCE

PUBLIÉS

PAR ORDRE DU ROI

ET PAR LES SOINS

DU MINISTRE DE L'INSTRUCTION PUBLIQUE

PREMIÈRE SÉRIE

HISTOIRE POLITIQUE

Ajustat l'ost, e complit el mot si dolorosos
del seu vot apostoli que ver religiosos
en tot açò de vius, e vius legacios
exiplits desse ha, y la lor ançonos.
Eren de cauregs e dalr...e pros,
E conuerie ne conuerre de mort is ysos.
E a tolt aunit certbolot, e los fills bellicos,
Que truensus desglaia, li petit caputos.
En capar...eph unit, y non laci pitsos.
Argent, n'aur, aur, topina, li mer ser a rades.
Set uenc sus a Roma on es lacsa dos.
En mans de la poissons, que condulhar tos.
Que menda nar se dein tue u....si pl'autres ros.
E Te a dreit, e sunt e...se, serieur ensos.
E deuulo uutas, e q..rau ine fos.
D'aquin de aus lat, e cel couten un tra.
E tollrost, e tols, que uenure pros.
E cuant la puiol, e les auras e duelos.
Per cobrar las, e ar que son cels pinos.
E apostolis, reg, e..de le ...aut e las enfos.
Con de lor i nat se e sauble las fall nigos.
E guerra e deseteria que son contraries,
Per pie... eus ual los tant dolouros.
Sanctos pus plora, e sos colls ymbecos.
Mas lun ou llan omnet se en tes un is Rot.
E pola por dir que tant e g....scos,
Qu...totals lo...en se uelgrans.

INTRODUCTION.

I.

Le monument historique publié dans ce volume est un récit en vers provençaux de la Croisade contre les hérétiques albigeois, par un auteur contemporain, témoin oculaire de la plupart des choses qu'il raconte, et bien informé de celles qu'il n'a pu voir lui-même. Le manuscrit unique de cet ouvrage appartient à la Bibliothèque du roi (fonds La Vallière, n° 91, autrefois 2708). C'est un petit in-folio, sur parchemin, de 239 pages ou de 120 feuillets, contenant 9578 vers. L'écriture en est assez belle et paraît être de la seconde moitié du XIIIe siècle. C'est là du reste un point dont les connaisseurs pourront juger par eux-mêmes, d'après le *fac-simile* très-exact qu'ils trouveront ci-joint.

INTRODUCTION.

Le manuscrit présente çà et là de courtes annotations marginales de différentes mains, de divers temps, et toutes en dialecte roman du Midi. Mais ces notes ne sont d'aucune importance; elles ne nous apprennent rien d'intéressant pour l'histoire, ni pour la description du manuscrit. Une seule est assez curieuse pour être citée; c'est la dernière de toutes, qui se trouve sur la moitié restée en blanc de la page 239. Elle était depuis longtemps effacée, mais on en a fait revivre l'écriture de manière à la rendre lisible. Cette note est ainsi conçue : *Jorda Capella deu sus aquest romans XV. tornes daryentz bos que li prestei* (ou *presteri*) *a VI. de fevrier M. CCC. XXXVI.* Cela semble indiquer qu'un nommé *Jordan Capella,* ou peut-être Jordan le chapelain, propriétaire de notre manuscrit en 1336, avait emprunté alors de l'auteur de la note xv livres tournois, pour lesquelles il avait engagé ledit manuscrit. Il résulte de cette note, 1° que le manuscrit est certainement antérieur à 1336, 2° que l'on y attachait encore à cette époque une grande valeur mercantile.

Ce manuscrit, bien conservé d'un bout à l'autre et, comme je l'ai dit, d'une belle écriture, ne manque néanmoins pas d'inexactitudes ni de fautes à signaler ailleurs. Entre divers passages obscurs qui s'y rencontrent, il y en a plus d'un où je crois voir des omissions du copiste; mais nulle de ces lacunes ne forme d'interruption apparente dans le texte. La page 80 est la seule qui ne soit pleine qu'à moitié, et présente un espace en blanc de dix-neuf ou vingt lignes; mais ce vide n'est point l'indice d'une lacune : la page 81 reprend le texte juste où il faut pour le continuer.

Des 239 pages dont se compose le manuscrit, treize

sont ornées de dessins, dont chacun occupe à peu près un tiers de page. Ces dessins, évidemment destinés à être coloriés en miniatures, sont restés de simples traits à la plume ; mais ces traits ne laissent pas d'être remarquables. Ils représentent, pour la plupart, des assauts, des prises de villes et des mêlées de guerre, où les figures sont jetées ou groupées avec beaucoup plus de variété, de mouvement et d'effet que l'on n'en trouve dans les miniatures du même genre et de la même époque en d'autres pays.

Ayant cherché de toutes parts des renseignements sur la provenance et l'histoire de ce précieux manuscrit, je n'en ai rien appris au delà de ce que tout le monde peut en savoir aujourd'hui; c'est-à-dire qu'en 1783 il passa, avec beaucoup d'autres, de la bibliothèque du duc de La Vallière à celle du Roi. Mais de qui et quand le duc l'avait-il acquis, c'est ce que personne n'a pu me dire. On est seulement autorisé par certains indices à présumer qu'il avait déjà fait auparavant partie de quelqu'une des riches collections particulières de la capitale.

II.

Peut-être semblera-t-il un peu étrange qu'un manuscrit tel que celui que je viens de décrire, si intéressant à tant d'égards, relatif à un point d'histoire des plus importants et encore fort mal éclairci, qu'un manuscrit qui a figuré plus d'un siècle dans les bibliothèques de Paris les plus renommées et les plus fréquentées, ait si longtemps échappé à la curiosité et à l'attention des érudits. On se demandera peut-être avec quelque surprise pourquoi il n'a été publié, ni séparément, ni dans aucun des recueils historiques qui le réclamaient à tant de titres. Mais les livres, c'est chose convenue, les livres aussi ont leur destinée, et celle de notre manuscrit était de rester plus de sept cents ans inconnu, et en péril de se perdre, sans laisser le moindre vestige de son existence.

Les auteurs de l'histoire de Languedoc, qui ont fait de si vastes et de si importantes recherches pour découvrir ce qui restait de leur temps des matériaux de cette histoire, n'ont pas eu la moindre connaissance de notre manuscrit; ils n'ont pas eu lieu d'en soupçonner l'existence; et l'on chercherait en vain dans leur immense travail un indice qui s'y rapportât.

Cet ouvrage ne se trouve pas non plus dans le XIXe volume du Recueil des historiens de France, lequel comprend, avec la dernière partie des documents relatifs au règne de Philippe-Auguste, tous ceux jusqu'ici connus de la Croisade des Albigeois. Si dom Brial, qui avait recueilli la plupart de ces documents et devait les publier, avait vu notre manuscrit, et se proposait ou non de l'insérer à sa place, parmi ces mêmes documents, c'est ce que j'ignore. Mais quant aux deux nouveaux éditeurs (MM. Naudet et Daunou), chargés par l'académie des inscriptions de continuer et de terminer le travail interrompu par le décès de dom Brial, il est certain qu'ils ont connu le manuscrit de notre poëme : une note insérée dans ce XIXe volume des historiens de France, publié par eux, prouve qu'ils ont eu ce manuscrit sous les yeux. Malheureusement la note dont il s'agit semble n'avoir d'autre objet que de justifier en peu de mots le parti pris d'exclure notre histoire versifiée de la Croisade albigeoise du volume auquel elle appartenait naturellement, et dont elle n'eût certes pas été le monument le moins original et le moins curieux.

Je n'ai pu considérer cette courte note comme le résultat d'un examen définitif. La haute opinion que j'ai de la science, du goût et des lumières des éditeurs ne me l'a pas permis ; et je ne fais que leur rendre justice en regrettant qu'ils aient trop facilement rejeté une tâche digne de leur zèle et de leur talent. Donné au public par des hommes de leur mérite et de leur réputation, le monument historique dont la publication m'est échue aurait obtenu plus sûrement et plus tôt l'attention dont il me semble digne à tous égards.

Du reste, si le monument en question n'a pas été jusqu'ici connu immédiatement et sous sa forme propre, les précieuses notices historiques dont il abonde n'ont cependant pas été tout à fait perdues ; ni pour les hommes qui écrivent l'histoire, ni pour la portion du public qui l'étudie. Le fait a besoin d'être expliqué, et il en vaut la peine.

On a de la guerre des Albigeois une vieille histoire en prose, dans l'idiome du bas Languedoc, et dont on connaît deux manuscrits. L'un se trouve à la Bibliothèque du roi, sous le n° 9646, et l'autre à Carpentras, dans celle de Peiresc. Des deux manuscrits, ce dernier est le plus ancien, ou, pour mieux dire, le moins moderne ; et il a servi de texte à celui de la Bibliothèque du roi. La chose est constatée de diverses manières, mais surtout par une lacune commune aux deux manuscrits, et de tout point la même dans l'un et dans l'autre. Cette lacune est doublement fâcheuse ; d'abord par son étendue, n'étant pas de moins de cinquante-cinq pages du manuscrit Peiresc, et plus encore, parce qu'elle porte sur l'un des moments les plus intéressants de la Croisade.

L'auteur inconnu de cette histoire en prose cite habituellement, comme source et garant de ce qu'il raconte, un autre livre qu'il ne désigne point d'une manière précise, mais qu'il est censé avoir constamment sous les yeux. Or ces allégations ne sont pas, comme on peut être d'abord tenté de le soupçonner, de ces vaines allégations si familières aux romanciers du moyen âge qui cherchent à se donner pour historiens. Elles sont sérieuses et motivées : ce récit en prose de la Croisade albigeoise dont il s'agit ici a réellement pour base une autre histoire plus ancienne du même événement; et cette autre histoire, c'est notre poëme lui-même.

Il est on ne peut plus facile de s'assurer du fait : il ne faut, pour cela, que jeter un coup d'œil sur les deux récits : ils diffèrent sans doute et diffèrent même beaucoup l'un de l'autre par le ton général, le style et les détails. Mais quant au fond, quant à la substance et à l'ordre des faits, quant à la manière de les sentir et de les apprécier, les deux ouvrages ne diffèrent en rien d'essentiel. Le plus moderne, celui en prose, n'est évidemment qu'une version libre, qu'une seconde rédaction de celui en vers, rédaction parfois un peu paraphrasée, plus souvent abrégée, et habituellement plus claire, plus simple et d'un ton plus familier que la rédaction primitive. Chacun se convaincra aisément de l'exactitude de ces assertions par le rapprochement désormais facile des deux ouvrages; et je me tiens pour cette raison dispensé d'en donner des preuves de détail, qui exigeraient beaucoup d'espace.

De ces deux rédactions de la même histoire, les historiens de Languedoc ont connu celle en prose. Mais n'ayant aucune notion de celle en vers, ils ne pouvaient soupçonner le rapport intime des deux ouvrages entre eux ; ils devaient de toute nécessité considérer comme original, comme indépendant de tout autre, un document qui n'était au fond qu'une transformation, que la copie d'un autre. Ils ont fait d'ailleurs sur cette copie des observations judicieuses et utiles. Entre les petits détails que le copiste a pu ajouter çà et là au texte de son original, il y en a dont ces historiens ont profité pour essayer de poser une limite chronologique en deçà de laquelle doit être placée l'époque où vivait ce copiste. Ainsi, par exemple, il connaît et emploie la dénomination de Languedoc, inconnue ou inusitée avant le XIVe siècle. Il fait mention du grand-maître de Rhodes; or cette île ne fut occupée par les chevaliers qui en prirent le nom, qu'à dater de 1309. Enfin il semble faire allusion à l'évêché de Castres, qui ne fut pas institué avant 1307. D'après ces divers rapprochements, dom Vaissette pense que la rédaction en prose de notre histoire des Albigeois doit être mise au plus tôt vers le milieu du XIVe siècle, et peut être encore plus récente. Ce premier point établi, le docte bénédictin, remarquant qu'il y a beaucoup de rapport entre l'idiome de ce document et celui de Toulouse et des environs, en conclut que son auteur devait être de cette ville ou du voisinage. A ces conjectures très-plausibles, dom Vaissette aurait pu, je crois, en joindre une autre qui ne l'est guère moins, à mon avis. L'auteur de la rédaction en prose de notre histoire a orné son œuvre d'une espèce de prologue philosophique tant soit peu pédantesque, et de quelques citations latines de droit, qui autorisent à le supposer jurisconsulte de profession.

Quoi qu'il en soit de toutes ces conjectures relativement à la version en prose de notre histoire albigeoise, dom

Vaissette a donné cette version parmi les preuves de son IIIe volume, presque en entier consacré à cette lugubre portion de son sujet, et dans lequel elle occupe cent deux colonnes. Elle a été depuis réimprimée dans le XIXe volume du Recueil des historiens de France. Enfin elle a paru, une troisième fois, dans un choix des monuments originaux de l'histoire de France, traduits en français et publiés en 1825, sous la direction de M. Guizot.

On voit par là que si notre poëme est resté jusqu'à ce jour non-seulement inédit, mais à peu près inconnu, on est cependant en possession d'un ouvrage qui le représente jusqu'à un certain point, n'en étant que la reproduction partielle sous une autre forme. Quelqu'un conclurait-il de là que cette dernière œuvre, d'un bout à l'autre œuvre de seconde main, peut remplacer l'ouvrage primitif et en rendre la publication moins intéressante? On a déjà pu voir par ce qui précède combien cette opinion serait fausse; on le verra, je l'espère, encore mieux par la suite.

III.

Je viens de dire quelles ont été les destinées de notre poëme dans le nord de la France; elles n'ont guère été plus heureuses dans le midi, où un tel monument semblait néanmoins avoir de meilleures chances de renom et de popularité. Là, comme ici, cette œuvre a été en quelque façon supplantée par l'espèce de traduction abrégée qui en a été faite après coup. La plupart des écrivains du Midi, qui ont eu l'occasion de parler des Albigeois et de la Croisade dirigée contre eux, ont connu la vieille histoire en prose de cette Croisade, et en ont fait plus ou moins d'usage, selon le sentiment et les vues dans lesquels ils écrivaient.

Chassagnon, écrivain protestant très-passionné, a donné en 1595 une histoire de la guerre des Albigeois, où presque tout, de son aveu et comme on le voit assez, est tiré d'un manuscrit qu'il possédait de notre version en prose de la Croisade albigeoise. Catel connaissait deux autres manuscrits de cette même version, et en rapporte des passages dans ses excellentes recherches sur les comtes de Toulouse. Marca en a pareillement fait usage dans son histoire du Béarn. Enfin Antoine Dominici, qui a laissé sur les anciens comtes de Quercy des mémoires encore inédits, a eu de même, dans ces mémoires, l'occasion d'en citer quelques traits. Or, de tous ces écrivains, qui tous connaissaient la rédaction en prose de notre histoire albigeoise, qui tous en avaient des manuscrits, il n'y en a pas un qui fasse la plus fugitive allusion à la rédaction poétique, qui ait dit un seul mot d'où l'on puisse, je ne dis pas conclure, mais soupçonner qu'il eût la moindre notion de l'existence de notre poëme.

Néanmoins toute connaissance, toute réminiscence de ce poëme n'étaient pas perdues; et si vagues ou si obscurs que puissent être les indices qui s'y rapportent, on sentira, je l'espère, que ce n'est point à moi à les négliger, et l'on me pardonnera de m'y arrêter quelques moments.

Bertrandi, jurisconsulte toulousain, qui vivait à la fin du XVe siècle et au commencement du XVIe, publia en 1515, sur l'histoire de sa ville natale, un ouvrage dont la première moitié n'est qu'un recueil de vieilles fables traditionnelles sur les origines et les antiquités de cette ville célèbre, mais dont la seconde moitié présente un caractère plus historique. C'est dans celle-ci qu'il parle à diverses reprises et avec une certaine étendue de Raymond VI, celui des comtes de Toulouse sur la tête duquel éclata la tempête de l'hérésie albigeoise. Il mourut excommunié en 1222, et son tombeau fut confiné dans un obscur et profane recoin de l'hôpital de Saint-Jean-de-Jérusalem, au milieu d'un des faubourgs de Toulouse. Bertrandi assure que l'on avait gravé pour épitaphe sur ce tombeau construit en marbre les deux vers suivants en ancien provençal :

> Non y a home sus terra per gran senhor que fos
> Quem gites de ma terra, si la glieza non fos.

Il affirme avoir vu le tombeau à moitié ruiné, et en avoir lu l'épitaphe à demi effacée. Les auteurs de l'Histoire de Languedoc ont traité de fable ce récit de Bertrandi, et ils n'hésitent pas à déclarer forgés par lui les deux vers qu'il prétend avoir lus sur la tombe de Raymond VI.

Ces doutes, je l'avoue, me semblent avoir été hasardés à la légére. Et d'abord, quant aux deux vers cités, Bertrandi ne le a certainement pas forgés : ils appartiennent à notre poëme de la guerre des Albigeois. On les retrouvera tous les deux, bien qu'avec certaines variantes, à la page 268 de ce volume, v. 3806 et 3807. Maintenant ces deux vers prouvent-ils que Bertrandi connût le poëme dont ils sont tirés ? Non sans doute; ils prouveraient plutôt le contraire, puisque le même Bertrandi a l'air de les supposer faits exprès pour être inscrits sur le tombeau de Raymond VI, supposition qui ne permet guère d'admettre celle qu'il connaissait le poëme où se trouvaient les vers en question et pour lequel ils avaient été réellement composés. Cependant, d'une manière ou de l'autre, Bertrandi connaissait les deux vers, puisqu'il les rapporte textuellement; et moins il est vraisemblable qu'il les eût trouvés dans le poëme, plus il est à croire qu'il les avait effectivement vus sur le tombeau.

Quant à ceux qui les y avaient gravés, qui les avaient choisis pour servir d'épitaphe à un prince persécuté et ruiné par l'église, il faut bien croire qu'ils connaissaient, sinon le poëme entier dont ils font partie, du moins quelque fragment de ce poëme. Mais ici s'élève une difficulté : à quelle époque les vers cités furent-ils gravés sur la tombe où Bertrandi les avait lus avant 1515 ? Voilà ce qui est ignoré et ce qu'il faudrait savoir pour attacher une date à la connaissance de notre poëme que suppose l'inscription citée.

Quoi qu'il en soit, les vers donnés par Bertrandi pour l'épitaphe de Raymond VI ont obtenu à ce titre une sorte de célébrité : ils ont été cités par divers historiens. César Nostredame les rapporte dans son Histoire de Provence, les croyant de même composés exprès pour servir d'épitaphe à Raymond VI. Déjà auparavant ils avaient été cités par le même motif et avec la même persuasion par Guion de Malleville; mais, chez ce dernier, cette citation se complique avec une autre à tous égards beaucoup plus importante pour l'histoire de notre poëme.

Guion de Malleville, seigneur du lieu de ce nom, près de Cazals, dans l'ancien Quercy, composa, vers le commencement du xviie siècle, une chronique générale de sa province, en remontant de son époque à l'antiquité la plus reculée. C'est dans cette chronique restée inédite, et à propos des événements de la guerre contre les Albigeois, que Malleville a cité les deux vers, qu'il prend, comme Bertrandi, pour l'épitaphe de Raymond VI. Il ne s'explique

b.

point sur la source d'où il a tiré ces vers ; il est très-probable que c'est de la chronique toulousaine de Bertrandi. Mais c'est indubitablement d'une autre source qu'il a tiré la seconde citation que je viens d'annoncer, et qui mérite beaucoup plus d'attention que la première.

Arrivé, dans sa chronique, à l'année 1228, il parle de la paix qui fut, dit-il, alors proposée au comte de Toulouse par le légat du pape au concile de Saint-Gilles, et rapporte les conditions de cette paix. Il y a dans ce qu'il dit là-dessus des méprises de date et de fait qu'il ne s'agit point ici de relever : je n'ai besoin que de noter les termes dans lesquels il s'explique ; les voici : « Les conditions de la susdite paix du comte de Toulouse à lui présentées (sont) contenues emmy un nombre de chansons qui furent faites sur les plus importantes occurrences et factions de la guerre albigote. Celle qui porte ladite proposition qui avait été envoyée fraîchement audit comte par le légat apostolique dit ainsi :

> Lo comte de Toloza sen torna en Tolzan,
> E intra a Tolosa e pois a Montalban. »

Ayant ainsi commencé à citer, il continue, et rapporte 38 autres vers qui contiennent un résumé exact des conditions de paix imposées (en 1210) à Raymond VI, par les agents de l'église romaine. Or ces quarante vers font partie de notre poëme ; on les y trouvera, avec quelques variantes, aux pages 98 et 100 (LXe couplet) de ce volume.

Maintenant la citation de ce fragment, jointe à la manière dont il est annoncé et amené par Malleville, donne naturellement lieu à plus d'une question. En effet, le chro-

niqueur du Quercy parle d'un grand nombre de chansons
historiques composées sur les *occurrences* les plus graves de
la guerre des Albigeois, et il a l'air de regarder le morceau
de notre poëme cité par lui, comme l'une de ces chansons.
Que les événements de la Croisade albigeoise aient été en
leur temps, et dans les contrées qui en furent le théâtre,
célébrés par des chants populaires dont il pouvait rester
encore des fragments au xviie siècle, c'est une supposition
qui n'a rien que de très-vraisemblable. Dans un endroit de
sa chronique, autre que celui dont il s'agit ici, Malleville
affirme connaître plusieurs chants de ce genre sur divers
traits de l'histoire du pays; il cite même le début gracieux
et pittoresque de l'un de ces chants, dont le sujet remon-
tait à des temps très-voisins de la Croisade albigeoise.

Que, d'un autre côté, des fragments saillants de notre poëme
circulassent encore oralement vers 1600 ou 1610 comme
chants populaires de l'espèce de ceux signalés par Malleville, et que ce chroniqueur en connût quelques-uns, c'est
encore une chose très-possible. Mais que le long fragment
rapporté par lui soit précisément l'un de ces chants albigeois qui pouvaient lui être parvenus, la chose est très-peu
probable. Le fragment dont il s'agit n'a rien de populaire,
pour le fond ni pour la forme. Si important qu'il fût à
tous égards, le fait auquel il se rapporte n'était pas de
ceux qui frappent vivement l'imagination des peuples, et
dont le souvenir ne s'éteint jamais complétement dans les
traditions poétiques.

Une autre raison m'empêche de supposer que Malleville
ait donné le fragment qu'il cite de notre poëme d'après la
récitation populaire. Il y a, il est vrai, entre sa copie de ce
fragment et le texte du manuscrit de La Vallière beaucoup

de variantes; mais ces variantes sont, en général, peu importantes, et n'égalent pas à beaucoup près celles qu'aurait infailliblement produites une circulation purement orale de cinq siècles. Il semble, d'après tout cela, que Malleville a dû copier sur un manuscrit le fragment de notre poëme rapporté par lui. On peut seulement, de la nature et du nombre des variantes qui existent entre notre manuscrit et sa copie, conclure que celle-ci a été faite sur un autre manuscrit aujourd'hui tout à fait inconnu.

Mais il y a, d'un autre côté, une difficulté réelle à supposer que Malleville connaissait et avait eu à sa disposition un manuscrit complet de notre poëme. Il semble qu'il aurait dû, en ce cas, connaître le vrai sens, le vrai motif et la place primitive des deux vers cités par Bertrandi; il ne les aurait pas donnés purement et simplement pour l'épitaphe de Raymond VI.

Je ne vois guère qu'une manière de concilier ces contradictions, c'est de supposer que Malleville ne connut point de manuscrit entier de notre poëme, et n'en eut sous les yeux que des fragments épars, plus ou moins considérables.

Il est temps de tirer de ces faits divers l'unique conséquence certaine qui en résulte pour l'histoire de notre poëme. Entre divers écrivains du Midi, tous hommes instruits pour leur temps, tous curieux de l'histoire et des antiquités de leur pays, tous plus ou moins à portée de rechercher les documents perdus ou négligés de cette histoire, ayant tous eu à parler des désastres de la Croisade albigeoise, et dès lors tous intéressés à découvrir les divers manuscrits de notre poëme, il ne s'en trouve qu'un, un seul, Guion, seigneur de Malleville, qui semble avoir eu de ce poëme une connaissance imparfaite et partielle. Il est évident par là que les manuscrits de cet ouvrage étaient, dès le xvie siècle, devenus fort rares dans le Midi.

Mais de ce fait tardif il n'y a rien à conclure relativement à notre poëme à des époques plus anciennes. Tout autorise à penser que, dans sa nouveauté, ce poëme intéressa vivement les populations du Midi, et qu'il s'en fit dès lors un assez grand nombre de copies. Il est même assez probable qu'il ne fut pas l'unique ouvrage historique composé, dans le pays, sur les événements de la Croisade : il semble naturel de supposer que des événements si grands et si nouveaux durent inspirer à plus d'un troubadour le désir d'en perpétuer la mémoire. Il est du moins certain que tout ce qui florissait encore alors de poëtes provençaux, soulevés d'indignation contre les excès et les rigueurs de la guerre albigeoise, en firent, dans leurs compositions du genre lyrique, toute la justice qui dépendait d'eux. Plusieurs de ces compositions, insérées dans les anciens recueils des poésies provençales de ce genre, nous sont parvenues avec ces recueils. Les chances de conservation et de durée n'étaient pas à beaucoup près aussi favorables aux productions de longue haleine, comme l'étaient généralement celles de forme narrative.

Si les troubadours dirent franchement et courageusement son fait à la Croisade, celle-ci en prit bien sa revanche. Ses suites furent mortelles pour la poésie provençale. Les procédures de l'inquisition contre les personnages suspects d'hérésie, l'institution d'une université à Toulouse, vers le milieu du xiiie siècle, la guerre déclarée aux livres écrits en langue romane, et particulièrement à ceux où l'on voyait quelque chose d'hérétique ou de favorable à l'hérésie, accélérèrent la chute de la littérature provençale :

elles la tuèrent en fleur, sans lui laisser le temps de porter des fruits. Dès les premières années du xive siècle, on n'écrivait presque plus en provençal, et, dans le peu qui s'écrivait, on ne reconnaissait plus l'idiome des troubadours. Quelques années plus tard cet idiome cessa d'être entendu.

Les manuscrits provençaux de tout genre qui avaient jusque-là survécu à la guerre qu'on leur faisait, et qui pouvaient être encore alors assez nombreux, devinrent de plus en plus rares, de moins en moins compris, et, dans le courant même du xive siècle, le moment arriva où, se trouvant tout à fait inutiles et hors d'usage, ils redevinrent innocents.

Ce fut sans doute vers les premiers temps de cette nouvelle période, que quelqu'un des rares manuscrits de notre poëme échappés à la destruction, tomba entre les mains d'un jurisconsulte toulousain. Ce jurisconsulte, se trouvant être un homme d'érudition et de sens, fut, comme il était naturel, frappé de tout ce qu'il trouva de neuf et d'intéressant pour le pays dans l'œuvre du vieux troubadour anonyme, et se mit à la traduire dans l'idiome actuel de Toulouse, lui donnant un autre ton, une autre allure, une autre forme plus simple, que la forme originale. Cette espèce de transformation, achevant de rendre l'ancien texte provençal inutile, dut en accroître encore la rareté, et augmenter pour lui les chances de destruction et de perdition. En un mot, la nouvelle histoire en prose naïve, facile, et dès lors accessible aux lecteurs vulgaires, dut prendre assez promptement la place de la vieille histoire en vers que personne ne pouvait plus comprendre sans beaucoup d'étude, ni même avec beaucoup d'étude comprendre toujours à coup sûr.

IV.

Maintenant quel est l'auteur de notre poëme? — Je l'ai déjà plus d'une fois qualifié d'anonyme. C'est une assertion à justifier contre ceux qui ont cru trouver dans l'écrit même le nom de l'écrivain. Il est vrai que, dès le début du livre, un certain Guillaume de Tudela, en Navarre, parlant de lui-même à la troisième personne, semble se proclamer l'auteur de ce livre; il est vrai que dans un autre passage il est dit de ce même Guillaume qu'il commença son œuvre au printemps de l'année 1210. Or ces notices ont été prises à la lettre par tous ceux qui ont eu jusqu'ici quelque motif d'y faire attention.

Le rédacteur du catalogue de la bibliothèque de M. de La Vallière, dans la description qu'il a donnée de notre manuscrit, sous le n° 2708 de ce catalogue, attribue sans hésitation notre poëme à Guillaume de Tudèle. Les autres écrivains auxquels il appartenait d'examiner et de rectifier cette assertion se sont bornés à la répéter; et M. Raynouard lui-même semble n'avoir fait mention du poëme que pour avoir l'occasion d'en signaler Guillaume de Tudèle comme l'auteur.

Les raisons de suspecter l'exactitude de ces notices étaient cependant bien saillantes et bien directes. Et d'abord ce Guillaume de Tudèle, qui au début du poëme en est présenté comme l'auteur, n'est pas mentionné tout simplement comme un personnage ordinaire, comme un brave clerc plus ou moins habile, qui, ayant vu de ses yeux les événements de la guerre albigeoise, se trouve naturellement par là autorisé à les raconter; Guillaume est donné pour un savant nécromancien, qui n'avait pas eu besoin de voir les événements qu'il voulait décrire : il les avait prévus par la puissance surnaturelle de son art, et les avait non racontés, mais prédits. Or l'on ne trouvera pas, je pense, trop de scepticisme à douter que notre poëme ait eu véritablement pour auteur un nécromancien, un enchanteur.

En second lieu, le poëme dont il s'agit est dans un idiome assez incorrect et assez grossier, mais au fond provençal. Il fallait donc se demander s'il n'y avait pas beaucoup d'invraisemblance à le faire composer par un clerc navarrais, dans une ville de la Navarre. J'ignore quelle langue on parlait à Tudèle vers 1210; c'était peut-être encore le basque, mais, à coup sûr, ce n'était point le provençal.

Ce n'est pas tout : il y a des raisons plus expresses encore de tenir pour de pures fictions les notices concernant Guillaume de Tudèle : c'est que ces notices sont toutes en contradiction formelle avec d'autres éparses çà et là dans le poëme, et qui, se rapportant indubitablement à son auteur, nous en apprennent tout ce qu'il est aujourd'hui possible d'en savoir. Ces dernières notices, auxquelles personne n'a pris garde, étaient néanmoins les seules qui méritaient un peu d'attention, et je les ai recueillies avec soin. Nous n'y rencontrerons pas le nom de notre poëte, mais nous y trouverons, ce qui vaut mieux, des indices sur sa condition et sur quelques-unes des particularités de sa vie.

Et d'abord, quant à la patrie de notre poëte, il n'y a pas lieu de douter qu'il ne fût du midi de la France, et de cette portion du midi comprise entre le Rhône et les Pyrénées, qui fut depuis le Languedoc. Mais une notice si vague aurait besoin d'être un peu précisée, et ne peut l'être que par conjecture. Plusieurs traits des récits de ce poëte semblent indiquer que, s'il n'était point né à Toulouse ou dans les environs, il y avait du moins longuement séjourné, et y avait contracté des liaisons et des habitudes qui lui étaient chères. On ne peut guère expliquer autrement que par l'une ou l'autre de ces deux suppositions l'espèce d'intérêt passionné avec lequel il parle de Toulouse, quand il en parle librement et dans toute la franchise de sa pensée. Il est rare, en effet, qu'il prononce le nom de cette ville sans l'accompagner de quelque épithète admirative et louangeuse; c'est Toulouse la grande ou la riche, c'est la ville des palais, c'est la reine et la fleur des villes.

En confirmation de ce premier indice général, s'en présente un autre plus particulier. C'était le trop fameux Folquet, de Marseille, qui, de galant troubadour, devenu d'abord moine, occupait, à l'époque dont il s'agit, le siége épiscopal de Toulouse. Or notre poëte, parlant de lui, le nomme plus d'une fois *notre évêque*; et comme c'est le seul évêque qu'il désigne ainsi, une telle désignation de sa part a l'air d'être réfléchie et significative.

Il est aussi à noter que de tous les événements racontés par notre poëte, ce sont ceux qui se passent à Toulouse qu'il raconte non-seulement avec le plus d'intérêt et d'amour, mais avec le plus de précision et de détail, et qu'il peut le moins se passer d'avoir vus, pour en parler comme il le fait. Enfin la position géographique de Toulouse répond assez bien à celle d'où notre auteur indique ou décrit divers lieux éloignés où se passent des événements qui l'intéressent.

Mais c'en est assez sur ce point : j'aime mieux, parmi les traits de notre poëme relatifs à la vie de l'auteur, choisir, pour m'y arrêter, ceux qui, se rapportant plus directement à la condition, aux habitudes et aux relations de celui-ci, doivent par cela même nous fournir des données plus positives pour apprécier certaines particularités caractéristiques de son ouvrage.

Notre poëte parle avec un certain détail de la tragique destinée du vicomte de Béziers, de ce jeune prince, l'une des premières et des plus intéressantes victimes des violences de la Croisade albigeoise; et il en parle avec une émotion, avec un intérêt dont il semble avoir besoin de s'excuser. C'est dans cette vue qu'il affirme n'avoir jamais eu aucune liaison personnelle avec le malheureux vicomte. Il ne le connaissait, dit-il, que de vue, et ne l'avait, ajoute-t-il aussitôt, vu qu'une seule fois en sa vie, mais dans une circonstance solennelle, dont il avait gardé un vif souvenir: il s'était rencontré avec lui aux fêtes du mariage de Raymond VI, comte de Toulouse, avec Éléonore, sœur de Pierre II, roi d'Aragon.

Il y a quelque incertitude sur la date précise de ce mariage et de ces fêtes. D'après certains documents il faudrait les mettre en 1198; d'après d'autres en 1202 ou 1203. Mais peu importe cette discordance de dates; tout ce que j'ai besoin de noter ici relativement aux réjouissances du mariage de Raymond VI et d'Éléonore d'Aragon, c'est que notre auteur y avait assisté. Or, à quel titre, en quelle qualité y avait-il assisté? La question n'est point gratuite et il n'est pas difficile d'y répondre. Notre anonyme n'était pas à coup sûr un personnage de rang royal; ce n'était pas un puissant seigneur se rencontrant avec ses pairs dans une circonstance mémorable : ce devait être tout simplement un de ces hommes qui, sous le nom encore glorieux alors de troubadours, ou sous celui plus modeste et plus vague de jongleurs, cultivaient le genre de poésie alors florissant dans le midi de la France.

Non-seulement ces hommes étaient admis à toutes les fêtes; ils y étaient nécessaires, ils en faisaient une des plus hautes joies, ils y récitaient, ils y chantaient leurs vers ou ceux de leurs devanciers; ils s'y disputaient le prix de leurs arts respectifs, et ne se retiraient que plus ou moins comblés d'honneurs, de louanges et de présents, selon leur plus ou moins de talent, de renommée ou de bonne fortune.

Que l'auteur de notre poëme n'eût point composé ce poëme dans le transport momentané d'une fantaisie étrangère à ses habitudes, qu'il ne fût point un simple amateur de poésie, mais bien un poëte de profession, l'un de ces troubadours ou jongleurs qui vivaient de ce qu'ils gagnaient à chanter leurs vers de cour en cour, c'est un fait qui ne fût-il constaté que par le passage cité de notre poëme, le serait déjà suffisamment; mais il l'est encore par d'autres passages plus explicites et plus décisifs que le premier.

Ainsi, par exemple, on verra que, presque dès le début de sa narration (v. 119 et suiv.), notre poëte fait très-expressément allusion à la fameuse bataille des Naves de Toloze, gagnée en 1212 par les rois chrétiens de l'Espagne, ligués contre les musulmans de l'Afrique et de la Péninsule. La lutte avait été des plus sanglantes, la victoire fut des plus glorieuses. Il y avait, dans les exploits dont elle fut le prix, de quoi émouvoir toutes les imaginations poétiques de l'époque, tant en deçà qu'au delà des Pyrénées. On trouve encore aujourd'hui, dans les anciens recueils de poésies provençales, des chants inspirés par cette victoire décisive; et notre poëte inconnu fut peut-être l'un de ceux qui la célébrèrent. Il manifeste au moins très-vivement, dans le passage indiqué, le projet qu'il a de faire de la bataille des Naves le thème d'un nouveau poëme, ou, pour parler comme son temps et comme lui, « d'une bonne chanson nouvelle, toute sur beau parchemin. »

Mais l'endroit de tout son poëme que notre auteur a le plus fortement empreint de son cachet de troubadour ou de jongleur de profession est un passage auquel j'ai déjà fait rapidement allusion, et sur lequel je dois revenir ici. C'est celui où, parlant à la troisième personne de son prétendu Guillaume de Tudèle, il dit que ce Guillaume commença son ouvrage en 1210, à Montauban. Dans le passage qui suit immédiatement cette indication mensongère, notre auteur, abandonnant tout à coup son nécromancien navarrais, prend chaudement la parole à la première personne, pour entamer une lamentation où l'on ne saurait douter qu'il ne parle pour son compte, dans le sentiment et dans l'intérêt de sa profession. C'est une lamentation moitié larmoyante et moitié furibonde sur l'ingratitude et l'avarice des grands seigneurs et des cours qui, au lieu d'accueillir et d'encourager les jongleurs et les troubadours distingués, au lieu de les gratifier, selon l'antique usage, de riches manteaux, de beaux vêtements de soie, de bons chevaux ou palefrois bretons, se passent d'eux ou ne leur donnent rien, gardant leurs faveurs de hasard pour d'abjects et ignorants jongleurs, opprobre de l'art. « Le temps, dit-il, est devenu si dur, et si sordides sont maintenant les hommes de grande seigneurie, ceux qui devraient offrir l'exemple de la courtoisie, qu'ils ne savent plus donner la valeur d'un bouton. Aussi ne leur demandé-je pas chose qui vaille un charbon de la plus vile cendre de leur foyer. Que Dieu les confonde, le Seigneur qui fit le ciel et le tonnerre ! »

Justes ou fausses, ces plaintes étaient devenues si fréquentes parmi les troubadours et les jongleurs, qu'elles avaient fini par être un des lieux communs de leur poésie. Peut-être y avait-il parmi eux quelques esprits trop sensés ou trop fiers pour se laisser aller à ces oiseuses déclamations; mais on peut comprendre à coup sûr dans la foule des jongleurs et des troubadours de profession quiconque parlait comme nous venons d'entendre parler notre poëte.

Au surplus, ces déclamations satiriques auxquelles notre auteur se livre en sa qualité, et comme en preuve de sa qualité de jongleur, il les dément comme historien. Ces mêmes seigneurs qu'il blâme et condamne en masse, il les loue et les célèbre un à un, à mesure qu'ils interviennent comme acteurs dans ses récits. Je me bornerai à noter ici les éloges dont il comble Roger Bernard, fils du comte de Foix, parce qu'il y a dans ces éloges des traits qui impliquent une particularité de quelque intérêt dans la vie de notre troubadour albigeois. Ce troubadour, qui a fréquemment l'occasion de parler du jeune seigneur, ne manque guère de joindre à son nom quelque qualification brillante, quelque louange poétique. Ayant, une fois entre autres, nommé Roger Bernard, il ajoute aussitôt, comme pour préciser une désignation trop vulgaire et trop simple pour lui, Roger Bernard, *celui qui me dore et me met en splendeur*[1]. L'expression est hardie, elle est bizarre, elle est ce que l'on voudra, mais elle est dans le génie de la poésie provençale, et il n'y a point d'incertitude sur la manière dont elle doit être en-

[1] cxcix, v. 7133.

tendue ici : elle signifie positivement que notre poëte avait vécu dans l'intimité du comte de Foix, et qu'il avait été par lui comblé de dons et de bienfaits.

Encore un passage de ce poëte, dont il y a aussi, ce me semble, quelque chose à déduire pour sa biographie. Au couplet XXXVII, vers 852 et suivants, il est parlé de Simon de Montfort et de Guillaume d'Encontre, l'un des principaux et des plus vaillants chefs de la Croisade. Après les avoir hautement loués tous les deux, l'auteur ajoute, pour combler l'éloge, que si les royaumes de Portugal et de Léon avaient des chefs pareils à ceux-là, ils seraient incomparablement mieux gouvernés qu'ils ne le sont par *ces insensés coquins qui y sont rois*, et qu'il ne prise, lui jongleur, *pas un bouton*. On ne sait trop comment expliquer une boutade qui éclate si vivement et si hors de propos. Mais le fait est que, vers les temps où écrivait notre poëte, le Portugal et le royaume de Léon étaient agités de discordes civiles fort scandaleuses; et il y a tout lieu de croire que notre troubadour avait, comme tant d'autres, passé les Pyrénées, visité les royaumes chrétiens de la Péninsule, et y avait contracté des relations et des affections à raison desquelles il continuait à prendre intérêt à tout ce qui advenait dans ces royaumes de prospère ou de fâcheux. A l'appui de cette conjecture vient directement l'allusion que j'ai dit tout à l'heure que notre poëte a faite à la bataille des Naves de Toloze, allusion de laquelle l'éloge du roi de Navarre ressort d'une manière qui autorise à y soupçonner des motifs personnels.

Je n'ai plus qu'un mot à dire sur la biographie de notre poëte, mais un mot qui n'est pas sans quelque importance pour l'appréciation du poëme. Une des particularités dont on s'assure le plus aisément à la lecture attentive de celui-ci, c'est que l'auteur avait, dans toutes les parties du Midi envahies par la Croisade, une foule de connaissances ou d'amis, qui purent lui raconter dans le plus grand détail ceux des incidents de la guerre albigeoise qu'il n'avait pu voir lui-même. Il se borne d'ordinaire à indiquer d'une manière tout à fait vague les personnages de la bouche desquels il avait pu apprendre quelque chose. Ce n'est que rarement et comme par hasard qu'il en désigne positivement quelques-uns par leurs noms; mais ces désignations sont parfois assez curieuses. C'est ainsi, par exemple, que dans le couplet LXXXIV, v. 1883 et suiv., ayant conté comment une centaine d'Albigeois furent pris dans une tour où les avaient cachés leurs parents ou amis catholiques, il déclare aussitôt que le fait lui a été conté par don Izarn. Or le don Izarn que notre auteur signale ici comme une de ses autorités paraît être le même qu'un moine Izarn dont j'aurai l'occasion de parler ailleurs, à propos d'une longue pièce en vers provençaux de sa composition, dans laquelle il donne les détails les plus curieux sur les mœurs, les pratiques et les opinions des hérétiques albigeois. Ayant été, à ce qu'il paraît, toute sa vie engagé dans les poursuites de tout genre dirigées contre les hérétiques, ce moine savait et avait indubitablement à dire beaucoup de choses d'eux, de sorte que ses relations avec notre poëte sont une circonstance à noter dans la vie de celui-ci.

Telles sont les conjectures les plus plausibles que je puisse faire, les notices les plus positives que je puisse donner sur l'auteur de notre poëme. Si incomplètes et si incohérentes que l'on puisse les trouver, ces notices doivent néanmoins suffire pour démontrer que cet auteur, s'il se nommait Guillaume, ce qui se peut, mais ce que rien ne constate, n'était du moins pas de Tudèle en Navarre; qu'il n'était ni nécromancien, ni enchanteur, ni même clerc. Je crois avoir prouvé qu'il était, sinon de Toulouse, au moins du voisinage, et qu'il appartenait à ces ordres poétiques qui, sous la dénomination de troubadours et de jongleurs, constituaient alors l'une des professions, l'une des classes de la société du midi de la France. S'il a caché son nom et sa condition véritables sous des fictions qui n'ont pas même le spécieux de la vraisemblance, ce n'a pas été par un caprice individuel : il l'a fait à dessein, et pour se conformer à l'usage constant des troubadours dans leurs compositions du genre épique. Aspirant tous à faire passer ces compositions pour de respectables légendes, pour de vieilles histoires que les clercs auraient bien voulu cacher au public, ils les divulguaient sous des noms supposés et avec l'accompagnement peu varié de mensonges imaginés pour donner du crédit à leurs assertions.

Peut-être notre auteur écrivit-il d'autres poëmes; c'est un projet qu'il annonce en maint endroit de celui-ci. Peut-être aussi composa-t-il des pièces lyriques, auxquelles il dut, à l'exemple général des poëtes provençaux, attacher son nom et sa renommée. Dans ce cas, notre troubadour pourrait être l'un de ceux dont le nom est venu jusqu'à nous, sans que nous puissions dire lequel ; car, dans tout ce que nous avons ou savons aujourd'hui des troubadours, il n'y a pas un mot qui puisse être rapporté avec une certaine vraisemblance ni à notre poëte albigeois ni à son ouvrage.

Une chose me porterait néanmoins à douter que ce poëte inconnu ait jamais figuré parmi les troubadours célèbres;

c'était de leur talent dans les genres lyriques que ceux-ci tiraient la part la plus brillante et la plus certaine de leur renommée poétique; c'était là qu'ils aimaient à faire parade de tous les raffinements de style, de tout l'artifice de langage dont ils se piquaient, à un degré que nous sommes aujourd'hui bien loin de soupçonner. Or, même en supposant à notre poëte beaucoup plus d'étude et de connaissance du provençal qu'il n'en montre dans son poëme, je ne puis me le figurer capable de l'élégance, des finesses et de la correction exigées dans les genres lyriques. Sa langue est d'une rudesse, d'une incorrection, d'une monotonie qui ont plus l'air de provenir d'un manque radical de savoir et de goût que d'une négligence ou d'une rapidité accidentelle.

Il y a donc apparence que notre poëte ne fut point du nombre des troubadours éminents, de ceux qui se firent au XIIe et au XIIIe siècle une renommée dont l'écho remplit encore le monde poétique. Il me semble plus naturel de supposer que s'il obtint quelque célébrité, ce dut être plutôt parmi les basses classes de la société que dans les cours et les châteaux. Mais nous allons voir, dans ce qui me reste à dire de lui, qu'il manqua plus de culture que de génie, et qu'entre les vieux poëtes provençaux oubliés ou méconnus il en est peu qui eussent autant de droits que lui à un retour de renommée, si ce retour était possible.

V.

Plus les notices précédentes sur le pays, la vie et la condition de notre poëte albigeois paraîtront vraies ou vraisemblables, et plus elles doivent provoquer de questions. On doit demander surtout jusqu'à quel point et en quel sens peuvent être donnés et pris pour historiques les récits d'un troubadour inconnu, écrivant pour un public ignorant et insatiable de fictions, d'un troubabour n'ayant eu pour maîtres, dans l'art de narrer, que des poëtes romanciers accoutumés à donner pour vraies des fables inventées dans l'intention formelle de renchérir sur d'autres fables ? Toute la suite de ce discours ne sera, pour ainsi dire, qu'une réponse à ces questions. Mais je dois y faire dès à présent une réponse directe sommaire.

En tout ce qui en constitue la substance et le fond, le motif et le but, le poëme sur la Croisade albigeoise est véritablement et de tout point une histoire, je veux dire le récit fidèle d'événements que le narrateur a vus de ses propres yeux, ou qu'il a entendus de la bouche de témoins de sa connaissance, dont il pouvait apprécier la véracité.

Je suis loin d'affirmer qu'il n'y ait, dans ce récit, ni erreur ni méprise. Quelle est l'histoire de faits humains, écrite par un homme, dont on oserait dire pareille chose ? Ce que je déclare sans hésiter, et avec une conviction qui sera partagée par tout lecteur attentif, c'est qu'il n'y a point, dans notre poëme, d'erreur ni de méprise volontaire de la part de l'auteur ; c'est que, de tout ce qu'il raconte, celui-ci n'a rien inventé, pas plus dans la vue de plaire à son public que dans celle de le tromper. Il a bien ou mal vu, bien ou mal senti les choses dont il parle ; mais il les dit franchement comme il les a vues et senties, comme il sait les dire : il a voulu être historien, et l'a été de tout son pouvoir.

Pris en masse et sur les points capitaux, ses récits s'accordent avec les autres récits accrédités du même événement; et, sur les points secondaires où ils les contredisent, ils ont leur vraisemblance et leur part d'autorité. Mais ce qui distingue essentiellement et avec un immense avantage notre histoire de la Croisade albigeoise de toutes les autres jusqu'ici connues, c'est une multitude de faits importants ou de détails curieux que l'on chercherait vainement dans ces dernières ; c'est une foule de particularités toutes plus ou moins caractéristiques, soit de l'événement auquel elles se rapportent, soit du pays et de l'époque où cet événement se passa. C'est à raison de tout cela que les récits de notre troubadour forment une histoire non-seulement plus intéressante, non-seulement plus curieuse, mais plus complète et plus vraie que toutes celles dont elle peut être rapprochée.

Si maintenant, laissant de côté tout ce qui concerne le fond, la substance même de ces récits, l'on vient à en examiner la forme, le style et le ton, ce n'est point la forme, ce ne sont point le style et le ton convenus de l'histoire que l'on y trouve. Sous ces divers rapports notre histoire est une œuvre toute poétique ; elle appartient de tout point à un système déterminé de poésie, dont elle offre tous les caractères, dont elle a subi toutes les influences.

C'est cette combinaison intime d'un fond purement et strictement historique avec des formes et des accessoires poétiques, qui caractérise particulièrement l'œuvre de notre auteur albigeois, qui en fait un monument précieux, et l'on peut dire unique dans la littérature du moyen âge. Faire connaître cette œuvre, ce n'est au fond que démêler le principe et les effets de cette combinaison dont elle est le résultat indivisible ; et c'est ce que je vais essayer de faire. Mais pour cela il est indispensable de donner auparavant quelque idée du système de poésie auquel appartient par toutes ses formes, par tous ses accessoires, notre histoire de la Croisade albigeoise.

VI.

Dès le xie siècle le latin était oublié dans le midi de la France, non-seulement comme idiome vivant, mais comme idiome savant. Toute tradition, toute réminiscence de la littérature latine étaient éteintes même parmi les ecclésiastiques. Cette littérature avait été remplacée peu à peu par une littérature spontanée et toute poétique, ayant pour organe le provençal, idiome devenu rapidement par elle un idiome fixe, poli, et, entre ceux dérivés du latin, le plus riche en formes délicates, ingénieuses ou hardies. Strictement limitée à l'expression des besoins, des sentiments et des idées de la société qui l'avait faite, et pour laquelle elle était faite, cette littérature ne pouvait être ni réfléchie, ni savante, ni bien variée. L'art ne pouvait y avoir fait de grands progrès.

Les genres narratifs de cette littérature, les romans épiques, les épopées romanesques, peu importe comment on voudra les appeler, en étaient les genres, sinon les plus raffinés et les plus estimés des connaisseurs contemporains, du moins les plus curieux et les plus intéressants en eux-mêmes. Et parmi ces romans épiques de toute espèce, ceux qui roulaient sur les guerres des chrétiens contre les musulmans d'outre-mer, ou contre ceux d'Espagne, en étaient les plus populaires : c'est particulièrement de ceux-ci que j'ai besoin et que je me propose de parler.

Ces romans, désignés collectivement par le titre de Carlovingiens, sont, selon toute apparence, les plus anciens de tous dans la littérature provençale. Ils ne furent, dans l'origine, que des poëmes très-courts et d'un plan très-simple; que des chants populaires essentiellement destinés à être récités avec une cantilène plus ou moins musicale, et susceptibles, à raison de leur peu d'étendue, de se conserver sans le secours de l'écriture, et par la simple tradition orale entre les jongleurs qui faisaient profession de les chanter.

Peu à peu ces chants s'étaient développés et compliqués: ils étaient devenus des poëmes d'une certaine étendue, dont la composition avait exigé plus d'invention et plus d'art. D'un autre côté, ils s'étaient accrus en nombre à mesure qu'ils étaient devenus plus complexes et plus longs; et la chose dut naturellement en venir au point où il est difficile de concevoir que ces romans fussent chantés de mémoire d'un bout à l'autre, et pussent se conserver sans le secours de l'écriture. On pouvait les chanter encore par fragments détachés; mais il n'y a guère de doute qu'ils n'eussent commencé dès lors à être lus, et qu'il ne fallût les lire pour en saisir et en apprécier l'ensemble. C'est à peu près à ce point que l'on peut se figurer qu'ils en étaient vers les commencements du xiiie siècle, à l'époque où j'ai besoin de les prendre pour en donner une idée très-sommaire, pour en esquisser rapidement la formule abstraite.

Pour ce qui en concerne la forme, ces poëmes étaient composés de couplets ou de tirades d'une longueur arbitraire et fort inégale, en vers de dix syllabes, ou en vers qui furent depuis nommés alexandrins. Dans le même couplet, tous ces vers étaient sur la même rime ou sur la même assonance.

D'un couplet à l'autre la transition n'était parfois annoncée que par le simple changement de la rime ou de l'assonance; mais elle avait souvent lieu au moyen d'un artifice plus marqué. Chaque tirade se terminait par un vers plus court que les autres, et rimant où assonant, non plus avec ceux du couplet dont il faisait partie, mais avec ceux du couplet qui suivait immédiatement.

Même à l'époque où les romans épiques du cycle carlovingien avaient indubitablement commencé à être lus, les formules de l'époque où ils n'étaient que chantés ou récités y persistaient. C'était toujours à des auditeurs que le poëte était censé s'adresser; et une partie notable de sa tâche consistait à faciliter autant que possible à ces auditeurs l'intelligence de ses récits, à les aider à en saisir et à en suivre le fil. Il usait pour cela d'un procédé fort simple : il résumait, rappelait, répétait, plus ou moins rapidement, plus ou moins expressément, selon le cas et le besoin, au commencement de chaque tirade le contenu de la tirade précédente.

Le style des productions d'une littérature épique qui en était encore à ses époques primitives devait naturellement correspondre aux formes et à la destination encore toutes populaires de cette littérature. Il était rude, monotone, grossier, mais simple, énergique et pittoresque, plein de répétitions et de formules qui, devenant aisément familières aux auditeurs, et concourant à leur alléger la fatigue de suivre les récits du poëte, leur laissaient d'autant plus de liberté pour en sentir l'intérêt ou le charme intrinsèque. Ce n'était point, comme on s'en doute bien, par ses variétés individuelles, par ses nuances accidentelles, que les auteurs de ces poëmes peignaient l'humanité, c'était par ses traits les plus généraux et les plus frappants, par ceux qui en étaient l'expression la plus idéale, qui la mettaient en relief par des côtés pittoresques et convenus, auxquels pût aisément se prendre et s'attacher l'imagination populaire.

L'art historique, l'art de narrer un fait complexe, je veux dire, d'en rapprocher et d'en lier tellement les diverses parties, qu'il jaillisse de chacune de l'intérêt et de la clarté sur toutes les autres, cet art est assurément pour l'esprit l'un des plus difficiles où il puisse s'exercer : c'est un de ceux qui se développent avec le plus de lenteur dans les littératures primitives. A l'époque et dans la littérature que j'ai en vue, cet art n'existait point dans l'histoire proprement dite, où n'y existait qu'au degré le plus bas où l'on puisse le concevoir. Il n'y en avait d'autres monuments que quelques chroniques monacales, où les événements, réduits à leur expression la plus abstraite, avaient l'air d'être isolés plutôt que rapprochés par leurs dates respectives. Cet art de la narration historique n'avait été cultivé que dans l'épopée romanesque, et ce n'était que là qu'il avait fait certains progrès. Il en avait fait surtout dans sa partie dramatique, dans celle qui consiste à combiner avec le récit des faits les délibérations et les discours dont ces faits sont censés le résultat.

A tout prendre néanmoins, l'art dont je veux parler, cet art difficile de narrer est encore très-imparfait dans les romans épiques du cycle carlovingien; les traditions, les faits et les fictions y sont jetés par masses confuses, sans proportion, sans connexion, et comme dans le vide, comme hors du temps et de l'espace, sans indications, même fausses, de chronologie ou de géographie. Les noms des villes et des contrées réelles y sont plus rares encore que ceux des personnages historiques, et c'est beaucoup dire.

Dans leur état primitif, c'est-à-dire à leur état de chants populaires, ces poëmes avaient eu quelque chose d'historique; ils avaient eu pour base les traditions populaires relatives aux événements qui en faisaient la matière. Mais à mesure qu'ils s'étaient raffinés et développés, les fictions y avaient de plus en plus étouffé les traditions, le merveilleux et le faux y avaient pris plus de place ; et à la fin il ne s'y était plus guère trouvé d'historique que quelques noms propres, ou des allusions aussi vagues que possible à des événements presque oubliés.

Cependant la fiction pure, la fiction comme fiction, répugne à l'esprit humain. Toute fable n'intéresse qu'à une condition, celle d'être crue vraie de quelque manière, d'être prise, sinon pour une réalité, du moins pour le symbole d'une réalité quelconque, morale ou physique. Les auteurs des épopées carlovingiennes avaient, à ce qu'il semble, le sentiment, l'instinct, si l'on veut, de cette vérité; et de là, sans doute, venait leur prétention à passer pour historiens, leur habitude de se donner pour de simples copistes de vieilles légendes. Ils y réussissaient jusqu'à un certain point: les fables qu'ils donnaient pour choses vraies, leur public les prenait ordinairement pour telles; ou s'il concevait parfois des doutes sur la vérité de récits qui le charmaient, il n'avait guère plus les moyens que le désir d'éclaircir ces doutes; il s'en défendait de son mieux et laissait volontiers à son imagination les honneurs du triomphe.

Il est peut-être singulier que de tant et tant d'épopées romanesques, toutes inspirées par de grands événements, toutes populaires, toutes appartenant à ces périodes héroïques qui sont la matière propre de la poésie épique, et n'ont guère d'autres historiens que les poëtes, il est, dis-je, peut-être singulier qu'entre toutes ces épopées il n'y en ait pas eu une seule qui soit restée comme un grand monument de la littérature à laquelle elles ont toutes appartenu, qui figure dans cette littérature comme figurent dans celle de la Grèce l'*Iliade* et l'*Odyssée*, dans celle de l'Inde, le *Ramayanam* et le *Mahabharat*.

Cela ne tient pas uniquement à ce que, parmi les épopées carlovingiennes, il n'y en a pas eu de comparables à ces derniers poëmes pour l'importance ni pour les beautés ; cela tient aussi à des choses indépendantes du plus ou moins de génie des auteurs de ces diverses productions. L'*Iliade* et le *Ramayanam* ne sont pas seulement des poëmes populaires, ce sont, ou du moins ce furent, de grands monuments nationaux, strictement historiques en ce sens qu'il n'y a point d'histoire à mettre à leur place, et dans la destinée desquels intervint directement l'autorité politique et religieuse. Ces monuments furent non-seulement recommandés, mais comme imposés à l'admiration et au culte des peuples, et non livrés aux exigences et aux caprices de leur imagination.

Il en a été tout autrement des épopées romanesques du moyen âge. Si populaires qu'elles aient pu être en certains temps et en certains lieux, elles n'ont jamais été nulle part proprement nationales ; elles n'ont jamais eu la sanction ni de la religion, ni de la science, ni de l'art. En se multipliant outre mesure, elles sont, pour ainsi dire, tombées les unes sur les autres, sans qu'aucune ait pu s'élever aux conditions d'une œuvre faite pour survivre indéfiniment à son époque[1]. Mais peut-être aussi y a-t-il eu un peu de fata-

---

[1] Tout ce que je dis ici de l'épopée carlovingienne dans l'ancienne littérature provençale est de tout point applicable à la branche correspondante de l'ancienne litté-

lité dans leur sort. Peut-être y en a-t-il quelques-unes dans lesquelles on signalerait aisément un intérêt et des beautés que nous avons généralement perdu la faculté de sentir.

VII.

Que notre auteur, quel qu'il soit, ait eu devant les yeux, pour modèles de son œuvre, des romans épiques du genre de ceux dont je viens de parler, c'est ce que constatent les ressemblances nombreuses de ces romans, et de cette œuvre, et ce que confirment maintes allusions éparses dans celle-ci, et toutes plus ou moins précieuses pour l'histoire générale de la poésie provençale. S'il n'était déjà bien prouvé d'ailleurs que nous ne connaissons pas tous les ouvrages, ni même tous les noms des troubadours, nous l'apprendrions par quelques-unes des allusions dont je veux parler. Ainsi, par exemple, il en est une (page 378, v. 5456) où il s'agit d'un apologue *du Serpent et du Paysan,* qui paraît être de l'invention de quelque troubadour inconnu. Dans une autre figurent des sentences empruntées de quelque pièce morale d'un troubadour désigné par le nom de Bernard d'Esgal, nom jusqu'ici pleinement ignoré, et que l'on chercherait en vain dans toutes les listes de poëtes provençaux.

rature française. Les romans carlovingiens se ressemblent dans les deux idiomes par leurs caractères généraux, et se ressemblent tellement qu'ils ne peuvent pas avoir deux origines : il faut de toute nécessité que les uns aient servi de type et de modèle aux autres. Mais à laquelle des deux littératures appartient l'invention ? quelle est celle qui n'a eu qu'à imiter ? C'est une question dont j'ai déjà dit quelque chose ailleurs, et sur laquelle j'espère revenir prochainement avec plus de méthode et d'étendue. Elle est, j'en conviens, fort difficile; mais elle est importante; elle tient à plusieurs autres plus graves qu'elle, et je persiste à ne point la croire insoluble. Toutefois, j'en fais ici totalement abstraction, pour ne pas compliquer gratuitement de discussions épineuses des considérations fort simples.

INTRODUCTION.

Mais, sans m'arrêter davantage à ces allusions vagues, j'arrive à celles plus spéciales que j'ai besoin de noter ici, à celles qui font voir que notre poëte eut sous les yeux des épopées romanesques de divers genres, et particulièrement des épopées carlovingiennes, dont il put imiter la forme, le ton et le style. Je citerai d'abord les indications relatives aux nombreux romans qui furent de bonne heure composés, dans le Midi, sur les exploits du fameux duc Guillaume contre les Sarrasins, et dans l'un desquels le héros, assiégé et affamé dans Orange, triompha, à force de bravoure, de la famine et des païens.

Il y a dans notre poëme albigeois un passage extrêmement remarquable, sur lequel j'aurai probablement l'occasion de revenir : c'est l'endroit où les chevaliers français qui défendent pour Simon de Montfort le château de Beaucaire assiégé par le jeune comte de Toulouse, réduits à la dernière détresse, délibèrent sur ce qu'ils ont à faire, s'ils doivent se rendre ou résister encore. « Amis, dit alors aux autres l'un d'entre eux qui les exhorte à ce dernier parti, amis, souvenez-vous de Guillaume au court nez et des tourments qu'il endura au siége d'Orange. » Une telle allusion suppose évidemment que notre auteur connaissait un roman épique sur le siége d'Orange par les Sarrasins, et que ce roman était plus ou moins populaire dans le pays.

Mais les romans épiques du cycle carlovingien, auxquels notre poëte fait allusion le plus souvent et le plus volontiers, sont ceux qui ont trait aux expéditions de Charlemagne et de ses paladins contre les Sarrasins d'Espagne. Je ne citerai pas les passages où ce poëte rappelle vaguement la gloire de Roland et d'Olivier, et leur compare les braves qu'il veut célébrer ; cela serait trop long : je me bornerai aux allusions plus significatives qui indiquent et résument en quelque sorte le sujet des poëmes auxquels elles se rapportent. Telle est la suivante, évidemment relative à quelque chant sur la déroute de Roncevaux : « Ce fut pour l'orgueil de France et pour ses chétifs déportements, que périrent en Espagne Roland et Olivier. » Et ce n'est pas là l'unique indice qu'offre notre poëme de quelque ancien roman sur cette fameuse mésaventure des paladins français en Espagne. Un des chefs croisés, parlant d'une rencontre où les Français viennent d'être défaits par les Toulousains, dit à cette occasion que la France ne reçut jamais affront si grand depuis que Roland mourut, ce qui est encore une réminiscence poétique du désastre de Roncevaux (page 418, v. 6069). On pourrait en dire autant de la mention, faite d'ailleurs sans beaucoup d'à-propos, du roi Marsile et de sa gent sarrasine.

D'autres passages, où il est fait de même allusion à des romans carlovingiens connus de l'auteur de notre poëme, méritent d'autant plus d'être notés, que les traditions sur lesquelles ils se fondaient semblent avoir été particulières au Midi. Telle est, par exemple, la tradition du double siége de Carcassonne par Charlemagne. Le premier siége fut levé ; mais à peine Charlemagne fut-il parti que les tours de la ville s'inclinèrent comme pour rendre hommage au monarque, et lui annoncer que l'heure était venue pour lui de dominer à Carcassonne. Aussi, à ces annonces, revint-il bien vite assiéger de nouveau la ville, et cette fois il la prit. Ce sont ces fables, ces traditions poétiques que notre auteur rappelle et résume assez à propos, au moment de décrire l'arrivée de la Croisade sous les murs de Carcassonne.

Encore une autre allusion de notre poëte à une autre

épopée carlovingienne : c'est la plus fabuleuse et la plus curieuse de toutes. Au moment de décrire une grande bataille, l'auteur engage, comme il le fait souvent, son auditoire à lui prêter attention, en l'avertissant de la manière la plus solennelle qu'il s'agit d'une bataille mémorable. « Vous n'en entendîtes, lui dit-il, jamais de si terrible depuis le temps de Roland et de Charlemagne qui vainquit Aigolan, et conquit Galiane, la fille du roi Braman, sur Galafre, le courtois émir de la terre d'Espagne. » Ces singulières traditions se trouvent avec quelques développements dans la chronique générale d'Espagne et y figurent parmi les nombreuses fictions romanesques que les compilateurs de cette chronique prirent, à leur insu, des traditions poétiques de leur époque. Nul doute que la source de ces fictions ne fût quelqu'un des romans méridionaux, aujourd'hui perdus, qui, existant encore lors de la Croisade albigeoise, durent être connus de notre auteur.

Mais ce que ce dernier cite de plus remarquable parmi les documents poétiques qu'il put étudier et imiter, c'est ce qu'il nomme lui-même la chanson d'Antioche. Cette chanson, selon toute apparence, l'un des plus anciens monuments de l'épopée romanesque, existait encore vers la fin du XIIIe siècle, époque où un mauvais troubadour, nommé Giraud de Cabreira, en faisait mention. Elle roulait sur divers incidents de la première croisade, et principalement, sans doute, sur le siége et la prise d'Antioche, qui en fut le plus fameux. Dès le début de son ouvrage, le poëte albigeois rappelle cette chanson d'Antioche, et la présente comme le modèle qu'il a eu principalement sous les yeux et qu'il a suivi : il va jusqu'à déclarer qu'il a adopté, pour formule de la cantilène de son poëme, l'air ou la cantilène du modèle.

VIII.

Ce ne furent pas, comme on voit, les modèles romanesques qui manquèrent à notre historien albigeois. Il ne s'agit plus que de voir si en effet et jusqu'à quel point il imita ces modèles : or la chose n'est pas difficile ; il suffit du rapprochement le plus rapide entre l'histoire et les romans, pour reconnaître en quoi ceux-ci ont influé sur la première. Et d'abord l'histoire n'est pas seulement en vers comme les romans épiques ; elle est aussi, comme eux, en tirades ou couplets monorimes de longueur fort inégale. Chacun de ces couplets est séparé de celui qui le suit par un petit vers, qui marque la pause du premier, et donne la rime du second.

A l'époque de l'auteur, les chants épiques avaient déjà, comme je l'ai dit, pris trop de développement pour être chantés de suite et d'un bout à l'autre ; ils ne pouvaient l'être que par fragments et à plusieurs reprises successives : l'écriture était dès lors devenue nécessaire, tant pour les conserver que pour les composer ; et ce n'était plus guère qu'à la lecture que l'on pouvait en saisir l'ensemble, et en apprécier la composition plus ou moins ingénieuse, plus ou moins originale.

Tout cela explique les allusions contradictoires que notre auteur fait à chaque instant à une poésie écrite, faite pour être lue, et à une poésie traditionnelle, faite pour être chantée et écoutée. Ainsi, par exemple, parlant de son histoire, il la désigne presque indifféremment par le titre de *livre* ou de *chanson*.

Il parle de *geste* ou de chanson de *geste lettrée*, mise en lettres, c'est-à-dire écrite. — Il annonce une *bonne chanson nouvelle qu'il veut faire toute sur beau parchemin.* — Il promet d'*écrire* la suite du récit de la Croisade, qu'il a déjà commencé, et donne une multitude d'autres indices du besoin et de l'usage de l'écriture dans la poésie épique de son temps.

D'un autre côté, il continue à se servir de toutes les formules particulières à l'épopée romanesque populaire, aux époques où cette épopée ne circulait qu'à l'aide de la tradition orale et du chant. C'est presque toujours à des auditeurs qu'il a l'air de s'adresser en écrivant. *Seigneurs, écoutez; seigneurs, voulez-vous entendre; seigneurs, vous avez entendu*, dit-il à chaque instant. Il se donne parfois l'apparence d'être pressé par l'étendue de ce qui lui reste à dire pour s'excuser envers son auditoire de ne pas tout lui dire.

A ces indices d'une narration adressée à des auditeurs il en faut joindre d'autres plus marqués encore et tenant de plus près au fond même du récit. Ainsi, par exemple, il arrive très-fréquemment, on pourrait dire habituellement, à notre poëte, de revenir, dans chaque couplet, à ce qu'il a dit dans le couplet antécédent, et le but de cette répétition n'est pas douteux : c'est de graver plus profondément dans la mémoire des auditeurs les choses qu'il veut leur apprendre, en les résumant, en les retournant, en les modifiant de quelque manière qui en assure l'intelligence et la perception. Or tout cela est bien d'un homme qui raconte en présence d'un auditoire, plutôt que d'un homme écrivant pour être lu.

Quant au style, quant au ton général de la diction, si

notre histoire des Albigeois diffère en quelque chose des romans carlovingiens, c'est parce qu'elle est généralement plus poétique encore, plus hardie que celle de ces derniers, plus diverse des chroniques ou des histoires écrites par des hommes ayant encore quelque teinture de littérature latine, quelque tradition du vrai style historique. Il ne faut que jeter un coup d'œil sur l'œuvre de notre auteur pour s'assurer que son langage tient incomparablement plus de celui du poëte que de celui de l'historien. Il est plein de périphrases, de figures, d'épithètes ou de formules pittoresques, du genre de celles où se complaît la poésie populaire. Les lieux communs poétiques y abondent, et cela, parfois, aux dépens des convenances et de la précision historique. Les descriptions de bataille, par exemple, y sont, comme dans les romans épiques du cycle carlovingien, jetées dans le même moule : tout y est peint vivement, rapidement, à grands traits, mais en traits généraux, vagues, qui, convenant à toutes les batailles, n'en décrivent proprement aucune. Et puisque j'ai touché à cette partie malheureusement trop abondante des récits de notre poëte, j'en dirai encore un mot, pour me dispenser d'y revenir. Je dirai que cette partie de son œuvre est peut-être de toutes celle où il a été le plus malheureusement inspiré par ses modèles poétiques, et sur laquelle je conseille le plus au lecteur de glisser rapidement. Il y perdra des traits originaux et hardis, mais il s'épargnera l'énumération monotone, et détaillée jusqu'au dégoût, d'armes de toute espèce, de coups, de blessures, de membres tranchés, et de toutes les horreurs d'un champ de bataille encore fumant de carnage.

Je ne m'arrêterai pas davantage à ce qu'il peut y avoir, soit de poésie réelle, soit de prétention poétique dans le style et les accessoires de notre histoire : je ne cherche point à en donner des exemples, cela me paraît superflu ; ce serait mettre gratuitement d'avance sous les yeux du lecteur des détails, des traits, des accessoires qui ne peuvent manquer de le frapper à la lecture. Mais la poésie de notre troubadour albigeois ne se borne pas aux formes et au caractère de la diction ; elle ne tient pas uniquement à sa manière de décrire les objets matériels ou les côtés physiques des actions humaines. Il y a souvent dans ses récits une poésie plus originale, plus relevée, qui tient au sentiment même des faits, qui n'est que l'expression idéale de ce qu'ils ont de plus sérieux et de plus vrai. Quelques observations sur le fond même de notre histoire amèneront ce que je voudrais dire là-dessus, et m'aideront à le faire sentir.

IX.

L'œuvre historique de notre troubadour inconnu n'embrasse point la durée entière des bouleversements causés par la Croisade albigeoise ; elle n'en comprend guère plus de la moitié. Elle débute par quelques généralités assez obscures et assez confuses sur l'hérésie des Albigeois. L'auteur ne commence proprement sa narration qu'à la mort de Pierre de Châteauneuf, légat du pape Innocent III, assassiné à Saint-Gilles, en 1208. Il la termine au siége et à la prise de Marmande par Louis VIII, en 1219. Ses récits n'embrassent donc que les dix premières années de la guerre des Albigeois ; mais c'est à ces dix années qu'appartiennent les scandales prodigieux de cette guerre.

Dans un passage que j'ai déjà cité, notre auteur affirme

f.

avoir commencé son ouvrage au printemps de l'année 1210. Si positive et si vraisemblable qu'elle soit en elle-même, cette assertion ne peut cependant pas être admise sans explication. En effet, dans un autre passage qui précède ce dernier, et dont j'ai eu aussi l'occasion de parler, notre auteur fait une allusion très-expresse à la bataille du Muradal, ou des Naves de Toloze. Or cette bataille ne fut livrée qu'au mois de juillet 1212, deux ans après l'époque où notre troubadour affirme avoir commencé son poëme. Ainsi donc, de deux choses l'une, ou il ne mit réellement la main à l'œuvre que postérieurement au mois de juillet 1212, ou il intercala après coup, dans une portion déjà faite de son histoire, le passage où il fait allusion à la bataille du Muradal.

Mais, quoi qu'il en soit sur ce point de peu d'importance, il est certain que notre poëte commença son histoire bientôt après la mort de Pierre de Châteauneuf, et la poursuivit à mesure que se développèrent les événements dont cette mort fut le signal, le récit du poëte suivant toujours sans interruption et de très-près les faits qu'il devait embrasser. Il y a néanmoins dans l'ouvrage un endroit assez remarquable où l'auteur, arrivé au bout de sa matière, semble faire une pause formelle, comme pour attendre que les faits reprennent leur cours, et lui sa narration : c'est le moment où il rapporte la résolution qui vient d'être prise par le roi d'Aragon d'intervenir dans la guerre albigeoise, contre les Croisés et en faveur de son beau-frère Raymond VI. Voici en quels termes l'auteur s'exprime dans le passage en question : « Si le roi se rencontre avec les Croisés, il combattra contre eux; et nous, si nous vivons assez (pour cela), nous verrons qui vaincra; nous mettrons en histoire ce qui nous viendra à la pensée, et nous continuerons à écrire tout ce dont il nous souviendra, tant que la matière s'étendra devant nous, jusqu'à ce que la guerre soit finie. »

Après cette espèce de pause, le poëte reprend son ouvrage par un récit très-détaillé de la fameuse bataille de Muret, récit qu'il poursuit, sans nulle autre apparence d'interruption, jusqu'au moment où Toulouse, menacée par Louis VIII, se met de nouveau en défense. Là, il s'arrête, faisant des vœux passionnés pour que les Toulousains triomphent dans la nouvelle lutte qui s'apprête, mais sans dire un mot qui puisse être pris pour l'indice du projet de pousser plus loin son travail. Cette dernière partie de son histoire paraît n'avoir été écrite que fort peu de temps avant le siége de Toulouse par Louis VIII. Ainsi donc, c'est dans l'intervalle de 1212 à 1219 que notre poëme fut commencé, continué et terminé.

Cet intervalle n'est pas long; l'ouvrage lui-même est assez court, et les événements qui y sont racontés ne sauraient avoir plus d'unité qu'ils n'en ont : ils se touchent de si près, qu'il n'y a guère moyen de saisir entre eux un intervalle pour y intercaler quoi que ce soit d'étranger.

Ce sont là autant de circonstances qui ne font que rendre plus saillante et plus singulière la révolution totale survenue dans l'esprit et les sentiments de l'auteur tandis qu'il écrivait. En effet, ce que notre troubadour albigeois a commencé sous l'empire d'une impression et d'une idée, il l'achève sous l'empire de l'impression et de l'idée contraires. Son ouvrage est pour ainsi dire double; il est composé de deux moitiés, dans chacune desquelles domine un sentiment contraire à celui qui règne dans l'autre moitié :

il a l'air d'appartenir à deux hommes non-seulement différents, mais ennemis, mais ayant des buts opposés. Le fait demande à être exposé avec quelque détail.

En commençant son histoire, notre troubadour inconnu se montre le partisan décidé, le prôneur enthousiaste de la Croisade. Il a pris parti contre les hérétiques; Albigeois ou Vaudois, il les déteste et les maudit tous : il célèbre la guerre entreprise contre eux, comme une guerre sainte inspirée par le ciel; il s'identifie, autant qu'il peut, avec les Croisés; il les désigne de vingt manières différentes, dont chacune est une manifestation de sa sympathie pour eux. *Nos barons français, nos Français, notre gent de France, notre gent étrangère, notre Croisade, les nôtres*, tels sont les noms qu'il aime à leur donner. C'est bien avec mécontentement et regret qu'il voit leurs cruautés, quand elles lui semblent gratuites, quand elles vont au delà du châtiment des hérétiques. Mais quant aux supplices qui atteignent directement ces derniers, il en absout, il en loue les Croisés; il les décrit avec une sorte de franchise et d'énergie triviales, par lesquelles il se rend, autant qu'il est en lui, le complice de leurs bourreaux. Peint-il les dames de Minerve livrées aux flammes, après la prise du château de ce nom, il parle *de mainte folle hérétique qui beugle dans le feu.* Son enthousiasme pour la Croisade se réfléchit sur tous les chefs qui la dirigent : il s'épuise à chercher des termes pour louer dignement Simon de Montfort. Il ne trouve personne à comparer, pour l'excellence et la bonté, au trop fameux Folquet, de Marseille, alors évêque de Toulouse, et le Montfort spirituel de la Croisade. La portion du poëme composée sous l'inspiration de ce zèle fanatique n'en est, il est vrai, que la moindre; mais elle ne laisse pas d'être considérable;

elle embrasse les événements des trois premières années de la Croisade, et comprend près de 3,000 vers.

Dans la partie subséquente de ses récits, l'auteur décrit la guerre des Albigeois comme une entreprise de violence et d'iniquité. Simon de Montfort, Folquet de Marseille et les autres chefs de la Croisade, que notre poëte a jusqu'ici peints comme des héros combattant pieusement pour la foi, ne sont plus à ses yeux que des hommes féroces dominés par l'ambition, et déshonorant à la fois la religion et l'humanité.

On cherche avec curiosité, dans notre histoire, l'endroit où se fait et s'annonce une révolution si complète dans le sentiment moral de l'historien. Mais cet endroit n'est pas facile à discerner nettement; il se perd et se cache, pour ainsi dire, dans le contenu de plusieurs couplets (du cxxx^e au cxxxvi^e), où l'auteur semble n'être déjà plus l'ardent et intrépide partisan de la Croisade, et ne s'en est pas encore déclaré l'adversaire. Le passage de ces couplets le moins douteux, comme indice de ce changement de disposition, est un passage que j'ai déjà cité par un autre motif : c'est celui où le poëte, après avoir annoncé le parti arrêté par le roi d'Aragon de venir au secours de Toulouse, ajoute, en parlant de lui-même, qu'il verra alors pour qui se déclarera la victoire, et poursuivra l'histoire qu'il a commencée. L'espèce de pause marquée par ces paroles, que l'on pourrait dire des paroles d'indifférence et de neutralité, me semble indiquer, dans l'esprit de l'auteur, le moment d'indécision et de délibération où il passe de son premier sentiment au nouveau.

Du reste, la transition est décidée, et se manifeste dans le récit de la bataille de Muret et de la mort du roi d'Aragon, qui y fut tué. En annonçant les suites funestes de cette mort et de la déroute, l'auteur ne laisse plus d'incertitude sur sa nouvelle manière d'envisager les événements auxquels elles se rattachent. Voici en quels termes il caractérise ces faits : « Tout le monde en valut moins, dit-il; toute la chrétienté en fut abaissée et honnie. » Ces mots peuvent être signalés comme le manifeste de notre troubadour historien contre les Croisés; c'est à partir de ce moment que les persécutés deviennent ses héros, et les persécuteurs l'objet de sa haine. Une fois exprimée, cette disposition ne change plus; elle ne fait que se renforcer; elle s'exalte par les efforts mêmes qu'elle fait pour se satisfaire.

Une circonstance particulière à noter, à propos de ce changement de disposition, et qui doit le rendre plus frappant, c'est le moment historique où il se décide et s'annonce; j'ai dit que c'est à propos de la bataille de Muret. Or tout le monde sait comment cette bataille fut gagnée et perdue. La victoire de Simon de Montfort, remportée contre toute attente, contre toute vraisemblance, eut autant que possible les apparences d'un miracle opéré par le ciel en faveur des Croisés; de sorte qu'abjurer la cause de ceux-ci, en un tel moment, c'était presque se révolter contre le ciel. Du reste, je me hâte de le reconnaître, en cessant d'être le chantre de la Croisade, notre poëte ne devient ni hérétique, ni partisan de l'hérésie. On chercherait en vain, dans ce qu'il dit de plus amer contre les Croisés, un mot que l'on puisse interpréter en faveur des Albigeois ou des Vaudois; toutes les répugnances qu'il a d'abord manifestées contre eux tous, il les a fidèlement gardées en lui. Mais il n'a plus de motifs de les produire au dehors. La Croisade n'est plus pour lui une affaire de foi ou d'hérésie : ce n'est plus qu'une grande iniquité politique, une guerre odieuse où l'église trompée cherche à triompher, par la violence et la fraude, de l'innocence et du droit. En changeant ainsi d'opinion sur les hommes et les choses, notre historien n'a certainement fait que céder à un sentiment d'humanité et de patriotisme méridional; et s'il y avait quelque chose d'extraordinaire à ce changement, ce serait qu'il se fût fait un peu tard, qu'il n'eût pas éclaté dès les premiers excès et les premiers massacres des Croisés. Du reste, il ne faut pas se représenter d'avance notre historien comme un homme toujours prêt à saisir grossièrement toute occasion de faire parade de ses haines et de ses colères personnelles. On verra que c'est presque toujours avec plus de calme et d'impartialité, avec plus d'art et d'effet, qu'il s'y prend, pour faire ressortir directement des faits eux-mêmes les fureurs et les iniquités de la Croisade.

Il y aurait une autre manière d'expliquer l'espèce de disparate et de contradiction que je viens de signaler entre la première et la seconde partie de notre poëme, et une manière si simple et si naturelle, qu'elle se présente comme d'elle-même. Ce serait d'attribuer l'ouvrage à deux auteurs différents : à l'un, partisan dévoué de la Croisade, appartiendrait le premier tiers de l'œuvre, celui où les exploits de Simon de Montfort sont célébrés comme le triomphe de la foi chrétienne; l'autre, ardent ami du comte de Toulouse et des pays dévastés par l'expédition, aurait composé la partie subséquente du poëme. Ce poëme serait de la sorte la combinaison fortuite de deux autres poëmes, ou, pour mieux dire, de deux fragments de poëme, dont l'un se serait trouvé finir juste au point où l'autre commençait.

Cette hypothèse s'est présentée à moi dès le premier instant où je me suis aperçu du fait qui la provoque, et je l'ai examinée avec attention. Mais plus je l'ai examinée, et plus je l'ai trouvée inadmissible. Si diverses que soient les deux parties de notre histoire, quant au sentiment moral qui les a inspirées, elles s'ajustent avec tant de précision l'une à l'autre; le style, le ton, la manière, le caractère de l'une sont tellement ceux de l'autre, qu'il n'y aurait pas la moindre vraisemblance à les supposer de deux auteurs différents. Ce serait expliquer par un hasard merveilleux un fait en lui-même très-naturel. Quoi de plus naturel, en effet, que d'attribuer un changement de sentiments et d'idées, tel que celui dont il s'agit ici, à l'inévitable impression que devait produire, à la longue, sur une âme généreuse, le spectacle des violences de la Croisade? Pour ne pas se lasser de pareilles violences, il ne fallait rien de moins peut-être que la funeste énergie ou le triste besoin de les faire. Il fallait être Montfort ou Folquet.

X.

D'après ce que j'ai dit précédemment des modèles que notre auteur eut dans l'art difficile de la narration historique, on présumera aisément qu'il ne doit pas s'y montrer fort habile. Ce qu'il est relativement à ces modèles, s'il les a surpassés ou leur est resté inférieur, nul ne peut le dire, les modèles dont il s'agit, ceux du moins qu'il nous a lui-même signalés, étant aujourd'hui perdus. Mais, à la considérer en elle-même, sa narration est encore fort inculte : les faits y sont généralement présentés dans leur ordre chronologique ; mais les dates n'en sont point exprimées, et ils ont plus souvent l'air d'être simplement juxtaposés que d'être liés d'une manière qui en marque la filiation et les rapports. Il ne faut pas s'attendre non plus à trouver, entre les diverses parties de notre histoire, une certaine proportion, une certaine harmonie : quelques-unes sont développées avec une abondance qui n'a pas toujours le mérite de la clarté; d'autres sont brusquement esquissées en traits rudes et obscurs, sous lesquels on a bien de la peine à en saisir la substance.

Ces défauts sont graves : qui s'aviserait de le nier ? Mais il y aurait de la sotte pédanterie à s'y arrêter sérieusement. De tels défauts sont beaucoup moins de l'auteur que de son temps. Ce que l'on est en droit d'exiger du poëte populaire d'une époque d'imagination et d'ignorance qui essaye de se faire historien, ce n'est certainement pas une narration artiste, précise et lucide; ce sont des détails, des traits qui peignent à la fois les événements et les temps. Or, les détails et les traits de ce genre abondent dans notre histoire et lui donnent un bien autre prix que celui qui résulterait uniquement de la liaison artiste, de l'harmonie et de la clarté de ses diverses parties.

Une des premières choses qui frappent dans cette histoire, c'est l'empressement de l'auteur à citer par leurs noms tous les personnages qu'il connaît pour avoir figuré de quelque manière, même fort en sous-ordre, dans les événements qu'il raconte; et il en cite une multitude étonnante; il en cherche et en trouve dans tous les rangs de la féodalité, de la chevalerie, de la bourgeoisie, et même au-dessous. Il n'y a pas si petit seigneur de château qu'il ne nomme et ne soit disposé à célébrer, pour peu que l'occasion s'y prête. S'il décrit les machines de guerre des Toulousains ou des défenseurs de Beaucaire, il sait et dit les noms des ingénieurs qui les ont construites ; s'il raconte l'incendie de la cathédrale de Béziers par les Croisés, il saisit cette occasion de nommer l'architecte dont elle est l'œuvre. C'est surtout dans le récit des faits de guerre qu'il se complaît à étaler sa curiosité et son érudition en ce genre. Il y a des cas où l'énumération qu'il fait des hommes du pays armés contre les Croisés est à la fois si longue et si sèche, qu'elle ressemble plus à un simple appel de soldats par leur chef qu'à une revue poétique de barons et de chevaliers.

Notre auteur aurait certainement pu se dispenser d'un genre d'exactitude aussi minutieux; mais il y a cependant quelque chose à dire pour expliquer, et même pour excuser cette habitude où il est d'accumuler les noms propres autour des faits même les plus secondaires.

Accoutumé, en sa qualité de troubadour ou de jongleur, à visiter les cours et les châteaux du pays, il devait connaître les seigneurs de tout ordre qui les habitaient, et, les connaissant, il était naturel qu'il rendît hommage à leur bravoure en les célébrant, ou tout au moins en les nommant dans ses chants historiques, et ces chants ont encore à ce titre une sorte d'intérêt vivant. Parmi ce qui reste aujourd'hui des anciennes familles du Midi, il n'y en a probablement que fort peu qui, entre tant de personnages chevaleresques mentionnés par notre historien, ne reconnaîtront pas quelques-uns de leurs ancêtres.

Quant aux traits de notre histoire qui caractérisent plus particulièrement l'événement qui en est le sujet, il faudrait, même pour n'indiquer que les principaux, entrer dans des rapprochements détaillés que tout lecteur attentif et curieux fera de lui-même, et que je ne puis ni ne veux lui épargner. Je me bornerai à signaler quelques-uns de ces traits, choisis à dessein, non parmi les plus frappants ou les plus pittoresques, mais parmi ceux qui jettent le plus de jour sur le fait même de la Croisade et sur la nature des guerres qui se firent sous ce nom. Il y a pour nous, dans ces guerres, à les prendre telles que les décrivent les anciens historiens, quelque chose d'obscur, une sorte d'énigme politique. Ceux qui y jouaient le rôle d'agresseurs, c'étaient des Croisés du nord de la France et de toutes les autres parties de l'Europe, l'Espagne exceptée. Mais ces Croisés n'étaient tenus par leur engagement qu'à un service de quarante jours, au bout desquels ils étaient ordinairement fort pressés de s'en retourner, avec l'innocence baptismale qu'ils venaient de conquérir par le fer et le feu.

Une pareille masse, se dissipant et se renouvelant sans cesse, composée de pèlerins, d'hommes assemblés au hasard, lâches et braves, jeunes et vieux, vigoureux et débiles, n'était pas une force avec laquelle il fût possible de faire, ni même de tenter des conquêtes durables. Ce n'était pas là l'armée qu'il fallait à Montfort. Il lui fallait une armée régulière, permanente et vraiment à lui. Mais une telle armée, il n'y avait pour lui qu'un moyen de l'avoir, c'était de la faire, de la prendre et de la tenir à sa solde; or l'expédient était fort au-dessus de ses moyens personnels. C'était là le problème à résoudre pour Simon, et pour qui veut bien comprendre l'étrange situation de ce chef audacieux dans la Croisade, il est indispensable de savoir comment il le résolut.

C'est notre historien albigeois qui nous le dit : il nous le dit dans son récit du siége et de la prise de Lavaur par les Croisés. Il nous apprend que, Lavaur emporté et les hérétiques brûlés ou pendus, Montfort fit butin de tout dans la ville, et de ce butin forma un énorme monceau, qu'il livra à un opulent usurier de Cahors, nommé Ramond de Salvagnac, en remboursement des avances que celui-ci lui avait faites [1]. On voit clairement par là comment Simon de Montfort s'y prenait pour faire la guerre à ses frais.

Et ce n'est pas uniquement des affaires propres, des gestes des Croisés que notre historien donne une idée plus vive et plus complète que tout autre. Il révèle et caractérise de même, bien que d'une manière plus indirecte et plus vague, les circonstances générales avec lesquelles coïncide cette Croisade, au milieu desquelles elle marche et se développe, et qui en modifient à chaque instant les accidents et les détails. Ainsi, par exemple, d'un côté, la tendance énergique des villes à la démocratie, et de l'autre l'esprit chevaleresque des classes féodales, sont, à l'époque dont il s'agit, deux des grands traits, on peut même dire les deux plus grands traits de la société du Midi. Ce sont les deux faits généraux qui se mêlent à tous les autres, et comme le fond sur lequel se dessinent les mouvements, les actes, les idées et toute la vie du pays. Or le sentiment, la conscience intime de ces deux faits ressort à chaque instant des récits de notre historien; ils sont, chacun pour sa part et de son côté, comme l'âme de tout ce qui se fait dans l'intérêt du pays contre la Croisade et les Croisés. De courtes explications préciseront un peu ces assertions. Je

---

[1] LXXII, v. 1634 et suiv.

dirai d'abord quelques mots des villes et de l'esprit dont elles étaient alors animées.

Les plus puissantes de ces villes, celles qui, à force d'activité et d'industrie, avaient fini par conquérir de la richesse ou de l'aisance, avaient toutes à peu près le même régime intérieur, le même fond d'institutions municipales; et ces institutions, obtenues partout de la même manière, avaient eu partout des résultats sinon parfaitement égaux, du moins tout à fait semblables. Il ne s'agit point ici, pour moi, de décrire ni de caractériser ces institutions; c'est une tâche que je réserve pour un autre moment et pour un autre ouvrage; quelques mots très-généraux sont tout ce qu'il convient que j'en dise ici.

Au commencement du XIIIe siècle les principales villes du midi de la France étaient toutes gouvernées par des magistrats de leur choix, en nombre variable, et temporaires, qui prenaient généralement le titre de consuls, et dont la réunion se nommait le *consulat*. Partout où il existait, ce consulat municipal était la conséquence et le résultat d'une lutte très-vive de l'esprit et de l'intérêt populaires des villes contre la domination féodale établie dans ces villes. L'intérêt et l'esprit démocratiques avaient partout triomphé; la domination féodale avait été partout vaincue, mais plus ou moins complétement, selon des circonstances très-diverses qu'il ne s'agit pas ici de déterminer. Certaines villes, comme Avignon, Arles, Nice, Tarascon, pleinement affranchies des seigneurs féodaux, s'étaient érigées en républiques, et avaient formé autant de petits états dans les limites de l'ancienne juridiction municipale. Mais dans la plupart de ces villes, la démocratie et la féodalité avaient traité ensemble et s'étaient partagé le gouvernement municipal, ou, pour mieux dire, elles continuaient à se le disputer avec des chances très-variables. Voici, abstraction faite des différences et des inégalités locales, ce qu'il y avait généralement de convenu et d'établi dans les communautés régies par un consulat.

1° Chaque communauté avait le droit de s'armer et de faire la guerre pour le maintien de sa sûreté et de son honneur, soit contre les autres communautés de son voisinage, soit contre les seigneurs particuliers qui avaient des châteaux dans les limites de son territoire.

2° Elles concluaient des traités de commerce et d'amitié avec d'autres villes soit du pays, soit étrangères, avec celles d'Italie, par exemple.

3° Là même où les comtes ou les autres chefs féodaux s'étaient maintenus en autorité, le consulat exerçait une part considérable des pouvoirs judiciaires.

4° Il veillait au maintien de l'ordre, de la salubrité et de la sûreté publiques, et faisait pour tout cela les règlements nécessaires.

5° Il intervenait dans les transactions libres et volontaires entre particuliers, pour en régler la forme et en garantir l'authenticité et l'exécution.

6° Les consuls étaient assistés dans toutes leurs délibérations par divers conseils plus ou moins nombreux, composés d'individus pris dans toutes les classes de la population.

7° Il y avait partout, au-dessous des consuls, des officiers ou des magistrats élus par eux, et qui exerçaient les divers emplois de l'administration municipale, qui en formaient, en quelque sorte, la partie exécutive, comme les consuls, pris collectivement, en formaient la partie législative.

La lutte dont cette institution fut le résultat général avait été vive, laborieuse et longue; elle avait duré tout un siècle. Elle est indubitablement, dans le Midi, le fait le plus grave et le plus intéressant du xiie siècle; malheureusement ce fait est à peu de chose près inconnu; à peine l'histoire en a-t-elle marqué quelques incidents isolés, suffisants néanmoins pour en constater la nature, la tendance et les effets.

Au commencement du xiiie siècle, à l'époque où éclata la guerre albigeoise, l'énergie politique qui s'était déployée dans toutes les villes à la conquête du consulat municipal, cette énergie était entière et plutôt même encore croissante que déjà près de décliner; il ne manquait à cette force jusque-là toute locale, jusque-là restreinte dans les limites d'intérêts municipaux, qu'une direction et un but communs pour devenir une grande force morale et sociale dans l'intérêt général du Midi. Or cette direction, ce but commun dont les villes avaient besoin pour appliquer de concert leur énergie politique à quelque chose de national, la Croisade albigeoise les leur donna momentanément. Plusieurs des plus puissantes de ces villes, tant de celles de la Provence que de celles à la droite du Rhône, se soulevèrent généreusement en faveur des seigneurs dépouillés, et l'héroïque résistance que Simon de Montfort éprouva dans le Midi ne fut réellement, dans son principe, que l'énergique et rapide usage de l'indépendance ou de la liberté municipale que les villes de ces contrées avaient enfin conquise.

C'est là un fait qui n'a été formellement énoncé par aucun des historiens contemporains de la Croisade albigeoise, pas plus par le nôtre que par ceux connus avant lui. Mais du moins ce dernier, s'il n'a pas remonté jusqu'au principe de cette vigoureuse résistance que les villes du Midi déployèrent contre Montfort, en a-t-il énergiquement peint l'exaltation, les développements et les effets immédiats. L'enthousiasme avec lequel ces villes embrassent la cause des seigneurs de Toulouse, dès la première occasion qui s'en présente, l'ardeur et le dévouement avec lesquels elles combattent pour leur restauration, l'aversion qu'elles montrent pour la Croisade et pour ses chefs ecclésiastiques ou militaires, tout cela est senti, exprimé, raconté par notre historien; tout cela est décrit au long, avec un intérêt passionné, d'un ton vraiment poétique et avec des couleurs assez souvent plus brillantes et plus hardies que justes, mais qui, même en ce cas, attestent de la part de l'écrivain un effort sérieux pour trouver des expressions qui répondent à la vivacité de ses émotions.

Parmi ces villes liguées de fait contre les mêmes ennemis et pour la même cause, Toulouse se trouve naturellement celle qui joue le premier rôle, celle qui se présente comme le principal foyer des forces opposées à la Croisade. Aussi est-elle, entre toutes, celle dont notre historien parle le plus souvent, avec le plus de suite et d'admiration. Jamais peut-être ville ne fut célébrée avec plus d'enthousiasme, plus d'amour, j'ajoute, ni plus de justice que Toulouse ne l'a été par notre historien albigeois. Il n'a point, il est vrai, décrit expressément le régime politique de cette ville, il n'en a point exposé les institutions municipales. C'est de quoi il n'avait nul besoin et ne pouvait avoir l'idée, lui poëte, lui historien populaire, n'écrivant ou ne chantant que pour exprimer des émotions, les émotions nouvelles produites par des événements inouïs. Tout ce qu'il avait à faire était de mettre ce régime, ces institutions en action. Or c'est là ce qu'il a fait de manière à donner implicitement la plus haute idée de leur énergie.

Toute occasion de parler de Toulouse n'est en effet, pour notre auteur, qu'une occasion de faire sentir tout ce qu'il y avait, dans le régime de cette ville, de vigueur et de liberté. Mais c'est surtout du récit du grand siége soutenu par elle qu'il fait vivement ressortir l'action de ce régime.

Le siége dont il s'agit, celui où Simon de Montfort fut tué, peut être regardé comme l'événement principal, comme la crise de la Croisade albigeoise, en tant que cette crise dépendait d'une guerre formelle, d'une guerre ouverte. Ce siége fut long; il fut périlleux pour les Toulousains; et le comte de Toulouse s'y trouva en personne, du commencement à la fin, avec plusieurs des plus hauts seigneurs du Midi. Eh bien, durant tout ce siége, c'est le pouvoir municipal, c'est le consulat qui dirige tout, qui préside et pourvoit à tout, autour duquel viennent se rallier toutes les forces levées pour la défense commune, à la solde duquel combattent toutes ces forces. Le comte de Toulouse, le légitime seigneur de la ville, est là, et il n'y est pas oisif; mais tout ce qu'il y fait, il a l'air de le faire sous les auspices des consuls; il ne leur commande pas, et l'on ne voit pas ce qu'il pourrait avoir à leur commander. Enfin le pouvoir consulaire est l'unique pouvoir qui se montre formellement comme pouvoir politique dans la ville assiégée.

C'est en représentant ainsi, soit à Toulouse, soit ailleurs, le consulat municipal en lutte contre la Croisade albigeoise, que notre historien nous révèle, sinon l'existence et les formes de cette institution (choses que nous savons d'ailleurs), du moins son intervention et son influence dans les grands événements du pays. C'est ainsi qu'il confirme, bien qu'implicitement et d'une manière indirecte, ce que nous connaissons par d'autres témoignages du haut degré de puissance et de liberté auquel les villes du Midi s'étaient élevées durant le XIIe siècle.

XI.

D'autres détails de notre histoire non moins intéressants que ceux auxquels je viens de toucher sont ceux où l'historien essaye de caractériser les mœurs générales du Midi, au commencement du XIIIe siècle, ceux où il s'efforce de rendre de quelque manière le sentiment et l'idée qu'il a de ces mœurs, ceux enfin qui marquent le point de vue le plus élevé d'où il a considéré les événements.

A l'époque dont il s'agit, le trait dominant des mœurs, dans le Midi, c'était, comme je l'ai avancé déjà, l'esprit chevaleresque, c'est-à-dire la prétention plus ou moins sérieuse aux vertus, aux qualités, aux habitudes, dans lesquelles on faisait consister la chevalerie; c'était l'emploi généreux de la bravoure et de la puissance, une bizarre combinaison de raffinement et d'exaltation dans les idées et les relations de l'amour, un certain mélange d'élégance, de politesse et de bienveillance auquel on donnait le nom de courtoisie, parce que la chose ainsi nommée avait pris naissance dans les cours. C'était enfin une certaine culture d'esprit, encore toute poétique, toute au profit de l'imagination.

Ces mœurs, il est essentiel de l'observer, n'étaient pas

exclusivement celles des hautes classes féodales. Les idées et les habitudes de la chevalerie étaient descendues assez bas dans la société générale : les simples bourgeois aspiraient habituellement au titre de chevaliers; ils l'obtenaient aisément, et il s'était formé dans les villes une classe nombreuse qui se piquait d'imiter les mœurs élégantes dont les châteaux avaient donné l'exemple. La chevalerie était de la sorte devenue une espèce de lien entre les villes et les cours, entre la démocratie et la féodalité. Ce sont les mœurs de toutes ces classes, prises collectivement et abstraction faite des distinctions politiques, qu'a décrites notre historien, et dont on sent à chaque instant le reflet dans ses tableaux et dans ses récits.

Malheureusement ce reflet, même en le tenant pour fidèle, est loin d'être aussi net, aussi détaillé qu'il le faudrait pour nous donner une idée juste et précise de l'état de choses qu'il exprime. Les traits par lesquels il nous rend cet état de choses sont on ne peut pas plus vagues, plus généraux, plus monotones. Toutefois ces traits sont caractéristiques; ils ont un sens moral, ils se tiennent à un dessein historique; et ce dessein, ce sens, je dois essayer de les saisir, de leur donner un relief à l'aide duquel ils puissent être facilement sentis, appréciés.

Notre historien albigeois avait une haute opinion de la culture sociale des pays envahis par la Croisade, et il ne perd pas une occasion de manifester sa conviction à cet égard; mais c'est toujours, je le répète, en des termes généraux, aussi obscurs pour nous qu'ils étaient sans doute clairs et positifs pour lui, qu'il essaye de caractériser cette culture toute chevaleresque, et désigne les vertus, les avantages, les manières d'être qui en étaient à la fois la conséquence et le signe. Par le nom de parage (*paratge*), il exprime la noblesse, non pas uniquement et simplement celle de race, mais celle qui consiste dans la culture de l'âme et de l'esprit, celle qui se manifeste par la courtoisie et la générosité. La droiture (*dreitura*), c'est-à-dire l'amour désintéressé, l'amour absolu de ce qui est réputé juste, est pour lui une autre condition et une autre marque de la civilisation qu'il veut peindre, et qu'il a, sinon sous les yeux, du moins dans la pensée. Les mots à peu près synonymes de prix, de valeur, de merci (*prets, valensa, merces*) sont ceux qu'il emploie à chaque instant pour désigner d'une manière générale l'habitude des qualités morales par lesquelles un homme se distingue honorablement d'un autre. Un trait plus caractéristique et plus spécial de la chevalerie du Midi est indiqué, dans notre historien, par le mot de galaubier, appellatif intraduisible; dérivé du substantif *galaubia,* qui signifie l'empressement, l'effort continu de quelqu'un qui prétend à l'héroïsme chevaleresque, qui se pique d'égaler ou de surpasser les plus hauts faits en ce genre.

N'ayant point su ou voulu décrire d'une manière plus claire ou plus précise cet état de mœurs et de civilisation auquel il veut nous intéresser, notre historien a du moins essayé de nous faire comprendre la haute idée, le sentiment enthousiaste qu'il en a. Il se figure cet état comme un état idéal de joie et d'allégresse, comme un monde où tout est vie, splendeur et lumière, comme un vrai paradis; c'est le mot qu'il emploie, et ce n'est pas une fois, ce n'est pas par hasard qu'il l'emploie, c'est plusieurs fois, c'est sérieusement, c'est pour ne pas rester trop au-dessous du sentiment dont il est plein.

INTRODUCTION.

Maintenant, et tout cela posé, il est facile de dire ce qu'est pour notre historien la Croisade albigeoise. C'est une guerre à mort apportée par une force inique et brutale à des contrées où avaient jusque-là régné la politesse, la justice et la paix. C'est comme une lutte entre orgueil (*orgolh*) et parage (nous dirions entre la barbarie et la civilisation), qu'il se représente cette guerre. C'est de ce point de vue que sa pensée, dominant tous les événements, tous les accidents de la Croisade, les amène à l'unité. Dans cette lutte, la plus grande, à ce qu'il paraît, que puisse concevoir le génie de notre historien, le comte de Toulouse figure comme le génie de la civilisation et de la justice, marchant sous une bannière dont la croix et la brebis sont les pieux symboles ; Montfort y est le génie de la violence et de la barbarie, portant sur son drapeau l'image trop significative d'un lion dévorant.

C'est comme soldats de Montfort, comme Croisés, et non précisément comme peuple, que les Français sont peints par notre historien ; et ce n'est pas, on le présume aisément, sous de belles couleurs qu'ils paraissent dans ses tableaux. Il les qualifie assez habituellement de taverniers (*taverners*), de tueurs d'hommes (*homicidiers*), de gens de glaive (*glaziers*); ils sont à ses yeux une race étrangère devant qui s'éteint toute lumière. Dans un passage plus détaillé, plus positif, et par là même plus significatif (v. 6927 et suiv.), il les représente comme prompts et irrésistibles quand il s'agit de conquérir, mais aussi comme perdant aisément toute modestie et toute prudence dans le succès, et sujets à retomber de la plus haute prospérité dans l'abaissement. Il les accuse, dans l'idiome politique de l'époque, d'être mauvais *terriers*, c'est-à-dire de ne point savoir gouverner, ni par conséquent conserver les pays conquis. Il rend du reste la plus éclatante justice à leur bravoure à la guerre.

Notre historien se tient constamment, bien qu'avec une certaine liberté ou un certain désordre, à cette vue générale de la Croisade albigeoise : c'est par la manière dont ils affectent la condition, les idées, les espérances du parti civilisé, qu'il apprécie les incidents variés de la lutte qu'il décrit.

Ainsi, comme j'ai eu déjà l'occasion de le noter, c'est par des paroles de douleur et de deuil sur le pays civilisé qu'il indique les résultats de la bataille de Muret, de cette bataille où, comme il dit : « Les Toulousains perdirent tant de bonnes armures et tant d'hommes courtois. » « Le monde entier, poursuit-il, en valut moins ; le paradis (sur terre) en fut détruit et dispersé ; la chrétienté abaissée et honnie. »

La suite immédiate des événements ne fait que confirmer et redoubler, dans notre historien, les mélancoliques impressions que lui a causées le triomphe de la barbarie. Montfort est devenu, comme par enchantement, le seigneur absolu de Toulouse ; et le premier usage qu'il y fait de sa domination, c'est d'abattre les murs, les palais, les anciens monuments de la ville ; c'est d'en rançonner, d'en piller les habitants ; c'est d'en chasser violemment, après toutes sortes de rigueurs et d'outrages, les hommes les plus puissants et les plus courtois. « Oh ! Toulouse, noble cité, brisée jusqu'aux os, s'écrie alors l'historien ; comme Dieu vous a livrée aux mains d'une méchante race ! » C'est pour le coup qu'il voit parage persécuté, exterminé, anéanti.

Toutefois ses espérances sont beaucoup plus près de se relever qu'il ne pouvait l'imaginer. Le comte de Toulouse,

INTRODUCTION.

Raymond VI, depuis le désastre de Muret réfugié en Espagne, arrive à l'improviste dans un château du comte de Comminges, où se rendent, de leur côté, les plus puissants seigneurs de la frontière. Là, dans un noble *parlement*, est concerté le plan de la restauration de Raymond VI. Le comte rentrera en secret à Toulouse; il en soulèvera la population contre Montfort et les Français; et la guerre, qui semblait terminée, pourra recommencer sous des auspices meilleurs que ceux de Muret. La manière dont notre auteur formule les motifs et l'objet de ce plan revient littéralement à son idée première, à l'idée d'une grande lutte entre la civilisation et la barbarie. Voici en quels termes le comte de Comminges résume un discours par lequel il encourage Raymond VI à sa noble tentative : « Si vous recouvrez Toulouse, lui dit-il, parage est pleinement restauré; il reprend couleur; et vous nous remettez, vous et nous, en splendeur. »

La tentative est faite; elle réussit, et c'est avec les transports d'une joie qui va jusqu'à l'ivresse que les habitants de Toulouse apprennent le retour de leur comte parmi eux. Les exclamations, les discours où éclate leur ravissement sont empreints de ce même enthousiasme d'imagination, de civilisation et de liberté, qui fait un des traits de leur caractère, et qu'a exalté encore l'épreuve qu'ils viennent de faire de la domination barbare. « Maintenant, se disent-ils les uns aux autres, nous avons notre étoile du matin, nous avons un astre qui nous brille, un vrai seigneur expert (à gouverner). Prix et parage, qui étaient ensevelis, sont revenus à la vie; ils sont restaurés et sauvés. »

Avec ces discours éclate une insurrection, dans laquelle

les Français durement menés, sont contraints à s'enfermer, dans le château Narbonnais; et c'est encore la joie de revenir à leurs habitudes d'hommes polis, courtois, civilisés, qui perce le plus vivement dans les acclamations du triomphe : « Dans la ville on crie : Vive Toulouse qui a donné à songer aux fous! La précieuse croix a abreuvé le lion d'un frais mélange de sang et de cervelles : les rayons de l'étoile ont éclairé ce qui était sombre ; prix et parage ont recouvré leur dignité. »

A dater de ce moment décisif, notre auteur conçoit l'espérance de la victoire pour le parti de la justice et de la civilisation, dans la lutte de la Croisade; et cette espérance, il ne la perd plus. A travers diverses épreuves et diverses surprises passagères, elle s'accroît et se fortifie de plus en plus en lui; et il ne se lasse pas de la manifester, tantôt rapidement et comme en passant, tantôt avec plus d'instance et d'exaltation, mais malheureusement toujours avec une uniformité, qui rend les citations textuelles difficiles. Je ne rapporterai plus qu'un seul trait, dans lequel perce un peu plus nettement que dans beaucoup d'autres, l'idée générale à laquelle notre historien ramène tous les détails de la guerre albigeoise.

Entre divers discours qu'il prête aux Toulousains assiégés, pour exprimer d'une manière plus dramatique et avec plus d'effet les nobles sentiments qui les soutiennent dans leurs périls, il y en a un très-remarquable: c'est un discours dans lequel ces mêmes Toulousains commencent par protester avec une ardeur pieuse de la pureté de leur foi, de leur catholicisme, et finissent par se lamenter et se plaindre de la conduite du pape, et des prélats de l'église envers eux. « Ce pape, disent-ils, et ces prélats, nous donnent à juger et à détruire à tel (personnage) dont nous rejetons la seigneurie, et à des homme de race étrangère, qui éteignent toute lumière, et qui, si Dieu et Toulouse l'eussent permis, auraient enseveli prix (*pretz*) et noblesse (*paratge*). »

En voilà assez, je l'espère, pour marquer le point de vue général d'où notre historien a considéré et apprécié les événements de la Croisade albigeoise, dès le moment, assez tardif, où il les a envisagés et jugés avec indépendance. Maintenant, s'il fallait discuter ce point de vue, s'il fallait traduire en aperçus historiques, positifs et précis, des aperçus vagues, passionnés et poétiques, la tâche offrirait plus d'une difficulté. Je n'ai point à m'en occuper ici; et je n'ajoute plus qu'une observation à tout ce que je viens de dire du sentiment qui domine dans les récits de notre auteur, et qui en détermine à la fois le caractère moral et l'unité : c'est que si obscure ou si étrange qu'en soit l'expression, ce sentiment n'en est pas moins en lui-même un fait important qui a certainement son degré de vérité.

En recherchant, en indiquant ainsi les traits généraux par lesquels notre historien albigeois a voulu peindre la culture sociale du Midi, j'ai tâché de montrer que c'est principalement par ses côtés chevaleresques qu'il a vu cette culture, et l'a célébrée à sa manière et de son mieux. Mais je dois ajouter qu'il ne s'en est pas toujours tenu, sur ce point, à des vues et à des indications générales : il fait plus d'une fois expressément allusion à des institutions, à des usages chevaleresques, qui caractérisent d'une manière toute spéciale les mœurs du Midi aux époques données. Parmi ces allusions, il y en a une particulièrement curieuse et à laquelle je m'arrêterai un moment, d'autant plus volontiers, qu'elle a besoin d'être expliquée, et que ce que j'en dirai ici pourra tenir lieu d'une note omise en sa place.

Le jeune comte de Toulouse vient d'entrer dans cette capitale assiégée, où sa présence excite une joie et des acclamations qui retentissent jusqu'au camp des assiégeants, dans lequel se répand bien vite la nouvelle qui a causé ces bruyants transports. Montfort seul, ignorant encore ou feignant d'ignorer cette nouvelle, demande la cause de la rumeur qu'il entend dans la ville. « Seigneur, lui répond don Joris, un de ses chefs, il vous arrive un compagnon de seigneurie qui apporte glaive et sang, flamme et tempête, et contre lequel il va falloir nous défendre par le fer et l'acier. — Joris, réplique Montfort, ne cherchez point à m'épouvanter. Que celui qui ne sait point prendre son parti à l'heure où il le faut ne prenne jamais l'épervier à la cour du Puy. » Ces paroles de Montfort sont une espèce de proverbe, une allusion directe à une institution chevaleresque des plus singulières, mais que l'auteur n'a point songé à décrire en détail à des lecteurs ou à des auditeurs qui la connaissaient aussi bien que lui. Quant à nous, ce n'est guère que d'après un passage des *Cento novelle antiche* que nous pouvons aujourd'hui nous en faire une idée.

Ces *Cento novelle* sont un des monuments les plus anciens et les plus curieux de la langue et de la littérature italiennes : c'est un recueil de notices, d'historiettes, de fables, de traditions de toute espèce, toutes plus ou moins populaires en Italie aux XIIIe et XIVe siècles, et toutes plus ou moins intéressantes pour la connaissance et l'appréciation des hommes, des mœurs et des idées de ces époques. Comme ces traditions et ces notices remontent à un temps où la littérature provençale était encore très-cultivée en Italie, il s'y est glissé une multitude de faits singuliers dont chacun est un trait de lumière jeté sur l'histoire de l'ancienne culture du Midi, et, à ce titre, précieux, bien qu'ils ne puissent compenser pour nous la perte d'un si grand nombre des documents originaux de cette histoire. La nouvelle LXIV roule en entier sur quelques incidents des fêtes chevaleresques célébrées au Puy, dans les grandes cours qui se tenaient, à certaines époques, dans cette ville. Les premières lignes de cette nouvelle en sont l'unique partie sur laquelle j'aie besoin de m'arrêter ici ; les voici traduites aussi littéralement que possible :

« A la cour du Puy-Notre-Dame, en Provence, fut tenue une noble cour, lorsque le fils du comte Raymond fut ordonné chevalier. Le (comte) y avait invité toutes les nobles gens, et il en vint tant, pour l'amour de lui, que l'argent et les vêtements (à donner en présent) manquèrent, de sorte qu'il lui fallut dévêtir les chevaliers de sa terre pour avoir (des vêtements) à donner aux jongleurs ; et de ses chevaliers, les uns consentirent, les autres refusèrent. Le jour même où commençaient les fêtes, on plaçait un épervier de mue sur une perche. Alors se présentait quiconque se sentait, pour cela, assez riche de cœur et d'avoir, et prenait l'épervier sur le poing : c'était à ce personnage à faire, pour cette année, les dépenses de la cour. » Or ces dépenses étaient grandes ; il fallait y pourvoir largement, et l'on conçoit aisément que cette expression « prendre l'épervier à la cour du Puy, » fût devenue une sorte de proverbe, l'expression abrégée de tout ce qu'il pouvait y avoir dans les mœurs chevaleresques de plus noble et de plus généreux, ou, si l'on veut, de plus extravagant. Simon de Montfort ne connaissait probablement guère les usages de la cour du Puy, et n'y avait sans doute jamais pris le ruineux épervier. A voir les choses de ce côté, notre historien peut avoir eu tort de placer dans la bouche du chef de la Croisade le proverbe que j'ai cité; mais, bien ou mal appliqué, toujours ce proverbe est-il un témoignage du penchant de notre historien à transporter dans ses tableaux les traits et le coloris des mœurs chevaleresques.

XII.

J'ai déjà parlé de la narration de notre historien; mais je n'en ai parlé que d'une manière très-générale : j'en ai à peine dit quelques mots, dans la seule vue d'en noter les imperfections. Cela étant, je n'en ai point assez parlé, et je dois y revenir un instant; car il y a autre chose à y voir que des imperfections et des rudesses. Je l'ai déjà fait observer : l'art du récit historique n'arrive à sa maturité qu'avec beaucoup de temps, et par de lents progrès dans des branches de savoir fort diverses. Cet art est donc nécessairement très-imparfait dans ses premiers tâtonnements. Mais, même en cet état d'imperfection, il peut offrir des beautés originales et naturelles, en présence desquelles on regrette peu celles qui dépendent de la science et de la réflexion. Cette observation est certainement applicable à notre histoire de la Croisade albigeoise. Si, prise dans son ensemble, cette histoire présente des obscurités, des redondances, des lacunes et bien d'autres défauts trop saillants pour qu'il soit nécessaire d'en faire expressément l'énumération, elle offre aussi, dans ses diverses parties, des beautés qui sont une compensation plus que suffisante de ces défauts. La narration y prend parfois une allure si vive, si franche, si pittoresque, relevée de traits si énergiques ou si naïfs, qu'elle perdrait infiniment à être plus conforme aux idées et aux règles vulgaires de l'art. Les endroits, plus ou moins étendus, où se rencontrent ces beautés originales et primitives, à la place desquelles nul n'oserait en désirer d'autres d'un autre genre, ces endroits, dis-je, ne sont pas rares dans notre histoire, et s'y trouvent en plus grand nombre dans la seconde moitié que dans la première. Je ne les indiquerai point; j'aime mieux laisser au lecteur attentif le plaisir de les découvrir, et d'exercer ainsi sa capacité de discerner et de sentir le beau et le vrai sous les formes un peu rudes d'un art qui en est encore à des essais.

Ce qui caractérise généralement tous ces morceaux, ce qui leur donne plus ou moins à tous je ne sais quelle teinte originale d'élévation, de vérité et de franchise, c'est la naïveté, c'est l'espèce d'équité historique dont l'auteur s'y montre pénétré. Plus ses récits sont sérieux, plus le sujet en est intéressant, et plus il a l'air d'y mettre de sympathie; plus il s'y montre dépouillé d'individualité et d'affections personnelles; plus, en un mot, il s'y oublie, pour être tout entier, ou, pour mieux dire, parce qu'il est tout entier dans chacun de ses personnages, parce qu'en parlant d'eux il ne fait qu'un avec eux.

Ce n'est pas, bien s'en faut, qu'il soit indifférent entre tous ces personnages, qu'il ne fasse pas des vœux pour le triomphe des uns et pour la ruine des autres. Ce que j'ai dit, en marquant le point de vue général auquel il ramène les incidents variés de la lutte qu'il voit dans la Croisade albigeoise, atteste suffisamment que sa raison et sa conscience ont pris, dans cette lutte, un parti très-décidé, et qu'il est loin d'avoir pour tous les champions qu'il met aux prises le même degré d'admiration ou de tendresse ; mais ce n'est d'ordinaire que par quelque trait fugitif, que d'une manière indirecte et dans des moments de calme et de réflexion, qu'il manifeste sa répugnance ou sa haine pour ceux de ses acteurs qu'il a condamnés dans son âme. La manière dont il raconte la mort de Simon de Montfort me paraît très-propre à faire sentir ce que je veux dire.

Simon de Montfort est, à coup sûr, de tous les grands acteurs de la Croisade albigeoise, celui auquel, à partir de la bataille de Muret, notre historien porte le plus de haine. Mais cette haine se cache, pour ainsi dire, dans le mélange d'admiration et d'équité avec lequel cet historien parle habituellement de la bravoure du comte, de son grand caractère et de ses immenses projets. Au moment où le comte est tué d'un coup de pierre sous les murs de Toulouse, l'auteur, décrivant le jet et le coup de la pierre fatale, laisse échapper, comme malgré lui, comme à son insu, un trait de son aversion pour Montfort : « La pierre vint où il fallait, » dit-il. Le trait est admirable d'énergie et de simplicité, ou, si l'on veut, d'originalité et de profondeur ; car il y a des cas où toutes ces choses sont malaisées à distinguer. Ce trait est un cri de triomphe, mais un cri si contenu, si rapidement étouffé, qu'il arrive à peine à l'imagination du lecteur. Dans tout ce qui suit, l'historien ne voit plus, n'entend plus, ne décrit plus, autour du cadavre de Montfort, que la consternation, que les regrets, que les sanglots de toute une armée, qui, perdant un tel chef, a perdu l'espoir et presque le désir de vaincre. Et toute cette scène, il la peint avec un sérieux, avec une plénitude d'émotion et de sympathie qui ne laisserait rien à désirer au plus ému de tant de braves qui sont là autour du cadavre, pleurant, et plus d'un sans doute pour la première fois de sa vie.

Mais la scène change rapidement : la nouvelle de la mort de Montfort a pénétré dans Toulouse. A cette nouvelle, une ivresse de joie s'est répandue en un clin d'œil dans toute la ville ; et cette joie, notre historien en décrit les transports avec autant de vérité et de franchise qu'il vient d'en mettre à peindre la consternation des Croisés. Il est bien permis d'imaginer qu'il sympathise, en ce moment, avec tout ce peuple dont la cause lui paraît éminemment juste et glorieuse. Mais cette sympathie, il semble la contenir ou la cacher ; il ne dit pas un mot pour la manifester. C'est encore de sa part un hommage indirect à la bravoure et à la renommée de Montfort. Enfin c'est avec le même sérieux et le même respect que notre historien parle des honneurs funèbres rendus au corps du vainqueur de Muret par les prélats de la Croisade.

Tout cela fait, quelques jours se passent durant lesquels les Croisés livrent encore un assaut aux Toulousains, qui les repoussent encore une fois. Les assiégeants prennent alors le parti de se retirer sur Carcassonne, et partent aussitôt, emportant avec eux tout leur bagage et la bière de Simon de Montfort, qui en est devenue la pièce la plus précieuse et la plus triste. C'est alors, seulement alors, que se présente pour notre historien l'occasion de parler à son aise de Montfort et d'en dire sa pensée. Il n'y a plus d'exploits, plus de projets, plus rien à raconter du terrible chef ; sa bravoure, sa gloire, son ambition, tout a passé comme une ombre ; tout a fini par un coup de pierre ; il ne reste plus que des épitaphes à lui faire, et notre historien lui

k

en fait une. Je ne la rapporte point ici ; le lecteur la trouvera à sa place, et sentira mieux là l'espèce de contraste qu'elle forme avec les récits qui la précèdent et l'amènent.

Que dans ces divers morceaux, où la narration de notre auteur présente le plus d'art ou d'intérêt, il se rencontre des traits détachés heureux et frappants, de vrais traits de génie, c'est de quoi peuvent, ce me semble, faire foi quelques-unes des observations qui précèdent sur le récit de la mort de Simon de Montfort, mais c'est ce que je voudrais confirmer par des exemples plus exprès. Je les choisirai de préférence parmi ceux qui font voir avec quel bonheur notre historien réussit souvent par un simple mot, par un trait inattendu, à mettre en saillie, dans ses récits, le caractère et la situation de ses personnages.

Ainsi, par exemple, après la bataille de Muret, les chefs ecclésiastiques de la Croisade engagent le fils de Philippe-Auguste, le prince Louis, à se rendre dans le Midi, pour délibérer avec eux sur la conduite à tenir envers le pays et les habitants. Le prince arrive en toute hâte, et il arrive à temps pour approuver toutes les rigueurs, toutes les iniquités projetées contre Toulouse, et pour se donner le spectacle du désastre et de la ruine de cette ville. Cela fait et cela vu, il retourne en France enchanté et pressé de rendre compte de tout au roi son père. « Il lui raconte (ainsi s'exprime notre historien), il lui raconte comment Simon de Montfort vient de s'élever et de conquérir grande puissance. Et le roi ne répond rien ; il ne dit pas une parole. »

Philippe-Auguste avait ses vues sur les états du comte de Toulouse ; son projet était de les rattacher politiquement, comme les autres grands fiefs, à la monarchie française refaite par lui. Mais il ne lui plaisait point que ces riches et vastes pays fussent d'abord ravagés, puis donnés par l'église. Il ne pouvait voir dans Simon de Montfort qu'un aventurier de haut étage, doublement suspect à raison de sa haute capacité et de son ambition effrénée. Or, entre toutes les manières de faire pressentir, de signaler sur ce point si grave les secrètes inquiétudes de Philippe-Auguste, y en avait-il une plus profonde, plus expressive que celle employée par notre historien ? Y avait-il mieux à faire ici, pour quelque historien que ce fût, que de représenter le sage et magnanime roi repoussant par son silence des projets impolitiques et cruels, mais conçus et soutenus par une puissance démesurée comme l'était alors l'église ?

Je citerai un second trait d'un autre genre, mais qui vient assez bien à la suite du précédent, puisqu'il s'applique à ce prince Louis dont je viens de parler, et qui fut depuis Louis VIII, ce roi aussi faible d'âme et d'esprit que de corps. Après la mort de Simon de Montfort, Louis revint dans le Midi, à la tête d'une nombreuse croisade. Il assiégea et prit Marmande. Un jeune seigneur gascon, le comte de Centule, qui avait défendu la ville, y fut fait prisonnier. A peine décidée, la victoire donna lieu à une grave délibération entre les chefs tant ecclésiastiques que militaires de la Croisade : il fallait décider si les habitants de la ville prise, hérétiques ou non, seraient ou ne seraient pas égorgés jusqu'au dernier, et si le jeune comte prisonnier serait livré à Amaury de Montfort, pour être, au choix de celui-ci, brûlé ou pendu. La délibération fut longue et animée : Centule fut épargné par des motifs accidentels de politique; quant à la population de Marmande, elle fut égorgée tout entière. Maintenant, je remonte du fait à la délibération dont il fut la conséquence; c'est à cette partie de l'acte que s'applique le trait que je veux faire connaître.

Cette délibération se tint dans la tente royale, en présence du prince Louis, et sous sa présidence. Or voici comment notre historien peint le jeune prince dans cette effrayante situation, dans ce moment où d'un mot, d'un clin d'œil, il pouvait sauver tant de vies. « Les prélats de l'église, dit-il, se sont rendus auprès du roi, et devant lui sont assis les barons de France; et le roi s'appuie sur un coussin de soie, ployant (et reployant) son gant droit tout cousu d'or; il est (là) comme muet; les autres (s'entre-parlent) et s'écoutent l'un l'autre. » Un prince qui ne dit mot, qui joue avec son gant d'or dans la circonstance indiquée! Quels termes, quelles phrases visant à caractériser directement la mollesse et l'indolence poussées jusqu'à la stupidité, en donneraient une idée aussi profonde que le trait cité, si indirect, si fugitif?

Ce trait et beaucoup d'autres semblables sont-ils de l'invention de l'auteur, ou ne sont-ils que l'expression naïve et simple de particularités recueillies comme historiques et réputées telles par lui? Je ne sais; mais je serais plus tenté d'admettre cette dernière supposition que la première; et c'est surtout comme historiques, non simplement comme ingénieux et bien trouvés que j'aime à signaler de pareils détails.

XIII.

C'est dans l'application des formes dramatiques à son sujet que notre historien paraît avoir mis le plus d'étude et de prétention. On pourrait être embarrassé à décider comment il aime le mieux caractériser ses personnages;

si c'est en les faisant agir ou en les faisant parler. Mais toujours est-il évident que ce dernier moyen lui plaît outre mesure, il faut seulement observer qu'en cela son goût et son usage ne sont pas purement arbitraires ; il y avait pour lui un motif très-positif d'entremêler ses récits de beaucoup de discours. Tous les pouvoirs dont la Croisade suppose le concours ou l'opposition, celui de l'église, celui de la démocratie municipale, celui de la haute féodalité, étaient des pouvoirs collectifs qui n'agissaient guère qu'en vertu d'une discussion, d'une délibération préliminaires : tout était censé se décider dans des *parlements*, dans des conseils où s'agitaient toujours, avec plus ou moins de franchise et d'énergie, les passions, les idées, les intérêts du choc desquels naissaient les événements. Ce sont ces conseils, c'est le jeu de ces passions et de ces idées que notre auteur a eus fréquemment à décrire, et qu'il a presque toujours décrits avec une vivacité et une vérité singulières. Cette partie de son ouvrage me paraît celle où il a mis le plus de talent, le plus d'imagination et d'individualité, sans sortir néanmoins des limites convenues de l'histoire, si ce n'est peut-être dans quelques cas particuliers à noter séparément.

Peut-être arriva-t-il quelquefois, et comme par hasard, à notre historien d'avoir eu connaissance, sinon des termes propres, au moins de la substance des discours qu'il fait tenir à ses personnages. Mais, en général, et abstraction faite de ces cas accidentels, qui ne sont d'aucune importance, on doit tenir pour inventés les discours qu'il entremêle aux faits de la Croisade. Toutefois ils n'ont point été, il s'en faut de beaucoup, inventés arbitrairement ; ils sont tous, au contraire, l'expression rigoureuse et fidèle du caractère des personnages qui les tiennent; ils sont comme la raison des actes attribués à ces personnages.

Ces discours sont toujours animés, toujours dramatiques, en ce sens qu'ils visent toujours à un but contesté, et qu'ils sont toujours en opposition avec d'autres discours inspirés par d'autres intérêts et d'autres passions. Je viens de demander si c'était par ces discours mêmes, ou par les faits dont ils sont le principe, que notre historien se complaisait le plus à peindre ses personnages : ce qui n'est pas douteux, c'est qu'il les peint généralement avec plus d'assurance et d'énergie, par leur propre parole, que de toute autre manière. Il y a, dans l'âme de ces personnages, des côtés que l'action ne met qu'imparfaitement à découvert, et qui ressortent mieux du choc des opinions et des idées, dans une discussion libre et solennelle.

Cette observation s'applique particulièrement aux plus distingués des seigneurs ou des chevaliers français attachés au service de Montfort, et décidés comme lui et avec lui à pousser l'entreprise de la Croisade à bout. A ne voir ces personnages que dans les combats, que dans les assauts ou les prises de villes, qu'au milieu des ravages habituels de la guerre, on les prendrait pour des complices aveugles de Montfort, pour des guerriers transportés d'enthousiasme pour la cause qu'ils ont embrassée, et pour laquelle ils font des prodiges de bravoure. C'est que, sur le champ de bataille, ils n'ont pas autre chose à faire; mais quand notre historien transporte ces mêmes hommes dans les conseils de leur chef, quand il les représente délibérant avec lui et les légats du pape, sur la conduite à tenir envers les Toulousains et les seigneurs du pays, ces hommes nous apparaissent sous un tout autre aspect. Ce sont de braves chevaliers qui sont toujours pour le parti le plus juste et le plus généreux, qui conseillent toujours à Montfort mieux que Montfort ne veut faire, et lui disent non-seulement ce qu'ils pensent, ce qu'ils estiment vrai, mais le lui disent avec une fierté, avec une franchise qui vont souvent jusqu'à la rudesse, en hommes qui ne craignent pas de blesser par leur parole le chef avec lequel ils sont prêts à se faire tuer sur le champ de bataille.

Et ce n'est pas seulement à Montfort que plusieurs des principaux Croisés français opposent cette résistance généreuse, c'est aux chefs ecclésiastiques de la Croisade eux-mêmes. On sent à chaque instant, dans leurs paroles, une défiance, des doutes toujours croissants sur la sainteté d'une guerre où il y a tant de choses à faire contre l'honneur et contre l'humanité; aussi les choses en viennent-elles bientôt au point que ce sont des chevaliers qui défendent, contre les prélats, les croyances et les doctrines ecclésiastiques. Les exemples en sont trop nombreux pour que je puisse les indiquer tous : j'en rapporterai un seul qui mettra le lecteur sur la voie des autres. Il s'agit d'une scène du siége de Beaucaire : une attaque des Croisés a été vigoureusement repoussée par les assiégés; et Montfort, retiré dans sa tente, y tient un conseil où assistent les légats du pape et les principaux chefs de l'armée. Il se plaint avec amertume des échecs désormais journaliers qu'il éprouve, et demande, fort découragé, ce qu'il doit faire. L'évêque de Nîmes prend aussitôt la parole pour relever son courage, et, entre les divers arguments qu'il emploie dans cette vue, il rappelle que tous les Croisés tués ou blessés dans cette guerre sont par là même absous de toutes leurs fautes et de tous leurs crimes. « Par Dieu! s'écrie à ce discours Foucault de Brezi, seigneur évêque, c'est grande merveille comment vous autres lettrés, vous absolvez et pardonnez sans pénitence. Mais je ne croirai jamais, si vous ne le prouvez mieux, qu'un homme soit digne (du paradis) s'il ne meurt confessé. — Foucault, répond l'évêque, il m'est pénible que vous doutiez que tout homme, eût-il été damné jusque-là, a fait pénitence par cela seul qu'il a combattu (contre les hérétiques). — Non, par Dieu, seigneur évêque, pour chose que vous me disiez, je ne croirai jamais que, si Dieu est courroucé et fâché contre nous, ce ne soit à raison de vos sermons et de nos péchés. » J'abrége la scène et n'en rapporte que les traits les plus vifs (voir coupl. CLXII, pag. 302); ils suffiront pour donner une idée de l'espèce d'opposition qui s'était élevée, dans les conseils de la Croisade, entre les meneurs spirituels et les guerriers de l'entreprise, et confirmeront ainsi ce que j'ai déjà dit de l'heureux emploi que notre historien fait des formes dramatiques, pour mettre à découvert certaines parties du caractère de ses personnages, que sa narration, généralement trop brusque et trop occupée du côté pittoresque des actions et des choses, n'aurait point fait suffisamment ressortir.

Mais de tous les caractères que notre auteur a, pour ainsi dire, complétés par ces développements dramatiques qu'il leur donne à tous, le caractère de Simon de Montfort est incontestablement celui à la peinture duquel ces développements conviennent le mieux. De tous les personnages de la Croisade, Montfort est en effet celui que l'on connaîtrait le plus mal, à ne le voir que sous les armes; pour l'entrevoir ou le soupçonner tout entier, il faut le considérer dans ces *parlements*, dans ces conseils, où notre auteur met souvent ses passions et ses intérêts aux prises ou simplement en contact avec d'autres passions et d'autres intérêts. On ne saurait point jusqu'où va l'inflexible énergie de sa volonté, si l'on ne voyait à chaque instant les remontrances les plus fières et les avis les plus sages se briser contre cette volonté. On entreverrait à peine les côtés superstitieux ou équivoques de son caractère, si l'on n'entendait avec quelle naïveté il manifeste devant les siens sa surprise d'être parfois vaincu, de ne pas être invariablement heureux dans ses projets, lui Simon, lui le champion de l'église et de la foi, lui le fléau de l'hérésie; si l'on ne voyait ce guerrier, partout ailleurs si intraitable et si fier, toujours prêt à s'humilier devant les puissances ecclésiastiques, et à leur demander pardon des doutes et des impatiences par lesquels il les offense dans ses revers. Enfin, on pense bien que si, parmi ses compagnons de guerre et de Croisade, Simon avait des amis et des partisans généreux qui, dominés par son ascendant, le servaient sans l'approuver, et tout en regrettant de ne pas le trouver aussi humain et aussi modéré qu'ils l'auraient voulu, il avait aussi ses partisans, ses amis dévoués sans condition, sans restriction et sans scrupule, toujours empressés de le conseiller dans le sens de sa passion et de ses idées. Il est bien évident qu'il ne pouvait se passer d'auxiliaires de cette espèce, et il n'y avait pas de risque qu'il en manquât. Mais ce n'est que dans la partie dramatique de son histoire que notre auteur a pu introduire ces sortes de personnages; ce n'est que par leurs discours et leurs avis qu'il a pu les peindre, et donner une idée du contentement aveugle avec lequel Montfort entendait de leur bouche tous les conseils qu'il avait déjà pris de lui-même.

Encore une observation sur le parti que notre historien a su tirer de l'emploi des formes dramatiques. Elle sera courte, et touche à un point où perce, ce me semble, plus clairement que dans tout autre, ce qu'il y a parfois d'ingénieux dans les intentions de cet historien. Il n'est jamais, nous l'avons vu, embarrassé à louer les Toulousains. Il les célèbre habituellement, en son propre nom, de la manière la plus directe et la plus franche; mais il les célèbre aussi d'une manière plus détournée et plus poétique; il aime à mettre leurs louanges dans la bouche de leurs adversaires. Montfort, qui les abhorre, qui les tient pour de perfides révoltés, les loue involontairement par l'expression acerbe de sa haine; il se lamente à chaque instant d'être vaincu par des vaincus, par des hommes sans armes et sans armures, par une populace qui ne savait rien de la guerre avant d'avoir à guerroyer contre lui. D'autres seigneurs français, croisés aussi, mais moins intéressés que Montfort aux chances et au dénoûment de la Croisade, célèbrent de même l'héroïsme des Toulousains, mais avec de tout autres sentiments que celui-ci, avec franchise, avec le noble plaisir de voir la force et le courage ne point manquer à la justice. Ces éloges désintéressés sont adressés parfois à Simon lui-même, ou donnés en face de lui, et n'en sont que plus dramatiques et plus piquants.

XIV.

Il n'y a sans doute pas beaucoup de variété dans toutes ces scènes que notre historien entremêle aux récits de la Croisade; ce sont généralement les mêmes personnages qui y figurent, les mêmes passions qui s'y agitent, et les mêmes intérêts qui s'y débattent avec des résultats peu différents. D'un autre côté, et je l'ai déjà dit, ces mêmes scènes ne sortent nullement des limites classiques de l'histoire proprement dite, qui admet jusqu'à un certain degré l'usage des formes dramatiques. Toute l'invention, toute la poésie qu'il y a dans cette portion de notre histoire comme de beaucoup d'autres, se réduit à prêter aux personnages historiques des discours que ces personnages ne tinrent jamais, mais qu'ils eussent pu ou même dû tenir, dans le cas où ils auraient voulu rendre compte de leurs idées, et par là des motifs de leurs actions.

Toutefois, entre les nombreux morceaux de notre histoire dont l'effet tient plus à l'emploi des formes dramatiques qu'à celui de la narration pure, il en est quelques-uns qu'il est difficile de ne pas distinguer des autres, où l'on ne peut guère se défendre de soupçonner que la poésie est intervenue plus largement et plus librement que ne le comportaient l'exactitude et la sévérité de l'histoire. Tel est, par exemple, le morceau où notre historien décrit le fameux concile de Latran, et rend compte des résolutions qui y furent prises. Ce long morceau, le plus remarquable peut-être de tout l'ouvrage, celui dans lequel on trouve le plus de beaux traits, le plus d'originalité, de force et d'élévation continues, n'est au fond qu'un petit drame dont les scènes diverses sont à peine séparées par quelques vers de pure narration, et à quiconque y regarde de près, ce drame offre toutes les apparences d'une création poétique où l'histoire a été peu ménagée. J'aurais besoin d'indiquer ce qu'il y a de réel dans ces apparences, et dans quel sens on peut dire que notre historien s'est, en cet endroit, écarté de l'histoire.

l.

INTRODUCTION.

Le concile de Latran, tenu en 1215, sous la présidence d'Innocent III, est célèbre dans l'histoire de l'Église : il y assista, dit-on, douze cents prélats de tout rang et de toute la chrétienté, outre un grand nombre de seigneurs séculiers qui s'y rendirent en personne ou y envoyèrent des députés. Entre une multitude de décisions qui y furent rendues, celles concernant les affaires des Albigeois et de la Croisade contre eux furent de beaucoup les plus importantes. Ces dernières furent de deux sortes, les unes de pure discipline ecclésiastique, relatives à l'hérésie et aux moyens de la comprimer; les autres, uniquement politiques, concernant les intérêts temporels de divers seigneurs des pays entre le Rhône et les Pyrénées, dont les états avaient été envahis et occupés par les Croisés. A la tête de ces seigneurs se trouvaient les comtes de Toulouse et de Foix, réclamant chacun la restitution de ses domaines.

Je laisse de côté les mesures de discipline ecclésiastique prises, dans ce concile, contre les hérétiques. Notre historien n'en ayant rien voulu dire, je n'ai aucun motif ici de m'y arrêter. C'étaient les actes de politique temporelle du concile de Latran qui intéressaient vivement cet historien; et ce sont en effet ceux-là qu'il a rapportés et caractérisés à sa manière. Je vais rapprocher ce qu'il en dit des données fournies par l'histoire officielle du concile : il sera facile par là de voir jusqu'à quel point il s'est écarté de ces données, sur un des points capitaux de son sujet, et d'apprécier le genre et le degré de liberté qu'il y a pris.

Les actes du concile de Latran en offrent la date précise : ils donnent de même les noms des prélats qui y assistèrent; ils en marquent le nombre, les dignités et les siéges. Ils rapportent textuellement les mesures prises, soit directement contre l'hérésie albigeoise, soit à l'égard des seigneurs du Midi, dont les intérêts temporels avaient été lésés par les suites de la Croisade. Tout ce qu'il y avait d'important et de caractéristique dans ces dernières mesures concernait le comte de Toulouse; c'était à lui qu'en voulait principalement la Croisade, pour des raisons si claires, qu'il est à peine besoin de les dire, et qu'en tout cas je n'ai point à mentionner ici.

Il fut solennellement décidé par le concile que ce prince, étant reconnu incapable de gouverner ses états selon la foi catholique, ne devait plus les gouverner. Il fut, en conséquence, déclaré déchu, condamné à passer le reste de ses jours dans l'exil, le plus loin possible des pays qui avaient été siens, avec une pension viagère de 400 marcs d'argent.

Toulouse, Montauban, et toute l'étendue de terres jusque-là conquises par les armes de la Croisade, furent adjugés au comte de Montfort.

La Provence, et quelques autres cantons voisins des Pyrénées, furent mis en réserve pour le fils unique du comte de Toulouse, qui devait en prendre possession à l'époque de sa majorité, à une condition toutefois : à la condition de se comporter comme l'église l'entendait et l'exigeait.

Quant aux comtes de Foix et de Comminges, il ne fut pour lors rien prononcé de définitif sur eux; mais on leur donna, à ce qu'il paraît, de bonnes espérances.

Tels sont en somme les actes du concile de Latran, les actes qui en sont l'expression la plus abstraite, la plus absolue, la plus simple possible. On chercherait en vain, dans tout cela, le moindre indice d'une délibération préliminaire, et moins encore d'une délibération dans laquelle se seraient manifestés des scrupules, des hésitations, des discordances entre les membres du concile. Le fait de ce concile se présente là comme dégagé de tout accident, de tout obstacle, de toute intervention, de tout intérêt autre que l'intérêt ecclésiastique. Il n'y est pas le moins du monde question de la présence ni des réclamations des seigneurs séculiers : tout ce qui les concerne dans une circonstance si grave advient et se passe comme s'ils n'existaient plus, ou comme s'ils avaient pris le parti désespéré d'aller vivre parmi les Sarrasins et les Maures, au delà des Pyrénées et du détroit des Colonnes. Enfin, rien dans ces résultats officiels du concile ne laisse soupçonner, entre le pape et les prélats réunis sous sa présidence, la plus légère diversité de sentiments ou d'opinions. Innocent III n'est là que le suprême et inflexible organe d'une multitude de volontés indivisiblement confondues avec la sienne et dans la sienne. Telles sont, en somme, ce que l'on pourrait nommer les données ecclésiastiques de l'histoire du concile de Latran.

Le récit de notre historien est construit sur de tout autres données. Le concile de Latran n'est pour lui qu'un grand orage de passions et d'intérêts opposés qui vient éclater avec fracas et à jour fixe aux pieds du chef de l'église. Deux partis se sont mis en présence devant celui-ci, les seigneurs séculiers dépouillés par Simon de Montfort, qui sont venus réclamer la restitution de leurs états, et les prélats du concile, dont quelques-uns, ayant pris part aux événements de la Croisade, se trouvent par là personnellement intéressés à la décision qui va être rendue.

Entre ces prélats, les plus marquants sont Arnaud, archevêque de Narbonne; Thédise, évêque d'Agde; Folquet, le fameux évêque de Toulouse; l'abbé de Saint-Thibery, l'archidiacre de Lyon, etc. Ces prélats sont divisés entre eux : quelques-uns sont favorables aux seigneurs spoliés et prêts à les soutenir contre Montfort; le plus grand nombre, dévoué à celui-ci, veut à tout prix faire triompher sa cause et le faire déclarer possesseur légitime des pays qu'il a conquis. C'est l'intrépide et fougueux Folquet qui est à leur tête, et qui s'est fait, dans cette grande occasion, le champion de Montfort.

Quant aux seigneurs dépossédés, notre historien en nomme huit ou dix, entre lesquels il faut distinguer le comte de Toulouse et son fils, âgé d'environ quinze ans; Raymond de Roquefeuille, ancien vassal de ce jeune vicomte de Béziers mort entre les mains de Montfort; Arnaud de Villemur et le comte de Foix, auquel notre auteur fait jouer, dans toute cette affaire, le rôle principal, et un rôle plein de noblesse et d'éclat.

C'est par une déclaration du souverain pontife que notre historien fait ouvrir le débat; mais il faut, pour apprécier cette déclaration, savoir quel caractère cet historien attribue à Innocent III : il le regarde comme un saint personnage, plein de douceur et d'équité, voyant clairement le bien et décidé à le faire, mais circonvenu par ses prélats, les craignant, et toujours en péril d'être entraîné par eux à des résolutions qu'il désapprouve. Maintenant donc, Innocent III, ouvrant le concile et prenant la parole en présence des seigneurs ecclésiastiques ou séculiers qui attendent tous sa décision, déclare reconnaître le comte de Toulouse pour vrai catholique, et se montre décidé à lui restituer ses états.

Là-dessus s'engage, entre le comte de Foix et l'évêque Folquet, un long débat entrecoupé d'incidents qui en sortent de la manière la plus dramatique et la plus énergique. Tout cela perdrait trop à être sèchement résumé, et j'aime mieux le livrer intact à l'imagination du lecteur. Je me bornerai à dire qu'à la suite de ce débat, Innocent III se retire fatigué de la scène qu'il vient de subir, attristé des haines et des fureurs qui viennent d'éclater devant lui, mais du reste plus convaincu que jamais de l'innocence du comte de Toulouse, et plus que jamais décidé à lui faire restituer ses états. Il va, en attendant, se récréer un instant dans un des jardins de son palais; et le comte de Toulouse et ses amis se retirent de leur côté, satisfaits des bonnes dispositions et des promesses du pontife.

Mais ils se sont trop pressés de crier victoire; Folquet et les prélats, amis de Montfort, alarmés des paroles et des sentiments du pape, le suivent dans le jardin où il est entré pour se délasser, et là s'ouvre alors entre eux un nouveau débat aussi animé que le premier, et dans lequel les pères du concile laissent mieux voir encore jusqu'où va leur dévouement à Montfort, et leur haine pour le comte de Toulouse. Innocent III leur résiste longtemps; il leur reproche avec dignité les passions peu chrétiennes auxquelles il les voit en proie; mais à la fin il cède aux importunités et adjuge définitivement à Montfort les domaines du comte Raymond VI, s'excusant ensuite de son mieux envers ce dernier, par des discours compatissants, et par le tendre intérêt qu'il montre pour le jeune Raymond.

Si peu que cette faiblesse d'Innocent III pût lui agréer, notre historien n'en témoigne aucun dépit : bien loin de là, il semble avoir cherché à la couvrir d'un voile poétique, à travers lequel elle se montre imposante et vénérable. Le pape accorde bien à Montfort la faveur sollicitée pour lui, mais il accompagne sa concession de pressentiments sinistres, de menaces mystérieuses; il voit déjà voler dans l'air la pierre fatale qui tombera *là où il faut*.

Tel est, réduit à ses principales circonstances, le compte que notre historien a rendu du concile de Latran, ou de la partie de ce concile qu'il avait particulièrement en vue. On ne pourrait pas dire convenablement qu'un tel aperçu soit contraire aux données que les actes de ce concile présentent pour son histoire : il est tout entier hors de ces données. Maintenant la vraie question relativement à cet aperçu, c'est de savoir si c'est une pure fiction, ou s'il s'y trouve quelque chose qui puisse être sérieusement qualifié d'historique. Or il ne me semble ni superflu, ni impossible de répondre à cette question.

Les invraisemblances de détail et le manque continu de ce que, faute d'un autre terme convenu, je nommerais volontiers *costume historique*, sont trop évidents dans ce tableau tracé par notre historien du concile de Latran, ou du moins de la partie politique de ce concile, pour qu'il soit nécessaire de les signaler expressément. Il est manifeste que cet historien n'avait aucune idée de l'étiquette, ni du cérémonial de la cour romaine; qu'il ne soupçonnait rien des voies ni des menées par lesquelles la politique de cette cour marchait à ses fins. Ayant à peindre un concile, il lui fallait, en quelque sorte, se le figurer de toute pièce, et il se l'est figuré par analogie avec ce qu'il savait, avec ce qu'il avait vu de la tenue des petites cours féodales qu'il avait fréquentées.

Mais ces inexactitudes de détail, ces défauts de costume qui frappent dans le tableau dont il s'agit, n'impliquent nullement la fausseté des traits principaux ni du fond. C'est en tout ce qu'il a de plus important et de plus caractéristique que ce tableau offre le plus de vérité historique. Et d'abord il est certain que les seigneurs séculiers intéressés à la décision du concile s'y rendirent en personne et plaidèrent eux-mêmes leur cause, sinon devant le concile même, au moins devant le pape, et en face de leurs adversaires. Il est également certain, et il est attesté par des témoignages irrécusables, que ces mêmes seigneurs trouvèrent des défenseurs zélés parmi divers prélats, dont quelques-uns, étant intervenus directement dans les événements de la Croisade, se trouvaient par là même les plus compétents pour prononcer dans cette grande cause. Il est certain, enfin, que cette cause fut débattue, et qu'il y eut dans le concile de hauts personnages ecclésiastiques auxquels la sentence rendue par la majorité parut une grande iniquité.

Un point plus délicat et plus douteux, c'est ce qui touche les sentiments et la conduite que notre historien prête à Innocent III. Je ne veux pas discuter ce point; je n'en ai pas le temps, et ce n'en serait point ici le lieu; mais je ne dissimulerai point la conviction où je suis que, même sur ce point, notre historien a dit la vérité. Il a pu exagérer, il a certainement exagéré quelque chose à cet égard : il est on ne peut plus invraisemblable qu'Innocent III ait exprimé en plein concile les idées et les projets qui lui sont attribués dans notre histoire, précisément comme ils le sont dans cette histoire, d'une manière si explicite et si franche. Mais qu'il ait réellement senti et pensé comme le fait penser et sentir notre auteur; qu'en dépouillant le comte de Toulouse en faveur de Simon de Montfort, il ait été mû et déterminé par des considérations en dehors de ses convictions personnelles, c'est de quoi je ne saurais douter et ce que savait indubitablement notre historien. Il avait pu l'apprendre de quelqu'un des comtes du pays qui s'étaient trouvés à Rome, durant la tenue du concile, et qui, ne pouvant guère ignorer les véritables sentiments du pape à leur égard, devaient en rendre facilement témoignage, et lui en savoir quelque gré.

Si donc il y a de l'invention et de la poésie, comme il y en a certainement et beaucoup, dans tout ce tableau du concile de Latran par notre poëte, c'est bien moins dans le fond et sur les points essentiels que dans la forme, les accessoires et les détails, que dans le ton général de l'ensemble. Tout ce que notre historien savait du concile dont il s'agit, il l'a conçu, combiné, développé d'une manière toute dramatique, fondant dans les discours de ses personnages une multitude de particularités historiques, qui leur donnent un sérieux, une vérité, une plénitude de vie dont on ne trouverait, je crois, guère d'exemples, même en les cherchant bien haut et bien loin.

Il y a, dans notre histoire, quelques autres endroits auxquels s'appliqueraient plus ou moins directement les observations que je viens de faire sur le passage où il s'agit du concile de Latran; mais il est temps d'en finir et d'abandonner au lecteur tout ce que j'ai dit et tout ce qui reste à dire sur ce curieux monument de littérature et d'histoire. Je n'ajoute plus que quelques considérations très-sommaires, dans l'intention de ramener à un même point de vue général les observations et les détails qui précèdent.

XV

A l'origine des littératures et durant toute la période de leurs premiers développements, la science et la poésie ne font qu'une seule et même chose, ou, pour mieux dire, tout alors est poésie : la science n'existe pas encore. Mais dans les littératures qui se développent d'une manière naturelle et régulière, il arrive toujours une époque où la science, jusque-là enveloppée et comme cachée dans la poésie, s'en détache peu à peu pour se développer séparément, et se diviser de plus en plus.

Cette transition générale de la poésie à la science commence ordinairement par la transition particulière de l'épopée à l'histoire. Celle-ci, longtemps indivisible de la première, finit nécessairement par s'en séparer, et par soumettre à des épreuves de plus en plus sévères, à des restrictions de plus en plus rigoureuses, les faits et les traditions qui sont la matière commune de l'une et de l'autre. Mais cette transition ne se fait jamais d'une manière si brusque et si absolue, que la première histoire se distingue nettement de la dernière épopée; elle est toujours plus ou moins lente, toujours graduelle, et il se passe un temps assez long durant lequel les deux genres conservent des traces manifestes de leur union, de leur fusion primitives. L'histoire garde longtemps dans ses formes, dans son ton, et parfois même dans ses matériaux et sa substance, quelque chose de poétique, quelque chose de gracieux et de naïf, qu'elle ne doit perdre qu'à l'époque de sa maturité.

Les monuments historiques par lesquels s'est opérée, dans une littérature donnée, cette transition naturelle de l'épopée à l'histoire ont plus ou moins d'importance intrinsèque, à raison du plus ou moins qu'ils nous apprennent de la marche et des destinées générales de l'humanité; mais toujours sont-ils des plus intéressants et des plus curieux entre ceux de la littérature à laquelle ils appartiennent. Ils sont rares dans toutes les littératures; mais il n'y en a peut-être aucune, pour peu qu'elle soit ancienne et développée, qui en manque totalement; il ne s'agit que d'élever la critique au point de vue d'où elle peut les reconnaître et les caractériser. Ce n'est pas ici que je pourrais tenter rien de semblable : je me bornerai, pour ajouter quelque chose de positif à ces considérations abstraites, à signaler en peu de mots quelques-uns de ces monuments historiques, tenant encore par plusieurs de leurs caractères à la poésie épique, qui en a renfermé le germe.

Dans la littérature grecque, ce fut par les compositions des logographes que l'épopée passa à l'histoire. On n'a plus de ces compositions que de courts fragments; mais elles nous sont, en quelque manière, représentées par l'histoire d'Hérodote, qui n'en est que le plus haut degré de développement et de perfection, et dans le plan, l'objet, le style et certains détails de laquelle on reconnaît encore aisément les influences de la poésie, et plus particulièrement celles de la vieille épopée.

Il y a dans la littérature espagnole un monument de ce genre, important et curieux au delà de toute expression : c'est la Chronique générale d'Espagne, compilée vers le milieu du XIIIe siècle par les ordres d'Alphonse X. Bien qu'en prose, et d'un ton généralement grave et simple, cette Chronique n'en est pas moins évidemment la transition des traditions épiques du pays à un corps d'histoire nationale proprement dite. Mais, tout en se défiant des fables poétiques, mêlées aux traditions dont il s'agit, les compilateurs de la Chronique y ont admis une multitude de ces fables, et en ont fait de la sorte une œuvre encore toute poétique dans plusieurs de ses parties.

Les Grecs modernes ont, dans leur littérature vulgaire, des ouvrages que je crois pouvoir indiquer ici, si peu connus qu'ils soient. Ce sont des portions de leur histoire, dans le fond et la substance desquelles tout est véracité, simplicité, naïveté; mais qui ne laissent pas d'être à beaucoup d'égards éminemment poétiques. Non-seulement elles sont en vers, et dans les mêmes vers que leurs chants populaires, mais elles offrent à tout propos les mêmes hardiesses, le même goût de poésie que ces derniers, dont elles se distinguent plus par leur étendue que de toute autre façon.

Notre poëme sur la Croisade albigeoise est un ouvrage du genre de ceux que je viens d'indiquer; il est comme eux, ou encore plus manifestement qu'eux, une transition de la poésie, et particulièrement de l'épopée à l'histoire. Ici seulement la transition a quelque chose de brusque et d'accidentel, qui la caractérise et la distingue de toute autre à laquelle on pourrait la comparer. A l'époque des Albigeois, la culture intellectuelle des populations du Midi n'était point assez avancée pour se développer en divers sens : leur poésie leur suffisait encore; on se passait d'histoire, ou, pour mieux dire, on se contentait de celle que l'on croyait avoir. Les imaginations, charmées des fictions exaltées de la chevalerie, des idées raffinées qu'elles s'étaient faites de l'amour, n'aspiraient encore à rien de plus sérieux ni de plus vrai. Mais tout d'un coup éclate la guerre de la Croisade; et les imaginations sont violemment arrachées à leurs gracieuses rêveries par d'épouvantables réalités, où elles prennent de rudes leçons d'histoire et d'idées sérieuses. Dans une foule de poëtes dont le pays abonde, il s'en rencontre quelques-uns, il s'en rencontre au moins un, et c'est le nôtre, qui, vivement ému de ces tragiques événements, est saisi du désir de les écrire, et en forme le projet.

Or ce projet, comment devait-il, comment pouvait-il l'exécuter? Précisément comme il l'a fait. Si fortes, si nouvelles que fussent ses impressions, il pouvait les rendre seulement par les moyens par lesquels il avait jusque-là rendu ses impressions habituelles. Il ne pouvait avoir l'idée d'écrire en prose : l'usage de la prose était chose inconnue dans la littérature de son pays et de son époque. Voulant à tout prix faire de l'histoire, il ne pouvait en faire que dans les formes déjà connues, déjà consacrées de ce qui avait jusque-là tenu lieu d'histoire, de l'épopée carlovingienne. Les événements qu'il avait à raconter, terribles, inouïs, menaçants comme ils l'étaient, excluaient tout mélange de fiction. En un mot, plus on considère les circonstances au milieu desquelles il entreprit son ouvrage, et mieux l'on conçoit que la transition de l'épopée à l'histoire, dont cet ouvrage est un monument, ait été vive, complète, tranchée; que tout soit devenu historique dans le fond, et soit resté poétique pour la forme. On sera peut-être embarrassé de décider sous lequel des deux points de vue il offre le plus d'intérêt, mais on s'accordera, je pense, à regarder comme un ouvrage précieux, et à certains égards unique, un ouvrage au sujet duquel on peut éprouver un tel embarras.

XVI.

J'ai trop parlé de notre poëme albigeois pour n'en pas dire encore quelques mots, pour ne pas rendre un compte sommaire des règles que j'ai suivies dans la publication du texte, et dans la traduction française qui l'accompagne.

Ainsi que je l'ai annoncé dès le début de cette introduction, le manuscrit publié dans ce volume est un manuscrit unique; circonstance qui devait nécessairement beaucoup restreindre la tâche d'un éditeur, et surtout d'un premier éditeur. Dès l'instant où les moyens ordinaires de confrontation et de collation manquaient pour la critique du texte à publier, il ne restait plus qu'à le reproduire avec la plus stricte exactitude, qu'à en donner une espèce de *fac-simile*. Heureusement ce texte s'est trouvé assez correct pour qu'avec un peu d'attention et quelque familiarité avec l'ancien provençal on pût aisément en saisir et en apprécier la suite et l'ensemble. Mais il ne laisse pas de présenter des incorrections qui en altèrent ou en obscurcissent beaucoup de détails.

De ces incorrections, les unes, provenant de légères distractions du copiste, et se réduisant presque toujours à des variantes d'orthographe, peuvent être négligées sans inconvénient ou corrigées sans difficulté. J'en ai fait disparaître le plus grand nombre, m'attachant à choisir, entre les différentes formes d'un même mot également admises dans notre manuscrit, les plus correctes et les plus accréditées.

Il se rencontre aussi dans ce manuscrit des incorrections d'un autre genre et plus formelles que les premières : elles consistent à substituer, dans certains mots, aux désinences propres du provençal des désinences insolites. Ainsi, par exemple, pour *aiudar* on trouve *aiuder*, pour *matatz* on trouve *matetz*. C'est une licence, on pourrait dire une barbarie, autorisée par les exigences de la rime, et qui, malgré son mauvais effet, doit être respectée.

INTRODUCTION.

Quant aux incorrections plus graves qui affectent des passages entiers, des vers, des hémistiches dont elles obscurcissent ou embarrassent le sens, je me suis soigneusement abstenu de chercher à y remédier, là même où il me semblait que j'aurais pu le faire sans témérité. Tout ce que je me suis permis à cet égard, ç'a été d'exprimer quelquefois dans la traduction le sens que je n'ai point osé introduire dans le texte. J'ai aussi joint à cette traduction quelques notes où j'ai proposé mes doutes et mes conjectures sur les endroits les plus altérés ou les plus difficiles. C'est là, faute de manuscrits à consulter, tout ce que j'ai pu faire pour éclaircir un texte souvent difficile et parfois inintelligible.

Malgré les soins extrêmes apportés à l'impression de ce texte, il s'y est glissé quelques fautes, mais si légères, qu'aucune ne peut causer le moindre embarras. On en jugera par celles que je crois devoir signaler et corriger ici; ce sont les plus graves de toutes, pour ne pas dire que ce sont les seules [1].

En publiant un texte écrit dans un idiome mort que personne n'étudie, il était indispensable d'y joindre une traduction; et cette traduction je l'ai faite, en m'appliquant à la rendre, je ne dis pas seulement exacte et fidèle, ce n'eût point été assez, à mon avis, mais aussi littérale que possible, et telle que l'on pût, au besoin, y retrouver, sauf le mètre, le texte provençal. Je n'essayerai pas d'expliquer toutes les difficultés que j'ai rencontrées dans cette tâche; il faudrait, pour me croire, perdre beaucoup de temps et

---

[1] Vers 1164, au lieu de *les*, lisez *lor*. — V. 1879, *la cort*, lisez *lacort*. — V. 3098, *remnaens*, lisez *remanens*. — V. 3854, *Lailha*, lisez *La Ilha*. — V. 8934, *dhols*, lisez *dolhs*.

de patience à des recherches minutieuses que je me garderai bien de conseiller à qui que ce soit. Les seuls cas où j'aie un peu mitigé, dans l'application, ce principe de fidélité littérale qui doit être, selon moi, la loi suprême de tout traducteur, ce sont les cas où notre poëte, lequel ne se pique guère plus de clarté que de correction, s'exprime d'une manière si vague, qu'en le rendant rigoureusement en français, j'aurais eu l'air de ne rien dire. Or, j'ai toujours voulu avoir l'air de dire quelque chose, et j'ai tâché d'être clair et précis, là même où il y avait à l'être, une ombre de licence ou de liberté.

Par suite des mêmes principes de fidélité, je n'ai pu traduire un ouvrage composé il y a sept cents ans comme j'aurais traduit un ouvrage des temps académiques. Il était pour moi de toute convenance de répandre de mon mieux quelques teintes d'archaïsme sur ma version, mais j'ai tâché de ne pas trop dépasser, sur ce point, les limites de l'usage et de la clarté. J'ai employé quelques vieux mots, mais je ne les ai point forgés dans l'intention de faire du style naïf; je les ai trouvés tout faits dans l'ancienne langue française, et ce n'est pas uniquement comme vieux que je les ai préférés, c'est comme rendant mieux les sentiments ou les idées de l'original que leurs équivalents modernes. Le mot d'*armée*, par exemple, ne dit pas précisément la même chose que celui de *host*.

Il s'est glissé çà et là dans la traduction quelques méprises sur les noms d'hommes ou de lieux. Je demande l'indulgence du lecteur pour celles que je n'aurais point aperçues, et le prie de vouloir bien tenir pour corrigées les suivantes dont je me suis aperçu trop tard. Au vers 1032, au lieu de *Saint-Baudile*, lisez *Sainte-Bazeille;* vers 8933, au lieu de *Vazeilles*, lisez *Baziége*. Il faut peut-être, dans le vers 1312, lire *Albas* au lieu d'*Alby*. Quant aux noms d'hommes, il y a une correction importante à faire dans le vers 1440 : il faut y lire : *Pierre, comte d'Auxerre, Robert de Courtenay (son fils)*. Peut-être faut-il, au lieu de *Dore de Barasc*, dans le vers 9457, lire *Dieudonné de Barasc*.

On regardera sans doute la publication de cet ouvrage comme une addition importante au recueil des documents de l'histoire de la Croisade albigeoise. Mais ce recueil n'est pas complété par là; il y manque encore diverses pièces manuscrites, qui toutes méritent d'y figurer, qui toutes fournissent quelques notions et quelques données pour l'histoire encore si mal connue de ce grand événement. De ce nombre sont les poésies des troubadours auxquelles j'ai déjà fait rapidement allusion, et cette longue pièce provençale, dont j'ai aussi parlé, la signalant comme remplie de notices précieuses sur les mœurs et les doctrines des Albigeois. Il faut y comprendre encore quelques courtes chroniques en roman qui donnent la date précise de divers événements de la Croisade, et un petit poëme latin sur la bataille de Muret, composé par quelque moine contemporain.

Indépendamment de ces documents tous d'un intérêt différent, mais tous intéressants, il reste, dans divers recueils manuscrits, une foule d'actes, de chartes, de transactions de toute espèce, relatifs à la Croisade, dont ils démontrent les effets variés dans l'ordre civil et politique. Il reste enfin, dans l'immense collection de Doat, des copies des procès-verbaux de l'inquisition de Toulouse, en nombre suffisant pour former plusieurs in-folio. Ces pièces sont incontestablement ce qui nous reste de plus sûr et de plus curieux pour l'histoire des doctrines, de l'organisation religieuse, des mœurs des Albigeois, et de leurs relations avec leurs frères d'Italie ou d'ailleurs.

M. Guizot, qui comme écrivain a tant fait, et comme ministre tant fait faire pour l'avancement de notre histoire nationale, informé de l'existence des documents dont je viens de parler, en a ordonné la publication : il résultera de là, selon toute apparence, deux volumes in-4°, qui seront la suite et le complément naturels de notre histoire albigeoise. Il a bien voulu me confier la direction de ce nouveau travail, heureusement aussi facile qu'il est intéressant, et où il ne faudra qu'un peu de zèle pour mériter une confiance dont je m'honore.

Je ne dois point terminer cette préface sans reconnaître les services que m'a rendus, dans tout le cours et dans toutes les parties de mon travail, M. Teulet, élève de l'école des Chartes, employé aux Archives du royaume. Je ne saurais de quoi me louer davantage ni de quoi j'ai profité le plus, de son intelligence exercée en tout ce qui concerne la paléographie, de son exactitude dans les recherches historiques, ou de son zèle infatigable. C'est avec un vrai plaisir que je lui rends ce faible témoignage de ma gratitude.

FIN DE L'INTRODUCTION.

SOMMAIRES DES COUPLETS.

I.

ANN. 1204. L'auteur du poëme est un clerc nommé Guillaume, natif de Tudèle en Navarre; son éloge.

II.

Progrès de l'hérésie; le pape envoie les moines de Cîteaux pour la combattre. — Conférence tenue à Carcassonne en présence du roi d'Aragon. (*Février.*)

III.

Le pape choisit pour légat Arnaud, abbé de Cîteaux, et lui donne plein pouvoir contre les hérétiques. (29 *mai.*)

IV.

ANN. 1208. Vains efforts d'Arnaud. — Un autre légat, Pierre de Castelnau, vient à Saint-Gilles, où il excommunie le comte de Toulouse. — Il est assassiné par un écuyer du comte. (15 *janvier.*)

V.

Indignation du pape. — Il tient conseil avec l'abbé Arnaud, maître Milon et les douze cardinaux. — L'extermination des hérétiques est décidée.

VI.

L'abbé de Cîteaux propose la Croisade, et offre de la prêcher dans toute la France.

VII.

La proposition d'Arnaud est agréée; il part accompagné de l'archevêque de Tarragone et de plusieurs autres prélats.

VIII.

Les moines de Cîteaux prêchent la Croisade; les seigneurs se croisent en foule; à leur tête sont le duc de Bourgogne et le comte de Nevers.

SOMMAIRES DES COUPLETS.

IX.

ANN. 1208. Douleur du comte de Toulouse et du vicomte de Béziers. — Le comte se rend à Aubenas auprès du légat, qui le renvoie au pape, pour en obtenir l'absolution. — Mésintelligence entre le vicomte de Béziers et le comte de Toulouse. — Date de la composition du poëme.

X.

Ambassade envoyée à Rome par le comte de Toulouse.

XI.

ANN. 1209. Le pape exige du comte de Toulouse sept de ses plus forts châteaux en échange du pardon qu'il lui accorde. (18 *juin*.) — Efforts du vicomte de Béziers pour obtenir la paix. On lui impose de telles conditions qu'il se décide à la guerre. — Il se retire à Carcassonne.

XII.

La guerre commence. — Noms des principaux chefs de la Croisade.

XIII.

Dénombrement de la principale armée des Croisés. — Un autre corps, venu par l'Agénois, s'empare de Puy-la-Roque, de Gontaud, de Tonneins, et assiége Chasseneuil. (*Juillet*.)

XIV.

Ce château, vaillamment défendu par Séguin de Balenc, finit par capituler. — Une troisième bande, conduite par l'évêque du Puy, après avoir rançonné Caussade et le bourg Saint-Antonin, se réunit à celle qui assiégeait Chasseneuil. (Voyez leurs routes tracées sur la carte géographique.) — Panique de la garnison de Villemur. — La grande armée des Croisés, guidée par le comte de Toulouse, s'avance contre Béziers.

XV.

Éloge du vicomte de Béziers. — Il se rend à Béziers et s'apprête à une vigoureuse résistance.

XVI.

ANN. 1209. Départ du vicomte pour Carcassonne. — L'évêque de Béziers exhorte les habitants de cette ville à se soumettre.

XVII.

Refus des habitants. — L'évêque quitte la ville.

XVIII.

L'armée des Croisés investit Béziers. (21 *juillet.*)

XIX.

Meurtre d'un Croisé français. — Engagement entre les ribauds de l'armée et les habitants, qui abandonnent les murailles.

XX, XXI, XXII.

Sac et incendie de Béziers. (22 *juillet.*)

XXIII.

Les Croisés marchent contre Carcassonne. — A leur approche le vicomte appelle en conseil ses principaux chevaliers. (1er *août.*)

XXIV.

P. Rogers de Cabaret propose d'attendre au lendemain pour attaquer les Croisés.

XXV.

Le combat s'engage au point du jour. Les assiégeants parviennent à incendier le faubourg, et s'emparent de la rivière.

XXVI.

Arrivée du roi d'Aragon au camp des Croisés.

XXVII.

Il se rend sans armes auprès du vicomte.

XXVIII.

ANN. 1209. Il lui offre sa médiation, que le vicomte accepte.

XXIX.

Vaines démarches du roi d'Aragon.—Les Croisés ne veulent laisser sortir que le vicomte, lui douzième. Il déclare qu'il se défendra jusqu'à la dernière extrémité.

XXX.

Départ du roi d'Aragon.—Le siége est poussé avec vigueur; détresse des assiégés. Entrevue du vicomte avec l'un des chefs de la Croisade.

XXXI, XXXII.

Le vicomte se laisse conduire au camp des Croisés.

XXXIII.

Les habitants et la garnison s'échappent de la ville et se dispersent. —Les Croisés sont maîtres de Carcassonne. (15 *août*.) — L'abbé de Cîteaux défend le pillage sous peine d'excommunication; et propose d'élire un chef auquel on remettrait tout le butin.

XXXIV.

Les châteaux de Montréal et Fanjeaux se soumettent aux Croisés. — Le comte de Nevers et le comte de Saint-Pol refusent successivement le commandement qui leur est offert.

XXXV.

Il est accepté par Simon, seigneur de Montfort, comte de Leicester.

XXXVI.

Les seigneurs croisés se retirent, à l'exception de huit ou dix des plus braves.

SOMMAIRES DES COUPLETS.

XXXVII.

ANN. 1209. Simon envoie Guillaume d'Encontre à Béziers, Lambert de Crécy à Limon, et se réserve la garde de Carcassonne.

XXXVIII.

Le comte de Toulouse présente son jeune fils aux chefs des Croisés, qui, après l'avoir gracieusement accueilli, s'en retournent chez eux.

XXXIX.

Avant de se retirer, les Croisés font sommer les habitants de Toulouse de se soumettre. Ceux-ci déclarent qu'ils obéiront au pape. — Le comte de Toulouse se dispose à partir pour Rome. Il envoie vers le pape Raymond de Rabastens et l'abbé de Saint-Audard pour annoncer son arrivée. (*Septembre.*)

XL.

L'abbé de Cîteaux s'efforce vainement de dissuader le comte de ce voyage. — Mort du vicomte de Béziers. (10 *novembre*.)

XLI.

Accord entre le comte de Foix et le comte de Montfort. — Révolte de Giraud de Pepion contre Simon de Montfort. — Bouchard, gouverneur de Saissac, est battu et pris par ceux de Cabaret.

XLII.

Pendant tout l'hiver les affaires de Simon vont en déclinant. Le retour des Croisés les rétablit au printemps. — Voyage du comte de Toulouse.

XLIII.

ANN. 1210. Le pape le reçoit avec bienveillance et lui donne l'absolution. (*Fin de janvier.*)

XLIV.

Retour du comte à Toulouse. — Dans une entrevue avec le comte de Montfort et l'abbé de Cîteaux il conclut la paix. — L'abbé Arnaud et l'évêque de Toulouse entrent dans cette ville et sont mis en possession du château Narbonnais.

XLV.

Entrevue de l'abbé de Cîteaux et du roi d'Aragon à Portel (près Muret); elle est sans résultat.

XLVI.

Vains efforts de l'évêque de Toulouse et de l'abbé de Cîteaux pour convertir les hérétiques.

XLVII.

Dissensions dans Toulouse; combats fréquents entre les habitants du bourg et les membres de la confrérie instituée par l'évêque.

XLVIII.

Montfort assiége le château de Minerve. (*Mai.*)

XLIX.

Ce château est pris malgré la défense de Guillaume de Minerve; les hérétiques qui s'y étaient renfermés sont livrés au feu. (*22 juillet.*)

L.

Montfort met ensuite le siége devant Penautier, où la comtesse sa femme vient le rejoindre. — Il tient conseil avec ses barons, et prend la résolution d'assiéger Termes, dans le comté de Narbonne.

LI.

Guillaume d'Encontre est chargé de garder Carcassonne.

LII.

Les Croisés se séparent dans la prairie de Penautier. — Guillaume d'Encontre, Crépin de Roquefort, Simon le Saxon et don Guyot se rendent à Carcassonne; Montfort, avec le reste de l'armée, se dirige vers Termes.

SOMMAIRES DES COUPLETS.

LIII.

ANN. 1210. Un convoi de machines de guerre envoyées par don Guillaume part de Carcassonne pour le siége de Termes.

LIV.

Les gens de Cabaret, avertis par un espion, attaquent le convoi, sous la conduite de Pierre Roger. — Guillaume fait prendre les armes à ses chevaliers.

LV.

Pierre Roger et ses gens sont complétement battus par Guillaume d'Encontre, et le convoi continue sa route vers Termes.

LVI.

Joie du comte de Montfort en apprenant la victoire de don Guillaume. — L'archevêque de Bordeaux et une foule de seigneurs français, allemands et provençaux se réunissent au comte de Montfort devant Termes. — Le siége se prolonge pendant neuf mois. — La dyssenterie se met parmi les assiégés.

LVII.

Les habitants, tourmentés par cette maladie, profitent d'une nuit obscure pour abandonner le château. — Roger de Termes est fait prisonnier. (23 *novembre*.)

LVIII.

Les plus forts châteaux de la contrée, notamment celui d'Albas, sont abandonnés. — Le comte de Toulouse se rend à Saint-Gilles, où l'abbé de Cîteaux tenait concile. Il se retire sans avoir pu s'accorder avec le légat.

LIX.

ANN. 1211. Le comte se rend au concile de Narbonne, où le roi d'Aragon vient le rejoindre (*janvier*); puis à un troisième concile dans la ville d'Arles. On veut lui imposer des conditions d'une rigueur excessive. — Indignation du comte et du roi d'Aragon.

SOMMAIRES DES COUPLETS.

LX.

ANN. 1211. Le comté parcourt le pays montrant partout la sentence prononcée contre lui. — Teneur de cette sentence.

LXI.

Tous les habitants déclarent qu'ils préfèrent la mort à de telles conditions. Le comte appelle à son aide ses amis de l'Albigeois, du Béarn et du Carcassais. (*Février.*)

LXII.

Au commencement du carême, les Croisés se mettent en mouvement. — L'évêque de Toulouse va en France prêcher la Croisade.

LXIII.

Une armée nombreuse conduite par Pierre de Courtenay, comte d'Auxerre, Robert son fils, et le chantre de Paris, entre à Carcassonne et occupe les environs. (10 *mars*.) — A cette nouvelle, Pierre Roger de Cabaret délivre don Bouchard, qu'il retenait prisonnier, et se remet, lui et son château, sous sa garde.

LXIV.

Don Bouchard reçoit l'hommage de Pierre Roger et quitte Cabaret avec de riches présents.

LXV.

Étonnement et joie du comte de Montfort à l'arrivée de don Bouchard.

LXVI.

Le gros de l'armée retourne à Carcassonne. Le reste va prendre possession de Cabaret.

LXVII.

Siége de Lavaur.

SOMMAIRES DES COUPLETS.

LXVIII.

ANN. 1211. Lavaur est pris au mois de mai, le jour de Sainte-Croix. (3 mai.) Supplice de don Amerigatz, de dame Giraude, sa sœur, et de quatre-vingts chevaliers. Plus de quatre cents habitants sont livrés au feu.

LXIX.

Défaite de cinq mille Croisés allemands par le comte de Foix, sous les murs de Mont-Joyre. (*Cet événement est antérieur à la prise de Lavaur.*)

LXX.

Les Croisés envoient contre le comte quatorze mille cavaliers. Mais il se retire à Mont-Guiscart, et les barons croisés reviennent à Lanta.

LXXI.

Ils retournent ensuite à Lavaur.

LXXII.

Tout le butin fait dans cette ville est donné en payement à Raymond de Salvagnac, marchand de Cahors, qui fournissait l'argent nécessaire à la Croisade. — Pendant l'année les Croisés se rendent maîtres de tout le pays; ils assiégent le château de Montferrand que tenait le comte Baudouin, frère du comte de Toulouse.

LXXIII.

Noms des principaux chevaliers qui étaient avec le comte Baudouin.

LXXIV.

Les Croisés donnent l'assaut au château de Montferrand. — Capitulation de Baudouin. Il promet avec ses barons de ne plus porter les armes contre la Croisade.

LXXV.

Rabastens, Gaillac, Montagut, la Garde, Puy-Celsi, la Guépie, Saint-Antonin se soumettent aux Croisés, qui restent maîtres de tout l'Albi-

ANN. 1.211. geois. (*Commencement de juin.*) — Les habitants de Bruniquel veulent brûler leur ville; le comte Baudouin les en empêche.

LXXVI.

Les habitants de Bruniquel, déliés de leur serment de fidélité par le comte de Toulouse, se donnent au comte Baudouin. — Alliance de celui-ci avec le comte de Montfort.

LXXVII.

Entrevue du comte Baudouin et du comte de Toulouse. Le comte Raymond lui donne de nouveau l'autorisation de traiter avec les Croisés. — Arrivée du comte de Bar. Les Croisés marchent sur Toulouse. — La ville se prépare à une vigoureuse résistance. (*Juin.*)

LXXVIII.

Combat près du pont de Montaudran; Bertrand, fils du comte de Montfort, est fait prisonnier.

LXXIX.

Après avoir forcé le passage du Lers, l'armée des Croisés s'avance vers Toulouse.

LXXX.

Siége de Toulouse. (*Juin.*) — Les comtes de Bar et de Châlons donnent un premier assaut. Mort de Raymond de Castelbon.

LXXXI.

Hugues d'Alfar, sénéchal d'Agen, et don Arces, son frère, s'apprêtent à faire une sortie malgré le comte de Toulouse.

LXXXII.

Les Toulousains trouvent les Croisés sur leurs gardes. Mort de don Eustache de Caux.

LXXXIII.

Vifs regrets causés par la mort de don Eustache. — Après avoir pen-

ANN. 1211. dant quinze jours ravagé les vignes, les Croisés, manquant de vivres, s'apprêtent à se retirer et à marcher contre le comte de Foix.

LXXXIV.

Départ de Montfort avec la plus grande partie des Croisés. (29 *juin*.) — Le comte d'Alen quitte la Croisade. — Quatre-vingt-quatorze hérétiques sont pris à Casser et livrés au feu. — Après avoir ravagé le pays de Foix, Montfort se rend à Rocamadour, et l'abbé de Cîteaux se retire à Cahors.

LXXXV.

L'abbé de Cîteaux engage les barons du pays et ceux de Provence à ne point abandonner le comte de Montfort. — Ils parcourent ensemble la province.

LXXXVI.

Le comte se rend à Carcassonne; l'abbé part pour Alby. — Le comte de Toulouse lève des troupes dans toute l'étendue de ses domaines. — Arrivée de don Savari de Mauléon.

LXXXVII.

Tous les vassaux du comte de Toulouse répondent à son appel. Une armée formidable se rassemble.

LXXXVIII.

Cette armée s'élève à plus de deux cent mille hommes. — Invectives et menaces des Toulousains contre le comte de Montfort.

LXXXIX.

L'armée toulousaine se met en marche vers le Lauraguais. (*Septembre*.) — Le comte de Montfort fait de son côté appel à tous les barons français, qui se hâtent de lui obéir.

XC.

Entouré à Carcassonne de plus de trois cents barons, le comte de Montfort leur annonce les projets des Toulousains et demande leur avis.

SOMMAIRES DES COUPLETS.

XCI.

ANN. 1211.

Conseil donné par Hugues de Lascy; son avis est adopté.

XCII.

Montfort quitte Carcassonne et va à Castelnaudary attendre le reste de l'arméé. — Le comte de Toulouse vient camper à une demi-lieue de cette ville et en commence le siége. (*Fin de septembre.*)

XCIII.

Le comte de Montfort entre dans Castelnaudary. — Don Bouchard part de Lavaur et se rend à Castres et à Carcassonne, d'où il amène au comte de Montfort un convoi considérable. Le comte de Foix se prépare à l'attaquer.

XCIV.

A l'approche de l'ennemi don Bouchard exhorte les siens.

XCV.

Discours de Martin Algai. — Réponse de don Bouchard.

XCVI.

Le combat s'engage près de Saint-Martin les Bordes. — Prouesses de Giraud de Pepion, l'un des chevaliers du comte de Foix.

XCVII.

Les Croisés, don Bouchard à leur tête, reviennent à la charge. Ils tuent une centaine de routiers, et parmi eux un des fils du châtelain de Lavaur.

XCVIII.

Malgré les efforts de don Bouchard, Martin Algai, l'évêque de Cahors et les hommes d'armes s'enfuient jusqu'à Fanjeaux. Le convoi tombe au pouvoir des routiers qui ne songent plus qu'à piller.

SOMMAIRES DES COUPLETS.

XCIX.

ANN. 1211. Les barons français se retirent lentement et sans cesser de combattre.

C.

Le comte de Montfort sort de Castelnaudary pour secourir don Bouchard.

CI.

A la vue de sa bannière la troupe du comte de Foix est frappée de terreur.

CII.

Les routiers fuient éperdus ; mais le comte de Foix et quelques chevaliers soutiennent le choc des assaillants.

CIII.

La mêlée continue avec grande effusion de sang. Les trois fils du châtelain de Lavaur sont tués. — L'armée du comte de Toulouse, qui était restée sous le château, songe à se retirer. Don Savari conjure les Toulousains de ne pas bouger.

CIV.

La défaite du comte de Foix répand la terreur dans l'armée toulousaine. — Fuite de Raymond de Ricaut.

CV.

Le comte de Montfort et don Bouchard s'apprêtent à attaquer le camp des Toulousains, mais ils sont arrêtés par les fossés et les tranchées.

CVI.

Le comte de Montfort rentre dans le château. Le lendemain, dès la pointe du jour, les Toulousains se retirent, abandonnant leurs machines de guerre.

CVII.

Les Croisés, fatigués du combat de la veille, les laissent partir sans les inquiéter.

CVIII.

ANN. 1211.

Le comte de Toulouse fait publier que les Croisés ont été vaincus. — Sur cette fausse nouvelle, Rabastens et Gaillac se donnent à lui. — Les habitants de Gaillac, après s'être emparés du château et avoir massacré le baile du comte, marchent sur la Grave. Un messager en prévient le comte Baudouin.

CIX.

Gaillac est repris par les Croisés.

CX.

A l'aide de la fausse nouvelle qu'il a fait répandre, le comte Raymond reprend Rabastens, Gaillac, la Garde, Puy-Celsi, Saint-Marcel, la Guépie, le château de Paris, Saint-Antonin et Montagut. —

ANN. 1212.

Mais en moins de six mois tout change de face : le comte de Montfort ramène son armée; on lui livre les Toelles, dont il extermine les habitants; il passe le Tarn à Alby et s'empare de Cauzac. Le comte Baudouin vient le joindre avec sa cavalerie.

CXI.

Après être resté huit jours à Cauzac, les Croisés viennent assiéger Saint-Marcel. Ils sont forcés de lever le siége la veille de Pâques. (24 mars.) Le comte Raymond, qui était à Montauban, ne profite pas de cette occasion pour les attaquer. — De nombreux Croisés viennent augmenter l'armée du comte de Montfort.

CXII.

Montferrand, Casser, Gaillac, Rabastens sont abandonnés. Les habitants de Saint-Antonin veulent d'abord opposer quelque résistance, mais ils cèdent à l'approche des Croisés, qui s'emparent également, sans coup férir, de la Garde et de Puy-Celsi.

CXIII.

Après avoir détruit Saint-Marcel, l'host des Croisés s'empare en une nuit de Saint-Antonin et saccage cette ville.

CXIV.

ANN. 1212.   La garde de Saint-Antonin est confiée au comte Baudouin. — Soumission de Montcuc. — Siége du château de Penne d'Agen. (3 *juin*.)

CXV.

Prise du château de Penne. (25 *juillet*.) — Siége du château de Biron.

CXVI.

Prise du château de Biron. Supplice de Martin Algai. Ce château et tout le pays sont remis à la garde d'Arnaut de Montagut. — Les Croisés se dirigent vers Moissac. — Arrivée de la comtesse de Montfort avec quinze mille hommes. (*Août*.)

CXVII.

Effroi des habitants de Moissac. Ils se disposent à traiter avec Montfort. Giraud de Pepion et ses cavaliers abandonnent la ville.

CXVIII.

Conseil tenu par les Croisés. La comtesse de Montfort y assiste. Le siége de Moissac est résolu.

CXIX.

Le siége de Moissac commence au mois de septembre. (*Hist. gén. de Languedoc* : 14 *août*.)

CXX.

Les assiégeants et les assiégés se livrent de fréquents et rudes combats. Un des damoiseaux du comte Baudouin est percé d'une flèche. — Le comte de Montfort fait prendre les armes à ses barons pour protéger la construction des machines de guerre.

CXXI.

Une gate et un bosson tirent sans relâche contre la ville. Les habitants font une sortie. Le comte de Montfort est blessé et court le plus grand danger. Mort du neveu de l'archevêque.

p.

CXXII.

Les assiégés sont repoussés dans la ville. — Engagement entre une bande de Croisés et les habitants de Montauban. A l'approche du comte Baudouin, les gens de Montauban prennent la fuite.

CXXIII.

La chute d'un énorme pan de mur force les habitants de Moissac à se rendre. (8 *septembre*.)

CXXIV.

Plus de trois cents routiers sont mis à mort. Les bourgeois de Moissac se rachètent moyennant cent marcs d'or fin. — Soumission de tout le pays. — Castel-Sarrasin est donné à Guillaume d'Encontre, Montaut au comte Baudouin, Verdun-sur-Garonne à don Perrin de Saissy. — Les Croisés se dirigent vers Montauban.

CXXV.

Les Croisés renoncent à faire le siége de cette ville et marchent sur Saverdun.

CXXVI.

Les habitants de Saverdun s'enfuient à leur approche. — Toute la Gascogne leur est ouverte. Saint-Gaudens, Muret, Samatan, l'Isle, tout le pays jusque vers Oleron tombe en leur pouvoir. Le château de Foix seul leur résiste.

CXXVII.

Assemblée de Pamiers. (*Fin de novembre.*) — Avantage remporté par Guillaume d'Encontre sur une bande de mille routiers.

CXXVIII.

Autre victoire remportée par le même chevalier sur les routiers qui ravageaient les environs d'Agen.

CXXIX.

Dans une autre rencontre près de Castel-Sarrasin don Guillaum

ANN. 1212. perd son cheval et court le plus grand danger. Les routiers sont de nouveau mis en fuite.

CXXX.

Éloge de Guillaume d'Encontre. — L'auteur rappelle le double mariage des deux comtes de Toulouse avec les deux sœurs du roi d'Aragon. Ce prince se déclare contre les Croisés.

CXXXI.

ANN. 1213. Le roi d'Aragon convoque ses barons et leur annonce qu'il a résolu de secourir le comte son beau-frère.

CXXXII.

Adhésion des barons aragonnais. — Le comte de Toulouse propose aux Capitouls le siége de Pujols. Les Toulousains, assemblés dans les prés de Montaudran, adoptent cette proposition.

CXXXIII.

Pujols est investi. Un des Capitouls propose de donner l'assaut sur-le-champ.

CXXXIV.

Pujols est pris d'assaut et la garnison massacrée. Mais à l'approche de Guy de Montfort, le comte de Toulouse se retire en toute hâte.

CXXXV.

Douleur de Guy de Montfort. — Arrivée du roi d'Aragon. (10 *septembre*.) Il invite le comte de Toulouse à venir le joindre devant Muret.

CXXXVI.

Le comte de Toulouse prévient les Capitouls de l'arrivée du roi d'Aragon. L'armée toulousaine se met en marche.

CXXXVII.

Siége de Muret. — Les Toulousains forcent les Croisés à se retirer dans le château. Leur attaque précipitée contrarie les projets du roi d'Aragon.

CXXXVIII.

ANN. 1213.

Sur l'ordre des Capitouls, les milices communales abandonnent la ville et se retirent dans le camp. — Arrivée du comte de Montfort. — Conseil tenu par le roi d'Aragon et les chefs de l'armée toulousaine.

CXXXIX.

Le conseil est interrompu par une attaque des Croisés. Les Toulousains, après les avoir repoussés, se mettent à dîner. — Le comte de Montfort convoque tous ses barons à la porte de Salas, afin de surprendre les Toulousains. Le comte Baudouin applaudit à ce projet. L'évêque Foulques bénit l'armée, et Guillaume de la Barre la dispose en trois corps de bataille.

CXL.

Bataille de Muret. Mort du roi d'Aragon. (*12 septembre.*)

CXLI.

Les débris de l'armée toulousaine rentrent à Toulouse. — Simon de Montfort distribue à ses soldats le riche butin fait sur l'ennemi. —

ANN. 1215.

Le comte de Toulouse et son fils quittent cette ville. (*Avril.*) — Accord entre les habitants et Simon de Montfort. — Arrivée du prince Louis de France. — La résolution est prise de démanteler Toulouse et de désarmer les habitants.

CXLII.

Retour du prince Louis à la cour de France. (*Juin.*) Philippe-Auguste apprend avec froideur les succès du comte de Montfort. — Arrivée à Rome du comte de Toulouse et de son fils. Ils y trouvent le comte de Foix, Arnaud de Villemur, Pierre-Roger de Rabastens et d'autres barons qui s'apprêtent à se défendre devant le concile.

CXLIII.

Concile de Latran. (*Commencement de novembre.*) — Dispositions bienveillantes du pape à l'égard du comte de Toulouse et de son jeune fils. — Le comte de Foix se lève pour parler.

SOMMAIRES DES COUPLETS.

CXLIV.

ANN. 1215. Discours du comte de Foix. Le cardinal légat témoigne en sa faveur.

CXLV.

Réponse de l'évêque de Toulouse. — Paroles hardies de Arnaud de Villemur. — Le comte de Foix parle de nouveau pour se justifier, et attaque à son tour l'évêque de Toulouse.

CXLVI.

Le comte de Foix continue de parler. — Discours du pape. — Ramon de Roquefeuille le somme de rendre justice au jeune fils du vicomte de Béziers. — Le pape se retire avec ses conseillers intimes pour délibérer.

CXLVII.

Les prélats plaident avec chaleur la cause de Simon de Montfort. — Résistance du pape. — Mécontentement général.

CXLVIII.

Remontrances de l'évêque de Toulouse au pape. — L'archevêque d'Auch et trois cents prélats parlent dans le même sens. — L'archidiacre de Lyon prend la défense du comte de Toulouse. — Décret rendu en faveur de Simon de Montfort.

CXLIX.

Regrets du pape. — Maître Thédise parle en faveur de Simon de Montfort. — Les prélats insistent sur les exploits du comte. — Innocent parle longuement en faveur du jeune Raymond.

CL.

Simon de Montfort est déclaré seigneur des pays conquis. — Discours de l'archevêque Obicin en faveur du jeune comte. — Réponse du pape. — Discours de l'abbé de Beaulieu. — Innocent s'excuse sur les exigences de ses prélats. Prédiction relative à la mort tragique du comte de Montfort.

SOMMAIRES DES COUPLETS.

CLI.

ANN. 1215. Fin du concile. — Le comte de Toulouse et le comte de Foix prennent congé du pape. — Discours du comte de Toulouse. — Réponse d'Innocent III. — Départ du comte. — Le comte de Foix le rejoint à Viterbe. Ils vont attendre à Gênes le jeune Raymond.

CLII.

Séjour à Rome du jeune comte. Paroles bienveillantes du pape. Noble réponse du jeune comte. Le pape le bénit. — Départ du jeune Raymond. Il va rejoindre son père à Gênes. Tous deux se rendent à Marseille.

CLIII.

ANN. 1216. Arrivée des deux comtes à Marseille. On leur annonce que les habitants d'Avignon les attendent avec impatience. Ils se dirigent vers cette ville. — Discours d'Arnaud d'Audigiers au nom des Avignonnais. Le comte accepte leurs offres et retourne à Marseille.

CLIV.

Les deux comtes repartent pour Avignon. — Conversation entre le jeune comte et Guy de Cavaillon. — Enthousiasme des habitants à leur entrée dans la ville. — Traité entre Raymond VI et le prince d'Orange. — Le jeune Raymond parcourt le Venaissin et met en défense Pernes, Malaucènes, Baumes et plusieurs autres châteaux. — Noms des ennemis et des partisans des deux comtes.

CLV.

Conseil tenu entre les deux comtes et quelques-uns de leurs chevaliers. — Départ du comte de Toulouse pour l'Espagne.

CLVI.

Les habitants de Beaucaire livrent leur ville au jeune Raymond. — Les Croisés, sous les ordres de Lambert de Limou, se retirent dans le château. Ils font une sortie; un combat acharné s'engage dans les rues.

CLVII.

ANN. 1216.   Les Croisés sont repoussés dans le château; plusieurs parlent de se rendre.

CLVIII.

Les habitants de Beaucaire élèvent des fortifications autour du château. — Douleur du comte de Montfort à la nouvelle de ces événements. Il marche en toute hâte sur Beaucaire.

CLIX.

Le château est investi de toutes parts. — Conseil tenu par Lambert de Limou. — Arrivée de Simon de Montfort. (*Juillet*.) — Beaucaire est assiégé tandis que ses habitants assiégent le château.

CLX.

Le comte de Montfort rassemble en conseil trente de ses barons. — Proposition de don Alard. Refus du comte de Montfort.

CLXI.

L'armée des Croisés s'apprête au combat. — Discours du comte de Montfort. — Préparatifs du jeune comte. — Rostans de Charbonnières, Bertrand d'Avignon, Guiraud Adhémar parlent tour à tour pour exhorter les Provençaux. — Exploits du comte Simon, de don Alard, de don Foucault, de Pierre Mirs. — Mort de Guillaume de Berlit. — Retraite des Croisés.

CLXII.

Conseil tenu par Simon de Montfort. — Le double siége continue. L'abondance règne dans la ville. Détresse de la garnison du château. — Conseil donné au jeune comte par Raoul Dugua. — Le comte de Montfort élève des machines de guerre qui tirent sans relâche sur la ville. — Noms de plusieurs chevaliers qui arrivent au secours de Beaucaire.

CLXIII.

Conseil tenu par le jeune comte. — Proposition de don Dragonet.

ANN. 1216. Elle est mise à exécution. — Discours de Richard de Caron et de Raymond de Rabastens. — Signaux de détresse du château. — Arrivée des Marseillais au secours de Beaucaire.

CLXIV.

Les Croisés prennent les armes. — Attaque du château par les habitants de Beaucaire. Expédients des assiégés pour détruire le bélier et repousser les mineurs ; mais, écrasés par les pierriers des assiégeants, ils font de nouveaux signaux de détresse. — Le comte de Montfort ordonne une attaque générale. Ceux du château font une sortie pour le seconder.

CLXV.

Après un combat acharné, le champ de bataille finit par rester aux habitants de Beaucaire.

CLXVI.

Douleur du comte Simon. Don Alard de Roussi essaye de le distraire. — Les habitants de Beaucaire élèvent de nouvelles fortifications. — Lambert de Limou, réduit à la dernière extrémité, tient conseil avec ses compagnons. Proposition désespérée de Guillaume de la Motte. Offre de R. de Rochemaure. Raynier de Chauderon propose de tenter une dernière sortie. Cet avis est adopté.

CLXVII.

Sortie de la garnison du château. Mort de don Philippot. — Les Croisés attaquent la ville. — Le jeune comte de Toulouse arrive pour les combattre. — Discours et faits d'armes des principaux chefs. — La nuit sépare les combattants.

CLXVIII.

Conseil tenu par Simon de Montfort — Proposition de don Foucault ; elle est adoptée. — Projets du comte de Montfort contre Toulouse, s'il est forcé de lever le siége de Beaucaire.

CLXIX.

Réponse ironique de Hugues de Lascy. — Paroles de don Alard, de don Guy de Lerm. — Tentative inutile des Croisés pour surprendre Beaucaire.

SOMMAIRES DES COUPLETS.

CLXX.

ANN. 1216. Nouveau conseil tenu par Simon de Montfort. Un homme échappé du château vient lui exposer la détresse de ses gens. — Capitulation conclue entre le comte de Montfort et le jeune comte de Toulouse, par l'entremise de don Dragonet. Le siége de Beaucaire est levé. (*Commencement d'août.*)

CLXXI.

Le comte de Montfort dirige toutes ses forces sur Toulouse. (*Septembre.*) — Une députation des principaux habitants vient à sa rencontre. — Il les accable de reproches et les fait emprisonner.

CLXXII.

Conseils de clémence donnés par Guy de Montfort et M° Robert. — L'évêque de Toulouse et l'abbé de Saint-Sernin engagent les habitants à la soumission. — Ils vont au-devant du comte, mais, avertis du sort qui les attend, ils se hâtent de rentrer dans la ville. — Le pillage commence et excite un soulèvement général. — Retraite du comte Guy et de ses troupes. Montfort ordonne de mettre le feu à la ville. Les Croisés se fortifient dans l'église, la tour de Mascaron et l'évêché. — Les Toulousains se retranchent dans leurs quartiers.

CLXXIII.

Malgré l'incendie, les Toulousains assiégent les Croisés dans le palais du comte de Comminges. — Simon de Montfort tente, de son côté, plusieurs attaques. — La nuit sépare les combattants. — Montfort se retire dans le château Narbonnais, et déclare à ses prisonniers qu'ils vont être mis à mort. — Efforts de l'évêque de Toulouse pour persuader aux habitants de se soumettre. Il les engage à se rendre le lendemain à Villeneuve.

CLXXIV.

Assemblée des Toulousains dans le palais communal. — Discours de l'abbé de Saint-Sernin et de M° Robert. Don Aimeric est seul exclu du pardon général. — Les Toulousains se rendent à Villeneuve.

SOMMAIRES DES COUPLETS.

CLXXV.

ANN. 1216.   Discours de l'évêque de Toulouse. Il conduit les habitants vers le comte de Montfort.

CLXXVI.

Le comte reçoit les Toulousains avec dureté. Conditions qu'il leur impose. — Conseil tenu pour décider du sort de Toulouse. — Opinion des principaux chefs. — Simon déclare qu'il se conduira d'après l'avis de don Lucas et de l'évêque. Il se retire avec eux pour en délibérer. — Discours de don Lucas et de l'évêque.

CLXXVII.

Le comte déclare qu'il est déterminé à détruire Toulouse. — Discours de Thibaut, de Guy de Montfort, de Féris et de don Foucault. — Aimeric et un grand nombre de barons quittent Toulouse. — Montfort fait prendre dans la ville deux mille otages. — Les barons et les principaux bourgeois sont réunis par ses ordres à Saint-Pierre de Cuizines pour entendre leur sentence.

CLXXVIII.

Désarmement des habitants de Toulouse. — Guy de Lévis demande la destruction de la ville. — Montfort préfère exiger le payement immédiat d'une somme considérable. — Les otages, traînés hors de la ville, périssent de misère. — La ville est démantelée.

CLXXIX.

Destruction de toutes les fortifications. — On accable les otages de mauvais traitements. — Conseil secret tenu par le comte de Montfort dans le château Narbonnais. Nouveaux projets de pillage et d'incendie. Discours de Thibaut, de don Alard, de don Guy et de l'évêque. — Les sergents du comte de Montfort se mettent à lever les taxes en commettant toute sorte de violences. — Départ du comte pour la Gascogne. (1er *novembre*.)

CLXXX.

Le comte de Montfort marie Guy, son fils puîné, avec Pétronille de Comminges, héritière du comté de Bigorre (6 *novembre*). — De re-

ANN. 1217. tour à Toulouse, il continue ses exactions. — Siége et prise de Montgrenier. (6 *février* — 24 *mars*.) — Mort de Bazet de Montpezat. — Destruction de Bernis. — Prise de la Bastide. — Accord conclu entre le comte de Montfort et don Dragonet. — Il se brouille avec don Adhémar et passe le Rhône. — Il entre à Monteil. — Prise de Crest en Dauphiné. — L'évêque de Die lui livre le château de cette ville. — Le jeune comte de Toulouse s'apprête à le combattre. — Le comte Raymond se rend auprès du comte de Comminges.

CLXXXI.

Il tient conseil avec ses amis et leur expose ses projets. On l'engage à s'emparer de Toulouse. Il marche sur cette ville. — Rencontre de Roger Bernard et de don Joris près de la Salvetat.

CLXXXII.

Ils en viennent aux mains. — Prouesses de Roger de Montaut et de Roger d'Aspel. — Mort d'Aimar de la Besse et de Richard Cornardon. — Don Joris et les siens prennent la fuite. Le comte de Toulouse arrive sur le lieu de l'action. — Prévenus de son approche, les Toulousains lui envoient Hugues Joan et Ramon Bernier. — Entrée du comte dans Toulouse (13 *septembre*). — Les habitants attaquent les Croisés.

CLXXXIII.

Massacre des Croisés. — Ceux qui échappent se réfugient dans le château Narbonnais. — La comtesse de Montfort envoie en toute hâte un messager au comte de Montfort. — Préparatifs des habitants. Conseil tenu par le comte Raymond. — Arrivée de Guy de Monfort.

CLXXXIV.

Guy de Montfort, don Guyot, don Foucault, don Alard avec une troupe nombreuse pénètrent dans la ville et y mettent le feu. — Les Toulousains parviennent à se rendre maîtres de l'incendie. — Exploits de Roger Bernard. — Les Croisés sont rejetés hors de la ville. — Plaintes de don Alard.

SOMMAIRES DES COUPLETS.

CLXXXV.

ANN. 1217. Les barons français tiennent conseil. — Discours de don Foucault et du comte Guy. — Un messager est envoyé pour demander des renforts à l'archevêque d'Auch. — De son côté, le comte de Toulouse écrit à son fils, en Provence, pour l'informer de ses succès. — Noms des barons qui viennent avec leurs troupes au secours de Toulouse. — Douleur de la comtesse de Montfort. — Son messager remet sa lettre au comte Simon.

CLXXXVI.

Conversation entre le comte Simon et le messager. Le comte lui défend sous peine de mort de publier les nouvelles qu'il vient d'apporter. — Dissimulation de Simon de Montfort. — Il se hâte de traiter avec Adhémar de Poitiers et ordonne immédiatement le départ. — Le bruit de l'entrée du comte Raymond dans Toulouse commence à se répandre. Allégresse dans tout le pays. — Le comte de Montfort se dirige sur Toulouse, enseignes déployées. Le cardinal légat l'excite contre le comte Raymond et ses partisans. (*Fin de septembre.*)

CLXXXVII.

Entrevue de Guy et de Simon de Montfort. — Reproches de Simon. Don Guy et don Alard lui répondent. — Arrivée de l'évêque, de l'archevêque et des principaux barons. — Le cardinal légat exhorte les Croisés à tout massacrer dans Toulouse. — Préparatifs du combat. Les Croisés s'avancent pour donner l'assaut.

CLXXXVIII.

L'abbé de Saint-Sernin, le prévôt, l'évêque de Toulouse et les autres clercs invoquent le ciel en faveur de Simon de Montfort. — Le combat s'engage sur tous les points. Mort d'Imbert du Goupil. Le comte de Comminges blesse d'un coup d'arbalète Guy de Montfort. — Retraite des Croisés. Douleur du comte Simon. — Joie des barons de Gascogne qui n'avaient marché qu'à regret contre Toulouse.

CLXXXIX.

Simon ordonne aux médecins de secourir les blessés. Le cardinal

ANN. 1217. et les clercs font ensevelir les morts. — Conseil tenu dans le château Narbonnais en présence de Guy de Montfort. — Plaintes du comte Simon. — Reproches de don Alard. Avis de don Gervais. — Don Foucault propose de bâtir une nouvelle Toulouse et de réduire les assiégés par la famine. Conseil donné par l'évêque. — Montfort se décide à étendre le siége sur les deux rives de la Garonne.

CXC.

Le cardinal, l'abbé, l'évêque, le prieur et le légat, se préparent à aller de nouveau prêcher la Croisade. — L'archevêque d'Auch promet de prompts secours. — Le comte de Montfort déplore sa mauvaise fortune. — Nouveaux reproches de don Alard. Réponse du comte. Paroles de l'évêque de Toulouse. — Montfort appelle tous ses feudataires à son aide. — Il s'occupe d'augmenter les fortifications du château Narbonnais et de la ville élevée par les assiégeants. — Il passe la Garonne avec la moitié de ses troupes. — Le comte de Toulouse rentre dans la ville par Saint-Subran. — Les archers toulousains ne laissent aucun repos aux Croisés. — Allégresse causée par l'arrivée du comte de Foix et de don Dalmace. — Les assiégeants prennent les armes. — Robert de Beaumont annonce au comte de Montfort l'arrivée du comte de Foix. — Montfort est résolu à livrer bataille. Les Croisés s'y refusent. Doléances du comte de Montfort. — Sortie des Toulousains. — Les Croisés lèvent à la hâte le siége placé de l'autre côté de la Garonne. — Montfort protége la retraite. Confusion au passage de la rivière. — Vains efforts du comte de Montfort. Il perd son cheval et manque de se noyer. Il se retire à Muret, d'où il se rend au château Narbonnais. — Le comte de Toulouse réunit en conseil ses barons et ses amis.

CXCI.

Le conseil se tient au petit Saint-Sernin. — Noms des principaux seigneurs qui y assistent. — Discours du comte de Toulouse, du comte de Comminges, du comte de Foix, de Dalmace de Creisseil, de Roger Bernard, du docteur Me Bernard. — Arnaud de Montaigut s'offre pour aller chercher les cavaliers que les Capitouls ont pris à leur solde. — Le conseil se sépare.

SOMMAIRES DES COUPLETS.

CXCII.

ANN. 1217. Les Toulousains s'occupent avec ardeur à fortifier leur ville, et à construire des machines de guerre contre le château Narbonnais. — Le champ de Montolieu est la lice où les deux partis en viennent aux mains tous les jours. — Le comte de Toulouse sort au-devant du comte de Foix. — Don Béranger et Arsin de Montesquieu viennent au secours de la ville. — Conseil tenu par le comte de Montfort. — Discours du comte, de l'évêque de Toulouse, de Robert de Péquerny, de Guy de Lévis. Celui-ci propose de surprendre la ville au milieu de la nuit. Cet avis est adopté.

CXCIII.

Le comte de Montfort donne les ordres nécessaires. — Les Toulousains surpris prennent les armes à la hâte sous les ordres de Bernard de Comminges. — Noms des chefs qui conduisent les Croisés. — Leur attaque est repoussée. — Les Toulousains les poursuivent hors de la ville. — Conseil tenu par l'évêque, le cardinal et le comte de Montfort.

CXCIV.

Il est décidé que le comte enverra demander des secours au roi de France. — Départ de la comtesse de Montfort accompagnée de l'évêque et de plusieurs seigneurs. — Don Bernard de Comminges quitte Toulouse pour aller en Gascogne raviver la guerre contre Joris. — Les combats continuent dans le champ de Montolieu. — Arrivée de don Pelfort au secours de Toulouse — Les deux partis épuisés prennent quelque repos.

CXCV.

Conseil tenu par le comte de Montfort. Discours du comte. Le cardinal lui fait espérer de prompts secours. — Réponse de Robert de Beaumont. — Les Toulousains attaquent le camp des Croisés. Mort d'Armand Chabreuil. — Les Toulousains sont repoussés et poursuivis jusque dans la ville. — Hugues de la Motte arrête les fuyards. Le combat recommence avec acharnement. Exploits des principaux chefs dans les deux partis. — Mort de Guillaume-Pierre de Mouron. — Loup de Foix

ANN. 1217. et un grand nombre de barons sont blessés. — L'avantage reste aux Toulousains. — Douleur et plaintes du comte Simon.

CXCVI.

ANN. 1218. Actions de grâces et profession de foi des habitants de Toulouse. — Le comte et le cardinal font construire des machines de guerre. — Retour de la comtesse de Montfort et de l'évêque avec un renfort de cent mille hommes. (*Mai.*) — Les Toulousains s'arment à la hâte. — Discours du comte de Montfort. Il veut que sur-le-champ on investisse la ville de tous les côtés. — Murmures des barons.

CXCVII.

Les Croisés s'établissent dans la ville nouvelle. — Conseil tenu par les barons de Toulouse. — Discours de Roger Bernard, de Dalmace de Creisseil, de don Pelfort. — La résolution est prise d'augmenter les fortifications. — Arrivée d'Arnaud de Villemur. — Montfort propose de mettre un second siége de l'autre côté de la rivière. — Une partie des Croisés passe la Garonne vers Muret. — Les Toulousains leur opposent une partie de leurs forces sous les ordres de Roger Bernard. — Attaque infructueuse dirigée par les Croisés du côté de Saint-Subran. — Le comte de Montfort déplore sa mauvaise fortune. Réponse de Gautier de la Betone. — Les Croisés reculent leur camp d'une demi-lieue.

CXCVIII.

Les Toulousains font jouer leurs machines de guerre contre le château Narbonnais et la tour Ferrande. — Débordement de la Garonne. — Deux tours se trouvent séparées de la ville. — Le comte de Montfort en commence le siége. — Les Toulousains tiennent conseil. — Prouesse de Péron Domingo, écuyer espagnol. — Les tours sont ravitaillées. — Tentative infructueuse de Hugues de la Motte. — Le comte de Montfort s'empare de l'une des tours.

CXCIX.

Combats continuels entre les archers et les bateliers des deux partis. — Bernard de Casnac, Raymond de Vaux et Voisin de la Motte arrivent au secours de Toulouse. — Allégresse dans la ville. — Conseil secret tenu par le comte de Montfort. — Les Croisés se préparent à ravager les vignes. — Combat dans la grande place devant Saint-Sauveur.

CC.

Noms des principaux chevaliers croisés. — Les Toulousains les reçoivent de pied ferme. — Noms de ceux de leurs barons qui combattent au premier rang. — Lutte sanglante autour du corps de Guillaume Cauderon, tué dans les vignes par les Toulousains. — Exploits de Sicard de Montaut. — Une troupe de Bretons et Brabantins fait une tentative infructueuse pour incendier la ville. — Le comte Raymond rentre dans Toulouse. — Conseil tenu par Simon de Montfort. Il propose de construire une gate d'une dimension et d'une force extraordinaires. — Exhortations du cardinal. — Arrivée du comte de Soissons.

CCI.

Entrevue du comte de Montfort et du comte de Soissons. — Entrée du jeune Raymond dans Toulouse. — L'enseigne du comte de Montfort, plantée sur la tour dont il s'était emparé, tombe dans la rivière. — Joie des Toulousains. Cinq mille d'entre eux font une sortie. — Don Joris apprend au comte de Montfort ce qui se passe. — Discours de Simon de Montfort.

CCII.

La seconde tour tombe au pouvoir du comte de Montfort, qui est bientôt obligé de l'abandonner. — Les Toulousains, maîtres de la rivière, ravitaillent leur ville. — Un parti de Thiois et de Brabançons à la solde de Toulouse fait une sortie. Les Croisés repoussés sont culbutés dans la rivière. — Reproches de Simon de Montfort. — Conseil tenu dans le château Narbonnais. Discours du comte de Montfort. Réponse du comte de Soissons. Montfort rejette ses avis.

CCIII.

Discussion entre don Amaury et le cardinal légat. — Le conseil se sépare au point du jour. — Le comte de Montfort fait mettre la gate

ANN. 1218. en mouvement. Les assiégés parviennent à la briser en partie. — Les Croisés prennent la fuite et sont ramenés par le comte de Montfort. — Conseil tenu au Capitole par le comte de Toulouse et ses barons. Discours du comte de Comminges, de Roger Bernard, de Bernard de Casnac, d'Estoul de Linar, de Dalmace de Creisseil. — Les assiégés redoublent d'ardeur.

CCIV.

Le comte de Montfort fait avancer la gate qu'il a garnie de ses meilleurs soldats. — Les assiégés lancent contre elle d'énormes blocs de pierre qui la font voler en éclats. — Douleur et plaintes du comte. — Foulques l'engage à abandonner la gate. — Serment du comte de Montfort. — Un conseil général des magistrats, des chevaliers et des principaux bourgeois de Toulouse est convoqué. — Discours de maître Bernard. — La résolution est prise de brûler la gate.

CCV.

Arnaud de Villemur fait une sortie. — Discours de Bernard de Casnac. Armand de Lomagne exhorte les Toulousains. — Noms de leurs principaux chevaliers. — Les Croisés sont repoussés. — Le combat continue sur la rivière et dans le champ de Montolieu. — Un messager vient annoncer au comte de Montfort la défaite des Croisés et la mort de plusieurs chevaliers. — Douleur du comte. Prière qu'il adresse à Dieu. — Il concentre toutes ses forces à Montolieu. Soixante mille hommes s'y réunissent. — A la vue de cette multitude, les Toulousains s'épouvantent et prennent la fuite; mais bientôt ils se rassurent et le combat recommence. — Le comte Guy est grièvement blessé. — Le comte de Montfort se rend près de lui. — Il est frappé à la tête d'un coup de pierre qui le renverse mort. (25 juin.) — On essaye en vain de cacher cet événement. — Douleur et murmures des Croisés. Allégresse des Toulousains. — Les Français lèvent à la hâte le siége placé de l'autre côté de la Garonne. Les Toulousains font plusieurs prisonniers. — Mort de don Aimeric.

CCVI.

Les Toulousains vont mettre le feu à la gate. — Les réjouissances durent dans la ville pendant toute la nuit et tout le jour. — Conseil tenu par

ANN. 1218. le cardinal, l'évêque, l'abbé et les principaux chefs des Croisés. — Discours du cardinal. — L'évêque de Toulouse propose de demander la canonisation de Simon de Montfort. Le comte de Soissons s'y oppose. — Don Amaury, fils aîné de Simon de Montfort, reçoit le titre de comte et est proclamé chef de la Croisade. — Le jeune comte Raymond va prendre possession de l'Isle, que lui remet Bernard Jordan.

CCVII.

Vaine tentative des Croisés pour surprendre Toulouse. Ils sont repoussés et poursuivis jusqu'aux portes de leur camp. — La nuit sépare les combattants. — Ils restent quelque temps sans en venir aux mains. — Conseil secret tenu par les Croisés. — Guy de Montfort propose de lever le siége. Refus du comte Amaury. Discours de don Alard. Paroles de l'évêque et du cardinal. Les Croisés lèvent le siége (25 *juillet*), et mettent le feu en se retirant à leurs constructions et au château Narbonnais. — Les Toulousains parviennent à éteindre l'incendie.

CCVIII.

Le corps du comte de Montfort est transporté à Carcassonne et enseveli dans l'église de Saint-Nazaire; son épitaphe. — Assemblée générale des barons croisés. — Amaury de Montfort réclame leur aide. Discours du cardinal, de l'évêque de Toulouse et du comte de Soissons. Réponse du cardinal. — Au printemps la guerre recommence. — Le jeune Raymond occupe Condom, Marmande et Clairac; il s'empare d'Aiguillon. — Guerre entre Bernard de Comminges et Joris.

CCIX.

Joris entre à Saint-Gaudens. — Bernard envoie demander des secours au comte de Toulouse. Retraite de don Joris. — Bernard le poursuit, sans l'atteindre, jusqu'à Saint-Félix, où il tient conseil. — Avis de Hinart de Puntis et de don Marestang. — Nouveau conseil tenu à Palmer par don Bernard. — Discours d'Othon de Saint-Béat, de Ramonet d'Aspel, de don Espanel, de Bernard de Comminges. — Les armées sont en présence sous les murs de la Mélha. — Les Croisés sont attaqués et forcés dans leurs retranchements. — Don Joris est fait prisonnier.

SOMMAIRES DES COUPLETS.

CCX.

ANN. 1219.
Tous les Croisés, à l'exception d'Anselme et de Joris, sont égorgés. Supplice de Guillaume de Togé. — Joie du comte de Comminges en apprenant la victoire de don Bernard. — Rentrée dans Toulouse du jeune Raymond. — Le comte Amaury se rend en Agénois. Siége de Marmande, défendue par Centule d'Estarac. — Expédition du comte de Foix en Lauraguais. Il rencontre à Baziége les Croisés commandés par Foucault de Brezi. Il est rejoint par le jeune comte de Toulouse. Préparatifs du combat.

CCXI.

Arnaud de Villemur dissuade le jeune Raymond de livrer bataille. — Réponse du comte. Il charge le comte de Foix et Roger Bernard d'engager le combat. — Paroles de Pierre de Navarre et de Loup de Foix. — Arnaud de Villemur et les autres barons s'élancent en avant. — Foucault de Brezi exhorte les Français. — Le vicomte de Lautrec voudrait que l'on se retirât. Réponse de don Foucault. On en vient aux mains. — Détails du combat. — Les Croisés, repoussés et attaqués dans leur camp, sont taillés en pièces. Don Foucault, don Juan et don Thibaut sont faits prisonniers. Supplice de Pierre-Guillaume Séguret.

CCXII.

Le comte Amaury apprend au siége de Marmande la victoire du comté de Foix. Il redouble d'efforts pour s'emparer de la ville. — L'évêque de Saintes amène une nouvelle bande de Croisés. — Arrivée du prince Louis avec une armée nombreuse. — La ville capitule. — Conseil tenu dans la tente royale. L'évêque de Saintes demande que le comte Centule et les habitants soient exterminés comme hérétiques. Le comte de Saint-Pol et le comte de Bretagne s'y opposent. Réponse de l'évêque de Béziers. Le prince abandonne les accusés à la vengeance de l'église. L'archevêque d'Auch parle en faveur du comte Centule. Paroles de Guillaume des Roches. — Le comté et quatre chevaliers sont réservés pour être échangés contre don Foucault. — Incendie et sac de Marmande.

CCXIII.

Le prince Louis marche sur Toulouse. — Son armée couvre le pays;

ANN. 1219. cinq mille ecclésiastiques l'accompagnent. — Effroi des Toulousains. Les consuls expédient des messagers pour convoquer tous leurs adhérents. Mille chevaliers et cinq cents arbalétriers arrivent au secours de la ville. On tient un conseil général. Proposition de don Pelfort rejetée par le jeune comte. — On se dispose au combat. — D'abondantes provisions sont distribuées. — Les Capitouls mettent la ville sous la protection des reliques de saint Exupère. — Préparatifs de défense.

CCXIV.

Noms des barons toulousains. — Indication des différents postes qui leur sont confiés. — Arrivée du prince Louis avec trente-quatre comtes et une armée innombrable. (16 *juin*.) — Le cardinal veut que tout soit exterminé dans Toulouse; mais Dieu fera triompher le bon droit.

FIN DES SOMMAIRES.

HISTOIRE EN VERS

DE LA

CROISADE

CONTRE LES HÉRÉTIQUES ALBIGEOIS.

AISO ES LA CANSOS
DE LA
CROZADA
CONTR ELS EREGES DALBEGES.

I.

El nom del payre e del filh e del sant esperit
Comensa la cansos que maestre W. fit
Us clerc qui en Navarra fo a Tudela noirit
Mot es savis e pros si cum lestoria dit
5 Per clergues e per laycs fo el forment grazit
Per comtes per vescomtes amatz e obezit
Per la destructio que el conosc e vic
En la geomencia quel ac lonc temps legit
E conoc quel pais er ars e destruzit
10 Per la fola crezensa quavian consentit
E que li ric borzes serian enpaubrezit
De lor grans manentias don eran eriquit
E que li cavalier sen irian faizit
Caitiu en autras terras cossiros e marrit
15 Albires e son cor car era ichernit
E de so que volia apert et amarvit
Que el fezes un libre que fos pel mon auzit
Quen fos sa savieza e son sen espandit

HISTOIRE EN VERS

DE LA

CROISADE

CONTRE LES HÉRÉTIQUES ALBIGEOIS.

I.

Au nom du Père, du Fils et du Saint-Esprit, — commence la chanson que composa maître Guillaume, — ce clerc, qui fut en Navarre, à Tudèle, élevé, — homme de bien et savant, comme dit l'histoire. — Il fut des clercs et des laïcs fort agréé, — des comtes et vicomtes désiré et chéri, — à cause de l'extermination qu'il prévit et connut — par la géomancie qu'il avait long-temps étudiée. — Il savait que (certain) pays serait brûlé et détruit, — pour la folle croyance qu'il avait reçue ; — que les riches bourgeois seraient appauvris — des grands biens dont ils étaient fiers, — et que les chevaliers s'en iraient bannis, — pauvrets ! en d'autres terres, soucieux et dolents. — Il résolut, dans son cœur, habile comme il était, — et à tout ce qu'il voulait expert et dispos, — de faire un livre qui fût par le monde entendu, — et par lequel s'épandissent son savoir et son (grand) sens. — (Or), ce fut ce présent livre qu'il fit ; et il l'écrivit lui-même — depuis le commencement jusqu'à la fin. — Il y mit tout son souci, et

Adoncs fe aquest libre ez el meteish lescrit
20 Pos que fo comensatz entro que fo fenit
No mes en als sa entensa neish apenas dormit
Lo libres fo be faitz e de bos motz complit
E sil voletz entendre li gran e li petit
Podon i mot apendre de sen e de bel dit
25 Car aisel qui le fe nal ventre tot farsit
E sel que nol conoish ni nol a resentit
Ja no so cujaria.

II.

Senhors esta canso es faita daital guia
Com sela dAntiocha e ayssis versifia
30 E sa tot aital so qui diire lo sabia
Ben avetz tug auzit coment la eretgia
Era tant fort monteia cui domni Dieus maldia
Que trastot Albeges avia en sa bailia
Carcasses Lauragues tot la maior partia
35 De Bezers tro a Bordel si col cami tenia
A motz de lor crezens e de lor companhia
Si de plus o diches ja non mentria mia
Can lo rics Apostolis e la autra clercia
Viron multiplicar aicela gran folia
40 Plus fort que no soloit e que creich en tot dia
Tramezon prezicar cascus de sa bailia
E lordes de Cistel que nac la senhoria
I trames de sos homes tropa mota vegia
Si que lavesque dOsma ne tenc cort aramia
45 E li autre legat ab cels de Bolgaria
Lai dins a Carcassona on mota gent avia
Quel reis dArago y era ab sa gran baronia
E quen ichit adoncs can ac la causa auzia

à peine en dormit-il. — (Aussi), bien fut fait le livre, et en beaux termes parachevé. — Si (donc) vous voulez l'entendre, (sachez que tous), grands et petits, — peuvent y apprendre force beaux dires et bon sens, — car celui qui l'a composé en a le sein tout rempli; — et quiconque ne le connaît, ni n'en a ouï parler, — ne l'imaginerait jamais.

II.

Seigneurs, cette chanson est faite de la même manière — que celle d'Antioche, de même versifiée, — et se dit sur le même air, (pour) qui sait le dire. — Vous avez tous entendu comment l'hérésie, — que le Seigneur Dieu maudisse! s'était si fort propagée, — qu'elle avait en son pouvoir tout l'Albigeois, — le Carcassais, le Lauragais; et dans la plus grande partie (du pays), — de Béziers à Bordeaux, tant que va le chemin, — il y avait une multitude d'hommes de cette croyance et de cette secte; — et qui dirait plus ne mentirait pas. — Lorsque le saint Pape (de Rome) et le reste du clergé — virent cette grande folie se répandre — plus fort que de coutume et croître de jour en jour, — chaque ordre y envoya prêcher quelqu'un des siens; — et l'ordre de Cîteaux qui eut la seigneurie (de cette mission), — y manda à diverses fois de ses hommes. — L'évêque d'Osma en tint concile; — et les autres légats (conférèrent) avec ceux de Bulgarie, — là-bas, à Carcassonne, où il y eut grande assemblée. — Avec tous ses barons, s'y trouva le roi d'Aragon, — lequel en sortit aussitôt qu'il eut entendu — et reconnu le fait de l'hérésie, — et

Queretges estavan e aperceubut o avia
50 El trames sos sagels a Roma en Lombardia
No sai que men diches si Dieus me benazia
No prezan lo prezic una poma porria
v. ans o no sai cant o tengon daital guia
Nos volon convertit cela gent esbaya
55 Quen son mant home mort e manta gent peria
E o seran encara tro la guerra er fenia
  Car als estre non pot.

III.

En lorde de Cistel una abaya ot
Que fo pres de Leire quom Poblet apelot
60 E si i ac un bo home qui abas en estot
Per so car era savis de gra en gra pujot
Que duna autra abadia Gran Selva que nom sot
Que el estava lai et hom len amenot
Ad abat lelegiro e pueisch al autre mot
65 Fo abas de Cistels per so car Dieus lamot
Aicest santimes hom ab los autres alot
Per terra dels heretges e el les predicot
Ques volcen convertir e can plus les preiot
Eli plus lescarnian el tenian per sot
70 Per so si era legatz que lApostolis i ot
Donat tant de poder quels decaia per tot
  La mescrezuda jant.

IV.

E labas de Cistels cui Dieus amava tant
Que ac nom fraire A, primier el cap denant
75 A pe et a caval anavan disputan

il en envoya ses lettres à Rome, en Lombardie. — (Mais), Dieu
me bénisse! je ne puis autrement dire (sinon que les hérétiques)
— ne font pas plus de cas des sermons que d'une pomme gâtée. —
Cinq ans, ou je ne sais combien, cette gent égarée — se conduisit
de même, ne voulant pas se convertir, — de quoi sont morts
maints (grands) personnages et ont péri des foules de peuple, —
et bien d'autres encore en périront, avant que la guerre finisse;
— il n'en peut être autrement.

III.

Il y avait, dans l'ordre de Cîteaux, une abbaye, — voisine de
Lerida, et que l'on nommait le Poblet, — et dans cette abbaye un
digne homme qui en était abbé, — lequel, pour son savoir, montant de grade en grade, — d'une autre abbaye nommée Grandselve — où il avait été d'abord, amené (au Poblet), — en fut
élu abbé, et puis, en troisième lieu, — fut fait abbé de Cîteaux,
tant Dieu l'aima! — Ce saint homme s'en alla avec les autres, —
par la terre des hérétiques, leur prêchant — de se convertir :
mais plus il les priait, — plus ils se raillaient de lui et le tenaient
pour sot. — Ce fut là le légat auquel le Pape — donna tout
pouvoir d'abattre partout — la gent mécréante.

IV.

Cet abbé de Cîteaux que Dieu aimait tant — et qui avait nom
frère Arnaud, le premier en tête (des autres), — tantôt à pied,
tantôt à cheval, s'en va disputant — contre les félons mécréants

Contrals felos eretges qui eran mescrezant.
Els van de lors paraulas mot forment encausant
Mas eli non an cura ni nols prezo niant
Peyre del Castelnou es vengutz ab aitant
80 Ves Rozer en Proensa ab so mulet amblant
Lo comte de Tolosa anet escumenjant
Car mante los roters quel pays van raubant
Ab tant us escudiers qui fo de mal talant
Per so quel agues grat del comte en avant
85 Laucis en traicio dereire en trespassant
El ferit per la esquina am so espeut trencant
E pueish si sen fugit am so caval corant
A Belcaire don era on foron sei parant
Pero ans que fenis sas mas al cel levant
90 El preguet domni Deu vezent tota la jant
Quels perdo sos pecatz a cel felo sarjant
Cant el fo cumenjatz en la ves lo gal cant
El fenic en apres al alba pareichant
Larma sen es aleia al Paire omnipotant
95 A Sant Gilil sosterran ab mot ciri ardant
Am mot kyrieleison que li clerc van cantant.

V.

Cant lApostolis saub cui hom ditz la novela
Que sos legatz fo mortz sapchatz que nolh fo bela
De mal talent que ac se tenc a la maichela
100 E reclamet sant Jacme aisel de Compostela
E sant Peyre de Roma qui jatz en la capela
Cant ac sa orazo faita escantit la candela
Aqui fo fraire A. li abas de Cistela
E maestre Milos qui en lati favela
105 Els XII. cardenals totz en una rodela

d'hérétiques. — Il s'en va les pressant vivement de ses paroles;
— mais ceux-ci ne prennent aucun souci (des prêcheurs), et n'en
font pas le moindre cas. — Cependant Pierre de Châteauneuf
est (aussi) venu — vers Saint-Gilles en Provence, sur son mulet
amblant; — il excommunie le comte de Toulouse, — parce
qu'il soutient les routiers qui vont pillant le pays. — Et voilà
qu'un des écuyers (du comte) qui en avait grande rancune, —
et voulait se rendre désormais agréable à son seigneur, — tue
le légat en trahison; derrière (lui) passant, — il le frappe au dos
de son tranchant épieu; — et s'enfuit, sur son cheval courant,
— vers Beaucaire d'où il était, et où il avait ses parents. — Mais
avant de rendre l'âme, levant les mains au ciel, — (Pierre) pria
Dieu, en présence de tous, — de pardonner à ce félon écuyer
son péché. — Il rendit l'âme après cela, au poindre de l'aube,
— et l'âme s'en alla au Père tout-puissant; — on ensevelit (le
corps) à Saint-Gilles, avec maints cierges allumés — et maints
kyrié éléison que les clercs chantèrent.

V.

Quand le Pape sut, quand lui fut dite la nouvelle, — que
son légat avait été tué, sachez qu'elle lui fut dure; — de la colère qu'il en eut, il se tint la mâchoire, — et se mit à prier saint
Jacques, celui de Compostelle, — et saint Pierre, qui est enseveli
dans la chapelle de Rome. — Quand il eut fait son oraison, il
éteignit le cierge. — Et là (devant lui) viennent (alors) frère
Arnaud, l'abbé de Cîteaux, — maître Milon, parlant latin, — et
les douze cardinaux, tous en un cercle. — Là fut prise la résolu-

Lai fo lo cosselhs pres per ques moc la fiela
Dont motz homes so mortz fendutz per la buela
E manta rica dona mota bela piuzela
Que anc no lor remas ni mantels ni gonela
110 De lai de Monpeslier entro fis a Bordela
O manda tot destruire si vas lui se revela
Aisi com o retrais maestre Pons de Mela
Que lavia trames lo reis qui te Tudela
Senher de Pampalona del castel de la Estela
115 Lo mielher cavalers que anc montes en cela
E sap o Miramamelis que los Frances captela
Lo reis dArago i fo e lo reis de Castela
Tuit essems i feriro de lor trencant lamela
Que eu ne cug encar far bona canso novela
120   Tot en bel pargamin.

VI.

Ma labas de Cistel qui tenc lo cap enclin
Ses levatz en estans latz un pilar marbrin
E ditz a lApostoli Senher per sant Martin
Trop fam longa paraula daiso e lonc train
125 Car faitz far vostras cartas e escriure en latin
Aitals cum vos plaira quieu me met en camin
E trametre en Fransa e per tot Lemozi
Per Peitau per Alvernha tro en Peiragorzin
E vos faitz lo perdo de sa tota termin
130 Per trastota la terra et per tot Costantin
E qui nos crozara ja non beva de vin
Ni mange en toalha de ser ni de matin
Ni ja no viesta drap de carbe ni de lin
Ni no sia rebost si mor plus cun mastin

tion qui excita cette bourrasque — dont tant d'hommes devaient périr, fendus par les entrailles, — dont mainte belle demoiselle et mainte noble dame — devaient rester sans robe ni manteau. — De par delà Montpellier jusqu'à Bordeaux, — le (concile) ordonne de détruire tout ce qui lui désobéira. — Ainsi le raconte maître Pons de Mela, — qu'avait envoyé (là) le roi à qui appartient Tudèle, — seigneur de Pampelune et du château d'Estella, — le meilleur chevalier qui monta jamais en selle. — Bien le sait l'émir qui commanda les Français (au Muradal), — (à cette bataille) où furent le roi d'Aragon et celui de Castille, — qui tous y frappèrent de leur tranchante épée, — et dont j'espère faire encore bonne chanson nouvelle, — toute sur beau parchemin.

VI.

Cependant l'abbé de Cîteaux, qui tenait la tête penchée, — s'est levé sur ses pieds contre un pilier de marbre, — et dit au Pape : « Seigneur, par saint Martin ! — nous faisons de (tout) cela trop « de paroles et trop grand bruit ; — faites faire et écrire vos lettres « en latin, — comme bon vous semblera, et je me mets aussitôt « en route — pour les porter en France et par tout le Limousin, « — en Poitou, en Auvergne et jusqu'en Périgord. — Proclamez « les indulgences ici, dans les confins (de ce pays) — jusqu'à « Constantinople et dans tout pays (chrétien) : — qu'à celui qui ne « se croisera pas il soit interdit de boire du vin, — de manger « sur nappe, matin ni soir, — et de vêtir tissu de chanvre ou de « lin ; — et que, s'il meurt, il ne soit pas enseveli autrement qu'un

En aquest mot sacordo tuit can venc a la fin
135   Al cosselh que lor dona.

VII.

Cant labas de Cistel la ondrada persona
Qui poih fo eleish arsevesques de Narbona
Le mielher el plus pros quanc i portes corona
Lor ac dat lo coselh negus mot no i sona
140 Mas cant del Apostoli que mot fetz cara trona
Fraire so ditz lo Papa tu vai vas Carcassona
E a Tolosa la gran que se sobre Guarona
E conduiras las ostz sobre la gent felona
De part de Jeshu Crist lor pecatz lor perdona
145 E de las mias partz lor prega els sermona
Quencausan los eretges demest lautra gent bona
Ab tant el sen depart cant venc a la hora nona
E ichit de la vila e forment esperona
Ab lui va larsevesques qui es de Terragona
150 E aisel de Lerida e cel de Barsalona
E devas Montpeslier aicel de Magalona
E dotral Portz dEspanha aicel de Pampalona
E levesques de Burcs e cel de Terrasona
        Cest van tuit am labat.

VIII.

155   Li abas monta tost cant an pres lo comjad
E venc sen a Cistel on eran ajostatz
Trastuit li monge blanc qui eran coronatz
A festa Santa Crotz qui es lai en estatz
Al general capitol si co es costumat
160 Vezen tot lor covent lor a messa cantat

CROISADE CONTRE LES ALBIGEOIS. 13

« chien. » — Tous finissent par s'accorder à ces paroles, — et au
conseil qui leur est donné.

VII.

Quand l'abbé de Cîteaux, l'honorable personnage, — qui fut ensuite élu archevêque de Narbonne, — le meilleur et le plus honnête (clerc) qui porta jamais tonsure, — a donné ce conseil, nul ne profère un mot, — si ce n'est le Pape, qui, faisant marri visage, — dit (à l'abbé) : « Frère, va-t'en à Carcassonne — et à Toulouse
« la Grande, qui est assise sur (la rive de) Garonne; — tu mèneras
« l'host (des Croisés) contre la félonne gent (mécréante). — Par-
« donne (aux fidèles) leurs péchés, au nom de Jésus-Christ, —
« et prie-les, exhorte-les de ma part — à chasser les hérétiques
« d'entre ceux (dont la foi est) saine. » — Et voilà que l'abbé s'apprête à partir sur l'heure de none; — il sort de la ville (chevauchant), éperonnant. — Avec lui partent l'archevêque de Tarragone, — l'évêque de Lerida et celui de Barcelone, — celui de Maguelone, devers Montpellier, — et d'autres (encore) d'outre les Ports d'Espagne; celui de Pampelune, — ceux de Burgos et de Terrasone; — tous ceux-là s'en vont avec l'abbé.

VIII.

L'abbé est monté (à cheval) aussitôt qu'ils ont pris congé. — Il s'en va à Cîteaux, où, selon la coutume, — tous les moines blancs, portant tonsure, — étaient réunis en chapitre général, — à la Sainte-Croix, qui se fête là en été. — Oyant tout le monastère, il chante la messe; — et la messe finie, il se met à prê-

E can fo defenida el lor ag prezicat
E lor ag la paraula e dig e devizat
Poichas a so sagel a cadau mostrat
Co an per tot lo mon sai e lai demonstrat
165 Aitan co te de lonc santa chrestiandat
Donc se crozan en Fransa e per tot lo regnat
Can sabo que seran dels pecat pardonat
Ancs mais tan gran ajust no vis pos que fus nat
Co fan sobrels eretges e sobrels sabatatz
170 Car lo ducs de Bergonha sen es la doncs crozat
E lo coms de Nivers e manta poestatz
So que las crotz costero dorfres ni de cendatz
Que silh meiren el peihs deves lo destre latz
E no ni mete en plah coment foro armatz
175 Ni com foren garnitz ni co encavalgatz
Ni lor cavals vestitz de fer ni entresenhatz
Quanc Dieus no fetz gramazi ni clergue tant letrat
Que vos pogues retraire le ters ni la meitat
Ni ja saubes escriure los prestres nils abatz
180 Qua la ost de Bezers lai foro amassatz
De foras el sablo.

IX.

Quant lo coms de Tolosa e li autre baro
El vescoms de Bezers an auzit lo sermo
Que los Frances se crozan no cug lor sapcha bo
185 Ans ne son mot irat si cum ditz la canso
A un parlamen que feiro li clerc sela sazo
Lai sus a Albenas venc lo comte Ramon
Aqui sagenolhec e fes sa fliction
Denant mo senher labas elh prega quelh perdon
190 El ditz que no fara que non avia don

cher. — Il dit, il rapporte les paroles (du concile), — et montre à
chacun sa bulle scellée, — comme lui et les (autres) l'ont çà
et là partout montrée. — (Cependant) aussi loin que s'étend la
sainte chrétienté, — en France, et dans tous les (autres)
royaumes, — les peuples se croisent, dès qu'ils apprennent le pardon de leurs péchés, — et jamais, je pense, ne fut fait si grand
host — que celui fait alors contre les hérétiques et les ensabbatés.
— Alors se croisèrent le duc de Bourgogne, — le comte de Nevers et maints autres seigneurs. — Je ne parlerai point de ce que
coûtèrent d'orfroi et de soie les croix — qu'ils se mirent du
côté droit, sur la poitrine ; — je ne tiens point compte de leurs
armures, — de leurs montures, de leurs enseignes, — ni de leurs
chevaux vêtus de fer : — Dieu ne fit jamais latiniste ou clerc si
lettré, — qui (de tout cela) pût raconter la moitié ni le tiers, —
ou écrire (les noms) des (seuls) prêtres et abbés — assemblés dans
l'host (qui va camper) sous Béziers, — hors (des murs), dans la
campagne.

IX.

Quand le comte de Toulouse, les autres barons (du pays) —
et le vicomte de Béziers ont appris que la croisade se prêche —
et que les Français se croisent, ne pensez pas qu'ils s'en réjouissent. — Ils en sont fort dolents, comme dit la chanson. — A
une assemblée que tinrent alors les clercs, — là-haut à Aubenas,
s'en vint le comte Raymond. — Là il s'agenouilla et fit son acte
de contrition — devant monseigneur l'abbé, le priant de l'absoudre. — (L'abbé) répond qu'il ne peut le faire, qu'il n'en a

Si lo Papa de Roma els cardenals que i son
Nol fazian primier calque solucion
No sai que von diches nin fes longa razon
Lo coms sen retornet a coita desperon
195 Lo vescomte son bot merceia e somon
Que no guerrei ab lui ni nolh mova tenson
E que sian amdui a la defension
Quilh nil pais no caian en mala destruction
El no li dig anc doc enan li dig de no
200 E son se mal partit el coms sen vai felo
E vai sen en Proenza az Arle e az Avinhon
— Senhors oimais sesforzan li vers de la chanso
Que fon ben comenceia lan de la encarnatio
Del Senhor Jhesu Crist ses mot de mentizo
205 Cavia M. CC. e X. ans que venc en est mon
E si fo lan e mai can florichol boicho
Maestre W. la fist a Mont Alba on fo
Certas si el agues aventura o do
Co an mot fol jotglar e mot avol garso
210 Ja nolh degra falhir negus cortes prosom
Que nolh dones caval o palafre breton
Quel portes suavet amblan per lo sablon
O vestimen de seda pali o sisclato
Mas tant vezem quel setgles torna en cruzitio
215 Quelh ric home malvatz que devrian estre pro
Que no volon donar lo valent d'un boto
Nieu no lo quier pas lo valen dun carbo
De la plus avol cendre que sia el fogairo
Domni Dieu los cofonda que fetz lo cel el tro
220   E santa Maria maire.

point le pouvoir, — à moins que le Pape et les cardinaux de Rome — ne lui accordent auparavant quelque indulgence. — Je ne saurais que vous dire (de plus) : bref fut l'entretien, — et le comte s'en retourne à hâte d'éperon. — Il s'en va au vicomte (de Béziers), son neveu, qui le prie et le requiert — de ne point guerroyer contre lui, de ne point lui mouvoir querelle, — et de se mettre avec lui à la défense, — afin de ne pas tomber, eux et le pays, dans (le feu de) la destruction. — (A tout cela le comte) répond, non par oui, mais par non. — Ils se quittent mécontents, et le comte s'en va courroucé; — il s'en va en Provence, vers Arles et vers Avignon. — Seigneurs, désormais s'animent les vers de la chanson, — qui, sans mot de mensonge, a été commencée l'an de l'incarnation — où il y a eu 1210 ans que Notre Seigneur J. C. est venu au monde. — Ce fut au mois de mai, au temps où les buissons fleurissent, — que maître Guillaume la composa à Montauban, où il était; — et certes, s'il avait eu même bonheur et même aventure — que maint extravagant jongleur, et maint chétif vagabond, — il n'y aurait point d'homme preux ou courtois qui faillît — à lui donner vêtement ou manteau de soie, — et (bon) cheval, (bon) palefroi breton, — pour le porter, doucement amblant par la campagne. — Mais en voyant comme le temps tourne à mal, — et que les hommes puissants, qui devraient être généreux, — ne savent plus donner la valeur d'un bouton, je ne leur demanderais pas le plus vil charbon — de la cendre amassée à (leur) foyer. — Que le Seigneur Dieu les confonde, celui qui fit le ciel et l'air, — et sa sainte mère Marie !

X.

Cant le coms de Tolosa de cui era Belcaire
Vit quel vescoms sos botz li era a contraire
E tug sei enesmieg li volon guerra faire
Be sap que li Crozat ja no tarzaran gaire
225 Que non intron per lui en son prion repaire
Per larsevesque dAux qui era sos compaire.
Trames lai en Gasconha car li era negaire
Quel ira al mesatge no sen voldra estraire
E labas de Condom us clergues debonaire
230 R. de Rabastencs qui era bos donaire
Lo priors de lOspital us bos feziciaire
Aicestz iran a Roma e pois a lEmperaire
Parlaran am lo Papa car cilh son bon gramaire
De calsque acordamens.

XI.

235 Li message sen van tost e isnelament
Al plus tost que ilh pogron a Roma batbaten
No sai que vos anes recomtan longamen
Tant dizon de paraulas e tant fan de prezent
Quam lo ric Apostoli an fait acordament.
240 Del comte de Tolosa e diirai vos coment
VII. castels del plus fortz quen sa honor apent
Li metra en ostages per far son mandament
Lo Papa i trames un clergue mot valent
Que avia nom Milos cui fos obezient
245 Cel mori a sant Geli abans dun an vertent
E cant lo vescoms saub que hom ditz verament
Quel coms a faita patz on plus pot se repent

X.

Lorsque le comte de Toulouse, à qui appartient Beaucaire, — voit que le vicomte son neveu lui est contraire, — et que tous ses ennemis lui cherchent guerre, — il comprend bien que les Croisés ne tarderont pas — à s'avancer contre lui, jusqu'en son (plus) profond refuge. — A l'archevêque d'Auch, son ami, — il fait dire là-bas, en Gascogne, qu'on lui a refusé l'absolution, — et lui mande de partir (aussitôt) et sans s'excuser, en (tête d'un) message, — (où seront) l'abbé de Condom, ce noble clerc, — Raymond de Rabastencs, ce seigneur libéral, — et le prieur de (l'ordre de) l'Hôpital, le bon légiste. — Ces (messagers) s'en iront à l'Empereur et auparavant à Rome, — et, savants comme ils sont, ils traiteront avec le Pape — de quelque accommodement.

XI.

Les messagers s'en vont à Rome tôt et vite, — le plus vite qu'ils peuvent, battant et rebattant (le chemin); — et, pour ne point vous conter longuement la chose, — ils disent si bonnes paroles et font tant de présents, — qu'avec le vénérable Pape ils ont fait la paix — du comte de Toulouse, et je vous dirai comment : — Le (comte) doit livrer sept de ses plus forts châteaux, — en garantie (de sa parole) de faire la volonté de l'Église. — Et le Pape dépêche (aussitôt) un vaillant clerc — nommé Milon, pour commander (dans ces châteaux). — Mais ce (clerc) mourut à Saint-Gilles avant l'an révolu. — Quand le vicomte (de Béziers) apprend ce que l'on dit pour vrai, — que le comte a fait sa paix, il lui vient grand repentir : — il voudrait bien, lui aussi, faire la sienne,

Bes volgra acordar si pogues ichament
Mas el non o volc pendre tan lagro e nient
250 E a fait per sa terra tost somonir sa gent
A pé e a caval cels que foron valent
De dins a Carcassona aqui las osts atent.
Cels que a Bezers remazo ne foron tug dolent
Anc no cug nescampeso ni cincanta ni cent
255   Com nols meta a lespaza.

XII.

Senhor aicesta osts fo aisi comensada
Si co avetz auzit en la gesta letrada
Li abas de Cistel fo en la cavalgada
Ab lu li arsevesque e manta gens letrada
260 Que mais dura la rota que fan en lalbergada
Cant van a parlament o a calc asemblada
Que la ost de Mila cant es tota ajustada
De lautra part cavalga ab tota sa mainada
Lo pros dux de Narbona sa senha desplegada
265 E lo coms de Nivers sa senhera a auzada
E lo coms de sant Pol am bela gent armada
El coms P. dAussorre ab tota sa mainada
El coms W. de Genoa duna terra asazada
NAzemars de Peitieus ca sa terra mesclada
270 Al comte de Fores ques so al guerreiada
Ab la gent de sa terra que el a amenada
P. Bermons de Nouza e ges tro a la vesprada
Nous auria retrait ni tro a la maitinada
Aisels que de Proensa vengro a la crozada
275 Estiers la autra gent que i era amasada
Que per home del mon no pot estre aesmada

s'il pouvait; — mais il n'accepte point celle qu'on lui (propose), si dure on la lui rend! — Il fait alors, par toute sa terre, semondre ses hommes, — tous ceux capables (de guerroyer) à pied ou à cheval; — et il s'en va là (haut), à Carcassonne, attendre l'host (des Croisés). — Ceux qui restent à Béziers en sont grandement dolents, — (et non sans raison), car d'eux tous il n'en échappera pas cinquante ou cent, — qui ne soient mis à fil d'épée.

XII.

Seigneurs, cette guerre fut ainsi commencée, — comme vous venez d'ouïr dans la geste écrite. — De la chevauchée fut l'abbé de Cîteaux, — et avec lui (y furent) les archevêques et maints (personnages) lettrés, — (si nombreux) que plus longue est la file qu'ils forment à l'héberger, — quand ils vont en parlement ou en assemblée, — que ne l'est l'host de Milan tout entier. — De son côté chevauche, avec toute sa troupe, — enseigne déployée, le preux duc de Narbonne. — Le comte de Nevers lève aussi sa bannière. — (Viennent ensuite) le comte de Saint-Paul, en tête de sa gent bien armée; — le comte P. d'Auxerre, avec toute la sienne; — Guillaume, comte de Genevois, de cette bonne terre; — don Adhémar de Poitiers, qui vient de ravager le pays — du comte de Forez, guerroyant contre lui — avec les hommes de son comté, qu'il amène (maintenant contre les hérétiques), — et P. Bermont de Nouza. De la soirée — au matin, je ne vous conterais pas — tous ceux qui vinrent de Provence à la croisade, — sans parler de la multitude qui s'y rendit (d'ailleurs) — et qui ne saurait être estimée par homme du monde, — sans

Ses la cavalaria que ja no i er comtada
Que amenon li Frances.

XIII.

La ost fo meravilhosa e grans si majut fes
280 xx. melia cavaliers armatz de totas res
E plus de cc. melia que vilas que pages
En cels no comti pas ni clergues ni borzes
Tota la gens dAlvernhe e de lonh e de pres
De Bergonha e de Fransa e de Lemozines
285 De tot le mon ni ac Alamans e Ties
Peitavis e Gascos Roergas Centonges
Anc Dieus no fe nulh clerc per punha que i mezes
Los pogues totz escriure en dos mes o en tres
Lai es tota Proensa e trastotz Vianes
290 Dels Portz de Lombardia tro aval a Rodes
I vengro tug essems pel perdo que grans es
Lor senheiras levadas sen aneron espes
No cujon trobar ome en trastot Carcasses
Tholoza cujan pendre mas acordada ses
295 Carcassona pendran so dizon e Albiges
Per laiga ab navili fan portar lor arnes
E tota la vitalha e los autres arnes
El comte de Toloza lor va encontra ades
Que ira ab lor en la ost ben lor o a promes
300 Autra ost de Crozatz venc deves Agenes
Mas non es pas tan grans co sela dels Franses
E mogron de lor terra abans denant i. mes
Aqui es lo coms Guis us Alvernhas cortes
El vescoms de Torena ques nes fort entremetz
305 Livesques de Limotges e cel de Bazades
E lo bos arsevesques qui es de Bordales

(y comprendre) la cavalerie impossible à nombrer — qu'amènent les Français.

XIII.

L'host (des Croisés) fut merveilleusement grand, par ma foi. — Il (s'y trouvait) vingt mille cavaliers armés de toutes pièces, — et plus de deux cent mille tant vilains que paysans; — et je ne compte ni les bourgeois, ni les clercs. — De près, de loin, toute l'Auvergne (y est venue); — (il y a là de la gent) de Bourgogne, de France et de Limousin; — il y en a du monde entier. (Il y a des) Allemands, des Thiois, — des Poitevins, des Gascons, des Rouergats, des Saintongeois. — Dieu ne fit jamais clerc qui, quelque peine qu'il s'y donnât, — les pût tous mettre par écrit en deux mois, ni en trois. — Là (se trouve) toute la Provence et tout le Viennois : — des Ports de Lombardie jusqu'au-dessous de Rhodez; — tous y sont venus en foule, à cause du grand pardon (à y gagner). — Leurs bannières hautes, ils marchent serrés, — se figurant qu'ils ne trouveront pas dans tout le Carcassais un homme (qui leur résiste). — Ils s'imaginaient prendre Toulouse, mais (Toulouse) a fait sa paix; — et se vantent de prendre Carcassonne et tout l'Albigeois. — Ils font par eau, sur navire, porter leur bagage, — leurs vivres et tout leur équipement. — Au-devant d'eux s'en vient en hâte le comte de Toulouse ; — car il a promis de marcher dans l'host avec eux. — De l'Agénois arrive une autre armée de Croisés, — mais non pas si nombreuse que celle des Français ; — il y a un mois qu'ils se sont mis en mouvement de leur pays. — Avec eux viennent le comte Guy, un Auvergnat courtois ; — le vicomte de Turenne, fortement engagé

Levesques de Caortz e cel de Aguades
Bertran de Cardelhac e cel de Gordones
B. de Castelnou ab tot Caersines
310 Cest prezon Pegua Rocha que noi troban defes
E fonderon Gontau e Tonencs an mal mes
Mas Caisanolhs es fortz perque no lagron ges
E per la garnizo que la mot ben defes
Quei mes dins de Gascos forment leugiers de pes
315   Que son bon dardasier.

XIV.

Cassanhol asetja lostz ca dins mot aquier
Ab Segui de Balencs e mot bon cavalier
Ab tot so lo prezeran si no fos l desturbier
Que lor fe lo coms Guis car el nac gran aver
320 E si cab larsevesque sen pres a tensoner
No sai co sen partiro ni cals fo lacordier
E cela ost jutgero mot eretge arder
E mota bela eretga ins en lo foc giter
Car convertir nos volon tan nols podon prier
325 E livesques del Poi venc lai de ves Chacer
Cest ac de la Causada et del borc mant denier
Del borc Sant Antoni on el venc tot primer
A lost de Cassanolh sen volia el aler
Car ilh li paron paucs e vols am lor mescler
330 A icels de Vilamur venc 1. mal destorber
Que un garso lor dig que lost vol caminer
E que de Cassanolh an fait ja destraper
E cant ilh o auziron fan lo foc alumner
E arson lo castel lo dilus a lo ser
335 E pois si sen fugiron can la luna lutz cler

dans l'entreprise;—l'évêque de Limoges et celui de Bazas,—le
bon archevêque de Bordeaux,—l'évêque de Cahors et celui
d'Agde;— Bertrand de Cardalhac et Bertrand de Gordon,—
B. de Castelnou, avec tout le Quercy. — Cet host prit Puy-la-
Roque, n'y trouvant pas de résistance :—il détruisit Gontaud et
ravagea Tonneins;—mais il n'a pu prendre Chasseneuil, la bonne
forteresse,—qui a été vaillamment défendue par la garnison,—
que (le comte de Toulouse) y a mise de Gascons aux pieds légers
—et bons arbalétriers.

XIV.

L'host assiége Chasseneuil; mais il y a dedans maints archers
— et maints bons chevaliers, avec Seguin de Balenc. — Cependant, malgré cela, les (Croisés) l'auraient pris, si ce n'eût été
l'empêchement — qu'y mit le comte Guy, lequel en tira grand
avoir,—et s'en prit de querelle avec l'archevêque.— Je ne sais
comment (les assiégeants) se retirèrent, ni quel fut leur accord
(avec les assiégés);— mais ils condamnèrent (auparavant) maints
hérétiques à être brûlés,— et (firent) jeter au feu mainte belle
hérétique, — qui ne voulurent pas se convertir, si fort que l'on
pût les en prier. — Là, du côté de Casser, arriva l'évêque du
Puy :—après avoir levé force argent à la Caussade et au bourg,
— au bourg de Saint-Antonin, où il était entré tout d'abord,
— il s'en vint à l'host de Chasseneuil,— qui était peu nombreux
et auquel il voulait se réunir. — (Cependant) une grande calamité
arrive à ceux de Villemur;—un homme vient leur dire que l'host
est sur le point de se mettre en marche contre eux,—et qu'il a
déjà levé son camp de devant Chasseneuil.— Eux, entendant
cette nouvelle, firent allumer un grand feu,— et brûlèrent le

Daicesta ostz de sai nous volh oimais parler
Tornar vos ai a lautra que fo a Montpeslier
Lo coms Ramon les guida qui lor a be mestier
Que vai primers tot jorn e les fai alberger
340 Per la terra son bot qui lo sol guerreger
  Lo filh de sa seror.

XV.

Lo vescoms de Bezers no fina noit ni jorn
De sa terra establir car mot avia gran cor
En tant cant lo mons dura na cavalier milhor
345 Ni plus pros ni plus larg plus cortes ni gensor
Nebs fo del coms R. e filhs de sa seror
Sest fo catholicals de so trag az auctor
Mot clerc e mot canonge questan en refiechor
Mas car era trop joves avia ab totz amor
350 E sels de son pais de cui era senhor
No avian de lui ni regart ni temor
Enans jogan am lui co si fos companhor
E tuit sei cavalier e lautre valvassor
Tenian los eretges qui en castel qui en tor
355 Per que foron destruit e mort a desonor
El meteis ne morig a mot granda dolor
Dont fo peccatz e dams per cela fort error
Pero nol vigui anc mas una vetz laor
Quant lo coms de Tholoza pres dona Elionor
360 La plus bona reina tota la belazor
Que sia en crestias ni en la paianor
Ni tant can lo mons dura tro en terra maior
Tant de be non diiria ni tanta de lauzor

château, le lundi sur le soir; — après quoi ils s'enfuirent, la 335
lune clair-luisant. — (Mais) je ne veux plus vous parler des Croisés de ce côté; — il faut que je vous ramène à ceux devers Montpellier. — Le comte Raymond les guide, et leur rend de grands
services : — il marche toute la journée en avant, et les met
héberger — par la terre du vicomte, qui lui a cherché guerre, — 340
et qui est le fils de sa sœur.

XV.

Le vicomte de Béziers ne cesse, nuit ni jour, — de fortifier sa
terre. Il était homme de grand cœur; — aussi loin que s'étende
le monde, il n'y avait point de meilleur chevalier, — plus preux, 345
plus libéral, plus courtois, ni plus avenant. — Il était (comme
j'ai dit) le neveu du comte Raymond, le fils de sa sœur, — et
bon catholique; je vous en donne pour garants — maint clerc et
maint chanoine (mangeant) en réfectoire, — et beaucoup
(d'autres). Il était tout jeune, bien voulu de tous, — et les 350
hommes de sa terre, ceux dont il était le seigneur, — n'avaient de
lui défiance ni crainte; — ils jouaient avec lui, comme s'il eût
été leur égal; — mais ses chevaliers et ses autres vassaux, — qui en
tour, qui en château, maintenaient les hérétiques. — Ils furent 355
pour cela exterminés et occis avec déshonneur, — et le vicomte
lui-même en mourut en grief tourment, — et par cruelle méprise,
dont ce fut grand dommage. — Je ne le vis jamais qu'une seule
fois, — alors que le comte de Toulouse épousa dame Éléonore,
la meilleure et la plus belle reine — qu'il y ait en terre chrétienne 360
ou païenne, — et dans le monde entier, si loin qu'il s'étende, jusqu'à la grande mer. — Je n'en dirais jamais tant de bien, ni tant

Que mais en lieis no sia de pretz e de valor.
365 A ma razo men torni cant auzi la rumor.
Lo vescoms de Bezers e li ostejador
Son de sai Montpeslier poia el milsoldor
E intrec a Bezers 1. maiti à lalbor
  E enquers jorn non fu.

XVI.

370 Li borzes de la vila li jove el canut
Li petit e li gran sabon quel es vengutz
Tost e isnelamen evas lui son venu
El lor ditz ques defendan a forsa e a vertu
Quen breu de termini seran ben socorru
375 —Jeu men irai so ditz per lo cami batu
Lai eves Carcassona car trop man atendu
Ab aquestas paraulas sen es viatz ichu
Li Juzien de la vila le an apres segu
E li autre remazo dolent e irascu
380 Lavesques de la vila qui mot prudome fu
Intret dedins Bezers e cant lo dichendu
Al mostier general on a manta vertu
Les fetz totz asemblar e can so aseu
Comta lor dels Crozatz comen son esmou
385 Quabans que sian prizi ni morti ni vençu
Ni aian lors avers ni lor arnes perdu
Daco queli perdran cades lor seit rendu
Si non o volon faire aremandrant tot nu
Ilh seran detrenchet am bran dacer molu
390   Ses autra demorea.

de louange, — qu'il n'y ait en elle encore plus de mérite et de
valeur; — et je reviens à mon sujet. Lorsque le bruit arrive — au 365
vicomte de Béziers, que l'host (des Croisés) — est en deçà de
Montpellier, il monte sur son cheval de guerre, — et il entre à
Béziers, un matin, à l'aube, — quand il n'était pas encore jour.

XVI.

Les bourgeois de la ville, les jeunes et les vieux, — les petits 370
et les grands, apprenant qu'il est arrivé, — tôt et vite s'en viennent à lui. — Il leur recommande de se défendre avec force et bravoure, — et leur promet qu'ils seront bientôt secourus. — « Je 375
« m'en irai (en attendant), dit-il, par la route battue, — là-haut à
« Carcassonne, où je suis attendu. » — Sur ces paroles, il est sorti
en grande hâte : — les Juifs de la ville l'ont suivi de près; — les
autres demeurent marris et dolents. — (Là-dessus) l'évêque de 380
Béziers, ce grand prud'homme, — entra dans la ville, et aussitôt
qu'il fut descendu — à l'église cathédrale, où sont maintes reliques, — il fit assembler tous les habitants; et quand ils sont assis,
— il leur conte que l'host des Croisés est en marche, — (et les 385
exhorte à se soumettre) avant qu'ils ne soient vaincus, pris ou tués,
— et qu'ils n'aient perdu leur bien et leur avoir. — (S'ils se soumettent), tout ce qu'ils ont pu perdre leur sera sur-le-champ
rendu; — s'ils ne veulent le faire, ils resteront (dépouillés) à
nu, — et de glaive d'acier émoulu taillés — sans autre demeure. 390

XVII.

Quant ac lavesques sa razo afinea
E lor ac la paraula dita e devizea
Prega los ques acordo ab clergues e ab crozea
En abans que ilh passon al trenchant de lespea
395 Mas al mais del poble sapchatz que no agreia
Ans dizon ques lairian negar e mar salea
Que ja sela paraula fos per lor autregea
Ni no auran del lor que valha una dinnea
Per que lor senhoria fos en autra camgea
400 Nos cugen ges per re que lost agues durea
Quabans de xv. jors fos tota desebrea
Car ben tenon de lonc una granda legueia
A penas cabon en cami ni en estreia
Els de la ciptat cujan que fos tant fort fermea
405 E de murs tot entorn enclauza e serrea
Que du mes tot entier no laguessan forsea
Per so dig Salamos ad Austria la seneia
Que daiso que fols pessa falh trop a la vegea
Cant conosc li evesques la crozada es mesclea
410 Ni prezan son prezic una poma peleia
En la mula es montatz que el ag amenea
E vai sen vas la ost que ses acaminea
Cels qui ab lui sen ichiro an la vida salveia
E cilh qui dins remazo la an mot car comprea
415 Si co el oncas pog ses autra demorea
A labat de Cistel a sa razo comtea
E als autres baros que lan ben escoutea
Quels tenon totz per nescis e per gent forsenea
Be sabon que la mortz lor es aparelhea
420   El trebalhs e la pena.

XVII.

Quand l'évêque a expliqué sa raison, — (quand il) leur a dit et annoncé sa mission, — il les prie de (nouveau) de s'accorder avec le clergé et les Croisés, — avant d'être passés au fil de l'épée. — Mais ce parti, sachez, n'agrée point à la majorité du peuple. — Ils se laisseront, disent-ils, noyer dans la mer salée, — avant d'accepter cette proposition ; — et personne n'aura du leur un denier vaillant, — pour qu'ils changent leur (bonne) seigneurie pour une autre. — Ils ne s'imaginent pas que l'host (des Croisés) puisse durer (au siége), — et qu'avant quinze jours il ne soit pas tout parti ; — car il occupe bien une grande lieue de long, — et tient à peine dans les grands chemins et les sentiers. — Et (quant à) leur ville, ils se la figurent si forte, — si bien, tout à l'entour, fermée et close, — qu'en un mois entier (les assiégeants) ne l'auraient point forcée. — Mais, comme dit Salomon à la sage reine d'Orient, — de ce qu'a projeté un fou, il se fait trop en une fois. — Quand l'évêque voit que la croisade est en mouvement, — et que ceux de (Béziers) ne prisent pas plus son sermon qu'une pomme pelée, — il est remonté sur la mule qu'il avait amenée, — et s'en va à la rencontre de l'host qui est en marche. — Ceux qui sortirent avec lui sauvèrent leur vie, — et ceux qui restèrent dans la ville le payèrent cher. — Aussi (vite) qu'il peut, sans demeure aucune, — l'évêque rend compte de sa mission à l'abbé de Cîteaux — et aux autres barons de l'armée, qui l'écoutent attentivement. — Ils tiennent ceux de Béziers pour gent folle et forcenée, — et voient bien que, pour eux, s'apprêtent les douleurs, — les tourments et la mort.

XVIII.

    So fo a una festa com ditz la Magdalena
    Que labas de Cistel sa granda ost amena
    Trastota entorn Bezers alberga sus larena
    Er cuh que a quels dedins cresca trebalhs e pena
425 Canc la ost Menalau cui Paris tolc Elena
    No fiqueron tant trap els portz desotz Miscena
    Ni tan ric paualho de nuits a la serena
    Com cela dels Frances ques fors del coms de Brena
    Non ac baro en Fransa noi fes sa carantena
430 Als baros de la vila fo donc malvada estrena
    Qui lor dec per coselh caicela dioneza
    E soen paloteiar en tota la semana
    Ar aujatz que fazian aquesta gens vilana
    Que son plus fol e nesci que no es la balena
435 Ab lors penoncels blancs que agro de vil tela
    Van corren per la ost cridan en auta alena
    Cujols espaventar com fai auzels davena
    Can los crida els uca e sos drapels demena
        Maiti can fai jorn clar.

XIX.

440   Can lo rei dels arlotz los vit paloteiar
    Contra lost dels Frances e braire e cridar
    Ezun crozat Frances aucire e pesseiar
    Cant lagron fait dun pont per forsa trabucar
    Totz sos truans apela e fals esems justar
445 En auta votz escridan anem los esarrar
    Tantost com o ag dit sen van aparelhar

XVIII.

C'était la fête que l'on nomme *la Madelaine*, — quand l'abbé de Cîteaux amène le grand host (des Croisés), — qui tout entier campe à l'entour de Béziers, sur le sable. — C'est alors que redoublent pour ceux de dedans le mal et le péril : — car jamais l'host de Ménélas, à qui Pâris enleva Hélène, — ne dressa tentes si nombreuses à Mycènes, devant le port, — ni si riches pavillons, de nuit, par le serein, — que celui des Français et du comte de Braine, là (sous Béziers). — Il n'y eut baron en France qui n'y fît sa quarantaine. — O la mauvaise étrenne qu'il fit aux habitants de la ville, — celui qui leur donna le conseil (de sortir) en plein jour, — et d'escarmoucher fréquemment toute la semaine ! — Car sachez ce que faisait cette gent chétive, — cette gent plus que baleine ignare et folle : — avec les bannières de grosse toile blanche qu'ils portaient, — ils allaient courant devant les (Croisés), criant à toute haleine ; — ils pensaient leur faire épouvantail, comme on fait à des oiseaux (en champ) d'avoine, — en huant, en braillant, en agitant leurs enseignes, — le matin, dès qu'il fait clair.

XIX.

Quand le roi des ribauds les vit (ainsi) escarmoucher, — braire et crier contre l'host de France, — et mettre en pièces et à mort un Croisé français, — après l'avoir de force précipité d'un pont, — il appelle tous ses truands, il les rassemble — en criant à haute voix : « Allons les assaillir ! » — Aussitôt qu'il a parlé, les ribauds courent s'armer — chacun d'une masse, sans autre ar-

Cascus duna masseta calres no an som par
Plus son de xv. melia que no an que causar
En camizas e en bragas comensan a anar
450 Trastot entorn la vila per los murs derocar
Ins els valatz sabaton e prezos a picar
Els autres a las portas franher e peciar
Li borzes cant o viro prezos a espaventar
E cels de la ost cridan anem nos tuit armar
455 La doncs viratz tal preisha a la vila intrar
Per forsa fan los murs al dins dezamparar
E femnas e efans se prendo a portar
E van sen a la gleiza e fan los senhs sonar
No an plus on gandir.

XX.

460 Li borzes de la vila virols Crozatz venir
E lo rei dels arlotz que los vai envazir
Els truans els fossatz de totas partz salhir
E los murs pessiar e las portas ubrir
E los Frances de lost a gran preissa garnir
465 Be sabon e lor cor que nos poiran tenir
Al moster general van ilh plus tost fugir
Li prestre e li clerc sanero revestir
E fan sonar los senhs cum si volguessan dir
Messa de mortuorum per cors mort sebelhir
470 Cant venc a la perfi no los pogron sofrir
Quel truans no i intresson quels ostals van sazir
Aitals co elis volon que be i pogron cauzir
Cadaus si so vol x sil ve a plazir
Li ribaut foron caut no an paor de morir
475 Tot cant pogron trobar van tuar e aucir
E las grans manentias e penre e sazir

mure. — Ils sont plus de quinze mille, tous sans chaussure; — (tous) en chemise et en braies, ils se mettent en marche, — tout autour de la ville, pour abattre les murs; — ils se jettent dans les fossés, et se prennent (les uns) à travailler du pic, — les autres à briser, à fracasser les portes. — Voyant cela, les bourgeois commencent à s'effrayer, — et, de leur côté, ceux de l'host crient: « Aux armes, tous! (aux armes!) » — Vous les auriez vus alors s'avancer en foule contre la ville, — et de force repousser des remparts les habitants, — qui, emportant leurs enfants et leurs femmes, — se retirent à l'église et font sonner les cloches, — n'ayant plus d'autre refuge.

XX.

Les bourgeois de Béziers voient contre eux venir — et en grande hâte s'armer les Français de l'host, — tandis que le roi des ribauds les assaille, — et que ses truands de toutes parts remplissent les fossés, — brisent les murs et forcent les portes; — ils sentent bien en eux-mêmes qu'ils ne peuvent résister, — et se réfugient au plus vite dans la cathédrale. — Les prêtres et les clercs vont se vêtir (de leurs ornements), — font sonner les cloches comme s'ils allaient chanter — la messe des morts, pour ensevelir corps de trépassés; — mais ils ne pourront empêcher qu'avant la messe dite — les truands n'entrent (dans l'église): ils sont déjà entrés dans les maisons; — ils forcent celles qu'ils veulent; ils en ont large choix, — et chacun d'eux s'empare librement de ce qui lui plaît. — Les ribauds sont ardents (au pillage); ils n'ont point peur de la mort; — ils tuent, ils égorgent tout ce qu'ils rencontrent. — Ils amassent et font (de tous côtés) grand

Tost temps ne seran ric so podon retenir
Mas en breu de termini lor o er obs a gurpir
Quel barnatges de Fransa sen voldra revestir.
Sitot so an ilh pris.

XXI.

Le barnatges de Fransa e sels devas Paris
E li clerc e li laic li princeps els marchis
E li un e li autre an entre lor empris
Que a calque castel en que la ost venguis.
Que nos volguessan redre entro que lost les prezis
Quaneson a la espaza e quom les aucezis
E pois no trobarian qui vas lor se tenguis
Per paor que aurian e per so cauran vist
Que sen pres Monreials e Fanjaus el pais
E si aiso no fos ma fe vos en plevis
Ja no foran encara per lor forza comquis
Perso son a Bezers destruit e a mal mis
Que trastotz los aucisdron no lor podo far pis
E totz sels aucizian quel mostier se son mis
Que nols pot gandir crotz autar ni cruzifis
E los clercs aucizian li fols ribautz mendics
E femnas e efans canc no cug us nichis
Dieus recepia las armas sil platz en paradis
Canc mais tan fera mort del temps Sarrazinis
No cuge que fos faita ni com la cossentis
Li gartz per los osdals can puis se son assis
Que trobon totz daver e manens e farsis
Mas Frances cant o viron per pauc no rabgen vis
Fors los gietan ab pals com si fossan mastis
E meton els albers les cavals els rocis
Que la fors paishol prat.

butin : — ils en seraient riches à jamais, s'ils pouvaient le garder ; — mais il leur faut bientôt l'abandonner ; — les barons de France s'en emparent — sur eux qui l'ont fait.   480

XXI.

Les barons de France, ceux devers Paris, — clercs et laïcs, marquis et princes, — entre eux sont convenus — qu'en tout château devant lequel l'host se présenterait, — et qui ne voudrait 485 point se rendre avant d'être pris, — (les habitants) fussent livrés à l'épée et tués, — (se figurant) qu'après cela ils ne trouveraient plus personne qui tînt contre eux, — à cause de la peur que l'on aurait pour avoir vu — ce qui en avint à Montréal, à Fanjeaux et aux environs. — Et si ce n'eût été cette (peur), jamais, je vous en 490 donne ma parole, — (les hérétiques) n'auraient été soumis par la force (des Croisés). — C'est pour cela que ceux de Béziers furent (si) cruellement traités. — On ne pouvait leur faire pis : on les égorgea tous ; — on égorgea jusqu'à ceux qui s'étaient réfugiés dans la cathédrale ; — rien ne peut les sauver, ni croix, ni cru- 495 cifix, ni autel. — Les ribauds, ces fous, ces misérables ! tuèrent les clercs, — les femmes, les enfants ; il n'en échappa, je crois, pas un seul. — Que Dieu reçoive leurs âmes, s'il lui plaît, en paradis ! — car jamais, depuis le temps des Sarrasins, si fier carnage — ne fut, je pense, résolu ni exécuté. — Après cela, les 500 goujats se répandent par les maisons, — qu'ils trouvent pleines et regorgeant de richesses. — Mais peu s'en faut que, voyant cela, les Français n'étouffent de rage : — ils chassent les ribauds à coups de bâton, comme mâtins, — et chargent le butin sur les chevaux 505 et les roussins — qui sont là, dehors, à paître l'herbe.

XXII.

Le reis e li arlot cujeren éstre gais
Dels avers que an pres e ric per tots temps mais
Quant sels lor o an tolt tug escrian a 1. fais
510 A foc a foc escrian li gartz tafur pudnais
Doncs aporton las falhas tam grandas quom us rais
La ciutatz sen espren e leva se lesglais
La vila ars trastota de lonc e de biais
Aisi ars e rumet Raolf cel del Cambrais
515 Una rica ciutat que es de pres Doais
Poichas len blasmet fort sa maire nAlazais
Pero el lan cujet ferir sus en son cais
Cant cel sentirol foc cascus areires trais
Donc arson las maizos e trastotz los palais
520 Mot gonios i ars mot elme e mot gambais
Que foron faitz a Chartres a Blaia o a Roais
E mota bona roba com cove que la lais
E ars totz lo mostiers que fetz maestre Gervais
Pel mieg loc se fendec per la calor e frais
525   En cazeron dos pans.

XXIII.

Senhors mot fo lavers meravilhos e grans
Que agren de Bezers los Frances els Normans
Que a tota lor vida ne foro mais manans
Si no fossols arlotz am los caitieus truans
530 Que arseron la vila las molhers els efans
E los velhs e los joves els clercs messa cantans
Que eran revestit ins el mostier laians
Tres jorns an sojornat en les pratz verdeians

XXII.

Le roi des ribauds et les siens, (qui) se tenaient pour fortunés, — et riches à jamais de l'avoir qu'ils avaient pillé, — se mettent à vociférer quand les Français les en dépouillent. — « A feu! à feu! » s'écrient-ils, les sales bandits. — Et voilà qu'ils apportent de grandes torches allumées : — ils mettent le feu à la ville, et le fléau se répand. — La ville brûle tout entière en long et en travers. — Ainsi Raoul, celui de Cambray, embrasa et brûla — cette puissante cité, voisine de Douay; — de quoi le blâma (si) fort sa mère, dame Adélaïde, — qu'il voulut la frapper sur la face. — Sitôt que l'on s'aperçoit du feu, chacun fuit à l'écart : — tout brûle (alors), les maisons et les palais; — et (dans les palais, les armures), mainte cotte, maint heaume et maint jambard, — qui avaient été faits à Chartres, à Blaye, à Édesse. — Il y périt force riche bagage qu'il fallut abandonner. — Brûlée aussi fut la cathédrale, bâtie par maître Gervais; — de l'ardeur (de la flamme) elle éclata, et se fendit par le milieu, — et il en tomba deux pans.

XXIII.

Grand, seigneurs, et merveilleux eût été — le butin qu'auraient eu de Béziers les Français et les Normands, — et ils en auraient été pour toute leur vie enrichis, — si ce n'eût été le roi des ribauds et les chétifs vagabonds — qui brûlèrent la ville et y massacrèrent les femmes, les enfants, — les vieux, les jeunes et les prêtres, messe chantants, — vêtus (de leurs ornements), là-haut, dans la cathédrale. — Les Croisés sont restés trois jours dans les prés ver-

Al quart jorn son mogutz cavalier e sirjans
535 Per la terra ques plana que noi a desturbans
Lors estandartz dressatz contral vent banoians
A un dimartz al ser a las vespras sonans
Vengro a Carcassona on eran dins dolans
Per la mort de Bezers quieu vos ai dit davans
540 E lo vescoms estec pels murs e pels ambans
E esgarda la ost don es maravilhans
A cosselh apelec cavaliers e sirjans
Sels qui so bo per armas ni milhors combatans
Anatz baro ditz-el montatz els alferans
545 Iscam nos en lai fors e siam quatre sans
De totz aicels que an milhors cavals corrans
Ans que sia noit escura ni lo solels colcans
Podem cels desconfir que son per cels pendans.

XXIV.

Senhors ditz lo vescoms totz vos aparelhatz
550 Anatz pendre las armas en los cavals montatz
Tuit ensemble en lost cuminalment firatz
Per fe ditz P. Rotgiers aisel de Cabaratz
Per cosselh quieu vos do la fors non issiratz
Si gardatz vostra vila eu cug que assatz faratz
555 Quels Frances al mati can se seran dinnatz
Sapropiaran vas vos josta vostres fossatz
Laiga vos voldran tolre don vos tuit abeuratz
Donc i aia tans colps e feritz e donatz
A sest cosselh sacordan trastotz les plus senatz
560 La gaita fan fors faire dels cavaliers armatz
Trastot entorn la vila que es mot fort asatz
Que Karles lemperaire le fortz reis coronatz
Les tenc plus de VII. mes so dizon asetjatz

doyants, — et le quatrième ils partent (tous), sergents et chevaliers, — par la plaine campagne où rien ne les arrête, — et les enseignes levées qui flottent au vent. — Un mardi soir, aux vêpres sonnantes, — ils arrivent à Carcassonne, où tous étaient dolents — du massacre de Béziers, que je vous ai tout à l'heure raconté. — Sur les murs et dans les galeries allait le vicomte, — considérant l'host des Croisés, dont il s'émerveille (fort); — il appelle en conseil ses chevaliers et ses sergents, — ceux qui sont bons (hommes) d'armes et les meilleurs en guerre. — « Allez, barons, leur dit-il, « montons sur nos chevaux, — sortons par là-bas, hors (de la ville), « et soyons quatre cents — de ceux qui ont les chevaux les mieux « courants. — Avant que le soleil soit couché et la nuit noire, — « nous pouvons déconfire ceux qui sont (épars) sur ces collines. —

XXIV.

« Seigneurs, dit le vicomte, apprêtez-vous tous, — allez pren-
« dre vos armes, montez sur vos chevaux, — et frappez tous en-
« semble et à la fois sur l'host (des Croisés). » — « Par ma foi, dit
« P. Rogers, celui de Cabaret, — au conseil que j'ai à vous don-
« ner, vous ne sortirez point par là-bas; — si vous gardez votre
« ville, assez ferez-vous, je pense. — Les Français, sur le matin,
« quand ils auront dîné, — s'approcheront de vous, le long de
« vos fossés, — et chercheront à vous couper l'eau dont vous vous
« abreuvez. — (Sortez alors), et qu'il y ait là force coups donnés
« et frappés. » — Les plus prudents se rendent tous à ce conseil;
— et l'on établit un guet de chevaliers armés, — dehors, et
tout à l'entour de la ville qui est des plus fortes; — car Charles,
l'empereur, le puissant roi couronné, — la tint, dit-on, plus de

Quanc nols poc conquerre les invhers nils estatz
Las tors li sopleiero can il sen fo anatz,
565 Per que pois la comquis can lai fo retornatz
Si la gesta no men aiso fo veritatz
Quèstiers no la pendreitz.

XXV.

Lo vescoms de Bezers ses la noit ben gaitetz
A lalba pareichant ses al mati levetz,
570 E li baro de Fransa can se foron disnetz
Se son per tota lost cominalment armetz
E cels de Carcassona se son aparelhetz.
Lo jorn i ac mans colps e feritz e donetz
E duna part e dautra mortz e essanglentetz
575 Motz Crozatz i ac mortz e motz esglazietz
E dedins a ichament trop mortz e trop nafretz
Mas li baron de lost se son tant eforsetz
Que lor borc lor an ars trastot tro la ciptetz
Es an los aisi fort entorn revironetz
580 Que laiga lor an touta ques Audes apeletz
Peirerras e calabres an contral mur dresset
Quel feron noit e jorn e de lonc e de letz.
Aujatz quinha vertut i fe donc domni Dieus
Que li archalestiers queran el tors montetz
585 Can cujan en lost traire noi vait lun a maitetz,
Li cairel de lor arc lor cason els fossetz
Certas, eu auzi diire e sai ques veritetz
Que anc corbs ni votors ni auzels canc nasquetz
No volet en la ost en tot aisel estetz
590 E poichas de vitalha i ac si a plantetz
Donec om xxx. pas per .i. denier monedetz
La sal del sali prendo e aqui el an cargetz

sept ans assiégée, — sans pouvoir la prendre d'hiver ni d'été. — Mais les tours s'inclinèrent devant lui quand il fut parti, — de façon qu'il la prit ensuite quand il revint, — si la geste ne ment pas; c'est vérité, — qu'il ne l'eût pas prise autrement.

XXV.

Le vicomte de Béziers a fait faire bon guet toute la nuit, — et s'est levé le matin au point de l'aube. — Les barons de France, quand ils ont dîné, — se sont par tout l'host armés tous à la fois. — Et, de leur côté, ceux de Carcassonne se sont apprêtés. — Aussi y eut-il, dans la journée, force coups donnés et frappés, — et de part et d'autre des blessés et des morts. — Maints Croisés y furent tués, maints en péril (de l'être), — et il y eut de même (dans la ville) beaucoup de morts et de navrés. — Mais les barons croisés ont fait de si grands efforts (de bravoure); — qu'ils ont brûlé tout le faubourg jusqu'à la cité, — et de toutes parts serré (les assiégés) de si près, — qu'ils leur ont enlevé l'eau (courante) que l'on nomme Aude. — Ils ont, contre les murs, dressé calabres et pierriers, — qui les battent nuit et jour, tout du long et tout du haut. — (Or), écoutez quel miracle fit là Dieu Notre Seigneur : — les arbalétriers qui sont montés sur les tours (de la ville), — pensent tirer sur les Croisés, et nul ne tire à mi-chemin. — Les flèches de leurs arbalètes tombent dans les fossés. — J'ai ouï dire (aussi), et je sais que c'est vérité, — que corbeau ni vautour, ni nulle autre espèce d'oiseau — ne vola sur l'host des Croisés, de tout cet été ; — et il y eut de la victuaille en telle abondance, — que l'on donna trente pains pour un denier monnayé; — ils enlevèrent le sel des salines, le chargèrent

E aqui restauréron so don son mescabetz
Sel pa an perdut en aquo an gazanhetz
595 Mas nulhs non al cabal so sapchatz recobretz
Ans cug que plus lor cost.

XXVI.

So fo en aquel mes com apela aost
Que fo a Carcassona trastot entorn la ost
Lo reis P. dArago i es vengutz mot tost
600 Ab lui c. cavaliers quamena a son cost
Cels de la ost se dinnan e mangen carn enrost
Can los viro venir no so mia escost
Ans aneron vas lui li princeps elh prebost
Il los saludet gent il li an gent respost
605 Be siatz vos vengutz.

XXVII.

En un prat desotz laiga e latz .i. boi folhut
Ac lo coms de Toloza son riche trap tendut
Lai es mo senhel reis e li seu dechendut
Que son de Catalonha e dAragon vengut
610 Can se foron dinnat e que agron begut
Monta el palafre que era bais crenut
E intra en la vila ses arma e ses escut
Tres companhos menet lhautre son remazut
Lo vescoms cant lo vi contra lui es corrut
615 E tuit sei cavalier qui nan gran gaug agut
Que cujan per lui estre la doncas mantengut
Quilh eran sei omes sei amic e sei drut
E si se foran ilh mas non es pas vengut
Que el non a poder ni forsa ni vertu

sur des bêtes de somme, — et se refirent ainsi de ce dont ils avaient été privés (à Béziers); — s'ils perdirent là, ici ils gagnèrent; — nul cependant, sachez-le bien, ne recouvra ce qu'il avait dépensé : — la croisade leur coûte encore davantage.

XXVI.

Ce fut en ce mois que l'on nomme août — que l'armée des Croisés se trouva réunie devant Carcassonne. — Le roi P. d'Aragon y est venu bientôt, — avec cent chevaliers à sa solde, qu'il amène. — Les Croisés sont à dîner, mangeant chair rôtie, — qui, les voyant venir, ne se sont point cachés : — loin de là, les nobles barons et les chefs sont allés au-devant du roi; — le roi les salue courtoisement, et courtoisement ils lui répondent : — « Soyez le bien venu. »

XXVII.

Dans un pré, le long de l'eau, à côté d'un bois bien feuillé, — le comte de Toulouse avait dressé son riche pavillon. — Là est descendu mon seigneur le roi, avec les siens, — qui arrivent de Catalogne et d'Aragon. — Quand ils ont mangé et bu, — le (roi) monte sur son palefroi bai, à beaux crins, — et entre dans la ville sans armes et sans écu; — il amène avec lui trois chevaliers; les autres sont restés. — Le vicomte, dès qu'il l'a vu, est accouru au-devant de lui, — avec tous ses chevaliers, qui en ont eu grande joie. — Ils s'imaginent qu'ils vont être par lui secourus, — car ils prétendent être ses hommes, ses amis et ses proches, — et vraiment, ils l'étaient! Mais il n'est (là) venu, — sans pouvoir, sans autorité, sans force (comme il est), — que pour inter-

620 Mas cant so de preguieira si el ne fos crezut
Lo vescoms i ha comtat co li es avengut
De la mort de Bezers e com ilh lan perdut
E com lhan son pais gastat e cofondut
Cant be lot escoutat lo reis la respondut
625 Baro so ditz lo reis per lo senhor Jeshus
No men devetz blasmar quieu vos ai defendut
Que cassesatz eretges e vos ai somonutz
Si que en esta vila en so mans plaitz tenutz
  Daisesta fola erransa.

XXVIII.

630 Vescomte ditz lo reis de vos ai gran pezansa
Car etz en tal trebalh ni en aital balansa
Per unas folas gens e per lor fola erransa
Aras no sai ieu als mas cant de la acordansa
Si o podem trobar ab los baros de Fransa
635 Que segon Dieu e segon ma semblansa
Ja per autra batalha ni descut ni de lansa
Non poiriatz a penas aver nulha esperansa
Tant es granda lor ost per que men pren doptansa
Que nous puscatz tenir can venga a la fiansa
640 Vos avetz en la vila ques fortz granda fiansa
Si noi agues tal gent ni tanta damasansa
De femnas e defans que segon ma semblansa
Ben poiriatz encara aver calc alegransa
Tant soi per vos iratz e men pren gran pitansa
645 Per lamor quieu vos port ni per la conoisansa
Non es res quieu vos fes senes gran malestansa
Lo vescoms qui mot val la sua acordansa
  E dels baros quel an.

céder (pour eux), si l'on veut l'écouter. — Le vicomte l'informe
de ce qui lui est arrivé; (il lui conte) — le massacre de Béziers,
comment il a perdu (la ville), — et comment toute sa terre a
été dévastée et ravagée. — Après l'avoir bien écouté, le roi lui
répond : — « Baron, lui dit-il, par Jésus Notre Seigneur, —
« vous ne devez point me blâmer, car je vous ai défendu; — je
« vous ai (aussi) exhorté à chasser les hérétiques, — et cette folle
« croyance au sujet de laquelle ont eu lieu — maints parle-
« ments dans cette ville. »

XXVIII.

« Vicomte, fait le roi, j'ai grand chagrin de vous, — de ce que
« vous êtes en telle tourmente et en tel péril, — pour une folle
« race et pour une folle erreur. — Je n'y vois désormais d'autre
« remède qu'un accommodement, — si nous pouvons l'obtenir,
« avec les barons de France, — qui marchent avec Dieu : car, à
« ce qu'il m'en semble, — c'est à (grand') peine si, en bataille
« d'écu ni de lance, — vous pouvez mettre aucun espoir. —
« L'armée (des Croisés) est si nombreuse, qu'il m'en prend grande
« crainte — que vous ne puissiez vous maintenir jusqu'à la fin. —
« Vous avez grande confiance en votre ville qui est si forte; — et
« s'il ne s'y trouvait tant de monde, une si grande foule — de
« femmes et d'enfants (peut-être bien), ce m'est avis, — pourriez-
« vous avoir encore quelque sécurité; — mais je suis pour vous si
« triste, et telle compassion m'en a pris, — que pour l'amour que
« je vous porte, et par humanité, — il n'est chose convenante
« que je ne fasse pour vous. » — Le vicomte qui tant vaut, donne
son consentement — et celui de ses barons, à ce que le (roi)
aille (parler pour eux).

XXIX.

Senher ditz lo vescoms aisi co vos plaira
650 Podetz far de la vila e de tot cant i a
Car nos em trastuit vostre e seram estat ja
E del rei vostre paire que fortment nos ama
Ab aquestas paraulas el palafre monta
E retorne en lost am los Frances parla
655 E ab labat de Cistel que hom i apela
Que senes son cosselh ja re fait no i aura
Lo reis lor a retrait aiso que parlat a
Lai dins ab lo vescomte e for los ne preia
De lui aitant co pot e del baros que i a
660 Anc tant nos nentremes ni anet sa e la
Cant venc a la perfi re als noi acaba
Mas per amor de lui la ost aitant fara
Lo vescoms si dotzes daicels que il voldra
Ne laicharan ichir ab larnes qui aura
665 E tot le sobre plus a lor voler sera
Lo reis ditz entre dens aiso sacabara
Aisi tost co us azes sus el cel volara
Felos e corrossos en la ciutat torna
Al vescomte e al seus la causa devisa
670 E el cant o auzi ditz cans les laichara
Trastotz vius escorgar o el eis saucira
Ja al jorn de sa vida aicel plait no pendra
Nil pejor hom que aia no dezamparara
Pregan le que sen torne quez el se defendra
675 Lai dins a Carcassona aitant co el porra
Lo reis monta el caval ab gran dolor que na
Car aisi ses camiatz.

XXIX.

« Sire, dit le vicomte, faites tout ce qu'il vous plaira — de la 650
« ville et de tout ce qui s'y trouve; — nous sommes tous vos
« hommes, comme déjà nous l'ayons été — du roi votre père,
« qui nous aima fort. » — A ces paroles, le (roi) monte sur son palefroi, — et retourne à l'host des Croisés : il parle avec les Français,
— et avec l'abbé de Cîteaux que l'on fait appeler — et sans l'a- 655
vis duquel rien ne peut se faire. — Le roi leur rapporte ce qu'il
a dit — là-haut (dans la ville) avec le vicomte, intercédant vivement — et de tout son pouvoir pour lui et pour ses barons ; —
mais il a beau s'entremettre et courir çà et là, — il ne peut, en 660
définitive, rien obtenir, sinon — que pour l'amour de lui, les
Croisés feront telle chose : — ils laisseront sortir le vicomte, lui
douzième, — de ceux (des siens) qu'il choisira, avec leur bagage,
— tout le surplus restera à la discrétion (des Croisés). — « Cela, 665
« dit (alors) le roi entre ses dents, se fera, — tout aussitôt qu'un
« âne volera dans le ciel. » — Dépité et courroucé, il retourne
dans la ville, — et rapporte la chose au vicomte et aux siens. —
Le vicomte, quand il l'entend, dit qu'il laissera — tout vivants 670
écorcher les siens, et se tuera lui-même, — plutôt que d'accepter jamais ce traité, — et d'abandonner le moindre de ses hommes.
— Il prie le roi de s'en retourner, (déclarant) qu'il se défendra —
là-haut, dans Carcassonne, de tout son pouvoir. — Le roi monte 675
à cheval en grande douleur — de voir que la chose ait ainsi
tourné.

XXX.

Lo reis P. dArago felos sen es tornatz
E pesal en son cor car nols a delivratz
680 En Aragon sen torna corrosos e iratz
Cel de la ost sacesman per umplir les valatz
E fan franher las brancas e far gatas e gatz
Li princeps de la ost van tot dia armatz
E gardan per cal loc poiran estre enganatz
685 Levesques elh prior li monge e labatz
Cridan vial perdo per que vos i trigatz
Lo vescoms e li seu son sus el mur puiatz
Trazon ab arcs balestas los carrels empenatz
E duna part e dautra en moriron asatz
690 Si no fos grans lo pobles qui era amaisatz
Que de tota la terra era lains intratz
No foran ja per lor dun an pres ni forsatz
Que las tor eran autas e los murs dentelhatz
Mas laiga lor an touta e los potz son secatz
695 Per la granda calor e per lo fortz estatz
Per la pudor dels homes que son malaus tornatz
E del gran bestiari ques lains escorgatz
Que de tot lo pais i era enserratz
Per los grans critz que cridan devas trastotz los latz
700 Femnas e efans paucs don tuit son encombratz
Las moscas per lo caut les an totz enuiatz
No foron tan destreit de pois que foro natz
Anc no triguet VIII. jorns quel reis sen fon tornatz
Quel mandec parlamen .I. rics hom dels Crozatz
705 El vescoms i isit can fo aseguratz
Ab pauca de sa gent.

XXX.

Le roi P. d'Aragon s'en est retourné mécontent; — il s'en retourne en Aragon triste et courroucé; — il est fâché dans son cœur de n'avoir point délivré (les assiégés). — Cependant ceux de l'host s'apprêtent à combler les fossés; — ils font casser (force) branches (d'arbres) et faire engins de guerre. — Les chefs des Croisés courent tout le jour en armes, — cherchant par quel endroit les (assiégés) pourront être surpris. — Les évêques, les prieurs, les moines et les abbés — s'en vont criant : « Vite ! au « pardon (Croisés), que tardez-vous ? » — (De leur côté), le vicomte et les siens sont montés sur les murs; — ils lancent de leurs arbalètes des flèches empennées, — et de part et d'autre il périt beaucoup (d'hommes). — Si ce n'eût été la grande foule de gens entassés (dans la ville), — où elle était venue de toutes les parties du pays, — Carcassonne n'eût point été d'un an prise ou forcée; — les tours (en) étaient hautes et les murs (bien) crénelés. — Mais on leur a coupé l'eau, et les puits sont à sec, — de la grande chaleur et du fort été (qu'il fait); — la puanteur des hommes qui sont tombés malades, — et du nombreux bétail écorché qu'il y avait là, — et qui y avait été recueilli de tout le pays, — les grands cris que poussent de toutes parts — les femmes et les petits enfants dont tout est encombré, — les mouches qui les tourmentent par la chaleur, — les mettent en telle détresse qu'ils n'en éprouvèrent jamais de pareille depuis qu'ils sont nés. — Huit jours n'étaient point passés depuis que le roi d'Aragon était parti, — lorsque pour messager fut envoyé un noble croisé — au vicomte, qui, quand il eut ses sûretés, sortit — avec peu de ses hommes.

XXXI.

    Lo vescoms de Bezers issig a parlament
E ac enviro lui cavaliers mais de cent
E lo rics homs de lost si xxx. solament
710 Sire so li ditz el gi soi vostre parent
Aisi majud em valha lo Paire omnipotent
Com ieu voldria mot lo vostre acordament
E lo vostre gran pro e de la vostra gent
Si vos sabetz socors aver propdanament
715 Si vos lauzi eu doncas ben lo defendement
Mas vos podetz conoisser que so es de nient
Faites ab lapostoli calqu acordament
E ab los baros de lost quieu vos dic verament
Si vos prendon per forsa tot aital jutjament
720 Auretz col de Bezers trastotz cuminalment
Sol les cors estorcetz de mort e de turment
Casatz auretz diners si vivetz longament
Lo vescoms respondet que la paraula entent
Sire so li ditz el al vostre mandament
725 E al del rei Felip a cui Fransa apent
Faria dreit del tot a lui viassament
Si ieu podia anar en lost seguramënt
E gius i menarai al vostre salvament
E von retornarai so vos dic leiaument
730   Sai dins en vostra gent.

XXXII.

    Lo vescoms de Bezers ichit a parlament
E ac entorn de lui cavaliers entorn cent
E lo rics homs de lost si xxx. solament

XXXI.

Le vicomte de Béziers vint parlementer (avec le messager), — ayant autour de lui plus de cent chevaliers, — et le noble croisé trente seulement. — « (Beau) seigneur, lui dit celui-ci, je suis votre
« parent, — et ainsi me soit en aide et me protége le Père tout-
« puissant, — tout comme je voudrais votre paix, — votre (plus)
« grand bien et celui de vos hommes. — Si vous espérez être
« prochainement secouru, — j'approuve que vous fassiez bonne
« défense; — mais vous pouvez bien voir qu'il n'y a pas de se-
« cours pour vous. — Faites donc quelque accord avec le Pape —
« et avec les barons croisés; car, je vous le dis de vrai, — s'ils
« vous prennent de force, vous subirez tous — même traitement
« que ceux de Béziers. — Sauvez seulement vos personnes de dou-
« leur et de mort, — et vous serez encore riches d'avoir, si lon-
« guement que vous viviez. » — Le vicomte, ayant entendu la parole, répond : — « Sire, dit-il, à votre commandement, — et à
« celui du roi Philippe, à qui la France appartient, — je ferais
« aussitôt droit de toute chose, — si je pouvais me rendre en
« sûreté à l'host des Croisés. » — « Je vous y mènerai sain et sauf
« (dit le messager), — et vous reconduirai, je vous l'assure, loya-
« lement — ici, parmi vos hommes. »

XXXII.

Le vicomte de Béziers sortit pour parlementer; — il avait autour de lui environ cent chevaliers, — et le noble croisé trente seulement. — « (Beau) seigneur, lui dit (celui-ci), je suis votre

Sir so li ditz el gi soi vostre parent
Aisi majut em valha lo Paire omnipotent
Co eu voldria mot le vostre acordament.
E lo vostre gran pro e de la vostra gent
En aquestas paraulas el pavalho estant
Del comte de Nivers on son li parlamant
De totas partz lesgardan cavalier e sirjant
Aisi com o retrais pestre messa cantant
Quel se mes en ostatges de grat e de talant
E fe i mot que fols per lo meu essiant
Cant se mis en preizo.

XXXIII.

Lo vescoms de Bezers estec el pabalhon
Del comte de Nivers el e sei companho
Entron a nou ni ac del mielhs de sa maizo
Lai lesgarderon ben Frances e Bergonho
Li Borzes de la viala els cavaliers que i son
E donas e donzelas cascus per contenson
Canc noi remas lains ni sirjant ni garson
Ni om petitz ni grans femna ni donzelon
Trastotz nutz sen isiron a cocha desperon
En queisas e en bragas ses autra vestizon
No lor laicheren als lo valent dun boton
Li un van a Tholoza li autre en Aragon
El autre en Espanha qui aval qui amon
E la ciutat sen intran li Crozad abandon
E garnison la sala las tors e lo dromon
Tota la bela rauba mezo en .I. monton.
Los chivaus e los muls de que i a gran foison
Aisels an devezitz en lai on lor saub bon
Las ucas van per lost cridan vial perdon

« parent, — et ainsi me soit en aide et me protége le Père tout- 735.
« puissant, — comme je voudrais votre paix — et votre plus grand
« bien, et celui de vos hommes..... » — Sur ces paroles, ils se
rendent dans le pavillon — du comte de Nevers, où se tient le
parlement : — chevaliers et sergents (tous) de toutes parts re- 740
gardaient (le vicomte) — qui, comme le raconte un prêtre messe
chantant, — s'était mis en otage volontairement et de gré. —
Et chose grandement folle fit-il, à mon avis, — de se rendre
prisonnier.

XXXIII.

Dans le pavillon du comte de Nevers — était, avec ses com- 745
pagnons, avec neuf — des plus nobles de sa suite, le vicomte de
Béziers — que regardent avidement les Bourguignons et les
Français. — (Cependant) ceux de Carcassonne, chevaliers et bourgeois, — dames et demoiselles, tous à qui plus vite, — et sans 750
qu'il restât personne, ni sergent, ni valet, — ni petit, ni grand,
ni femme, ni damoiseau, — tous en grande hâte sortirent
(presque) nus, — en chemises ou en braies, sans autre vêtement ; — on ne leur avait pas laissé en sus (chose) qui valût un 755
bouton. — Les uns s'en vont à Toulouse, les autres en Aragon,
— d'autres en Espagne, qui à mont, qui à val. — Les Croisés entrent alors précipitamment dans la ville ; — ils occupent le palais,
les tours, le donjon, — et mettent tout le riche butin en un 760
monceau. — (Mais) les chevaux et les mulets, dont il y a
grande quantité, — ils les ont distribués là où bon leur a
semblé. — (Mais voilà) les hérauts qui par l'host s'en vont criant :
« Vite ! au pardon : — l'abbé de Cîteaux va sermonner. » — Tous

Que labas de Cistel vos vol far .I. sermon
765 Dont corron en lai tuit e metos environ
El abas es montetz en .I. marbri peiron
Senhor so lor a dit entendetz ma razon
Ar vezetz car miracles nos fa lo rei del tron
Que lunha res no a vas vos defension
770 Eu vos coman a totz en Dieu devezion
Que vos non retengatz que valha un carbon
De laver de la vila quen escumenjazon
Vos metriam ades e en malediction
Nos o darem ades a .I. riche baron
775 Que mantendral pais a Dieu benaicion
Que nol recobro mais li eretge felon
En aiso sacorderon tuit a la fenizon
   Que li abas lor dit.

XXXIV.

Carcassona fo preza si co avetz auzit
780 De trastota la terra sen son per tot fugit
Monreial e Fanjaus an de lost establit
Noi remas del pais hom ni gran ni petit
Peire Aragones .I. mainader ardit
Aisel nac mant diner a sa part si com dit
785 Li abas de Cistel no cujetz que somblit
Messa lor a cantada del Sante Esperit
E si lor preziquet cum Jeshu Crist nasquit
Pois ditz que el pais can Crozatz comquerit
Vol que aia mantenent .I. bon senhor eslit
790 Lo comte de Nivers en a el somonit
Mas anc noi volc remandre ni estar ab nulh guit
Ni lo coms de Sant Pol que an apres cauzit
Dizon que pro an terra si cadaus tan vit

y courent alors, et se pressent à l'entour. — d'un balcon de
marbre où l'abbé est monté. — « Barons, dit-il, écoutez mon
« discours : — Vous le voyez maintenant, le Roi du ciel fait
« miracles pour nous; — car il n'y a plus chose qui nous ré-
« siste. — Je vous défends à tous, de la part de Dieu, — de
« retenir (chose) qui vaille un charbon — du butin de la ville;
«-car autrement excommuniés — et maudits seriez-vous par nous.
« — Nous allons remettre le tout à un puissant baron, — qui
« maintiendra le pays dans la grâce de Dieu, — afin que ces
« félons d'hérétiques ne le reprennent jamais. » — Tous à la fin
s'accordent à tout — ce que propose l'abbé.

765

770

775

XXXIV.

Carcassonne a été prise comme vous l'avez entendu; — et
de la terre (du vicomte les habitants) se sont enfuis de tous
côtés. — Montréal et Fanjeaux ont reçu garnison de Croisés; —
mais il n'y reste du pays pas un seul homme, grand ni petit.
— Un chef hardi d'aventuriers, Pierre l'Aragonais, — en eut
dit-on, pour sa part, force (beaux) deniers. — (Mais) l'abbé
de Cîteaux n'oublie point, sachez (ce qu'il doit faire); — il leur
a chanté la messe du Saint-Esprit, et prêché comment Jésus-
Christ vint au monde; — puis il leur dit que dans la contrée
par les Croisés conquise, — il veut qu'il y ait tout de suite
(pour gouverneur) un seigneur d'élite. — Il propose au comte
de Nevers de l'être; — mais (celui-ci) n'y veut à aucun prix
consentir; — le comte de Saint-Pol non plus, qui fut élu en-

780

785

790

El regisme de Fransa on lor paire nasquit
795 Per so no an ilh cura de lautrui dezerit
No i a sel que no cug del tot estre trait
Si sela honor prent.

XXXV.

Lai en aicel consili e en aicel parlament
A un riche baron que fo pros e valent
800 Ardit e combatant savi e conoisent
Bos cavalers e larcs e pros e avinent
Dous e franc e suau ab bo entendement.
Outra mar esta mot lai en establiment
Aza era contrals e per tot essament
805 Senher fo de Monfort de la honor que i apent
E fo coms de Guinsestre si la gesta no ment
Aisel voldran pregar trastotz cominalment
Que prendal vescomtat trastot enteirament
E tota lautra terra de la gen mescrezent
810 Senher so ditz labas per Dieu lomnipotent
Recebetz la honor deque vos fan prezent
Que Dieus e lapostolis von seran ben guirent
E nos seguentre lor e tota lautra gent
E vos ajutarem a tot vostre vivent
815 Si farai so ditz lcoms amb aital covinent
Quels princes que aisi son me fassan sagrament
Que si coitam venia ca mon defendement
Me vengan tuit socorre al meu somoniment
Nos vos o autreiam dizon tuit leialment
820 Amtant receub la honor vias ardidament
La terra el pais.

suite. — Ils disent que, si longtemps qu'ils puissent vivre, ils
ont assez de terre — dans le royaume de France, où naquirent
leurs pères, — et n'ont aucune envie de la terre d'autrui. — 795
Et (l'on croirait que) dans tout l'host, il n'y a pas un (baron)
qui ne se tienne pour trahi — s'il accepte cette terre.

XXXV.

Mais là, dans ce conseil, dans ce parlement, — il y avait un
puissant seigneur, vaillant et preux, — hardi, bon guerrier, sage 800
et bien appris, — bon chevalier, libéral, brave et avenant, —
doux, franc, affable et de bonne intention. — Il restait longtemps
là-bas, outre-mer, dans un fort château, — (renommé et) distingué là, comme partout. — Il était seigneur de Montfort et de 805
la terre qui en dépend, — et comte de Leicester, si la geste ne
ment pas. — C'est lui que tous d'une voix se mettent à prier
— de prendre le vicomté tout entier, — et tout le surplus du
pays de la gent mécréante. — « Seigneur, lui dit l'abbé, pour 810
« Dieu le tout-puissant, — acceptez la seigneurie qui vous est of-
« ferte ; — bons garants vous en seront Dieu et le Pape, — et après
« eux, nous et tout le monde. — Nous vous serons en aide toute
« votre vie. » — « Ainsi ferai-je, dit le comte, à cette condition 815
« — que les barons qui sont ici me jureront, — qu'en besoin ur-
« gent de défense, — ils viendront tous, à mon appel, me secou-
« rir. » — « Nous vous le promettons loyalement, » disent tous
(les autres) ; — et là-dessus, (le comte) vite et résolument accepte 820
le vicomté, — la terre et le pays.

XXXVI.

    Cant lo coms de Monfort fo en lonor assis
  Que lhan dat Carcassona e trastot lo pais
  El fo mot echarratz e fo forment pensis
825 Car paucs volo remandre ab lui de sos amis
  Tuit li plusor sen volo retornar vas Paris
  Las montanhas so feras els passatges esquis
  E no volon pas estre ins el pais aucis
  Pero si ni remazo no sai o VIIII. o dis
830 De los plus autz baros e dels poestadis
  Ab lui remas Simos sobrenom de Saissis
  En Roberts de Pequi Normans so mes avis
  En Wles dEncontre qui sen pena totz dis
  De son pretz eisaussar fe que dei sant Danis
835 En Guis lo manescals ques pros e afortis
  Roberts de Forsovila e Lambert de Creissis
  Rainers del Caudaro e Raolf cel dAgis
  En Pons cel de Beumont en Joans sos cozis
  E granda massa dautres quels noms non ai apris
840 El vescoms Centonges e en Rotgiers dAndeles
  En Rogers de Lissart en Uges de Lasis
  Sieu fossa ab lor nils conogues nils vis
  Ni anessa ab lor pel pais can comquis
  Plus rics ne foral libres ma fe vos en plevis
845   E mielher la cansos.

XXXVII.

    Can lo coms de Monfort com apela Simon
  Romas a Carcassona sos companhos somo
  Wles del Encontre cui domni Dieus ben don

XXXVI.

Quand le comte de Montfort est investi du vicomté; — quand on lui a donné Carcassonne et toute la terre, — il est en grande angoisse et tout soucieux, — de ce que peu de ses amis veulent rester avec lui. — Ils désirent, la plupart, s'en retourner devers Paris. — Sauvages sont les montagnes, après les défilés — du pays, et ils ne veulent pas s'y faire égorger. — Il en demeura néanmoins je ne sais combien, huit ou dix — des plus hardis, des plus preux barons. — Avec lui resta Simon, surnommé de Saissy, — comme aussi le Normand Robert de Pegue; — Guillaume d'Encontre, qui chaque jour, — par la foi que je dois à saint Denis, s'efforce de croître en renom; — don Guy le maréchal, le brave, l'intrépide; — Robert de Forceville, Lambert de Crecy, — Rainier de Chauderon et Raoul celui d'Agin, — don Pons de Beaumont, et don Jean son cousin, — le vicomte de Saintes, Roger des Andelys, — Roger de Lessart, Hugues de Lascy, — et d'autres dont je n'ai point appris les noms. — Et plût à Dieu que j'eusse été avec eux! que je les eusse vus ou connus, — que je les eusse suivis à travers les pays conquis par eux! — mon livre en serait, je vous l'assure, plus instructif, — et meilleure la chanson.

XXXVII.

Lorsque le comte de Montfort, celui que l'on nomme Simon, — a pris possession de Carcassonne, il fait appel à son compagnon, — à Guillaume d'Encontre, à qui Dieu bien fasse! — et

Trames en Bederres car noi avet prodom
850 Qui mielhs saubes gardar ni castel ni domnon
Ni una rica ciutat ni plus en aviron
Certas si Portegals nil regnes de Leon
Fossan en sa comanda ni en sa subjection
Sin sereit capdelatz si Jeshu Crist bem don
855 Melhs que non es en cels que son fol e bricon
Qui son reis del pais e nol pritz .1. boton
Lambert cel de Creissi el trames a Limon
E dels autres baros qui aval qui amon
Per la terra gardar, en lai on li saub bon.
860 E le coms de Montfort qui a cor de leon
Remas a Carcassona e garda sa prizon
E lo vescoms mori apres de menazon
E li malvatz tafur e li autre garson
Que no sabon lafaire co si va ni co non
865 So dizo quom laucis de noitz a traicion
El coms no o cosentira per Jeshu Crist del tron
Per nulha re com sapcha ni sia en est mon
    Que hom lagues aucis.

XXXVIII.

Lo comte de Montfort si com dabans vos dis
870 Pregeron tuit li comte li princep el marquis
Que recebes la terra la honor el pais
Ezel per tal covent si es mes so mes vis
Queli li aidessen si mestier li aguis
E so volc que juressen cascus e lo plevis
875 E lo coms de Tholosa a per so filh tramis
Que li baro de lost aicels de vas Paris
Lé volian vezer cels qui so sei amis
R. cel de Recaut lamenec .1. jousdis

l'envoie dans le Bederres; car il n'y avait baron — qui mieux que 850
lui s'entendît à garder château, donjon, — ou cité forte, et à
telles choses (de guerre). — Certes, si le Portugal ou le royaume
de Léon — étaient à son commandement et en sa soumission,
— ils seraient, Dieu bien me fasse! gouvernés — mieux que par 855
ces fous de bandits, — qui y font les rois et que je ne prise pas
un bouton. — Le (comte) envoya Lambert de Crecy à Limon, —
d'autres (ailleurs), à mont et à val, — où bon lui parut, pour
garder le pays. — Et lui (ce comte), qui a cœur de lion, — de- 860
meure à Carcassonne, à la garde de sa capture. — (Bientôt) après
le vicomte mourut de dyssenterie; — et de méchants vauriens,
avec toute la canaille, — qui ne savent de la chose ce qui est
ni ce qui n'est pas, — vont disant qu'il fut tué de nuit, en tra- 865
hison. — Mais, par le Dieu du ciel, le comte n'aurait pas souffert, — pour chose connue et qui soit au monde, — qu'il fût
(ainsi) assassiné.

XXXVIII.

Le comte de Montfort, comme je vous l'ai dit tout à l'heure,
— fut par tous les (autres) comtes, princes et marquis, prié — 870
d'accepter la terre, le pays et le commandement; — et lui ac-
cepta à la condition, je crois, — qu'ils l'aideraient, en cas qu'il
en eût besoin, — et il exigea que chacun (lui) en fît serment
et s'y engageât. — (Ce fut alors que) le comte de Toulouse envoya 875
chercher son fils; — car les barons de l'host, ceux de vers Paris,
— qui étaient ses amis, désiraient le voir. — Un jeudi (donc),
Raimon de Ricaut amena — l'enfant, qui était de grande beauté

Li efans fo mot bels e fo mot gent apris
880 Car Jaufres de Peiteus sen es ben entremes
No pot lo dux mudar que el nol congauzis
E lo coms de sant Pol qui era sos cozis.
Li Crozat an regart que liverns los prezis
E son sen retornatz a Trias e a Paris
885 De lai per Montpeslier

XXXIX.

La grans ost se depart que no pot plus durer
Mas ans que fos partida sen van li mesatgier
A Tholosa la gran sis voldran acorder
En sel mesatge anero mot de bon cavalier
890 E dizo que faran tant com voldra jutger
L'apostolis de Roma e que i voldran aler
Anc deguna autra ren noi pogron acaber
Mas que sen son tornatz per lo cami planier
E van sen am lor ost tot dreit a Monpeler
895 E lo coms de Tholosa ses anatz adober
Car per mon esientre a Roma vol aler
Parlar ab lapostoli no vol plus demorer
E cre que i sia enans de lo mes de genier
Mas el i a trames sos mesages primer
900 R. de Rabastencs quen revenc lautre ser
Labat de Sent Auzart que nac avol loger
Car el esteg be pres a prop de .i. an entier
Plus pro abad no vi nulhs hom de son poder
Aquest iran enans lo Papa nuncier
905 Que lo coms R. ve e que o sapcha de ver
Que non o vol laichar.

et bien appris, — (car) Jaufre de Poitiers s'était soigneusement 880
entremis (de son éducation). — Le duc de Bourgogne ne put se
défendre de lui faire fête, — ni le comte de Saint-Pol, qui était
son cousin. — Mais les Croisés, songeant que l'hiver pourrait les
surprendre, — s'en retournent vers Troyes et vers Paris, — par 885
delà Montpellier.

XXXIX.

Le grand host (des Croisés) se retire (donc), n'y pouvant plus
tenir; — mais avant qu'ils ne partent, des messagers sont envoyés
— à Toulouse la grande, pour savoir si (les habitants) veulent se
soumettre, — et de ce message furent maints bons chevaliers.
— Ceux de Toulouse répondent qu'ils feront tout ce que déci- 890
dera — le Pape de Rome, vers lequel ils se proposent d'aller : —
ce fut là tout ce qu'obtinrent les messagers, rien autre chose;
— force leur fut de s'en retourner par le plain chemin; — et
tout droit, avec leur host, ils s'en vont à Montpellier. — (Mais)
voilà que (de son côté) le comte de Toulouse s'apprête. — Il a 895
résolu de s'en aller à Rome, — sans plus tarder, pour s'entretenir avec le Pape, — et il pense s'y trouver avant le mois
de janvier; — mais il y envoie auparavant ses messagers, —
Raymond de Rabastencs, qui en est revenu le soir précédent, 900
— l'abbé de Saint-Audart, qui en eut triste récompense, — car
il resta prisonnier près d'un an : — personne ne vit jamais plus
preux abbé, ni de telle autorité. — Ce sont là ceux qui en
avant iront annoncer au Pape — que le comte Raymond ar- 905
rive, afin que l'on sache de vrai — qu'il n'y manquera point.

XL.

Lo pros coms de Tholoza aizina son afar
Per la gran via longa que cug que voldra far
Primier ira en Fransa ab son cozi parlar
910 E pois a lEmperaire si el lo pot trobar
Apres ab lapostoli totz los vol asaiar
Li abas de Cistel ditz que no li cal anar
Que si el len vol creire nol cal tant trebalhar
Ni per aquesta via tan fort embaratar
915 Que tot atertan pot sai ab lui acabar
Co el fara en lai mas el no vol estar
Al comte de Montfort volh ma razo tornar
Lo vescomte tenc pres e volc lo ben gardar
E tot cant i era obs mot largamen donar
920 Mas so ques avenir no pot homs trespassar
Lo mals de menazo lo pres adoncs som par
Per quel covenc morir mas ans volc cumenjar
Lavesques de Carcassona lo fe gent aordenar
E morit en apres la noit a la vesprar
925 E lo coms de Montfort fe que cortes e bar
A la gent de la terra lo fe el pla mostrar
Que lanesso planher trastuit e honorar
La doncs viratz lo poble en auta votz cridar
A gran professio fetz lo cors sosterrar
930 Dieus pesse de la arma si el sen vol pagar
Car mot fo grans pecatz.

XL.

Le preux comte de Toulouse fait ses préparatifs — pour le grand et lointain voyage qu'il veut faire. — En France, il ira d'abord conférer avec (le roi) son cousin, — puis à l'empereur, s'il peut le rencontrer; — au Pape ensuite, il veut savoir leur pensée à tous. — L'abbé de Cîteaux lui dit, qu'il ne doit point aller à Rome ; — que, s'il veut l'en croire, il n'a pas besoin de se donner tant de peine, — ni de s'aventurer par si longue voie; — qu'il peut ici, sur les lieux, terminer avec lui toutes choses — aussi bien que là-bas (si loin). Mais (le comte) ne veut pas rester. — (Maintenant) mon discours revient au comte de Montfort. — Il tenait prisonnier le vicomte, et le gardait soigneusement, — lui faisant largement donner tout ce dont il avait besoin; — mais ce qui doit arriver, nul homme ne peut l'éviter. — Le mal de dyssenterie prit alors le vicomte, — dont il lui fallut mourir; mais il voulut avant communier, — et l'évêque de Carcassonne lui fit gracieusement administrer les sacrements. — Il mourut ensuite vers le soir ou la nuit, — et le comte de Montfort fit alors chose noble et courtoise; — il le fit aux gens du pays montrer tout à découvert, — afin que tous pussent aller le pleurer et lui rendre les honneurs. — Et alors auriez-vous entendu le peuple se lamenter à haute voix. — Il fit ensuite enlever le corps avec grande cérémonie; — pour l'âme, que Dieu y pense, s'il veut bien l'agréer, — car ce fut grand dommage de cette mort.

XLI.

Can li Crozat sen foron en lor pais tornetz
E lo coms de Monfort remas trop echarretz
Not gaire companhos cant ilh sen so aletz
935 Ab lo comte de Fois si es el afinetz
E li mes en ostatges son mendre filh de gretz
Aisesta acordansa no a gaire duretz
Car trastotz les covens san els pois trespasetz
E so despois ensa durament guerregetz
940 Girauds de Pepios ses vas lui malmenetz
Cavia ab lui patz faita e sera acordetz
Per la mala ochaizon se son pois desebretz
Son oncle li aucis us Frances de vertez
Mas lo coms de Montfort ne fo forment iretz
945 Que viu le fetz rebondre en .1. cros langitet
Anc hom per tal forfait no fo si justizetz
Pero si era de Fransa de mot aut parentetz
Perquen degra en Guiraut la doncs estre venjetz
Per sela ochaizo ses ab lo comte mescletz
950 Que mot fort lonorava en era sos privetz
Si canc nol defizec ni pretz de lui comietz
Un ric castel li ars mas sil i fos trobetz
Segon mon esientre el lagra car compret
Bochart tenet Saichac que om li oit donet
955 Ab. L. Frances sen es un jorn armetz
Ab sels de Cabaretz ses lo jorn encontretz
E foron LXXXX. que á caval que a petz
E XIIII. arquiers quels an revironetz
E los an durament feritz e essaretz
960 Mas li nostre Frances van serratz e rengetz
Per critz ni per menassas nos son espaventetz

XLI.

Lorsque les Croisés s'en furent retournés dans leur pays, — le comte de Montfort resta (par) trop soucieux, — n'ayant que peu de compagnons; ils étaient (presque tous) partis. — Il fit alors sa paix avec le comte de Foix, — qui lui livra, de son plein gré, son plus jeune fils en otage; — mais cet accord ne dura guère, — car ils en violèrent l'un et l'autre toutes les conditions, — et se firent à la fin dure guerre. — Contre (Montfort) se révolta aussi Giraud de Pepion, — qui avait fait la paix et s'était accordé avec lui. — Mais ils se brouillèrent ensuite, pour un grave motif. — Un Français tua, c'est vérité, l'oncle de Giraud. — Mais le comte de Montfort en fut (si) fort fâché, — qu'il fit jeter vif et enterrer le (meurtrier) dans une fosse; — jamais de tel méfait n'avait telle justice été faite; — et pourtant le coupable était Français et de haute parenté! — Don Giraut aurait donc dû se tenir (pour) vengé; — pour cette raison néanmoins il se brouilla avec le comte, — qui l'honorait fort et en avait fait son intime ami. — (Il le quitta) sans l'avoir défié, sans avoir pris congé de lui. — Il lui brûla un fort château, où, s'il eût été pris, — il aurait, je pense, payé cher (son méfait).
— Bouchard occupait Saissac qu'on lui avait donné. — Un jour, s'étant armé, avec cinquante Français, — il se rencontra avec ceux de Cabaret, — qui étaient quatre-vingt-dix, tant à pied qu'à cheval, — avec quatorze arbalétriers, qui les ont entourés — et les ont rudement assaillis de toutes parts. — Mais nos Français se sont rangés serré, — sans s'épouvanter de menaces ni de cris. — Il y eut (bientôt) de part et d'autre des morts et

Que duna part e dautra ni a motz de tuetz
Canc venc a la perfin foron desbaratetz
Sels que son am Bochart don fo dols e pechetz
El meteis i fon pres e si len an menet
De cels qui mortz i foron fo lafars oblidetz
Deus recepia las armas can lo mons er finetz
  El seu cel glorios.

XLII.

Lo coms sel de Montfort fo fortment cossiros
De la prison Bochart e de sos companhos
Trastot aicel ivern anec de sus en jos
Tro lai ental caresme que venc lo temps fulhos
Que tornec la Crozada co fai mantas sazos
Lo coms anec a Roma si com ditz la canzos
El cossol de Tolosa que i feiren grans messios
Primer sen vai en Fransa e troberon joios
Lo riche rei Felip mas pois fo cossiros
Per lemperador Otes lor fo apres felos
La comtessa de Campanha qui es corteza e pros
Sela los receub ben e motz dautres baros
El pros dux de Bergonha quelh presenta mans dos
E lo coms de Nivers li fo mot amoros
  El fe mant bo ostal.

XLIII.

Lapostolis de Roma e tuit li cardenal
Lo receubro mot be cum baro natural
Lo Papa li done .i. mantel principal
E un anel dor fi que sol la peira val

des blessés; — mais à la fin furent déconfits, dont ce fut dommage et pitié, — ceux qui allaient avec Bouchard, — lequel lui-même y fut pris et emmené. — De ceux qui y périrent le corps fut oublié, — que Dieu reçoive leurs âmes, quand le monde sera fini, — dans son ciel glorieux!

XLII.

Le comte de Montfort fut en grande peine — de la prise de Bouchard et de ses compagnons. — Et tout cet hiver ses affaires (continuèrent à) décliner — jusque vers carême, que vint le temps des feuilles, — et que revinrent les Croisés, comme ils firent plusieurs printemps. — (Cependant) le comte est parti pour Rome, comme dit la chanson, — avec les consuls de Toulouse qui firent (alors) grandes dépenses. — Ils allèrent d'abord en France, où ils trouvèrent — le puissant roi Philippe joyeux (de les voir); — mais ensuite mécontent, à cause de l'empereur Othon. — La comtesse de Champagne, (dame) de haut mérite et courtoise, — les accueillit bien, ainsi que plusieurs autres barons, — (tels que) le preux duc de Bourgogne, qui fit maints présents (au comte de Toulouse), — et le comte de Nevers, qui lui fut très-amical — et lui fit large hospitalité.

XLIII.

Le Pape de Rome et tous les cardinaux — l'accueillirent aussi très-bien, comme légitime baron. — Le Pape lui donna un manteau de prince — et un anneau d'or fin, dont la pierre seule valait — cinquante marcs d'argent, et de plus un cheval.

L. marcs dargen e pochas un caval
La donc devengro els mot bo amic coral
990 Mostrelh la veronica del Paire espirital
Can en toque la fassa que sembla om carnal
Totz sos pecatz li sols que a faitz terminal
Car tals foron da .l.c. comunhal
  Amdoi cela vegeia.

XLIV.

995 Cant lo coms de Tolosa ac fait so que volia
Pres comiat de lo Papa e tenc mot tost sa via
A mot grandas jornadas ichit de Lombardia
Que grant paor avet que i prezes malautia
E Fransa a Paris albergueron un dia
1000 Lai troberon lo Rei que fon davol paria
Lo coms sen es tornatz e ab sa companhia
El intra a Tolosa aisi co far solia
Li borzes de la vila nagro gran gauh sel dia
Pois pres un parlamen a aicela vegeia
1005 Ab lo coms de Montfort lai pres duna abadia
Foi labas de Cistel e la autra clercia
E eu cuge i aguessan faita patz e establia
Que mais no guerregesan a trastota lor via
Tant agron gran amor que lus en lautres fia
1010 Certas daquetz M. ans eu no mo cujaria
Que labas a Tholosa intres qui mo plevia
Del castel narbones li doneron bailia
El el vesques Folquetz nagron la senhoria
  E sin foron capdel.

— Ils devinrent alors (l'un pour l'autre) de bons amis de cœur.
— Le Pape montra au comte la Véronique de Jésus-Christ. —
Il lui permit d'en toucher la (sainte) face qui ressemble à celle
d'homme vivant, — et lui donna l'absolution de tous les péchés
qu'il avait faits : — tant ils furent d'accord — tous les deux
cette fois !

XLIV.

Quand le comte de Toulouse eut fait ce qu'il voulait, — il
prit congé du Pape, se mit aussitôt en chemin, — et sortit à
grandes journées d'Italie, — ayant peur d'y tomber malade. —
Ils séjournèrent un jour à Paris, en France, — où ils trouvèrent
le roi qui fut (pour eux) d'humeur discourtoise. — Le comte est
reparti avec ses compagnons, — et a fait son entrée à Toulouse,
comme il avait coutume, — ce dont eurent ce jour grande joie
les bourgeois de la ville. — Il eut bientôt après, avec le comte de
Montfort, — là-bas près d'une abbaye, un parlement — où se
trouvèrent l'abbé de Cîteaux et les autres clercs. — Moi, je crus
(alors) qu'ils avaient fait et arrêté la paix, de manière à ne plus
guerroyer de leur vie ; — ils se firent amitié, jusqu'à se fier les
uns aux autres. Mais certes, de mille ans je n'aurais imaginé, —
me l'eût-on garanti, que l'abbé entrerait jamais à Toulouse ; —
mais il y entra, et on le mit en possession du château narbonnais.
— Ils en eurent, l'évêque Folquet et lui, la seigneurie, — et y
furent les maîtres.

XLV.

1015 A Tholosa intre li abas de Cistel.
 Mot sen meravilheron li vielh el jovencel
 E li un e li autre neis le petit tozel
 Vezentre tot lo poble lor livret lo castel
 Canc hom en terra plana no vit so cug tan bel
1020 Mota carta nan faita mot breu e mot sagel
 Que el trames pel mon en ot a mont Gibel
 Lo reis dArago i venc a lui donc Murel
 E parle ab dons abas en .I. prat a Portel
 E anc noi delhivrero que valha .I. anel
1025   De nulha avol fiuela.

XLVI.

 Levesque de Tholosa Folquets cel de Maselha
 Que degus de bontat ab el no saparelha
 E labas de Cistel lus ab lautres cosselha
 Tot jorn van prezican la gent co nos revelha
1030 Del prest e del renou lun e lautres querelha
 Per trastot Agenes lor tenc aital roelha
 Si quen cavalguet labas tro a Santa Bazelha
 Anc re que preziquesson no mezon dins laurelha
 Ans dizon per esquern ara Roda la belha
1035 Perquieu si majud fes no men fas meravelha
 Si om be los confon ni los rauba nils pelha
     Ni per forsals castia.

XLV.

A Toulouse entra l'abbé de Cîteaux; — tous s'en émerveillèrent fort, jeunes et vieux, — ceux-ci, ceux-là, et jusqu'aux petits garçons. — A la vue de tout le peuple, le comte lui livra le château, — le plus fort (château), je pense, que l'on vit jamais en plaine. — Mainte charte en fut dressée, maint bref (avec) maint sceau — que l'(abbé) envoya par le monde jusque par delà mont Gibel. — Devers Murel s'en vint le roi d'Aragon, — qui s'entretint avec don (Arnaud) dans un pré à Portel; — mais ils ne conclurent rien qui vaille un anneau — de la plus méchante boucle.

XLVI.

L'évêque de Toulouse, Folquet, celui de Marseille, — qui n'a point son pareil en mérite, — et l'abbé de Cîteaux, délibèrent d'abord entre eux, — et vont tous les jours prêchant le peuple pour le soulever; — du prêt et de l'usure ils se plaignent fort l'un et l'autre; — ils prêchent par tout l'Agénois contre cette peste, — et l'abbé en chevaucha jusqu'à Sainte-Baudile. — Mais de tout ce qu'ils prêchèrent rien n'entra dans l'oreille (des hérétiques), — qui, par moquerie, s'en vont disant : « Encore Aude « la belle! » — Aussi, par ma foi, n'est-ce point pour moi chose merveilleuse — qu'on les extermine, qu'on les vole, qu'on les dépouille — et qu'on les corrige par force.

XLVII.

    Li borzes di Tholosa cels de la confrairia
    E li borzes del borc contendion tot dia
1040 E anc noi delhivrero can venc a la fenia
    Que valha 1. glan ni una poma poria
    Li crezen dels eretges que an ab lor paria
    Van dizen que lavesques labas e la clercia
    Les fan mesclar ves lor e per aital folia
1045 Que lus destrua lautre car qui essems se tenia
    Tuit li Crozat del mon dan tener nols poirian
    Al comte fan entendre e a sa companhia
    La fola gent malvaza can crezut la eretgia
    Encar veiran elh be si Dieus me benaia
1050 Cal cosselh lor an dat aicels cui Dieus maldia
    Per so er trastot mort e la terra peria
    E per la gent estranha issilheia e gastea
    Que li Frances de Fransa e cels de Lombardia
    E totz lo mons lor cor els porta felonia
1055   Plus que a gent sarrazina.

XLVIII.

    Senhor so fo en estiu cant liverns se declina
    Que revenc lo dous temps e torna la calina
    E lo coms de Montfort de lostejar saizina
    Al castel de Menerba ques lai ves la marina
1060 Mes lo setge entorn caitals es sa covina
    E dressa sos calabres e fai mala vezina
    E sas autras peireiras e dona e reina
    Pessia los autz murs e la sala peirina
    Que fo faitz de mortier darena e de caucina

XLVII.

Les bourgeois de Toulouse, ceux de la confrérie — et les bourgeois du bourg se battaient tous les jours, — sans y avoir gagné, quand ce vint à la fin; — la valeur d'un gland ou d'une pomme gâtée. — (Mais) les hérétiques, qui font cause commune avec eux, — s'en vont disant (et se plaignant) que l'évêque, l'abbé et le clergé — cherchent à les brouiller entre eux, afin que par telle folie — ils se détruisent les uns les autres : tandis que s'ils étaient unis, — tous les Croisés du monde ne pourraient leur faire mal. — (C'est là ce qu')elle fait entendre au comte et aux siens, — cette folle gent perverse qui a cru l'hérésie. — Mais (le comte et les autres) verront bientôt, si Dieu m'est en aide, — quel (triste) conseil leur a donné cette race que Dieu maudisse ! — Ils en périront tous; et tout le pays en sera — par gent étrangère ravagé et dépeuplé. — Car les Français de France, et ceux d'Italie, — et le monde entier leur court sus et leur porte haine — plus qu'à Sarrasins.

XLVIII.

Seigneurs, ce fut l'été, au déclin de l'hiver, — quand revient le temps doux et renaît la chaleur, — que le comte de Montfort s'apprêta à guerroyer. — Devant le château de Minerve, situé là-bas devers la mer, — il mit le siége comme il avait projeté, — dressa ses calabres (et ses machines de guerre), *la méchante voisine*, — *la dame* et *la reine*, avec ses autres pierriers : — il brise les hautes murailles et la salle de pierre, — faite de ciment, de sable et de chaux, — qui coûtèrent mainte masmudine et force

Mot bon denier costeron e mota masmudina
Si lo reis de Marces ab sa gent sarrazina
E estes en tot entorn per santa Katerina
No lor tengra nulh dan valent un angevina
Mas contra lost de Crist que tota gens afina
No pot garentir rocha, que seit aut ni rabina
Ni castels en montanha.

XLIX.

Lo castel de Menerba non es assis en planha
An si majude fes es en auta montanha
Non a pus fort castel en tro als portz dEspanha
Fors Cabaretz e Terme ques el cab de Serdenha
W. sel de Menerba sojorna e sebanha
Lains sera el mes ab tota sa companha
Mas li nostri Frances e cels devas Campanha
Mancel e Angevi e Breton de Bretanha
Loarenc e Friso e celh de Alamanha
Los ne traiso per forsa ans que vengues la granha
E i arson mant eretge felo de puta canha
E mot fola eretga que ins el foc reganha
Anc no lor laicha hom que valha .i. castanha
Pois gitet hom los cors els mes emei la fanha
Que no fesson pudor a nostra gent estranha
Aicelas malas res.

L.

Can Menerba fo preza lo coms fortz mogutz es
E venc al Pog-Nautier sa sus en Carcasses
E manda a la comtessa ca lui aqui vengues
Ela vient mot tost cant el i ac trames

beaux deniers. — Si le roi de Murcie, avec la gent sarrasine, — y campait tout à l'entour (si longtemps que ce fût), par sainte Catherine, — il ne ferait pas (aux assiégés) du mal pour un angevin. — Mais contre l'host de Christ, qui vient à bout de toute gent, — rien n'est une défense, ni roche haute et escarpée, — ni château en montagne. 1070

XLIX.

Le château de Minerve n'est point assis en plaine; — il est au contraire sur une grande hauteur, — et de là aux Ports d'Espagne il n'y a point plus fort château, — à l'exception de Cabaret et de 1075 Termes où commence la Cerdagne. — Là dedans s'était jeté, s'ébattait et se divertissait — Guillaume de Minerve, avec tous ses hommes. — Mais nos Français et ceux devers la Champagne, — les Manseaux, les Angevins, les Bretons, — les Lorrains, les 1080 Frisons et ceux d'Allemagne, — les en tirèrent de force avant que ne vînt (la saison de) la grêle. — Et ils brûlèrent maint félon d'hérétique (fils) de pute chienne, — et mainte folle mécréante qui brait dans le feu. — On ne laissa à aucun chose qui vaille une châtaigne; — et (quant aux) cadavres, on les enterra 1085 dans la fange, — afin que ces mauvais objets ne fissent pas de puanteur — à notre gent étrangère.

L.

Quand Minerve eut été pris, le comte décampa promptement. — Il vint à Pennautier, là-haut en Carcassais, — et il ordonna 1090 aussi de venir à la comtesse (de Montfort), — qui vint tout aussitôt qu'il l'eut commandé. — Femme mieux apprise (qu'elle), si

Jes plus savia femma si majud Dieus ni fes
No sap om en est mon tant can te lonh ni pres
Tres jorns a sojornat lai en lost qui grans es
1095 Un dijous bo mati en I. palai ses mes
Ab princeps ab baros e fo lo cosselhs pres
Co assetges om Terme la sus en Termenes
Un castel meravilhos mas ans que soit comques
Istra de cors manta arma quen morra descofes
1100 E despendra el seti mot marc e mant tornes
E i aura gazanhat cavals e palafres
E mota autra riqueza e trop mot bel arnes
Que duna part que dautra cel a cui er promes
Nier en destinatz.

LI.

1105 Lo coms sel de Montfort es el palais intratz
E ab lui la comtessa ab tot lautre barnad
Sus .I. tapit de ceda se son asetiatz
Robertz de Malvezi com i a apelatz
En Guis lo manescalcs cest foron latz e latz
1110 E en Wles dEncontre quen tot lo vescomtat
No ia-I. plus ric ome ni de maior barnat
E fo natz de Bergonha segon quem fo comtat
A .II. legas de Nivers cest an lo cosselh dat
Com lo castel de Terme sia tost asetiatz
1115 E mot dautres pros omes que lo an autrejat
Lo cosselh se depart qui no a trop durat
Cant an I. pauc estat e que foro dinnat
Trastotz cuminalment son al cosselh tornat
E lo coms de Montfort es forment issarratz
1120 De gardar Carcassona cui coman la ciutat
Mas cant venc a la fi si lan acosselhat

Dieu et foi me sont en aide, — personne ne la connaît, en ce monde, ni près, ni loin : — elle passa trois jours dans l'host qui était nombreux; — (puis) un jeudi matin, elle fut introduite en palais, — avec les princes et les barons, et la résolution fut prise (alors) d'assiéger Termes, là-haut dans le Termenois, — ce château (fort) par merveille. Mais avant qu'il ne soit pris, — mainte âme sortira de son corps, sans confession, — et il sera dépensé au siége force tournois et force marcs (d'argent); — il y sera gagné (force) chevaux et palefrois, — beaucoup d'autres richesses et grand butin, — tant d'une part que de l'autre par quiconque en aura la chance — et dont ce sera la destinée.

LI.

Le comte de Montfort est entré dans le palais, — avec lui la comtesse et tous les autres barons, — qui se sont assis sur des tapis de soie. — Il y avait là Robert de Mauvoisin, qui y a été appelé, — et don Gui, le maréchal, qui s'assirent tous les deux côte à côte. — (Il y avait) Guillaume d'Encontre; et dans tout le vicomté — il n'est homme plus preux que lui, ni de plus haute noblesse. — Il était né en Bourgogne, selon ce qui me fut conté, — à deux lieues de Nevers. Ce sont là ceux qui ont été d'avis — que le château de Termes soit au plus vite assiégé : — et beaucoup d'autres nobles barons ont approuvé (cet avis). — Le conseil se sépare, sans avoir longuement duré; — mais après s'être un peu reposés et avoir dîné, — ils sont tous ensemble retournés au conseil. — Le comte de Montfort est en grand souci — de la garde de Carcassonne et (de savoir) à qui confier la ville; — mais quand ce vient la fin, on lui conseille — (de la confier) à Lam-

Quan Lambert de Cressi ques mot ric e ondrat
O an Rainier de Caudaro en etz dos an triad
Mas ilh noi remandrian cascus per I. regnat
Tan vezon quel pais es ples de malvestat
Mas Wles dEncontre nan pois trastuit pregat
Que dis que remandria can se fo cossiratz
Mas lo coms de Montfort ne fo fortment iratz
Sel i agues cui metre no li agra laisat
Que en tota la terra non a I. plus senat
Ni milhor cavalier ni plus assegurat
Plus cortes ni plus pros ni ab maior leialtat
Si Dieus me benaziga.

LII.

Guilheumes dEncontre dis aisela vegia
Cant se fo porpessatz e la paraula auzia
El nom de Jeshu Crist e de santa Maria
Eu remandrai sai dins pois que cascus men pria
Mas lo coms de Montfort nol volgra laisar mia
Sil ne pogues al faire mas pois a la fenia
Car non a qui remanha a penas o autreja.
Li baro de la ost e la cavalaria
Atresi la comtessa que volon caisi sia
E lo coms de Montfort alh dat per companhia
Crespi de Rocafort qui a gran cortezia
E don Simo lo Saine cui Jeshus benaia
En Guios ques sos fraire ab la cara ardia
E motz dautres baros quen la ost avia
De Bergonha e de Fransa e deves Normandia
Am tan si se soparton e lo coms tenc sa via
E vai asetiar Terme ab sa gran baronia
En Wles dEncontre sen parti aicel dia

bert de Cressi, qui est honoré et puissant, — ou à Rainier de Cauderon : ce sont là les deux qu'on lui propose; — mais ni l'un ni l'autre n'y resteraient pour tout un royaume, — tant ils voient le pays plein de méchanceté.— A la fin tous ont prié Guillaume d'Encontre (de garder Carcassonne), — et celui-ci, après y avoir bien pensé, dit qu'il la garderait. — Mais le comte de Montfort en fut grandement fâché, — et ne l'aurait point mis là, s'il eût trouvé un autre à y mettre; — car il n'y avait pas, dans tout le pays, (baron) plus sensé, — ni meilleur chevalier, ni plus intrépide, — plus courtois, ni plus preux, ni de plus grande loyauté, — si Dieu me bénit.

LII.

Guillaume d'Encontre dit alors, — quand il eut entendu la proposition et (y) eut réfléchi : — « Au nom de Jésus-Christ et « de sainte Marie, — je resterai ici (à la garde de la ville), puis- « que chacun m'en prie. » — Mais le comte de Montfort ne voudrait point l'y laisser, — s'il pouvait autrement faire. A la fin cependant, — n'ayant personne autre qui (veuille) rester, il y consent avec peine. — Les barons de l'host, les chevaliers, — de même que la comtesse, qui ont proposé ce parti, — et le comte (lui-même qui y a consenti), ont donné pour compagnon — (à Guillaume) Crépin de Roquefort, (baron) de grande courtoisie, — et don Simon le Saxon, que Jésus-Christ bénisse, — avec don Guyot, son frère, à la face hardie, — et avec plusieurs autres barons qu'il y avait dans l'host, — Bourguignons, Français, et devers la Normandie. — Ils se séparent ensuite : le comte poursuit son chemin; — il s'en va avec tous ses

De lui a Poh-Nautier mas en la pradaria
E venc a Carcassona ans la luna esclarzia
Enans que fos grans sers.

LIII.

1155 La doncs W. dEncontre se part de Pog-Nautier
E venc a Carcassona tan com poc cavalguer
E si intret lains can levo de soper
Li ome de la vila ques volian coicher
El sirjan del castel lo coron desarmer
1160 Lasus en la gran sala an fait foc el fogier
Carn de bou e de porc fan asatz asesmer
E dels autras viandas quel devian manjer
Pois feiren les leits far on els se van colquier
Car al mati al alba les sera ops lever
1165 Trastotz pels manganels quilh devion guider
E las autras peireiras que fan en cars porter
Lai el seti de Terme pel castel deroquer
Que lo coms o comanda esios vol plus preier
Dels peireiras trametre e la ciutat garder
1170 Que no fai dautra cauza que el aia mestier
E que dedins tres jorns los faira fort gaiter
Que can ilh seran lai el los fara dresser
E en Wles dEncontre ses plus de demorer
Les fai fors de la viala traire ins el gravier
1175 E metre en las carretas que tiron li saumer
Tost e isnelament.

hommes assiéger Termes. — Guillaume d'Encontre le quitta ce même jour, — là-bas, dans la prairie de Pennautier, — et s'en vint à Carcassonne, avant que la lune ne brillât claire — et qu'il ne fût nuit close.

LIII.

Guillaume d'Encontre est parti de Pennautier; — il s'en vient à Carcassonne, aussi vite qu'il peut chevaucher. — Il y rentre à l'heure où les habitants — se lèvent de souper pour aller dormir. — Les sergents du château accourent le désarmer, — et allument du feu là-haut, au foyer de la grande salle; — ils font apprêter en abondance de la chair de bœuf ou de porc, — et d'autres mets, de ceux qu'ils avaient à manger. — Ils font ensuite faire les lits et vont se coucher; — car il faudra qu'ils se lèvent tous le lendemain à l'aube, — pour (accompagner) les mangonneaux qu'ils ont à escorter, — et les autres pierriers qu'ils doivent faire porter sur des chars, — là-bas, au siège de Termes, pour battre le château. — Ainsi l'a commandé le comte (à Guillaume d'Encontre), le priant, — par-dessus toute autre chose dont il ait besoin, — de bien défendre Carcassonne, et de lui envoyer les pierriers. — (Il a recommandé) de les faire garder durant trois jours, — devant les faire dresser lui-même, quand ils seront là-bas arrivés. — Don Guillaume, sans autre délai, — fait transporter (les machines) hors de la ville, sur le gravier, — (puis) il les fait mettre sur des charrettes, que tirent des sommiers — tôt et vite.

LIV.

A Cabaretz sen vai tost e isnelament
Una espia de lost a lor dich mantenent
Que lo coms a trames vilas e avols gens
1180 Que porton las peireiras e no son plus de cent
Cels quels devon guizar que pezos que sirvent
E cant ilh o auziro mot fort en so jauzent
De Cabaretz sen eisso a la luna luzent
En P. Rotgiers los capdela si la gesta no ment
1185 W. Catz R. Mirs e trastuit lor parens
Plus foro de ccc. cens cus so par non atent
Ans van a Carcassona qui plus pot plus corrent
En Wles dEncontre qui a tant dardiment
Fetz gaitar las peireiras e los cars issament
1190 E cant viro venir los cavaliers ponhent
Lai es quil gaitas criden as armas autament
Aonitz soit ditz cascus que be no se defent
Cant Wles dEncontre el sieu la votz entent
A sa cavalaria a dit bassetament
1195 Quels se corran armar e so delhivrament
Que si Jeshus de gloria lo Paire omnipotent
E santa Maria maire o vol ni o cossent
El se combatra ab lor e so probchanament
No sai que von fezessa plusor alongament
1200 En P. Rotgiers ni los sieus nos dan nulh espavent
De lors destriers davalon trastotz cominalment
Los manganels pessian totz a lors oilhs vezens
E i meto foc am palha e lo fox sescomprent
Be viatz foran ars si fes i. pauc de vent
1205   Mas Dieus non o volia.

LIV.

Tôt et vite (aussi) s'en retourne à Cabaret — un espion (venu de là) à l'host des Croisés, lequel annonce — que le comte fait, par des vilains et des valets, — transporter les pierriers, et que cent tout au plus sont — ceux qui doivent les escorter, tant servants que piétons. — (Ceux de Cabaret), quand ils l'entendent, s'en réjouissent fort. — Ils sortent à la claire lune, et, si la geste ne ment pas, Pierre Roger les conduit, — avec Guillaume Cat, R. Mirs et tous leurs proches. — Ils sont plus de trois cents, dont aucun n'attend l'autre, — et qui tous s'en vont vers Carcassonne, courant à qui plus vite. — Don Guillaume d'Encontre, qui a tant de bravoure, — faisait garder les pierriers et les chars; — et quand (les gardiens) voient venir à l'assaut les cavaliers (ennemis), — c'est pour lors qu'ils crient : « Aux ar-« mes! » (crient-ils hautement). — « Honni soit, dit chacun, qui-« conque ne se défendra pas vaillamment! » — Guillaume d'Encontre, ayant de la ville entendu le cri (d'alarme), ordonne tout bas (et tranquillement) à ses chevaliers — de courir s'armer, de s'armer en toute hâte, — et que si Jésus le glorieux, le Père tout-puissant — et sainte Marie mère le veulent et le permettent, — il ira sur-le-champ affronter (les assaillants). — Pourquoi vous ferais-je plus long récit? — Don Pierre Roger ni les siens ne s'épouvantent pas; — ils descendent tous à la fois de leurs destriers, — font un tas de pièces des mangonneaux, sous les yeux des (gardiens), — ils y mettent le feu avec de la paille; le feu y prend, — et s'il eût fait un peu de vent, (les machines) étaient brûlées : — mais Dieu ne le voulait pas.

LV.

    Cant Wles dEncontre ac sela votz auzia
As armas chivaler mantenent lor escria
Ben viii. xx. sirjans ot en sa companhia
En sels no comti pas lautra cavalaria
1210 Las portas fan ubrir el nom santa Maria
E van ferir mest lor emei la pradaria
E lautri can los viro no los soanon mia
Ans lor van ben encontra com bona gens ardia
Dieus tanta bona asta i ac lo jorn cruicia.
1215 E tant bon colp ferit sus elmes de Pabia
En Wles dEncontre punh lo destrier dOngria
Lai en la maior brega si Dieus me benaia
Ses per forsa embatutz iratz ples de felnia
En laiga ca nom Audes ses mes sela vegea
1220 Dedins emei de laiga a la preicha partia
La i. dels Mironencs trebet emei la via
Tant grant colp li donet en la targa fluria
Que lauberc no li valc una poma porria
El aiga lo derocha vezent la baronia
1225 Pois ferit en apres i. glot qui sen fugia
De costa en trespassan ab la espeia forbia
E poichas ferit nautre en aisela envaia
Crespis de Rocafort nin Simos nos omblia
Cui els podon atenher no a mestier de via
1230 Firen los an menetz gran pessa daital guia
Aisi quen P. Rotgiers ne fetz cara marria
E tuit sei companho cant venc a la fenia
Car aisi lor es pres noi a cel nol maldia
Descofit sen retornan ab perda aicel dia
1235 En Wles dEncontre a sa gent aculhia

LV.

Lorsque Guillaume d'Encontre de la ville entendit le cri, — « Aux armes! chevaliers, » cria-t-il (lui-même). — Il avait avec lui bien cent soixante sergents, — sans compter les chevaliers. — Au nom de sainte Marie, ils font ouvrir les portes, — et s'en vont, au milieu du pré, frapper les ennemis. — Ceux-ci, quand ils les voient (venir), ne les évitent point : — ils vont à leur rencontre, comme hommes braves et hardis. — Dieu! que de bonnes lames brisées il y eut ce jour-là! — que de beaux coups frappés sur les heaumes de Pavie! — Don Guillaume d'Encontre pique son destrier de Hongrie, — et (le lance), Dieu me bénisse! dans la plus forte mêlée. — Indigné, plein de fureur, il se précipite de force, — et se jette dans l'eau (courante) que l'on nomme Aude; — il fend la presse au beau milieu de l'eau, — et rencontrant sur sa voie un des sergents de R. Mirs, — il le frappe sur sa targe à fleurons, d'un si grand coup que son haubert ne lui vaut pas une pomme gâtée. — Il le renverse dans l'eau, en présence de tous; — après quoi il frappe un glouton qui s'enfuyait, — (il le frappe) de côté, en passant, de son épée bien fourbie, — et du même élan il en blesse encore un autre. — Crépin de Rochefort et don Simon ne s'oublient pas. — Celui qu'ils peuvent atteindre n'a plus souci de cheminer, ni de fuir. — Ils mènent ainsi battant (ceux de Cabaret), longuement et de telle sorte, — que Pierre Roger en fit marrie figure, — ainsi que tous ses compagnons, quand ce vint à la fin. — Il n'y en a pas un d'eux qui ne le maudisse de ce qui leur est arrivé. — Ils s'en retournent déconfits avec grande perte. — (De son côté) Guillaume d'En-

A la ciutat sen intra cui el a establia
Dels peires cant escozes an mot gran alegria
E tota la mainada qui sen es esbaudia
   Daicela vensezon.

LVI.

1240 Cant lo coms de Montfort com apela Simon
Ac mes seti a Terme dentorn e denviron
E auzit la novelas sapchatz que belh saub bon
Den Wles dEncontre et de son companho
Car el a los engens estortz de trencason·
1245 E milhor car avian vencut aisel baron
Qui a nom P. Rotgiers que ja Dieus be nolh don
Quieu cug qui li donessa trastot lor de Mascon
Nos dera tan de joia com fe de la razon
Quom li a comteia la granda vencezon·
1250 Quen Wles dEncontre fe aicela sazon
Dieus e cant be lalh comta 1. gentil donzelon
Quen Wles dEncontre i trames abandon
Per guidar las peireiras els engens que i son
E so fe el mot ben ses mot de mentizon
1255 Tro al seti de Terme on avia mot baron
E mot ric drap de seda e mot ric pavalhon
Mota nipa de seda e mot ric sisclaton
Et mot ausberc traslis e mot bon gonfanon
E mota asta de fraiche ensenha e penon·
1260 E mot bo cavaer e mot bon donzelon
Alaman e Bavier e Saine e Frison
Mancel e Angevi e Norman e Breton
Logombart e Lombart Proensal e Gascon
Lo senher arsevesques ques de Bordel i fon
1265 Namaneus de Lebret e cels devas Lengon

contre rallie ses hommes, — et rentre dans la ville qu'il doit garder. — Des pierriers qu'ils ont sauvés grande est leur allégresse, — et toute leur suite s'est aussi réjouie — de cette victoire.

LVI.

Lorsque le comte de Montfort, celui que l'on nomme Simon, — ayant mis le siége tout à l'entour de Termes, — apprit ces nouvelles, sachez qu'il fut grandement satisfait — de ce que don Guillaume d'Encontre et ses compagnons — avaient sauvé les machines (de guerre) de destruction, — et plus encore de ce qu'ils avaient déconfit ce baron, — nommé Pierre Roger, à qui puisse Dieu ne jamais faire bien. — Je crois que si on lui eût donné tout l'or de Mâcon, — il n'en aurait pas eu tant de joie que de la nouvelle — qu'on lui a contée de cette grande victoire, — alors remportée par Guillaume d'Encontre. — O Dieu! et que bellement l'a contée un gentil damoiseau — que don Guillaume lui envoya en toute hâte, — pour escorter les pierriers et les engins de guerre! — Et bien aussi, sans mentir, les escorta le damoisel, — jusqu'au siége de Termes. — Il vit là maints (nobles) barons, — mainte riche soierie, maint superbe pavillon, — mainte tunique de soie et maint beau siglaton. — (Là se voyaient aussi) force hauberts (bien) maillés, force belles enseignes, — force lances de frêne (avec) pennonceaux et banderoles. — (Il y avait là) une foule de chevaliers et de bons damoiseaux, — allemands, bavarois, saxons, frisons, — manseaux, angevins, bretons, normands, — longobards et italiens, gascons et provençaux. — Le seigneur archevêque de Bordeaux s'y trouvait, — Amanieu de Lebrit, de même que celui de Langon. —

Lai fan la carantena tuit aicel que i son
Que cant li uni venon e li autre sen vaont
Mas N. R. cel de Terme nols preza un boton
Que anc plus fort castel no cug que vis nulhs hom
1270 Lai tengon Pentecosta Pascha e Ascension
E la meitat divern si com ditz la canson
Oncas no vi nulhs hom tan rica garnison
Co ac en sel castel lai devas Aragon
E devas Catalonha que son de Rosilhon :
1275 Mota juncta i ant faita e brizat mant arson
E mot cavaer mort e mot fort Braimanso
Perduda manta ensenha e mant ric gonfano
Quen pujeron per forsa la sus en sel dompnhon
Malgrat daicels de lost o volguessan o non
1280 Manguanels ni peireira nols ten dan dun boton
Vianda an assatz carn fresca e bacon
Vi e aiga per beure e pa a gran foison
Si dami Dieus nols dona calque percucion
Si com fe en apres que lor deg menazon
1285   Ja no foran comques.

LVII.

Senhors volets auzir cosi Termes fon pres
E co sa gran vertut Jeshu Crist i trames
La ost estet entorn entro foron VIIII. mes
Que laiga lor falhi que resecada es
1290 Vi avian asatz a dos mes o a tres
Mas nuls hom senes aiga no cug vivre pogues
Pois plog una gran ploia si majud Dieus ni fes
E venc I. grans diluvis de que lor es mal pres
En tonas e en vaisels en an ilh asatz mes
1295 De cela aiga prestiron e meiran els conres

CROISADE CONTRE LES ALBIGEOIS. 93

Tous ceux qui sont là y font leur quarantaine; — et quand les uns viennent, les autres s'en vont. — Mais R. de Termes ne les prise pas un bouton; — car je ne pense pas que jamais homme ait vu plus fort château (que le sien). — Les (assiégeants) passèrent là la Pentecôte, Pâques, l'Ascension, — et la moitié de l'hiver, comme dit la chanson. — On ne vit jamais lieu si bien muni — que ce château du Roussillon, — là-bas devers l'Aragon et la Catalogne. — Là se fit mainte joute, et furent brisés maints arçons, — tués maints chevaliers, maints intrépides Brabançons, — perdus mainte enseigne et maints drapeaux, — qui de force furent emportés là-haut, dans le donjon, — en dépit de ceux de l'host, et qu'ils le voulussent ou non. — Les mangonneaux ni les pierriers ne font pas (au château) dommage d'un bouton; — les vivres y abondent, la viande fraîche et le lard, — le vin, l'eau à boire et le pain à foison; — et si Dieu n'y eût envoyé quelque fléau, — comme il fit après, quand il y envoya la dyssenterie, — il n'aurait jamais été pris.

1270

1275

1280

1285

LVII.

Seigneurs, voulez-vous entendre comment Termes fut pris, — et comment Jésus-Christ y fit voir sa grande puissance? — L'host (des Croisés) campa neuf mois à l'entour, — jusqu'à ce que l'eau manqua (aux assiégés) à cause de la sécheresse. — Ils avaient encore beaucoup de vin, pour deux mois ou pour trois. — Mais sans eau, je pense, aucun homme ne peut vivre. — Il tomba ensuite une forte pluie, si Dieu et la foi m'aident, — il vint un grand déluge d'eau; (et ce fut là) de quoi mal leur prit. — Ils firent provision, dans des tonneaux, dans des vases,

1290

Tals menazos los pres negus no sab on ses
Cosselh an pres mest lor que cascus sen fuisses
En abans que morisson en aisi descofes
Las domnas del castel an sus el dompho mes
1300 Cant venc la noit escura que anc om non saub res
Ichiron del castel senes autre arnes
Que sino son diners no cug nulhs ne traiches
La doncs R. de Termes dis que hom latendes.
Quel tornara lains e com lo atendes
1305 En aicela tornada lencontreron Frances
El ne meneron pres lai on lo coms Fortz es
Li autre Catala et li Aragones
Sen fugiron per tal que hom nols aucizes
Mas lo coms de Montfort i fe mot que cortes
1310 Que no tolc a las donas que valha 1. poges
Ni un diner monedat.

LVIII.

Cant saubo per la terra que Terme an forsat
Tuit li melhor castel foron dezamparat
Donc fo pres Albejes que non fo asetiad
1315 Las garnizos del comte quel castel an laichat
No cuja ca lor vida mais i vengo Crozatz
Dieus i fe grans miracles ques ples de pietat
Pus bel ivern fazia que no vitz nulh estat
A ma razo mentorni cas trop ai demorat
1320 Cant lo coms de Tholosa sab que hom lo a comta
Que Termes era pres vas sant Gili es anatz
A .1. gran parlamen quel clerc li an mandat
Li abas de Cistel e li autre Crozat
Que Milos era mortz rebost e sosterratz

— de cette eau, ils en pétrirent (leur pain) et en apprêtèrent leurs mets; — et telle dyssenterie les en prit, que nul ne se connaissait plus. — Ils ont formé entre eux la résolution de s'enfuir, — plutôt que de mourir ainsi déconfits (de maladie). — Ils ont réuni les femmes en haut, dans le donjon; — et quand est venue la nuit noire, sans que personne (au dehors) en sache rien, — ils sortent du château, sans aucun bagage, — car nul d'entre eux n'emporta rien, je pense, si ce n'est son argent. — Roger de Termes dit alors (aux siens) de l'attendre, — et qu'il veut (un moment) retourner au château. — Comme il y retournait, les Français le rencontrèrent, — et prisonnier l'emmenèrent au comte Montfort. — Les autres, Aragonnais et Catalans, — s'enfuirent pour qu'on ne les tuât pas. — Le comte de Montfort fit alors chose courtoise : — (ce fut) qu'il n'enleva point aux dames chose qui valût un poyet — ni un denier monnayé.

LVIII.

Quand on sut par le pays que les Croisés avaient pris Termes, — les plus forts châteaux furent abandonnés. — Alors fut pris Alby, sans être assiégé. — La garnison du comte, que l'on a mise dans le château (de Termes), — n'avait pas imaginé que jamais les Croisés y entrassent de leur vie. — Dieu, qui est plein de miséricorde, fit alors un grand miracle : — il fit un hiver plus doux que vous ne vîtes nul été. — Mais je me suis trop arrêté, et je reviens à mon sujet.

Lorsque le comte de Toulouse apprit, lorsqu'on lui eut conté — que Termes était pris, il s'en alla à Saint-Gilles; — à un grand concile, les clercs, l'abbé de Cîteaux — et les autres Croi-

CROISADE CONTRE LES ALBIGEOIS.

1325 Mosenher Gui Cap de porc i a lo coms menat
Tot lo milhor legista de la crestiandat.
E si es cavaers e autz om de barnatz
Tuit li autre no sabo encontra lui un dat
Aisel mante lo comte e es ben essenhat
1330 Cans se traicheran lolh quei agues mot sonat
Li abas de Cistel sen es en pes levatz
Senhors so lor ditz el sapchatz ques veritatz
Que lo coms de Tholosa ma mot fort honorat
Sa terra abandonada don ieu lhen sai bon grat
1335 E pregue vos de lui quen siatz fort pregat
Donc foron li sagel de Roma desplegat
Que al comte de Tholosa om avia aportat
Que vos faria lonc comte que tant an demandat
Que lo coms R. dis can so er acabat
1340 Non o poiria pagar ab trastot son comtat
Lo pe met en lestriub corrossos e irat
E es sen a Tolosa en son païs tornat
On plus pot bat baten.

LIX.

Pois fo lo coms R. a autre parlament
1345 Que fo faitz a Narbona pres de la S. Vincent
Lo reis d'Arago i fo e mota rica gent
Oncas noi acabero que valha un aiguilent
Pois ne foro a autre az Arle mon ecient
Lai escriusen en carta trastot lo jutgament
1350 Que bailaran al comte que de fors los atent
Ab lo rei dArago ab fort freit e ab vent.
Labas lalh amarvic vezent tota la gent
E maestre Tezis ques ab lui issament

sés lui ayant mandé — que Milon, le légat, était mort, enseveli
et enterré. — Le comte mena là avec lui Mossen Gui Cap de porc,
— le meilleur légiste de toute la chrétienté, — qui de plus est chevalier, et homme de noble race. — Ce que les autres savent en
comparaison de lui ne vaut pas un dé. — C'est lui qui défend le
comte (en homme) si bien enseigné, — que les autres s'arrache-
raient les yeux avant d'y trouver mot à reprendre. — L'abbé de
Cîteaux s'est dressé sur ses pieds : — « Seigneurs, dit-il aux assis-
« tants, sachez pour chose vraie — que le comte de Toulouse
« m'a grandement honoré ; — il m'a abandonné sa terre, dont je
« lui sais bon gré, — et je vous prie (tous) d'être (aussi) con-
« tents de lui. » — Alors furent déployés les sceaux de Rome —
qui avaient été apportés au comte de Toulouse. — Pourquoi
vous en ferais-je long récit? On a tant demandé, — (tant exigé),
que le comte Raymond finit par dire — que son comté tout
entier n'y suffirait pas. — (Là-dessus) triste et courroucé, il met
le pied à l'étrier, — et s'en retourne à Toulouse, dans son pays,
— vite, vite, autant qu'il peut.

LIX.

Le comte se rendit ensuite au concile — qui fut tenu à Narbonne, vers la Saint-Vincent. — Le roi d'Aragon y vint avec un
grand nombre de nobles gens; — mais on n'y décida pas la
moindre chose. — Ils se rendent après cela à un troisième
(concile) à Arles, je pense. — Là, on écrit en charte toute la
sentence — qui doit être prononcée sur le comte, qui l'attend
dehors, — avec le roi d'Aragon, par un grand froid et au vent.
— L'abbé la lui mit dans la main à la vue de tous, — (assisté)

Lo mielher clercs del mon e lo plus conoichent
1355 E livesques dUzes ab dautres clergues cent
Can lo coms tenc la carta trastot celadament
Apelet lescriva e cant el la entent
Quel la lhac legida trastot paziblament
Lo rei dArago apela iratz per mal talent
1360 Savinetz sire reis so li ditz en rient
E aujatz esta carta e lestranh mandament
Quem mandan li legat que i sia obedient
Lo reis la fai legir autra vetz mantenent
E cant la ac auzida ditz em patz simplament
1365 Be fai amilhorar pel paire omnipotent
Lo coms totz cossiros si que comjat no prent
La carta e son punh que noi respon nient
Sen vai enves Tolosa on plus pot tost corrent
E pois a Montalha a Moisac e Agent
1370   Per tot a una ma.

LX.

Lo pros coms de Tolosa sen torna en Tolzan
E intra a Tholosa e pois a Montalban
A Moichac e Agen sa carta en sa man
Per tot la fai legir que o sapchan de plan
1375 Cavaers e borzes e pois messa cantan
La carta ditz aisi en lo mot primairan
Que lo coms tenga patz e cels quab lui seran
E laisse los roters o anoit o deman
Reda los dreits als clercs que sian sobiran
1380 De trastot aiselo que li demanderan,
E giet de sa bailia totz los juzieus trafan
Els crezens dels eretges aicels quilh diiran
Que el los reda totz e so tro a un an

de maître Tedis qui est avec lui, — le meilleur clerc du monde
et le plus savant, — de l'évêque d'Uzès et de cent autres clercs.
— Quand le comte tint la charte, tout secrètement.— il appela
l'écrivain, (qui la lui lut volontiers); — et quand il l'eut entendue, — triste et avec indignation, il appela le roi d'Aragon. —
« Venez çà, sire roi, lui dit-il en riant; entendez cette charte, et
« les ordres étranges — auxquels les légats veulent que j'obéisse. »
— Le roi fait à l'instant lire la charte une seconde fois, — et
quand il l'a entendue, il dit avec calme et simplement : — « Voilà
« qui doit être corrigé, par le Père tout-puissant ! » — Le comte
tout soucieux, la charte au poing, — sans prendre congé et
sans rien répondre, — s'en va, courant le plus qu'il peut, devers Toulouse, — et puis à Montauban, à Moissac, à Agen, —
tout d'un trait.

LX.

Le preux comte Raymond retourne en Toulousain ; — il entre
d'abord à Toulouse, puis à Montauban, — à Moissac, à Agen,
sa charte à la main. — Partout il la fait lire, pour qu'elle soit
manifeste à tous, — aux chevaliers, aux bourgeois et aux (clercs)
messe-chantants. — Voici ce que la charte dit aux premiers mots :
« — Que le comte demeure en paix, lui et les siens, — et congédie
« les routiers, aujourd'hui même ou demain ; — qu'il rende
« aux clercs leurs droits (et l'assurance) — d'obtenir (de lui) toute
« chose qu'ils lui demanderont ; — qu'il chasse de ses états tous
« les perfides Juifs ; — et (quant) aux partisans de l'hérésie
« qu'ils lui désigneront, — qu'il les leur rende tous, avant l'an-

Per far tot lor plazer e so queli voldran
1385 E mas de doas carns eli no manjaran
Ni ja draps de paratge poichas no vestiran
Mas capas grossas brunas que mais lor duraran
Los castels e las forsas trastot derocharan
Ni jamais cavalers non estara en plan
1390 Mas de fora els camps co li autre vilan
E degu mal peatge el camis no prendran
Mas can los velhs uzatges que foron ancian
Catre deniers tolzas a cascun an daran
Als paziers de la terra queli establiran
1395 E tuit li renoier lo renou laicharan
Que si gazanh an pres tot primer lo rendran
E sil coms de Montfort nil Crozatz que vindran
Cavalgan sobre lor com a trop ome fan
E si prendran del lor ja non o defendran
1400 Pel lau del rei de Fransa de trastot passaran
El coms que pas la mar lai vas flum Jordan
E que estia lai tant co li monge voldran
Ol cardenal de Roma o cel queli metran
E pois ques meta en orde el Temple o a S. Ioan
1405 E cant o aura fait sos castels li rendran
E si aiso no fai de tot lo cassaran
Que nolh remandra res.

LXI.

Li cavaler de la terra cavaler e borzes
Cant auziron la carta que legida lor es

« née révolue, — pour en faire à leur volonté et à leur plaisir.
« — Qu'ils ne mangeront pas de plus de deux viandes (à leurs re-
« pas), — et ne se vêtiront désormais plus de riches draps, —
« mais de grossières capes brunes qui leur dureront davantage;
« — qu'ils abattront tous les châteaux et toutes les forteresses; —
« les chevaliers ne séjourneront plus en maison (dans les villes),
« — mais dehors, dans les campagnes, comme paysans; — qu'ils
« ne lèveront aucun mauvais péage sur les chemins, — mais seu-
« lement les redevances ordinaires des temps anciens; — qu'ils
« payeront quatre deniers toulousains par an, — aux paciers qui
« seront établis (par l'Église) dans le pays; — que tous les usu-
« riers renonceront à l'usure, — et restitueront sur-le-champ tout
« ce qu'ils auraient pu y gagner; — que si le comte de Montfort
« et les Croisés qui viendront — chevauchant contre eux, comme
« contre tant d'autres, — leur enlèvent quelque chose du leur, ils
« ne s'y opposent pas; — qu'ils s'en remettent sur tout à la
« décision du roi de France; — que le comte Raymond s'en aille
« outre mer, là-bas au fleuve du Jourdain, — et qu'il y reste aussi
« longtemps que le voudront les moines, — les cardinaux de
« Rome, où ceux qu'ils désigneront; — qu'après cela, le comte
« entre dans un ordre, dans celui du Temple ou de Saint-Jean.
« — Quand il aura fait tout cela, ses châteaux lui seront rendus;
« — et s'il ne le fait pas, il sera privé de tout pouvoir, — telle-
« ment qu'il ne lui restera rien. »

LXI.

Les hommes du pays, chevaliers et bourgeois, — quand ils
entendirent la charte qui leur fut lue, — dirent qu'ils aimaient

1410 Dizon que mais voldrian estre tuit mort o pres
Queli aiso sufrisan ni o fessan per res
Doncs serian tuit sers o vila o pages
Li borzes de Moichac e sels de Agenes
Dizon cans fugirian per laiga en Bordales
1415 Que sian lor senhor ni barrau ni Franses
O sen iran estar si lo coms o volgues
Ab lui en autra terra onque a lui plagues
E lo coms cant o au lor ne ret grans merces
Donc a faitz sos sagels e als per tot trames
1420 A trastotz sos amics la sus en Albiges
E de sai en Bearn e al comte Cumenges
E al comte de Fois e lai en Carcasses
E an Savaric pregua que daiso li valgues
Aicel de Malleo e el lho a promes
1425 Que li en ajudara cui que plaira o pes
  De talent e de cor.

LXII.

A lintrar de caresma cant baicha la freidor
E comensa a venir lo dous temps de Pascor
Si movon li Crozat e li osteiador
1430 Que somonitz los an nostre prezicador
Lavesques de Tholosa cui dami Dieus honor
Enans dedins la vila receubut per senhor
A gran profecio com un emperador
Del devet los absols si quieu cugei laor
1435 Quaguessan patz faita per totz temps de bon cor
Mas pois vi ques mescleron per mot granda iror
Lavesques anec en Fransa prezicar cascun jorn
E crozan se li princep li baro elh comdor
  El cavaler de lai.

mieux être tous tués ou pris — que de souffrir ou de faire pour rien au monde (une chose) — qui ferait d'eux tous des serfs, des vilains ou des paysans. — Les bourgeois de Moissac et ceux d'Agen — déclarent qu'ils s'enfuiront par la rivière à Bordeaux, — plutôt que d'avoir pour seigneurs les (clercs), ou les Français; — ou que, si le comte le veut, ils iront demeurer avec lui — dans un autre pays, partout où il lui plaira. — Le comte, quand il les entend, leur en rend grand merci. — Il fait alors sceller (ses lettres) et les envoie de toutes parts — à tous ses amis, là-haut en Albigeois, et deçà en Béarn, au comte de Comminges, — au comte de Foix, et en Carcassais. — Il prie (en outre) le seigneur Savaric, celui de Mauléon, — de l'aider en cette affaire; et Savaric lui a promis — qu'il l'aidera, n'importe à qui la chose plaira ou déplaira, — de bon vouloir et de bon cœur.

LXII.

A l'entrée de carême, quand le froid baisse, — et que le doux temps de Pâques approche, — les Croisés et les hommes de l'host se mettent en mouvement, — (excités) et semoncés par nos prédicateurs. — L'évêque de Toulouse, à qui Dieu veuille faire honneur! — qui a été auparavant établi pour seigneur dans la ville, — avec grande solennité, comme un empereur, — absout les (habitants) de l'excommunication : tellement que je crus alors — que la paix était faite entre eux pour toujours et de bon cœur; — mais, comme je l'ai vu, ils se brouillèrent bientôt après par grands ressentiments. — L'évêque s'en alla en France prêcher tous les jours (la croisade); — et partout là-haut se croisaient les princes, les barons, les comtes — et les chevaliers.

LXIII.

1440 Lo coms P. dAusurra Rotbertz de Cortenai
El chantres de Paris si col libres retrai
Vengron ab mot gran ost devas Paris en sai
A Carcassona intrero en lo pais de sai
E auiatz de Jeshu quinhas vertutz i fai
1445 Aisi coma lo libres vos ditz e vos retrai
Aicels de Cabaretz sen deron gran esglai
Lo senher P. Rogiers gran matinet sen vai
An Bochard que es pres en la cambra on jai
Bochart so li a dit vos estes ben o sai
1450 De mot granda natura e proz om e verai
Vos no faretz ja causa que a faire no sai
E si ieu vos solvia no sai si i trobarai
Merce ni cauziment mas tot o assaiarai
Anc no fi traicio ni no la perchasai
1455 Doncas ditz P. Rogiers vos no siretz pres mai
E mi e mo castel vos lhivre atrazai
Apelet i. maestre dels fers traire lo fai
Tondrel fai e banhar tot suavet e mai
Una mot bela rauba e un palafre bai
1460 Li a fait amarvir canc nol mes en assai
Cant aiso vic Bochartz sapchatz mot en fo jai
Mais non ac tant gran joia des aicel temps en sai
Que de maire nasquet.

LXIV.

Senhors tot en aisi com devant vos ait dit
1465 Lo senhor de Cabaretz nos mes pas en oblit
Un maestre apela dels fers gitar lo fist

LXIII.

Le comte d'Auxerre, Pierre-Robert de Courtenay, — et le chantre de Paris, à ce que rapporte le livre, — vinrent avec un grand host de devers Paris, de ce côté. — Ils entrèrent à Carcassonne et dans tout le pays en deçà. — Or, écoutez quels miracles y fit alors Jésus-Christ, — ainsi que le livre le dit et raconte. — Ceux de Cabaret en prirent grande épouvante ; — et don P. Roger s'en va (un jour) de grand matin — à don Bouchard, qui est prisonnier, dans la chambre où il couche. — « Bouchard, lui « a-t-il dit, vous êtes, je le sais bien, — un franc preux homme, « de haute nature, — et ne ferez jamais chose qui ne soit à faire. « — Je ne sais si, en vous délivrant, j'y trouverai — gratitude et « merci ; mais je l'essayerai. » — « Je n'ai jamais fait trahison, ni tenté « de la faire, » (répond Bouchard). — « Eh bien donc, reprend « P. Roger, vous n'êtes plus prisonnier ; — et je vous livre mon châ- « teau et moi-même. » — Là-dessus, il fait venir un forgeron et tirer (le prisonnier) des fers, — le fait tondre et baigner délicatement, et de plus — lui fait donner une belle robe — et un palefroi bai qui n'avait point encore été monté. — Quand Bouchard vit cela, sachez qu'il en fut tout joyeux ; — il ne l'avait jamais été autant, depuis l'instant — où il naquit de mère.

LXIV.

Seigneurs, tout comme je viens de vous dire, — le seigneur de Cabaret ne s'oublie pas (là où il faut agir) ; — il fait appeler un forgeron, tirer (Bouchard) des fers, — noblement le revêt de

E de mot richa rauba noblament lo vestit
Un palafre amblan canc om gensor non vit
Li donet a chivager e can fo be vestit
1470 Tres donzels per solatz a chivau li amarvig
E el anet ab lui tro a deforas per guit
Mas ans que sen anesson nis fossan departit
De lhui e del castel la del tot revestit
E lhen fist omenatge senes tot contradit
1475 En Bochartz li promist elh juret elh plevit
Que de las soas partz no sera ja trait
Ni can vera a la fin quel plaitz er devezitz
Nol tindria om per fol nin sera escarnitz
E el noi falhit doncas que ben lo atendit
1480 So que promes lavia.

LXV.

Cant lo coms de Montfort e lautra baronia
E li un e li autre an la noela auzia
Que mesira Bochartz es souts e que venia
No vos cal demandar silh agron alegria
1485 Tuit van encontra lui a aicela vegia
Can so entrebaizat pregan lo que lor dia
Si el ses ostatgets e el ditz que no mia
Ans avem lo castel e la nostra bailia
E soi totz souts e quites co auziretz daital guia
1490 Mo senher P. Rotgiers ma dat la senhoria
De trastot son castel que contra nos tenia
E a preza amistat am mi e gran paria
Ez eu li ai promes si Dieus mi benazia
Quilh en sera trop mielhs a trastota sa via
1495 E li donrai dos tans quil not de manentia
Doncas ditz lo coms Fortz ben gran tort en auria

riche robe, — et lui donne à chevaucher un palefroi amblant — tel que nul n'en vit de plus beau. Quand Bouchard est vêtu, — il lui présente, pour lui faire fête, trois damoiseaux à cheval, — et le suit hors du château, lui servant de guide. — Mais avant de s'en retourner et de le quitter, — il l'investit pleinement de sa personne et de son château, — et lui en fait hommage sans restriction aucune. — Don Bouchard (de son côté) lui jure et lui garantit — qu'il ne sera jamais trahi par lui ; — et que quand viendra la fin (de la guerre), quand la querelle se décidera, — il ne sera point tenu pour insensé, ni bafoué comme tel. — (Et cette parole), Bouchard n'y manqua pas; il tint fidèlement — ce qu'il avait promis.

LXV.

Quand le comte de Montfort et les autres barons, — ceux-ci et ceux-là, ont entendu la nouvelle, — que messire Bouchard est délivré, et qu'il arrive, — s'ils en furent joyeux, ce n'est pas chose à demander. — Tous veulent aller à sa rencontre, cette fois; — et tous, quand ils se sont entre-baisés, le prient de leur conter — s'il a donné otage. « Nullement, fait-il; — bien loin de « là, le château est nôtre : nous en avons la seigneurie. — Je suis « entièrement libre et délivré, de la manière que vous entendrez. « — Don P. Roger m'a donné le commandement — de tout son « château qui se défendait contre nous, — et il fait avec moi « amitié et compérage. — Moi, je lui ai promis, et me bénisse « Dieu! qu'il s'en trouvera bien toute sa vie, — et que je lui ferai « avoir deux fois autant de biens qu'il en avait. » — « Certes ! dit « alors le comte, ce serait grand tort à nous, — s'il se trouvait mal de

Si nolh en era melher la nostra companhia
Jamais nulhs om de vos alunhar nol devria
Oi Dieus dizon trastuit dama santa Maria
1500 Co a fait gran proeza e granda cortezia
No a baro en Fransa ni cug que mais i sia
Quel agues comensea

LXVI.

Tota aisela noit tro en la matineia
A mesira Bochart gran joia demeneia
1505 E landema tan tost co lalba es crebeia
En es ves Carcassona lo plus de lost aleia
Lai fon lor acordansa dicha e devizeia
Bochartz la tot primer vezent de totz parleia
Que als us e als autres de totas partz agreia
1510 La senha al comte Fort an sus la tor montea
Lo castel establiron la doncs nostra Crozeia
Aisi fo Cabaretz comquis esta vegeia
Ar veiatz cals vertutz i fo doncs demonstreia
Que si tota la gent quen est mon fo neia
1515 Esteso tot entorn e enviro asetgeia
Nol prezeran ja ilh una poma peleia
Mas contra la ost de Crist no a castel dureia
Ni ciutatz que ilh trobon tan no es enserreia
E preso fa que fols qui am Crozatz guerreia
1520 Canc om no sen gauzi can venc a la fineia
Que non fos cofondutz.

LXVII.

Tant tost com Cabaretz lo castel fo rendutz
Lo coms cel de Montfort el Crozat so mogutz

« notre société : — nul homme d'entre nous ne doit plus lui être
« contraire. » — « Non, disent-ils tous; et dame sainte Marie — a
« fait pour nous une grande courtoisie et belle prouesse, — telle
« qu'il n'y a et n'y aura jamais, en France, — baron qui l'eût
« entreprise. »

LXVI.

Toute cette nuit jusqu'au matin, — l'host a mené grande joie
pour sire Bouchard; — et le lendemain, aussitôt que l'aube
veut poindre, — le gros de l'host est retourné à Carcassonne.
— Mais une autre résolution fut alors délibérée et prise. —
C'est Bouchard qui la propose le premier, en présence de tous,
— et tous l'ont de toutes parts agréée. — Les Croisés vont à
Cabaret; ils plantent la bannière du comte sur la (grande) tour, —
et s'établissent dès lors dans le château. — Ainsi fut alors conquis Cabaret; — et voyez si ce ne fut pas par grand miracle ! —
Car si tous les hommes qui naquirent jamais en ce monde —
l'avaient tenu de tous côtés et tout à l'entour assiégé, — les assiégés n'auraient pas tenu d'eux plus de compte que d'une
pomme pelée. — Mais contre l'host de Christ, il n'y a château
qui tienne, — ni ville si forte qui lui reste fermée, s'il l'attaque. — Bien fou donc quiconque guerroie contre les Croisés !
— il n'est personne qui n'en ait été à la fin marri — et confondu.

LXVII.

Aussitôt que le château de Cabaret s'est rendu, — le comte
de Montfort et les Croisés se mettent en marche; — ils marchent

E van enves Lavaur que lai en Tolza fu
1525 I. mes e v. setmanas i an seti tenut
Ab genhs e ab calabres lan fortment combatut
La vila fo mot fortz sis fossan defendut
Ni pel comte Ramon fossan be acorrut
No lagran si tost preza fe que deg a Jeshu
1530 Car vitalha era cara la venda el trau-
Elh borzes de Tolosa qui sen son irascu
Que vedan del pertrait que no lor seit rendu
Nin laissan traire armas ni lansa ni escu
Mas com ditz lo proverbis tart se son perseu
1535 Quels an claus lor estable el cavals son perdu
Li Crozatz los combaton a forsa e a vertu
Quelh so asetiat.

LXVIII.

Lavaurs fon tan fortz vila que anc e nulh regnat
Plus fort en terra plana non vi om que fos natz
1540 Ni ab milhor clausura ni ab plus prions fossatz
Dins a mot cavaer que son mot gent armatz
Lo fraire na Girauda i fo nAimerigatz
Ques dona de la vila lains sen es intratz
Del comte de Montfort parti senes comjat
1545 Montreial e Laurac li an tout li Crozat
E tota lautra terra per que el nes iratz
De cc. cavalers li an son feu mermat
Not plus ric cavaler en Tolza ni el comtat
Ni plus larc despesaire ni de maior barnat
1550 Mala vic los eretges e los ensabatatz
Canc mais tant gran baro en la crestiandat
No cug que fos pendutz ab tant cavaer de latz
Que sol de cavaliers ni a la doncs comtat

sur Lavaur, là-bas dans le Toulousain, — et le tiennent un mois
ou cinq semaines assiégé, — le battant fortement avec engins
et calabres. — Forte était la ville; et si elle s'était bien défendue,
— si elle avait été par le comte Raymond secourue à propos, —
les Croisés ne l'auraient pas prise de sitôt, par la foi que je dois
au Christ! — Mais les vivres étaient chers alors d'achat et de
transport, — et les bourgeois de Toulouse qui en sont mécontents, — arrêtent tout transport (de vivres à Lavaur), — et ne
laissent sortir non plus aucune arme, ni lance, ni écu. — Mais,
comme dit le proverbe, ils se sont ravisés tard, — et les chevaux
perdus, ils ont fermé leur écurie. — Et en attendant, les Croisés
combattent avec bravoure et vigueur — ceux qu'ils tiennent assiégés.

LXVIII.

Lavaur était une si forte ville, que jamais en nul autre royaume
— homme né n'en vit de plus forte en pleine terre, — avec plus
hauts remparts, ni fossés plus profonds. — En dedans étaient
maints chevaliers richement armés; — et don Aimerigatz, le
frère de dame Giraude, — la dame de la ville, y était aussi entré.
— Il avait quitté, sans congé, le comte de Montfort. — Les Croisés lui avaient enlevé Montréal, Laurac — et d'autres parties de
sa terre, et amoindri son fief — de deux cents chevaliers, ce qui
lui avait fort déplu. — Il n'y avait point, dans le Toulousain, ni
dans tout le comté, chevalier plus preux, — ni plus large dépensier, ni de plus haute race. — Mal lui prit d'avoir connu les hérétiques et les ensabbatés! — Car jamais, dans la chrétienté, si
haut baron — ne fut, je crois, pendu avec tant d'autres chevaliers à ses côtés. — Car, de chevaliers seulement, il en fut là

Trop mais de quatre vins so me dig 1. clergat
E de sels de la vila ne mes om en un prat
Entro a cccc. que son ars e cremat
Estiers dama Girauda quan en 1. potz gitat
De peiras la cubriron don fo dols e pecatz
Que ja nulhs hom del segle so sapchatz de vertatz
No partira de leis entro agues manjat
So fo la santa Crotz de mai ques en estat
Que fo Lavaurs destruita si co vos ai comtat
La gata aprobieron ins el fons del valat
E getan lo pertrait e an aitant cavat
Que dedins se rederon car son pres e forsat
Lai donças fo laor faita aitant grans mortaldat
Quentro la fin del mon cug quen sia parlat
Senhor be sen devrian ilh estre castiat
Que so vi e auzi e son trop malaurat
Car no fan so quels mando li clerc e li Crozad
E a la fi o faran can siran desraubat
Aisi co aisels feiro e ja non auran grad
De Dieu ni daquest mon.

LXIX.

Cant Lavaur fon conquesa en aquela sazon
Se moc lo coms de Fois el e sei companhon
E son en sa companha cels del comte Ramon
Que sapchatz lor ajudan escudiers e garson
Alamans que venian a coita desperon
Queran be v. melia si com ditz la canson
Can foro a Mont Joi armeros li baro
E van trastuit rengat com a profession
Mas lo coms sel de Fois qui a cor de baron
E cels quab lui foron nols an mis a razon

compté — plus de quatre-vingts, à ce que me dit un clerc. — Quant à ceux de la ville, on en rassembla dans un pré — jusqu'à quatre cents, qui furent brûlés et grillés, — sans y comprendre dame Giraude, que les (Croisés) jetèrent dans un puits — et couvrirent de pierres, dont ce fut dommage et pitié; — car sachez pour vrai que jamais homme de ce monde — ne la quitta sans avoir été repu. — Ce fut à la Sainte-Croix de mai, en été, — que Lavaur fut détruit, comme je vous conte. — Les assiégeants poussèrent leur gate au milieu du fossé, — qu'ils comblèrent; et tant creusèrent-ils (au pied des murs), — que ceux de dedans se rendirent, pris et forcés qu'ils furent. — Là se fit alors un si grand carnage, — qu'il en sera, je crois, parlé jusqu'à la fin du monde. — Seigneurs, ces (hérétiques) devraient bien être corrigés; — car je l'ai vu et je l'ai ouï dire, ils ont trop mauvaise étoile — de ne point faire ce que leur commandent les clercs et les Croisés; — ou s'ils le font quand ils seront dépouillés (de tout), — comme firent ceux de Lavaur, personne ne leur en saura gré, — ni Dieu ni le monde.

LXIX.

Quand Lavaur fut pris, en ce même temps, — le comte de Foix partit (de Toulouse) avec ses compagnons, — menant aussi avec lui ceux du comte Raymond, — écuyers et valets, pour l'aider. — Éperonnant, éperonnant arrivaient des (Croisés) allemands, — qui étaient bien cinq mille, dit la chanson. — Ils s'arment (et se mettent sur leurs gardes) en arrivant à Mont-Joy, — et marchent rangés comme procession. — Mais le comte de Foix, qui porte cœur de baron, — ni ceux qui sont avec lui, ne les comptent pas; — ils les entourent et les assaillent de tous côtés.

Mas que los envaziron dentorn e denviron
1585 Pero bes defenderon lAlaman el Frizon,
Una mot granda pessa de josta .1. boisson
Mas can venc a la fin sapchatz ses mentizon
Se laicheron tuit vencer per malvada ochaison
Lai moriron li plus senes confession
1590 Li vila de la terre e li tafur garson
Los ausizian ab peiras ab pals o ab baston
Per que Mont Jois ne fo mes en destruction
Si Domni Dieus de gloria mos pecatz mi perdon
Qui agues cels vilas penduz coma layron
1595 Que los Crozats aucizon a mi sabria bon
Nils tolgon lor aver.

LXX.

Li vilan de la terra cous ai dit de primer
Cant virol coms de Fois tuit li van ajuder
Que li un que li autre nagro mot bon diner
1600 Mas ans que lost se parta o compraran mot cher
Us donzels nescapet co vai a lost comter
Cant li Frances o auzo vius cujon enrabger
Plus de xiiii. milia en aneron monter
Tant can lo jorns lor dura no fan mas chivaucher
1605 Mas lo pros coms de Fois no si vol plus tarder
Cascus al melhs que pot pessa del espleitier
Lains a Mon Guiscart sen aneron jazer
Del aver que an pres podo ben sojorner
Tres mes e xv dias e tot .1. an plenier
1610 Li baro del ost cant nols pogron trober
Dolent e corrossos meton al repairer
E tornan a Lantar can om se volc coicher

— Les Allemands et les Frisons se défendirent bien, — pendant longtemps, le long d'un bois. — Mais quand ce vint la fin, sachez pour vrai — qu'ils se laissèrent tous vaincre misérablement. — Le plus grand nombre y mourut sans confession. — Les vilains du pays et les bandits de valets — les tuèrent à coups de pierres, de pieu ou de bâton, — et pour cela fut (ensuite) détruit Mont-Joy. — Aussi vrai que je souhaite que le Seigneur Dieu de gloire me pardonne mes péchés, — si quelqu'un, comme larrons, pendait ces vilains — qui tuent les Croisés et leur enlèvent leur avoir, j'en aurais du plaisir.

LXX.

Comme je vous ai d'abord dit, les vilains du pays, — dès qu'ils virent le comte de Foix (en armes), allèrent tous à son aide, — et tous y gagnèrent force beaux deniers : — mais avant que les Croisés ne partent, ils l'auront chèrement payé. — Un damoiseau s'échappe qui s'en va à l'host conter l'événement. — Quand les Français l'entendent, ils en étouffent de rage tout vivants. — Il en monte à cheval plus de quatorze mille, — et tant que le jour dure, ils ne cessent de chevaucher. — Mais le preux comte de Foix n'a point perdu le temps en délais; — chacun (des siens) pense à se retirer au plus vite, — et ils s'en vont passer la nuit à Mont-Guiscard. — Du butin qu'ils ont fait, ils peuvent bien se divertir — pendant trois mois et quinze jours, ou toute une année. — Les barons des Croisés, ne pouvant les joindre, — courroucés et marris battent en retraite; — ils reviennent à Lantar à

Can las novelas saubon li autre cavaler
Tuit nagro gran esglai.

LXXI.

1615 Lo coms P. dAusurra e cel de Cortenai
E lo coms de Monfort can no pogron far mai
E virol coms de Foiss qui sen fuit et sen vai
A Lavaur son tornat on la lor ost estai
La vila agron preza si col libres retrai
1620 Ben cccc. eretges del linage putnai
I arseron en .i. foc e si feron gran rai
NAmerigats fon pendutz e mant cavaler lai
Quatrevins ni penderon com om los lairos fai
Els meson en las forcas lu sai e lautre lai
1625 Na Girauda fo preza que crida e plora e brai
En un potz la giteron a travers ben o sai
De peiras lacauferon trops om nac gran esmai
E de las autras donas us Frances cortes gai
Las fe estorcer trastotas com om pros e verai
1630 En la vila an pres mant destrier saur e bai
E mot ric garniment de fer qui lor eschai
Et mot blat e mot vin mot drap don el son gai
E mot ric vestiment.

LXXII.

Ramon de Salvanhac .i. riche merchaant
1635 Que fo natz de Caorts ric borzes e manant
Lo coms de Montfort li deu laver fer e gran
Cel mante la Crozada que li presta largiant
E pois pres ne en paga draps e vi e fromant
Tot laver de Lavar li mes om de denant

l'heure de la couchée ; — et les autres cavaliers, quand ils apprirent la nouvelle, — en eurent tous grande frayeur.

LXXI.

Le comte P. d'Auxerre, celui de Courtenay, — et le comte de Montfort, n'ayant pu faire plus, — et ayant vu le comte de Foix s'enfuir et se retirer, — sont revenus à Lavaur où est leur host, — et ont pris la ville, comme rapporte le livre. — Il y eut bien quatre cents hérétiques de la race impure — de brûlés en un bûcher, qui jeta grande flamme. — Don Amerigatz fut pendu avec maints autres chevaliers; — on en pendit quatre-vingts comme on fait les larrons, — et on les exposa sur des fourches, l'un d'un côté, l'autre de l'autre. — Dame Giraude fut prise criant, pleurant, brayant, — et jetée par travers, comme bien sais-je, dans un puits, — où elle fut couverte de pierres, (chose) dont on eut grande horreur. — Mais les autres dames, un Français courtois et gai — les fit délivrer toutes en véritable preux (qu'il fut). — Dans la ville fut capturé maint destrier noir et bai, — mainte riche armure de fer qui échoit aux (Croisés), — grande quantité de blé, de vin, de drap, de beaux vêtements, dont ils sont joyeux.

LXXII.

A Raymond de Salvagnac, un riche marchand, — natif de Cahors, puissant et opulent bourgeois, — le comte de Montfort doit l'immense butin. — C'était lui qui maintenait la croisade et lui avait prêté l'argent (nécessaire), — recevant ensuite en payement du drap, du vin et du blé. — Tout le butin de Lavaur lui

1640 Cant la vila fo preza poichas tot en .1. an
Comquizon lo pais entro a Montferran
Lo coms Baudois i era quera pros e valhant
Sos cors val ben per armas Olivier o Rotlan
E sil agues pro terra co motz dautres princeps an
1645 El conquerria enquerra assatz e son vivant
Lo coms R. sos fraire li mes en garnimant
Si fos lo castel forts aisi col noms es grans
Nol prezan a lor vida Frances ni Alaman
XIIII. cavaers e dautres no sai cant
1650 Son ab lo comte Baudoi que lo setge atant
De Frances orgulhos.

LXXIII.

Lo comte Baudois es el castel enclous
Ab lui us cavalers Peires qui es mot pros
El vescoms de Montclar Pons de Tolozal Ros
1655 El carts es nUc del Brolh qui es mot coratjos
El quins es Sanc Espaza .1. cavaers mot bos
R. de Peirigorc qui es mot temoros
Car era dels roters cuja morir a estros
La fora ins el setge era lo coms dAlos
1660 Si Jeshu Christ non pensa ques de tot poderos
Tuit seran mort o pres ans del solelh rescos
Que lo castel es frevols e desgarnitz e blos
A tot defendemen.

LXXIV.

Li baro de la ost fan cridar parlamant
1665 Que ano al pertrait trastuit cominalment

fut mis devant et donné. — La ville prise, les (Croisés) en un an
— conquirent le reste du pays jusqu'à Montferrand.— Là était
le preux et vaillant comte Baudouin, — qui, de sa personne,
valait en armes Roland et Olivier; — et s'il avait eu de grandes
terres, comme d'autres princes, — il en aurait de son vivant
conquis encore bien d'autres. — Le comte Raymond, son frère,
l'avait là mis à la défense ; — et si le château eût été fort, comme
il était grand de nom, — les Français ni les Allemands ne l'auraient pris de leur vie. — Quatorze chevaliers et je ne sais combien
d'autres — se trouvent (dedans) avec le comte Baudouin, qui
attend le siége — des superbes Français.

LXXIII.

Le comte Baudouin est enfermé dans le château, — et avec
lui (sont) un preux chevalier nommé Pierre, — le vicomte
de Montclar, Pons le Roux de Toulouse ; — le quatrième est
don Hugues Dubreuil, baron de cœur, — et le cinquième
Sanche Espade, bon chevalier, — avec Raymond de Périgueux,
tout craintif, — qui s'attendait à une mort sinistre, parce qu'il
était routier. — En dehors, au siége, était le comte d'Alos. — Si
Jésus-Christ n'y pourvoit, lui qui a tout pouvoir, — tous les
(assiégés) seront morts ou pris avant le soleil couché, — car le
château est faible, sans garnison, et privé — de toute défense.

LXXIV.

Les barons de l'hôst font crier et proclamer — que tous aillent
ensemble combler les fossés. — Et la criée faite, ce n'est pas cent

E cant o agron fait non viras ges sols c.
Que plus son de x. melia cascus ad .i. tenent
Las peireiras dresseron la fors el derrubent
La batalha lor donen cavaer e siryent
1670 Mas lo coms Baudois que es pros e valent
Ab sa cavalaria on pus pot se defent
Lo pertrait lor arseron dedins ab foc ardent
Mas elhs ne gietan autre aqui eiss mantenent
Gran miracle lor fist Jeshus lomnipotent
1675 Car no foron tuit pres a sel envaziment
Lo coms sel de Montfort era son be volent
Del comte Baudoi e mot de lautra gent
Pel be quen auzon diire grans piitetz lor en prent
Pels autres no doneren duna notz lo valent
1680 Mas lo coms de Chalo fist gran essenhament
Quun Crozat i trames que cridet autament
Senher coms Baudois venet segurament
Que mo senher lo coms sai defors vos atent
A totz los baros platz lo vostre acordament
1685 No sai plus que vos dia pluzor alongament
Lo coms i es ichitz can la razon entent
Be sap que noi a gaire pus de defendement
Lo castel lor rende cant venc al feniment
La vitalha que i era pan e vi e froment
1690 E el tuit sen ichiron ab lor lors garniment
Sobr els sans evangelis lor feiro sagrament
Que mais no guerregessen Crozads a lor vivent
Ni que no mantenguessen lavol gen mescrezent
E ab aitant gurpiron lo castel e van sen
1695 Ves lai don son vengutz.

hommes seulement que vous verriez, — il y en eut plus de dix
mille qui viennent l'un derrière l'autre. — Ils dressent les pierriers en dehors sur l'escarpement; — et tous, chevaliers et sergents,
livrent bataille (aux assiégés). — Mais le comte Baudouin est vaillant et preux, — il se défend de tout son pouvoir, avec ses chevaliers. — Les assiégés embrasent d'un feu ardent les matières
jetées (dans le fossé); — mais les assiégeants en jettent d'autres
tout aussitôt. — Et grand miracle fit Jésus le tout-puissant, —
qui sauva (Baudouin et les siens) d'être pris tous à cet assaut. —
Le comte de Montfort, ainsi que beaucoup d'autres, portaient
bienveillance au comte Baudouin — pour tout le bien qu'ils en
entendaient dire; et grand'pitié les prenait de lui (seul), — car des
autres ils n'en donneraient pas la valeur d'une noix. — Le comte
de Châlons fit alors chose fort courtoise : — il envoya vers le
château un Croisé qui se met à crier à haute voix : — « Seigneur
« comte Baudouin, venez en toute sûreté; — ici dehors vous at-
« tend mon seigneur le comte; — et un accord avec vous plaît à
« tous nos barons. » — Qu'ai-je besoin de vous faire plus long
discours? — Le comte entendant la proposition, est sorti; — il
sait bien qu'il ne peut plus guère se défendre; — et finit par rendre
le château (aux Croisés), — avec les vivres, le pain, le vin et le
blé qui s'y trouvent. — Tous les siens sortirent avec leurs armes,
— après avoir juré sur les saints évangiles — qu'ils ne feraient
plus de leur vivant la guerre aux Croisés, — et ne soutiendraient
plus la chétive gent mécréante. — Là-dessus ils déguerpissent
du château, et s'en retournent — là d'où ils sont venus.

LXXV.

La ost torne atras de lai don so vengut
E prezon Rabastencs Galhac e Montagut
E trastot per paor lor o a om rendut
Lagarda e Poi Celsi e puis si son venut
1700 Els de Sench Antoni ses arma e ses escut
E ab lor sacorderon co ome aperceubut
Laguepia e Pui Celsi son de sotz lor tenut
Tant com tenc Albiges an elh be comquerit
E levesques ques pros e bos si Dieus majut
1705 Ses de trastotas res ab lor ben avengut
E lo coms Baudois quieu vos ai mentaugut
Amparet Brunequel el lor a defendut
Quardre le volian per paor quan agut
Dels Crozatz que venian contra lor irascut
1710 Que lo coms de Tolosa o agra ben volgut
Sil ome de la vila len aguessan crezud
      Queran trist e dolens.

LXXVI.

Lo pros coms de Tolosa ēs a Brunequel dins
Del castel sen volian fugir totas las gens
1715 E lo coms Baudois lor a dit bassamens
Quel solvan lo castel quel lor sera guirens
Mas no vol a so fraire estre obediens
Az aquel motz escridan cavalers e sirvens
Senher voletz o vos quel nos sia guirens
1720 Eu ne farei ditz el los vostres mandamens
Vezen totz lor a sols aqui los sagramens
Am lo comte Baudoi fan lor emprendemens

LXXV.

L'host des Croisés revient aussi en arrière, là d'où elle est partie, — et prend (chemin faisant) Rabastens, Gaillac et Montagut. — Tous ces lieux leur sont rendus par frayeur, — (ainsi que) Lagarde et Puy-Celse. Alors viennent — ceux de S. Antonin sans arme, sans écu, — qui en hommes avisés font accord avec eux. — (Les Croisés) occupent immédiatement Laguépie et Puy-Celse; — et aussi loin que s'étend l'Albigeois, ils l'ont tout conquis. — L'évêque (d'Albi) qui est preux et bon, si Dieu m'aide, — s'est avec eux bien entendu sur toutes choses. — Et le comte Baudouin, dont je vous ai parlé, — défendit Bruniquel, et le préserva de ceux — qui voulaient le brûler, dans la frayeur où ils étaient — des Croisés qui venaient contre eux courroucés. — Et le comte de Toulouse l'aurait bien désiré (que le château fût brûlé), — si les hommes de la ville eussent voulu l'en croire, — tristes et dolents (comme ils) étaient.

LXXVI.

Le preux comte de Toulouse est dans Bruniquel : — tout le monde voulait s'enfuir du château; — mais le comte Baudouin leur fait dire en secret — que s'ils veulent rendre le château, il se rendra leur garant, — à condition qu'il ne relèvera plus de son frère. — A cette proposition, tous, chevaliers et servants, s'écrient : — « Seigneur, le voulez-vous, que le comte soit notre « garant? » — « J'en ferai à votre volonté, » dit alors le (comte). — Là-dessus, en présence de tous, il les absout de leur serment, — et eux font avec le comte Baudouin leur accord; — tous,

E jurolh del castels e paubres e manens
Donc sen vai als Crozatz qui son sei be volens
1725 E pregua los quelh dono los asseguramens.
Els dizo que o faran pero ab tals covens
Quel se tenga ab lor e dels comquerimens
Quel fara ab lor sian sieu bonamens
Tot aiso li autreian essems cominalmens
1730   Ab que lor vulha aidar.

LXXVII.

Lo bos coms Baudois sen comensa a tornar
Cant am lo comte Fort ac empres son afar
E venc sen a Tolosa ab son fraire parlar
Que anc no lame gaire ni anc re nol volc dar
1735 Com om fa a so fraire ni en sa cort ondrar
Ans le fe sobresans II. vetz o III. mandar
Ques tengues am Crozatz es el non poc als far
Comjat a pres de lui que plus noi volc estar
E torna sen en lost pel sagramen salvar
1740 Ja ab so nol volgra durament garreiar
Sil castel de Brunequel ta mal noilh fes raubar
En cela sazo venc lo coms aicel de Bar
E lo coms de Monfort pres vas lui az anar
A Mon Guiscart on era an pres lor albergar
1745 E pois torne a lost e sos pres a sopar
A Tolosa la gran volon tuit cavalgar
Quel coms de Bar o vol que lan om asetjar
A un dijous mati prezon a destrapar
Cels que saubon la via comenson a guidar
1750 Al ga que sobre Ertz comensan a passar
Us mesatges o vai a Tolosa comtar
El coms R. el sieu se corregon armar

pauvres et riches, lui jurent fidélité pour le château. — Il s'en vient alors aux Croisés qui sont ses amis, — et les prie de donner sûreté à ceux de Bruniquel. — Les Croisés y consentent, mais à cette condition — qu'il se joindra à eux; et les conquêtes — qu'il fera avec eux seront à lui sans contredit. — Ils lui octroient cela tous d'une commune voix, — pourvu qu'il les veuille aider.

LXXVII.

Le comte Baudouin s'en retourne — aussitôt après avoir conclu son accord avec le comte de Montfort ; — il s'en va à Toulouse parler avec (le comte Raymond) son frère, — lequel peu l'aimait, et ne voulut jamais lui donner rien — de ce que l'on donne à un frère, ni l'honorer en sa cour. — Il lui permit, au contraire, deux fois ou trois, par serment, — de s'arranger avec les Croisés. Lui ne pouvant rien de plus, — prit congé de son frère, sans vouloir rester davantage avec lui ; — il revint à l'host pour garder sa parole. — Malgré tout cela, il n'aurait pas si durement guerroyé (contre son frère), — si celui-ci ne lui eût si injustement fait enlever Bruniquel.

En ce même temps arriva le comte de Bar : — le comte de Montfort alla au-devant de lui. — Il fit son albergade à Mont-Guiscard, où (l'autre comte) était (déjà), — et revint (ensuite avec lui) souper à l'host. — Tous s'apprêtent à chevaucher vers Toulouse la grande, — car le comte de Bar veut que l'on aille l'assiéger. — Un jeudi matin, ils se prennent à plier leurs tentes, — ceux qui savent les chemins se mettent à guider, — et les Croisés commencent à passer le gué du Lers. — Un messager s'en

E lo coms de Cumenge quelh es vengutz aidar
E lo coms sel de Foiss e li rotier Navar
1755 DC. cavaer foron ques van trastuit armar
Las autras gens de pes nos podon azesmar
Si fossatz dins la vila e los visatz estar
Vestir lors gonios ni lors elmes lassar
Ni lors cavals cubrir de fer e entresenhar
1760 Dicheratz que IIII. osts degran desbaratar
Certas si cor aguessan nils volgues Dieus aidar
Eu no cre que Crozatz lor poguessan durar
Ni sufrir en tornei.

LXXVIII.

Al pont de Montaudran can an passat lo guei
1765 Quen van enves la vila ag .I. estranh tornei
Una batalha valc per la fe quieu vos dei
Que duna part e dautra ni viratz mort so crei
Plus de C. et LXXX. per aitans o autrei
Pels ortz fors de Tholosa non a comte ni rei
1770 Que no cavalg per forsa e fan aital chaplei
Quin volia ver diire cujeratz fos gabei
Dels vilas del pais moriron XXX. e trei
Pres de la barbacana a la isseda dun prei
Bertrans lo filhs del comte i fon pres donc so crei
1775 Que lor donec M. sous e tot lautre arnei
Son caval e sas armas nagron e son conrei
E tota sautra chouza.

va à Toulouse, conter (la nouvelle). — Aussitôt courent s'armer le comte Raymond et les siens, — le comte de Comminges, qui est venu le secourir, — le comte de Foix et les routiers de Navarre. — Ils sont plus de six cents cavaliers qui tous se vont armer. — Quant aux piétons, ils ne peuvent se compter. — Si vous aviez été dans la ville, et les aviez vus faire, — vêtir leurs cottes de guerre, lacer leurs heaumes, — couvrir leurs chevaux de fer et y mettre leurs enseignes, — vous auriez dit qu'ils allaient déconfire quatre armées; — et certes! s'ils avaient du cœur, et si Dieu voulait les aider, — je ne crois pas que les Croisés pussent tenir contre eux, — ni soutenir leur attaque.

LXXVIII.

Au pont de Montaudran, lorsqu'ils eurent passé le gué, — se dirigeant sur la ville, un fier combat fut livré; — il valut une bataille, par la foi que je vous dois : — car de part et d'autre vous en verriez, je crois, de morts — plus de cent quatre-vingts, ou tout autant, je vous assure. — Il n'y a ni roi ni comte qui de force ne chevauche — à travers les jardins (et les champs) de Toulouse; et il se fait un tel carnage, — qu'à vouloir en dire le vrai, vous croiriez que c'est moquerie. — Des vilains du pays trente-trois furent tués, — près de la barbacane, à l'issue d'un pré. — Bertrand, le fils du comte (de Montfort) y fut pris, — qui leur donna mille sous, avec tout son équipage; — ils eurent de même son cheval, ses armes, ses provisions, — et tout son autre bagage.

LXXIX.

Senhor mot fo la ost fera e meravilhosa
Aisela dels Crozatz e mala e urgulhosa
1780 Laiga passan per forsa e van enves Tholoza
No remas per paor ne per neguna coza
Que no la asetgessan de la on es plus clouza
Plus de gent ac lains si fos tant poderoza
Que de totas ciutatz es cela flors e roza
1785 Mas non es tant ardida cela gens e tant osa
Quo cela dels Crozatz so nos retrais la gloza
E fan o ben parvent.

LXXX.

Can lo pros coms de Bar ag pres lenvaiment
E lo coms de Chalo e tuit cominalment
1790 Las grans targas bulhidas de cuir primieramens
Portan ves lo valat per forsa mantenent
Per so que dels cairels lor fes defendement
Pois portan lo pertrait que gietan dins corren
Can cels de dins o viro forment en son dolens
1795 A lencontre lor van e ferols durament
Que duna part que dautra ni a mortz mais de c.
E be D. plagatz que tuit eran sagnent
E lo coms de Cumenge segon mon ecient
J perdec al estorn .I. cavaer valent
1800 R. at de Castelbo plaints fo per manta gent
Tant se son combatut dambas partz aspremen
Cels de lost sen torneron mas noñ portan nient
Las grans targas del cor vos dig ses falhiment
Que lhi bon afozenc nagron III. verament

LXXIX.

Seigneurs, merveilleuse et fière était l'armée, — celle des Croisés (veux-je dire, elle était) superbe et terrible. — Elle a passé de force la rivière, et s'avance vers Toulouse; — et rien ne l'empêche, ni frayeur, ni autre difficulté, — de l'assiéger du côté par où elle est le mieux close. — Il y a (bien) plus de gens dans la ville (qu'à l'ost), si c'étaient gens courageux; — car Toulouse est de toutes les villes la reine et la fleur. — Mais ses habitants ne sont pas race si hardie et si fière — que celle des Croisés : l'histoire nous le dit, — et ils nous le font bien voir.

LXXX.

Quand le preux comte de Bar, celui de Châlons, et tous d'un commun accord ont résolu l'attaque, — ils portent d'abord vers le fossé de grandes targes de cuir bouilli, — pour leur servir de défense contre les flèches, — puis ils portent les fascines qu'ils jettent dans (le fossé) en courant. — Voyant cela, ceux de la ville en sont en grand émoi; — ils s'avancent contre eux, et les frappent si durement, — qu'il y en a de part et d'autre plus de cent de tués, — et bien cinq cents de blessés, et qui restent tout sanglants. — Le comte de Comminges, à ce que j'en sais, — perdit à cet assaut un vaillant chevalier; — Raymond, celui de Castelbon, qui fut regretté de tous. — On combattit des deux côtés si âprement, — que ceux de l'ost s'en retournèrent, mais sans rien emporter; — et des grandes targes de cuir, je vous dis sans méprise, — que les bons travailleurs en eurent vraiment (chacun) trois. — Les cavaliers et les servants (de l'ost) s'en retournent à leurs

A las albergas tornan cavalier e sirvent
E aicels de Tholoza repairen issament
La noit ses quil gaitero tro a lalba pareichent
Las vinhas e los blatz gastan espesament
Los albres e tot so quen la onor apent
Meten o en .I. mon de latz un derubent
Los fossatz en cujeron omplir segurament
Caitals an los coratges.

LXXXI.

Li baro de la ost que son pros ome e sages
Agron paor dels dins que lor fassan dampnatges
Tot lo jorn van garnit li omes de paratges
Cascus als melhs que pot garda sos albergatges
Car tals es lor costuma de totz e lor uzatges
NUc dAlfar es dedins ques arditz sos coratges
Senescalx dAgenes de mot grans vassalatges
En P. Arces sos fraire el melhs de lor linatges
E motz bos cavalers que son fers e salvatges
Cascus celadament sarma e sos estatges
Mas lo coms de Tolosa am pauc totz vius no rapjes
Car volon issir foras ni far aitals otratges
Cuja se que li volhan toldre sos eretatges
E nols laicha ichir.

LXXXII.

Li baron de Tholosa non o volgron suffrir
Que a malgrat del comte van las portas obrir
E van a cels de lost de doas partz salhir
Un dimercres mati si cum eu auzi dir.

albergues, — et ceux de Toulouse se retirent également. — Pendant la nuit, (des assiégeants) les uns guettent jusqu'à l'aube, — (les autres) font le dégât par le menu dans les vignes et les blés; — les arbres et tout ce qu'ils trouvent dans le pays, — ils le mettent en un tas, à côté d'une éminence, — comptant bien en combler les fossés; — et tel est leur projet

LXXXI.

Les barons de l'host, qui sont hommes sages et preux, — craignent que ceux de la ville ne leur fassent quelque dommage; — les (chefs), les hommes de parage, restent tout le jour sous les armes. — Et chacun le mieux qu'il peut garde son quartier, — car tel est de tous la coutume et l'usage. — (Cependant) dans la ville se trouvent Hugues d'Alfar, le sénéchal d'Agen, (homme) de grand vasselage et au cœur hardi, — don Pierre Arces, son frère, la fleur de son lignage, — et beaucoup d'autres, fiers et redoutables chevaliers; — chacun d'eux s'arme secrètement dans sa demeure; — mais peu s'en faut que le comte de Toulouse n'enrage tout vivant, — voyant qu'ils s'apprêtent à chose folle, à sortir hors des murs; — il s'imagine qu'ils vont lui faire perdre ses états, — et ne les laisse point aller.

LXXXII.

Mais les hommes de Toulouse ne le souffrent pas; — ils vont malgré le comte ouvrir les portes, — et assaillir ceux de l'host de deux côtés. — Ce fut un mercredi matin, à ce que j'ai ouï dire, — et bien près de l'heure de tierce qu'ils sortirent. — Ceux de

Ben era pres de tercia quen volian ichir
An dinnat cels de lost can los vengro envair
Mas lo coms de Monfort anc nos volc desgarnir
Nils pluzors de la ost lors aubercs desvestir
1835 Tost eisnelamens van els destriers salhir
Aqui viratz tans colps de doas partz ferir
Dels espieuts sus los elmes que los fan retendir
Tant escut peciar e fendre e croichir
De tot lo mon dicheratz que cujava perir
1840 En Estaci de Caus senes trastot mentir
Auciso li de Tolosa don fe om mant sospir
Si be sera arditz can sen volc revenir
E als seus retornar.

LXXXIII.

Mot fo grans lo torneis si Jeshu Crist mampar
1845 Can feriro en lost li Tolza el Navar
Adonc viratz en aut los Alamans cridar
Tuit li pluzor cridavan a Bar a Bar a Bar
En Estaci de Caus a .i. pontet passar
Li deron tan gran colp canc no sen poc levar
1850 Duna asta de fraiche ab .i. gonfano vair
Que noi poc estre ab ora lo prestre a lordenar
Quel dones penedensa nil fessa cofessar
Anquer no a ii. jorns ques fe penedensar
Per quieu cre Jeshu Crist len voldra perdonar
1855 Cant li Frances o viron tuit li van ajudar
Mas li mainader felo comenson a tornar
Cant viro cels de lost venir e enpreissar
Be sabon e lor cor no lor poiran durar
Que so que an comquist podon asats portar
1860 Si no fos cels quaucizon don motz ne fan plorar

l'host venaient de dîner quand ils furent assaillis ; — mais le comte de Montfort ne s'était point désarmé,—et les Croisés, pour la plupart, avaient aussi gardé leurs hauberts. — Ils montent tôt et vitement sur leurs destriers, — et là vous auriez vu alors des deux parts frapper force coups — d'épieu sur les heaumes qui en retentissent ; — vous auriez vu briser, fendre et choquer tant d'écus,— que vous auriez cru le monde entier prêt à s'abîmer. — Don Eustache de Caux, sans mensonge aucun, —fut tué par ceux de Toulouse, lorsque hardi comme il était, il voulut s'en revenir et rejoindre les siens ; et il en fut poussé maints gémissements.

LXXXIII.

Grand fut le combat, si Jésus-Christ me protége, — lorsque les Toulousains et les Navarrais assaillirent l'host. — Vous auriez entendu les Allemands crier tout haut, — crier tous à la fois : « A « Bar ! à Bar ! à Bar ! »—Au passage d'un petit pont, don Eustache de Caux — reçut un coup dont il ne put se relever, — (un coup) d'une lance de frêne à pennon de diverses couleurs, — et il ne se trouvait point là de prêtre pour l'assister, — pour le confesser, ni lui donner de pénitence ; — mais il y avait à peine deux jours qu'il s'était confessé, — et je pense que Jésus-Christ voudra bien lui pardonner. — Quand les Français l'ont vu (frappé), ils s'en vont tous l'aider. — Mais ces félons de routiers commencent à se retirer,—dès qu'ils ont vu en hâte venir ceux de l'host : —ils savent en eux-mêmes qu'ils ne pourraient tenir contre eux.—Ils peuvent bien emporter le butin qu'ils ont conquis :— ce que pleurent ceux de l'host, c'est celui qu'ont tué les (routiers), — car c'était un

Car mot era el riches e de mot gran afar
Sei ome fan lo cors en sa terra portar
Quels lo voldran lai a onor sosterrar
Al matinet a lalba cant lo jorn pareih clar
1865 Cant agron xv. jorns las vinhas fait talar
Prezon los pabalhos els traps a destrapar
Que pel meu esient els se voldran mudar
La vitalha es trop cara no lor pot abastar
Un pan val be ii. sol a un petit disnar
1870 Si no fossan las favas no agran que manjar
E las fruitas dels albres can las podon trobar
Sobrel comte de Foiss comensan ad anar
Lasus ad Autariba van tuit lo pon passar
Trastot aicel estiu i voldran osteiar
1875   Quel plus o an en cor.

LXXXIV.

Sobrel comte de Foiss can lalba par el jor
Vai lo coms de Monfort el Crozatz li pluzor
Quel coms dAlo sen torna car fait a gran sojor
El voleit mot la cort de Toloza laor
1880 Si no fossol Frances li princep elh comtor
Lavesques e la gleiza e li prezicardor
Que parlan dels eretges de lor fola error
Cals Cassers ne trobero rescotz en .i. tor
Ben lxxxx. e iiii. de cels fols traidors
1885 Que cels de Rocovila cavien lor amor
J tenian rescotz malgrat de lor senhor
So me comtec nIzarns quera adoncs prior
De trastot vielh Mores e daicela onor
Can aguen trop estat vas Fois losteiador
1890 Can fait mal cel que pogro en cel pais laor

puissant et éminent personnage. — Ses hommes font transporter son corps dans son pays, — où il sera enterré avec honneur. — Le matin (suivant) à l'aube, quand le jour devient clair, — après avoir durant quinze jours rasé les vignes, — ils commencent à plier tentes et pavillons, — comme gens qui s'apprêtent à décamper. — Les vivres sont trop chers : ils n'en ont pas à suffisance. — Un pain pour un petit dîner valait bien deux sous ; — et ils n'auraient pas de quoi manger, si n'étaient les fèves — et les fruits des arbres, quand ils en peuvent trouver. — Ils marchent contre le comte de Foix, — et s'en vont tous là-haut, à Hauterive, passer le pont. — C'est là qu'ils vont faire ost tout cet été ; — c'est le projet du plus grand nombre.

LXXXIV.

Contre le comte de Foix, quand paraissent l'aube et le jour, — marche le comte de Montfort avec la plupart des Croisés. — Mais le comte d'Alen s'en retourne, car il a demeuré longtemps. — Il avait fort souhaité (et aurait conclu) la paix avec Toulouse, — si ce n'eussent été les Français, les princes, les comtes, l'évêque, l'église et les prédicateurs, — qui parlaient (sans relâche) contre les hérétiques et leur folle croyance. — On en trouva à Casser, retirés dans une tour, — bien quatre-vingt-quatorze de ces traîtres insensés, — que ceux de Roqueville qui leur étaient amis, — y tenaient cachés, malgré leur seigneur. — Cela me fut raconté par don Isarn, qui était pour lors prieur — du vieux Muret et de tout ce fief. — Après être longtemps restés dans le pays de Foix, — et y avoir fait tout le mal qu'ils purent ; — (après avoir) détruit les vivres, le blé et les cultures, — ceux de l'ost s'en retournèrent, vers le

Gastada la vitalha lo blat e la labor
Se departi la ost can defalh la calor.
E lo coms de Montfort vai ves Rocamador
Li abas de Cistel estec el refrichor
1895 En la caustra a Caortz que no eis per paor
Ni no cuh que nichis ans vindreit lo Pascor
Si el no len traiches.

LXXXV.

Li Crozat sen partiron si com devan vos diss
E lo coms de Montfort ses en la via mis
1900 Vai a Rocamador car el o a promis
Li abas de Cistel estec o mest avis
Lai dedins a Caortz ab baros del pais
E prega e amoncsta que cadaus plevis
Al comte de Montfort e quel tengal pais
1905 E fai faire sas cartas e escriure en pargamis
Que tramet en Proensa a trastotz sos amis
Cant lo com sen anct el ab lui nes ichis
E vai en sa companha lo pros coms Baudois
A sant Antoni jagon que poisas an malmis
1910 E van sen a Galhac.

LXXXVI.

Lo coms de Montfort torna e a sent Antoni jac
E vai sen ves Layaur e passec per Galhac
E pois a Carcassona ques lai part Laurac
Labas sen va as Albi e poia a Saichag
1915 Del comte de Toloza se donan gran esmag
Manda lost per Toloza per Agen per Moysag
E per tota sa terra en tota canta nag

déclin du temps chaud. — Le comte de Montfort s'en va à Rocamador, — et l'abbé de Cîteaux reste en réfectoire, — dans le cloître à Cahors, d'où il ne sort point par frayeur; — et il n'en serait pas sorti, je pense, avant Pâques, — si l'on ne l'en eût tiré.

LXXXV.

Les Croisés partirent, comme je vous ai dit, — et le comte de Montfort s'est mis en chemin — pour Rocamador, comme il l'a promis. — Quant à l'abbé de Cîteaux, il resta, ce me semble, — là-bas à Cahors, avec les barons du pays. — Il les prie et les admoneste (de tenir) chacun ce à quoi il s'est engagé — envers le comte de Montfort et de lui garder le pays. — Il fait faire ses chartes, les fait écrire sur parchemin, — et les envoie en Provence à tous ses amis; — puis, quand le comte de Montfort s'en alla, il sortit avec lui, — et le preux comte Baudouin alla en leur compagnie; — ils couchèrent à Saint-Antonin qu'ils dévastèrent ensuite, — et s'en allèrent à Gaillac.

LXXXVI.

Le comte de Montfort couchà à Saint-Antonin, — (de là) se rendit à Lavaur, et passa par Gaillac, — et puis à Carcassonne qui est par delà Laurac. — L'abbé se rend à Alby, et monte jusqu'à Saissac. — Ils sont en grand émoi du comte de Toulouse, — qui lève un host à Toulouse, à Agen, à Moissac, — et par toute sa terre, dans chaque canton. — Il mande à don Savari cent

An Savaric trames c. m. salutz per pag
Que deu venir ves lui e jac a Bragairag
. Ab sa cavalaria.

LXXXVII.

Cant lo coms de Tolosa ac la noela auzia
Que lo coms de Montfort a sa cort departia
El somonic sa terra tanta co el navia
E manda sos amics cels cab lui an paria
Que sasesmo trastuit a aicela vegia
Lo comte de Cumenge que Sent Gauzens tenia
E lo comte de Fois ab mot gran baronia
E motz dautres baros i vengon a .I. dia
Lo senescalx dAgen que a Pena en bailia
E trastuit li roter se mistrent en la via
E cels de Montalba quieu no omblit mia
Ni Castel Sarrazi si Dieus mi benazia
Un dimenge mati can lalba esclarzia
Auziro la novela quen Savarics venia
Mot nagron tuit gran joia e granda alegria
Mas els no saubon pas cals er la defenia
Oi Dieus glorios paire daima santa Maria
Que vi anc si fort gent ni si be fort garnia
Co aicels de Toloza ni tal cavalaria !
Tuit aicel de Mila de Roma e de Lombardia
Diseratz ben que i eran e aicels de Pabia
. Cant so foras el plan

LXXXVIII.

Senhors mot fo la ost meravilhosa e gran
Del comte de Toloza e daicels de Tolsan

mille saluts, par gratitude — de ce qu'il arrive à son secours; il
avait couché à Bergerac, — avec sa cavalerie.

LXXXVII.

Quand le comte de Toulouse a entendu la nouvelle — que
le comte de Montfort donne congé à sa cour, — il semonce
toute sa terre, autant qu'il en avait, — et mande à ses amis, à
tous ceux qui se sont engagés avec lui, — de se préparer tous à
cette fois. — Le comte de Comminges qui tenait Saint-Gaudens,
— le comte de Foix avec une nombreuse suite, — et beaucoup
d'autres barons, lui arrivèrent le même jour, — ainsi que le
sénéchal d'Agen, qui tient Penne en fief.—Les routiers se mirent
aussi tous en chemin, — avec ceux de Montauban que je n'oublie point, — non plus que Castel-Sarrasin, si Dieu me bénit.
— Un dimanche matin, à l'aube claire, — les (Toulousains) apprirent la nouvelle que don Savaric arrivait, — et tous en eurent
grande allégresse; — mais ils ne savaient pas quelle devait être
la fin (de cette guerre). — O Dieu père glorieux ! Damesainte
Marie ! — qui vit jamais gent si nombreuse, ni si bien armée —
que celle de Toulouse, ni pareille cavalerie ? — Tous ceux de
Milan, de Rome et d'Italie — y étaient, auriez-vous dit, avec
ceux de Pavie, — lorsqu'ils furent hors des murs dans la plaine.

LXXXVIII.

Seigneurs, merveilleusement grande fut l'host — du comte de
Toulouse et des Toulousains:—Ceux de Toulouse y sont, (ceux) de

1945 Tholoza e Moysac i son e Montalban
E Castel Sarrazi e la isla en Jordan
E trastotz Agenes que degus noi reman
Tuit aicels de Cumenge e cels de Fois i van
Savaric de Malleo de que gran joia fan
1950 E Gascos de Gasconha e devas Pog Serdan
Plus so de cc. melia can son rengatz el camp
Las carrugas cargadas e del vi e del pan
E dautres garnimens tocan fort li vilan
Li trabuquet porteron li brufol el bou gran
1955 Lo comte Fort menassan e cels cab lui seran
Li plus de lor lapelan trachor filh de putan
Lai dedins Carcassona per fort lasetjaran
Si els lo podon penre tot viu lescortgaran
Monreial e Fanjaus dizon ilh que pendran
1960 Entro a Montpeslier per fort cavalgaran
Pois conqueran Lavaur cant els sen tornaran
E trastot Albiges.

LXXXIX.

Grans fo lost de Tholosa si majud Dieus ni fes
Li cavaler frances eisson de Carcasses
1965 E ac i de roters de Navars e dAspes
Plus de m. a caval e de l. e tres
Gascos e Caercis i a e Agenes
Las senheiras levadas sen van vas Lauragues
No cujan trobar ome entro en Bederres
1970 E lo coms de Montfort somonit tot ades
Tot aitans co el pog de trastotz los Frances
Per lo vescomte dOnie a el la donc trames
Per mo senhen Bochart que dedins Lavaur es
E per trastotz les autres e de lunh e de pres

Moissac, de Montauban, — de Castel-Sarrasin, de l'Ile-Jourdain;
— de ceux de l'Agénois nul n'est resté en arrière. — Tous ceux
de Comminges et de Foix s'y rendent aussi, — et Savari de Mauléon, dont ils mènent grande joie, — les Gascons de Gascogne,
et devers Puycerda. — Ils sont plus de deux cent mille rangés
dans la campagne; — les charrettes chargées de pain, de vin
— et d'autres fournitures, (roulent) menées par les paysans.
— Les grands bœufs et les buffles portent les engins (de guerre).
— Ils menacent le comte de Montfort et ceux qui sont avec lui,
— et la plupart d'entre eux le nomment traître, fils de p..... — Ils
veulent l'assiéger dans Carcassonne, — et l'écorcher vivant s'ils
peuvent le prendre; — ils parlent de prendre Montréal et Fanjeaux; — ils chevaucheront de force jusqu'à Montpellier, — et
reprendront, à leur retour, Lavaur — et tout l'Albigeois.

LXXXIX.

Grande était, par Dieu et par ma foi! l'armée de Toulouse. —
(Cependant) la cavalerie de France sort de Carcassonne, — ayant
avec elle des routiers d'Aspe et de Navarre, — à cheval, au
nombre de plus de mille cinquante-trois. — Il s'y trouvait aussi
des Gascons, des Cahorsins, des Agénois. — Elle marche, bannières levées, vers le Lauraguais, — et s'attend à ne pas rencontrer un homme jusqu'au Bedarres. — Le comte de Montfort a
fait tout présentement appel — à tous les Français, à autant qu'il
a pu (le faire). — Par le vicomte d'Oine (son messager) il a mandé —
monseigneur Bouchard qui est dans Lavaur, — et tous les autres,
loin ou près (qu'ils soient); — (il a mandé) Martin Algai, et

1975 E per Marti Algai e lai en Narbones
Trames per nAimeric e que cascus vengues
Eli vengon tuit no auzan mudar ges
Pus lor o ac mandat.

XC.

Lo coms cel de Montfort somonic sos baros
1980 Un jorn fo a Carcassona si com ditz la cansos
E tot enviro lui ben ccc. companhos
Que foron bos per armas arditz coma leos
Senhors so lor ditz el escotat mas razos
Lo coms cel de Toloza a sos omes somos
1985 De trastotas sas terras e de sos companhos
Plus son de cc. m. com ditz us donzelos
Quem trames per mesatge lo bailes de Limos
A Montferran sajustan e lai vas Avinhos
E volon me asetjar aitant son coratjos
1990 Lai on que ilh me trobon aval o sus o jos
Eu vulh vostre cosselh quinh len donaretz vos
O que men coselhatz.

XCI.

Cant lo coms de Montfort los ac amonestatz
NUgues cel de Laisi sen es en pes levatz
1995 Senher so li dih el pos cosselh demandatz
Digan cels que voldran totas lor volontatz
Que si men voletz creire ja aldres non faratz
Si vos en Carcassona dedins vos enserratz
Sel vos segon en sai vos seretz asetiatz
2000 Sius metetz a Fanjaus e la los trobaratz
Tan vos sigran per tot si lor es espiatz

là-bas dans le Narbonnais, — don Aimeric : il leur commande à tous de venir, — et tous viennent; ils n'osent faire autrement — qu'il n'a commandé.

XC.

Le comte de Montfort a semoncé ses barons. — Un jour, il se trouva, dit la chanson, à Carcassonne, — (ayant) autour de lui bien trois cents compagnons, — bons en armes et hardis comme lions. — « Seigneurs, leur dit-il, écoutez mes paroles : — le comte « de Toulouse a fait appel à tous ses hommes, — de toutes ses « terres, et à (tous ceux) de ses vassaux. — Ils sont plus de deux « cent mille, m'a dit un damoiseau — que le gouverneur de Li- « moux m'a envoyé pour messager. — Ils se rassemblent à Montfer- « rand, et là-bas vers Avignon ; — et sont si courageux qu'ils pré- « tendent m'assiéger — partout où ils me trouveront, amont ou « aval. — Je vous demande votre avis; lequel me donnerez-vous? « — Que me conseillez-vous? »

XCI.

Quand le comte de Montfort a consulté ses barons, — Hugues de Lascy s'est levé sur ses pieds. — « Seigneur, dit-il, puisque « vous demandez conseil, — que tous ceux qui voudront (parler) « disent ce qu'ils pensent. — (Pour moi) si vous m'en croyez, « voici ce que vous ferez (et rien autre). — Si vous vous enfermez « dans Carcassonne, — et si (l'ennemi) vient de ce côté, vous serez « assiégé. — Si vous entrez à Fanjeaux, là aussi vous le trouverez; « — il vous suivra partout, tant l'on espionne bien pour lui ! —

Tro a la fin del mon seretz desonoratz
El plus frevol castel si creire men voliatz
Que sia en vostra terra aqui los atendratz
2005 E si vos ve socors ab lor vos combatratz
Quel cors me ditz a certas que vos los venceratz
Per fe so ditz lo coms Fort be macosselhatz
Coment que lo plag prenda non seretz trastornatz
Que a mi es veiaire que bon cosselh donat
2010 Non i a I. ni autre perque fos trespassatz.
Ans an ben tuit essems en auta votz cridat
Senher bon cosselh dona pregam vos len creatz
Am tant se sopartiran e nes cascus anatz
Els ostals e els albergas e son els leitz colcatz
2015   Trosca a la matineia.

XCII.

A lendema mati can lalba fon crebeia
Lo coms de Montfort leva e tota sa maineia
Ves lo Castelnoudarri sen van asta leveia
Aqui atendran lost tro sia albergeia
2020 Pres de lu en I. camp prob de meia legueia
A un dimartz mati cant la gens fo dinneia
Vengo al Castelnou albergar per la preia
Aqui viratz lo jorn denant manta crideia
De la estranha gent que i era amasseia
2025 Disseratz cels e terra si era ajusteia
Mi Dieus e tanta tenda i fo lo jorn fiqueia
Que avian pom daur e aigla tragiteia
Lo trabuquet dresseron en una caminea
Mas el no trobon peira en cami ni en estreia
2030 A la bruior que fa no seit tota brizeia
Si que III. naporteron duna granda legueia

« et déshonneur vous en viendra jusqu'à la fin du monde. — Si
« vous voulez m'en croire, c'est dans le plus faible château — qui
« soit en toute votre terre que vous les attendrez; — et s'il vous
« arrive du secours, livrez-leur bataille; — le cœur me dit pour cer-
« tain que vous les vaincrez. » — « Par ma foi! dit le comte, vous
« me conseillez à merveille, — et quoi qu'il en arrive, votre parole
« ne sera point rejetée, — car vous m'avez, ce me semble, donné
« un bon conseil. » — Et personne n'en donne d'autre qui le
fasse mettre de côté; — tous, au contraire, s'écrient ensemble à
haute voix : — « Seigneur, il donne bon conseil, et nous vous
« prions de l'en croire. » — Là-dessus, ils se séparent, et chacun
s'en va — dans son quartier, dans son albergue, et se met au lit
— jusqu'au matin.

XCII.

Le lendemain matin, quand l'aube eut paru, — le comte
de Montfort se lève avec ses barons, — et tous s'en vont, lance
levée, à Castelnaudary. — Ils attendront là que le reste de l'host
soit arrivé. — Un mardi matin, ayant dîné — dans un champ,
à la distance d'une demi-lieue, — (l'armée du comte Raymond)
vient à Castelnau camper dans la prairie. — Si vous aviez alors
entendu tous les cris — de la gent étrangère qui se trouva là réunie, — vous auriez dit que le ciel et la terre s'étaient confondus
là. — O Dieu! que de tentes y furent plantées! — (de tentes)
à pommeaux d'or ou surmontées d'aigles. — Ils dressèrent leur
pierrier sur un chemin; — mais ni par chemin ni par sentier ils
ne trouvent de pierre, — qui du choc (de l'engin) ne soit aussitôt toute brisée. — Il en fallut apporter trois d'une grande lieue :
— du premier coup tiré, ils ont brisé une tour; — du second,

Ad 1. colp quilh feron a 1ᵐᵃ tor peceia
Ad autre 1ᵐᵃ sala vezent totz deroqueia
E a la tersa vetz la peira es trenqueia
2035 Que si aiso no fos mot fora car compreia.
   Aisels que dins estan.

XCIII.

Lo coms sel de Montfort si com vos dig denan
Ses mes al Castelnou vesent de manta jant
En Bochartz fo a Lavaur e dautre no sai cant
2040 Lo filhs del castela que fon pros e valhant
Be son c. cavaers arditz e combatans
Martis Algais i fo se vintes solamant
Tot dreit al Castelnou al comte Fort sen vant
Livesques de Caortz i era ichamant
2045 Deves Castras anero trastotz cominalmant
E devas Carcassona don veneit pertrait grant
Al comte de Montfort de vi e de fromant
De pan coit e davena aicels que dins estant
Mas lo coms sel de Fois sen ichit ab aitant
2050 Ab tota sa mainada de latz 1. derubant
Tuit li rotier i son que us non i remant
Ans van en sa companha qui plus pot ab aitant
Noi remas cavalier en lost mon essiant
Que tuit non i anesso ni bo ardit serjant
2055 Mas can de Savaric e sei baro normant
Que romas ab lo comte que se van desduiant
Bochartz veneit rengatz tot a lors olhs veant
Si co viro lo comte que si va desduiant
Lo coms de Foiss sarenga e son ben cccc.
2060 E dizo o de mais si la gesta no mant
E cel cab Bochart foro no foro pas tertant

ils ont, à la vue de tous, renversé une salle. — Mais au troisième jet, la pierre s'est brisée; — et sans cela, elle aurait coûté cher — à ceux de la ville.

XCIII.

Le comte de Montfort, comme je vous ai dit auparavant, — est entré à Castelnau, à la vue de tous. — Don Bouchard est à Lavaur, avec je ne sais combien d'autres, — et avec le fils du châtelain qui est vaillant et preux. — Ils sont bien cent à cheval, (tous) hardis combattants. — Martin Algai y est, lui vingtième seulement; — ils s'acheminent tout droit vers Castelnau; ils vont rejoindre le comte de Montfort. — Avec eux venait aussi l'évêque de Cahors. — Ils vont d'abord à Castres tous ensemble, — puis à Carcassonne, d'où venait un grand convoi — au comte de Montfort, de vin, de blé, — de pain cuit et d'avoine pour les assiégés. — (Lorsque) le comte de Foix (l'apprend), il sort aussitôt, — avec toute sa troupe, le long d'une colline; — les routiers sont (avec lui), sans qu'il en manque un, — tous l'accompagnent à qui plus vite; — et dans tout le camp, il n'y eut ni chevalier — ni bon sergent qui n'allât avec lui; — à l'exception de Savaric, avec ses barons normands, — qui resta avec le comte de Toulouse à se récréer. — (Cependant) venant avec sa troupe toute rangée, parut Bouchard aux yeux (du comte de Foix). — Dès que celui-ci le voit qui vient sans nul souci, — il range aussitôt les siens; ils sont bien quatre cents, — et davantage, dit-on, si la geste ne ment pas. — De ceux qui venaient avec Bouchard, il n'y en avait pas un si grand nombre — qui fussent,

Garnitz dausbercs e delmes per lo meu esiant
Cels son ben doa melia que a caval corrant
Ausberc o gonio o bo elm que resplant
2065 O bo capel de fer o bon espeut trenchant
O bona asta de fraisne o masa peciant
Ara auiatz bathalas mesclar daital semblant
Canc non auzitz tan fera des lo temps de Rotlant
Ni del temps Karlemaine que venquet Aigolant
2070 Que conques Galiana la filha al rei Braimant
En Espanha de Galafre lo cortes almirant
 De la terra dEspanha.

XCIV.

Li Frances de Paris e cels devas Campanha
Vengon a Castelnou rengat per mei la planha
2075 Mas la coms sel de Foiss ab tota sa companha
Lor es emei la via e li roter dEspanha
Que no los prezan pas per forsa una castanha
Ans dizon entre lor baros us non remanha
Que no sian avers aicela gens estranha
2080 Si que naian paor en Fransa e en Alamanha
En Peitau e en Anjau e per tota Bretanha
E lasus en Proensa tro als ports en Alamanha
 Caisis castiaran.

XCV.

Can mosenner Bochartz e cel que ab lui van
2085 Venon al Castelnou don se moc un alban
Que venc devas senestre sai a la destra man
E anec tant can poc encontra sus volan
Donc dits Martis Algais sira per sant Joan

CROISADE CONTRE LES ALBIGEOIS.

que je sache, armés de heaumes et de hauberts : — et les autres étaient bien (en tout) deux mille, avec (bon) cheval courant, — avec haubert et cotte, avec bon heaume reluisant, — avec bon chapeau de fer, bonne épée tranchante, — bonne lance de frêne, ou massue écrasante. — Écoutez maintenant des (récits) de batailles telles — que jamais vous n'en entendîtes de si fières depuis les temps de Roland, — et depuis le temps de Charlemagne, quand il vainquit Aigolant, — et conquit Galiane, la fille du roi Bramant, — sur Galafre, le courtois émir — de la terre d'Espagne.

XCIV.

Les Français de Paris et ceux devers la Champagne — s'en venaient à Castelnau, bien rangés, à travers la plaine. — Mais voilà le comte de Foix avec toute sa troupe, — et les routiers d'Espagne, qui leur barrent le chemin, — et ne les prisent pas une châtaigne pour la bravoure. — « Barons, se disent-ils entre « eux, qu'il n'en reste pas un — vivant, de cette race étrangère ; « — et que (leur sort) fasse peur en Allemagne et en France, — « dans l'Anjou, en Poitou, par toute la Bretagne ; — et là-haut « en Provence, jusqu'aux ports d'Allemagne : — ainsi seront-ils « corrigés. »

XCV.

Devers Castelnau, où vont monseigneur Bouchard et les siens, est parti un aigle — qui venait de la gauche en çà, vers la main droite, — planant et volant aussi vite qu'il peut contre (le courant de l'air). — « Sire, dit alors Martin Algai, par saint Jean !

Coment que lo plaitz prenga nos sirem sobiran
E retendretz lo camp e cels cab vos seran
Mot i perdretz avan e i receubretz gran dan
A bon aur dig el tot no o pretz 1. gan
Sol quel camp levera nos e aicels que morran
Nos seram honorat aitant co mort seran
E siran trastuit sals aicels caisi morran
E si nos i perdem atersi i perdran
Del melhs de lor baros.

XCVI.

Lo coms de Foiss cavalga ab de sos companhos
A sant Marti a las Bordas caitals era sos noms
Las astas an dressadas els primairas arsos
Van escridan Toloza pel plan ques bels e longs
Li arcbalesters trazon sagetas e bossos
Tals lo cridaditz que feron els resos
Disseratz quer caira e lo cels e lo tros
Al baichan de las astas es granda la tensos
Tolzan cridan Toloza e Cumengel Gascos
E Foiss cridan li autre e Montfort e Saissos
Us cavalers de lai Girauds de Pepios
Ques ab lo comte de Foiss el melhs de sos baros
Vai brochan lo destrier dels trenchans esperos
Un companhs den Bochart que era dels Bretos
Trobet emei la via a lissent dus boissos
Per lescut lo feri tranquet li los brazos
El perpunch e lausberc que dareir pels arsos
Li mes 1. trotz de lasta sanenens fo lo penos
Cel cazec mortz a terra senes confessios
Can li Frances o viron fortment en so felos

« —de quelque manière que le combat commence, nous y se-
« rons vainqueurs ; — le champ de bataille vous restera et aux
« vôtres, — mais vous y perdrez beaucoup, et y recevrez grand
« dommage. » —« Le meilleur augure, je ne l'estime pas un gant,
« répond Bouchard. — Ils mourront avec honneur tous ceux qui
« mourront ici, — et tous ceux-là seront sauvés qui feront cette
« fin ; — et si nous y perdons, l'ennemi y perdra aussi — la fleur
« de ses barons. »

XCVI.

Le comte de Foix chevauche avec une partie des siens — à
Saint-Martin des Bordes, car tel est le nom du lieu. — Ils
dressent leurs lances (appuyées) à l'arçon de devant, — s'en vont
criant Toulouse, à travers la plaine longue et belle, — et de
leurs arbalètes lancent flèches et bossons. — Tels sont les cris
qu'ils poussent, et tel en est le retentissement, — que vous di-
riez que le ciel et le firmament vont en tomber. — Grande, au
baisser des lances, devient la bataille : — les Toulousains crient
Toulouse, et les Gascons Comminges ; — d'autres crient Foix,
ou Montfort, ou Soissons. — Un chevalier du pays, Giraud de
Pepion, — qui est avec le comte de Foix, et de ses barons le meilleur, — pique son destrier de ses tranchants éperons ; — au milieu du chemin, à l'issue d'une broussaille, il rencontre — un
compagnon de don Bouchard, c'était l'un des Bretons ; — il le
frappe sur l'écu, lui perce les brassards, — le pourpoint et le haubert, tellement que par le dos il lui pousse, — jusqu'à l'arçon, un
tronçon de lance, dont le pennon est tout sanglant. — Il tomba
mort à terre sans confession. — Quand les Français ont vu le

A la rescossa corron iratz coma leos
E coma bo vassalh.

XCVII.

Li Frances esperonan com baro natural
Al enan que ilh podon al pendent duna val
Mos senher Bochartz tenc 1. peno de sendal
On apent 1. leo e sist sobrel chival
Que qui ver en vol dire plus de cent libras val
Lai en aicela vila com va a Montreial
Feron sobrels rotiers tuit essems cominal
Dels espeias trenchans si que lor fan gran mal
Tals c. ni laissan mortz ja no veiran Nadal
Ni lor fara contraria caresma ni carnal
Lo filhs del castela que tenia Lavaur
La doncs fo ab sageta feritz per lo nazal
E per lulhal del elme que lo colps fo mortal
A la terra chai mortz denan lo senescal
Ad aicela envazia.

XCVIII.

Mo senher Bochartz broca cous ai dit per la via
E li Frances ab lui que prezon la envazia
Per tot la maior preicha que dels de lost venia
En auta votz Montfort cascus dels seus escria
E el desobre totz Dama Santa Maria
El coms de Foiss de sai ab sa gran baronia
Aqui viratz la doncs tanta targa brizia
E tanta asta fronia emeig la pradaria
Lai anar entre pes la terra nes junquia
E tant bon caval sout que nulhs om nol tenia

coup, ils en sont fort courroucés; — ils volent à la recousse, furieux comme lions, — et comme bons guerriers.

XCVII.

Les Français éperonnent, comme vrais barons, — poussent en avant tant qu'ils peuvent sur le penchant d'une vallée. — Monseigneur Bouchard (vient) tenant un pennon de soie — sur lequel est peint un lion, et monté sur un cheval — qui, à ne point mentir, vaut plus de cent livres. — Là-bas, dans cette ville, par où l'on va à Montréal, — (lui et les siens) tous ensemble ils frappent sur les routiers — de leurs tranchantes épées, si fort qu'ils leur font grand mal. — Ils en laissent pour morts une centaine de tels qui ne verront pas la Noël, — et qui ni de carême ni de carnaval ne seront plus (joyeux ni) marris. — Là, le fils du châtelain de Lavaur — fut, par le nasal et par la visière du heaume atteint d'une flèche dont le coup fut mortel. — Devant le sénéchal, il tombe à terre mort, — dans cette attaque.

XCVIII.

Monseigneur Bouchard éperonne, comme je vous ai dit, par le chemin, — et avec lui les Français qui livrent cette attaque. — Dans la foule la plus épaisse de l'host, chacun des siens à haute voix crie Montfort! — et lui par-dessus tous va criant : Dame sainte Marie! — De l'autre côté (s'avance) le comte de Foix, avec ses preux barons : — c'est là que vous auriez vu alors force targes brisées, — force lances rompues, au milieu de la prairie; — (des cavaliers) marcher sur les débris dont la terre est jonchée, — et

2145 Celz de Marti Algai queque om vos en dia
Sen fugiro ab lui a aicela envazia
Tro fo vencutz lestorns e dig que el venia
A els rotiers encausar cascus aisis cobria
De lors grans malvestatz e de lor vilania
2150 Levesques de Caortz e la gens desgarnia
Sen fugiron vas Fanjaus 1ⁿᵃ granda legueia
Mas daicels sos companhs no men meravilh mia
Tot lo pertrait lor tolguen aicels cui Dieus maldia
Mas daiso feiron els a lors obs gran folia
2155 Car raubavan lo camp entro a la fenia
Cascus ab so que pres sen fuig en primaria
Li bo mulet amblan quen Nicholaus avia
Ne menerolh roter ab son garso cel dia
Mas el sen escapet am la autra clercia
2160 De lui me saub fort bo si Dieus me benaia
Car mot es mos amics e a ab mi paria
Maestre Nicholas.

XCIX.

Li Frances esperonan tot suau e dapas
Li elme e tuit embronc contra la terra bas
2165 Nous cujets pas que fuian ni que tornon atras
De grans colps be ferir no son ilh pas escas
La plassa es bela e longua e li camp son tuit ras
Dambas partz ne morion de magre e de gras
Aissi com o retrais maestre Nicholas
2170 Cels de lost los esgardan que nan pois gran esglas
Car el foron vencu.

maint bon cheval (errer) libre, n'étant plus tenu par personne.
— Les hommes de Martin Algai, quoi que l'on vous en dise, — s'enfuirent avec lui de cette mêlée, — jusqu'à ce que bataille fût gagnée. (Il reparut alors) disant qu'il venait — de la poursuite des routiers; chacun d'eux s'excusa de la sorte — de sa grande lâcheté et de sa (conduite) vilaine. — L'évêque de Cahors et les hommes sans armes — s'enfuirent à Fanjeaux, à une grande lieue; — et de la part de tels compagnons, telle conduite n'est point pour (moi) merveille. — Tout le convoi leur fut, par ceux que Dieu maudisse, enlevé : — mais ceux-ci firent alors grande folie pour ce butin. — Ils pillèrent le camp jusqu'à la fin, — et chacun voulut être le premier à fuir avec ce qu'il avait pris. — Les bons mulets amblants que Nicolas conduisait, — les routiers les emmenèrent avec son valet ce jour-là : — mais il fut, lui, de ceux qui s'échappèrent avec les clercs. — De quoi fus-je bien content, si Dieu me bénit; — car il est mon grand ami et mon compagnon, — maître Nicolas.

XCIX.

Les Français éperonnent tout doux, au pas, — tout chagrins, les heaumes baissés, (et la tête penchée) vers la terre; — mais ne croyez pas qu'ils fuient ou reculent : — à bien frapper force grands coups ils ne se ménagèrent pas. — La plaine est longue et belle, et rase la campagne, — et des deux côtés il en meurt de faibles et de forts, — ainsi que me le raconta ensuite maître Nicolas; — ceux de l'host (du comte de Toulouse) les regardent (combattre) et prennent grande frayeur — quand (les leurs) sont vaincus.

C.

Lo comte de Monfort que a Castelnou fu
Mentre quels se combaton a forsa e a vertu
Fai tost garnir los seus que ab lui son venu
Ditz lor que companho que defors son ichu
E mo senher Bochartz an perdu lor trau
Ben sap entre se eish que si el so vencu
E la tota terra e lo castel perdu
E que sera dedins e pres e retenu
E jamais non istra tro que sei cofondu
Al enans que el poc sen es foras issu
Garnitz de totas armas de lansa e descu
Cel que son dins a pe an lo castel defendu
    Entro quilh torneren.

CI.

Lo coms cel de Montfort e cels quel castel erent
Lor senhas deplegadas a la batalha anerent
E cels que sont dedins las portas be fermerent
E si mestiers lor fos mot be se defenderent
Can cels de lost los viron fortmen sen esmaierent
Be sabon tuit lo plus que la donc vencut erent
So an fait li rotier que lo camp desrauberent
Nostri baro frances tuit Monfort escrierent
    Santa Maria ajuda.

CII.

Lo coms sel de Monfort de ben ferir sagua
E venc esperonan el ponh sa espeia nua

C.

Tandis que l'on combat ainsi avec force et bravoure, — le comte de Montfort, qui était à Castelnau, — fait vite armer les siens, ceux qui sont venus avec lui : — il leur annonce que leurs compagnons, ceux qui sont dehors, — avec monseigneur Bouchard, ont perdu leur convoi ; — et il sait bien en lui-même que s'ils sont vaincus, — toute la terre et le château sont perdus (pour lui), — qu'il sera, dans Castelnau, assiégé et tenu (prisonnier), — sans pouvoir sortir jusqu'à ce qu'il soit confondu. — Il sort (et pousse) aussi en avant qu'il peut, — armé de lance, d'écu et de toutes pièces, — laissant les hommes de pied dans le château, pour le défendre — jusqu'à son retour.

CI.

Le comte de Montfort et ceux qui étaient dans le château — s'en vont, les bannières déployées, à la bataille ; — et ceux qui y restent ferment les portes, — résolus à bien se défendre, si besoin est. — Lorsque ceux de l'host les virent (venir), ils se troublèrent fort ; — ils savent bien, pour la plupart, qu'ils vont être vaincus, — et que la faute en est aux routiers, (qui ont pris la fuite) après avoir pillé le camp. — Nos barons français s'écrient : « Montfort! « — Sainte Marie, à notre aide ! »

CII.

Le comte de Montfort se dispose à bien frapper ; — il vient éperonnant, son épée nue à la main, — et entre par la voie

E intra en la batalha per la via batua
Seguentre lui sa gent qui fortment lo segua
Trasto cant pot trobar auci e pren e tua
Li rotier malastruc e la gent mescrezua
2200 Cant los viro venir es aisi esperdua
Que ilhs nos saubo pas donar nulha ajua
Mas cant lo comte de Foiss cot la targa fendua
De mot colps ca donatz es lespea crussua
Rotgiers Bernartz sos filhs na la preissa rompua
2205 El cavaer nPorada que porta gran massua
NIsarts de Pui Laurens cest en la forsa agua
Elh e lautre faidit que i son pelan la grua
Tans colps i an donat que motz om i trabua
Si lautri fosson tals no fora pas vencua
2210 La batalha si tost ni la gens cofondua
  Co sels foron so crei.

CIII.

Senhors mot a durat la batalha el tornei
Dambas doas las partz per la fe quieu vos dei
Ni a mortz dus e dautres de ver vos o autrei
2215 Lo castelas de Lavaur i perdet dels filhs trei
Que no naveit plus bels so cug ni coms ni rei
E la ost de Tolosa es sos lo castelnou el prei
Sen volian anar tant so en gran efrei
Savarigs crida naut senhors estat tuit quei
2220 No si mova nulhs om ni pavalho noi plei
Que tuit seriatz mort o vencut or endrei
Oi sire Dieus de gloria per ta santisma lei
Gardans de dezonor so ditz cascus per sei
  Que no siam auni.

CROISADE CONTRE LES ALBIGEOIS. 159

battue, dans la bataille; — après lui viennent les siens, qui bravement le secondent. — De tous ceux qu'il rencontre, il prend les uns et tue les autres. — Les misérables routiers et le reste des mécréants — le voyant venir, en sont si éperdus — qu'ils ne savent plus à quelle aide recourir. — Mais le comte de Foix qui a son écu fendu, — et a son épée brisée à force de coups donnés, — Roger Bernard, son fils, ont rompu la foule (devant eux); — et don Porada, le chevalier, qui porte lourde massue, — don Isard de Puy-Laurens, et les autres faydits qui sont là plumant la grue, ont eu la force de les suivre, — et y ont si bien frappé que maint homme y tombe (mort); — si les autres leur eussent ressemblé, la bataille n'aurait pas été sitôt gagnée, ni je crois si maltraitée la gent de l'host.

CIII.

Seigneurs, longuement ont duré la bataille et la mêlée; — des deux côtés, des uns et des autres, il y a des morts, je vous l'affirme, par la foi que je vous dois. — Le châtelain de Lavaur y perdit trois de ses fils, — plus beaux, je crois, que fils de roi ou de comte.

Cependant l'armée de Toulouse (qui) est restée sous le château, dans la prairie, — voulait se retirer, tant elle était en grand effroi. — Mais Savaric crie tout haut : « Seigneurs, tenez-vous tous « tranquilles; — que nul homme ne bouge, qu'aucune tente ne « soit repliée : — autrement, vous êtes tous à l'instant morts et « vaincus. » — « O sire Dieu de gloire! par ta très-sainte loi, — « garde-nous de déshonneur, dit chacun à part soi, — et fais que « nous ne soyons pas honnis. »

CIV.

2225 Cant lo coms de Toloza la noela auzi
Que lo coms cel de Foiss el lor son decofi
La donc cujan a certas trastuit estre trai
Els detorson lor ponhs cascus a lautre di
Santa Maria dona tal meravilha qui vi
2230 Que mais de x. tans eran li nostre so vos di
R. cel de Recaut es tant espaorzi
Quentro a Monferran vezen totz senfugi
Poichas a cap de pessa cant el ot resenti
Que lo coms de Montfort no los a envai
2235 El retornet atras mas anc nos desgarni
Ni anc aicela noit no jac nis desvesti
Ni anc son olh no claus per fe ni no dormi
Ni de tot lautre dia.

CV.

Senhors aras aujatz si Dieus vos benaia
2240 Que fel coms de Montfort ad aisela envazia
Cant lestorns fo fenitz la batalha venquia
El en Bochartz cascus en auta votz escria
Baros firetz avant que lost es descofia
Donc prizon tuit essems una grant envazia
2245 Als traps e al pavalhos an la ost estornia
Si no fossolh valat cant fait e la trenchia
No lor agra mestiers per tot laur de Pabia
Can passar no poc otra cela cavalaria
Se tenc per cofondua per morta e per traia
2250 Entre lors eisses dizon so seria folia
Si no sen retornavan que pro an fait cel dia

CIV.

Quand le comte de Toulouse entend la nouvelle — que le comte de Foix et les siens sont mis en déroute, — il croit pour certain qu'ils sont tous trahis. — Ils se tordent les poings, et chacun dit à l'autre : — « Dame sainte Marie, qui vit jamais telle « merveille! — les nôtres étaient dix fois plus nombreux qu'eux, « je vous assure. » — Raymond de Recaut est si épouvanté, — qu'à la vue de tous il s'enfuit jusqu'à Montferrand. — Mais puis, au bout de quelque temps, quand il apprit — que le comte de Montfort ne les avait point attaqués, — il revint en arrière; mais il ne quitta point son armure, — et de toute la nuit ne se dévêtit ni ne se coucha, — ni ne ferma l'œil, pour essayer de dormir, —ni de tout le jour suivant.

CV.

Seigneurs, écoutez maintenant, si Dieu vous bénit, — ce que fit le comte de Montfort en cette occasion. — Quand la bataille fut finie et la victoire remportée, — don Bouchard se met à crier à haute voix : — « Barons, en avant! frappez sur l'host, et ils « sont déconfits! » — Tous alors prennent ensemble un grand élan — pour assaillir l'host, parmi les pavillons et les tentes. — Et si ce n'étaient les fossés et les tranchées qu'ont creusés (ceux de l'host), — tout l'or de Pavie ne leur aurait de rien servi. — Mais la cavalerie (des Français) voyant qu'elle ne peut passer outre, — se tient pour confondue, trahie et morte. — Ce serait folie, disent-ils en eux-mêmes, — s'ils ne se retiraient pas, car ils

Lo camp tornan raubar a la luna seria
La nostra gens de Fransa ans que fos desgarnia
Nulhs hom no pot retraire la granda manentia
2255 Que gazanhero lai que tots jorns a lor via
   Ne seran els manens.

CVI.

Lo coms de Montfort torna jus el castel dedens
De la batalha es alegres e jauzens
E aicels de la ost can so vengut dedens
2260 Al mati pla al alba fan garnir las lors gens
E plegan totz lors traps e totz lors vestimens
E cargan las carretas trastuit celadamens
Lo trabuquet laisseron a la ploia e al vens
No cug que len tornessan per c. m. marcs dargens
2265 Fort sen son esmaiet aicels de Pug Laurens
Car se son renegat ni an faits sagramens
Tot primier sacorderon lai als comensamens
Am lo comte Simo a Lavaur be v. cens
E falhirolh primers tan so obediens
2270   Evas la fola erransa.

CVII.

Lo coms cel de Tolosa lo filhs dama Constansa
Sen tornec ab sa ost e li baro de Fransa
Nols sigran ja doi mais so sapchatz ses doptansa
Car trop i an ferit despaza e de lansa
2275 Aicels de Rabastencs que an gran esperansa
En los felos eretges e en lor fola erransa
Se son donc renegat car cujan ses doptansa
Que mais Crozatz noi venga ans segon lor esmansa

ont fait assez en ce jour. — Mais avant de se désarmer, notre gent de France — retourne piller le camp à la lune sereine. — Nul homme ne saurait redire le grand butin — qu'elle fit là ; pour le reste de leur vie — ils en seront riches.

CVI.

Le comte de Montfort rentre dans le château, — joyeux et satisfait de la bataille ; — et dès qu'il est rentré, ceux du siége, — le matin suivant, à la première lueur de l'aube, font s'armer les leurs, — et replient toutes leurs tentes, tout leur bagage, — et en chargent secrètement leurs charrettes. — Ils laissent leur pierrier à la pluie et au vent, — et je ne pense pas que pour cent mille marcs d'argent ils eussent voulu le reconduire. — Les hommes de Puy-Laurens se sont fort ébahis de cette (retraite); — car ils sont renégats; et les serments qu'ils avaient faits — d'abord, vers le commencement, — à Lavaur, au comte Simon, au nombre de bien cinq cents, — ils y ont failli les premiers, tant ils sont enclins — à la folle mécréance.

CVII.

Le comte de Toulouse, le fils de dame Constance, — se retire dans son host; et les barons de France — ne les poursuivent pas cette fois, sachez-le bien, — car ils ont trop frappé de lance et d'épée. — Ceux de Rabastens, qui mettent grand espoir — dans les hérétiques félons et dans leur folle hérésie, — ont (aussi) renié; car ils pensent sans aucun doute — que jamais les Croisés n'iront à eux; bien loin de là, dans leur pensée, — ils les

Cujan sian vencut e en aital balansa
2280 Son aicels del pais can ab lor esperansa
Co aisels quieus ai dig.

CVIII.

Li baro de Tholoza co vos avetz auzid
Sen torneron iratz cossiros e marrit
Per tot fan entenden Frances son descofit
2285 E quel coms de Montfort sen es de noit fugit
Rabastencs ses rendutz e Galhac tant an dit
E lo coms Baudois cui Jeshus gart e guit
Era a Montagut ab Martinet lardit
Mesatges lor venc tost quel baitle an trait
2290 De Galhac a la Grava e lan de mort ferit
E que an al castel ans que sia establit
Els borzes de Galhac que o an cosentit
Donc ferol issilar ses negun contradit
En van sen vas la Grava cant jorns fo esclarzit
2295 Tost e isnelament.

CIX.

Li ome de Galhac en Doat Alamant
Cant viro las baneiras desplegadas al vant
Fortment en son joios trastotz cuminalmant
Cuidan quel coms R. venga el cap davant
2300 Per la crotz Ramondenca que contral vent resplant
E can conogo lautra foron trist e dolant
La den Marti Dolitz viron ilh ab aitant
Per lo Tarn contrAgot ve la vila nadant
Li nostri cant o viron agron joia mot grant

tiennent pour vaincus, et dans la même chance se mettent — tous ceux du pays qui partagent leur espérance, — comme ceux de (Puy-Laurens) que je vous ai dits.

CVIII.

Ainsi que vous l'avez ouï, les barons de Toulouse — se retirent tristes, marris et soucieux, — répandant partout le bruit que les Français sont déconfits, — et que le comte de Montfort s'est enfui de nuit. — Ils ont tant dit que Rabastens et Gaïllac se sont rendus à eux. — (Cependant) le comte Baudouin, que Dieu garde et conduise, — était (pour lors) à Montagut, avec Martinet le Hardi ; — et de Gaillac à la Grave leur est venu, en hâte, un messager (annonçant) que le baile (du comte) a été trahi et frappé à mort, — et que les bourgeois de Gaillac, qui ont consenti à la trahison, — se sont emparés du château avant qu'il n'ait été mis en défense ; — qu'ils ont fait bannir (le comte Baudouin) sans aucune opposition, — et que, dès le point du jour (suivant), ils ont marché sur la Grave — tôt et vite.

CIX.

Les hommes de Gaïllac, et don Doat Alaman, — lorsqu'ils virent déployées au vent les bannières (des Croisés), — en furent tous en grande joie ; — ils pensent que ce soit le comte Raymond qui est à la tête des autres, — à cause de la croix de Toulouse qui resplendit au vent. — Mais quand ils reconnurent enfin l'autre croix, ils en furent dolents et tristes. — Ils aperçurent en même temps les (bannières) de don Martin Dolitz, — qui s'en vient par le Tarn, contre Agout devers la ville voguant. — Les

2305 Lo castel establiro queus iria comtant
Pons de Belmont lo bailes mori contral gal cant
A Montagut torneron I. jorn al sol colcant
Puis venc a Bruniquel lo comte mantenant
Salvanhac a perdut on a de bel fromant
2310   De quel es mot iretz.

CX.

Li baro de Tolosa sen son tost retornetz
E lo pro coms R. am trastot son barnet
I venc a Rabastencs e pois sen son montet
La sus eves Galhac tot o a recombret
2315 La Garda e Pog Celsi que tenia en Amistet
Sent Marcel e la Guipia per tot a el alet
La donc fo pres Paris quel coms a asetget
Cels de sant Antoni sen son a lui tornet
Montagut se rede ans quel mes fos passetz
2320 Mas cant de Brunequel totz los desamparet
Om lor fazia creire fe que dei damidet
Que lo coms de Montfort era del camp rauzet
E ques nera fugitz en la terra on fo netz
E que jamais Crozat en trastot aed
2325 No vindran e la terra quel plus eran tuet
Mas abans de mieg an er trastot cambiet
Que lo coms de Montfort a Frances amenet
Apres en las Toellas que hom li a livret
Tots los vilas aucis que el ot lai trobet
2330 Puis passet Tarn sa otra a pont e senes gued
A I. pon que avia a Albi la ciutet

nôtres l'aperçurent aussi, et en eurent joie grande. — Ils s'éta- 2305
blirent (de nouveau) dans le château (de Gaillac). Que vous conte-
rais-je de plus, — sinon que Pons de Beaumont, le baile, mourut
au coq chantant? — Ils s'en retournent à Montagut, au coucher du
soleil, — et le comte (Baudouin) se rend tout de suite à Bruniquel; — mais il a perdu Salvagnac, où croît du beau froment, —
et il en est fort chagrin. 2310

CX.

Les barons de Toulouse s'en sont retournés, — et le preux
comte Raymond, avec tout son vasselage, — est venu à Rabastens;
puis il est monté — là-haut vers Gaillac, qu'il a repris, — de 2315
même que la Garde, Puy-Celsi, que tenait don Amis, — Saint-
Marcel et la Guépie : il s'est porté partout. — Il a assiégé et repris
le (château de) Paris; — à sa seigneurie sont revenus les hommes
de Saint-Antonin, — et Montagut se rend à lui avant un mois
révolu. — A l'exception de Bruniquel, il reprend tous ces (châ- 2320
teaux), — en leur faisant croire, par la foi que je dois à Dieu, —
que le comte de Montfort a été mis en déroute, — qu'il s'est enfui dans la terre où il est né; — et que jamais Croisés, si longtemps qu'ils vivent, — ne reviendront dans le pays, la plupart 2325
ayant été tués. — Mais, avant six mois, tout cela est changé; —
le comte de Montfort est arrivé, amenant des Français; — il a
d'abord repris les Toelles, qu'on lui a livrées, — et occis tous les
paysans qu'il y a trouvés. — Puis, il passa de ce côté du Tarn, 2330
non à gué, mais sur pont, — sur un pont qu'il y avait à Alby la
cité, — et prit Cauzac, après l'avoir assiégé deux jours. — Il

La donc pres Cauzac cant ac II. jorns estet
Pel comte Baudoi a la doncs enviet
A Brunequel on era e el i venc de gret
2335   Ab sa cavalaria.

CXI.

A Cauzac esteron VIII. jorns sela vegia
Que be era de vitalha la vila replenia
So fo a una festa que a nom Epifania
Que lo maior ivern de trastot lan fazia
2340 Sent Marcel asetgero e feiro gran folia
Oncas noi acabero 1.na poma porria
Mas cant de messio si Dieus me benazia
Si lo coms o volgues que Montalba tenia
Meravilhas si no fos cela ost descofia
2345 Mas nAlas de Roci tal paor lo fazia
Que anc noi asagero neguna envazia
En P. de Lhivro cui Jhesus benazia
A la vespra de Paschas se mogron ans del dia
E van sen enves Albi la grans cavalaria
2350 Que vitalha lor falh non pogron aver mia
Puis du mes e demei esteron daital guia
E poichas venc la rota e la grans companhia
Dels Crozatz dAlamanha e dels de Lombardia
E dels baros dAlvernhe e dels dEclarvonia
2355 Qui avans qui apres se mezon en la via
Nols atenderan pas de legua e demia
        Cant los viro venir.

envoya alors chercher le comte Baudouin, — à Bruniquel où il
était, et celui-ci y vint de gré — avec sa cavalerie. 2335

CXI.

Les (Croisés) restèrent alors huit jours à Cauzac, — la ville
étant bien fournie de vivres. — Ce fut par une fête que l'on
nomme Épiphanie, — et au moment de l'année où l'hiver est
le plus dur, — qu'ils assiégèrent Saint-Marcel, ce qui fut à eux 2340
grande folie, — car ils n'y firent chose qui vaille une pomme gâtée, — sinon de la dépense, si Dieu me bénit. — Et si le comte
Raymond, qui était à Montauban, l'eût voulu, — c'eût été merveille que cet host (de Croisés) n'eût pas été défait. — Mais don 2345
Alard de Roisy et don Pierre de Livron, que Dieu bénisse, firent
au comte telle frayeur, qu'il n'osa jamais hasarder une sortie. —
— Les assiégeants décampèrent la veille de Pâques, avant le jour,
— et leur grande cavalerie s'en va devers Alby. — Les vivres leur 2350
manquent, et ils ne peuvent point s'en procurer. — Ils restèrent
un mois et demi en cet état; — et au bout de ce temps vient la
foule, la grande multitude — des Croisés d'Allemagne et de
ceux de Lombardie, — de ceux d'Esclavonie, et des barons d'Auvergne. — Ils s'étaient tous, qui plus tôt, qui plus tard, mis en 2355
chemin; — (et les hommes du pays) ne les attendaient pas jusqu'à la distance d'une lieue et demie, — quand ils les voyaient
venir.

CXII.

Lost fo miravilhosa aisi co auzitz dir
Per trastota la terra comensan a fugir
2360 Montferran e Cassers lor covenc a gurpir
A Tholoza la gran sen van tuit som albir
No remas el pais om que pogues gandir
Al pont dAlbi la sus comensan a venir
Rabastencs ni Galhacs non o pogron sufrir
2365 Que els no sadobessan trastotz a lor plazir
E per so sen fugian car om deveit gandir
Cel de sant Antoni se prezon a enardir
Per nAzemar Jorda mas cant venc al partir
Anc non i ac negu ques ne pogues jauzir
2370 Si Deus me benazia anc mens de descofir
No vis mais tan castel pendre e degurpir
La Garda e Pog Celsi fan corren establir
Noi troberatz nulh ome qui auzesa dormir
Ans sen fuisson de noits.

CXIII.

2375 En la ost dels Crozatz a gran noiza e grant brug
Sent Marcel deroqueron e fonderon so cut
E a sent Antoni salbergueron trastuit
E no cug que aguessatz a lezer I. ou coit
Que ilh lagron conquis meisma sela noit
2380 De mortz e de negatz ni ac be XXVIII.
Dels borzes de la vila CX. qui sen so fuit
Al mostier sen aneron femnas e ome tuit
Mas totz los raubet om e si remazo nut

CXII.

Le (nouvel) host de (Croisés) était merveilleusement nombreux, comme vous venez d'entendre; — par tout le pays tout le monde commence à fuir; — Montferrand et Casser sont abandonnés; — tous se réfugient à Toulouse la grande, — et il ne reste pas dans le pays un seul homme capable de fuir. — Les Croisés arrivent d'abord au pont d'Alby; — les hommes de Gaillac et de Rabastens ne pouvant éviter — de s'accommoder en toute chose à leur plaisir, — s'enfuyaient, dans cette extrémité, et fuir valait mieux. — Ceux de Saint-Antonin (seuls) voulurent s'enhardir, — encouragés par don Adhémar Jourdan; mais quand il fallut agir, — il n'y en eut pas un dont il fût possible de disposer. — Jamais, si Dieu me bénit, je ne vis avec moins de défaites, — perdre et déguerpir tant de châteaux. — Les Croisés s'emparent, en passant, de la Garde et de Puy-Celse; — mais vous ne trouveriez pas (après) un homme qui ose y dormir, — tous s'enfuient la nuit.

CXIII.

Avec grand fracas et grand bruit, l'host des Croisés — abattit et détruisit Saint-Marcel, — et s'en vint tout entier héberger à Saint-Antonin; — et en moins de temps, je crois, que vous n'eussiez fait cuire un œuf, — ils le prirent cette nuit même. — Des bourgeois de la ville, noyés ou morts, il y en eut bien vingt-huit, et cent dix qui échappèrent, — qui se réfugièrent à la cathédrale, tous hommes et femmes; — mais on les dépouilla de tout, et ils restèrent nus. — Les clercs (eux-mêmes)

Els clercs foron raubatz e lor fan gran enut
Li ribaut els garson.

CXIV.

Sench Antoni fo pres si com ditz la chanson
En Azemar Jorda ne menon en prezon
E en Pons lo vescomte e no sai cans se son
Ja domi Dieus de gloria mos pecatz non perdon
Si mentrel combatian li clerc cela sazon
No cantavan Sancti Spiritus a gran profession
Que ben de mega lega en auziratz lo son
No sai que von diches nin fessa lonc sermon
Un jorn se mog la osts a coita desperon
Lo coms cel de Montfort e li autre baron
El comte Baudoi laisset en garnizon
Lai a sent Antoni ab lui sei companhon
Mas ans anec recebre Moncuc e lo dromnhon
La osts es caminea e a passat Avinhon
En Agenes sen vai a Dieu benaicion
Arnaut de Montagut e li autre Gascon
Los sabon ben guidar per sela region
Moncuc desamparero que ert del comte Ramon
Tro a Pena dAgenes no an fait arrestazon
Oncas en degun loc no troban contenson
Mas solament a Pena que del rei Richart fon
Un dimartz lasetgeron dentorn e denviron
Aqui ac mot Frances e Norman e Breton
E i ac mot Alaman Loarenc e Frizon
E mot baro dAlvernhe e mot ric Bergonhon
Mas lo castels es fortz que nols preza i. boton
Manganels e peireiras i trazon e bosson
NUgs dAlfar es dedins ques devas Aragon

furent pillés, et grand tourment leur causent — les valets et les ribauds.

CXIV.

Saint-Antonin fut pris, comme dit la chanson ; — on conduit en prison Adhémar Jordan, — don Pons le vicomte et (d'autres) je ne sais combien. — Que le seigneur Dieu le glorieux ne me pardonne pas mes péchés, — si dans le même temps où les (hommes de guerre) se combattaient, les clercs — ne chantaient pas *Sancte Spiritus*, en grande solennité, — tellement que de bien demi-lieue vous en auriez entendu l'air. — Je ne sais pourquoi je vous en ferais plus long discours ; — l'host (des Croisés) partit un jour, à (grande) hâte d'éperon. — Le comte de Montfort et les autres barons — laissent à la garde de Saint-Antonin, avec ses compagnons, le comte Baudouin, — qui alla auparavant recevoir Montcuc (le château) et le donjon. — Cependant l'host s'est acheminé; il a passé Avignon, — et avec la bénédiction de Dieu s'avance dans l'Agénois. — Arnaut de Montagut et les autres Gascons — savent bien les guider à travers cette contrée. — Montcuc qui appartenait au comte Raymond fut abandonné. — Jusqu'à Penne d'Agen l'host ne s'est point arrêté, — et n'a trouvé de résistance en aucun lieu, — si ce n'est à Penne qui appartenait au roi Richard. — Il y a mis le siége tout à l'entour un jour de mardi: — Il y avait là grand nombre de Français, de Normands, de Bretons, — et grand nombre aussi d'Allemands, de Lorrains, de Frisons, — plusieurs barons d'Auvergne, et maints puissants Bourguignons. — Mais le château est si fort qu'il ne les craint pas le moins du monde. — On y fait jouer mangonneaux, pierriers, et (l'on tire force) bossons. — Il y a dedans don Hugues d'Alfar qui est devers

Bausas lo mainaders e en B. Bovon
2415 Girauds de Montfavens que a Moncuc en bailon
E dels autres gran massa quieu no sai ges qui son
Lo setis i fo mes de la lAscencion
E durec tro a setembre si com ditz la canson
Com vol vendemiar.

CXV.

2420 Lo setis fo mot grans si Jeshu Crist mampar
E lo castels fo fortz que nol pog om forsar.
Tantas peiras i gieten aicels Crozat de Bar
Am los grans manganels can pauc nol fan crebar
Mot cavaer a dins mot rotier mot Navar
2425 Per lo comte Ramon lo tenia nUgs dAlfar
Certas si ilh aguessan que beure e que manjar
Nols agran anquer pres ni noi pogran intrar
Mas lo cauts es mot grans e nol podon durar
La setz los destrenh tant quels fai malaudeiar
2430 E li potz son secatz quels fan espaventar
E lost vezon tot jorn creicher e no mermar
Que lo comte Guio i vigon els anar
En Folcaut de Merli sus un caval liar
E son fraire en Joan ab mantel gris e vair
2435 El cantre de Paris que sab gent prezicar
E mot dautres baros quieu no vos sai contar
E de sai nulh socors els no sabon trobar
Lo castel lor cove rendre mal lor pezar
Que lo coms de Montfort fetz be poig refermar
2440 Ab cauts e ab mortier de totas partz serrar
Eu no volh deus torneis que lai foron parlar
Que la cansos es granda e nom volh destrigar
Ma razo ai trencada e volh mi retornar

Aragon, — Bausan le routier, et don Bernard Bovon, — Giraud de Montfavent qui avait la baillie de Montcuc, — et grande multitude d'autres, dont je ne puis dire qui ils sont. — Le siége y fut mis vers l'Ascension, — et dura, dit la chanson, jusqu'à septembre, — où l'on s'apprête à vendanger.

CXV.

Le siége fut difficile, si Jésus-Christ me protége, — et le château si sûr, que l'on ne pouvait le prendre de force. — Les Croisés de Bar y lancent tant de pierres — que peu s'en faut que leurs grands mangonneaux n'en soient brisés. — Il y a dans le château grand nombre de chevaliers, de routiers, de Navarrais : — don Hugues d'Alfar le tenait pour le comte Raymond. — Et certes, si l'on y avait eu de quoi boire et de quoi manger, — les (Croisés) ne l'auraient pas pris de sitôt, n'y seraient de sitôt entrés. — Mais la chaleur est des plus grandes, et les assiégés ne peuvent l'endurer, — la soif les tourmente si fort qu'elle les rend malades, — et ils s'épouvantent de voir les puits à sec, — tandis qu'ils voient l'host (des Croisés) s'accroître au lieu de diminuer. — Ils y voient arriver le comte Guion, — don Foucaud de Merlin sur un cheval léard, — don Juan son frère en manteau gris vair, — le chantre de Paris qui sait prêcher à merveille, — et beaucoup d'autres barons que je ne puis vous conter. — Eux, au contraire, ne trouvent de ces côtés aucun secours, — et quoi qu'il leur en coûte, il leur faut rendre le château. — Le comte de Montfort le fit ensuite bien réparer, — et en tous lieux garnir de chaux et de mortier. — Je ne veux point parler des combats qui furent livrés là-bas, — car longue est la chanson, et je ne veux pas (trop) m'ar-

Cant lo castel fo pres noi volgran sojornar
2445 Mas al mens quilh pogron e si fan destrapar
Los traps els pabalhos e sobrels cars cargar
E van sen a Biron ques lai pres de la mar
Que tenc Martis Algais don soleit garreiar
Perigorc e Sentonge se son vengut clamar
2450   Sai auran Crozeia.

CXVI.

Li coms e li Crozatz sen van per mei la estreia
Al castel de Biron lauriflama leveia
Mot lagron viatz pres sens autra demorea
Marti Algai aucizon a mort desonorea
2455 A chival len fan traire so es veritats proea
E puis si fon pendutz vezent totz en la prea
Lo castel comanderon a aicela vegea
An A. de Montagut e tota lencontrea
Ves Moissac sen torneron puis en la matinea
2460 Be III. legas fan els cascun jorn lor jornea
Aisi co plus pot lost sen vai tota arotea
Ma dona la comtessa a adoncs lo coms mandea
E venc lai per Catus mot es pros e senea
Ab xv. melia omes de bona gent armea
2465 Cascus sera rendutz on er lor alberguea.
Al comte Baudoi e a nostro Crozea
A Pena dAgenes ses la osts ajustea
A Moncug repaireron mati a la dinnea
A lautre a Moissac can tercia fo sonea
2470 Li roters son dedins ab mot granda mainea
    Que i esteron lo ser.

rêter.—J'abrége (donc) mon discours, pour en venir (à autre chose).—Quand le château fut pris, les (Croisés) n'y voulurent séjourner—que le moins possible : ils font lever les tentes, —les tentes et les pavillons, les font charger sur des chars,— et s'en vont à Biron, là-bas près de la mer.—Martin Algai tenait (ce château) d'où il avait coutume de guerroyer—le Périgord et la Saintonge, qui sont venus s'en plaindre,—et la Croisade y va.

CXVI.

Le comte et les Croisés s'en vont par la grande route,—l'oriflamme levée, au château de Biron;—ils l'eurent vite pris, et sans retard.—Ils firent de mort infâme mourir Martin Algai; —ils le firent, c'est chose vraie, tirer par des chevaux,—puis le pendirent à la vue de tous, dans le pré.—Le château fut alors remis à la garde—d'Arnaud de Montagut, ainsi que tout le pays. —Cela fait, les Croisés prirent, dans la matinée, la route de Moissac.—Ils font bien, chaque jour, trois lieues par marche. —Ainsi s'en va aussi vite qu'il peut l'host réuni.—Le comte fait alors venir sa dame, la comtesse,—la bonne et la sensée; elle y est arrivée par Catun,—avec quinze mille hommes de bonne gent armée,—qui seront expédiés là où sont leurs albergues, —les uns au comte Baudouin, les autres à nos Croisés.—A Penne d'Agénois l'host s'est réuni :—il arrive le matin à Montcuc, à la dînée,—et le matin suivant, tierce sonnée, à Moissac.— Les routiers sont dedans, avec une troupe nombreuse;—ils y sont arrivés la veille.

CXVII.

  Li borzes de Moisac viron lost alberger
  En la riba de Tarn entorn lor pel gravier
  Certas no es meravilha sis prezo a esmaier
2475 Volontiers sacorderan si no fossolh roter
  Be sabon que a la longa noi poiran pas durer
  Per las vinhas defors pogran ben escaper
  De so que val lor vis ques a vendemier
  E feran o dels tres be sapchatz quieu dig ver
2480 Que ja plus noi perderan que valha i. denier
  Mas so ques a venir no poc om pas muder
  Cels de Castel Sarrazi se saubon delhivrer
  Com pros ome que son leial e dreiturer
  Que anc om i. mal mot non poc oncas conter
2485 Be sabon que sil coms pot sa terra cobrer
  Ni pot am lapostoli faire nulh acorder
  O sil reis dArago lor es tant sobrancer
  Que los puesca en camp vencer ni rauzer
  Quels cobrara adoncs sens autre demorer
2490 En aquest mot nos volo far aucir ni tuer
  Dels borguezes dAgen ques rendero primer
  Prezon aicel essemple que vos mauzetz comter
  Dels dos mals le mens mal deu om tots temps trier
  So ditz B. dEsgal si vas per un semder
2495 E ves ton campanho en la fanga tumber
  E si passas agua not deus metre primer
  Mas en mieg loc que sin ves nulh neier
  Que ten puscas areire mantenent retorner
  Pero si Dieus majut els non fan a blasmer
2500 Car lor establimens en ques degran fier
  Guiraut de Pepios e tuit sei cavaler

CXVII.

Les bourgeois de Moissac virent l'host prendre ses albergues
—autour d'eux, le long de la rive de Tarn, sur le gravier;—et
certes, ce ne fut point merveille s'ils en tombèrent en émoi.—
Ils feraient volontiers la paix, si ce n'était les routiers;—car ils 2475
savent bien qu'ils ne pourront pas tenir jusqu'à la fin.—Ils pourraient bien s'échapper par dehors, à travers les vignes,—(si ce
n'était qu'ils ne veulent pas perdre) le prix de leur vin, qui est
encore à récolter.—Et sachez de vrai que trois d'entre eux
s'échappèrent,—qui n'y perdirent pas la valeur d'un denier. 2480
—Mais ce qui doit arriver, nul homme ne peut le changer.—
Ceux de Castel-Sarrasin surent se tirer d'embarras,—comme
hommes loyaux et de droiture, — desquels personne ne pourrait (justement) dire un mot de mal. — Ils savent bien que si 2485
jamais le comte (Raymond) peut recouvrer sa terre — ou faire
de quelque manière sa paix avec le Pape,—ou que si le roi
d'Aragon a le dessus avec les (Croisés),—de manière à les
vaincre et battre en campagne, — ils reviendront alors aussitôt
à la seigneurie (du comte).—Et ils ne veulent pas (en attendant) 2490
se faire exterminer ni occire.—Des bourgeois d'Agen, qui ont
été les premiers à se rendre,—ils ont pris cet exemple que vous
m'entendez raconter.—De deux maux, on doit toujours choisir
le moindre. — « Si tu vas par un sentier, dit Bernard d'Esgal, — et 2495
« si tu vois ton compagnon tomber dans la fange, — ou si tu passes
« une rivière, tu ne dois point t'avancer le premier, — mais te te-
« nir au milieu; de sorte que si tu vois se noyer quelqu'un, — tu
« puisses aussitôt retourner en arrière. » — Ainsi donc, si Dieu

Sen eisson del castel e foras pel graver
Ditz que noi remandria per aur ni per diner
E vai aicels de Moissac aucire e malmener
2505   E lor vila fon preza.

CXVIII.

No sai sis fo pecatz o remas per justiza
Canc no volgro far patz adonc en nulha guiza
Li borzes de Moissac lai can Peña fon preza
Nos cujan ca lor vida fos la vila comquiza
2510 E la gens de Tholoza que lains sera miza
E lor cridan tot jorn cascus e quels atiza
Larsevesques de Rems vestic $1.^{na}$ pel griza
E sec ins en son trab sus $1.^{na}$ coisna biza
E lo coms de Montfort el chantres S. Daniza
2515 E la comtessa i es ques denant lor asiza
E manta baronia que de latz lor ses miza
En Wles dEncontre que Dieus aima e priza
En P. de Lhivro que fort ora en glieiza
En Lambertz de Limos que viast $1.^{na}$ camiza
2520 Per la calor que fai que fo faita a Friza
Cest dero per cosselh que fos la vila asiza
  E i feiro venir lost.

CXIX.

A lintrat de setembre cant fo passatz aost
Asetzeron Moissac de totas partz mot tost

CROISADE CONTRE LES ALBIGEOIS. 181

m'est en aide, ceux de Moissac ne sont point à blâmer; — (d'autant moins) qu'une partie de la force sur laquelle ils devraient compter, — Guiraut de Pepion avec ses cavaliers, — sort du château, disant qu'il n'y veut rester pour or ni pour denier; — s'en va camper au dehors sur le gravier (du Tarn), — et se dispose à malmener et à exterminer ceux de Moissac, — dont la ville fut prise.

CXVIII.

Je ne sais si ce fut de leur part erreur ou justice, — que les bourgeois de Moissac, alors que Penne fut pris, ne voulurent jamais en aucune façon faire la paix. — Ils ne pensaient pas que, de leur vie, leur ville pût être prise; — et la gent de Toulouse, qui y était entrée pour la défendre, — les va tous les jours encourageant et attisant.

Cependant l'archevêque de Reims, vêtu d'une fourrure grise, — était dans sa tente assis sur une peau noire, — avec le comte de Montfort et le chantre de Saint-Denis; — la comtesse y est aussi, assise en face d'eux, — ainsi que force noble gent qui s'est rangée à côté d'eux. — Don Guillaume d'Encontre, que Dieu honore et chérit; — don Pierre de Livron, qui prie (souvent) à l'église; — don Lambert de Limoux, qui, par la chaleur qu'il fait, porte une chemise qui a été tissue en Frise; — ce sont tous ceux-là qui donnèrent le conseil d'assiéger la ville, — et y envoyèrent l'host.

CXIX.

A l'entrée de septembre, quand août fut passé, — Moissac fut de toutes parts et promptement assiégé. — Le comte Baudouin

2525 Lo comte Baudois i fazia gran cost
Mota auca i manjet e mot capo en rost
Aisi com o contet sos bailes el prebost
Las gatas els engens atempran per mei lost
Gran mercat i avia de vi en cela ost
2530 　　　E de lautra vitalha.

CXX.

Al seti de Moisac a soen gran batalha
Li rotier de lains fan en lost gran trebalha
Mot soen naucizon daicela vilanalha
Al comte Baudoi si Jeshu Crist me valha
2535 Aucizon i. donzel canc ausberg ni ventalha
Nol pog gandir de mort que dins per la coralha
No li messol cairel co per i. sac de palha
E lo coms de Montfort comanda com i alha
A la fusta portar que motz carpentiers talha
2540 El vai ab lor garnitz que tem com los asalha
　　　E tuit sei companhon.

CXXI.

Lo comte de Montfort com apela Simon
Fai dressar las peireiras e li autre baron
E fan far i.ⁿᵃ gata e bastir i. bosson
2545 Que noit e jorn tabusta sus el mur denviron
Aicels dedins Moichag so marrit e felon
Un jorn sarmeron tuit quidament a lairon
E van ferir en lost a coita desperon
Ardre cujan la gata e i portan mant tizon
2550 A las armas escridan Frances e Bergonhon
De las albergas salhon Peitavin e Guascon

faisait là grande dépense : — il mangea mainte oie et maint chapon rôti, — tout en dressant parmi l'host les gates et les engins de guerre; — ainsi que me le conta son baile, le prévôt; — et il y avait là grande abondance de vin — et d'autre victuaille.

CXX.

A ce siége de Moissac, grandes et fréquentes sont les batailles; — les routiers du dedans font de grands dommages parmi les assiégeants, — et y tuent fréquemment de ces chétifs vilains. — Au comte Baudouin, si Dieu m'aide, — ils tuent un damoiseau : rien, ni heaume ni haubert, — ne put le garantir de mort ni empêcher que dans le ventre, — comme en un sac de paille, ne lui fût la flèche plongée. — Le comte de Montfort commande que (ceux de l'host) aillent — chercher le bois que taillent de nombreux charpentiers; — et craignant que l'on ne les attaque, il les accompagne armé, — lui et ses compagnons.

CXXI.

Le comte de Montfort, (celui) que l'on nomme Simon, — et les autres barons, font dresser les pierriers, — faire une gate, et élever un bosson, — qui nuit et jour battent les murailles tout à l'entour. — Ceux de Moissac en sont marris et courroucés : — un jour, ils s'arment tous secrètement, à la dérobée, — et vont à grande hâte d'éperon attaquer l'host, — portant des torches (allumées), dans l'espoir de brûler la gate. — « Aux armes ! » crient alors les Bourguignons et les Français; (et à ce cri) — les Poitevins et les Gascons sortent de leurs albergues, — (ainsi que) les Fla-

Flamenc e Loarenc e Norman e Breton
Mots ausbercs an vestitz e mot bon gonion
E desus mot perpung e suout de sisclaton
2555 E lo coms de Montfort venc punhen pel sablon
E portec entresenhs e escud ab leon
Lo destrier li aucizon a lissit dun boichon
Retengutz fora e pres en aicela sazon
No fos W. dEncontre cui domni Dieus ben don
2560 E mesira Moreu questeit son companhon
So es I. cavalers de mot bela faison
Que es pros e cortes arditz e bels e bon
A la rescossa punh P. cels de Lhivron
E en Folcaus de Merlin am lo comte Guion
2565 A batalha rengada vengron daital randon
Quel comte escodiran o volguessan o non
Que fo I. pauc blessetz dereire en lo tendon
Lo nebot larsevesque preson IIII. garson
      E ausizol mantenent,

CXXII.

2570 Senhors mot fo lestorns meravilhos e grant
Cant vengro li Frances li Breto el Normant
Li roter sen fugiron e sen intro ab tant
El arsevesques fo de son nebot dolant
A lendema mati avans tercia sonant
2575 Venian deves Caortz de Crozatz no sai cant
E cils de Montalba quels camis van gardant
Lor salho a lencontre dereire e denant
Las noelas en vengon al seti mantenant
Lo coms Baudois vest mot tost son garnimant
2580 E tuit sei companhon sarman isnelamant
Armans de Monlanart qua bon caval corrant

mands, les Lorrains, les Normands et les Bretons. — Chacun se vêt de son haubert, de sa bonne cotte d'armes, — avec maint pourpoint ou sisclaton par-dessus. — Le comte de Montfort s'en vient 2555 éperonnant par le gravier, — portant son écu et sa bannière au lion. — Mais voilà qu'à l'issue d'un hallier, on lui tue son cheval; — et il était à cette fois retenu prisonnier, — si ce n'eût été Guillaume d'Encontre, à qui Dieu bien fasse, — et son com- 2560 pagnon (d'armes) messire Morel, — chevalier de haute apparence, — preux, courtois, hardi, bon et beau; — qui piquent (tous les deux) à la recousse, (et avec eux) Pierre de Livron, — don Foucaux de Merlin et le comte Guion. — En rang de ba- 2565 taille, ils viennent tous d'un tel élan — qu'ils délivrent le comte, que (les ennemis) le voulussent ou non. — Mais il y fut un peu blessé par derrière au talon. — Quatre valets (des assiégés) prirent (alors) le neveu de l'archevêque, — et le tuèrent sur la place.

CXXII.

Seigneurs, la bataille fut grande et merveilleuse, — quand 2570 vinrent les Français; les Normands et les Bretons; — les routiers prirent la fuite et rentrèrent dans la (ville), — (laissant) l'archevêque tout dolent pour son neveu. — Le lendemain matin, avant tierce sonnante, — devers Cahors venaient je ne sais combien 2575 de Croisés. — Et ceux de Montauban qui gardaient le chemin, — vont les assaillir en face et par derrière. — La nouvelle en arrive promptement aux assiégeants; — le comte Baudouin vêt alors à la hâte son armure, — et les siens s'arment de même en 2580 diligence, — Armand de Montlanard au bon cheval courant,

El filh den Ug del Brolh que son pros e valhant
Entorn e enviro los casseron aitant
Que bos VIII. cavals nagro e ag ni I. ferran
2585   Que ac us balestiers.

CXXIII.

Lo pros coms Baudois e tuit sei cavaler
Sen tornan als albergas meisme aicel cer
A Moisag van trazen tot lo jorn li peirier
Que esfondran los murs e los fan pessier
2590 Nos es pas meravilha sis dan espaventer
Car no sabon secors de nulha part aver
Del comte de Tolosa a be I. mes entier
Canec a Savaric a Bordel lai parler
E anc noi acabec lo valent dun diner
2595 Mas que cobret so filh e i donet gran aver
A ma razo men torni e no la vulh laiser
E vulh vos dun miracle un petitet parler
Que fe a cels de lost Jeshus lo dreiturer
Car us grans pans del mur se laiset doncs cazer
2600 La dedins los valatz don om poira passer
Can o virolh borzes nous o cal demander
Sin son espaventat ni ilh nil mainader
Al comte de Montfort se voldran acorder
Mas el lor a jurat per los sants doutra mer
2605 Non laisara a vida I. solet escaper
Sils roters no li rendon que lan fait trebalher
No sai que von poguessa tot lo jorn a conter
Mais aman lor meteises que fraire ni molher
        Ni parent ni cozi.

—et les fils de Hugues du Breuil, qui sont vaillants et preux. — Ils pourchassent de tous côtés et si bien — (ceux de Montauban), qu'ils leur prennent huit bons chevaux, dont un auferand, — qu'eût un arbalétrier.

CXXIII.

Le preux comte Baudouin et tous ses cavaliers — s'en retournent à leurs albergues le même soir. — (Cependant) les pierriers vont jouant tout le jour contre Moissac, — enfonçant les murs et les mettant en pièces. — Ce n'est pas merveille que ceux de dedans en soient épouvantés, — car il ne peut de nulle part leur venir du secours, — du comte de Toulouse; il y a bien tout un mois — que le comte est allé là-bas à Bordeaux, conférer avec Savaric. — Mais il n'y fit œuvre qui vaille un denier, — si ce n'est qu'il recouvra son fils, pour lequel il donna de grandes richesses. — Mais je reviens à mon sujet que je ne veux point abandonner, — et je vais vous parler un instant d'un miracle — que fit, pour les Croisés, Jésus, le père de justice. — Un énorme pan des murs de Moissac vint à tomber — dans les fossés, de manière que l'on pouvait les franchir. — Quand les bourgeois s'en aperçurent, pas n'est besoin de demander — s'ils en furent effrayés, eux et les routiers. — Ils voudraient bien alors s'accorder avec le comte de Montfort; — mais le comte a juré par les saints d'outre-mer — qu'il ne laissera pas échapper vivant un seul d'entre eux, — à moins qu'ils ne lui livrent les routiers qui lui ont donné tant de tourment. — Je ne saurais, en tout le jour, quoi vous conter de plus, — sinon que les bourgeois de Moissac s'aiment mieux eux-mêmes qu'ils n'aiment frères, ni femmes, — ni parents, ni cousins.

CXXIV.

2610   Als Crozats fo rendutz Moisags i. bo mati
Els roters foron pres e menatz en train
Pus de ccc. naucizon so cug per sent Martin·
E si nagron arnes e cavals e rocins
Li borzes se rezesmon plus de c. marcs dor fin
2615   Tuit son espaventatz entorn lor lor vezin
Messire W. dEncontre ot Castel Sarrazin
E Montog an donat al comte Baldoin
E Verdu sus Garona a labat an Perin
Sobre nom de Saissin puis mezos el camin
2620   E van vas Montalban.

CXXV.

Lo filhs del coms de Foiss de lai vas Poi Cerdan
Am be c. cavalers intret a Montalban
La vila es be fortz que anc e nulh loc plan
Non vi om si garnida el valats que son grant
2625   Li ric om de lost cel qui son sobiran
Vezon que liverns ve e que lestius reman
E que nols temeran que valha i. glan.
El abas de Pamias ab un seu capelan
Quels prezican tot jorn que la vila perdran
2630   E que aicels de Pamias trastuit que sen iran
Si nols socorron tost e que els se rendran
Caicels de Savardu lor tolol vin el pan
E no vendemieren so cug mais a dun an
E per sela ocaiso trastuit en lai sen van
2635   A las grandas jornadas se movon lendeman

CXXIV.

Moissac se rendit donc (un jour) de bon matin aux Croisés. — Les routiers furent faits prisonniers, et emmenés dolents. — Il y en eut, par saint Martin! je crois, plus de trois cents de tués, — dont les Croisés eurent le bagage, les roussins et les chevaux (de guerre). — Et les bourgeois se rachetèrent plus de cent marcs d'or fin. — Leurs voisins sont épouvantés tout alentour (et se soumettent). — Messire Guillaume d'Encontre eut Castel-Sarrasin; — au comte Baudouin fut donné Montat, — et Verdun-sur-Garonne à l'abbé don Perrin, — surnommé de Saissy (Cela fait, les Croisés) se mettent en marche, — et vont vers Montauban.

CXXV.

A Montauban était entré, avec bien cent chevaliers, — le fils du comte de Foix, de là-bas devers Puy-Cerda. — La ville est si forte, que jamais en lieu plain — on n'en vit de si bien munie, avec si larges fossés. — Les grands barons de l'host, ceux qui ont commandement souverain; — voient que l'été finit, que l'hiver arrive, — et que ceux de dedans n'auront pas la moindre crainte d'eux. — (D'un autre côté) l'abbé de Pamiers, et un sien chapelain, — leur vont toujours prêchant qu'ils ne peuvent prendre Montauban, — et que ceux (des Croisés) qui occupent Pamiers finiront par s'en aller tous, — ou se rendront, si l'on ne leur envoie bientôt du secours; — car ceux de Saverdun leur enlèvent le pain et le vin, — et il y a plus d'un an qu'ils n'ont vendangé. — Pour ces motifs, tout l'host (des Croisés) veut

Pason a Autariba vengon li Alaman
Lai deves Carcasses on a mot auriban
　　E trop mot ric penon.

CXXVI.

　　Can cels de Savardu viron tan gonfanon
2640 Dessendon del castel fuion a esperon
El coms de Foiss ab lor qui venc sela sazon
Ques cuidava dedins metre en garnizon
No sai que von dichesa nin fessa lonc sermon
Per trastota Gasconha intreron abandon
2645 Sent Gauzens e Murel lo castel el dromnhon
Samata e la Isla tro lai en Olaro
Trastot o an comquist e la terra Gaston
Que nulh loc no troberon nulha defension
Mas sol lo cap de Foiss e puis can lor saub bon
2650 Si sen son retornat lai en lor region
Cant an lor carantena faita e lor perdon
Cel ivern sojorneron puis lo comte Simon
E gardec ben sa terra ab so (frairen) Guion
Puis fe i. parlamen en que ac mot baron
2655 Aqui ac mant ivesque e molt autre prodom
Trastuit li castela de son pais i son
　　Que el i a mandetz.

CXXVII.

　　Al parlament de Pamias a mots clercs ajustetz
E i ac mant ric ivesques e mant baro de pretz
2660 Uzatge e costuma co om fai so sabetz

marcher sur Saverdun. — Dès le lendemain, ils s'acheminent à
grandes journées; — ils passent à Haute-Rive, où (de leur côté)
viennent des Allemands, — de là-bas devers le Carcassais, avec
mainte oriflamme — et maint riche pennon.

CXXVI.

Lorsque ceux de Saverdun ont vu tant de gonfanons, — ils
descendent du château et s'enfuient à (tout) éperon, — et avec
eux le comte de Foix qui venait d'arriver, — et s'était mis dans
la place pour la défendre. — Je ne saurais vous en faire plus long
discours, ni vous en dire autre chose; — (sinon que) par toute
la Gascogne les Croisés entrèrent bride abattue. — Saint-Gaudens, Muret château et donjon, — Samatan, Lisle jusque là-bas vers Oléron, — et la terre de Gaston, ils ont conquis tout
cela, — sans trouver nulle part de résistance, — si ce n'est au
chef-lieu de Foix. Puis quand il leur a plu, — ils s'en sont
retournés là-bas dans leur pays, — leur quarantaine faite, et leur
pardon (gagné). — Durant cet hiver, (après leur départ) le
comte Simon — défendit bravement sa terre avec son frère Guy.
— Puis il convoqua un parlement où il y eut grand nombre de
barons. — Il s'y trouva aussi maint évêque et d'autres nobles
personnages : — tous les châtelains de ses domaines y furent;
— il les y appela.

CXXVII.

Au parlement de Pamiers, beaucoup de clercs se réunirent;
— il y eut plusieurs puissants évêques et maint baron de haut
mérite. — A tout le pays, qui est vaste et grand, ils ont donné

Meseron els pais que son e grans e letz
Daiso fan faire cartas e breus ensageletz
E puissas si sen son en lor pais tornetz
En Wles dEncontre que es pros e senetz
2665 A festa Sant Danis fo a Murel els pretz
Del comte se parti joios e bauds e letz
Ab Perrin de Saisi quab lor ses ajustet
E ab B. Jorda qua la Islha fo netz
El remas en sa vila e cest sen son aletz
2670 E mougon de la Isla on foron albergetz
E van sen vas Verdu on ilh se son dinnetz
Lendema li roter se son acaminet
A Castel Sarrazi corregon tro als fossetz
Mota berbitz an preza dautres avers asetz
2675 Plus de M. a caval los a om aesmetz
Tant tost non fo lo critz per lo pais aletz
Quen Wles dEncontre ses mantenent armetz
E mos senher Maureus quelh cavalga de letz
En Perrin de Saisi que ses tost asesmetz
2680 No son plus de LX. can foron conreetz
Si petit co els foron los an desbaratetz
Els an tro a Montalba vencutz e encausetz
Si quen laiga de Tarn na assetz de negetz
La noits los lor toli quels a contralietz
2685 E los cavals queren fort de corre lassetz
Los prezes delhivreron e sils an deslietz
E rescozon la preza.

CXXVIII.

La donc W. dEncontre ad aicela vegeia
Se combatec ab lor els tolg tota la prea

des usages et coutumes, comme vous savez que cela se pratique. — Ils en font faire des chartes et des brefs avec sceaux, — après quoi ils s'en sont retournés dans leur pays. — Don Guillaume d'Encontre, le prudent et le preux, — se trouve à Muret, dans le pré, à la fête de Saint-Denis. — Là, il quitte le comte (Simon), content et joyeux, — avec Perrin de Saissy qui s'était joint à lui, — et avec Bernard Jordan, celui qui est né à Lisle. — (Arrivé) dans sa ville, il y resta, et les deux autres poursuivirent leur chemin. — Ils partirent de Lisle, où ils avaient été hébergés, — et s'en allèrent jusqu'à Verdun, où ils dînèrent. — Le lendemain, les routiers se sont avancés; — ils s'avancent vers Castel-Sarrasin jusqu'aux fossés, — et enlèvent beaucoup de brebis et d'autre butin. — On a estimé leur nombre à plus de mille hommes à cheval. — La nouvelle n'est pas plutôt répandue dans le pays, — que don Guillaume d'Encontre s'est armé promptement, — avec monseigneur Morel, qui chevauche à son côté, — et Perrin de Saissy, qui s'est aussi bien vite préparé (à combattre). — Ils ne sont pas plus de soixante, quand ils sont tous prêts; — mais si peu qu'ils soient, ils ont battu les routiers — et les ont repoussés jusqu'à Montauban, — (si vivement) qu'il y en a plusieurs de noyés dans l'eau du Tarn. — La nuit les leur enlève, à leur grande contrariété; — (et il est vrai aussi) que las sont leurs chevaux, qui ont tant couru. — (Toutefois) ils ont délivré les prisonniers, les ont déliés, — et ils ont repris le butin.

CXXVIII.

Ainsi donc Guillaume d'Encontre, à cette fois, — combattit contre les routiers, leur enleva toute leur prise — et leur butin;

2690 El gazanhet de lor e i ac granda mesleia
E puis si sen tornet ab tota sa mainea
De laver que an pris es sa companha lea
A Castel Sarrazi vengon asta leveia
Can foron albergat mieia noits es passea
2695 E cant agro manjat pres de la matinea
Eu cug quilh dormiron tro tercia fo soneia
Autra vetz li roter se mezon e la preia
E corregon Agen e tota la encontreia
A penas pot anar lor osts tan es carguea
2700 En Wles dEncontre cui so pas non agreia
Lor es salhitz davant ab tota sa mainea
Lai ac ferit mant colp de lansa e despeia
Si que la terra nera tota essanglanteia
E de trensos de lansas enviro lor junqueia
2705 Mot gloto viratz mort sanglent gola badeia
Anc nols laichet daver que valha 1.na denrea
Trastotz los desconfi ab sa gent aturea
Quel ot de Bergonha e de Fransa amenea
Sai en aquest pais.

CXXIX.

2710 Guilelmes cel dEncontre si com denant vos dis
Venquet totz los roters e lor tolc so quan pris
E gazanhet de lor e cavals e rocis
A Castel Sarrazin corregon lo pais
Una autra vegada mas ma fe vos plevis
2715 Canc del sieu non porteron valent ij. peitavis
Ans foron descofit e se son en Tarn mis
Son caval li nafrero de v. dartz o de vi.
En Wles dEncontre vezen totz sos amis
Si es casutz en terra e co om afortis

et forte fut la mêlée.—Il s'en retourne ensuite avec toute sa troupe —et ses compagnons, joyeux du gain qu'ils ont fait. — Ils arrivèrent, lance levée, à Castel-Sarrasin;— quand ils rentrent dans leurs albergues, la minuit est passée; — et après avoir mangé aux approches du matin,—ils dormirent, je crois, jusqu'à tierce sonnée.

Les routiers se mirent une autre fois à butiner, — et coururent tout le pays aux environs d'Agen.—A peine leur bande marchait-elle, tant elle était chargée (de capture).—Don Guillaume d'Encontre, à qui la chose ne plaît pas,—est sorti à leur rencontre, avec toute sa troupe.—Là fut frappé maint coup de lance et d'épée,—dont la terre fut bientôt toute sanglante,—et toute de tronçons de lance jonchée. — Vous verriez là maint bandit mort, bouche béante et sanglant.—Don Guillaume ne leur laissa pas, de leur butin, chose qui vaille un denier.—Il les déconfit tous avec l'intrépide troupe—qu'il avait de France et de Bourgogne amenée—ici, dans ce pays.

CXXIX.

Don Guillaume d'Encontre, comme je viens de vous dire,— vainquit les routiers, leur reprit tout leur butin, — et gagna sur eux des chevaux et des roussins.—Une autre fois encore, autour de Castel-Sarrasin, ils coururent le pays; mais je vous en donne ma foi,—ils n'emportèrent pas du leur chose qui valût deux (deniers) poitevins, — et s'en retournèrent, déconfits, par le Tarn.—Don Guillaume eut alors son cheval blessé de cinq ou six flèches, tellement qu'à la vue de tous ses amis — il tomba à terre; mais, en homme de bravoure,—il met la main à l'épée,

Mes la man a la espea e sauta avan en pis
En aut crida sa ensenha aicela de Paris
Mesira Moreus broca son bon destrier de pris
E tuit li autri essems i vengro so mes vis
A batalha mescleia no cujan estre fis.
Que lo puescan escodre e quom lo lor tolis
En auta votz escridan Dieus aida e S. Danis
Aqui viratz la donc mant escudier aucis
E aicels de la mainea el baile an malmis
E montan en Wles sus .I. caval braidis
E fer sobrels roters si que los descofis
Tro en laiga de Tarn e puis apres si ris
  Car aisi cazec la.

CXXX.

Senhors motas vertutz e miraclas Dieus fa
An Wles dEncontre que tant se trebalha
Que totz om li vol be cuna vetz ven la
Anc certas de Bergonha plus pros om no venc sa
Que sia en la Crozada ni ja no sai vendra
Si no a mais de riqueza o de poder quel a
A ma razo men torni que nos laise de la
Lo reis P. dArago I.ⁿᵃ seror dona
Al comte de Tolosa e puis sen marida
Un autra a so filh malgrat daquels de sa
Er ses mes en la guerra e si ditz que vindra
Ab be M. cavaliers que totz pagatz los a
E si los Crozatz troba ab lors combatra
E nos si tant vivem veirem cals vencera
E metrem en estoria so que nos membrara
E escriurem encara so que nos sovindra

et s'élance en avant,—criant hautement son enseigne, son enseigne de France.—Messire Morel pique (alors) son bon destrier de (grand) prix,— et les autres courent tous ensemble avec lui,—à bataille mêlée; ils craignent de n'être pas à temps—de le recouvrer, de l'enlever à l'ennemi.—« Dieu aide et Saint-« Denis! » s'écrient-ils à haute voix.—Vous verriez alors là tuer maint écuyer.—Parmi ceux de la troupe (croisée) le baile est maltraité;—mais ils parviennent à placer sur un cheval hennissant don Guillaume,—qui frappe de nouveau sur les routiers, les déconfit (et les pousse)—jusqu'à la rivière de Tarn, et plaisante ensuite—de la chute qu'il a faite.

CXXX.

Seigneurs, Dieu fait maintes grâces et maints miracles—pour don Guillaume d'Encontre, qui se donne tant de fatigue,—que de tous les (Croisés) qui sont une fois venus à lui, chacun l'aime. —Et certes, jamais homme plus preux ne vint de Bourgogne —à la Croisade, en ce pays, et jamais n'y viendra,—à moins d'être de plus haut rang et plus puissant qu'il ne l'est. — Mais je retourne à mon discours que je poursuis.—Le roi Pierre d'Aragon a donné une de ses sœurs—pour femme au comte de Toulouse; puis il en marie—une autre au fils de celui-ci, en dépit des (Croisés).—Il veut prendre part à la guerre, et dit qu'il viendra—avec bien mille chevaliers qu'il tient à sa solde,—et que s'il rencontre les Croisés, il combattra contre eux.—Et moi, si je vis assez longtemps, je verrai qui vaincra;—je mettrai en histoire tout ce dont je serai informé,—et j'écrirai de nouveau

Aitant cant la materia ad enant durara
2750   Tro la guerra er finea.

CXXXI.

Ans que la guerra parta ni sia afinea
I aura mot colp fait e mota asta brizea
E mot gomfano fresc nestara per la prea
E mota arma de cors ne sera fors gitea
2755 E mota daima veuza ne sera essilhea
Lo reis P. dArago sen vait am sa mainea
E a tota sa gent de sa terra mandea
Si quen a gran companha e bela ajustea
A totz a la paraula diita e devizea
2760 Quel vol ir a Toloza contrastar la Crozea
Que gastan e destruzo tota la encontrea
E lo coms de Toloza a lor merce clamea
Que no sia sa terra arsa ni malmenea
Que no a tort ni colpa a neguna gent nea
2765 E car es mos cunhatz ca ma seror espozea
E eu ai a so filh lautra sor maridea
Irai lor ajudar desta gent malaurea
     Quel vol dezeretar.

CXXXII.

Li clergue els Frances volon dezeretar
2770 Lo comte mon cunhat e de terra gitar
Ses tort e senes colpa que om nols pot comtar
Mas sol car a lor platz lo volon decasar
E pregue mos amics sels quens volen ondrar
Que pesson de garnir e de lor cors armar
2775 Que daisi a .i. mes voldrei los portz passar

tout ce dont il me souviendra, — autant que le sujet ira en avant, — jusqu'à ce que la guerre soit finie.

CXXXI.

Mais, avant que la guerre cesse et ne soit finie, — il y aura force coups frappés, force lances brisées; — bien des drapeaux (neufs et) frais seront (foulés) dans le préau; — plus d'une âme sera arrachée de son corps, — et plus d'une dame en sera veuve et ruinée. — Le roi Pierre d'Aragon est avec ses barons. — Il a mandé toute la gent de sa terre; — tellement qu'il en a belle compagnie et grande multitude. — A tous il a parlé : il a dit à tous — qu'il veut aller à Toulouse faire la guerre à la Croisade, — qui ravage et détruit toute la contrée ; — que le comte de Toulouse implore son secours, — pour que toute sa terre ne soit pas brûlée et dévastée, — puisqu'il n'a ni failli, ni fait tort à personne née. — « Il est mon beau-frère, dit-il, il a épousé une de mes sœurs ; — « et l'autre, je l'ai donnée pour femme à son fils. — J'irai donc « les secourir contre cette méchante race, — qui veut leur enlever « leur héritage.

CXXXII.

« Les clercs et les Français veulent déshériter — et de sa terre « chasser le comte mon beau-frère, — qui n'a (commis) ni tort, ni « faute que l'on puisse lui imputer, — et qu'ils veulent détruire « uniquement parce que c'est leur plaisir. — Je prie donc mes « amis, ceux à qui mon honneur est cher, — de penser à s'équi- « per et à armer leurs personnes; — car je veux d'ici à un mois

Ab totas mas companhas que ab mi voldran anar.
E li responderon senher bes tanh a far
Ja de re que vulhatz nous volem contrastar
Ab aitant se partiron e van sen adobar
2780 Cascus al melhs que poc se pres a enansar
Baratan e malevan per lors cors arrezar
El reis manda a totz que pesson de cargar
Los saumiers e los carrs car prop es destivar
E trobaran las terras els prats reverdeiar
2785 Els albres e las vinhas menudament fulhar
Mentrel reis dArago pessa ben darrezar
Lo coms cel de Toloza se pres a cossirar
Quel pot ir als Pujols la vila recobrar
E a dit al Capitol e retrait son afar
2790 E el li an respost pessem del acabar
E fan viasamen per la vila cridar
Que tuit ni escan ades per la via Molvar
Els prats de Montaldran los an fait ajustar
Senhors so ditz lo coms per sous ei faits mandar
2795 Mos enemics ei faitz aisi prop espiar
Que nos cujan destriure ens volo destrigar
Que no puscam ongan desta part estivar
E vels vos aisi prob que son de sa Lantar
Senhors so ditz lo pobles anem los enserrar
2800 Que pro avetz companhs si Dieus vos vol aidar
Que nos em tuit garnit quels sabrem peciar
E lo pros coms de Foiss que Dieus salve e gar
E aicel de Cumenge vos podo afolcar
E ab los Catalas queus son vengut aidar
2805 E pos em tuit garnit pessem del espleitar
Ans que naien saubuda ni sen puscan tornar
Li vilan taverner.

« passer les ports,—avec tous mes hommes de guerre qui vou-
« dront me suivre. »—(Les barons) lui répondirent : « Seigneur,
« (tout ce que vous dites) il convient de le faire;—et nous ne
« nous opposons à rien de ce que vous voulez. »—Là-dessus, ils
se séparent et vont s'apprêter.— Chacun cherche de son mieux
à se faire honneur;—chacun trafique et met en gage pour avoir
de quoi s'orner et s'armer.—Le roi leur commande à tous de
songer à charger—les chars et les sommiers; car l'été s'approche,
—et ils trouveront les terres et les prés ayant déjà commencé à
reverdir,—les arbres et les vignes à feuiller menu.

Tandis que le roi d'Aragon s'apprête de la sorte,—le comte
de Toulouse s'est pris à réfléchir—qu'il peut aller à Pujols, reprendre cette ville.—Il a dit et déclaré son projet aux Capitouls. — « Vite, pensons à agir, » lui ont répondu ceux-ci;—
et les voilà qui font aussitôt par la ville crier : — Que tout le
monde sorte sur-le-champ par la rue Molvar,— on rassemble
tout le monde dans les prés de Montaudran.—« Seigneurs, dit le
« comte, voici pourquoi je vous ai fait mander :—j'ai fait épier
« de près mes ennemis,—qui pensent nous détruire, et veulent
« nous empêcher—de tenir, dans l'été de cette année, cette por-
« tion du pays.—Les voici ici tout proche; ils sont en deçà de
« Lantar. »—« Seigneur, dit alors le peuple, allons les assiéger.—
« Si Dieu veut vous aider, vous avez assez de compagnons :—
« nous voici tout armés pour les tailler en pièces;—et voici le
« preux comte de Foix, que Dieu sauve et garde,—et celui
« de Comminges, qui peuvent vous seconder,—avec tous les
« Catalans qui sont venus à votre secours.—Puisque nous voilà
« prêts, pensons à agir—avant qu'ils n'aient vent de nous et ne
« puissent s'en retourner,—les vilains taverniers. » -

CXXXIII.

Li Frances soldadier son als Pujols intratz
El rics coms de Toloza a los revironatz
2810 E ab lui (lo) coms de Foiss el pros Rotgier Bernatz
E lo coms de Cumenge qui venc gent asesmatz
Ab lor li Catala quel reis lor ac laissatz
El pobles de Tholoza qui venc tost e viatz
Li cavalier el borzes e la cuminaltatz
2815 Primeirament parlet us legista senatz
Quera de Capitol e es gent emparlatz
Senher rics coms marquis si vos platz escoutatz
Vos e trastuit li autre caisi etz ajustatz
Nos avem las peireiras e los engens cargatz
2820 Per tal quels enemics durament combatatz
Quen Dieu ai esperansa que tost sian sobratz
Que nos avem gran dreit ed els an los pecatz
Car nos vezem destruire las nostras eretatz
Per tal o dic senhors que de ver sapjatz
2825 Nos avem vistas letras e sagels sagelatz
De vostres cars amics que vos an eviatz
Que si deman al ser no los avem forsatz
Lor vindra ajutoris e granda poestatz
De cavaliers garnitz e de sarjans armatz
2830 E faran nos gran onta es er lo dans doblatz
Si nos partem daisi trols aiam peciatz
Nos avem pro balestas e cairel empenatz
E anem al pertrait e siam ben coitatz
Si que lo ditz el faits sia essems mesclatz
2835 E anem tuit essems per rama e per blatz
E aportem ne tant tro umplam los valatz
Car lains es la flor de trastotz los Crozatz

CXXXIII.

La milice de France est entrée à Pujols, — et le puissant comte de Toulouse les a entourés, — (ayant) avec lui le comte de Foix, le preux Roger Bernard, — et le comte de Comminges, qui est venu là tout dispos (à bien guerroyer). — Avec eux sont les Catalans, que le roi (d'Aragon) leur a envoyés, — et le peuple de Toulouse, qui tôt et vite est arrivé, — chevaliers, bourgeois et communauté. — Là parla le premier un savant légiste, — qui était du Capitole, et sachant discourir. — « Seigneurs, dit-il, et
« vous autres puissants comtes, marquis, écoutez-moi, s'il vous
« plaît, — vous et tous ceux qui sont ici rassemblés. — Nous avons
« amené ici des pierriers et des engins — pour combattre dure-
« ment nos ennemis, — qui, j'en mets en Dieu mon espérance,
« seront bientôt vaincus : — car à nous est le bon droit ; le
« tort et la violence à eux, — par qui nous voyons ravager tous
« nos héritages. — Or, seigneurs, je vous le dis afin que vous le
« sachiez : — vous avez vu des lettres munies de leurs sceaux, —
« des lettres de vos chers amis, qui vous mandent — que si de-
« main soir nous n'avons point forcé les Croisés, — il leur vien-
« dra du secours et grand nombre — de chevaliers en belle ar-
« mure et de sergents armés. — Or, grande sera pour nous la
« honte, et le mal doublé, — si nous partons d'ici sans les avoir
« mis en pièces. — Nous avons force arbalètes, force flèches em-
« pennées ; — allons combler les fossés, et soyons prompts à
« l'œuvre, — de manière que le dire et le faire soient l'un à l'autre
« entremêlés ; — allons tous ensemble chercher de la ramée et du
« blé (vert), — et apportons-en de quoi remplir le fossé. — C'est

E si los podem pendre er lor orgolhs baisatz
Den Simo de Montfort ques contra nos juratz
2840 E fassam aparvent perque em ajustatz
E anem al pertrait.

CXXXIV.

La osts va al pertrait tost e viassamens
Que noi a cavaler ni borzes ni sirvens
Que non a port .1. fais sus al col aprizens
2845 E gietol el valatz e umplols belamens
Qual pe de la paret es lors enantimens
Ques prendon a picar, ab los grans ferramens
Els Frances se defenden e gieton focs ardens
E grans cairos e peiras e aquo espessamens
2850 Apres aiga bulhida de sobrels garnimens
Els de jos can la sento sen parten secodens
E di la us a lautre trop es plus douls pruzens
Que no son estas aigas que nos gitan bulhens
E li arquier lor trazon, carels espessamens
2855 Que negus dels Frances noi auza estre aparens
Que no sià feritz o per cais o per dens
E li peirier qui trazon que lor so mal mirens
Que negus en corseira no pot estre atendens
Que no caia o no tumbe o no sen an sagnens
2860 O er de mort feritz que non er mais guirens
Que no lor i ten pro ambans ni bastimens
Quel cavaer de Toloza an cridat autamens
Donem ab lor borzes que vels vos recrezens
Ab tant prendon la vila e totz lor pazimens
2865 E noi remas Frances ni frevols ni manens
Que tuit no sian pres senes tots cauzimens

« la fleur de tous les Croisés qui est là-dedans enfermée ; — et si
« nous pouvons les prendre, abattu sera l'orgueil — de Simon
« de Montfort, qui a juré notre perte. — Faisons donc voir pour-
« quoi nous sommes ici ; — allons combler le fossé. »

CXXXIV.

L'host de Toulouse s'en va tôt et vite remplir le fossé ; — et il
n'y a ni cavalier, ni bourgeois, ni servant, — qui n'y vienne sa
fascine au col, — qu'il jette dans le fossé ; et le fossé s'emplit
de façon — que les assiégeants s'avancent jusqu'au pied du mur,
— qu'ils commencent à piquer de leurs longs ferrements. — Les
Français se défendent ; ils jettent des matières enflammées, —
de lourdes briques, des pierres serrées comme pluie ; — ils ver-
sent de l'eau bouillante sur les vêtements et les armures ; — et
ceux d'en bas, quand ils la sentent, reculent en se secouant, —
et se disant l'un à l'autre : « Plus douce chose serait la gale — que
« ne sont ces eaux que l'on nous sert ainsi bouillantes. » — Mais les
archers de l'host tirent leurs flèches si dru, — que nul des Français n'ose paraître au haut (des murs), — qu'il ne soit blessé à la
gorge ou à la face ; — et les pierriers tirent aussi, et visent si
bien, — que personne ne peut rester sur les terrasses, — qui ne
tombe, ne se précipite, ne se retire sanglant, — ou ne soit
frappé mortellement et pour ne plus guérir. — Il n'y a ni créneau, ni tourelle qui les protége. — (Alors) les chevaliers de
Toulouse se sont hautement écriés : — « Bourgeois, à l'assaut !
« voilà l'ennemi qui cède. » — Et déjà prise est la ville, avec
toutes ses attenances : — il n'y reste pas un seul Français, pauvre
ou riche ; — tous sont pris sans aucune pitié, — et meurent les

E moriron ab glazis e ni ag de pendens
LX. cavaers i ac de las lors gens
Dels plus rics dels plus pros e dels plus avinens
2870 Estiers los escudiers els sarjans combatens
Ab tant veng .I. mesatges que non es aprendens
E a dig al Capitol a part bassetamens
Quen Guis de Montfort ve que es mals e punhens
E ques a Avinho e que ve tost correns
2875 Es cuja ab lor combatre sils troba atendens
Ab tant sonan las trompas areire bonamens
Car be nos em vengatz de nostres mal volens
Tuit intran a Tolosa alegres e jauzens
Car tant be lor es pres.

CXXXV.

2880 Car tant be lor es pres nan al cor gran sabor
Tuit aicels de Tolosa e li lor valedor
En Guios de Montfort cant auzi la rumor
Que li Frances so mort nag al cor gran tristor
Que ges non pot estar que ab los olhs non plor
2885 E plora e fai gran dol e mena gran dolor
De la onta que a prez e de la dezonor.
Erals laichem estar quieus vulh parlar dalhor
Quel bos reis dArago desus son mial soldor
Es vengutz a Murel e pauzai lauriflor.
2890 E al asetiat ab mot ric valvassor
Quels i a amenatz e traits de lor honor
De cels de Catalonha i amenet la flor
E de lai Arago trop ric combatedor
Ben cujan ja no trobon en loc contrastador
2895 Ni aus ab lor combattre nulhs om garreiador
E tramet a Tholoza al marit sa seror

uns du glaive, les autres pendus.— Ils étaient bien soixante chevaliers, — des plus puissants, des plus preux et des plus avenants; — sans compter les écuyers et les sergents de guerre.— Mais voici venir un messager qui sait bien ce qu'il doit dire, — qui dit tout bas et à part au Capitoul, — que don Guy de Montfort arrive tout courroucé et pressé; — qu'il vient à la course; qu'il est déjà à Avignon, — et qu'il a le projet de les combattre, s'ils l'attendent. — Mais ils font sonner la retraite par les trompettes.— « Nous « sommes, disent-ils, suffisamment vengés de nos ennemis. »— Là-dessus, ils rentrent tous à Toulouse, alègres et joyeux — d'avoir si bien réussi.

CXXXV.

D'avoir si bien réussi ils ont au cœur grande joie, — tous ceux de Toulouse et leurs partisans.— Mais quand don Guy de Montfort entendit dire — que les Français étaient morts, il en eut au cœur grande tristesse, — et ne put se retenir de pleurer des yeux; — il pleure, et mène grande douleur et grands regrets — de la honte et du déshonneur qui retombe sur lui. — Mais laissons-le là : j'ai à vous parler d'autre chose; — car le bon roi d'Aragon, sur son bon cheval de guerre, — est venu sous Muret, y a planté son oriflamme, — et y a mis le siège avec maints puissants vavasseurs, — qu'il a amenés et tirés de leurs fiefs.— Il y a amené la fleur (des braves) de Catalogne, — et une foule de puissants guerroyeurs de là-bas, devers Aragon, — qui pensent bien ne trouver nulle part de résistance, — ni aucun homme de guerre qui ose s'attaquer à eux.— Il envoie à Toulouse dire au mari de sa sœur — de venir le joindre avec

Cades venga a lui ab lui sei valedor
E que venga la ost e li combatedor
Quel es aparelhatz quelh renda sa honor·
2900 Al comte de Cumenge e al seu parentor
Puis ira a Bezers per forsa e per vigor
No laissara Crozat en castel ni en tor
De lai de Montpesler entro a Rocamador
Que nols fassa morir a dol e a tristor.
2905 Els pros coms can o saub non o mes en tardor
  Ans venc dreit al Capitol.

CXXXVI.

Al Capitol sen vai lo coms dux e marques
A lor dig e retrait del rei que vengutz es
E que amena gens e ques a seti mes
2910 De foras a Murel son las tendas espes
Que sel a ab sa ost asetiatz los Frances
E que portem peireiras e totz lors arcs turques
E can la vila er preza irem en Carcasses
E cobrarem las terras si Dieus o a promes
2915 E li respondero senher coms so es bes
Saisis pot acabar co ilh o an empres
Mas li Frances so mal e dur en totas res
E an durs los coratges e an cor leones.
E so forment iratz car ta mal lor es pres
2920 Daicels que als Pujols avem mortz e malmes
E fassam o de guiza que no siam mespres
Ab tant cornan la ost li cornador cortes
Cades nesquen trastuit ab trastotz lors arnes
Tot dreit ent a Murel quel reis dArago i es
2925 E eison per los pons cavaer et borzes

tous ses barons, — avec son ost et ses hommes de guerre. —
Il annonce qu'il est prêt à rendre au comte de Comminges ou à
ses parents tous leurs fiefs; — après quoi, il marchera rapidement et de force sur Béziers; — et, de Montpellier à Rocamador, — il ne laissera pas, en château ou en tour, un seul Croisé
— qu'il ne fasse mourir de triste et malemort. — Le preux
comte, quand il apprend cela, ne diffère point : — il va droit
au Capitole.

CXXXVI.

Au Capitole s'en va le comte, duc et marquis. — Il dit et
annonce que le roi (d'Aragon) est arrivé; — qu'il a amené ses
forces, et (déjà) entrepris un siége; — que (là-bas) devant Muret
ses tentes sont pressées, — et qu'il a, avec son ost, resserré les
Français dans la ville. — « Portons-y nos pierriers (dit-il), et
« tous nos arcs turquois; — quand Muret sera pris, nous mar-
« cherons en Carcassais, — et si Dieu le permet, nous repren-
« drons le pays. » — « Seigneur comte, lui répondent (les Capitouls),
« tout est bien — si (nos amis) peuvent terminer (l'entreprise)
« comme ils l'ont commencée. — Mais les Français sont, en toutes
« choses, durs et terribles; — ils ont de fiers courages, des cœurs
« de lion, — et sont fortement courroucés de ce qu'il soit si mal
« advenu — de ceux de Pujols, que nous leur avons maltraités et
« tués. — Conduisons-nous donc de manière à n'être point
« trompés. » — Là-dessus les courtois corneurs (de la ville) s'en
vont cornant l'ost; — ils crient : « Que tous aient à sortir en
« armés et munis de tout; — pour aller tout droit à Muret, où se

El pobles de la vila viatz e endemes
Son vengud a Murel on laiseron larnes.
E trop bos garnimens e trop ome cortes
De que fon grans pecatz si majut Dieus ni fes
En valg mens totz lo mons.

CXXXVII.

Tots lo mons ne valg mens de ver o sapjatz
Car paradis ne fo destruitz e decassatz
E totz crestianesmes aonitz e abassatz
Aras aujatz senhors co fo e escoutatz
Lo bos reis dArago fo a Murel asesmatz
E lo coms de sant Gili e trastotz sos barnatz
Els borzes de Toloza e la cominaltatz
Bastiren los peirers e an los redressatz
E combaton Murel tot entorn per totz latz.
Que dins la vila nova son tuit essems intratz
Els Frances que lai eran an de guiza coitatz
Que el cap del castel sen son trastotz pujatz
Ab tant es us mesatges encontral rei anatz
Senher reis dArago de vertat sapjatz
Quel ome de Toloza son daitant avantatz
Que an preza la vila si vos o autreiatz
E trencatz los solers els albercs barreiatz
E an si los Frances de maneira encausatz
Que el cap del castel se son tuit amagatz
Cant lo reis o auzi no sen te per pagatz
Als cossols de Toloza es el viatz anatz
E de la sua part los a amonestatz
Quels omes de Murel laisso estar em patz

« trouve le roi d'Aragon. » — Et voilà sortir, par les ponts, tout le peuple de la ville, chevaliers et bourgeois. Rapidement et d'un trait, — ils sont arrivés devant Muret, où ils devaient perdre leur bagage, — tant de belles armures et tant d'hommes courtois, — dont ce fut grand dommage, si Dieu et ma foi me sont en aide; — et le monde entier en valut moins.

CXXXVII.

Le monde entier en valut moins, sachez-le de vrai : — exilé et détruit en fut le paradis, — honnie et déchue toute la chrétienté. — Mais écoutez, seigneurs, et entendez comment la chose se passa. — A Muret, en bon point, sont le roi d'Aragon ; — le comté de Saint-Gilles avec tous ses barons; — avec les bourgeois et la communauté de Toulouse. — Ceux-ci ajustent et dressent les pierriers, — et battent Muret tout à l'entour et de tous côtés, — (si fort) que dans la ville neuve ils sont entrés tous ensemble, — et ont pressé de telle sorte les Français qui s'y trouvaient, — qu'ils sont tous entrés dans le château. — Et voilà un messager qui arrive, qui s'avance vers le roi : — « Seigneur roi d'Aragon, sa- « chez pour vrai — que les hommes de Toulouse ont si bien fait, « — qu'ils ont, si vous le permettez, pris la ville; — ils ont assailli « les maisons, abattu les étages, — et de telle sorte pourchassé les « Français, — qu'ils se sont tous réfugiés dans le château. » — Quand le roi entend la nouvelle, il n'en est pas content. — Vite il se rend auprès des consuls de Toulouse, — et leur recommande en personne — de laisser en paix les hommes de Muret. — — « Nous ferions, dit-il, à les prendre, grande folie; — car il « m'est venu des lettres, lettres scellées (m'annonçant) — que don

Car si nos los prendiam nos fariam foudatz
2955 Queu ai agudas letras e sagels sagelatz
Quen Simos de Montfort vindra dema armatz
E can sera lains vengutz ni enserratz
E Nunos mos cozis sera sai aribatz
E asetiarem la vila per totz latz
2960 E pendrem los Frances e trastotz los Crozatz
Que jamais lor dampnages no sira restauratz
E puis sera paradis per tot alugoratz
Car si nos er prendiam cels qui son ensarratz
Si Simos sen fugiria per los autres comtatz
2965 E si nos lo seguem er lo laguis doblatz
Per que valdra be mais siam tuit acordatz
Quels laissem totz intrar e puih tindrem los datz
E ja nols laissarem trol jogs sia jogatz
E vulh quels o digatz.

CXXXVIII.

2970 Li donzel van tost diire al cosselh principal
Quels fassan de Murel issir lost comunal
E que noi trenquen plus ni bareira ni pal
Mas quels laisso lains estar totz de cabal
E que sen torn cascus als traps per son cabal
2975 Quel bos reis lor o manda ab cor emperial
Quen Simos i vindra avan de lavesprar
E vol lo lains pendre mais quen autre logal
Els baros cant o auzo eisson tuit comunal
E van sen per las tendas cascus vas son fogal
2980 E manenjon e bevon li pauc el majoral
E cant agron manjat viron per un costal
Lo comte de Montfort venir ab so senhal
E motz dautres Frances que tuit son a caval

« Simon de Montfort doit entrer demain en armes (dans Muret);
« — et quand il y sera entré et enfermé, — et que mon cousin Nu-
« gnez sera arrivé ici, — nous assiégerons alors la ville de tous
« côtés, — et prendrons les Français et tous les Croisés, — à leur
« grand dommage, qui ne sera plus réparé, — et le paradis alors
« sera partout remis en splendeur. — Mais si nous prenions
« maintenant ceux qui sont dans Muret, — Simon s'enfuirait par
« les autres comtés, — et les délais seraient doublés à le pour-
« suivre. — Ainsi donc, le mieux est de nous accorder tous, —
« et de les laisser entrer; après cela, les dés sont à nous, — et
« nous ne les lâcherons point que la partie ne soit gagnée. — Faites
« dire cela aux vôtres. »

CXXXVIII.

Et (là-dessus) les damoiseaux (des Capitouls) vont dire au conseil principal (de la milice) — de faire à l'instant de Muret
sortir l'host communal, — de ne plus y trancher palissade ni
barrière, — mais d'y laisser toute chose entière et debout; —
d'enjoindre à chacun, par (tout) ce qu'il a de cher, de retourner
aux tentes, — parce qu'ainsi l'ordonne le bon roi (d'Aragon)
au cœur impérial. — « Don Simon, disent-ils, doit arriver à Mu-
« ret avant le soir, — et il aime mieux le prendre là qu'ailleurs. »
— Les hommes (de Toulouse), quand ils entendent cet (ordre),
sortent tous ensemble — et s'en vont à travers les tentes, chacun
à son poste : — là ils se mettent tous à manger et à boire, les petits
et les grands; — et à peine avaient-ils mangé, qu'ils virent le long

La ribeira resplan co si fosso cristalh
2985 Dels elmes e dels brancs quieu dig per sant Marsal
Anc en tan pauca gent no vis tan bon vassal
E intran a Murel per mei lo mercadal
E van a las albergas com baron natural
E an pro atrobat pa e vi e carnal
2990 E puis a lendema can viro lo jornal
Lo bos reis dArago e tuit li seu capdal
Eison a parlament de fora en .I. pradal.
E lo coms de Tholoza el de Foih atertal
E lo coms de Cumenge ab bon cor e leial
2995 E mot dautri baro en Ugs lo senescal
Els borzes de Toloza e tuit li menestral
El reis parlet primers.

CXXXIX.

Lo reis parlet primers car el sap gent parlar
Senhors so lor a dit aujatz quous vulh monstrar
3000 Simos es lai vengutz e no pot escapar
Mas pero eu vos vulh daitant asabentar
Que la batalha er abans de lavesprar
E vos autres siats adreit per capdelar.
Sapjatz los grans colps e ferir e donar
3005 Que si eran x. tans sils farem trastornar
E lo coms de Toloza se pres a razonar
Senher reis dArago sim voletz escoutar
Eu von diirei mo sen ni que ner bo per far
Fassam entorn las tendas las barreiras dressar
3010 Que nulhs om a caval dins non puesca intrar
E si venoilh Frances quens vulhan asautar

d'un coteau — le comte de Montfort venir avec sa bannière, — (lui) et beaucoup d'autres Français tous à cheval. — La rivière resplendit des épées et des heaumes, comme s'ils étaient de cristal, et je vous dis, par saint Marceau! — que jamais, en si petite troupe, l'on ne vit tant de braves. — Ils entrent à Muret à travers le marché, — et s'en vont, comme vrais barons, à leurs albergues, — où ils trouvent du pain, du vin et de la viande. — Le lendemain, dès qu'ils aperçurent le jour, — le bon roi d'Aragon et tous les autres chefs — se rassemblent en parlement, hors des tentes, dans un pré. — (Là se trouvent) le comte de Toulouse et celui de Foix, — le comte de Comminges au cœur bon et loyal, — Hugues le sénéchal, avec beaucoup d'autres barons, — les bourgeois de Toulouse et tous leurs officiers. — Le roi parle le premier.

CXXXIX.

Le premier le roi parle; car bien sait-il parler. — « Seigneurs, « leur a-t-il dit, écoutez ce que je veux vous apprendre. — Simon « vient d'entrer là (à Muret), et ne peut échapper. — Je n'ai besoin « de vous informer d'autre chose, — sinon qu'il y aura bataille « avant le soir; — ainsi donc, songez tous à bien commander, — « et sachez donner et frapper les grands coups; — et quand les « Français seraient dix fois plus nombreux, nous les ferons reculer. » — Le comte de Toulouse se prit ensuite à discourir : — « Sei- « gneur roi d'Aragon, si vous voulez m'écouter, — je vous dirai mon « sentiment de ce qu'il faut faire. — Faisons autour des tentes dres- « ser des barrières, — de sorte que nul homme à cheval n'y puisse « entrer. — Et si les Français viennent pour nous assaillir, — nous

E nos ab las balestas los farem totz nafrar
Cant auran los cabs voutz podem los encausar
E poirem los trastotz aisi desbaratar
3015 So ditz Miquel de Luzia jes aiso bo nom par
Que ja l reis dArago fassa cest mal estar
E es mot grans pecatz car avetz on estar
Per vostra volpilha us laichatz deseretar
Senhors so ditz lo coms als non pusc acabar
3020 Ers sia cous vulhatz cabans de lanoitar
Veirem be cals sira darriers al camp levar
Ab tant cridan ad armas e van se tuit armar
Entro sus a las portas sen van esperonar
Si que an los Frances trastotz faits ensarrar
3025 E per meia la porta van las lansas gitar
Si quel dins el de fora contendon sul lumdar
Es gieten dartz e lansas es van grans colps donar
Dentrambas las partidas ne fan lo sanc raiar
Que trastota la porta viratz vermelheiar
3030 Can aicels de la fora no pogron dins intrar
Dreitament a las tendas sen prendo a tornar
Vel vos asetiatz totz essems al dinnar
Mas Simos de Montfort fai per Murel cridar
Per trastotz los osdals que fassan enselar
3035 E fassan las cubertas sobrels cavals gitar
Que veiran dels defora sils poiran enganar
A la porta de Salas los ne fan totz anar
E cant foron de fora pres se a sermonar
Senhors baro de Fransa nous sei nulh cosselh dar
3040 Mas quem vengutz trastuit per nos totz perilhar
Anc de tota esta noit no fi mas perpessar
Ni mei olh no dormiron ni pogron repauzar
E ai aisi trobat e mon estuziar
Que per aquest semdier nos covindra passar

« — les ferons navrer par nos arbalètes; — et quand ils tourne-
« ront la face, nous pourrons les poursuivre, — et de la sorte les
« déconfire tous. » — « Cela ne me paraît déjà point bien, dit Mi-
« chel de Luzian, — que le roi d'Aragon ait ouvert cette triste dé-
« libération : — mais vous faites pis (seigneur comte), vous qui,
« ayant (de vastes) terres,—vous laissez par couardise déshériter. »—
« Seigneurs, dit alors le comte, je ne propose plus rien. — Faites
« ce que vous voulez; et avant qu'il ne fasse nuit, — nous verrons
« bien qui sera le dernier à lever le camp. » — Là-dessus, on crie
aux armes, et tous se vont armer; — ils s'en vont éperonnant
jusqu'aux portes de la ville, — contraignent tous les Français à
s'y enfermer, — et lancent leurs épieux à travers la porte. — De
sorte que ceux de dedans et ceux de dehors bataillent sur le
seuil, — se jettent lances et dards, et s'entre-frappent à grands
coups, — qui des deux côtés font couler le sang (tellement) —
que vous en verriez la porte devenue toute vermeille. — Ceux
de dehors ne pouvant entrer dans la ville, — s'en retournent
tout droit à leurs tentes; — et les voilà tous ensemble assis à
dîner. — Mais Simon de Montfort fait alors, dans Muret, crier
— par toutes les albergues de seller les chevaux — et de leur
mettre leurs bardes sur le dos, — afin de voir s'ils pourront
prendre au piége ceux de dehors. — Il ordonne que tout le
monde se réunisse à la porte de Salas ; — et quand ils sont tous
dehors, il se prend à discourir : — « Seigneurs barons de
« France, je ne sais vous dire autre chose, — sinon que nous
« sommes tous venus ici nous mettre en péril. — Je n'ai fait,
« toute cette nuit, que réfléchir; — et mes yeux n'ont pu ni dor-
« mir, ni reposer. — Or voici ce qu'en réfléchissant j'ai trouvé :
« — Il nous faut suivre ce chemin, — et marcher droit aux tentes,

3045 E anem dreit a las tendas com per batalha dar
E si eison de foras quens vulhan asaltar
E si nos de las tendas nols podem alunhar
Noi a mas que fugam tot dreit ad Autvilar
Ditz lo coms Baudois anem o esaiar
3050 E si eisson de fora pessem del be chaplar
Que mais val mortz ondrada que vius mendigueiar
Abtant Folquets lavesques los a pres a senhar
Guilheumes de la Barra los pres a capdelar
E fels en tres partidas totz essems escalar
3055 E totas las senheiras el primer cap anar
E van dreit a las tendas.

CXL.

Tuit sen van a las tendas per meias las palutz
Senheiras desplegadas els penos destendutz
Dels escutz e dels elmes on es li ors batutz
3060 E dausbercs e despazas tota la preasan lutz
El bos reis dArago cant los ag perceubutz
Ab petits companhos es vas lor atendutz
El ome de Tolosa i son tuit corregutz
Que anc ni coms ni reis non fon de ren creutz
3065 E anc non saubon mot trols Frances son vengutz
E van trastuit lai on fol reis conogutz
El escrida eu sol reis mas noi es entendutz
E fo si malament e nafratz e ferutz
Que per meia la terra ses lo sancs espandutz
3070 E loras cazec mortz aqui totz estendutz
E lautri cant o viro tenos per deceubutz
Qui fug sa qui fug la us no ses defendutz
E li Frances lor corro e an totz lor destrutz
E an los malament de guiza combatutz

« comme pour livrer bataille. — S'ils sortent, résolus à nous tenir
« tête, — et si nous ne pouvons les chasser de leurs tentes, — il
« ne nous reste qu'à nous enfuir tout droit à Hautvillar. » —
« Faisons-en l'essai, dit le comte Baudouin; — et si l'ennemi
« sort, pensons à bien tailler : — mieux vaut mourir glorieuse-
« ment, que vivre en mendiant. » — Là-dessus, l'évêque Folquet
se prend à leur donner la bénédiction, — et Guillaume de la
Barre se met à leur tête. — Il en fait trois corps de bataille, l'un
à l'autre échelonnés; — il fait avec le premier corps marcher
toutes les bannières, — et ils vont droit aux tentes.

CXL.

Ils s'en vont droit aux tentes, à travers le marais, — bannières
déployées et pennons flottants; — d'écus, de heaumes dorés à or
battu, — de hauberts et d'épées reluit toute la prairie. — Quand
le bon roi d'Aragon les aperçoit, — il les attend avec un petit
nombre de compagnons; — mais tous accourent aussi les hommes
de Toulouse, — sans écouter nullement le roi ni le comte, —
sans savoir de quoi il s'agit, jusqu'au moment où les Français
sont là, — qui s'élancent tous là où le roi était inconnu. — « Je
« suis le roi ! » s'écrie-t-il; mais on ne l'entend pas; — et il est si
cruellement frappé et blessé, — que son sang a coulé jusqu'à
terre — et qu'il tombe là étendu mort. — Les autres, qui le
voient, se tiennent pour perdus. — Qui fuit çà, qui fuit là : personne ne se défend; — les Français les poursuivent, les exter-
minent, — et leur font si dure guerre, — que celui qui leur
échappe vivant se croit sauvé (par miracle). — Le carnage
dura jusqu'au Rivet. — Ceux de l'host de Toulouse restés aux

Car cel qui vius nescapa se te per ereubutz
Entro sus al Rivel es lo chaples tengutz
El ome de Toloza cals traps son remazutz
Estero tuit essemps malament desperdutz
En Dalmatz dEnteisehl es per laiga embatutz
E crida Dieus ajuda grans mals nos es cregutz
Quel bos reis dArago es mortz e recrezutz
E tant baro dels autres que so mortz e vencutz
Jamais tan grans dampnatges non sera receubutz
Ab tant es de Garona fors de laiga issutz
El pobles de Toloza e lo grans el menutz
Sen son trastuit essems ves laiga corregutz
E passon cels que pogon mas mots nia remazutz
Laiga ques rabineira na negatz e perutz
E remas ins el camp trastotz lo lor trautz
Don fo lo grans dampnatges per lo mon retendutz
Car mans om i remas totz morts e estendutz
    Don es grans lo dampnatges.

CXLI.

Mot fo grans lo dampnatges el dols el perdementz
Cant lo reis dArago remas mort e sagnens
E mot dautres baros don fo grans launimens
A tot crestianesme e a trastotas gens
Els omes de Tholosa totz iratz e dolens
Aicels qui son estortz que no son remnaens
Sen intran a Tolosa dedins los bastimens
En Symos de Montfort alegres e jauzens
A retengut lo camp don ac mans garnimens
E mostra e retra trastotz sos partimens
E lo coms de Tolosa es iratz e dolens

tentes — étaient là tous ensemble, comme hommes éperdus, — lorsque don Dalmace d'Entoisel s'est lancé dans l'eau, — en criant : « Au secours! grand mal nous est arrivé, — le bon roi d'A-« ragon est abattu et mort! — et avec lui sont morts tant d'autres « barons, — que jamais perte si grande ne sera réparée. » — Parlant ainsi, il est sorti de l'eau de Garonne; — et aussitôt tous les hommes de Toulouse, les principaux, les moindres, — ont couru tous ensemble vers la rivière : — ceux-là la passent qui peuvent; mais beaucoup restent en deçà, — et l'eau, qui roule comme torrent, en a englouti plusieurs. — Dans le camp est resté tout le bagage, — et grande en retentit la perte par le monde; — et ce fut aussi de maint homme qui resta là mort étendu — grand dommage.

CXLI.

Grands furent le dommage, la douleur et la perte, — lorsque le roi d'Aragon resta (sous Muret) mort et sanglant, — avec grand nombre d'autres barons; et grande fut la honte (qui en revint) — à toute la chrétienté et à tout le monde. — Les hommes de Toulouse, ceux qui se sont sauvés de là où sont restés tant d'autres, tristes et dolents, — rentrent à Toulouse dans leurs maisons. — Mais Simon de Montfort, allègre et joyeux, — s'est emparé du camp, où il a trouvé force dépouilles, — dont il va dictant et assignant les diverses parts. — (Quant au) comte de Toulouse, triste et soucieux, — il dit, et dit se-

Ez a dig al Capitol ez aquo bassamens
3105 Qual mielhs ques els puescan fassan acordamens
Que el ira al Papa far sos querelhamens
Quen Simos de Montfort ab sos mals cauzimens
La gitat de sa terra ab glazios turmens
Pueih issic de sa terra e sos filhs ichamens
3110 Els homes de Tolosa cum caitieus e dolens
Sacordan ab en Simo e li fan sagramens
E redos a la gleiza a totz bos cauzimens
El cardenals trames a Paris ichamens
Al filh del rei de Fransa cades venga correns
3115 Ez el i es vengutz bautz e alegramens
Ez intran a Toloza trastot cominalmens
E perprendo la vila e los albergamens
Ez albergon ab joia dedins los pazimens
Els omes de la vila dizon siam suffrens
3120 Suffram so que Dieus vol trastot paziblamens
Que Dieus nos pot aidar que es nostre guirens
El filhs del rei de Fransa ques de mal cossentens
En Simos el cardenals en Folcs mescladamens
An dig en lor secret can lo barreiamens
3125 Per trastota la vila e pois lo focs ardens
En Simos se perpessa que es mals e cozens
Que si destrui la vila non er sos salvamens
Que mais val sia seus totz laurs e totz largens
E puesh fo entre lor aitals emprendemens
3130 Ques umplan los valatz e nulhs om defendens
No si puesca defendre ab negus garnimens
E trastotas las tors els murs els bastimens
Que sian derrocatz e mes en fondemens
Aisi fo autreiatz e dig lo jutjamens
3135 En Simos de Montfort remas terra tenens

crètement à ceux du Capitole— de faire la paix aussi bien qu'ils
pourront, — et qu'il s'en ira, lui, se plaindre au Pape — que
Simon de Montfort, par ses menées discourtoises, — l'a chassé
de sa terre (et accablé) de douleurs poignantes comme glaive.
— Et là-dessus, il sort de sa terre avec son fils.— Les hommes
de Toulouse, chétifs et contraints, — s'accorde avec don Simon,
lui jurent (fidélité), — et se soumettent loyalement à l'église. —
Le cardinal envoya (alors) à Paris (dire) — au fils du roi de France
de venir en toute hâte.— Et le (prince) est venu allègrement
et empressé : — ils entrent (les Croisés et lui) ensemble à
Toulouse, — occupent la ville et les albergues, — et s'établissent joyeusement dans les cours. — « Supportons cela, disent les
« hommes de la ville, — supportons en paix tout ce que Dieu
« veut; — car Dieu, qui est notre sauveur, pourra nous se-
« courir. »— (Cependant) le fils du roi de France, qui consent à
mal, — don Simon, le cardinal, et Folquet tous ensemble, —
proposent en secret de saccager (d'abord) — toute la ville; puis
d'y mettre le feu ardent (pour la brûler). — Mais don Simon
réfléchit que le parti est dur et terrible; — que s'il détruit la
ville, ce sera à son dommage; — qu'il vaut mieux, pour lui, en
avoir tout l'or et tout l'argent. — Ils s'arrêtent enfin à ce parti,
— que les fossés de la ville soient comblés, et que tout homme
pouvant la défendre — n'ait, pour cela, ni arme ni armure;
— que toutes les tours, les fortifications et les murs —
soient abattus et rasés jusqu'aux fondements. — Cela fut convenu, et la sentence en fut portée. — Don Simon de Montfort
resta en possession du pays — et de toutes les autres terres
qui en dépendaient. — (Ainsi) à force de fausses prédications

De trastotas las terras ques eran apendens
Al comte de Tholoza ni als sieus benvolens
Quel es dezeretatz ab fals prezicamens
　　　El reis tornas en Fransa.

CXLII.

3140 Lo filhs del rei de Fransa fo mot be aculhitz
Per son paire e pels autres e volgutz e grazitz
Ez es vengutz en Fransa de sobrel arabitz
E comta al rei son paire cum ses ben enantitz
En Simos de Montfort ni cum ses enriquitz
3145 El reis no respon mot ni nulha re no ditz
Hieu cug per cela terra sera mortz e delitz
En Simo en Gui so fraire tant no so ichernitz
Ar tornem al pros comte ques nes anatz faiditz
Per terra e per mar a trop estat marritz
3150 Mas cum que sia fag Dieus e Sant Esperitz
Lha fait tant de miracle ques a bon port ichitz
Que sel e son pauc filh de mainada escaritz
Sen son intratz en Roma on se so congauzitz
La us a dig a lautre que Dieus lor sia guitz
3155 Aqui es lo coms de Foih ques de parlar aizitz
En Arnaut de Vilamur ques de bon cor garnitz
E en P. R. i fo de Rabastencs larditz
Es ac ni gran re dautres de rics e damarvitz
Que mantedran lor dreg si hom lor contraditz
3160　　　Can la cort er complida.

sont dépouillés de leurs héritages — le comte de Toulouse et ses amis; — et le (fils du roi) retourne en France.

CXLII.

Le fils du roi de France fut à merveille accueilli, — agréé et désiré par son père et par les autres, — quand il est revenu en France sur son cheval d'Arabie, — et quand il a conté au roi son père comment est en pouvoir — et en richesse monté Simon de Montfort. — Mais le roi ne lui répond pas, ne lui dit pas une parole. — Et moi je crois que, pour cette terre, seront occis et détruits — don Simon et don Guy : ils ne sont pas assez illustres (pour elle). — Mais revenons actuellement au preux comte, qui s'en est allé banni; — il a par terre et par mer longuement souffert. — Après tout, cependant, Dieu et le Saint-Esprit — ont fait pour lui tel miracle, qu'il est arrivé à bon port : — lui et son tout jeune fils, avec leur cortége, — sont entrés à Rome, en se félicitant, — priant l'un et l'autre Dieu de vouloir bien être leur guide. — Là sont le comte de Foix, habile à discourir; — don Arnaud de Vilamur, de noble cœur armé; — Pierre Roger de Rabastens, le hardi, — et beaucoup d'autres barons des plus puissants et des plus experts, — qui maintiendront leur droit, si on le conteste, — quand la cour sera assemblée.

3140
3145
3150
3155
3160

CXLIII.

    Cant la cortz es complida es mot grans lo ressos
    Del senhor Apostoli ques vers religios
    Lai fo faitz lo concilis e la legacios
    Dels prelatz de glieza que lai foron somos
3165 Cardenals e avesques e abatz e priors
    E comtes e vescomtes de motas regios
    Lai fol coms de Tholosa e sos filhs bels e bos
    Quez vengutz dEnglaterra ab petitz cumpanhos
    E trespasec per Fransa per motz locs perilhos
3170 Car gent nArnaut Topina li menet a rescos
    E ses vengutz a Roma on es sagracios
    E mandec lApostolis que reconciliatz fos
    Quanc no nasquec de maire nulhs plus avinens tos
    Quel es adreitz e savis e de gentils faisos
3175 E del milhor linage que sia ni anc fos
    De Fransa e dEnglaterra e del comte nAnfos
    E fo il coms de Foih ques avinens e pros
    E denant lApostoli gietans agenolhos
    Per recobrar las terras que foron dels pairos
3180 LApostolis regarda lefant e sas faisos
    E conosc lo linatge e saub las falhizos
    De glieza e de clercia que son contrarios
    De pietat e dira nal cor tant doloiros
    Quen sospira en plora de sos olhs ambedos
3185 Mas lai no val als comtes dreitz ni fes ni razos
    Mas pero lApostolis ques savis e guiscos
    Denant tota la cort e vezen dels baros
    Monstra per escriptura e per leials sermos
    Quel comte de Tholoza no repren ocaizos
3190 Quel deia perdre terra ni que mais crezens fos

CXLIII.

Quand la cour du seigneur Pape, vrai chef de la religion, — est complète, grande est la rumeur (qui s'y élève). — Là fut tenu le conseil et l'assemblée — des prélats de l'église, qui avaient été tous convoqués; — des cardinaux et des évêques, des abbés et des prieurs, — des comtes et vicomtes de maint pays. — Le comte de Toulouse y assista avec son fils, avec ce bel et bon (infant), — qui d'Angleterre est arrivé avec de jeunes compagnons, — ayant traversé en France maints endroits périlleux, — bien et secrètement guidé par Arnaud Topina. — Il est arrivé à Rome, la ville des choses sacrées; — le Pape a voulu qu'il fût réconcilié (avec l'église), — car jamais de mère ne naquit garçon plus gracieux, — plus adroit, plus sage et de plus gentilles façons, — sans parler de son lignage, le plus noble qui soit ou qui ait été — en France, en Angleterre, (ou dans le pays) du comte Alphonse. — Là fut aussi le comte de Foix, le preux et l'avenant. — (Le comte de Toulouse et son fils) se jettent à genoux devant le Pape, — redemandant les terres qui furent (celles) de leurs pères. — Le Pape considère l'infant et son air; — il connaît sa noble race, il sait les torts — de l'église et du clergé, ennemis (du comte), — et il a le cœur si troublé de pitié et de souci, — qu'il en soupire et en pleure de ses deux yeux. — Mais il n'y a là ni droit, ni foi, ni raison qui servent aux (deux) comtes; — si ce n'est que le Pape, qui est sage et prudent, — devant toute la cour, et en présence des barons, — démontre par écritures et par loyales paroles — qu'il n'a point à reprocher au comte de Toulouse des actes — pour

Ans la pres per catholic en faitz e en respos
Mas per la covinensa cavian entrels dos
E per paor de clercia de quel es temoros
Li retenc pueih sa terra en devenc poderos
3195 E volc que la tengues en comandan Simos
Car en autra maneira nol en eral faitz dos
Don li comte remazo ab coratges felos
Car cel que pert sa terra mot nal cor engoichos
Mas denant lApostoli car es temps e sazos
3200 Se leval coms de Foih e aondal razos
Ez el sap la ben diire.

CXLIV.

Ez el sap la ben diire ab sen e ab escient
Cant lo coms se razona de sobrel paziment
Tota la cortz lescouta e lesgarda e lentent
3205 Ez ac la color fresca e lo cors covinent
E venc a lApostoli e dih li belament
Senher dreitz Apostolis on totz lo mon apent
E tel loc de sent Peire el seu governament
On tuit li pecador devon trobar guirent
3210 E deus tener drechura e patz e judjament
Per so car i est pauzatz al nostre salvament
Senher mos diitz escota e totz mos dreit me rent
Quieu me posc escondire e far ver sagrament
Canc non amei eretges ni nulh hom mescrezent
3215 Ni volh ja lor paria ni mos cors nols cossent
E pos la santa glieza me troba obedient
Soi vengutz en ta cort per jutjar leialment
Eu el rics coms mos senher e sos filhs ichament
Ques bels e bos e savis e de petit jovent

lesquels il doive perdre sa terre, ni d'être mécréant ; — qu'il
l'a trouvé (bon) catholique de fait et de propos ; — mais qu'à
raison de l'accord conclu avec lui, — et par ménagement pour
le clergé qu'il redoute, — il lui a depuis retenu sa terre, en a
pris le gouvernement, — et a voulu que don Simon la tînt en
commande, — sans lui en avoir fait don en aucune manière,
— pour que les comtes en eussent le cœur contristé, — comme
l'a toujours quiconque perd sa terre. — Mais il est temps ; voilà
le moment pour le comte de Foix de se lever devant le Pape ;
il a de bonnes raisons à dire — et saura bien les dire.

CXLIV.

Il saura prudemment et sagement les dire. — Quand il
commence à discourir, debout sur le parquet, — toute la cour le
regarde, l'écoute et l'entend. — Beau de personne, de fraîche couleur, — il s'avance vers le Pape, et lui parle avec révérence : —
« Seigneur vrai Pape, de qui le monde entier relève, — aussi
« bien que la ville de Saint-Pierre et son gouvernement, — auprès
« de qui tous les pécheurs doivent trouver un remède, — et
« dois par tes jugements maintenir la droiture et la paix ; — élevé
« sur ce siége pour notre salut, — seigneur, écoute mes paroles
« et me rends justice. — Je puis aisément me justifier et jurer
« en toute vérité — que je n'aimai jamais hérétique ni mécréant ;
« — que je n'ai jamais cherché leur société, ni ne les approuve
« en mon cœur. — Obéissant et soumis à la sainte église, — je
« suis venu loyalement en ta cour (chercher mon droit) ; — moi,
« le puissant comte mon seigneur, et son fils, — qui, beau, bon,
« sage et d'âge tendre, — n'a ni pu dire ni faire trahison ou

3220 Ez anc no fe ni dig engan ni falhiment
　　　E pos dreh nol encuza ni razos nol reprent
　　　Si non a tort ni colpa a nulha re vivent
　　　Bem fai grans meravilhas per que ni per cal sent
　　　Pot nulhs pros om suffrir son dezeretament
3225 E lo rics coms mos senher cui grans honors apent
　　　Se mezeis e sa terra mes el teu cauziment
　　　Proensa e Tholosa e Montalba rendent
　　　E poih foron lhivrat a mort e a turment
　　　Al pejor enemic e de pejor talent
3230 An Simon de Montfort quels lhia e los pent
　　　Els destrui els abaicha que merces nolh en prent
　　　E pos se foron mes el teu esgardement
　　　So vengutz a la mort e al perilhament
　　　Ez ieu meteis ric senher per lo tieu mandament
3235 Rendeil castel de Foih ab lo ric bastiment
　　　El castels es tant fortz quel mezeis se defent
　　　Ez aviai pa e vi pro e carn e froment
　　　Ez aiga clara e dousa jos la rocha pendent
　　　E ma gentil companha e mot clar garniment
3240 E nol temia perdre per nulh afortiment
　　　E sab ol cardenals si men vol far guirent
　　　Si cum eu lo lhivrei qui aital nol me rent
　　　Ja nulhs om nos deu creire e nulh bel covenent
　　　Lo cardenals se leva e respondec breument
3245 E venc a lApostoli e dig li belament
　　　Senher so quel coms ditz de sol .I. mot noi ment
　　　Quieu receubil castel el lhivrei verament
　　　E la mia prezensa i mes son establiment
　　　　　　Labas de sent Tuberi.

« fausseté. — Si donc droiture n'a point à l'accuser, ni raison à
« le reprendre, — s'il n'a ni tort ni faute envers chose vivante,
« — je demande avec surprise pourquoi, ni pour l'amour de quel
« saint, — un homme de bien supporterait de le voir dépouillé.
« — Le puissant comte mon seigneur, le seigneur de tant de
« pays, — s'est mis, lui et sa terre, à ta merci; — il t'a rendu la
« Provence, Toulouse et Montauban, — et partout les habitants
« ont été livrés aux supplices et à la mort, — (ont été livrés) au
« pire des ennemis, au plus méchant des hommes, — à Simon
« de Montfort, qui les fait garrotter et pendre, — qui les exter-
« mine et les outrage sans merci. — C'est après s'être mis sous
« ta protection — que (nos peuples) sont tombés en péril et
« ont été égorgés; — et moi-même, puissant seigneur, à ton
« ordre, — j'ai rendu mon château de Foix avec sa noble forte-
« resse, — château si fort qu'il se serait de lui-même et tout
« seul défendu, — où tout abondait, le pain et le vin, la viande
« et le froment, — où coule au bas de la roche pendante une
« eau claire et douce; — où j'avais maints braves compagnons,
« maintes armures luisantes : — (je te l'ai livré), et je ne craignais
« point qu'il me fût pris de force. — Le cardinal (ton légat)
« le sait bien; il peut, s'il veut, attester — comment je les lui
« remis; et s'il ne m'est rendu tel, — il ne faut plus croire à
« parole d'homme ni à nul loyal accord. » — Là-dessus se lève le
cardinal, pour répondre brièvement; — il s'en vient au Pape, et
doucement lui dit : — « Seigneur, en ce qu'a dit le comte, il
« n'a pas menti d'un seul mot. — Ce fut moi qui reçus le château
« et le livrai loyalement — à l'abbé de Saint-Thibéry, qui, en
« ma présence, y mit sa garnison. »

CXLV.

3250 Labas de sent Tuberi es pros e gent abitz
El castels es mot fortz e ben e gent garnitz
El coms a bonament Dieu e tu obezit
Ab tant se leva em pes car estec ben aizitz
Levesques de Tholosa de respondre amarvitz
3255 Senhors so ditz lavesques tug auzets quel coms ditz
Quel ses de la eretgia delhivratz e partitz
Eu dic que de sa terra fo la mager razitz
E el los a amatz e volgutz e grazitz
E totz lo seus comtatz nera ples e farzitz
3260 El pog de Mont Segur fo per aital bastitz
Quel los pogues defendre els i a cossentitz
E sa sor fo eretja cant moric sos maritz
Es estec poih a Pamias plus de III. ans complitz
Ab sa mala doctrina ni a mans convertitz
3265 E los teus peregris per cui Dieus fo servitz
Que cassavan eretges e rotiers e faizitz
Na tans mortz e trencatz e brizatz e partitz
Que lo cams de Montjoy ne remas si crostitz
Quencaran plora Fransa e tun remas aunitz
3270 Lai foras a la porta es tals lo dols el critz
Dels orbs e del faiditz e daicels meg partitz
Que negus no pot ir si no lo mena guitz
E cel que los a mortz ni brizatz ni cruichitz
Ja no deu tenir terra caitals es sos meritz
3275 NArnaut de Vilamur es sus em pes salhitz
E fo ben entendutz e gardatz e auzitz
Pero gent se razona no ses espaorzitz
Senhors si eu saubes quel dans fos enantitz
Ni quen la cort de Roma fos tant fort enbrugitz

CXLV.

« Preux et de noble cœur est l'abbé de Saint-Thibéry ; — (il
« dira que) le château est fort et bien défendu, — et que le
« comte (en le rendant) a obéi à Dieu et à toi. » — Mais voilà
que l'évêque de Toulouse, d'un air assuré, se dresse sur ses
pieds, tout prêt à répondre. — « Seigneurs, dit-il, vous avez tous
« entendu ce qu'a dit le comte, — qu'il s'est éloigné et départi
« de l'hérésie ; — et moi, je vous le dis, c'est dans sa terre que
« (l'hérésie) a jeté les plus fortes racines. — (Je vous dis) qu'il a
« aimé, désiré et agréé les (hérétiques), — et que tout son comté
« en était plein à regorger. — Le château de Mont-Ségur a été
« bâti à dessein — de les y introduire et de les y défendre. —
« Sa sœur s'est faite hérétique à la mort de son époux ; — et à
« Pamiers, où elle a passé plus de trois ans, — elle a converti
« maintes personnes à sa mauvaise croyance. — (Et les Croisés),
« tes pèlerins, qui avaient marché pour servir Dieu, — qui pour-
« chassaient les hérétiques, les routiers et les faidits ; — il en a
« tant tué, tant taillé en pièces, tant rompu et meurtri, — que
« leurs ossements ont fait croûte sur la campagne de Montjoie,
« — que la France en pleure encore, et que tu en es honni. —
« Et grands sont là-bas, à la porte (de Pamiers), les lamentations
« et les cris — des bannis, des mutilés et des aveugles, — qui ne
« peuvent faire un pas s'ils n'ont un guide qui les mène. — Celui
« qui les a tués, martyrisés, brisés, — ne doit plus tenir terre :
« c'est là la récompense qui lui est due. » — (Là-dessus), Arnaud de
Vilamur se dresse sur ses pieds ; — il ne s'effraye point et parle
fièrement, — regardé, entendu, écouté de tous. — « Seigneurs,

3280 Mais ni agra perver ses olhs e ses narritz
Per Dieu ditz lus a lautre est es fols et arditz
Senher so ditz lo coms mos grans dreitz mesconditz
E ma leial drechura e mos bos esperitz
E qui per dreg me jutja hieu so sals e guaritz
3285 Quanc non amei eretges ni crezens ni vestitz
Enans me soi rendutz e donatz e ufritz
Dreitamens a Bolbona on ieu fui ben aizitz
On trastotz mos lhinatges es datz e sebelhitz
Del pog de Mont Segur es lo dreg esclarzitz
3290 Car anc non fui .I. jorn senher poestaditz
E si ma sor fo mala ni femna pecairitz
Ges per lo sieu pecat no dei estre peritz
Car estec en la terra es lo dreitz devezitz
E car lo coms mos paire dih ans que fos fenitz
3295 Que si el efant avia quen nulh locs fos marrit
Que tornes en la terra en que era noiritz
E que i agues sos ops e i fos be reculhitz
E jur vos pel Senhor quen la crotz fora mitz
Ques anc bos peregris ni nulhs romeus aizitz
3300 Que serques bos viatges que Dieus ha establit
No fo per me destruitz ni raubatz ni fenitz
Ni per ma companhia lor camis envazitz
Mas daquels raubadors fals trachors fe mentitz
Que portav n las crotz per quieu fos destrusit
3305 Per me ni per los meus non fo nulhs cosseguitz
Que no perdes los ols els pes els punhs els ditz
E sab me bo de lor ques ai mortz e delitz
E mal daquels que son escapatz e fugitz
E dic vos de lavesque que tant nes afortitz
3310 Quen la sua semblansa es Dieus e nos trazitz
Quab cansos messongeiras e ab motz coladitz
Dont totz hom es perdutz quels canta ni os ditz

« dit-il, si j'avais su qu'il serait question de ce méfait — et qu'il
« en serait fait si grand bruit à la cour de Rome, — il y en aurait
« encore bien plus sans nez et sans oreilles (de ces bandits de
« pèlerins). » — « Par Dieu ! se disent les (auditeurs) l'un à l'autre,
« voilà un fou bien hardi ! » — « Seigneurs, reprend le comte de
« Foix, je suis défendu par mon bon droit, — par ma loyauté et
« ma bonne intention ; — et si je suis jugé avec équité, je suis
« victorieux et sauf. — Non, je n'ai point aimé les hérétiques, ni
« les novices, ni les parfaits ; — je me suis au contraire offert et
« donné — pieusement au (monastère de) Bolbone, dont j'ai
« toujours été l'ami, — où tous ceux de ma race se sont aussi
« donnés pour être ensevelis. — Au sujet du château de Mont-
« Ségur, la vérité est claire : — je n'ai jamais eu dans ce château
« seigneurie ni autorité. — Quant à ma sœur, si elle fut femme
« méchante et pécheresse, — je ne dois point périr à cause de
« son péché. — Si elle habita sur ma terre, elle en avait le droit :
« — car, avant sa fin, le comte mon père voulut — que, s'il y
« avait un de ses enfants qui se déplût en pays étranger, — il pût
« revenir dans la terre où il avait été nourri, — y fût bien accueilli
« et y eût son nécessaire. — Et je vous jure, par le Seigneur qui
« fut mis en croix, — que jamais bon pèlerin ou romieu paisible,
« — cheminant pieusement vers quelque saint lieu, — ne fut
« par moi dépouillé, maltraité, tué, — ni arrêté dans son
« chemin par mes hommes. — Mais ces voleurs, ces traîtres, sans
« honneur et sans foi, — portant cette croix qui nous a écrasés,
« — il est vrai qu'aucun n'a été pris par les miens ou par moi
« — qu'il n'ait perdu les yeux, les pieds, les mains ou les doigts.
« — De ceux que j'ai tués ou détruits, il m'en vient joie au cœur ; —
« de ceux qui me sont échappés et ont fui, il m'en vient mal. —

Ez ab sos reproverbis afilatz e forbitz
Ez ab los nostres dos don fo enjotglaritz
3315 Ez ab mala doctrina es tant fort enriquitz
Com non auza ren diire a so quel contraditz
Pero cant el fo abas ni monges revestitz
En la sua abadia fo sil lums escurzitz
Quanc noi ac be ni pauza tro quel ne fo ichitz
3320 E cant fo de Tholosa avesques elegitz
Per trastota la terra es tals focs espanditz
Que jamais per nulha aiga no sira escantitz
Que plus de .D. M. que de grans que petitz
I fe perdre las vidas els cors els esperitz
3325 Per la fe quieu vos deg al seus faitz e als ditz
Ez a la captenensa sembla mielhs antecritz
Que messatges de Roma.

CXLVI.

Quel messatge de Roma ma dig e autreiat
Quel senher Apostolis me rendra ma eretat
3330 E ja nulhs hom nom tenga per nesci ni per fat
Sieu lo castel de Foih volia aver cobrat
Que Dieus ne sab mon cor col tendria membrat
Lo cardenals mo senher ne sab la veritat
Col rendei bonament e ab sen e ab grat
3335 E aicel que rete so com lha comandat
Per dreg e per razo li deu estre blasmat
Coms so ditz lApostolis mot as gent razonat
Lo teu dreg mas lo nostre as .I. petit mermat
Eu saubrei lo teu dreg e la tua bontat

« Et cet évêque qui parle si haut, je vous dis, moi, — qu'il nous a 3310
« tous trahis, Dieu et nous. — Car le voilà qui, grâce à ses chan-
« sons mensongères, à ses vers doucereux, — qui perdent qui-
« conque les dit ou les chante ; — qui, grâce à ses phrases polies et
« repolies, — à son pernicieux savoir et à nos présents avec les- 3315
« quels il se fit jongleur, est désormais si haut personnage, —que
« personne n'ose dire un mot pour le contredire. — Devenu moine
« en froc et (puis) abbé, — son abbaye fut (pour) lui un lieu si
« noir — qu'il n'eut ni bien ni repos jusqu'à ce qu'il en fût sorti ;
« — et quand il a été élu évêque de Toulouse, — il a dans tout 3320
« le pays allumé un tel feu, — qu'il n'y a plus d'eau qui puisse
« l'éteindre. — A plus de dix mille créatures petites ou grandes
« — il fait perdre la vie, l'âme et le corps. — Et par la foi que je 3325
« vous dois, à ses faits, à ses paroles — et à sa conduite, il
« ressemble plus à l'antechrist — qu'à un légat de Rome.

CXLVI.

« Le légat de Rome m'a dit et promis — que le seigneur Pape
« me rendrait mon héritage : — et si jamais je recouvrais le 3330
« château de Foix, — je déclare, et que personne ne m'en tienne
« pour sot ou fou, — car Dieu connaît ma pensée, (je déclare)
« que je le garderai loyalement. — Le cardinal mon seigneur sait
« la vérité, — que je le remis de bonne foi, de bon vouloir et en
« toute confiance ; — et quiconque ne rend pas ce qui lui a 3335
« été confié, — c'est droit et justice qu'on l'en blâme. » — « Comte,
« dit alors le Pape, tu as noblement discouru — en faveur de
« ton droit, mais tu as un peu amoindri le nôtre. — Je saurai
« ce qui t'est dû et ce que tu mérites. — Et quand je me serai 3340

```
3340  E si tu as bon dreg cant o aurei proat
      Cobraras ton castel aisi co las lhivrat
      E si la santa gleiza te recep per dampnat
      Tu deus trobar merce si Dieus ta espirat
      Tot pecador maligne perdut e encadenat
3345  Deu be recebre glieiza sil troba perilhat
      Sis penet de bon cor ni fa sa volontat
      E puis a dig als autres entendetz est dictat
      Car a totz vulh retraire so cai ordenat
      Que tug li meu dissiple anon enluminat
3350  E porto foc e aiga e perdo e clartat
      E dossa penedensa e bona humilitat
      E porto crotz e glavi abque jutjo membrat
      E bona patz en terra e tengan castetat
      E que porto dreitura e vera caritat
3355  E nulha re no fassan que Dieus aia vedat
      E qui mais ni aporta ni plus na prezicat
      Non o a ab mon dig ni ab ma volontat
      Ramons de Rocafolhs a en aut escridat
      Senher dreitz Apostols merce e pietat
3360  Aias dun effan orfe jovenet ichilat
      Filh del onrat vescomte que an mort li Crozatz
      En Simos de Montfort cant hom li ac lhivrat
      La doncs baichec paratges lo tertz o la mitat
      E cant el pren martiri a tort e a pecat
3365  E no as en ta cort cardenal ni abat
      Agues milhor crezensa a la crestiandat
      E poi es mort lo paire el filh dezeretat
      Senher ret li la terra garda ta dignitat
      E si no laih vols rendre Dieus ten do aital grad
3370  Que sus la tua arma aias lo sieu pecat
      E si no la li lhivras en breu jorn assignat
      Eu te clami la terra el dreg e la eretat
```

« convaincu que tu as raison, — tu recouvreras ton château dans
« l'état où tu l'as livré ; — et bien que la sainte église t'ait con-
« damné, — tu dois trouver merci auprès d'elle, si Dieu t'a
« inspiré. — Tout pécheur, si pervers, si perdu, si chétif qu'il
« soit, — l'église doit le recevoir si elle le voit en péril, — pourvu
« qu'il se repente de bon cœur et se soumette à elle. » — «Et vous
« tous, dit-il ensuite aux autres, écoutez ma parole ; — car je
« veux que tous sachent ce que j'ai ordonné. — Je veux que tous
« mes disciples marchent en pleine clarté ; — qu'ils portent l'eau
« avec le feu, le pardon avec la lumière ; — que l'indulgence,
« la douceur et l'humilité (marchent avec eux) ; — que, de la
« croix et du glaive armés, ils jugent avec sagesse ; — qu'ils main-
« tiennent bonne paix sur terre et gardent chasteté ; — qu'ils
« suivent toujours la droiture, (animés de) charité vraie, — et ne
« fassent aucune chose que Dieu ait défendue. — Quiconque en
« fait moins ou en prêche davantage, — ne le fait point par mon
« ordre ni selon ma volonté. » — Là-dessus, Ramon de Roquefeuille s'est écrié tout haut : — « Seigneur vrai Pape, aie merci,
« (prends) pitié — d'un enfant orphelin, d'âge tendre et banni !
« — Merci pour le fils de l'honorable vicomte de Béziers, tué par
« les Croisés, — et par Simon de Montfort, quand on le lui
« livra ! — Ah ! de tiers ou de moitié sont déchues noblesse et
« courtoisie, — depuis que, sans tort et sans péché, un tel baron
« a été martyrisé. — Car (sache) qu'il n'y a, dans ta cour, cardinal
« ni abbé — dont la croyance soit plus chrétienne que n'était la
« sienne. — Mais, puisqu'il est mort, à son fils déshérité — rends
« sa terre, et sauve ainsi ton honneur. — Si tu ne la lui restitues,
« que Dieu t'en rende telle récompense, — que les péchés (de
« la victime) retombent sur ton âme. — Rends-lui tout, à jour

Al dia del judici on tuit serem jutjat
Baros ditz lus a lautre mot la gent encolpat
3375 Amix ditz lApostols ja er be emendat
E son palaitz sen intra e ab lui sei privat
E los comtes remazo sus el marbre letrat
Ditz Ar. de Cumenge gent avem espleitat
Oimais podem anar car tant es delhivrat
3380   Quintra sen lApostolis.

CXLVII.

LApostolis sen intra del palaitz en .i. ort
Per defendre sa ira e per pendre deport
Li prelat de gleiza vengro a un descort
Tuit denan lApostoli per traire .i. bel conort
3385 E encusan los comtes mot durament e fort
Senher si lor rens terra nos em tuit demeg mort
Si la datz an Simo em gueritz e estort
Baros ditz lApostols nous pes si men acort
E la ubert .i. libre e conosc .i. sort
3390 Quel senher de Toloza pot venir a bon port
Senhors ditz lApostols en aisom dezacort
Ses dreg e ses razo cum farei tant gran tort
Quel coms ques vers catholics dezerete a tort
Ni quel tolha sa terra ni que son dreit trasport
3395 Nom par razos per far mas en aiso macort
Quen Simos laia tota car ais lai cofort
Ses dorfes e de veuzas dal Poi tro a Niort
Aquela dels iretges de Rozer troscal Port
Noi a prelat ni bisbe que no sen dezacort
3400 Aisi la autreiada al comte de Montfort

« fixe et prochain, — sinon je te demanderai tout, la terre, le
« droit, l'héritage, — au jour du jugement, ce jour où tout sera
« jugé. » — « Comme il l'a fièrement requis ! » s'entre-disent les
barons. — « Amis, dit le Pape, justice sera faite. » — Et il rentre
aussitôt dans son palais avec ses intimes. — Les comtes restent
sur le marbre portant lettres inscrites. — « Nous avons travaillé
« à merveille, dit Arnaud de Comminges, — et nous pouvons
« nous retirer, (pour aujourd'hui) tout est fini ; — puisque le
« Pape se retire. »

CXLVII.

Le Pape se retire, il entre dans un jardin du palais — pour
dissiper son chagrin et prendre un peu de distraction. — Mais les
prélats de l'église voulant prendre aussi leur passe-temps, en
viennent à se quereller devant le Pape. — Ils accusent durement
et fortement les comtes. — « Seigneurs, disaient-ils, si tu leur
« rends leur terre, nous sommes tous à moitié détruits ; — nous
« sommes sauvés et délivrés si tu la donnes à don Simon. » —
« Barons, répond le Pape, ne vous déplaise que j'y réfléchisse. »
— Et là-dessus, il ouvre un livre et y trouve un sort, — (auquel
il voit) que le comte de Toulouse peut remonter en pouvoir.
— « Seigneurs, dit-il alors, je ne puis être d'accord avec vous.
« — Comment, sans motif et sans raison, ferais-je un si grand
« mal — que de déshériter le comte qui est vrai catholique, —
« de lui enlever sa terre et de transporter son droit (à un autre) ?
« — Non, ce ne serait point justice, et je ne puis consentir —
« que Simon l'ait tout entière ; j'en excepte, — outre celle des
« orphelins et des veuves, tout le pays du Puy à Niort — et celui
« des hérétiques de Saint-Gilles aux Ports. » — Il n'y a là ni prélat

Puis per aquela terra lan a Tholoza mort
Don totz lo mons alumna e paratge es estort
E per la fe quieus dei sap milhor an Pelfort
Que an Folquet lavesque.

CXLVIII.

3405 Folquet lo nostre evesques es denant totz prezens
E parla am lApostoli tant com pot umialmens
Senher dreitz Apostols cars paire Innocens
Co potz dezeretar aisi cubertamens
Lo comte de Montfort ques vers obediens
3410 E filhs de santa glieiza e lo teus bevolens
E sofre los afans el trebalhs el contens
E cassa iretgia mainaders e sirvens
E tu tols li la terra el locs els bastimens
Ques per crotz conquerida e ab glazis luzens
3415 Montalba e Tholoza de sobre aquels covens
Estiers la del iretges e dels lials crezens
E dorfes e de veuzas que aquela nes mens
Ez anc tant durs sofismes ni tant clus dictamens
No foron ditz ni fait ni tant grans sobre sens
3420 E aisso quelh autreias es dezeretamens
Car pel comte R. es lo comensamens
Tul receps per catolic e ques bos om e senhs
El comte de Cumenge el de Fois ichamens
E doncs sil so catholics ni per catholic prens
3425 La terra quel autreias aisso es lai reprens
E aiso que tu li donas es non res e niens
Mas lhivra li la terra tota cominalmens

ni évêque qui ne désapprouve la sentence. — Mais la terre n'est
point autrement donnée à Simon de Montfort. — Simon fut
ensuite pour cette terre tué devant Toulouse, — et à cette mort
tout le monde fut illuminé et noblesse sauvée. — Et par la foi
que je vous dois, elle fut plus agréable à don Pelfort — qu'à
l'évêque Folquet.

CXLVIII.

Folquet, notre évêque, est là qui, en présence de tous, —
parle au Pape aussi doucement qu'il peut. — « Seigneur vrai
« Pape, cher père Innocent, — comment peux-tu déshériter ainsi,
« d'une manière déguisée, — le comte de Montfort qui est le
« fidèle sujet, — le fils de la sainte église, et ton ami? — Il
« supporte (pour toi) chagrins, fatigues et combats; — il pour-
« chasse l'hérésie, les routiers et les bandits; — et toi, tu lui
« enlèves des pays, des villes et des forteresses — conquis par la
« croix et par les glaives reluisants! — Tu lui enlèves de cette
« manière Montauban et Toulouse, — sans compter la terre des
« hérétiques ou des vrais croyants, — ni celles des orphelins et
« des veuves que tu exceptes aussi. — Jamais si dur jugement, si
« ténébreuse sentence — ni si grand contre-sens ne furent pro-
« noncés ou commis. — L'octroi que tu fais à (Montfort) est une
« spoliation, — si une portion du pays reste au comte Raymond.
« — Tu le tiens pour bon catholique, pour bon et saint homme,
« — ce comte, de même que ceux de Comminges et de Foix.
« — Mais s'ils sont catholiques, si tu les reçois pour tels, —
« reprends là-bas la terre que tu veux octroyer à Simon, — ce
« peu, ce rien de terre que tu lui donnes, — ou livre-la tout

E a lhui e al lhinatge ses totz retenemens
E si no lalh das tota quel ne sia tenens
3430 Eu volh que per tot passe glazis e focs ardens
Si lalh tols per catolic ni per lor lalh defens
Eu que so tos avesques te jur be veramens
Cus dels non es catholic ni no te sagramens
E si per aisol dampnas tu fas be aparvens
3435 Que no nols saparia nit membra chauzimens
Ditz larsevesques dAug senher rics car manens
Aisso que ditz lavesques ques savis e sabens
Sin Simos pert la terra tortz er e dampnamens
Cardenals e avesques arsevesques III. cens
3440 Dizo a lApostoli senher totz nos desmens
Nos avem prezicat e retrahit a las gens
Quel coms R. es mals e sos captenemens
Perque no escairia que fos terra tenens
Larquidiagues se leva que estet ensezens
3445 Del Leo sobrel Roine e ditz lor duramens
Senhors no platz a Dieu aquest encuzamens
Car lo coms R. pres la crotz primeiramens
E defendec la glieiza e fetz sos mandamens
E si glieiza lencuza quelh degra esser guirens
3450 Ela ner encolpada e nos valdrem ne mens
E vos senher nevesque tant etz mal e punhens
Quab los vostres prezics e ab durs parlamens
Don tug em encolpatz e vos trop magermens
Plus de .D. melhiers ne faitz anar dolens
3455 Los esperitz plorans e los cors es sagnens
E si vos o aviam totz jurat sobre sens
Ab trastotz aicels autres quelh so aisi nozens
Ab sol quel senher Papa sia dreitz e sufrens
Ja londratz filhs del comte tant es de rics parens
3460 No er dezeretatz senes clam longamens

« entière — et sans en rien retenir à lui et à sa race. — Si tu ne la
« lui donnes pas toute, s'il ne la possède pas en entier, — il faudra
« que le glaive et le feu dévorant passent par tout le pays. — L'en
« prives-tu pour eux, les croyant bons catholiques? — Eh bien!
« moi, qui suis ton évêque, je te jure en vérité — que pas un
« d'eux n'est catholique, ni ne garde ses serments. — Et si tu
« condamnes Simon par ce motif, tu feras voir — que tu rejettes
« (de loyaux) services et n'as point de gratitude. » — « Noble,
« cher et puissant seigneur, dit l'archevêque d'Auch, — ce que
« le sage et savant évêque vient de dire (est vrai) : — si don
« Simon perd la terre, c'est injustice et c'est dommage. » — (Et
là-dessus), trois cents cardinaux, évêques ou archevêques —
disent au Pape : « Seigneur, tu nous démens tous. — Nous l'avons
« dit, nous l'avons prêché à tout le monde — que le comte
« Raymond a été pervers et sa conduite (mauvaise), — et qu'il
« ne convenait point qu'il eût terre à gouverner. » — L'archidiacre
de Lyon sur Rhône, qui était assis, se lève et leur dit durement:
— « Seigneurs, toutes ces accusations ne plaisent point à Dieu. —
« Le comte Raymond a été le premier à prendre la croix : — il
« a défendu l'église et fait ce qu'elle lui commandait; — et si
« l'église au lieu de le défendre le poursuit, — elle en sera in-
« culpée, et nous en serons déchus. — Et vous, seigneur évêque,
« vous êtes par trop acerbe et poignant, — vous qui, par vos
« prédications et vos dures paroles, — dont nous sommes tous
« fort blâmés, et plus encore vous, — faites mener vie dolente à
« plus de cinq cent mille personnes, — dont l'âme pleure et dont le
« corps saigne. — Et vous eussions-nous tous par les saints juré
« (de vous seconder), — nous et tous ces autres si hostiles (aux
« comtes), — pourvu que le seigneur Pape soit juste et clément,

Senher ditz lApostols els vostres durs talens
Ni dels vostres prezics engoichos e cozens
Que faitz outra mon grat dor eu non so sabens
Ni dels vostres talens non deu esser sabens
3465 Quanc per la fe quieus dei no michic per las dens
Que lo comte R. fos dampnatz ni perdens
Senhors ja recep glieiza pecadors penedens
E si es encuzatz pel nescis non sabens
Si anc fetz re vas Dieu quelh sia desplazens
3470 El ses a mi rendutz sospirans e planhens
Per far los nostres digs e los meus mandamens
Apres venc larsevesques de Narbona dizens
Senher rics paire digne ara taonda sens
E jutja e governa e no sias temens
3475 Ni not fassa desperdre temensa ni argens
Baro ditz lApostols faitz es lo jutjamens
Que lo comte es catolix es capte leialmens
 Mas en Simos tenga la terra.

CXLIX.

Simos tenga la terra si Dieus lo a promes
3480 E nos jutgem lo dreit aisi com es empres
Ez el dicta e jutja si que tug lan entes
Baro ieu dic del comte que vers catolix es
E sil cors es pecaire ni de re sobre pres
Que lesperit sen dolha ni sen clame nilh pes
3485 Sil corps dampna la colpa be lhi deu esser pres
E fas me meravilhas per que mavetz comes
Cal comte de Montfort assignes lo pays

« — le fils honoré du comte (Raymond) est de si haute race, —
« qu'il ne peut rester longtemps déshérité sans que le pays se
« plaigne. » — « Seigneurs, dit le Pape, vos cruelles dispositions,
« — les cuisantes et angoissantes prédications — que vous faites
« contre mon gré, je les désavoue, — et vos intentions, je ne
« veux pas les savoir. — Mais par la foi que je vous dois, jamais
« il ne m'a passé par les dents — que le comte Raymond fût con-
« damné et ruiné. — L'église doit accueillir les pécheurs repen-
« tants ; — et bien que le comte soit accusé par des ignorants ou
« des sots, — ou si même il a jamais fait chose qui ait déplu à
« Dieu, — (je dois me souvenir qu') il s'est rendu à moi soupi-
« rant et plaintif — pour suivre mes paroles et mes ordres. » —
L'archevêque de Narbonne s'est ensuite approché, disant : —
« Seigneur puissant et digne père, voilà parler sensément ; —
« juge, commande, ne redoute rien, — et ne descends point de
« ton rang par crainte ni par argent. » — « Barons, dit le Pape,
« c'est chose jugée, — que le comte est catholique et se conduit
« loyalement : — cependant que don Simon tienne la terre.

CXLIX.

« Oui, que don Simon tienne la terre, si Dieu le permet ; —
« nous, nous rendons le droit tel qu'il est écrit. » — Et le Pape
(en effet) prononce et juge de manière que tous l'ont entendu.
— « Barons, je déclare le comte vrai catholique. — Car si le cœur
« est pécheur ou de quelque (mal) empêché, — et que l'esprit
« s'en plaigne, s'en afflige, s'en accuse — et condamne la faute,
« il doit lui en être tenu compte. — Je m'émerveille de ce que
« vous avez exigé — que j'assigne le pays au comte de Montfort

Que no vei la dreitura per que far o degues
Ditz maestre Tezis senher la bona fes
3490 Del comte de Montfort a cui tant be es perpres
Can cassec la eretgia e la glieiza defes
Li devria valer que la terra tengues
Maestre ditz lo Papa el fa ben contra pes
Que destrui los catolics engal dels eretges
3495 Grans clams e grans rancuras men venc cada mes
Tant que lo bes abaicha e lo mals es eces
Per mei la cort se levan cada dos cada tres
Tuit denant lApostoli e poig an lo enques
Senher rics Apostoli ara saps tu com es
3500 Que lo coms de Montfort remas en Carcasses
Per destruire los mals e qui mezes los bes
E casses los eretges els rotiers els Valdres
E pobles los catolics els Normans els Frances
E poichas ab la crotz el a o tot comques
3505 Agen e Caerci Tolzan e Albeges
El fortz Foig e Tholosa e Montalba quei mes
E ma de senta glieiza e la gleiza la pres
E pos tans colps na datz e receubutz e pres
E tanta sanc esparsa ab glazis mortales
3510 E en tantas maneiras sen es fort entremes
Non es dreitz ni razos com ara loilh tolgues
Ni non da a veiaire com toldre lalh pogues
E qui la lhi toldria nos li serem defes
Baro ditz lApostoli no pos mudar non pes
3515 Car ergolhs e maleza es entre nos ases
Nos degram governar per bon dreit tot cant es
E recebem los mals e fam perir los bes
E sil coms dampnatz era aiso quel pas non es
Sos filhs perque perdra la terra ni leres
3520 E ja ditz Jhesus Christ que reis e senher es

CROISADE CONTRE LES ALBIGEOIS.

« — car je ne vois point de droite raison pour laquelle je le doive
« faire. » — Alors maître Thedise répond : « Seigneur, la haute
« fidélité — du comte de Montfort qui a fait tant de bien — en
« chassant l'hérésie et en défendant l'église, — devrait lui valoir
« la seigneurie de la terre. » — « Maître Thedise, dit le Pape, Simon
« fait le pour et le contre ; — car il détruit les catholiques aussi
« bien que les hérétiques. — Il m'en vient chaque mois de grandes
« plaintes et d'amères rancunes, — tellement que le bien en baisse
« et que le mal en est rehaussé. » — Alors, du milieu de l'assemblée, se lèvent deux à deux, trois à trois, — (les prélats); ils
viennent devant le Pape et continuent à le requérir : — « Sei-
« gneur puissant Pape, sais-tu bien ce qui se passe ? — Sais-tu
« que le comte de Montfort est resté dans le Carcassais — pour y
« détruire les méchants et y établir les bons ? — pour en chasser
« les hérétiques, les routiers et les Vaudois, — et le peupler de
« catholiques, de Normands et de Français ? — Il a ensuite avec
« la croix conquis le (pays), — l'Agénois, le Caercin, le Tou-
« lousain et l'Albigeois, — tout, excepté Foix, Toulouse et
« Montauban : et tout cela, il l'a remis — aux mains de la sainte
« église qui l'a accepté. — Puis donc qu'il a, dans cette conquête,
« reçu et donné tant de coups, — qu'il a de son glaive mortel
« répandu tant de sang, — puisqu'il s'en est de tant de manières
« entremis, — il n'y a ni droit ni raison à la lui enlever main-
« tenant. — Et il ne semble pas possible de la lui enlever, —
« car contre qui voudrait la lui ôter, nous serions ses défenseurs. »
— « Barons, dit le Pape, je ne puis me défendre de chagrin (en
« voyant) — qu'orgueil et malice ont pris siége parmi nous. — Nous
« devrions gouverner toute chose par le droit, — et (au lieu de
« cela) nous favorisons le mal et perdons le bien. — Le comte de

Que pel pecat del paire lo filhs no es mespres
E si el o autreia diirem nos que si es
E noi a cardenal ni prelat tan plaides
Saquesta razo dampna quel non sia mespres
3525 Enquera i a tal prolec qua vos no membra ges
Que cant las crotz primeiras vengon en Bederres
Per destruire la terra e que Bezers fo pres
Lefans era tant joves e tant nescia res
Que el pas no sabia que sera mals ni bes
3530 Mais volgra i. auzelo o i. arc o i. bres
Que no feira la terra dun duc o dun marques
E cal de vos lencuza si el pecaire non es
Quel deia perdre terra ni la renda nil ces
E de la sua part es lo sieu parentes
3535 De la plus auta sanc que sia ni que es
E car en lui ses mes us esperitz cortes
Que nol dampna nil jutja escriptura ni res
Cals bocha jutjaria que aquest se pergues
Ni que prengua sa vida ab los autruis conres
3540 E no li valdra Dieus ni razo ni merces
De lui que dar devria que dautre re pres es
Car cel que lautrui serca per pendrels autruis bes
Mais li valdria mortz o que ja no nasques
De totas partz li dizon senher no temiatz ges
3545 Anen lo paire el filhs lai on promes li es
El a comte Simo assignatz lo paes
  E quel tenga la terra.

« Toulouse fût-il condamné, ce qu'il n'est pas, — pourquoi son
« fils perdrait-il la terre et l'héritage? — Jésus-Christ, le (vrai)
« roi et le (vrai) seigneur, a dit — que le fils n'est point puni
« des péchés du père. — S'il l'entend ainsi, ainsi devons-nous
« l'entendre. — Et il n'y a ni cardinal ni prélat qui, pour chose
« qu'il pût dire, — ne fût blâmé de condamner une telle vérité.
« — Et il y a encore une autre raison dont il ne vous souvient
« guère : — Lorsque les premiers Croisés vinrent dans le Bédarrais
« — détruire le pays, et quand Béziers fut pris, — l'infant était
« (jeune), si jeunet, une si simple chose, — qu'il ne savait pas ce
« que c'est que bien ni mal; — et il aimait mieux un petit oiseau,
« un arc ou son berceau, — qu'il n'aurait fait la terre d'un duc
« ou d'un marquis. — S'il n'a point failli, qui d'entre vous peut
« dire — qu'il doit (tout) perdre, terre, rente et cens? — N'a-t-il
« pas aussi pour défense son lignage, — qui est du plus noble
« sang qui soit ou ait jamais été? — (En voyant) ce gentil esprit
« courtois qui se montre en lui, — et quand rien, ni écriture, ni
« droit, ne le condamne, — quelle bouche oserait juger qu'il doit
« périr, — ou ne maintenir sa vie que des charités d'autrui? —
« (Moi, je déclare) qu'il n'a pour lui ni Dieu, ni raison, ni merci,
« — celui qui fait pour donner, aime mieux recevoir d'un autre.
« — Et pour celui qui cherche (querelle à) autrui, afin de lui
« prendre ses biens, — mieux vaudrait être mort ou n'être jamais
« né. » — (Ainsi dit le Pape); mais de toutes parts on lui crie :
« Seigneur, ne craignez rien ; — que le père et le fils s'en aillent
« aux lieux qui leur sont promis, — et assignez le pays au comte
« Simon ; — qu'il tienne la terre.

CL.

Simos tenga la terra e sia capdelaire
Baros ditz lApostols pus no lalh posc estraire
3550 Garde la be si pot com no len pusca raire
Car jamais per mon grat non er om prezicaire
Ab tant pres larsevesques dObezin a retraire
Senher ric Apostols adreitz e bos salvaire
Sin Simós de Montfort ta sai trames so fraire
3555 Ni lavesques Folquet que sen fa razonaire
Ja lo coms de Montfort noi eretara gaire
Car lonratz nebs del rei len pod ben per dreg raire
E si el pert per tort la terra de son paire
Per dreit e per razo tindra la de sa maire
3560 Car eu ei vist lo prolec on escrios lo notaire
Que Roma e la cortz autreiec lo doaire
E pos de matrimoni est caps e governaire
Lefans non est dampnatz ni perdutz ni pecaire
E car es filhs legismes gentils e debonaire
3565 E del milhor linatge que hom poscha retraire
Ira doncs per lo mon perilhatz co mal laire
Doncs er lors mortz paratges e merces no val gaire
No so ditz lApostols car ges nos tang a faire
Car ieu li darai terra aital com er veiaire
3570 Veneisi e aquela que fo de lemperaire
E si el ama ben Dieu ni la gleiza sa maire
Quel no sia vas lor ergulhos ni bauzaire
Dieus lhi rendra Tholosa e Agen e Belcaire
Dih labas de Belloc senher enluminaire
3575 Lo teus filhs reis Engles e lo teus cars amaire
Ques devengutz tos hom e tama ses ccr vaire
Ta trames so sagel e de boca mandaire

CL.

« Que Simon tienne la terre, qu'il en soit le chef. » — « Barons,
« reprend le Pape, puisque je ne puis la lui ôter, — qu'il la garde   3550
« bien s'il peut, et qu'il ne s'en laisse pas chasser; — car jamais
« de mon vouloir il ne sera prêché pour lui. » — Là-dessus
l'archevêque Obicin se prend à parler : — « Seigneur puissant
« Pape, bon et vrai père, — Simon de Montfort a beau t'envoyer ici
« son frère — et l'évêque Folquet qui se fait son avocat, — à peu   3555
« de chose se réduira l'héritage de don Simon. — L'honorable
« neveu du roi peut par bon droit l'en chasser; — car s'il perd
« injustement la terre de son père, — du moins est-ce justice et
« raison qu'il garde celle de sa mère. — J'ai vu l'acte où de la   3560
« main du notaire est écrit, — que la cour de Rome et l'église
« reconnut le douaire (de la comtesse); — et puisque vous êtes
« l'auteur et le garant de ce mariage, — l'infant innocent ne peut
« être condamné ni perdu. — Il est fils légitime, de noble cœur,
« de gentilles manières, — et du plus haut lignage que l'on   3565
« puisse dire; — s'en ira-t-il donc, par le monde, en malechance,
« comme un vil larron ? — Alors noblesse est morte, et valeur
« est au néant. » — « Non, cela ne sera point, dit le Pape; et il ne
« convient pas que cela soit. — Je donnerai au jeune comte telle
« terre que bon me semblera : — je lui donnerai le Venaissin et ces   3570
« (pays) qui furent de l'empereur; — et s'il aime vraiment Dieu
« et l'église sa mère, — s'il n'est envers l'un ni l'autre traître ou
« rebelle, — Dieu lui rendra Toulouse, Agen et Beaucaire. » —
« Seigneur père de lumière, dit alors l'abbé de Beaulieu, — le   3575
« roi d'Angleterre, ton fils, ton fidèle ami, — qui est devenu ton

Quet remembre merces el jutjamen de Daire
E tramet li tal joia don totz sos cors sesclaire
3580 Nabas ditz lApostols eu noi posc al res faire
Cascus dels meus prelatz es contra me dictaire
Per quieu dins e mon cor soi cubertz e celaire
Quel sieu nebot no trop amic ni amparaire
Mas eu ai mantas vetz auzit dir e retraire
3585 Hom joves ab bon cor can sab dar ni mal traire
Ni es be aforttiz recobra so repaire
E si lefans es pros ben sabra que deu faire
Car ja no lamara lo coms de Montfort gaire
Ni nol te per so filh ni el lui per son paire
3590 Car be ouit Merlis que fo bos devinaire
Quencar vindra la peira e cel que la sap traire
Si que per totas partz auziretz dir e braire
Sobre pecador caia.

CLI.

Sobre pecador caiha e Dieus aquel ne gar
3595 Que deu tenir la terra e lautre desampar
El senher Apostols repaira del dictar
Elh prelat de la glieiza que lan fait acordar
E al comte de Montfort fai la terra fermar
E can las cortz complidas a pres a comjadar
3600 Vai lo coms de Tholoza per a comjadar
Lo comte de Foig mena que sab ben dir e far
E troban lApostoli adreit per escoutar
E lo coms sumilia pres se a razonar

« homme, qui te chérit de cœur constant, — t'a envoyé ses let-
« tres et un message de parole (pour te prier) — de te souvenir
« de la merci (d'Alexandre) et du jugement de Darius : — fais-lui
« (par ta réponse) une joie dont tout son cœur resplendisse. » —
« Don abbé, répond le Pape, je ne puis autrement faire. —
« Chacun de mes prélats se déclare contre moi ; — c'est pourquoi
« je tiens mon cœur caché et fermé, (ayant l'air de croire) — que
« le jeune comte ne trouvera ni ami ni protecteur. — Mais j'ai
« fréquemment ouï dire et démontrer — qu'un homme jeune,
« de noble cœur, quand il sait patienter et souffrir, — et qu'il a
« du courage, recouvre son héritage. — Si donc l'infant est preux,
« il saura bien ce qu'il a à faire. — Mais certes, le comte de Mont-
« fort l'aimera peu ; — il ne le tiendra point pour fils, ni l'infant
« lui pour père. — Car tu sais bien que Merlin, qui fut si bon
« devin, (a dit) : — Qu'à la fin viendra la pierre et qui la saura
« lancer. — Tellement que de toutes parts vous entendrez crier
« et dire : — La pierre est tombée sur le pécheur !

CLI.

« Que sur le pécheur elle tombe ! que Dieu en garde — celui
« qui doit tenir la terre, et qu'il abandonne l'autre ! » — (Là-
dessus) le seigneur Pape cesse de parler, — et les prélats
(se taisent aussi), ceux qui l'ont forcé à être de leur avis, — et
fait donner la terre au comte de Montfort. — Lorsque, le concile ainsi terminé, le Pape a congédié tout le monde, — le
comte de Toulouse s'en va prendre aussi congé de lui, — ayant
en sa compagnie le comte de Foix, qui sait bien dire et faire.
— Il trouve le Pape disposé à écouter ; — il s'agenouille et se

Senher dreitz Apostols cui Dieus ama e ten car
3605 Bem fas grans meravilhas cals boca pot parlar
Que nulhs homme degues per dreit dezeretar
Quieu non ai tort ni colpa per quem deias dampnar
En ton poder me mezi per ma terra cobrar
Er son intratz en londa on no posc aribar
3610 Quieu no sai on me vire o per terra o per mar
E anc mais non fo vist ni auzit del meu par
Quem avinhes per setgle querir ni mendigar
Aras pot totz lo mons adreit meravilhar
Car lo coms de Toloza es datz a perilhar
3615 Quieu no ai borc ni vila on posca repairar
Cant te rendei Toloza cugei merce trobar
E si ieu la tengues nom vengra a clamar
E car la tei renduda e no la vulh vedar
Soi vengutz al perilh e al teu merceiar
3620 Anc no cugei vezer nim degra albirar
Quieu ab la santa glieiza pogues tant mescabar
Lo teus ditz el meus sens ma fait tant foleiar
Cara no sai on man ni on posca tornar
Ben dei aver gran ira can mave a pessar
3625 Que dautrui mer a penre ez ieu solia dar
E lefans que no sab ni falhir ni pecar
Mandas sa terra toldre e lo vols decassar
E tu que deus paratge e merce guovernar
Membret Dieus e paratges e nom laiches pecar
3630 Car tua ner la colpa sieu non ai on estar
LApostolis lescota e pres lo a gardar
E pres son cor a planer e soen a blasmar
Coms so ditz lApostols not cal desconortar
Que ben conosc e sai que men cove a far
3635 Sim laissa .i. petit revenir ni membrar
Eu farai lo teu dreit el meu tort esmendar

prend à discourir : — « Seigneur vrai Pape, que Dieu favorise et
« tient cher, — je m'émerveille fort qu'il se soit trouvé des
« bouches pour dire — que l'on peut justement dépouiller un
« homme de son héritage. — Je n'ai ni tort ni faute pour lesquels
« tu doives me condamner. — Je me suis mis en ton pouvoir pour
« conserver ma terre, — et me suis jeté dans l'onde où je ne
« trouve plus de rive. — Je ne sais plus de quel côté me tourner,
« ni par terre, ni par mer; — et jamais il ne fut ouï ni dit que
« mon pareil — dût s'en aller par le monde quêter et mendier. —
« Tout homme peut bien aujourd'hui s'étonner, — voyant le
« comte de Toulouse exposé à de tels hasards, — n'ayant ni ville
« ni bourg où il puisse se retirer. — Quand je rendis Toulouse,
« j'espérais trouver justice; — et si je l'eusse trouvée, je ne serais pas
« venu me plaindre. — C'est pour t'avoir rendu ma ville, pour n'a-
« voir point voulu la défendre contre toi, — que je suis tombé en
« péril et à ta merci. — Je ne m'attendais pas à le voir, je ne dus
« point l'imaginer, — qu'avec la sainte église je pusse si fort dé-
« choir. — Tes paroles et ma bonne foi m'ont fait faire telle folie, —
« que je ne sais maintenant plus ni où aller, ni où retourner. —
« Juge si je dois être triste, quand je viens à songer — que me voilà
« réduit à recevoir d'autrui, moi qui avais coutume de donner. —
« Et mon fils, qui n'a pu ni su faillir ou pécher, — tu lui fais ôter
« sa terre, tu veux le chasser! — O toi, qui dois maintenir no-
« blesse et justice, — souviens-toi de Dieu et de justice; et ne me
« contrains pas à faillir, — car la faute en est à toi, si je n'ai où po-
« ser les pieds ! » — Le Pape l'a écouté; il s'est mis à le regarder, —
à le plaindre en lui-même et à l'exhorter : — « Comte, lui dit-il,
« tu ne dois point perdre courage. — Je connais, je sais bien ce
« que j'ai à faire; — et si tu me laisses un peu respirer ou réfléchir,

Sieu tai dezeretat Dieus te pot eretar
E si tu as gran ira Dieu te pot alegrar
E si tu as pergut Dieus te pod restaurar
3640 Si tu vas en tenebras Dieus te pod alumnar
E pos Dieus a poder de toldre e de dar
De nulha re not vulhas de Dieu desesperar
Si Dieus me laisa vivre que posca dreit renhar
Tant farei lo teu dreit enantir e sobrar
3645 Que de re no poiras Dieu ni mi encolpar
E dig te dels felos quem volo encusar
Ja no tarzara gaire que men veiras venjar
En aital aventura ten poscas retornar
Que si tu as bon dreit Dieus tajut e tampar
3650 E laissar mas to filh quem voldrei cosselhar
E mantas de maneiras lo poirai eretar
Senher so ditz lo coms el teu sante esgar
Te lais me e mo filh e tot lo meu afar.
LApostolis lo senha al seu comjat donar
3655 El coms de Foig remas per sos dreitz demandar
E mandal lApostolis son castel recobrar
La doncs se pres lo paire el filhs a sospirar
Lo filhs per lo remandre el paire per lanar
E lo coms eis de Roma can venc al dia clar
3660 On la venc a la festa a Viterba estar
E venc il coms de Foig la noit a lavesprar
E estero ensemble per lo jorn onorar
E pois va sen lo coms dreit a Sent Marc velhar
Lo sant evangelista el sant cors celebrar
3665 E intran sen a Genoa per so filh esperar
Que a laichat a Roma.

« —je te rendrai ton droit et corrigerai mon tort. — Si je t'ai ôté
« ton héritage, Dieu peut t'en donner un autre ; — si tu es travaillé
« de grande douleur, Dieu peut l'alléger ; — si tu as perdu, Dieu
« peut te rendre ; — si tu marches dans les ténèbres, Dieu peut
« t'éclairer. — Puisque Dieu a le pouvoir de donner et d'ôter, — tu
« ne dois en rien désespérer de lui ; — et s'il me laisse vivre assez
« pour attendre le règne de la justice, — je mettrai ton bon droit si
« haut et le ferai prévaloir si bien, — que tu ne pourras accuser
« en rien Dieu, ni moi. — Et quant à ces félons qui me blâment,
« je te dis — qu'avant peu tu m'en verras vengé. — (Va), et puisses-
« tu en telle aventure t'en retourner, — que si tu as bon droit,
« Dieu t'aide et te défende ! — Mais laisse-moi ton fils : je veux
« délibérer (sur lui) : — de maintes manières je puis lui faire un hé-
« ritage. » — « Seigneur, dit le comte, sous ta sainte protection —
« je mets mon fils, moi-même et toutes mes affaires. » — (Parlant
ainsi), le Pape le bénit et il prend congé. — Le comte de Foix
reste encore pour poursuivre sa demande, — jusqu'à ce que le
Pape ait ordonné que son château lui soit rendu. — (Les comtes
de Toulouse), le père et le fils, se prennent alors à soupirer, —
le fils parce qu'il demeure, le père parce qu'il part. — (Il part),
il sort de Rome au clair jour, — et arrive à Viterbe, pour y
passer la fête. — Le même jour, sur le soir, arriva le comte de
Foix ; — et ils passèrent le lendemain ensemble à célébrer la
fête. — Le comte Raymond s'en va ensuite veiller à Saint-Marc
— l'évangéliste, et vénérer le saint corps. — Puis il entre à Gênes,
pour y attendre son fils, — qu'il a laissé à Rome.

CLII.

Lefan remas a Roma e non a gran dezir
Car no ve re quelh deia plazer ni abelir
Car ve sos enemics e nols pot dan tenir
3670 Mas el a tan bon sen essient es albir
Que so que plus li tira sap celar e cobrir
XL jorns estet en la cort ses mentir
Per gardar e apenre e vezer e auzir
Cos voldra lApostols envas lui mantenir
3675 Mas P. R. li pres de Rabastencs a dir
Senher mais en la cort no podem als complir
On mais i estarem ieu cug que pus nos tir
Dis W. Porcelencs senher anem sentir
Al senhor Apostoli cons poirem avenir
3680 Bel mes so ditz lefans quel anem enquerir
Cant lo vit lApostols ab semblant de sospir
Si la pres per la ma e vai lo asezir
E lefans li comensa sa razo a furnir
Senher dreitz Apostols oimais es temps del ir
3685 E pos noi posc remandre ni re als nom vols dir
Dieus e tu e merces man obs a sostenir
Quieu non ai tant de terra com poiria salhir
E car tu i est mos paire e cel quem deus noirir
Vulh quem mostres la via on no posca perir
3690 Filhs so ditz lApostols mot as fah bon cossir
Si tes los mandamens quieu te vulh establir
No poiras en est segle ni en lautre falhir
Sapjas Dieu amar e onrar e grazir
Els mandamens de gleiza els sieus sans obezir
3695 E messas e matinas e las vespras auzir
El cors de Jeshu Crist honorar e ufrir

CLII.

L'enfant est resté à Rome, sans en avoir grand désir, — car il n'y trouve chose qui puisse lui agréer ou lui plaire; — il ne voit que ses ennemis et ne peut leur faire de mal; — mais il a tant de sens, de sagesse et de réflexion, — qu'il sait dissimuler et cacher ce qui lui déplaît le plus. — Il resta, sans mentir, bien quarante jours à la cour (de Rome), — regardant et apprenant, écoutant et voyant — de quelle manière le Pape se conduirait envers lui. — Mais Pierre Raymond de Rabastens lui dit à la fin : — « Seigneur, nous n'avons désormais plus rien à faire en cette « cour; — plus nous y resterons, plus, je crois, nous aurons « d'ennui. » — « Seigneur, répond alors Guillaume des Porcellets, « allons savoir — du saint-père le Pape comment nous pouvons « nous accorder, lui et nous. » — « Il me plaît, dit l'infant, que « nous allions le lui demander. » — Et aussitôt que le Pape voit celui-ci, de l'air d'un homme qui soupire, — il le prend par la main, le fait asseoir; — et l'infant commence à lui déduire ses raisons : — « Seigneur vrai Pape, voilà désormais le temps de « partir; — puis donc que je ne puis rester, et que tu n'as rien « de plus à me dire, — que Dieu, toi et merci me soutiennent « désormais! — Je n'ai pas de terre, pas même autant que j'en « pourrais sauter. — Et puisque tu es mon père, celui qui doit « m'éduquer, — je désire que tu me montres la voie où je ne « risque point de périr. » — « Mon enfant, lui répond le Pape, tu « as pris un sage parti, — et si tu observes les conseils que je « vais te donner, — tu ne pourras faillir en ce monde ni en « l'autre. — Sache aimer, honorer et remercier Dieu; — obéis

E cassar iretgia e bona patz tenir
E no vulhas las ordes nils camis envazir
Ni lautrui aver penre per lo teu enantir
3700 Ni tos baros destruire ni ta gent mal bailir
E laichat a merce vencer e comquerir
Pero quit dezereta nit vol dezenantir
Bet sapjas defendre e ton dreit retenir
Senher so ditz lefans no er quieu nom air
3705 Car no posc ges essems encausar ni fugir
Paubretratz e sofracha es trop greus per sofrir
Per so car non ai terra ni no sai on me vir
Mer de lautrui a pendre ab quem posca garnir
En aquesta razo no cug re sobre dir
3710 Que mais vulh dar e toldre que pendre e querir
No fai ditz lApostolis re per que Dieus tazir
Quel te dara pro terra si be lo sabs servir
Quieu ai fait a tos obs Veneici retenir
Argensa e Belcaire que ten poiras suffrir
3715 E lo coms de Montfort aura lautra bailir
Tro que veia la gleiza si poiras revenir
Senher so ditz lefans tan greu es per auzir
Que nulhs hom de Guinsestre aia ab mi a partir
Ja Jeshu Crist no vulha sa lui platz cossentir
3720 Quen Simos ab mi prenga honor a devezir
Que la mortz o la terra la fara sopartir
Que la us laura tota tro quel ner a morir
E pus ieu vei que torna del tot al esgremir
Senher re als not vulh demandar ni querir
3725 Mas quem laiches la terra si la posc conquerir
LApostolis lesgarda e gitet un sospir
E en apres lo baiza e pres lo a benazir
Tu garda que faras e apren que vulh dir
Que tot cant sescura a obs a esclarzir

« aux saints commandements de l'église et aux siens;— entends
« la messe, matines et vêpres;—honore le corps de Jésus-Christ
« par des offrandes.—Chasse l'hérésie, et maintiens bonne paix.
« —N'assaille point les monastères ni les chemins, — et ne
« prends point le bien d'autrui pour augmenter le tien. —Ne
« détruis point tes barons, et gouverne sagement tes sujets. —
« Laisse-toi à merci vaincre et gagner;—mais contre qui veut
« t'abaisser ou te dépouiller, —sache bien te défendre et garder
« ton droit. »—« Seigneur, dit l'infant, je ne puis que m'attrister :
« —je ne saurais à la fois poursuivre et fuir;—la pauvreté et le
« besoin sont par trop durs à supporter.—N'ayant plus de terre,
« je ne sais de quel côté me tourner. —Et il faut que je reçoive
« d'autrui de quoi avoir des armes,— et ne crois pas trop dire
« (en assurant)—que je me sens plus fait pour donner et ôter que
« pour demander et recevoir. »—« Ne fais, répond le Pape, rien
« qui te rende désagréable à Dieu;— et Dieu, si tu le sers bien,
« te donnera largement de la terre.—Je fais garder pour toi le
« Venaissin,—Argence et Beaucaire, dont tu pourras te con-
« tenter;—et le comte de Montfort aura la seigneurie du reste,
« —jusqu'à ce que l'église ait vu si elle doit te rétablir. »—
« Seigneur, dit l'enfant, il m'est dur d'entendre — parler de par-
« tage entre un homme de Vincestre et moi;— et plaise à Jésus-
« Christ — que jamais don Simon n'ait de seigneurie à diviser
« avec moi! —Il faudra bien à la mort et en terre abandonner
« ce gouvernement; — mais que l'un (ou l'autre) le possède
« tout entier tant qu'il vivra. — Et puisque je vois que tout
« se décide par la guerre, — seigneur, je ne souhaite et ne
« demande autre chose, — sinon que tu me permettes de
« conquérir ma terre, si je peux. » — Le Pape le regarde

3730 Bet lais Dieus Jeshu Crist comensar e fenir
E grans bonaventura quet posca perseguir
El coms issit de Roma ab jornadas complir
E es vengutz a Genoa es eu posc vos plevir
Que cant lo vi sos paire canc no lanet ferir
3735 E no tarzero gaire mas sempre del issir
E cavalgan ab joia e pessan del venir
　　　Tro foro a Maselha.

CLIII.

Cant foro a Masselha descendo el ribatge
E foro aculhit de joi e dalegratge
3740 Al castel de Toneu pres lo coms albergatge
Mas can venc al cart jorn veus venir .i. mesatge
E saludec lo comte e dig e son lengatge
Senher coms al mati no fassatz lonc estatge
Car lo mielhs dAvinho vos aten al ribatge
3745 E so plus de ccc. queus faran omenage
E can lo coms lenten mot li venc dagradatge
Lo mati el el filhs se meto el viatge
E cant foro tant pres que sencontro el rivatge
E lo coms deschendet de lo mulet daratge
3750 E trobals a genolhs de sobre lo ramage
E lo coms los receub e ilh ab alegratge
Mas Ar. Audegers que a bon cor e sage
E fo natz dAvinho dun gentil parentatge
Parlec primeirament car sab tot lor usatge
3755 Senher coms de Sent Gili recebetz gentil gatge

CROISADE CONTRE LES ALBIGEOIS. 265

en poussant un soupir; — il le baise ensuite et lui donne
sa bénédiction. — « Prends garde à ce que tu feras, lui dit-il,
« et sache — que tout ce qui s'obscurcit a besoin d'être
« éclairci. — Que Dieu notre Seigneur te fasse bien com-
« mencer et bien finir, — et permette que haute et bonne aven-
« ture t'avienne! » — (Là-dessus le jeune) comte sort, et de journée en journée — il arrive à Gênes; et je puis bien vous assurer
— que quand son père le vit, il n'alla point le frapper. — Ils ne
tardèrent pas à partir, — chevauchant joyeusement, et pensant
à l'arrivée, — jusqu'à ce qu'ils entrent à Marseille.

CLIII.

Quand ils entrent à Marseille, ils descendent sur la rive, —
et sont accueillis avec joie et allégresse. — Le comte prend son
albergue au château de Tonel. — Mais au quatrième jour, voici
venir un messager — qui salue le comte, et en son langage lui
dit : — « Seigneur comte, ne restez pas ici, passé demain matin;
« — car l'élite d'Avignon vous attend sur le bord (du Rhône), —
« au nombre de plus de trois cents hommes qui vous feront
« hommage. » — Quand le comte l'entend, il en est grandement
satisfait. — Le matin, lui et son fils, ils se mettent en chemin;
— et quand ils sont voisins du bord (du fleuve), — le comte descend de son mulet de voyage, — et trouve ceux d'Avignon age-
nouillés sous la ramée ; — le comte les accueille, et eux lui avec
allégresse. — Arnaud d'Audigiers, homme sage et de noble cœur,
— né à Avignon de haute parenté, — parla le premier, connaissant toutes les coutumes du pays : — « Seigneur comte de Saint-
« Gilles, recevez un gage d'amour, — vous et votre cher fils, de

E vos e lo car filh ques de lial linatge
Totz Avinhos se met el vostre senhoratge
Que cadaus vos lhivra son cor e son estatge
E las claus e la vila e lo sortz e lintratge
3760 E so que vos dizem nous tenguatz a folatge
Que noi a falhimen ni orgolh ni oltratge
M. cavalers valens complitz de vasalatge
E c. M. omes dautres valens de bon corage
E an fait sagrament e plevit per ostatge
3765 Coimais demandaran tot lo vostre dampnatge
E tindretz en Proenza tot vostre dreituratge
E las rendas els ces el traut el peatge
E non ira camis si no da guidonatge
E nos tindrem de Rozer totz lo pas el pasatge
3770 E metrem per la terra la mort el carnalatge
Tro que cobretz Tholoza ab lo dreit eretatge
El cavaer faidit ichiran del boscatge
Que mais no temeran tempesta ni auratge
E no avetz el mon enemic tant salvatge
3775 Que sieus fa mal ni tort que non prenda ontatge
Senher so ditz lo coms cauziment e barnatge
Faitz si men amparatz e auretz lavantatge
De tot crestianesme e del vostre lenguatge
Car restauratz los pros e joia e paratge
3780 Lendema cavalguero e no fan lonc vadatge
E intran a Maselha e noi fan lonc estage
E vengron a Selho la noit a la vespratge
E albergan ab joia.

CLIV.

Ab gran joi albergueron el mati ab lo ros
3785 Cant lalba dousa brolha el cans del auzelos

« loyal lignage. — Tout Avignon se met sous votre seigneurie, —
« et chacun vous offre son cœur et ses biens, — la ville, les clefs,
« la sortie et l'entrée; — et ce que nous vous disons, ne le tenez
« point pour chose vaine; — car il n'y a, en nous, ni fausseté, ni
« orgueil, ni insolence : — mille chevaliers de parfaite bravoure,
« — et cent mille autres hommes vaillants et de bon cœur, — se
« sont par serment et par otages engagés — à poursuivre la répa-
« ration de toutes vos pertes. — Vous jouirez de tous vos droits
« sur la Provence, — des rentes, des cens, du charroi et du
« péage : — nul chemin ne sera fréquenté s'il ne paye le droit de
« guide. — Nous occuperons et garderons tous les passages du
« Rhône, — et mettrons la terre à feu et à sang, — jusqu'à ce que
« vous ayez recouvré Toulouse et tout votre héritage. — Les
« chevaliers faidits sortiront des bois; — ils braveront (pour vous)
« orages et tempêtes; — et vous n'avez au monde si sauvage en-
« nemi — qui, s'il vous fait tort ou mal, n'en devienne repentant
« et honteux. » — « Seigneurs, répond le comte, vous ferez chose
« noble et courtoise — si vous prenez ma défense ; et vous serez
« les (hommes les) plus glorieux — de toute la chrétienté et
« de votre langue, — si vous restaurez ainsi prouesse, joie et
« noblesse. » — Les comtes ne firent pas long séjour (à Avignon);
ils partirent le lendemain — et retournèrent à Marseille, où ils
s'arrêtèrent peu. — Ils viennent à Salon, le soir vers la nuit, —
et s'y reposent avec joie.

CLIV.

Ils se reposèrent avec grande joie; et le matin à la rosée, —
quand veulent poindre l'aube et le chant des oisillons, — quand

E sespandig la folha e la flors dels botos
Li baro cavalguero doi e doi per lerbos
E pessan de las armas e de las garnizos
Mos Guis de Cavalho de so brun caval ros
3790 E dig al comte jove oimais es la sazos
Que a grans obs paratges que siatz mals e bos
Car lo coms de Montfort que destrui los baros
E la gleiza de Roma e la prezicacios
Fan estar tot paratge aunit e vergonhos
3795 Quen aisi es paratges tornatz de sus en jos
Que si per vos nos leva per totz tems es rescos
E si pretz e paratges nos restaura per vos
Doncs es ja mortz paratges e totz lo mons en vos
E pus de tot paratge etz vera sospeisos
3800 O totz paratges mora o vos que siatz pros
Gui so ditz lo coms joves mot nai lo cor joios
Daiso quen avetz dig en farei breu respos
Si Jeshu Crist me salva lo cors els companhos
E quem reda Tholoza don ieu soi desiros
3805 Jamais non er paratges aonitz ni sofrachos
Que non es en est mon nulhs om tan poderos
Que mi pogues destruire si la glieza non fos
E es tant grans mos dreitz e la mia razos
Que sieu ai enemics ni mals ni orgulhos
3810 Si degus mes laupart eu li serei leos
Tant parlan de las armas e damors e dels dos
Tro quel vespres sabaicha els recep Avinhos
E cant per mei la vila es levatz lo resos
Non i a vielh ni jove que noi an volontos
3815 Per totas las carreiras e foras las maizos
Aquel que mais pot corres te per aventuros
Lai on cridan Tholosa pel paire e pel tos
E li autre la joia coimais er Dieus ab nos

s'épanouissent la fleur et la feuille des bourgeons, — les barons chevauchèrent deux à deux parmi l'herbe, — devisant d'armes et d'armures. — De dessus son cheval roux-brun, don Guy de Cavaillon — dit au jeune comte : « Voici le moment venu — « où courtoisie a grand besoin que vous soyez bon et mauvais. « — Car, grâce au fléau des barons, au comte de Montfort, — à « l'église de Rome et aux prédicateurs (de la Croisade), — cour- « toisie est aujourd'hui honteuse et honnie, — et toute noblesse « tellement abaissée, — que si elle ne se relève par vous, elle est « à jamais perdue. — Si valeur et prouesse ne sont par vous res- « taurées, — elles périssent, et le monde entier périt en vous. — « Et puisque vous en êtes le parfait modèle, — il faut ou qu'elles « meurent, ou que vous agissiez en vrai preux. » — « Don Guy, dit le « jeune comte, j'ai le cœur tout joyeux — de ce que vous avez dit ; « et j'y ferai brève réponse. — Si Jésus-Christ sauve mes compa- « gnons et moi, — et s'il me rend Toulouse, que je désire si fort, — « noblesse et courtoisie ne seront jamais plus ni honnies ni ap- « pauvries. — Il n'y aurait pas eu, en ce monde, d'homme assez « puissant — pour me détruire, si l'église n'existait pas. — Mais « mon droit est si grand et si bonne est ma cause, — que (je puis « braver) les ennemis les plus durs et les plus méchants ; — et « pour quiconque me sera léopard, je me ferai lion. » — Ils parlent (ensuite) d'armes, d'amour et de beaux présents, — jusqu'à ce que le jour baissant ils entrent dans Avignon. — Et lorsque le bruit de leur arrivée s'est répandu dans la ville, — il n'y a personne, jeune ou vieux, qui n'accoure empressé ; — et pour fortuné se tient celui qui court le mieux. — Par toutes les rues, en dehors des maisons, — on entend crier : « Toulouse ! pour le père et pour « le fils ; » — d'autres crient : « Joie ! (victoire !) Dieu est maintenant

Ab afortiz coratges ez ab los olhs ploros
3820 Trastuit denan lo comte venon dagenolhos
E pois dizon ensemble Jeshu Crist glorios
Datz nos poder e forsa quels eretem ambdos
Es es tant gran la preicha e la professios
Que obs i an menassas e vergas e bastos
3825 El mostier sen intrero per far lor orazos
E pois fo lo manjars complitz e saboros
E mantas de maneiras las salsas els peichos
E vis blancs e vermelhs e giroflatz e ros
Els jotglars e las viulas e dansas e cansos
3830 Lo dimenge mati es retraitz lo sermos
De prendrel sagrament e las promissios
E pois dit lus a lautre senher dreitz amoros
Ja nous fassa temensa donars ni messios
Que nos darem laver e metrem los cors bos
3835 Tro que cobretz la terra o que muram ab vos
Senhors so ditz lo coms bels ner lo gazerdos
Que de Dieu e de mi seretz plus poderos
E lo coms sacosselha e ab de sos baros
Et anec vas Aurenca valens e deleitos
3840 Entrel comte el princep es faita acordazos
Damor e de paria que prezon entrels dos
El coms joves sen intra en Veneisi cochos
Per recebre Paernas e metre establizos
Malaucena e Balmas e maintz castels del sos
3845 Mas en breu de termini es la comensazos
Dels mals e dels dampmatges e de las contensos
Que li clerc e lavesques que son contrarios
Que lo Baus lo guerreia el goutz et avairos
R. Peletz e Nemzes Aurenca e Cortezos
3850 Reiambalts de la Calm Johan de Semic bos
En Lambert de Montelhs en Lambert de Limos

« avec nous ! » — Les yeux en pleurs, mais pleins de courage, — tous viennent devant le comte s'agenouiller, — et s'écrient tous à la fois : « Jésus-Christ, (roi) glorieux, — donnez-nous la force « et le pouvoir de leur rendre à tous deux leur héritage ! » — Et si grandes sont la foule et la presse, — qu'il y faut les menaces, les verges et les bâtons. — Ils entrent d'abord dans la cathédrale pour faire leur prière ; — après quoi (au dîner), exquise et parfaite est la chère, — variés les sauces et les poissons, — les vins blancs, rouges, rosés et de couleur de giroflée. — (On n'entend de tous côtés) que jongleurs et violes, que danses et chants. — Le dimanche matin, il est prêché — de prêter serment et de promettre fidélité. — Et tous disent au comte : « Bel amoureux « seigneur, — ne vous effrayez pas de donner ni de dépenser ; — « nous offrirons tout notre bien, nous engagerons nos personnes, — « jusqu'à ce que vous recouvriez votre terre, ou que nous mou- « rions avec vous. » — « Seigneurs, répond le comte, vous en au- « rez belle récompense, — et de par Dieu, et de par moi, vous « en monterez en pouvoir. » — Après quoi, ayant pris le conseil de ses barons, — il s'en va vers Orange, résolu et satisfait. — Un traité est conclu entre le prince (d'Orange) et le comte, — (un traité) d'alliance et d'amitié qu'ils arrêtent entre eux. — (De son côté) le jeune comte parcourt à la hâte le Venaissin, — pour recevoir et mettre en défense Pernes, — Malaucènes, Baumes et maints autres châteaux. — Mais au bout de peu de temps commencent — le mal, le dommage et les contrariétés, — que lui suscitent l'évêque et les clercs qui lui sont contraires. — Contre lui guerroient le seigneur de Baux, l'avare, le discourtois ; — Raymond Pelet, ceux de Nîmes, d'Orange et de Cortezon, — Raimbaud de la Calme, Jean de Semic le brave, — don Lambert

E mans ni a dels autres ab cors mals e ginhos
Mas de sai los contrasta Maselha e Tharascos
Lailha e Peira Lada en Ucs de Cavalhos
3855 NAzemars de Peitieus e sos filhs Guilhamos
W. Ar. de Dia us rics hom coratjos
En Bernis de Mureus ab adreitz companhos
En Guiraut Azemar e sos filhs Guiraudos
R. de Montalba en Dragonetz lo pros
3860 NAliazar dUzest e apres nAlbaros
E Bertrans Porcelencs Pons cui es Mondragos
En Ricals de Carro en Pons de Sent Just bos
Omais a plaitz e guerra e contensa n Simos
E sos filhs nAmalrics e sos frairen Guios
3865 Quel coms dux e marques del linatge nAnfos
Li calomja sa terra.

CLV.

La terra li calomja lo coms dux ques tozetz
E defen e contrasta los tortz els dezeretz
E pren castels e vilas e borcs e casteletz
3870 Mas lo coms el coms joves en Guis en Dragonetz
En Girautz Ademars e sos filhs Giraudetz
Parlero ab lo comte car lor platz e lor letz
Senhors so ditz lo coms diire vos que faretz
Eu men vau en Espanha e vos tuit remandretz
3875 Ez en la vostra garda remandra Ramundetz
Ez es obs e gran coita que vos lacosselhetz
Que si el cobra terra gran honor i auretz
Pero si la perdia tuit vos i dampnaretz
Ramon so ditz lo coms aquetz baros creiretz
3880 Els mals els bes els gaugs elh trebalh que auretz

de Monteil, don Lambert de Limou, — et plusieurs autres encore de perfide cœur. — Mais il y a, de ce côté, pour les combattre, Marseille et Tarascon, — l'Isle et Pierre-Latte, don Hugues de Cavaillon, — don Adhémar de Poitiers, avec son fils Guillaumon; — Guillaume Arnaud de Die, un puissant et brave baron; — don Bernis de Muret, avec d'excellents compagnons; — don Guiraud Adhémar et son fils Guiraudon; — Raymond de Montauban, don Dragonet le preux, — don Éléazar d'Usez, ainsi que don Albaron, — Bertrand des Porcellets, Pons, celui de Montdragon, — don Ricaut de Caron, le vaillant Pons de Saint-Just. — (Tous ces barons) meuvent guerre et querelle à Simon, — à don Aimeric son fils, à son frère don Guy, — dont le comte duc et marquis, du lignage d'Alfonse, — requiert sa terre.

CLV.

Il leur requiert sa terre : le comte duc, encore tout petit, — résiste et se défend contre l'injustice et la spoliation, — prend châteaux et villes, châtelets et bourgs. — Mais les deux comtes, don Guy et don Dragonet, — Giraud Adhémar, son fils Guiraudon, — ont avec le comte un entretien qui leur agrée : — « Sei-« gneurs, leur dit le comte, je vous dirai ce que vous avez à « faire. — Je m'en vais en Espagne ; et vous tous, vous resterez « ici, — et sous votre garde restera mon petit Raymond, — afin « que vous lui donniez conseil, si besoin et urgence y sont. — « S'il recouvre sa terre, grand honneur vous en reviendra ; — mais « s'il venait à la perdre, vous en seriez tous condamnés. — Mon « fils, poursuit le comte, croyez ces barons. — Les biens et les

E vostras aventuras entre lor suffriretz
Els baros dAvinho per totz temps amaretz
E lamor e laver largament lor daretz
Que si avetz Proensa ab lor la conquerretz
3885 Als omes de Maselha grandas merces rendetz
Els bes e las honors que lor regardonetz
Ez aiso queus perparen bonamen lor penretz
E auretz la valensa queus fara nAncelmetz
E lor de Tharasco totz temps obeziretz
3890 De donar e datendre e fort be los ametz
Que si cobratz Belcaire ab lor lo cobraretz
E al pe de la rocha estara lo navetz
Que si lor toletz laiga destrenher los poiretz
E noi remanga murs ni porta ni paretz
3895 E sis cujan defendre que totz los debrizetz
E per grat o per forsa verament los prendretz
E li baro respondo en so no falhiretz
Senher ditz lo coms joves pos en Espanha iretz
Als comtes e als reis vostres dreits monstraretz
3900 Que pezar lor devra la vostre dezeretz
E de la cort de Roma forment vos clamaretz
Que nous val Dieus ni fes ni cauzimens ni leitz
De tot can que fassatz ni daiso que diiretz
Me trametetz mesatge e so que pessaretz
3905 Dreitament a Tholoza mesatge trametretz
Que per vos e per mi sospiran mantas vetz
Car els son tant prohome canquer los cobraretz
E totz vostres dampnatges ab lor restauraretz
Ramon so ditz lo coms oimais conoicheretz
3910 Quius vol be o quius ama e veirem que faretz
E lo coms pren comjat e va sen a espleitz
Dreitament en la Espanha als grans cautz e als freitz
El coms joves tramet cartas e sageletz

« maux, les joies et les peines, — les aventures que vous aurez,
« ayez-les avec eux. — Aimez à jamais les hommes d'Avignon, —
« et comme d'amour, soyez-leur libéral d'avoir; — car si vous
« conquérez la Provence, vous la conquerrez avec eux. — Aux
« hommes de Marseille faites de grandes grâces, — en récom-
« pense de leurs biens et de leurs honneurs, — et acceptez sim-
« plement ce qu'ils vous offrent, — ainsi que les services que vous
« rendra don Anselme. — Obéissez en tout à ceux de Taras-
« con; — aimez-les fort, et ne leur refusez ni dons ni pro-
« messes : — car si vous recouvrez Beaucaire, vous le recouvrerez
« par eux, — avec leurs navires stationnés au pied de la roche; — et
« c'est en ôtant l'eau (à la place) que vous pourrez la forcer. —
« Qu'il n'y reste (rien d'entier), ni mur, ni porte, ni paroi; —
« que tout soit brisé, s'ils veulent se défendre. — Ainsi vous les
« prendrez de force ou de gré. » — « Vous n'y faillirez point, »
répondent les barons. — « Seigneur, dit le jeune comte, puisque
« vous allez en Espagne, — vous ferez voir votre droit aux comtes
« et aux rois; — votre spoliation doit certainement leur déplaire.
« — Vous vous plaindrez fort de la cour de Rome, — où rien ne
« vous sert, ni Dieu ni foi, ni loyauté ni loi. — De tout ce que vous
« ferez et de tout ce que vous direz, — vous m'enverrez message;
« et ce que vous penserez, — vous le manderez droit par messa-
« gers à ceux de Toulouse, — qui soupirent fréquemment pour
« vous et pour moi. — Ils sont hommes si preux, que vous les re-
« couvrerez, — et vous referez avec eux de toutes vos pertes. »
— « Raymond, lui dit le comte, vous allez désormais connaître —
« qui vous veut du bien et vous aime; et nous allons voir ce que
« vous savez faire. » — Là-dessus le comte prend congé et s'ache-
mine en diligence — droit vers l'Espagne, par chaud et froid, —

Que tuit siei amics vengan celadament e quetz
3915   Al seti de Belcaire.

CLVI.

Al seti de Belcaire venc lo coms naturals
Per meg la condamina dretamens als portals
Ab cosselh de la vila de totz los plus leials
Li lhivreron las portas elh renderon las claus
3920 E demena gran joia ab sos amics corals
El poble dAvinho venc per Rozer ab naus
De Tharasco ichiron e coron als estraus
E tuit passero laiga e intrero cls caus
Per mieg la vila cridan nostre senhor coraus
3925 Intra per mieg la vila el gautz esperitaus
Coimais noi remandra ni Frances ni Barraus
E ab tant repaireron e prezon los ostaus
E escridan lo joia el sojorn el repaus
Mas en breu de termini creis la guerra mortaus
3930 Quen Lambert de Limos us adreitz senescaus
Guilhelmes de la Mota Bernartz Azalbertz Faus
Garniren lor companhas els cors e los chivaus
E eisson per la porta del castel e dels naus
Intran per las carreiras e intran de grans saus
3935 Montfort Montfort escridan oimais parlarem dals
Car aisi recomensa lo dampnatges el maus
Per meg la vila leva lo critz el batistaus
E coro a las armas lo pobles cominaus
E es mot grans la preissa dels baros Proensaus
3940 E soneron las trompas e mostran lors senhaus
E van cridar Tholoza e vai levar lencaus

tandis que le jeune comte expédie ses lettres et ses sceaux, —
pour dire à tous ses amis de venir en secret et couvertement —
au siége de Beaucaire.

3915

CLVI.

Au siége de Beaucaire vint le (jeune) et noble comte, —
marchant droit vers la porte, à travers les champs. — Du conseil
des plus loyaux habitants de la ville, — les portes lui sont livrées et les clefs rendues; — et le voilà menant grande joie avec 3920
ses amis de cœur. — La gent d'Avignon arrive, sur des bateaux,
par le Rhône; — celle de Tarascon sort, en courant, hors de
ses murs; — elle passe l'eau, et s'avance à travers les jardins.
— La foule va criant dans Beaucaire : « Vive notre bon seigneur !
« — Dans la ville est entrée la joie de nos âmes; — il n'y restera 3925
« bientôt plus de Français, ni de (don) Barral. » — Et tous,
en criant ainsi d'aise et de plaisir, se retirent (pour se reposer) et occupent les maisons. — Mais la mortelle guerre ne tarde
pas à s'aviver. — Don Lambert de Limou, le bon sénéchal, — 3930
Guillaume de la Motte, Bernard et Adalbert Faulx, — font
armer leur troupe, hommes et chevaux; — ils sortent par la
porte du château et du port; — ils entrent dans les rues, s'y
précipitent à grands sauts, — en criant : « Montfort ! Montfort ! » 3935
Il faut ici parler d'autre chose; — ici recommencent les dommages et les maux (de la guerre). — Du milieu de la ville
s'élèvent des clameurs, un tumulte; — tout le peuple court aux
armes, — et grande est la presse des barons provençaux. — Ils 3940
font sonner leurs trompettes, déploient leurs enseignes, — et
criant : « Toulouse ! Toulouse ! » ils courent sur l'ennemi. — Ils lui

E gietan dartz e lansas e las peiras punhaus
E cairels e sagetas e apchas e destraus
E lansas e espazas e bastos e tinaus
3945 Tant durament los coitan de sobrels fenestraus
De trastotas maneiras ab cairos reversaus
Que las boclas pecian els escutz els peitrals
Que firens los ne menan e lor dan colps mortaus
Que senes grat per forsalz an el castel enclaus
3950 Mas els se defendero a lei de bos vassaus
E garniron las tors els murs els cadafaus
E lo coms fai barreiras de lhissas e de paus
E mes a Santa Pasca las mainadas comtaus
E dedins en la roca es lo naveis aitaus
3955 Que laiga e la cresma de tot lor es cabaus
E en apres escridan abans que fassam aus
  Combatam la redorta.

CLVII.

Combatam la redorta cades la poirem prendre
La doncs viratz anar e correr e descendre
3960 La us dels evas lautre e cridar e contendre
Canc noi remas lo paire per lo filh ni pel gendre
Que los murs e las portas van debrizar e fendre
E aportan lo foc es prendo a lessendre
La doncs pogratz vezer tanta balesta tendre
3965 E tant cairel montar e tant cairo dessendre
Tanta peira lansar e tant bo arc destendre
Els Proensals combatre e los Frances defendre
E en auta votz escridan avengutz etz al pendre
E el lor respondero ben dizetz per entendre
3970 Enans que nos prengatz nos cujam be car vendre

lancent force dards, flèches et cailloux; — (ils le frappent) de
lances, d'épieux, d'épées, — de haches de toute espèce, de
masses et de bâtons ferrés; — et d'en haut, des fenêtres, ils 3945
l'accablent tellement — et de tous les côtés de lourds carreaux
— qui brisent tout, poitrails, boucles et écus, — qu'ils le
mènent, battu de coups mortels, — jusqu'à ce que, par force
et non de gré, il rentre dans la forteresse. — Mais là les Fran- 3950
çais se défendent comme vaillants hommes, — et garnissent
les murs, les tours et les terrasses. — De son côté le comte
fait construire des barricades de pieux et de planches, — et
poster à Sainte-Pâques les troupes comtales. — Et de l'autre côté,
au pied de la roche, les navires sont si nombreux, — que les 3955
assiégeants abondent de tout, de crème comme d'eau. — Et les
voilà qui, tout d'un coup, s'écrient : « Avant toute autre chose, —
« attaquons la retorte! »

CLVII.

« Attaquons la retorte! c'est le moment de la prendre! » — Alors
vous les auriez vus aller, courir, descendre, — crier, assaillir à l'envi 3960
l'un de l'autre; — les pères courir comme les fils, comme les gendres;
— tous se mettre à battre les murs, à briser les portes, — à apporter
du feu, et s'efforcer de le mettre (où il faut). — C'est alors que vous
auriez vu tendre les arbalètes, — monter les flèches, les carreaux 3965
tomber; — bander les arcs, lancer les pierres; — les Provençaux
attaquer, les Français se défendre. — « Vous êtes pris! » crient (les
premiers) à haute voix. — « Cela est aisé à dire, répondent les au-
« tres; — mais avant d'être pris, nous espérons nous vendre chère- 3970
« ment. » — Cependant la fumée et le feu, la flamme et la chaleur

Mas lo fums e lo focs la flama e lesendre
Los a tant destreits que son marritz decendre
E si ditz lus a lautre nols podem mais atendre
Redam nos a merce ans quens laissemmes pendre
3975 En Peire de Sent Prais a fait son plait empendre
Quhom len lais ichir e ves lo comte rendre
De totas partz auziras tensonar e contendre
Li uni del montar e lautre del descendre
En auta votz escridan oimais nons pot mal pendre
3980 Jeshu Crist glorios que fos mort al divendre
Vos restauratz paratge.

CLVIII.

Dieus restauratz paratge e esgardatz razo
E captenetz dreitura e baichatz traisio
E en apres escridan tuit essems en .i. so
3985 Combatam lo castel el portal el peiro
Senhors ditz R. Gaucelin cosselh donare bo
Lo castels sera vostre e aquels que lai so
Mas primier fassam mur ses caus e ses sablo
Ab los cadafalcs dobles e ab ferm bescalo
3990 Ez en cada portal .i. peirier de faiso
Que tragan lunh e pres e que defendal so
Car nos avem que far ab mal ome felo
E ses tota merce e ab cor de leo
E sins amena forsa aurem defensio
3995 Coimais no temerem nulh assaut com nos do
Es eli respondero aisi o tenem per bo
NArbert lo capelas lor a fait breu sermo
Senhors de par de Dieu e del comteus somo
Cel que faral mur sec ni re i metra del so
4000 Que de Dieu e del comte naura bon gazerdo

— ont mis les Français en telle détresse, qu'ils en sont marris et troublés.—L'un dit à l'autre : « Nous ne pouvons plus résister.— « Rendons-nous à merci, avant de nous laisser prendre. »— Don Pierre de Saint-Priest a proposé — qu'on le laissât sortir et se rendre au comte. — De toutes parts alors vous entendriez des disputes, des querelles,— entre ceux qui veulent monter et celui qui veut descendre.—Ils s'écrient tous à haute voix : « Il « ne peut plus en mésarriver désormais : — glorieux Jésus-Christ, « qui mourûtes un vendredi, — restaurez courtoisie !

CLVIII.

« Dieu, restaurez courtoisie, soutenez le droit,— maintenez la « justice, et abaissez la trahison ! »—Ils crient ensuite tous d'une voix : — « Attaquons maintenant le château, le portail et le perron. »— « Seigneurs, dit R. Gaucelin, je vais vous donner un bon conseil. « — Le château sera vôtre avec tous ceux qui s'y trouvent ;— « mais élevons auparavant un mur sans sable et sans chaux,—avec « un double échafaud et un double escalier solide ; — puis « dressons à chaque porte un pierrier de telle sorte — qu'il « tire loin et près, et nous serve de défense ;— car nous avons à « faire à un dur félon d'homme, — sans aucune merci et à cœur « de lion. — S'il vient avec des forces, nous nous trouverons en « défense, — et nous ne craindrons plus aucun assaut que l'on « veuille nous donner. » — « Nous tenons le conseil pour bon, » répondent les autres. — Là-dessus don Arbert le chapelain leur a fait un court sermon : — « Seigneurs, de la part de Dieu « et du comte, je déclare — que celui qui fera les murs de pierre « sèche ou y mettra du sien, — en aura de Dieu et du comte

E de sobre mas ordes aura salvacio
Trastug essems escridan tuit anem al perdo
Mas la noit saparelha ab lo resplanden tro
E an faita la gaita sirvent e donzelo
4005 Els cavers meismes pel castel deviro
E a lalbor del dia an levat .i. reso
Que tuit ni escan essems negus no ditz de no
E comensan lo mur el terralh el peiro
E anc en nulha obra no vis tan ric masso
4010 Que cavaer e donas' aportan lo reblo
E donzels e donzelas lo pertrait el carbo
Que cascus ditz balada o verset o canso
E fero tanta dobra en petit de sazo
Que mais nols cal temer Frances ni Bergonho
4015 E dins aquel mur foro li trap elh pavalho
E a la Santa Pasca mezo establizo
E an pres lor cosselh que fassa lo bofo
Per lo Capdolh combatre e traire cels que i so
E quel dono per garda an Gui de Cavalho
4020 E ab lor de Volobregua que so lial e bo
E an pres lo ribatge de Capdolh enviro
Que degus hom non i esca ni i intre a lairo
Ni cavals noi abeure ni hom aiga nolh do
E vengo per las terras vendas e lhivrazo
4025 E li bou e las vacas e li porc elh moto
E aucas e galhinas e perditz e capo
El blatz e la farina e lautra venazo
El vis de Genestet que vai tant abando
Que la doncs resemblet terra de promissio
4030 Sempre van las novellas dreit al comte Simo
Quel a perdut Belcaire que mais nolh tindra pro
En Lambert de Limos Rainier del Caldaro
Sus el cap del castel e lautra garnizo

« bonne récompense, — et sera sauvé à ma recommandation. »
— Ils s'écrient alors tous ensemble : « Allons tous au pardon ! » —
Mais déjà s'approche la nuit au ciel resplendissant, — et les
servants, les damoiseaux, les chevaliers eux-mêmes, ont fait
le guet tout à l'entour du château ; — vers l'aube du jour ils
ont poussé un cri, — afin que tous les autres sortent ensemble;
et tous sont sortis. — Ils commencent le mur, la terrasse et
le perron, — et jamais à nulle bâtisse vous ne vîtes si nobles
maçons : — ce sont des chevaliers et des dames qui apportent
les pierres, — des damoiseaux et des donzelles les fascines
et le charbon, — disant chacun ballade, verset ou chanson;
— et ils ont fait, en peu de temps, tant d'ouvrage, — qu'ils
n'ont désormais plus à craindre ni Français ni Bourguignons. —
Derrière ce mur sont les pavillons et les tentes. — Les assiégeants fortifient également la Sainte-Pâques, — et ont résolu
de construire un bouffon, — pour battre le Capitole et tirer
contre ceux qui le défendent, — et d'y mettre, pour le garder,
don Guy de Cavaillon, — avec ceux de Valbrègue, qui sont bons
et loyaux. — Ils occupent aussi la rive (du Rhône), près du
Capitole, — afin que nul n'y entre, ni n'en sorte en secret, —
que les chevaux n'aillent point s'y abreuver, ni personne y chercher de l'eau. — Et de toutes les parties du pays viennent denrées et provisions à vendre; — bœufs et vaches, porcs et mou-
tons, — oies et poules, chapons et perdrix, — du blé, de la
farine, et toute sorte de productions; — le vin de Genestat y
arrive en abondance telle, — que le camp en ressemble à une
terre promise. — Les nouvelles s'en vont droit au comte Simon
— qu'il a perdu Beaucaire, que Beaucaire ne lui servira plus à
rien; — que don Lambert de Limou, Raynier de Chauderon

E cant au las novelas a donc li saub tan bo
Com si hom lagues morc nAmaldric on Guio
Ples dira e de felnia el ne venc despero
En Guis de Montfort manda e pregua e somo
Que tuit sei amic vengan per aqui on el fo
E cant foron ensemble ilh el seu companho
E sos nebs nAmaldric en Alas en Ugo
Ab lui G. de Lent Folcaut e Salamo
Ab lor belas companhas cavalgan de rando
Dreitament ves Belcaire e perprendol cambo
E rengan las batalhas de foras pel sablo
Sel dedins se captenon a guiza de baro
E escridan Toloza Belcaire e Avinho
Volobrega Eldessa Malausenna Caro
E an passada laiga aicels de Tarasco
E perprendo las ortas cavaers e geldo
E degus envas lautre noi feric despero
Mas R. Belarots ab nAimes de Caro
Cascus denant los autres anec ferir lo so
Que las astas debrizan e volan li trenso
E non i a plus dels que colp prenga ni i do
E cant la noits saprosma levan li gonfaino
E van a las albergas cascus per contenso
Tot dreit a lalbergada.

CLIX.

Tot dreit a lalbergada albergan volontiers
E prenon los estables els osdals els soliers
E agro la vianda cela quels fo mestiers
E an faita la gaita ab totz los escudiers

— sont enfermés dans le château avec la garnison. — Quand il apprend ces nouvelles, il en a même douleur — que si on lui avait tué (son fils) don Amaury ou (son frère) don Guy. — Plein de dépit et de rage, il part, en piquant de l'éperon; — il prie Guy de Montfort, il lui commande — d'avertir tous ses amis de se rendre où il est. — Et lorsqu'ils sont tous réunis, ses compagnons et lui, — don Amaury son fils, don Hugues, don Alard, — Guy de Levis, Foucault et Salomon, — avec leurs belles compagnies, chevauchent de file, — droit sur Beaucaire. Ils occupent la plaine campagne; — et rangent leur corps de bataille en dehors sur le sable. — Mais les Provençaux (qu'ils ont enfermés) se comportent en braves; — ils crient : « Toulouse! Beau- « caire ! Avignon ! — Valabrègue ! Audessan ! Malaucène et Caron ! » — Ceux de Tarascon ont passé le Rhône; — leurs chevaliers et leur cavalerie occupent les jardins; — mais aucun d'eux n'y pique d'éperon contre l'ennemi, — sinon Raymond Belarot et don Aymes de Caron, — chacun d'eux devant tous les autres, alla frapper son ennemi, — (si fort) que leurs lances se rompirent, et que les tronçons en volèrent : — il n'y en a aucun autre qui reçoive ou donne autre coup. — Mais la nuit s'approchant, ils lèvent leurs enseignes, — et tous à l'envi gagnent les albergues — et vont droit à l'albergade.

CLIX.

Tout droit à l'albergade ils vont volontiers, — et occupent tout, étables, greniers, maisons; — et toute la subsistance dont ils avaient besoin, ils l'eurent. — Ils firent bon guet la nuit, avec les écuyers; — car ils étaient en défiance de leurs ennemis

Car els agron temensa dels enemics sobriers
Que nols ama Maselha ni nols vol Montpesliers
E Avinhos e Belcaire los a comes primers
4065 E lains a Belcaire es tant gens lalegriers
Que cascus ri e gaba car lor creis milhoriers
E agro los maestres e totz los carpenters
E dressero los murs e los ambans entiers
E barreiras e lhissas e peitrals traversers
4070 E manganels e gousas e engens a doblers
E al pe del castel an dat cuminalers
Que an messas las gardas e gaitas e porters
Ab los garnimens dobles e ab trencans acers
Que non intre ni esca negus hom lauzegers
4075 E jos bas en la rocha an triatz nautoniers
Que lor an touta laigua e fondutz lo rochers
Els coms joves tramet cartas e mesatgiers
Als baros de sa terra e als seus domengers
Per trastotas las terras lai on sab soldadiers
4080 Qui vol aur ni argent ni bos cavals corsers
Al seti de Belcaire es lo dos el loguiers
En Lambert de Limos cui es lo cossiriers
A empres parlament am los seus companhers
Belament se razona e ditz motz vertaders
4085 Senhors nos em enclaus en tors e en solers
E an nos establit los portals els torrers
Que negus non pot ir si nos torna espavers
Que eu vei venir las peiras dels engenhs montaners
Ab quens volon combatre per trastot amperers
4090 E es obs grans e coita que tuit siam obrers
E que fassam gueridas per los murs batalhers
Mas en petita dora es vengutz desturbers
Quels nos an touta laiga els pons els escaliers
Mas pro avem vianda daquetz dos mes entiers

acharnés ; — car Marseille ne les aime point, et Montpellier leur
est contraire, — Avignon et Beaucaire ayant été les premiers à les
attaquer (l'un et l'autre). — Mais l'allégresse est si grande dans
Beaucaire, — que chacun rit et jouit du meilleur état de leurs
affaires. — Les maîtres maçons et les charpentiers (étaient là),—
qui élevèrent des murs et des terrasses, — des barrières, des
palissades, des barricades traversières, — toutes sortes de mangonneaux, d'engins doubles et de gouses. — Au pied du château ils ont posté (des milices) communales, — qui y ont
aussitôt établi des gardes, des guets, des portiers — couverts
de doubles armures et munis (de lames) d'acier tranchant, —
qui empêchent tout homme suspect d'entrer ou de sortir. — Et
tout au bas de la roche, ils ont choisi des nautoniers — qui
ont enlevé l'eau aux assiégés et détruit (l'escalier du) rocher. —
Le jeune comte envoie ses lettres et ses messagers — aux barons
de sa terre, à ses serviteurs ; — et par toutes les terres où il sait
qu'il y a des hommes à prendre solde, — (il fait publier) que quiconque veut de l'or, de l'argent et de bons chevaux, — en recevra au siége de Beaucaire, en don et en paye. — (Cependant)
Lambert de Limou, à qui appartient le souci (de la défense du
château), — tient parlement avec ses compagnons ; — il raisonne
sagement, et en termes vrais : — « Seigneurs, nous voici enfer-
« més en tours et en chambres ; — l'ennemi a dressé des bar-
« rières contre les portes du château, — de sorte que personne ne
« peut sortir, à moins de se faire épervier ; — et je vois des engins
« montagnards venir (à chaque instant) les pierres — dont ils
« nous assaillent partout où nous paraissons pour nous défendre.
« — Dans l'urgente nécessité qui nous presse, nous devons être
« tous ouvriers, — et travailler à des défenses pour nos murs ba-

4095 Pois si torna a coita manjarem los destriers
Del castel lo coms joves es per dreit eretiers
E si nos pot decebre quens aia preizoners
Be nos fara semblansa que nons vol a pariers
Per quens val mais la mortz no quens aia estiers
4100 E lo coms de Montfort es massa bos guerriers
E cant saubra las novas el vindra volontiers
E es tant afortitz e tant humils parlers
Per que fara despendre los milhors cossirers
En aquesta aventura es nostre milhorers
4105 Rainiers de Caldairo a parlat estremiers
Senhors remembre vos Guilhelmet al cort nes
Co ab seti dAurenca suffri tans desturbiers
O de mort o de vida siam tug cavalers
Que ja Montfort ni Fransa non aion reproers
4110 Que sil coms nos pot pendre datz es nostre loguers
Car sel er plus astruc que sera mortz primers
Ben es dreitz e razos ditz maestre Ferrers
Que vos siatz crezutz e vostre castiers
El coms de Montfort passa e camis e sendiers
4115 E pregua sos amics e totz los loguadiers
E per totas partidas lai on ac soldadiers
E cavalgon lo jorn e la noit ab tempiers
Tro que venc a Belcaire e dechent els gravers
En Guis en Aimiric en Alas e Rogers
4120 Ab lor belas cumpanhas i son vengutz primers
E resonan las trumpas per atendrels derriers
El coms de Montfort garda entrels murs els clochers
E vit los de lains arditz e presentiers
E el cap del castel es sos gomfanorers
4125 El leos e la ensenha que bandeia els torrers
Dira e de felnia en devenc trastotz ners
E a ditz a sos omes que descargol saumers

« taillers. — Il nous est arrivé, en peu de temps, un grand mal ;
« — ils nous ont ôté l'eau, nos ponts et notre escalier. — Mais nous
« avons encore des subsistances pour deux mois entiers ; — après
« cela, si nous y sommes forcés, nous mangerons nos destriers. —
« Le jeune comte est de droit héritier du château ; — et s'il peut ve-
« nir à bout de nous, de manière à nous tenir captifs, — il nous
« fera bien voir qu'il ne veut pas de nous pour feudataires. — Ainsi
« donc mieux vaut pour nous mourir, que d'être pris par lui. —
« D'ailleurs le comte de Montfort est à merveille bon homme de
« guerre ; — quand il saura ce qui se passe, il viendra au plus vite ;
« — et constant de courage, et doux de parler, comme il est, — il
« fera prévaloir les meilleures pensées : — c'est en cela qu'est toute
« notre espérance de salut. » — Raynier de Chauderon a parlé tout
le dernier : — « Seigneurs, dit-il, souvenez-vous de Guillaume au
« court nez. — Quelles fatigues il endura au siége d'Orange ! —
« A la vie ou à la mort, soyons tous chevaliers, — et ne faisons af-
« front, ni à la France, ni à Montfort. — Car si le jeune comte
« peut nous prendre, notre sort est décidé ; — et celui-là sera le
« plus fortuné qui mourra le premier. » — « C'est droit et raison,
« dit alors maître Ferrier, — que l'on vous croie, vous et votre
« leçon. » — (Cependant) le comte de Montfort s'en va par chemins
et par sentiers, — priant de tous côtés ses amis et ses mercenaires, — les aventuriers à la solde (de le suivre). — Ils chevauchent jour et nuit, (par beau temps) et par orage, — jusqu'à
ce qu'ils arrivent à Beaucaire, et descendent sur le gravier (du
Rhône). — Don Guy, don Aimeric, don Alard et Roger — y sont
avec leurs belles compagnies, les premiers arrivés, — et les trompettes résonnent pour appeler les derniers. — Le comte de
Montfort regarde à travers les clochers et sur les murs ; — il voit

E que fico las tendas e trencols olivers
La doncas salberguero per orts e per vergers
4130 Oimais dins e de foras er lo setis pleniers
Cant Montfort e Belcaire se son fait frontalers
Mas Dieus sab be conoicher cals es pus dreiturers
Per quel ajut e valha als plus dreitz dreiturers
Car engans e dreitura se son faitz cabalers
4135 De tota aquesta guerra.

CLX.

De tota aquesta guerra es parvens e semblans
Que Dieus renda la terra als seus fizels amans
Car orgulhs ses dreitura lialtatz e engans
Son vengut a la soma car apros mal demans
4140 Car una flor novela sespandis per totz pans
Per que pretz e paratges tornara en estans
Car lo valens coms joves ques adreitz e prezans
Demanda e contrasta los dezerestz els dans
Per que la crotz senansa el leos es mermans
4145 El coms de Montfort manda los seus baros dictans
Per que vol cosselh pendre car les cregutz afans
E foron ab lui xxx. dins un verger fulhans
E lo coms se razona e aforma sos guans
E fo gentils e savis e adreitz e prezans
4150 Senhors a totz vos autres e a Dieu son clamans
Dels baros de la terra que so fals e truans
Totz lo cors me sospira e mes greus e pezans

ceux de la ville fièrement (debout) sous les armes ; — et sur la
hauteur, dans le château, il voit son gonfalon, — son enseigne
au lion, qu'agite le gardien de la tour, — et devient (à cette
vue), noir de colère et de douleur. — Il ordonne à ses hommes
de décharger les sommiers, — d'abattre les oliviers, et de planter les tentes ; — et les voilà qui prennent leurs albergues dans
les jardins et les vergers. — Voilà Montfort et Beaucaire en présence ; — voilà un siége en dedans et un siége en dehors. —
Mais Dieu saura bien connaître quel est (ici) le plus juste, —
afin de l'aider et de soutenir la meilleure cause ; — car fraude
et droiture se sont déclarées les chefs — de toute cette guerre.

CLX.

De toute cette guerre l'apparence et le semblant, — c'est que
Dieu veut rendre à ses fidèles amis la terre (qui leur a été ravie).
— Orgueil et justice, tromperie et loyauté, — sont venus à leur
comble : après de rudes orages, — s'épanouit, en tout sens,
une fleur nouvelle, — par laquelle seront restaurées valeur et
noblesse. — Le jeune comte, qui est vaillant et habile, — s'oppose à son dommage, et réclame contre sa spoliation ; — de
sorte que le lion est abaissé et que la croix s'élève. — (Cependant)
le comte de Montfort fait appeler ses barons bien parlants ; — il
veut leur demander conseil dans ce surcroît de peine (qui lui est
échu). — Il s'en rassemble trente autour de lui, dans un verger
bien feuillé ; — il se prend à leur parler, en redressant ses gante-
lets, — et il leur parle comme noble, sage, habile et valeureux
personnage : — « Seigneurs, j'accuse devant vous tous et devant
« Dieu, — les barons du pays de trahison et de fausseté. — Tout le

Car aisim dezereta us tozetz de xv. ans
Ses poder e ses forsa e ses aver donans
4155 Ma gitat de Proensa e mes tant contrastans
E sobre tot dei estre fortment meravilhans
Pos glieiza la mautreia e los meus auribans
Car me cridan Tholoza al ferir e al lans
Ez eu fas de la glieiza los faitz els ditz els mans
4160 E car el es pecaire ez eu soi merseians
Fas me grans meravilhas co vol Dieus so enans
Primeiramen dels autres li respondet nAlans
Senher coms lo tieus ditz el orgolhs el bobans
Nos fara sai remandre de totz bes desirans
4165 Car enans seretz velhs e canutz e ferrans
Que mais aiatz la vila la tor ni los ambans
Et a mi ez als autres es veiaire e semblans
Que Jeshu Cristz no volha que mais cregua lengans
Pero sil coms es joves ni tozetz ni efans
4170 E es de bona natura e bos e bels e grans
E a poder e forsa e de bos amparans
Quens destrui ens abaicha ens amermals balans
E es ben de lhinatge ques milhor e senans
Quen Richartz fo sos oncles e sos parens B.
4175 Que quei fassa pecaire eu dic quel es enfans
Que senas agitadas a tot lo primer lans
E pos cosselh demandas non es dreit quel soans
Tramet li. ii. mesatges que sian ben parlans
Quel te renda tos omes e totz los alferans
4180 E car nols potz socorre si aran perdias tans
Grans seria la onta els dampnatges els dans
E sil los te vol rendre que li digas elh mans
Quelh laisaras Proensa que mais no lalh demans
Cab tota lautra terra potz estre be anans
4185 NAla los meus coratges es en aiso doptans

« cœur me soupire ; et il m'est cuisant et dur — d'être de la sorte
« dépouillé par un garçonnet de quinze ans, — sans pouvoir, sans
« valeur, et donnant sans avoir ; — qui m'a chassé de Provence 4155
« et me guerroie sans relâche. — C'est là pour moi une grande
« merveille. — Puisque l'église m'a octroyé le pays, et que sous
« mon oriflamme — on crie Toulouse, au courir et au frapper ; —
« puisque je suis de l'église les œuvres, les ordres et les discours ;
« — puisque je suis bien méritant, et mon adversaire pécheur ; 4160
« — c'est pour moi, dis-je, grande merveille que Dieu favorise
« (cet enfant). » — Avant tous les autres lui répondit don Alard :
— « Seigneur comte, vos discours, votre orgueil et votre faste
« — nous feront éprouver dans ces contrées de dures privations ;
« — car vous serez vieux, grison ou chenu, — avant de reprendre 4165
« cette ville avec sa tour et ses bastions. — Il me semble, et il
« semble à d'autres, — que Jésus-Christ ne veuille pas que la
« tromperie aille plus loin. — Si le comte est jeune, si c'est un
« garçonneau, un enfant, — c'est un enfant de haut naturel, bon 4170
« et beau. — Il n'est pas sans valeur, ni sans pouvoir, ni sans bons
« défenseurs ; — car il nous détruit, nous abaisse, et obscurcit
« notre bonne étoile. — Et quant au lignage, il est bien du meil-
« leur et du plus illustre (de tous) ; — car le roi Richard fut son
« oncle, et Bertrand est son parent. — A voir tout ce qu'il a fait, 4175
« je dis que c'est un enfant — qui, pour son coup d'essai, a dé-
« montré prudence d'homme. — Puisque vous demandez conseil,
« il est juste que je vous donne le mien : — envoyez au jeune
« comte deux messagers bien parlants, — pour lui demander vos
« hommes et leurs chevaux ; — car vous ne pouvez les secourir, en 4180
« perdissiez-vous, pour cela, autant d'autres, — ce qui serait grand
« dommage et grande honte. — Et pour qu'il vous les rende,

Quel cosselhs no seria adreitz ni ben estans
En abans ner sagnens lo meus pung el seus brans
Que de mal ni de be sia am mi acordans
Car si mauci mos omes eu len ai mort dos tant
4190 E si los pren per forsa non dei estre blasmans
Car aisim valha Dieus ni majut sent Johans
Queu enans estaria en est seti vii. ans
Tro quieu aia la vila en fassa mos talans
E en apres escrida a totz los seus amans
4195 Que debrizo las brancas e aportols verjans
E fassan las barreiras e las lissas pels cams
Quhom nols posca decebre en dormen ni en velhans
E cant la noit saprosma es levatz lo mazans
Per establir las gaitas e las trompas sonans
4200 Car dedins e de foras son mordens e fisans
  Per enantir la guerra.

CLXI.

Pel enantir la guerra se son tant afortitz
Que tota noit estero selat e amarvitz
Que negus sobre lautre no posca far enuit
4205 E al albor del dia cant lo temps abelit
Dentre ambas las partz se son trastuit garnit
Dels aubercs e dels elmes ab lo fin or brunit
E descutz e de lansas totz lo cams resplandit
El coms parla tant aut si que tuit lan auzit

« faites-lui dire, faites-lui savoir — que vous abandonnez la Pro-
« vence, pour ne plus la redemander jamais. — Et avec ce qui
« vous restera de terre, vous serez encore riche et puissant. »
— « Non, répond le comte; mon cœur ne se résigne point à ce
« (parti); — un tel conseil n'est pas bon, il n'est pas convenable;
« — mon bras et le glaive (du garçonneau) seront ensanglantés
« avant — que je m'accorde avec lui sur le bien ou sur le mal. —
« S'il m'a tué de mes hommes, j'en ai tué deux fois plus des siens;
« — et je ne dois point être blâmé, si j'emploie la force (contre
« la trahison). — Que Dieu me soit seulement en aide, et que
« S. Jean me protége! — Et je resterai, s'il le faut, à ce siége
« sept ans, — jusqu'à ce que j'aie la ville, pour en faire à ma vo-
« lonté. » — Ayant ainsi parlé, il crie à tous ses barons — de briser
les branches et d'emporter (les arbres) du verger, — pour en
faire des lices et des barricades dans la campagne, — afin que
personne ne puisse les surprendre, dormants ni éveillés; — et
aux approches de la nuit, se lève un grand tumulte; — les trompettes sonnent, et l'on établit les guets; — car en dedans comme
en dehors, (les combattants) sont acharnés et hardis — à pousser
la guerre.

CLXI.

A pousser la guerre ils sont tellement animés, — qu'ils restent toute la nuit aux aguets et les chevaux sellés, — en garde
les uns contre les autres; — et à l'aube du jour, quand le temps
devient beau, — tous, de part et d'autre, se sont armés — de
hauberts, de heaumes brunis, relevés de fin or, — et toute la
campagne resplendit d'écus et de lances. — Le comte (de Montfort) parle (alors), et si haut que tous l'entendent : — « Barons,

4210 Baro ben devem estre galhart e ischernit
Car lo crestianesme nos a pel melhs legit
E pos lo melhs dels autres ai triat e jauzit
Sim laichatz perdre terra tuit ne seretz aunit
Tot quant ai gazanhat ni ab vos conquerit
4215 Vos ai be largament donat e sopartit
Que degus no pot diire quieu li sia falhit
E pos tant vos ai dat ni vos amiyvit
Sieu perdia la terra pauc mauriatz servit
Del castel de Belcaire man despoestedit
4220 E sieu non pren venjansa los meus faits son petit
Pos larsevesque dArle men avia sazid
Ben dei aver gran ira car man dessenhorit
E so lains mei home deceubut e marrit
E mostran me la ensenha cades seran perit
4225 E car nols posc socorre ai tant lo cor partit
Mas aitant vos posc diire car man desenantit
Sieu los trop en batalha breument er devezit
Que mais me vulh combatre caisim laicho aonit
E li baro responden tuit em vostre plevit
4230 Perqueus devem atendre so quens avetz querit
Mas lo valens coms joves al portal establit
Elh baro de la terra el cavaler faizit
El sirvent el arquier gent armat e garnit
Rostans de Carboneiras lor a monstrat e dit
4235 Baro nos avem tuit .I. mandament plevit
Que si negus fugia senes nulh contradit
Lus puscha diire lautre so senhor a trazit
Per ques gart que no port lo mal capel vestit
Ditz Bertrans dAvinho breument er devezit
4240 Cals deu aver la terra ni qui aura mais guit
Car nos avem proat lo mal e resentit
Quen aiso que dizian an los clergues mentit

« bien devons-nous être excellents et valeureux, — puisque la
« chrétienté nous a choisis pour ce qu'elle a de plus vaillant, —
« et puisqu'elle nous a ainsi triés et distingués entre tous les
« autres : — si vous me laissiez perdre de la terre, vous en seriez
« tous honnis. — Tout ce que j'ai gagné ou conquis avec vous,
« — je l'ai entre vous largement et loyalement partagé, — et
« personne ne m'accusera d'avoir failli envers lui. — Et quand
« je vous ai tant donné et si bien récompensés, — si je perdais
« du pays, ce serait que vous m'auriez mal servi. — On m'a
« enlevé le château de Beaucaire, — et si je n'en prends ven-
« geance, je suis bien peu de chose. — L'archevêque d'Arles
« m'a investi de ce château; — et je ne puis, sans grande dou-
« leur, en perdre la seigneurie, — surtout quand j'y vois mes
« hommes pris et en détresse, — arborant l'enseigne qui m'an-
« nonce qu'ils vont périr, — et je me sens fendre le cœur de ne
« pouvoir les sauver; — mais je puis bien vous dire de ceux
« qui m'ont ainsi abaissé, — que si je les rencontre en bataille,
« l'affaire sera promptement décidée ; — car j'aime mieux tout ris-
« quer à combattre que de rester ainsi honni. » — « Nous sommes
« tous vos hommes, lui répondent ses barons, — et ce que
« vous requérez, c'est à nous à le faire. » — Cependant le vaillant jeune comte a établi ses barricades contre le portail, —
(secondé) par les barons du pays, par les chevaliers faidits, —
par les servants et les archers, bien munis d'armes et d'armures.
— Rostans de Charbonnières les a exhortés et leur a dit : —
« Barons, nous sommes tous convenus d'une chose, — que si
« quelqu'un fuyait sans résister, — tous les autres pourraient
« l'accuser d'avoir trahi son seigneur : — que chacun prenne
« donc garde à ne point se couvrir de mauvais heaume. » —

Que per mort que per glazi e per foc espandit
E per nostre senhor quen fasiam ir faidit
4245 Auriam bonament Jeshu Crist obezit
Mas er tinrem tal via per que sirem guerit
On pot cascus salvar per dreit son esperit
Degunas de las armas no metatz en omblit
Tinetz las amarvidas tro be naiatz ferit
4250 E sel que bes captega darem lhen tal merit
Que de Dieu e del comte li er forment grazit
E aura son linatge per totz temps enriquit
En Guirautz Azemars lor a mostrat e dit
Baro estem membrat e cert e amarvit
4255 Cades aurem la coita quieu conosc lor ardit
Si a la primeira coita podem estre suffrit
Nostra sira londransa si eli so descofit
Ab tant levas la coita e lo bruit e lescrit
E li corn e las trompas els grailes esclarzit.
4260 An tota la ribeira e lo cap esbaudit
E els punho ensemble e an tant enantit
Que dins la major preissa se son entreferit
Mas per lor de Belcaire foron be aculhit
Mas li bran de Colonha e lacer rebulhit
4265 E las massas redondas e li clavel bulhit
E las achas moluas e li escut forbit
E li dart e las flechas e li cairel polit
E penas e sagetas e li espieut brandit
Els cavalers ab lor valent e amarvit
4270 Els sirvens els alquiers que veno totz ardit
E las autras companhas de be ferir aizit
En totas las partidas an tal chaple bastit
Quel camps e la ribeira e la terran fremit
Mas lo coms en Alans en Folcaut an sufrit
4275 En Guis en P. Mirs lo chaplament el crit

Bertrand d'Avignon parle aussi : « Il sera bientôt décidé — (dit-
« il) qui doit posséder la terre, et avoir le plus d'amis ; — car
« nous avons déjà éprouvé et senti avec douleur — que les
« clercs ont menti quand ils nous disaient — qu'en répandant
« le feu, qu'en frappant du glaive, qu'en tuant, — qu'en for-
« çant notre (vrai) seigneur à s'en aller faidit, — nous obéi-
« rions tout bonnement à Jésus-Christ ; — mais maintenant
« nous prendrons un parti plus salutaire, — par lequel chacun
« pourra en toute justice sauver son âme. — N'oubliez aucune
« sorte d'armes ; — tenez-les prêtes jusqu'à l'occasion d'en frap-
« per bravement. — Quiconque bien se conduira, bien en sera
« récompensé : — Dieu et le comte lui en sauront gré, — et
« son lignage en sera à jamais relevé. » — Don Guiraud Adhémar fait aussi sa remontrance et dit : — « Barons, soyons pru-
« dents, décidés et prêts (à combattre) ; — car nous serons bien-
« tôt attaqués ; je connais la hardiesse (de l'ennemi). — Si nous te-
« nons contre la première attaque, — l'honneur de les avoir dé-
« faits est à nous. » — Mais voilà que déjà l'attaque commence ;
un bruit, un fracas (s'élève) ; — les cors, les trompettes et
les clairons reluisants — réveillent les bords du fleuve et le
château ; — et (les Français), d'un commun effort, se sont en
frappant — avancés jusque dans le plus épais de la mêlée.
— Mais ils sont bravement reçus par ceux de Beaucaire. —
C'est alors que les épées de Cologne, l'acier, — les rondes
massues, les clous bouillis, — les écus fourbis, les haches
émoulues, — les flèches, les dards, les traits luisants, — les
épieux brandis et les sagettes empennées, — entre les mains des
vaillants chevaliers, — des servants, des archers qui hardiment
s'avancent, — et des autres combattants, disposés à bien frap-

La doncs pogratz vezer tant ausberc desmentit
E tant bo escut fendre e tant demei cruisit
E tant ponh e tant bras e tant pe sopartit
E tanta sanc esparsa e tant servel fronzit
4280 Que non i a tant simple que non aia sentit
Pero ilh de Belcaire son tant apoderit
Que firen los ne menen per lo cami polit
Mas tant bes defendero no son guaire seguit
La doncs pogratz vezer tant caval fer vestit
4285 Don foron li senhor trabucat e fenit.
En Guis de Cavalho desobre un arabit
Quabatec lo dia Guilheumes de Berlit
Si que pois lo penderon en .i. oliu florit
E can se pren la preissa e an lo camp gurpit
4290 La donc pogratz vezer li cal foron perit
Al partir de la guerra.

CLXII.

Al partir de la guerra es lo perilhs restat
E ag ni mot dalegres e de fels e diratz
Cels de dins sen intreron ab fis cors esmeratz
4295 E silh de lost torneron a las tendatz viatz
El coms de Montfort parla ab sos amics privatz.
E ac i tres avesques e no sai cantz abatz
E als us e als autres ses doblament clamatz
Senher so ditz lo coms entendetz e gardatz
4300 Com yeu soi de Proensa issitz desheretatz

per, — ont de toutes parts ouvert un tel carnage, — que la campagne, la rivière et la terre en frémissent. — Mais le comte (Simon), don Alans, don Foucault, don Guy, don Pierre Mir ne s'épouvantent ni des cris ni du carnage. — C'est là que vous auriez pu voir maints hauberts fracassés, — maints bons écus fendus ou à demi brisés, — tant de mains, de bras ou de pieds tranchés, — tant de sang et tant de cerveaux froncés répandus, — qu'il n'y a homme si stupide qui n'en soit ému. — Mais ceux de Beaucaire ont montré telle vigueur, — qu'ils mènent les (Français) battant par le chemin uni : — ceux-ci néanmoins se défendent si bien, qu'ils ne sont pas long-temps poursuivis. — Vous auriez alors pu voir maints chevaux vêtus de fer, — dont les maîtres avaient été renversés ou tués. — Don Guy de Cavaillon, monté sur un cheval arabe, — abattit ce jour-là Guillaume de Berlit, — qui fut ensuite pendu à un olivier fleuri. — A la fin, quand les (combattants) se retirent et abandonnent le champ, — l'on voit alors lesquels sont tombés, — et la bataille finie.

CLXII.

La bataille finie, le péril cesse : — et des (combattants) les uns sont dolents et courroucés, les autres joyeux : — ceux de la ville y rentrent le cœur réjoui ; — ceux de l'host s'en retournent promptement à leurs tentes. — Le comte de Montfort se consulte avec ses amis privés, — parmi lesquels se trouvent trois évêques, et d'abbés je ne sais combien ; — il se plaint doublement aux uns et aux autres : — « Seigneurs, leur dit-il, « écoutez et voyez — comme je suis de la Provence chassé et

E vei estar mos homes perdutz e perilhatz
Quem combat lo coms joves car es outracujatz
Que pos issit de Roma ses aitant enansatz
Que ma touta ma terra es pren mas eretatz
4305 E saram tol Belcaire eu soi tant abaichatz
Que tota lautra terra mi sembla paubretatz
E car per santa glieiza es lafars comensatz
Si la glieiza momblida eu soi tant mescabatz
Que non poirai defendre ni rendas ni percatz
4310 E aquel que mescaba lai on es leialtatz
Ses dreit e sens razo pot esser encolpatz
E pos en tantas guizas es lo meus cors torbatz
Volh saber de vos autres cal cosselh men donatz
Mas livesques de Nemze ses tant aprimairatz
4315 Que primeiramen parla e es ben escoutatz
Senher coms ditz lavesques Jeshu Crist azoratz
E dels mals e dels bes del tot lo merceiatz
Per so es en est segle establitz e pauzatz
Quels trebalhs els dampnatges devetz suffrir en patz
4320 Pero quieus desereta que fort bens defendatz
Que pos lo mals els bes vos es abandonatz
Si perdetz en est segle en lautre gazanhatz
Dic vos del cavaler quen loliu es penjatz
Que per amor de Crist es oi martirizatz
4325 Que a lui e als autres que so mortz e nafratz
Lor perdona las colpas els forfaitz els pecatz
Mas Folcaus de Beizi ses primers razonatz
Per Dieu senher navesque de tal razo jutjatz
Per que lo bes amerma e lo mals es doblatz
4330 E es grans meravilha de vos autres letratz
Com senes penedensa solvetz ni perdonatz
Pero si mals fos bes ni mentirs veritatz
Aqui on es orgolhs fora humilitatz

« dépouillé; — et je vois mes hommes perdus ou en péril. —
« Le jeune comte, cet (enfant) outrecuidé, ose me faire la
« guerre; — et depuis qu'il est venu de Rome, il a eu si haute
« aventure, — qu'il m'a ravi ma terre, et pris mes domaines. —
« Si maintenant il m'enlève Beaucaire, je suis si fort abaissé, — 4305
« que (posséder) tout le reste du pays ne me semble plus que
« pauvreté. — L'affaire ayant été commencée par la sainte église,
« — si l'église m'abandonne, je me trouve tellement déchu, —
« que je ne puis plus maintenir mes rentes ni mes conquêtes :
« — or quiconque déchoit en cause loyale, — peut, bien que 4310
« sans droit et sans justice, être inculpé. — Maintenant donc
« que mon cœur est troublé de tant de manières, — je désire
« de vous tous savoir quel conseil vous me donnez. » — Là-
dessus l'évêque de Nîmes s'est tellement avancé, — qu'il parle 4315
le premier, et il est bien écouté. — « Seigneur comte, dit-il,
« adorez Jésus-Christ, — et remerciez-le également du bien et
« du mal. — Quand il a pris en ce monde station et demeure,
« — (ç'a été pour vous donner l'exemple) de supporter tranquil-
« lement vos fatigues et vos peines, — et de bien vous défendre 4320
« contre qui vous dépouille; — car puisque entre le bien et le
« mal le choix vous est laissé, — si vous perdez en ce monde,
« vous gagnez dans l'autre. — Et quant au chevalier qui a été
« (là-bas) aujourd'hui pendu à un olivier, — je vous dis qu'il a
« souffert le martyre pour l'amour du Christ. — A lui et à tous 4325
« les autres qui ont été de même tués ou blessés, — (Dieu) leur
« pardonne leurs fautes, leurs péchés et forfaits. » — A ce discours, Foucault de Bercy a le premier répondu : — « Par Dieu,
« seigneur évêque, vous parlez de la sorte, — parce que notre
« bien déchoit et que notre mal augmente. — Je m'émerveille 4330

Car ieu pas no creiria si mielhs non o proatz
4335 Que nulhs hom sia dignes si no mor cofessatz
Folcautz so ditz livesques greu mes car vos doptatz
Que totz om calques sia neis si era dampnatz
Sol cab lor se combata es totz penedensat
Per Dieu senher nivesques ja per re quem digatz
4340 Oi nom fariatz creire si tot mo autreiatz
Que per vostres prezics e per nostres pecatz
Nos sia Jeshu Crist irascutz e iratz
Quen aiso quen ai vist me soi desesperatz
Que lardimens e lastres nos sia cambiat
4345 Car ieu pas no cujera si la crestiandatz
Fos en .I. camp garnida e nos de lautre latz
Quentre totz nos aguessan aunitz ni reuzatz
E pois a dit al comte tota lost remembratz
Que nulhs om vielhs ni joves noi estia desarmatz
4350 Ben er merces complida e tortz adreituratz
Si nos e vos trobam tot lo dreit que sercatz
E pois feiron las gaitas ab los cavals armatz
E las espazas cinctas e los elmes lassatz
Dentrambas las partidas tro parec la clartatz
4355 Car de dins e de fora se son tant airatz
Que mais volon la guerra quel sojorn ni la patz
Car de dins en la vila es bes e plenetatz
De totas las viandas quels agrada nils platz
El cap del castel lira e la grans tempestatz
4360 Que nulhs bes noi aonda ni pas ni vis ni blatz
E lo setis de fora es aisi trebalhatz
Que nulhs hom noi sojorna ni noi dorm despulhatz
Ni noi beu ni noi manja ni i esta desarmatz
E avels a combatre mantas vetz que nols platz
4365 Car lo valens coms joves a los peirers dressatz
Per lo Capdolh combatre e ferir per totz latz

« fort de voir comment vous autres gens latiniers, — vous ab-
« solvez et pardonnez sans pénitence. — Mais si le mal était
« du bien, si mentir était vérité, — l'humilité serait de même
« là où est l'orgueil. — Quant à moi, je ne puis croire, si vous
« ne le prouvez mieux, — qu'aucun homme soit digne (du pa-
« radis), s'il ne meurt confessé. » — « Foucault, répond l'évêque,
« il m'est pénible de vous voir douter — que tout homme, si
« coupable qu'il soit, et fût-il damné, — ne fasse pénitence
« pourvu seulement qu'il combatte les (hérétiques). » — « Par
« Dieu, seigneur évêque (répond Foucault), pour chose que
« vous me disiez — et m'accordiez, vous ne me ferez pas croire
« — que, pour vos sermons et pour nos péchés, — Jésus-Christ ne
« soit contre nous courroucé et fâché. — Ce qui m'ôte tout bon
« espoir, c'est de voir — changer notre fortune et notre bra-
« voure en guerre. — Je n'aurais jamais cru (jusqu'aujourd'hui)
« que, toute la chrétienté — étant en armes contre nous dans un
« camp, et nous contre elle dans un autre, — elle eût jamais
« pu nous honnir, ni nous battre. » — Puis (se tournant) vers le
comte : « Faites, lui dit-il, ordonner à tout l'host — que per-
« sonne, jeune ou vieux, n'y quitte ses armes. — On pourra
« bien dire que justice a été faite et le tort redressé, — si nous
« trouvons, vous et nous, tout le droit que vous cherchez. » —
(Le conseil fini), des deux côtés ils firent le guet sur leurs
chevaux, en armure, — l'épée ceinte et les heaumes lacés, —
jusqu'au retour de la clarté. — Dans la ville et au dehors ils
sont désormais si emportés (les uns contre les autres), —
qu'ils préfèrent la guerre à l'amusement et au repos ; — mais
dans la ville l'abondance règne ; il y a foison de biens —
et de toute espèce de nourriture qui leur plaît où leur agrée.

E las garidas fondre e los murs dentelhatz
So ditz Raolf del Gua coms diireus que fassatz
Tota lost es destreita sil Rozer els vedatz
4370 E so ditz lo coms joves R. Gaucelm mandatz
Com establisca laiga ab totz los lins armatz
Senher so ditz nAlbeta lo naveitz es passatz
E tinem los passatges establitz e serratz
Que daisi entro Arle los avem totz lassatz
4375 E de sotz lo castel lai on es lo peiratz
Son ilh de Volobrega ab los lins acorsatz
Que nulhs homs noi abeura que non torne dampnatz
Mentrel coms sacosselha ab sos amics privatz
Lo rics coms de Montfort als carpentiers mandatz
4380 Trastotz cels de la terra els seus endomeniatz
E en la bela plassa entrels murs els fossatz
Bastic castel e gata gent garnitz e obratz
E de fer e de fust e de cors atempratz
E fo la noit el dia ben garnitz e gardatz
4385 E denant .I. calabre que lor este de latz
Que tot jorn trai e briza los grans cairos talhatz
Al portal de la vila ab los detilhs cairatz
E de dins e de fora es lo brutles levatz
E al socors de la vila venon las poestatz
4390 R. de Montalba ques adreg e prezatz
En Iscartz de Dia mot gent acompanhatz
W. de Belafar garnitz e aceimatz
Cotinhac P. Bonassa e dels autres assatz
En Peire de Lambesc mot be acompanhatz
4395 En Guiguo de Galbert i son ab joi intratz
   Per defendre la vila.

CROISADE CONTRE LES ALBIGEOIS. 307

— Dans le château, il n'y a que douleur et grande confusion ; — tout le nécessaire y manque, le pain, le vin, le blé ; — tandis qu'au dehors le siége est poussé si vivement, — que pas un homme n'y repose et n'y dort dévêtu, — n'y boit, n'y mange, n'y fait rien désarmé. — Et il leur arrive maintes fois de batailler contre leur gré ; — car le jeune comte a dressé les pierriers, — pour assaillir et battre de tous côtés le Capitole, — pour renverser les défenses (des murs) et les murs crénelés (eux-mêmes). — « Comte, je vous apprendrai ce qu'il faut faire, se « prend à dire Raoul Dugua : — tout l'host (des Croisés) est perdu, « si vous lui coupez le Rhône. » — « Eh bien, répond le comte, « Raymond Gaucelm ; ordonnez — que tous les bateaux armés « soient employés à garder le Rhône. » — « Seigneur, dit alors don « Albétan, les bateaux sont partis, — et tous les passages (du « fleuve) sont par nous tenus et gardés : — d'ici jusqu'à Arles, « nous les avons tous occupés ; — et ici, sous le château, au pied « de la roche, — sont les hommes de Valabrègue avec leurs navires ; « — de sorte que nul ne peut abreuver là (des chevaux) qu'il ne « s'en retourne maltraité. » — Mais tandis que le jeune comte délibère avec ses amis intimes, — le puissant comte de Montfort a fait venir les charpentiers, — tous ceux du pays, tous ceux qui sont ses sujets ; — et dans la belle place, entre les fossés et les murs (de la ville), — il fait construire une gate et un château, à merveille travaillés et forts, — garnis de fer, de bois et de cuir, — qui furent jour et nuit bien défendus et gardés. — (Il fait aussi construire) en avant, sur le flanc de l'host, un calabre — qui, sans relâche, tire, brisant les grands blocs bien taillés — et les créneaux carrés du portail de la ville. — Mais voilà que dans Beaucaire et dehors s'élève un grand

CLXIII.

    Per defendre la vila vengon mot valedor
    E per lor dins combatre li tal combatedor
    Cui no platz ni agradra e volgren estre alhor
4400 En Dragonetz apela lo comte so senhor
    E foron al cosselh li baro plus ausor
    Senher ditz Dragonetz par que Dieus vos acor
    Que pos venguetz de Roma aus tornat en color
    Que vol cobretz la terra que tengon lhancessor
4405 Cades baichon e mermon vostri enemic maior
    Car engans e falseza tornen a desonor
    Que anc no vis sermo de fals prezicador
    Cant ve a la fenida no torne en error
    Que so nos fan entendre li bo entendedor
4410 Que mais valol trazitz que no fan li trachor
    Pel cors santa Maria cui ieu prec e azor
    Si non etz pros e savis no sabem mai auctor
    Mas que pretz e paratges pert lo gra e la flor
    E lo coms de Montfort a proesa e valor
4415 Ardiment e coratge e cosselh valedor
    E fai castel e gata quens cuja far paor
    Mas no leva ni baicha mas cum dencantador
    Que lobra es daranha e lavers perdedor
    Pero lo seus calabres a tant forsa e vigor

tumulte. — Au secours de la ville arrivent divers seigneurs :
— Raymond de Montauban, le vaillant, le prisé; — don Iscart 4390
de Die, en noble compagnie; — Guillaume de Belafar, bien
armé et prêt (à combattre); — Cotignac, Pierre Bonassan et
beaucoup d'autres. — Don Pierre de Lambesc, avec de nombreux compagnons; — don Guigo de Galbert, sont aussi joyeu- 4395
sement entrés — dans la ville pour la secourir.

CLXIII.

Pour secourir la ville, arrivent de nombreux défenseurs; —
et contre ces défenseurs viennent d'autres combattants, — à qui
(cette guerre) ne plaît ni n'agrée, et qui voudraient fort être
ailleurs. — Don Dragonet s'adresse au (jeune) comte son sei- 4400
gneur, — et les plus hauts barons assistaient à ce conseil : —
« Seigneur, dit-il, il paraît bien que Dieu vous protége; — car
« depuis que vous êtes revenu de Rome, il a remis vos affaires
« en si belle couleur, — qu'il montre clairement vouloir que vous
« recouvriez la terre de vos ancêtres. — Vos plus grands ennemis 4405
« sont maintenant en perte et en déclin. — La fraude et la fausseté
« tourneront à déshonneur. — Je n'ai jamais entendu sermon de
« faux sermonneur — qui ne fût à la fin connu pour mensonge;
« — et au dire de ceux qui pensent sagement, — mieux valent 4410
« encore les trahis que les traîtres. — Mais par le corps de sainte
« Marie, que j'adore et prie, — si vous n'êtes preux et sage, nous
« pouvons bien dire — que de noblesse et de valeur tout est perdu,
« la graine et la fleur. — Le comte de Montfort est homme de
« courage et de prouesse, — de grand cœur, de hardiesse et de 4415
« bon conseil. — Il fait construire gate et château, s'imaginant
« nous faire peur; — mais (ce sont machines) qui ne se lèvent ni

4420 Que tot lo portal trenca e briza e gieta por
Mas nos metrem aqui nostra forsa maior
E siran y traid li firent feridor
Li plus ardit el savi el valent el forsor
Dragonet ditz lo coms ben farem lo milhor
4425 Guiraudet Azemar aura cesta honor
Que gardara la porta el e sei valedor
En Joans de Nagor en Datils en Austor
R. de Montalba e vos seretz ab lor
Els cavaers faiditz tota la noit el jorn
4430 Que son valent per armas e bon combatedor
E si vos torna a cocha cum cel que ben socor
Serai i ieu meimes per sofrir la temor
Que voldrai ben conoicher cal siran li trachor
Ditz Ricartz de Caro franc cavaler senhor
4435 Sil coms Simons fazia tant dorgolh ni temor
Que vengues a la porta sins defendam de lor
Que de sanc ab cervelas e de carn ab suzor
Y aia tant esparsa quel romanens ne plor
Senhors ditz P. R. de Rabastencs amor
4440 Nos fal coms de Montfort car no vol ir alhor
Car aisi perdra lastre el cen e la ricor
Que nos estam ab joia e avem grant largor
E sojorn e repaus e umbra e frescor
El vis de Genestet quens tempra la humor
4445 E manjam ab deleit e bevem ab sabor
E ilh estan lai fors cum autrui pecador
Que no an be ni pauza mas ira e langor
E sofren la trebalha e polvera e calor
E estan noit e dia en tal garreiador
4450 Que perdon las mainadas tant destrier corredor
Per quels fan companhia li corb e li voutor
E li mort elh nafrat lor an tan mala olor

« ne se baissent que par enchantement.—C'est œuvre d'araignée ;
« c'est richesse perdue.—Mais son calabre a tant de force et de
« vigueur,—qu'il tranche, brise et renverse tout le portail.—Il
« faut mettre là notre principale force;—il faut y porter nos
« meilleurs tireurs,—nos braves les plus hardis, les plus vail-
« lants et les plus vigoureux. »—« Dragonet, dit le comte, ce
« qu'il y a de mieux à faire, nous le ferons.—Cet honneur sera
« pour Guiraudet Adhémar;—c'est lui qui gardera la porte avec
« ses hommes,—avec Jean de Nagor, don Datil, don Austor,
« —Raymond de Montauban; et vous serez avec eux,—jour et
« nuit, avec les chevaliers faydits,—qui sont vaillants hommes
« d'armes, experts au combat :—et si vous venez en détresse,
« (moi) en homme de bon secours—je serai là moi-même, pour
« partager le péril,—et je connaîtrai quels seront les traîtres. »—
« Seigneurs francs chevaliers, dit Richard de Caron,—si le
« comte Simon a tant d'orgueil ou de colère,—qu'il vienne lui-
« même attaquer la porte; défendons-nous si bien,—qu'il y ait de
« sang et de cervelles, de sueur et de chair—une si large effu-
« sion, que les survivants en pleurent. »—« Seigneurs, dit Pierre
« Raymond de Rabastens, c'est faveur—que nous fait le comte
« de Montfort quand il ne veut point aller ailleurs;—car il
« perdra tout ici, bonne étoile, cens et pouvoir.—Nous sommes
« ici en joie; nous avons abondance de tout,—divertissement
« et repos, ombre et fraîcheur,—le vin de Genestet pour nous
« retremper les esprits;—nous mangeons avec plaisir et buvons
« en savourant;—et eux sont là dehors, comme chétifs pêcheurs,
« —qui n'ont ni repos ni bien, qui pâtissent et languissent;—
« qui ont à souffrir de la fatigue, de la poussière et de la chaleur,
« — et se trouvent jour et nuit de telle guerre assaillis,—que

Que non i a tant coinde que no mut la color
E aquels del Capdolh eisson al mirador
4455 Al comte de Montfort mostreron de la tor
Una senheira negra ab semblant de dolor
Per totas las albergas cridon li trompador
Que tuit prengan las armas li maier el menor
E garniscan lors cors e caval milsoldor
4460 Per so quilh de Maselha venon ab gran baudor
Per mei laiga de Rozer cantan li remador
El primer cap denant so li governador
Que atempran las velas elh arquier el nautor
E li corn e las trompas els cimbol elh tabor
4465 Fan retindir e braire la ribeira el albor
Li escutz e las lansas e la onda qui cor
E lazurs el vermelhs el vert am la blancor
E laur fis e largens mesclan la resplandor
Del solelh e de laiga que partig la brumor.
4470 E van cel metz per terra e sei cavalgador
Cavalgan ab gran joia ab la clara lugor
Ab sos cavals cubertz e denant lauriflor
De totas partz escridan Toloza li milhor
Per londrat filh delh comte que recobra sa honor
4475   E intran a Belcaire.

CLXIV.

Per lintrar de Belcaire lor es tals jois cregutz
Que cascus sesbaudia es te per ereubutz

« leurs troupes perdent une foule de courants destriers — qui
« leur attirent la compagnie des corbeaux et des vautours. — Et
« de tous ces morts ou blessés leur vient si terrible odeur, —
« qu'il n'est pas un d'eux, si beau soit-il, qui ne change de cou-
« leur. » — Cependant ceux du Capitole ont paru à la vedette, —
et du haut de la tour ils étalent au comte de Montfort, — avec 4455
de (grands) signes de douleur, une enseigne noire. — (Et voilà,
en même temps), qu'à travers toutes les albergues, les trompettes
crient (dans Beaucaire) : — « Que tous, petits et grands, prennent
« les armes ; — que tous se couvrent, eux et leurs chevaux de guerre ;
« — car ceux de Marseille viennent de grande hardiesse (à leur 4460
« secours). » — (Ils viennent de vrai.) Au milieu de l'eau du Rhône
chantent les rameurs ; — les premiers à l'avant sont les pilotes ;
— aux voiles sont les matelots avec les archers. — Les cors et 4465
les trompettes, les cimbales et les tambours, — font retentir et
bruire le rivage et les arbres ; — et sur le fleuve qui court, les
écus et les lances, — l'azur et le vermeil, le blanc et le vert,
— l'or fin et l'argent, le soleil et l'eau, divisée par la rame
bruyante, confondent leurs clartés. — (Les combattants) pren- 4470
nent terre, et les cavaliers — chevauchent avec grand'joie à la
vive lueur (du jour), — sur leurs chevaux couverts, et leur enseigne en avant, — les chefs criant de toutes parts : « Toulouse !
« Toulouse ! » — en l'honneur du jeune comte, qui recouvre sa
terre ; — et ils entrent tous à Beaucaire. 4475

CLXIV.

De cette entrée à Beaucaire ceux de la ville ont une telle joie,
— que chacun s'ébaudit et se tient pour sauvé. — Mais à travers

E per meias las tendas es tals parlars tengutz
Que de dins a Belcaire lor es poders vengutz
4480 Aisi saparelheron e son aperceubutz
Que guarnirs e combatres lor es jois e salutz
Lo retendirs dels grailes los deport e desdutz
El sonetz de las trompas tro que pareis la lutz
Pero ilh de la vila lor an tals gens tendutz
4485 Quel Capdolh el miracle son aisi combatutz
Que lo fust e la peira e lo ploms nes fondutz
E a la santa Pasca es lo bossos tendutz
Ques be loncs e ferratz e adreitz e agutz
Tant fer e trenca e briza que lo murs es fondutz
4490 Quen mantas de maneiras nals cairos abatutz
E cels dins can o viron no son pas esperdutz
Ans feiron latz de corda ques ab lengenh tendutz
Ab quel cap del bosso fo pres e retengutz
Don tuit cels de Belcaire fortment son irascutz
4495 Tro que venc lenginhaire per que lor fo tendutz
E de dins en la roca na intrat descondutz
Que cuiderol mur fendre ab los pics esmolutz
E cels del Capdolh preson cant los i an saubutz
Foc e solpre e estopa ins en un drap cozutz
4500 E an leus ab cadena per lo mur dessendutz
E can lo focs salumpna el solpres es fondutz
La sabors e la flama los a si enbegutz
Gus dels noi pot remandre ni noi es remazutz
E pois ab las peireiras son saisi defendutz
4505 Que debrizan e trencan las barreiras els futz
En la tor sobirana sobrels dentelhs agutz
Lo leos e la flama ses aisi enbatutz
En mantas de maneras ca pauc no ses romputz
El torrers brama e crida Montfort nos a perdutz
4510 Mas non a tort ni colpa que no pot estre auzitz

les tentes (de l'host) circule la nouvelle—qu'il est venu des renforts à Beaucaire ;— aussitôt les (Croisés) s'arment et s'apprêtent,— car s'armer et combattre est pour eux contentement et salut.— Le retentissement des clairons, le son des trompettes, les anime et les réjouit jusqu'au poindre de la clarté. — Mais ceux de la ville ont élevé contre eux des machines — dont ils battent de telle sorte le Capitole et la grande tour,—que le bois, la pierre et le plomb en sont fracassés.—A la sainte Pâques est aussi dressé le bosson,—(le bosson) ferré, long, droit, aigu,— qui si fort bat, tranche et brise, que le mur est endommagé — et que plusieurs pierres en sont çà et là abattues.—Les Français, quand ils s'en aperçoivent, ne se découragent pas : — ils font un grand lacet de corde, qu'ils lancent avec une machine, — et dans lequel est prise et retenue la tête du bosson. — Ceux de Beaucaire en sont grandement troublés ;— mais l'ingénieur vient, qui remet le bosson en mouvement : — plusieurs de ceux de la ville se sont alors cachés dans la roche, — pour tâcher d'abattre le mur à coups de pieux émoulus.— Mais ceux du Capitole les ayant aperçus,— cousent ensemble, dans un drap, du feu, du soufre et de l'étoupe,— qu'ils descendent au bout d'une chaîne, le long du mur ;— et lorsque le feu a pris et que le soufre se fond,—la flamme et l'odeur suffoquent à un tel point (les piqueurs),— que pas un d'eux ne peut demeurer ni ne demeure.—Mais ils vont à leurs pierriers, les font jouer si bien, —qu'ils brisent et tranchent les barrières et les poutres.— Sur la plus haute tour, par-dessus les créneaux aigus,— l'enseigne au lion a été si fort et en tous sens ébranlée, qu'elle a été sur le point d'être abattue.— Le gardien de la tour se lamente et crie : « Montfort nous a perdus !— Mais la faute et le tort n'en sont pas

Car lo valens coms joves nos a totz deceubutz
E mostrec las thoalhas el cotofle que lutz
Per la significansa qui aufres los condutz
Que lor pas e lor vis es manjatz e begutz
4515 E lo coms de Montfort ques nes aperceubutz
Dira e de felnia es en terra assegutz
En auta votz escria can se fo irascutz
Canar a las armas e fon tan be crezutz
Que per totas las tendas leva lo critz el brutz
4520 Que noi remas om joves ni valent ni canutz
Que tuit sarmon ensemble am los destriers crenutz
E resonan las trompas e los grailes menutz
E apres remonteron sus el Poi dels Pendutz
Senhors so ditz lo coms bem tenc per cofondutz
4525 Quel meus leos se clama car lhes falhitz condutz
Tant que la fams lengoicha per que ses recrezutz
Mas per la Crotz santisma oi es lo jorn vengutz
Quer de sanc ab cervelas abeuratz e pascutz
Bel fraire so ditz en Gui be sia aregutz
4530 Que si perdem Belcaire lo leos sira mutz
El nostre pretz el vostre er totz temp abatutz
Cavalguem la batalha tro los aiam vencutz
E cil del castel preson cant los agron veutz
Los garnimens els armas els capels els escutz
4535 E las apchas aizidas e los brans esmolutz
E los dartz e las massas e los bos arcs tendutz
E en la bela plassa on es lcami batutz
Per ambas las partidas es lo chaples mogutz
  E comensa la guerra.

« à lui, que nous ne pouvons entendre : — c'est le vaillant jeune
« comte qui nous a réduits à cette détresse! » — Et là-dessus il
montre une nappe et une bouteille luisante, — pour signifier
que les vivres leur manquent, — qu'ils ont mangé tout leur
pain et bu tout leur vin. — Le comte de Montfort, qui a compris
le signal, — de dépit et de douleur s'est assis à terre. — Mais
quand il s'est bien désolé, il s'écrie à voix haute : — « Aux
« armes! chevaliers; » et il est si bien obéi, — que de toutes les
tentes s'élève aussitôt un bruit, une clameur, — et qu'il n'y reste
pas un seul homme, jeune ni chenu. — Tous s'arment à la
fois, eux et leurs destriers à beaux crins, — les trompettes et les
clairons aigus résonnant (de toutes parts). — Ils montent ensuite
sur la colline des Pendus : — « Seigneurs, dit le comte, je dois
« bien me tenir pour confondu — quand mon lion se plaint que
« les vivres lui manquent, — au point que de la faim qui le tour-
« mente le voilà tout recru. — Mais, par la très-sainte Croix! voici
« venu le jour — où il sera abreuvé de sang et repu de cervelles. »
— « Beau frère, répond don Guy, puissiez-vous dire vrai! — car
« si nous perdons Beaucaire, le lion perd le rugir, — et votre
« gloire et la nôtre sont à jamais abaissées. — Chevauchons à la
« bataille, jusqu'à ce que nous ayons vaincu (l'ennemi). » — Ceux
du château les ayant aperçus, prirent (aussitôt) — leurs cottes
de mailles, leurs armes, leurs écus et leurs heaumes, — les
haches maniables, les épées affilées, — les dards, les massues, les
bons arcs bien tendus; — et sur la belle place, là où le chemin est
battu, — entre les deux partis le carnage a commencé, — a commencé la guerre.

CLXV.

4540 Can la guerra comensa es lo jorns clars e beus
E per meias las tendas es bastitz lo cembeus
Que davan lor comensan voutas e guarambeus
E aquelh de la vila i vengro a tropeus
Que lai no volc remandre macips ni jovenceus
4545 Que plus de xv. melia nissiren pels porteus
Bon e adreit per armas e ben correns e beus
Guiraudetz Azemars ques adreitz e fizeus
En P. del Lambesc el en Alfans Romeus
En Ugs de la Babalasta an prezes los capdeus
4550 Mas lo critz e la noiza el frun dels penonceus
E la brumiors de laire fan brandir los rameus
Dels corns e de las trompas es aitals lo graieus
Quen retendig la terra en fremig totz lo cels
Mas en Folcautz en Alas en Galters de Pradeus
4555 En Guis e en P. Mirs en Aimes de Corneus
Premeirament dels autres trespasserol correus
E lo coms de Montfort mals e fels e cruzeus
Ben dreitement lenporta lo sieus cavals moreus
En auta votz escrida S. Peire e S. Miqueus
4560 Mos mi rendetz la vila ans queu pergal casteus
E quem donetz venjansa dels enemics noveus
E intret en la preicha e comensal chapleus
Que mot ni abatero sirvent e damiseus
Mas de lor de la vila es tant grans lo monceus
4565 Que mot petita dora comenset tals reneus
Per que remas la puncha e lenvaziment beus
Pero nImbert de Laia ques valens e isneus
Ferit ins en la preicha Gauceli de Porteus
Que lescut li debriza el ausberc els frezeus

CLXV.

Quand la guerre commence, le jour est clair et beau, — et 4540
parmi les tentes retentit le signal — des joutes et des combats
qui commencent en avant.— Ceux de la ville y accourent à flots.
— et nul n'y veut rester, ni petit garçon, ni jouvencel. — Il en 4545
sort par les portes plus de quinze mille, — braves, experts en
armes, beaux et bien courants. — Guiraudet Adhémar, le vaillant, le fidèle ; — don Pierre de Lambesc, et don Alfan Romieu,
— don Hugues de la Babalaste, ont pris le commandement. —
Les cris et le tumulte (des combattants), le frémissement des en- 4550
seignes, — le bruit de l'air, ébranlent les rameaux (des arbres);
— et tel est le vacarme des trompettes et des cors, — que la
terre en retentit et que tout le ciel en frémit. — Don Foucault,
don Alard, don Gauthier de Pradelles, — don Guy et don Pierre 4555
Mirs, et don Aymes de Corneil, — en avant de tous les autres,
franchissent la barrière — avec le comte de Montfort (qui vient),
courroucé, terrible et cruel, — fièrement porté sur son cheval
moreau, — et à voix haute s'écriant : « O saint Pierre et saint Mi-
« chel! — rendez-moi la ville avant que je ne perde le château,— 4560
« et laissez-moi me venger des enfants mes ennemis! » —(Parlant
ainsi), il entre dans la mêlée et commence le carnage, — abattant grand nombre de servants et de damoiseaux; — mais telle
est la foule de ceux de la ville, — qu'au bout d'un instant la 4565
mêlée devient si épaisse, — qu'il n'y a plus lieu pour les beaux
coups de lance et les combats singuliers : — néanmoins don
Imbert de Laie, le vaillant, l'agile, — frappe dans la foule
Gaucelin de Porteil, — si fort qu'il lui brise l'écu et le haubert;

4570 Si labat el trebucha qui remas lo saureus
Entrels brans e las massas espeias e coteus
Recomensa la guerra el perilhs el mazeus
Peiras e dartz e lansas sagetas e caireus
E gazarmas e picas e apchas e dardeus
4575 De tantas partz lai vengo que semblo de neus
Que debrizan las boclas els cristaus els brodeus
Els ausbercs e las malhas els elmes els capeus
Els escutz e las bendas els fres els cascaveus
Lo cruichir de las astas el cruichir dels claveus
4580 Lai recembla tempesta o chaples de marteus
Tant es mala la guerra perilhoza e greus
Quelh an voutas las regnas als arabitz poldreus
Elh de dins los encausan ab colps e ab grageus
E lor feron els nafran los cavals e las peus
4585 La doncs viratz remandre e partir a canteus
Cambas e pes e brasses e coradas e leus
E testas e maichelas e cabelhs e cerveus
Tant es mala la guerra el perilhs el mazeus
Que firen los ne menan e lor tolirol treus
4590 E los poigs e las plassas e lerba els rauzeus
Al partir de la guerra es aitals lo releus
Que pro i remas vianda als cas e als auzeus
Entre gran joi ez ira es partitz lo cembeus
Dentrambas las partidas.

CLXVI.

4595 Dentrambas las partidas so aisi meitader
Que lus rema ab ira e lautre amb alegrer
E lo coms se desarma desotz .i. oliver
Sos garnimens li prendo donzel e escuder
Mas nAlas de Roci li ditz .i. reprovier

CROISADE CONTRE LES ALBIGEOIS. 321

— l'abat et le renverse (sur la place), qui reste marquée de sang. 4570
— Au milieu des épées, des massues et des dagues, — recommencent la guerre, le péril et le tumulte. — Les pierres, les dards, les flèches, — les (coups de) hallebarde, d'épieu et de hache, — tombent de tous côtés comme grêle, — brisant les 4575 boucles, les panaches, les franges, — les mailles, les hauberts, les heaumes, les armets, — les écus, les harnais, les freins, les grelots. — Le craquement des lances, l'entre-choc des épieux, — ressemblent à une tempête ou à un battement de marteaux. — 4580 La guerre devient (à la fin) si cruelle, si périlleuse et si dure, — que les (Français) ont tourné la bride à leurs poulains arabes, — et ceux de la ville les poursuivent, frappant et tirant; — ils atteignent, ils blessent les chevaux et les hommes : — vous auriez 4585 alors vu là couper et tomber — des jambes, des pieds, des bras, des cœurs, des entrailles, — des têtes, des mâchoires, des chevelures, des cervelles. — La bataille, le vacarme et la mêlée sont si terribles, — que ceux de Beaucaire mènent (les Croisés), les battent et leur enlèvent le champ (de bataille), — les hauteurs, les 4590 places, l'herbe et la campagne; — et la bataille finie, les restes en sont tels — que les chiens et les oiseaux y trouveront large pâture. — La bataille est finie, à la grande joie et au grand regret — des deux partis.

CLXVI.

Les deux partis restent, chacun avec sa moitié (des fruits de 4595 la bataille) : — l'un reste en (profonde) tristesse, l'autre en allégresse. — Le comte de Montfort se désarme sous un olivier, — et ses damoiseaux et ses écuyers lui emportent son armure. —

4600 Per Dieu bel sire coms far poiriam carner
Tant avem gazanhat al trencant de lacier
Que cors obs de la cata nous costaran denier
Que trops navem mais oi que non aviom er
Mas lo coms ac son cor tan orgulhos e ner .
4605 Quel mot non li sona ni el plus nol enquier
Tot aquel jorn esteron en aital demorer
E pois feiro las gaitas tuit li milhor guerrier
E comensan las guerras li sirvent el arquier
El castel e la gata atempran li obrer
4610 E denant .I. calabre que trenca e briza e fier
Lo portal de la vinha e lo mur batalhier
E de dins fan barreiras ab cautz e ab mortier
Dont foron li passatge elh bocal traverser
E mamasson per forsa li milhor cavaer
4615 E lains el Capdolh ac tant gran cossirier
Quen Lambertz de Limos monta en .I. soler
Ab tota sa companha e demanda e enquier
Senhors ditz en Lambertz nos em trastuit parer
E de mal e de be serem tuit parsoner
4620 Es a nos Dieus gitatz en aital caitivier
Que trazem maior pena carma de renoier
Que tota noit el dia nos combatol peirier
Per trastotas partidas e li arcbalestier
Aisi nos son falhidas las arcas elh graner
4625 E de nulh blat el mon no avem .I. sestier
E li nostre caval nan tan gran desirier
Que lo fust e lescosa manejon volontier
E lo coms de Montfort nous pot aver mestier
Ni am lo comte jove no trobam acordier
4630 Ni no sabem carreira ni via ni semdier
Ab que puscam estorcer al mortal encombrier
E de la granda ira e del gran destorbier .

Mais don Alard de Roussi lui tient de plaisants propos : — « Par
« Dieu, beau sire comte, nous pourrions lever boucherie : —
« tant avons-nous fait de viande au tranchant de l'acier, — que
« les corps qu'il faut à votre chatte ne vous coûteront pas un de-
« nier. — Nous en avons aujourd'hui beaucoup plus qu'hier. » —
Mais le comte a le cœur si aigre et si noir, — qu'il ne répond
pas un mot, et qu'(Alard) n'ose plus rien dire. — Ils passèrent
toute la journée en cet état ; — puis les meilleurs guerriers se
mirent au guet, — tandis que les servants et les archers recommencent à combattre, — et que les ouvriers apprêtent la
gate, le château — et le calabre en avant, qui frappe, tranche
et brise — le portail de la ville et le mur batailler. — Mais
ceux de la ville élèvent une barrière à mortier et à chaux, —
dont l'ouverture et les passages sont tortueux, — et ils y placent
pour la garder les meilleurs chevaliers. — Mais là-haut, dans le
Capitole, si grande est la détresse, — que Lambert de Limou
monte dans une salle — avec tous ses compagnons, pour les
consulter et s'enquérir d'eux. — « Seigneurs, leur dit-il, nous
« sommes tous dans la même situation, — et nous serons tous
« en communauté de bien et de mal. — Dieu nous a jetés en telle
« misère, — que nous souffrons plus qu'âme d'usurier (en enfer).
« — Nuit et jour les pierriers tirent sur nous — de tous côtés,
« comme aussi les arbalètes ; — nos coffres et nos greniers sont
« vides ; — de tout le blé du monde, nous n'en avons pas un
« setier ; — et nos chevaux sont si affamés — qu'ils mangent
« avidement écorce et bois. — Le comte de Montfort ne peut
« plus nous délivrer, — et nous ne pouvons obtenir de paix du
« jeune comte. — Y a-t-il une voie, un chemin, un sentier,
« — par où nous puissions échapper à ce péril mortel, — à cette

Primeirament a Dieu e a vos cosselh quier
Wles.,de la Mota li respondec primier
4635 Per Dieu bels sira oncle pos la fans nos requier
No sai autre cosselh al nostre milhorer
Mas que sian manjat li roci els destrier
Que bona fo la carns del mul que manjem ier
E passar nem L. cada jorn dun cartier
4640 E can er al termini que manjem lo derrier
Daqui enan manenc cascus son companher
Sel que peigz se defenda nis do espaventier
Per dreit e per razol devem manjar primer
R. de Rocamaura bat las palmas e fier
4645 Senhors ieu que laichei lo meu senhor lautrier
Pel comte de Montfort recebrei tal loguier
Ben es dreitz quieu o compre pos eu eis mal men mier
Apres de totz los autres li respondec Rainier
Per Dieu senhor Lambert nos o farem estier
4650 Wes. de la Mota da cosselh daverser
Anc eu homes manjar no vi nulh bo sabrier
Mas can seran manjat li Arabit corser
Nos avem .I. sol pa e pa e vi el selier
E nom de Jeshu Crist lo senhor dreiturier
4655 Receubam lo seu cors santisme vertader
E pois serem garnit finament a doblier
E iscam per la porta e passem lescalier
E comensem la guerra el trebalh el chapler
Que vermelhs ne romanha lo peiralhs el terrier
4660 Mais val muiram encemble al fer e a lacier
Que no fai vida aonida ni siam prizonier
Aquest cosselh tindrem ditz maestre Ferrier
Que mais val mortz ondrada questar en caitivier
E pessem del defendre.

CROISADE CONTRE LES ALBIGEOIS.   325

« douleur extrême, à cet excès de mal? — C'est sur quoi je de-
« mande conseil, à Dieu d'abord, puis à vous. » — Guillaume de la
Mothe est le premier à lui répondre. — « Par Dieu, beau sire 4635
« oncle, fait-il, puisque la faim nous presse, — je ne vois point
« de parti à prendre pour notre soulagement, — sinon de manger
« nos roussins et nos destriers. — Bonne était la chair du mulet
« que nous avons mangé hier, — et cinquante de nous peuvent
« se nourrir (tout) un jour d'un quartier d'un seul. — Et quand 4640
« nous aurons mangé le dernier, — que chacun alors mange son
« compagnon. — Celui qui se défendra le plus mal ou montrera
« de la peur, — celui-là, par droit et par justice, devra être le pre-
« mier mangé. » — (Là-dessus) R. de Rochemaure lève les deux
mains, les battant l'une contre l'autre. — « Seigneurs (dit-il), 4645
« moi qui l'autre jour ai abandonné mon vrai seigneur — pour
« le comte de Montfort, je mérite cette préférence. — Il est juste
« que je sois payé (de mes faits), et je ne dois point m'en payer
« moi-même. » — Après tous les autres, Rainier lui répondit : —
« Par Dieu, seigneur Lambert, nous ferons autrement : — Guil- 4650
« laume de la Mothe nous a donné un conseil d'ennemi : — je
« ne saurais à chair d'homme trouver bonne saveur ; — mais
« quand nous aurons mangé nos chevaux arabes, — au nom de
« Jésus-Christ notre vrai seigneur, — du seul pain que nous
« avons, et du vin qui reste au cellier, — recevons son très-saint 4655
« véritable corps (et son sang), — puis armons-nous de fine ar-
« mure à double maille, — sortons par la porte et par l'escalier, —
« et commençons la guerre, la bataille, le carnage, — tellement
« que la roche et la terre en restent vermeilles. — Il vaut mieux 4660
« mourir ensemble, au tranchant de l'acier et du fer, — que
« vivre honnis ou être faits prisonniers. » — « C'est là le conseil que

CLXVII.

4665 Nos pessem del defendre que degus no si trig
Que tot jorn nos combato li mortal enemig
E nos perdem la forsa can lo conduitz falhig
E no avem senhor ni parent ni amig
Que jamais pro nos tenga del mal ni del destrig
4670 Per quens val mais la mortz que vius nos cruzifig
Ab tant veus per la sala escridan .i. mendig
Senhors prendetz las armas que la vertat vos dig
Tant vei pres la mostela quieu cug cal mur se fig
La doncs leved lo brutles cant lo cosselhs partig
4675 Cascus per sa partida bonamem sestablig
Ab tant veus la mostela quen cuje traire un pig
Mas lo rics enginhaire ab ficor e antig
Pres de foc alquitran e la ola umplig
E firit la mostela tot dreit la on la vig
4680 Que la falha salumna e lo focs sespandig
En motas de maneiras ca penas sescantig
E en la bela plassa on la gatas bastig
Dentrambas las partidas tota lost se garnig
E las trompas el grailes comensan tal repig
4685 Que tota la ribeira el castels retendig
Primeirament del autres Filipot senantig
Sotz son elme senbronca e son espeut brandig
Cui el fer ni encontra ab onteg e perig
W. de Belafar encontra lui issig
4690 E donec li tal colp tot dreit lai on lo vig
Que lescut li debriza e lausberc li mentig

« nous suivrons, dit alors maître Ferrier : — une mort glorieuse
« vaut mieux que la captivité ; — pensons à nous défendre.

CLXVII.

« Pensons à nous défendre : que personne n'y soit lent ; — car 4665
« nos ennemis mortels nous combattent tout le jour. — Nous,
« manquant de nourriture, nous perdons la vigueur, — et nous
« n'avons ni seigneur, ni ami, ni parent, — qui puisse nous déli-
« vrer de mal et d'angoisse. — Ainsi donc il vaut mieux mourir 4670
« (en bataille) qu'être crucifiés vivants. » — Et voilà que tout à
coup, dans la salle, un pauvre homme s'écrie : — « Seigneurs,
« prenez les armes, car je vous dis la vérité ; — je vois la mos-
« tèle si près du mur, qu'elle va s'y attacher. » — Le conseil
alors se sépare et le tumulte s'élève ; — chacun va tout droit 4675
s'établir à son poste ; — et voilà la mostèle qui s'apprête à abattre
un pan (de mur). — Mais l'habile ingénieur, aidé de vieux et
de jeunes, — prend du feu grégeois, en remplit la marmite,
— et le lance tout droit où il voit la (machine). — Le fagot 4680
s'allume et le feu s'épand — de divers côtés, tellement qu'il
s'éteint à peine. — Et alors, par la belle place où la gate a
été construite, — les combattants viennent en armes des deux
côtés, — tandis que les clairons et les trompettes commencent
telle musique, — que toute la rive et le château en retentissent. 4685
— En avant de tous les autres se lance Philipot, — brandissant
son épieu, et le front courroucé sous son heaume : — celui qu'il
rencontre et frappe, il le renverse et le tue. — Guillaume de
Belafar s'avance contre lui, — tout droit où il le voit, et lui 4690
donne un coup — qui lui brise son écu, lui fausse son hau-

Si labat el trabuca que lo cor li glatig
De tantas partz lo feron canc pois no resorzig
E perdec y la vida e sos cavals morig
4695 Ab tant vec vos lo comte en Gui en Amaldrig
En Ala en Folcaut en Ug en Amerig
E de lor de las tendas tan gran preicha issig
Que tota la ribeira e lo camps ne complig
Aissi vengo ensemble que la terra tremig
4700 E de lor de la vila cel que ans pog nissig
E lo valhens coms joves per la rua salhig
Can Dragonetz lencontra a la regnal sazig
En auta votz escrida lo cors queus afortig
Deu ben gardar paratges e merces on salig
4705 La doncs neisson emsemble can lo portals subric
Els cavaers faiditz que cascus senantig
Senhor ditz en P. R. de Rabastencs beus dic
Canc nulhs hom per temensa bon pretz no conquerig
Si defendam lo nostres que no prendam destrig
4710 Senhors ditz A. Feda aisi aurem abrig
Per si e lor defendre de combatre saizig
E lai on sencontrero tant gran chaples bastig
Dont mot elme debrizan e mota asta cruisig
E mant pong e mant pe e mant bras sopartig
4715 E mota sanc esparsa mot cervel espandig
B. de Rocafort qui los pas establig
Es en P. de Mesoa ab fin cor e ab rig
En W. de Menerba que la preissa sofrig
Tan feir e trenca e briza tro que la sanc nissig
4720 E receub tant gran nafra ca penas ne garig
Aitant dureg la guerra tro quel temps escurzig
E venc lo noitz escura que la guerra partig
E Filipot enlevan en Gui lo sebelhic
E pois feiron la gaita tro quel jorns abelig

bert — et le renverse sur la face, de manière que le cœur lui glapit. — On le frappe alors de tant de côtés, qu'il ne se relève plus ; — il y perd la vie, et son cheval reste mort. — Mais voici venir les comtes Guy et Amaury, — don Alard, don Foucault, don Hugues, don Aimeric ; — et telle est la foule qui sort des tentes avec eux, — qu'elle remplit toute la campagne et tout le rivage : — elle vient si serrée, que la terre en tremble, — de même que ceux de la ville qui sont naguère sortis. — Mais le vaillant jeune comte arrive tout le long de la rue ; — Dragonet le rencontre, saisit la bride (de son cheval), — et s'écrie d'une voix haute : « Le courage qui vous anime — est bien fait, partout « où il se montre, pour sauver noblesse et merci ! » — Là-dessus la porte s'ouvre, et l'on en voit sortir ensemble — les chevaliers faidits, dont chacun se porte en avant. — « Seigneurs, leur dit « P. R. de Rabastens, vous savez bien — que jamais homme « ne conquit bonne renommée par la crainte : — défendons ce « qui est à nous de manière à ne rien perdre. » — « Seigneur, « répond A. Feda, nous avons ici trouvé l'occasion — de com-« battre pour nous défendre, nous et les nôtres. » — Là où les deux partis se rencontrent, il se fait un grand carnage ; — beaucoup de heaumes sont brisés, beaucoup de lances rompues ; — il y a des mains, des pieds, des bras tranchés ; — il y a du sang versé, des cervelles éparses. — B. de Roquefort, qui gardait les passages (de la ville), — don Pons de Mesoa au cœur noble et généreux, — et don Guill. de Minerve, résistent à la foule (ennemie). — (Celui-ci) frappe, brise et tranche jusqu'à ce que le sang coule ; — mais il reçoit une si grande blessure, qu'il en guérit à peine. — La bataille dura jusqu'à ce que le temps s'obscurcit ; — elle ne finit qu'à la nuit sombre. — On enleva (d'abord le corps de) Phili-

El coms de Montfort manda los baros que causig
E foron ab lui xv. tuit sei fizel amig
　　　Que vol son cosselh penre.

CLXVIII.

Lo coms per cosselh penre ses triatz a .i. estrem
E dicta e razona e sospira e gem
Senhor a totz vos autres pos tan vos ameus tem
Vos volh monstrar e diire derenan que farem
Si levarem del seti o si mais estarem
Car si aran partem onta e blasme naurem
E si sai remairem lanta el dan doblarem
Car segon ma paruensa veiare mes e tem
Que ja nulh temps per forsa lo Capdolh no cobrem
Els baros e las armas e los cavals perdrem
E sils pert ses batalha mon cor nai greu e sem
Pero dels dos mals dobles volh be quel melhs triem
Tuit li baro lescostan e la us lautre prem
Senher so dit nFolcaus entendet que diirem
Si partiam del seti verament falhirem
E si sai remaniam ieu cug que tant perdrem
Quel vostre pretz el nostre totz temps abaissarem
E si men voletz creire eu diire que farem
Suavet e en patz e membrat estarem
E ja lor ni la (vila) daras no combatrem
E sins venon combatre de lor nos defendrem
E en breu de termini .i. jorn assignarem
Per la verges Maria maire de sonratz sem
Que lor dem la batalha e cab lor nos intrem
C. cavalers del nostres del milhors triarem

pot, (qui fut) enseveli par don Guy. — On fit ensuite le guet
jusqu'au lever du jour. — Le comte de Montfort assembla alors
les barons de son choix; — il y en eut avec lui quinze, tous ses
fidèles amis, — dont il voulait prendre conseil.

CLXVIII.

Pour prendre conseil, le comte s'est mis à un bout, — parlant et discourant, soupirant et gémissant. — « Seigneurs (dit-
« il), à vous tous que j'aime et respecte, — je veux demander
« ce que nous allons faire désormais; — si nous lèverons le
« siége ou si nous resterons. — Si nous nous retirons mainte-
« nant, nous en serons honnis et blâmés; — si nous restons ici,
« nous doublons notre mal et notre dommage; — car, à dire ce
« qui m'en semble, je crains — que nous ne recouvrions jamais
« de force le Capitole : — nous y perdrons (tout), les armes, les
« hommes et les chevaux; — et si je les perds sans bataille, j'en
« ai le cœur navré dans la poitrine. — Je voudrais donc que
« des deux maux, nous choisissions le moindre. » — Tous les
barons l'écoutent en se pressant l'un l'autre. — « Seigneur, dit
« don Foucault, écoutez ce que j'ai à dire : — à lever le siége,
« nous faillissons véritablement; — et si nous le maintenons,
« je crois que nous y perdrons tant, — que votre gloire et la
« nôtre en seront pour toujours abaissées. — Mais, si vous voulez
« m'en croire, je dirai ce qu'il faut faire. — Nous resterons ici
« (campés) en repos, à l'aise et tranquilles, — sans plus guer-
« royer contre la ville ni contre ceux qui la gardent; — mais
« prêts à nous défendre, s'ils viennent nous attaquer; — et
« fixons dans un court délai un jour (choisi) — en l'hon-

Ben complitz de las armas aitals cols legirem
E seguentre la gata en agait los metrem
4755 El castel el calabre denant atemprarem
A la meridiana cant nos conoisserem
Quilh de dins repauson e nos nos armarem
Al portal de la lissa tuit essems salhirem
En tantas de maneiras los esperonarem
4760 Entro quilh nos feiran e nos los ferirem
E tal crit e tal noiza e tal chaple tenrem
Que tuit cel de la vila vindran a cel estrem
E emieia la coita las regnas virarem
E nos el nostragait a la porta irem
4765 E si la trobam sola ab lor nos nintrarem
E cant dins en la vila nos entremesclarem
Dels brans e de las massas tal chaplamen tindrem
Que totz nos auciiran o totz los aucirem
E sin aiso falhiam noi ha vela ni rem
4770 Tro que tota Proensa e Belcaire laissem
O per cobrar los nostres ab lor nos acordem
En Folcautz so ditz lcoms en aisi o farem
E si en aiso falhiam so que noi falhirem
Tot dreit al comte jove messatge trametrem
4775 Que los baros nos renda e apres nos nirem
E si non o fazia tant de laver darem
A totz los seus ministres perque los decebrem
En aquesta maneira los baros cobrarem
E totz nostres dampnatges apres restaurarem
4780 Dreitament a Toloza sempre cavalgarem
E laver que lai sia cominalment partrem
E per cel que remanha los ostatges trairem
E ab la manentia en Proensa vindrem
Avinho e Maselha e Tarasco pendrem
4785   E cobrarem Belcaire.

« neur de la vierge Marie et de son divin fils, — pour
« leur livrer bataille et entrer avec eux (dans la ville). — Nous
« choisirons cent de nos meilleurs chevaliers, — des mieux ar-
« més que nous pourrons trier, — et nous les mettrons derrière
« la gate aux aguets. — Nous armerons ensuite le château et le
« calabre en avant; — et à l'heure de midi, quand nous saurons
« — que ceux de la ville reposent, nous prendrons nos armes
« — et nous jetterons tous sur la porte de la lice; — là nous
« les provoquerons de toutes manières, — jusqu'à ce qu'ils
« viennent nous frapper et que nous les frappions; — et nous
« ferons là tant de bruit, tant de cris, un tel carnage, — que tous
« ceux de la ville viendront de ce côté. — Au milieu du combat,
« nous tournerons bride — et nous précipiterons, avec notre
« embuscade, sur la porte; — et si nous la trouvons non gardée,
« nous entrerons dans la ville, — et c'est là que recommencera
« la mêlée; — là il sera d'épée ou de massue si bien frappé, —
« que nous les tuerons tous ou qu'ils nous tueront tous. — Si
« nous manquons notre coup; il n'y a plus, pour nous sauver, rame
« ni voile, — sinon d'abandonner Beaucaire et la Provence — et
« de conclure avec l'ennemi un accord pour sauver nos hommes. »
— « Don Foucault, dit alors le comte, ainsi ferons-nous; — et si
« nous manquions le coup que nous ne manquerons pas, —
« nous enverrons tout droit au jeune comte un messager — pour
« qu'il me rende mes hommes, à la condition que nous nous
« en irons; — et s'il n'y consent pas, nous donnerons tant de
« notre avoir — à tous ses officiers, que nous les gagnerons
« — et recouvrerons nos hommes de cette manière, — sauf à
« nous refaire ensuite de notre perte. — (Pour cela) nous mar-
« cherons droit sur Toulouse, — et toute la richesse qui s'y

CLXIX.

Nos cobrarem Belcaire el castel el cristal
Els trachors quel renderon farei pendre al pal
E sieu nols pren per forsa neguna res non val
Mas nUgues de Laici li respondec per mal
4790 Per Dieu bels senher coms be jutjatz per cabal
Ans i auretz a metre del pebre e de la sal
Que mais cobretz Belcaire nil castel principal
Greu pot hom castel toldre a senhor natural
Car ilh lo comte jove per fin amor coral
4795 Aman mais trop el volon que Crist lesperital
E si anc trachor foron volon estre leial
Que cant eli jureron ins el libre missal
Elh corneron forsat e non podion al
Que ben es tortz e forsa on dreitz no pot ni val
4800 Car sagramen forsat a dreitura no val
Car cel que comquier terra ni pren lautrui logal
E merma la dreitura e pren lengan el mal
Pert lonor comquerida e gazanha el cabal
E si men voletz creire oimais parlerem dal
4805 Car anc mai no vi seti tant fort descominal
Car cels de dins an joia e sojorn e umbral
E bon pa e clara aiga e bos leitz costal
El vi de Genestet que lor ve per canal
E nos estam sa fora el perihl terrenal
4810 E non avem mas polvera e la suzor el cal

« trouve, nous la partagerons entre nous tous ; — nous pren-
« drons des otages pour ceux (de nous) qui y resteront, — et
« nous reviendrons, avec notre butin, en Provence, — prendre
« Avignon, Marseille et Tarascon, — et recouvrer Beaucaire. 4785

CLXIX.

« Nous recouvrerons Beaucaire, le château, la grande tour;
« — je ferai aux palissades pendre les traîtres qui ont rendu la
« ville ; — et si je ne les prends de force, je ne m'estime plus bon
« à rien. » — Mais Hugues de Lascy lui répond méchamment :
— « Par Dieu, beau seigneur comte, vous condamnez lestement à 4790
« mort; — mais vous userez force sel et poivre — avant de re-
« prendre Beaucaire et son fort château. — Il n'est pas facile
« d'enlever les châteaux à leurs seigneurs légitimes; — et les
« (hommes de ce pays) ont pour le jeune comte un amour si
« cordial, — qu'ils le désirent et le chérissent de préférence au 4795
« divin Christ. — S'ils ont jamais été traîtres, ils veulent désor-
« mais être loyaux; — et quand on les fit jurer sur le missel,
« — ils chantèrent par force, ils ne purent autrement faire ; —
« car c'est bien tort et force qu'il y a là où le droit n'est rien. —
« Un serment forcé n'a point de valeur en justice; — et celui qui 4800
« conquiert la terre et prend la place d'autrui, — qui abaisse
« droiture et recourt à la fraude et au mal, — (celui-là) perd
« l'honneur de la conquête et gagne la (peine) capitale. — Si
« donc vous voulez m'en croire, nous parlerons désormais d'autre
« chose ; — car je ne vis jamais de siége aussi étrange (que celui- 4805
« ci), — où ce sont les assiégés qui mènent joie, qui se divertis-
« sent à couvert, — qui ont bon pain, eau claire, bon lit, (bonne)

E vin torbat ab aiga e pan dur senes sal
E estam tot lo dia e la noit a jornal
Garnitz de totas armas e gardam lo logal
Que nos venham combattre e que nos cridan dal
4815 E si gaire nos dura sest perilh enfernal
Nos trazem major pena cArdent de S. Marsal
Per Dieu nUgs ditz lo coms nous clametz que nous cal
Que per la santa missa quhom sagra el corporal
No veiretz Castelnou ni nAlas Montreial
4820 Tro quieu cobre Belcaire la renda el cessal
Senher coms ditz nAlas fin cor emperial
Aujetz si Dieus mi valha e dareus cosselh tal
Don mermaretz tot dia de pretz e de cabal
Pensatz co aiam pro pa e vi e carnal
4825 E cavals e rocis que lautri van a mal
Car aisi tindrem Pascha Pentecosta e Nadal
Ans que cobretz Belcaire nin Lambert senescal
So ditz en Guis de Lerm senher coms pessem dal
Pos atendre no volon la batalha champal
4830 Intrar e ichir podon e tornar a lor sal
Tant parlan e cosselhan entro la festa anal
De la verge Maria maire celestial
Lo coms e tuit li altri el baro el capdal
E sei filh e sos fraire de dins lo trap comtal
4835 E tota lost ensemble belament cominal
Celadement sarmeron cadaus en losdal
C. cavaler lai foren ric e valent e mal
Que son valent e savi e adreit e vassal
De garniment e darmas que degus mais no val
4840 En Johans de Brezi en Robert en Tibal
En P. Mirs en Aimes i son el senescal
E seguentre la gata e dins en lospital
Elh feiren lor agait entrel mur el portal

« maison, — et du vin de Genestet (en abondance) qui leur arrive
« par canal. — Et nous (les assiégeants), nous sommes ici dehors
« sur la terre nue, — tourmentés par la poussière, par la sueur,   4810
« par la chaleur, — (buvant) du vin trouble et de l'eau, (man-
« geant) du pain dur et sans sel. — Nous restons jour et nuit en
« plein air, — chargés de nos armes; (et l'ennemi) épie le local
« — pour venir nous combattre, pour nous assourdir de cris.
« — Et si peu que cette fatigue infernale dure encore, — notre   4815
« supplice est pire que celui d'Ardent de Saint-Marceau. » — « Par
« Dieu, don Hugues, dit alors le comte, ne vous plaignez point :
« vous ne le devez pas ; — car, par la sainte messe où l'on con-
« sacre l'hostie, — avant que vous n'ayez revu Châteauneuf et
« don Alard Montréal, — j'aurai recouvré Beaucaire, le revenu et   4820
« le cens. » — « Seigneur comte, dit don Alard, noble cœur impé-
« rial, — écoutez-moi, si Dieu m'aide, et je vous donnerai tel
« conseil — en vertu duquel vous n'irez pas baissant chaque jour
« en gloire et en valeur. — Pensez à faire que nous ayons du
« pain, du vin et de la viande en abondance, — des chevaux et   4825
« des roussins à la place de ceux qui périssent ; — autrement nous
« passerons ici Pâques, Pentecôte et Noël — avant que vous re-
« couvriez Beaucaire et don Lambert le sénéchal. » — « Pensons
« à autre chose, seigneur comte, dit alors don Guy de Lerm, —
« si l'ennemi ne veut pas accepter la bataille rangée, — et si nous   4830
« ne pouvons l'empêcher de sortir et de rentrer sain et sauf. » —
Ainsi vont les paroles et les conseils jusqu'à ce qu'arrive une fête,
— celle de la vierge Marie, la divine mère. — Alors Montfort et
tous les autres, les hommes et les chefs, — son fils et son frère,
tous deux dans la tente du comte, — et l'host entier, tout à la   4835
fois et tout doucement, — s'arment en secret, chacun dans son

A la meridiana quel soleilhs pren lombral
4845 El baro de la vila estan a no men cal
Lhi Frances esperonan tuit essems per engal
E las trompas elh graile e li corn atertal
Fan brandir la ribeira el castel el costal
Primeirament dels autres venc punhen lo chival
4850 Lo coms en Amaldric en Alas en Folcal
E las autras companhas que perpendron lortal
Al portal de la Crotz esperonan engal
E per totas las lhissas e ilh del cadafal
En auta votz escridan Santa Maria val
4855 E defen lo tieu poble de dolor e de mal
E li Frances sen intran pel meg loc del cortal
Aisi coron as armas li baro Proensal
Que tuit essems sarmeron emei lo mercadal
Que tremblan e sospiran e an paor aital
4860 Que motz dels sen fugiron ent a laiga naval
Mas li milhor el savi el valent el girval
Elh sirvent el arquier e tuit li menestral
Sen vengon a la porta establir lo logal
E defendol passatge e lo mur el rocal
4865 E apres la grant preissa del poble general
E cant li Frances viron que lor gens no lor val
Els an voutas las regnas cadaus al caval
Entrel mur e las tendas per la riba del val
Tuit essems esperonan dreit a lautre portal
4870 El baro de la gata e cel del ospital
Del agacil salhiro e perprendol rozal
E brizan las barreiras las trencadas el pal
E vengon tuit essemble corren e sciental
E al intrat de la porta an mostrat lo senhal
4875 Mas nUgos de Laens en Imbert en Rical
En Ugs de la Balasta en Rostant del Pugal

pavillon.—Il y avait là des chevaliers vaillants, puissants, redoutables,—valeureux, sages, experts et courtois,—tels qu'en armures ou en armes nuls autres ne valent plus qu'eux : — don Jean de Brezi, don Robert, don Thibaud,—don P. Mirs, don Aismes, sont du nombre, avec le sénéchal ; — derrière la gate et dans l'intérieur de l'hôpital,—entre le mur et la porte, ils se mirent aux aguets;—et à l'heure de midi, lorsque le soleil envahit toute l'ombre,—et lorsque les hommes de la ville ne sont plus sur leurs gardes,—les Français rangés donnent tous à la fois de l'éperon;—(en même temps) les trompettes, les clairons et les cors — font retentir les rives (du fleuve), le château et la colline. — En avant de tous viennent, piquant leurs chevaux, — le comte don Amaury, don Alard, don Foucault;—puis les autres compagnies, qui occupent les jardins et les vergers. — Ils arrivent tout alignés au portail de la Croix,—en face des palissades; et voilà que ceux qui sont (dedans) sur l'échafaud,— s'écrient à haute voix : « Sainte Marie, à notre aide !—préserve « ton peuple d'accident et de mal ! »—Cependant les Français entrent par le milieu du portail, — et les Provençaux courent aux armes.—Ils s'arment tous à la fois sur la place du marché, —tremblant, gémissant et de telle frayeur saisis,—que plusieurs d'entre eux s'enfuient jusqu'à l'eau où sont les navires. — Mais les meilleurs, les sages, les vaillants, les éperviers de (l'host), —les servants, les archers et tous les officiers—accourent à la porte fortifier la place — et défendre le passage, le mur et le rocher;—après eux vient le gros du peuple commun. —Les Français voyant qu'ils ne sont pas les plus forts, — tournent aussitôt chacun la bride à son cheval,—et le long de la rive, entre le mur et les tentes,—chevauchent tout droit vers l'autre

En W. de Menerba el baro el capdal
Defenderol passatge e lintrar el bocal
En Raolf del Gua crida franc cavalier leial
4880 Anem a lautra porta sofrir lo dan el mal
Que li Frances perprendon lintramen el costal
La donc venon ensemble li baro natural.
Quen petit dora solh mur elh verjal
Complit domes e darmas el dentelh el frontal
4885 E las gentils companhas e larquier majoral
Ab balestas tornissas de sobrel fenestral
Can de dins e de fora sencontreron engal
Recomensa lo chaples de la guerra mortal
De lansas e despazas e descutz de coral
4890 E li dard e las massas e cotels e destral
E gazarmas e picas e brando e tinal
E las apchas furbidas elh cairo reversal
E pals agutz e pertgas e las peiras punhals
E falsartz e sagetas e belsas darc manal
4895 Laiga e la caus bulhida del mur en la canal
De tantas partz lai vengo de travers e dengal
Que debrizan li elme el capmailh el nazal
El ausberc e las malhas el frezel el cristal
E lescut e las celas e li fre el peitral
4900 El clavel e las boclas los fres tot per engal
E testas e maichelas e bratz e cervigal
Entre lacier el glazi e la dolor el mal
A lintrar de la porta ag tan estranh carnal
Que de sanc ab cervelas son vermelh li senhal
4905 Sis combaton es feron que de nafras ab mal
Cadaus dels dizia que remazes cabal
E cant li Frances viron que res noi faran al
Repairan a las tendas e ilh dins a lostal
Dentrambas las partidas li metge el marescal

portail; — et les hommes aux aguets derrière la gate et dans 4870
l'hôpital, — sortant d'embuscade, occupent la campagne, —
rompent les barrières, les palissades et les tranchées, — viennent
tous ensemble au galop et bien rangés, — et, arrivés à l'entrée de
la porte, ont levé leur enseigne. — Mais Hugues de Lans, don 4875
Imbert, don Ricau, — don Hugues de la Balaste, don Rostain
du Pugau, — don Guillaume de Minerve, (tous) hommes et
chefs, — se mettent à la défense du passage, de l'entrée, de la
bouche (du portail). — « Francs, loyaux chevaliers, s'écrie (alors) 4880
« Raoul Dugua, — allons à l'autre porte, braver l'assaut et la
« fatigue; — car voilà les Français qui se portent à l'entrée le long
« du coteau. » — Là donc accourent ensemble les barons de la
ville, — et en un instant le mur et les embrasures, — les créneaux
et les meurtrières sont remplis d'hommes et d'armes; — et les 4885
bandes d'élite, et les arbalétriers, — avec leurs fortes arbalètes,
du haut des fenestreaux, — au moment où du dehors et du dedans
se rencontrent les deux partis, — recommencent le carnage et la
mêlée mortelle — des lances, des épées et des écus (incrustés)
de corail. — Les dards et les massues, les coutelas et les cognées, 4890
— les hallebardes et les piques, les tisons (enflammés) et les
vases, — les haches fourbies et les blocs de pierre, — les pieux
aigus, les perches, les cailloux de poignée, — les faux, les traits,
les flèches d'arc, — l'eau et la chaux bouillante, du haut des 4895
murs dans le canal, — tombent ou frappent de tant de côtés —
qu'ils brisent (ou tranchent tout), les heaumes, les camails, les
naseaux, — les hauberts, les mailles, les gorgerins et les aigrettes,
— les écus et les cottes, les freins et les poitrails, — les clous et 4900
les boucles, aussi bien que les rênes, — aussi bien que têtes et
mâchoires, que crânes et bras. — Entre l'acier et les glaives, entre

4910 Demandan ous e aiga e estopa el sal
E enguens e empastres e benda savenal
Pels colps e per las nafras de la dolor mortal
Mas non aia Belcaires temensa que nolh cal
Que lo coms de Montfort ni li autre captal
4915 No cobraran la vila.

CLXX.

No cobraran la vila quels perilhs el turmens
Los trebalhs e las guerras e los mals els contens
E las mortz els martiris tornan en parlamens
Car lo coms de Montfortz es iratz e dolens
4920 E pregua sos baros e manda sos parens
De dins lo trap del pali on laiga es resplandens
Els parlan e cosselhan trastotz celadamens
Senhors so ditz lo coms semblansas e parvens
Me fai Dieus em demostra que soi ichitz de mens
4925 Car ieu solia estre rics e pros e valens
Ara lo meus afars es tornat e niens
Car ara nom val forsa ni genh ni ardimens
Com ieu mos baros cobre nils tragua de laens
E si ieu part del seti aisi aunidamens
4930 Pois diiran per lo segle que eu soi recrezens
Belz fraire ditz en Guis eu vos dic veramens

la douleur et la colère, — il se fait à l'entrée de la porte une telle boucherie, — que toutes les enseignes sont vermeilles de sang entremêlé de cervelles. — On combat et l'on se frappe telle- 4905 ment, que de blessures et de mal — chacun d'eux déclarait avoir sa large part. — Mais les Français voyant qu'ils n'ont rien à gagner, — se retirent à leurs tentes, et les autres dans les maisons. — Des deux côtés les médecins et les maréchaux — demandent des œufs et de l'eau, de l'étoupe et du sel, — des onguents, des 4910 emplâtres, des bandes de toile, — pour les coups et les blessures de mortelle douleur. — Mais que Beaucaire n'ait plus de crainte ; il n'en doit pas avoir : — le comte de Montfort ni les autres chefs — ne recouvreront point la ville. 4915

CLXX.

Ils ne recouvreront point la ville : les périls, les tourments, — les fatigues, les guerres, les souffrances, les efforts, — les morts, les martyres amènent un (nouveau) parlement. — Triste et dolent, le comte de Montfort — invite ses barons et mande 4920 ses proches — dans la tente de soie, là où resplendit l'eau (du Rhône). — Ils parlent et délibèrent secrètement entre eux. — « Seigneurs, dit le comte, aux signes et aux apparences — que « Dieu me fait voir, je dois bien me croire hors de sens. — Je fus 4925 « jusqu'ici preux, vaillant et puissant ; — maintenant toute ma « prospérité est réduite à néant, — et il n'y a plus ni force, ni « audace, ni ruse, qui puissent m'aider — à recouvrer mes hommes « et à les tirer de là-haut. — Cependant si je lève si honteuse- « ment ce siége, — on dira par tout le monde que je suis recru. » 4930 — « Beau frère, dit don Guy, moi je vous dis en toute vérité —

Que Dieus no vol suffrir que vos siatz tenens
Del castel de Belcaire ni del als longamens
Quel garda e cossira vostres captenemens
4935 Ab sol que sia vostre tot layers e largens
Vos sol non avetz cura de la mort de las gens
Ab tant veus .i. messatge que venc viassamens
Tot dreit al trap del comte e ditz iradamens
Senher coms de Montfort lo vostre afortimens
E la vostra maleza el vostre ardimens
4940 E la vostra valensa es non res e niens
Vos perdetz vostres omes en aisi mortalmens
Que lesperitz e larma lor es sus en las dens
E veissi del castel ez es tals lespavens
4945 E quim dava Alamanha e quei fos totz largens
Eu lai no remandria tant es grans lo turmens
Passat a iii. setmanas quieu so sai veramens
Quels es falhida laiga e lo vis el fromens
Tal paor ai aguda sim valha Dieus ni sens
4950 Que totz lo cors mi trembla em martelan las dens
E cant lo coms lenten iratz e fel e tents
Ab cosselh de sos omes e ab lor mandamens
A tramessas sas letras lains celadamens
An Dragonet ques savis e pervis e sabens
4955 Que parle ab lo comte quel li fara covens
Ques partira del seti sempre viassamens
Si el li ret sos omes que us non sia mens
En Dragonet ques pros e adreitz e valens
A tant parlat de fora e tant parlat de dens
4960 Quel coms de Montfort cobra los baros solamens
E lo coms de Tholosa retenc enteiramens
Los cavals els arnes e totz los garnimens
E cant lo jorns repaira el solelhs es luzens

   Lo coms se part del seti.

« que Dieu ne veut pas que vous possédiez — plus longuement
« le château de Beaucaire, ni le reste : — il a vu et jugé votre
« conduite : — pourvu que tout le bien et tout l'argent (du pays)
« soient à vous, — vous prenez peu de souci de la mort des
« hommes. » — Mais voici, là-dessus, venir rapidement un messager, — tout droit à la tente du comte, auquel il dit d'un air
chagrin : — « Seigneur comte de Montfort, votre âme dure, —
« votre méchanceté, votre audace — et votre bravoure ne sont
« plus que vaine chose et néant ; — vous traitez si mortellement
« vos hommes — qu'ils ont l'esprit et l'âme entre les dents. — Je
« viens du château ; et telle y est l'épouvante, — tels y sont les
« tourments, que je n'y retournerais pas pour tout l'argent et
« toute la terre d'Allemagne ; — il y a plus de trois semaines, je
« ne le sais que trop, — que l'eau, le froment et le vin y man-
« quent ; — et j'y ai eu telle frayeur, si Dieu et mon bon sens
« m'aident, — que tout le corps m'en tremble encore, et que mes
« dents s'en martèlent (les unes les autres). » — Le comte l'écoute
chagrin et rouge de colère ; — par le conseil et de l'avis de ses
hommes, — il envoie en secret ses lettres dans la ville, — à
don Dragonet qui est sage, habile et prudent, — pour qu'il parle
au (jeune) comte auquel il propose — de lever aussitôt et au plus
vite le siége de (Beaucaire), — s'il veut lui rendre ses hommes,
sans qu'il en manque un seul. — Don Dragonet preux, vaillant et
expert comme il est, — a tant parlé dans la ville, tant parlé
dehors, — que le comte de Montfort recouvre seulement ses
hommes, — et que le comte de Toulouse retient totalement —
les chevaux, les harnais et toutes les armes ; — et dès que le jour
a paru, dès que le soleil a lui, — Montfort abandonne le siége.

CLXXI.

4965 Lo coms se part del seti de gran felnia ples
E a cobrat sos omes e perdec lor arnes
Mans cavals e rocis e muls Arabies
El i a tant perdut e de lautre aver mes
Que pro i remas vianda als auzels e als ches
4970 El castel de Belcaire al coms dux e marques
Car es valens e savis e adreitz e cortes
E del milhor linatge e del ric parentes
Del barnatge de Fransa e del bo rei Engles.
El coms de Montfort manda Tolzan e Carcasses
4975 E motas de partidas e las gens de Rezes
Que nulhs hom noi remangua ni sirvens ni pages
Tuit vengan a Tholoza e cels de Lauragues
El coms ab sa companha cavalga tant espes
Que de las v. jornadas non a faitas mas tres
4980 A Montguiscart alberga e per lautre paes
E a lalbor del dia can resplan lo seres
Lo coms de Montfort sarma e li autre Frances
Lor batalhas rengadas cavalgon de manes
Dreitament vas Tholoza per los bels camis ples
4985 Mas de la viala eison cada dos cada tres
Dels milhors cavalers e dels plus rics borzes
Lai on viron lo comte si lan a razo mes
Mot dossament li dizon senher coms sius plagues
Be nos fam meravilha com pot esser ni es
4990 Que vos vengatz ab glazi ni ab fer mortales
Car quil seu meteis dampna nol en pot venir bes
E sab vos mescabavam mal vos seria pres
Car entre vos e nos no deuria esser res
Perque mals ni dampnatges ni trebalha eregues

CLXXI.

Montfort abandonne le siége, rempli de fureur.—Il a bien recouvré ses hommes, mais il a perdu leurs équipages,—les chevaux, les roussins, les mulets arabes,—il y a perdu et dissipé beaucoup d'autres richesses;—mais il y a laissé large pâture aux oiseaux et aux chiens;—et le château de Beaucaire est (resté) au comte duc et marquis,—au courtois, vaillant et sage (jeune) comte,—(issu) du meilleur lignage et de la plus haute parenté—des barons de France et du bon roi d'Angleterre.— (Cependant) Montfort a commandé aux hommes du Toulousain et du Carcassais,—à ceux du Redais et de plusieurs autres pays,—(y compris) ceux du Lauragais, de venir tous à Toulouse,—sans qu'il en reste un seul ni servant, ni paysan.—Et (de son côté) le comte, avec sa troupe, chevauche si rapidement,—que des cinq journées il en a fait seulement trois.—Il prend son albergue à Mont-Guiscart et aux environs, —et à l'aube du jour, quand le ciel brille serein,—il s'arme avec les autres Français;—et (tous) rangés en corps de bataille, poursuivent leur chevauchée—droit vers Toulouse par plains et beaux chemins.—De la ville sortent alors, deux à deux, trois à trois,—(plusieurs) des meilleurs chevaliers et des plus honorés bourgeois:—là où ils ont aperçu le comte, ils sont venus l'entretenir.—« Seigneur comte, lui disent-ils tout dou- « cement, vous plaît-il (nous écouter)?—Voici de quoi nous « émerveiller: comment peut-il se faire, comment se fait-il— « que vous veniez armé de glaive et de fer mortel?—A qui « maltraite les siens, il n'en peut revenir du bien;—et si nous

```
4995  Bonamens nos aviatz autreiat e promes
      Que de la vostra part nulh temps mals nons vengues
      Ara nons par nins sembla ni pot estre nulhs bes
      Car encontra la vila avetz garnimens pres
      Vos i degratz intrar ab vostres palafres
5000  Desgarnit senes armas ab las jupas dorfres
      Cantant ab las garlandas cum sel que senher nes
      E so que vos mandessatz om noi contradiches
      Er aportatz temensa e mal cor leones.
      Baro so ditz lo coms o vos plassa o vos pes
5005  Desgarnitz o garnitz o en lonc o en tes
      Intrarei en la viala e verei ben qui es
      Car aquesta vegada mavetz a tort comes
      Vos mavetz tout Belcaire per so car no lai pres
      Veneisi e Proensa e tot Valentines
5010  Que mais de xx. mesatjes nai agut en i. mes
      Que contra mi vos eratz de sagrament empres
      E al comte R. que aviatz trames
      Per quel cobres Tholosa e que ieu la pergues
      E per la vera crotz on Jeshu Crist fo mes
5015  Nom toldrai mon ausberc ni lelme Pabies.
      Tro quieu naia ostatges del mielhs que lains es
      E volrai ben conoisser si mi seran defes
      E el li responderon senher prengaus merces
      De nos e de la vila e del poble que i es
5020  Nous avem tort ni colpa valent i. malgoires
      Ni anc om contra vos sagrament noi empres.
      E quius fa so entendre vos vol toldrel paes
      El vers Dieus Jeshu Crist sab be del tot com es
      Per quel seus cors nos valha e nostra bona fes.
5025  Baros so ditz lo coms trop mes mal e plaides
      Car anc pois ni dabans pos ieu vos aig comques
      Nous plag nius abelig ma honor ni mos bes
```

« perdions avec vous, mal aussi vous en adviendrait : — car entre
« vous et nous il ne devrait rien y avoir — d'où puisse surgir dom-
« mage ou danger. — Vous nous avez bonnement octroyé et
« promis — qu'il ne nous arriverait jamais de mal de votre part;
« — mais ce ne peut être, ce nous semble, pour rien de
« bon — que vous avez pris les armes contre la ville. — Vous
« devriez, seigneur, y entrer sur vos palefrois, — sans-armes,
« sans armures, en tuniques d'orfroi, — chantant et paré de guir-
« landes, comme celui qui en est le seigneur. — Personne alors
« ne s'opposerait à ce que vous ordonneriez. — Maintenant vous
« nous effrayez, et montrez un cœur de lion courroucé. » —
« Barons, répond le comte, que cela vous plaise ou déplaise,
« — armé ou désarmé, debout ou couché, — j'entrerai dans la
« ville, et saurai ce qui s'y fait. — Pour cette fois, c'est vous qui
« m'avez attaqué à tort : — vous m'avez enlevé Beaucaire, que je
« n'ai pu reprendre, — le Venaissin, la Provence et le Valentinois.
« — J'ai reçu en un mois plus de vingt messagers, (m'annonçant)
« — que vous vous étiez par serment liés contre moi, — et que
« vous vous entendiez avec le comte Raymond — pour qu'il re-
« couvrât Toulouse et que je la perdisse. — Mais, par la vraie
« croix sur laquelle fut mis Jésus-Christ ! — je n'ôterai point mon
« haubert, ni mon heaume de Pavie, — jusqu'à ce que j'aie
« choisi des otages parmi la fleur de la ville, — et je désire fort
« savoir s'ils s'opposeront (à ma volonté). » — « Seigneur, lui ré-
« pondirent-ils, ayez merci — de nous, de la ville et du peuple
« qui s'y trouve; — nous ne vous avons pas fait tort de la valeur
« d'un (denier) maguelonais; — nous n'avons jamais fait aucun
« serment contre vous; — et qui vous fait croire telle chose veut
« vous enlever le pays. — Le vrai Dieu Jésus-Christ sait tout ce

E apres el apela nGui en Ug de Laces
En Alas en Folcaut en Aldric lo Flames
5o3o Senher coms ditz nAlas obs vos i aura fres
Quel vostre mal coratge e lira retengues
Car si baissatz Toloza pois seretz tant deiches
Que jamais no seretz nulh temps el contrapes
Senhors so ditz lo coms eu soi tant fort esmes
5o35 Cai totas empenhadas mas rendas e mos ces
E la mia companha am mostrat e enques
Que fraitura e neceira los a tant sobre pres
Que si en aiso falhia no sabria quem fes
E aquels que sai veno volh cades sian pres
5o4o E com sempre los meta el castel Narbones
E lavers e la plata er al nostre promes
Tro be siam cregut de poder e davers,
  Per tornar en Proensa.

CLXXII.

Nos irem en Proensa can aurem aver pro
5o45 Mas ans metrem Tolosa en tal destructio
Que ja noi laissarem nulh aver bel ni bo
Pos elam tol Proensa cobrarai la del so
Senher frair ditz en Guis i. bo cosselh vos do
Si prendetz de laver sol lo quint ol carto
5o5o Ab milhor esperansa granaran li broto
E si la destruzetz ab vostre cor felo

« qui en est, — puisse son corps et notre bonne foi nous être en
« aide ! » — « Barons, fait le comte, c'est trop à la fois, pour moi,
« de votre offense et de vos raisons ; — jamais ni avant de vous
« avoir conquis ni depuis, — mon bien ni mon honneur ne vous
« furent chers, ni ne vous plurent. » — Là-dessus il appelle don
Guy, Hugues de Lascy, — don Alard, don Foucault, don Audri
le Flamand. — « Seigneur comte, dit don Alard, vous auriez be-
« soin d'un frein — pour contenir votre colère et votre noire
« humeur ; — si vous abaissez Toulouse, vous descendrez si bas
« vous-même — que vous ne pourrez jamais plus faire contre-
« poids (aux difficultés). » — « Seigneurs, dit le comte, j'ai fait
« tant de dépenses, — que j'ai engagé toutes mes rentes et mes
« cens ; — et ma troupe m'a dit et m'a fait voir — qu'elle est telle-
« ment prise de besoin et de misère, — que si je manquais à la
« (soulager), je ne saurais plus quoi faire. — Je veux donc que
« tous ceux de la ville qui sont venus soient pris, — et sur-le-
« champ mis dans le château Narbonnais. — Leur argent et leur
« avoir seront destinés aux nôtres, — et à nous remettre en pou-
« voir et en état — de retourner en Provence. »

CLXXII.

« Nous retournerons en Provence quand nous serons riches
« assez : — mais nous détruirons auparavant Toulouse, de telle
« sorte — que nous n'y laisserons pas la moindre chose qui soit
« belle ou bonne. — Puisqu'elle m'a ôté la Provence, je la repren-
« drai à ses frais. » — « Seigneur frère, dit don Guy, je vous don-
« nerai un bon conseil : — prenez de tout l'avoir de Toulouse
« seulement le cinquième ou le quart ; — et les bourgeois auront

Per tot crestianesme nauriatz mal reso
E de Jeshu Crist ira e de gleiza ocaizo
Fraire so ditz lo coms tuit li mieu companho
5055 Si volon departir car ieu non ei quels do
E si destruc Toloza farei o per razo
Car ilh man mal coratge e ja nols aurei bo
De laver quen aurei ai aital sospeiso
Quen cobrarei Belcaire en aurei Avinho
5060 Ditz maestre Robertz senher coms .i. sermo
Vos diirei per entendre ab bela enquestio
Depois quel Apostoli vos det electio
Vos degratz ben gardar dreitura e razo
Que no mesessets glieiza en tribulacio
5065 Que pos elh non an fait envas vos traicio
No los degratz destruir si per jutjamen no
E si gardatz dreitura per encusatio
No devon aver perdre ni sofrir passio
Tant parleron ensemble tro pres la vila so
5070 Ab tant vec vos livesques ponhen ad espero
Intran per las carreiras ab benedictio
E en apres los manda los prega els somo
Baro ichetz la fora al comte car e bo
E pos Dieus e la gleiza ez eu vos nei fait do
5075 Bel deuriatz recebre ab gran professio
Que si vos be lamatz auretz ne gazardo
En est segle e en lautre vera confessio
Que re no vol del vostre ans vos dara del so
Et en la sua garda penretz milhorazo
5080 Senhors so ditz labat de Sent Cerni razo
Ditz mo senher livesques e perdetz lo perdo
E anatz ent al comte recebrel seu leo
Que la sua mainada salbergue abando
Per los vostres albercs e nol digatz de no

« meilleur espoir de refaire graine. — Mais si, dans la férocité
« de votre cœur, vous détruisez la ville, — vous en aurez mau-
« vais renom par toute la chrétienté, — vous offenserez Jésus-
« Christ et déplairez à l'église. » — « Frère, dit le comte, tous mes
« compagnons (de guerre) — veulent me quitter, parce que je
« n'ai rien à leur donner; — et si je détruis Toulouse, ce sera
« avec raison que je l'aurai fait, — car les habitants sont mal
« disposés pour moi, et ne le seront jamais mieux. — Du butin
« que j'y ferai, je me figure — que je recouvrerai Beaucaire et
« prendrai Avignon. » — « Seigneur comte, dit alors maître Ro-
« bert, je vous ferai — un discours à écouter avec bonne (et pai-
« sible) réflexion. — Depuis que le Pape a fait choix de vous (pour
« ce qu'il veut), — vous devriez bien garder droiture et raison, —
« afin de ne pas mettre la tribulation dans l'église. — Puisque
« ceux de Toulouse ne vous ont pas trahi, — vous ne devriez
« point les condamner sinon par jugement; — et si vous consi-
« dérez bien ce qui est juste en fait d'accusation, — ils ne doivent
« souffrir ni dans leur avoir, ni dans leurs personnes. » — Ils con-
versèrent ensemble (de la sorte), jusqu'à ce qu'ils furent près
de la ville. — Et voici venir (alors au-devant d'eux) l'évêque
piquant de l'éperon, — qui leur donne sa bénédiction, comme
ils entrent dans les rues : — en même temps il ordonne (à ceux
de la ville), il les prie, il leur fait dire : — « Barons, sortez tous
« au-devant du comte qui est si bon; — puisque c'est Dieu,
« l'église et moi qui vous l'avons donné, — vous devriez le bien
« recevoir, en grande (cérémonie et) procession; — et si vous l'ai-
« mez vraiment, vous en aurez récompense — dans ce monde, et
« pleine reconnaissance dans l'autre. — Loin de vouloir rien du
« vôtre, il vous donnera du sien; — et sous sa garde votre con-

E tinetz lor la venda ab bona lhivrazo
Que ja nous faran tort lo valent dun boto
Ab aitant sen ichiro la fora el campo
Sel que non ac caval lai anec a peo
Mas per tota la vila veus venir i. resso
Que lor ditz e lor monstra per bona enquestio
Baro car non tornatz suavet a lairo
Quels coms demanda ostatges e vol com los li do
E sius troba sa foras semblaretz ben brico
Ez eli sen torneron viatz e de rando
Mas mentre sacosselhan per la vila ilh baro
La mainada del comte sirvent e donzelo
Lor debrizen las archas e laver se prendo
E dizo a lors ostes lescudier els garso
Oi recebretz martiri o daretz rezemso
Car vos etz en la ira de mo senhen Simo
Et eli respondero entre dens a lairo
Dieus co nos avetz meses el poder Pharao
Per las carreiras ploran donas e efanso
Mas per tota la vila escridan en un so
Baros prendam las armas car vezem la sazo
Que nos er a defendre del fer e del leo
Car mais val mort ondrada que remandre en prizo
De totas partz lai vengo corren e despero
Cavaler e borzes e sirvent e gendo
Que cascus dels aporta complida garnizo
O escut o capel perpunt o gonio
E apcha esmolua faucilha o pilo
Arc manal o balesta o bon bran de planso
O cotel o gorgeira capmailh o alcoto
E can foro ensemble entrelh filh elh pairo
E donas e donzelas cascus per contenso
Comensan las barreiras quec denan sa maiso

« dition deviendra meilleure. » — « Seigneurs, dit l'abbé de Saint-
« Sernin, c'est chose vraie, — ce que dit mon seigneur l'évê-
« que; et vous allez perdre le pardon : — allez au-devant du
« comte, recevoir son lion, — et que sa troupe prenne librement
« albergue — dans vos maisons, et n'allez pas lui en dire non.
« — Vendez-leur, livrez-leur de bonne foi toute chose, — et ils
« ne vous feront pas tort de la valeur d'un bouton. » — Là-dessus
(ceux de la ville) se rendent hors (des murs) dans un champ cultivé, — et celui qui n'a point de cheval s'y rend à pied; — mais
voilà que par toute la ville se répandent un bruit, un propos, —
des menaces provenant de bonne information : — « Barons, pour-
« quoi ne vous en retournez-vous pas tout doucement, à la déro-
« bée? — Le comte veut qu'on lui livre des otages; il en a demandé.
« — Et s'il vous trouve là dehors, il vous traitera comme canaille. »
— (A cette annonce), ils s'en retournent bien vite et tout d'un trait;
— mais tandis qu'ils vont par la ville, se conseillant (les uns les
autres), — les hommes du comte, écuyers et damoiseaux, —
brisent leurs coffres, et prennent tout ce qui s'y trouve. — Les
écuyers et les valets disent à leurs hôtes : — « Vous serez aujour-
« d'hui mis à mort, ou vous vous rachèterez, — car le comte Simon
« vous en veut. » — Et ils répondent tout bas, entre leurs dents : —
« O mon Dieu! pourquoi nous avez-vous livrés à Pharaon? » — Les
femmes et les petits enfants pleurent dans les rues; — mais tout à
coup, par toute la ville, retentit un seul cri : — « Barons, prenons
« les armes! voici le moment — de nous défendre contre le fer et
« le lion; — et mieux vaut mort honorable qu'être enfermé pri-
« sonnier. » — Tous alors se rassemblent de toutes parts, courant
ou éperonnant, — chevaliers et bourgeois, servants et valets; —
chacun d'eux apporte l'arme ou l'armure qu'il trouve, — un écu

Li escon e las archas el tinal el pilo
E li tonel que rotlan el trau el cabiro
5120 Estan de terra en taula e de bas en peiro
Per trastota la vila an tal défensio
Que lo crit e la noiza e las trompas que i son
Fan retendre e braire la carreira el tro
Monfort lor escridero Frances e Bergonho
5125 Cels de lains Tholosa Belcaire e Avinho
Mas lai on sencontrero ab la gran contenso
Se van entreferir ab mal cor e felo
Mas lansas e espazas e astas e tronso
E sagetas e peiras e massas e tizo
5130 E flecas e gazarmas e li bran elh peno
Pics barreiras e peiras e latas e cairo
De tantas partz lai vengo de dreit e denviro
Que debrizan li elme el escut el arso
E testas e servelas e li peitz el mento
5135 E li bratz e las cambas e li pung el brazo
Tant es mala la guerra el perilhs el tenso
Que firen los ne menan lor el comte Guio
E cant il no conogro nulha autra guarizo
Lo coms de Monfort crida an lo foc abando
5140 Ab aitant salumnero las falhas el brando
Ma sobre Sant Remezi a Juzaigas on so
E al pla Sent Estefe fan la chaplatio
Li Frances e la gleiza e la tor en Mascaro
E el palaitz del bisbe an lor establizo
5145 E li nostres combato e li foc el carbo
E fero lor trencadas per cada coviro
  Per contrastar la guerra.

ou un armet, un pourpoint ou un gonion, — hache émoulue, faucille ou javelot, — arc de main, ou arbalète, ou bonne épée de Planson, — coutel, gorgère, camail, ou cotte de mailles. — Et lorsqu'ils sont tous réunis entre eux, pères et fils, — dames et demoiselles, à l'envi les uns des autres, — ils commencent, chacun devant sa maison, à élever des barrières; — les bancs, les coffres, les cuves, les pieux, — les tonneaux roulants, les poutres, les chevrons — sont montés de terre sur des tables, et d'en bas aux balcons. — On fait, par toute la ville, de tels apprêts de défense, — que les cris et le vacarme mêlés au son des trompettes, — font retentir et bruire les rues et le ciel. — « Montfort! » s'écrient tout d'un coup les Bourguignons et les Français. — « Toulouse, « Beaucaire, Avignon! » répondent ceux de la ville; — et là où ils se rencontrent (les uns les autres), de grand effort — ils s'entre-frappent furieux et acharnés : — les lances et les épées, les piques ou les tronçons, — les flèches et les pierres, les massues et les tisons (brûlants), — les traits, les hallebardes, les épées, les pennons, — les pics, les barres, les cailloux, les perches et les briques — viennent là, de tant de côtés, de face ou d'alentour, — qu'ils fracassent les heaumes, les écus et les arçons, — les têtes, les cervelles, les poitrines et les mentons, — les bras, les jambes, les poings, les épaules; — et la guerre, la mêlée sont si dures, (si grand) le péril, — que ceux de la ville mènent battant le comte Guy et ses hommes. — Quand il est reconnu qu'il n'y a plus d'autre ressource, — le comte de Montfort s'écrie : « Que le feu soit mis par- « tout! » — Et aussitôt des torches et des brandons sont allumés, — (le feu est mis) à Saint-Remezi, Joux-Aigues — et au plan Saint-Estève : mais là commence le carnage. — Les Français se sont fortifiés dans l'église, dans la tour Mascaron et dans le palais

CLXXIII.

Per contrastar la guerra e per lor enantir
E per lor dreit defendre e per lor destruzir
5150 Entrel foc e la flama se van entreferir
E feiro las barreiras ab trencadas garnir
Lus pessan de defendre els autres descantir
E li autre van tost e pendre e sazir
Los Frances calberguero de primer al venir
5155 Aquels agro temensa e paor de morir
Ins en lostal del comte de Cumenge bastir
Los van en tal maneira que non pogon ichir
El coms de Montfort crida si quel pogon auzir
Baro en altra part los anem resentir
5160 Tot dreit vas Sent Estephe sils poiram dan tenir
E lo coms esperona ab lor per tal air
Ca lolm de Santas Carvas fan la terra tremir
Per lo pla de la gleiza comensan a issir
Mas anc nulh de la vila no poguon cosseguir
5165 Entrels aulsbercs els elmes e las senhas brandir
E los corns e las trompas resonar e glatir
Fan lo cel e la terra e laire retendir
Per la dreita carreira dreitament al venir
De la crotz Baranho los van si envazir
5170 Quels fustz e las barreiras fan brizar e croissir
De tantas partz lai vengo per lo chaple sofrir
Cavaler e borzes e sirvent ab dezir
Quentrels brans e las massas los van si adaptir

de l'évêque; — et les nôtres combattent l'incendie et les charbons (brûlants), — et font des tranchées dans chaque quartier — pour repousser la guerre.

CLXXIII.

Pour repousser la guerre et pour leur défense, — pour maintenir leur droit et détruire leurs (ennemis), — ils combattent entre le feu et la flamme, — et munissent les barricades de tranchées. — Les uns songent à se défendre, les autres à éteindre (le feu), — d'autres vont assaillir les Français entrés les premiers (dans la ville) — et qui sont en grande crainte et grand péril de mourir; — (ils vont les assiéger) dans le palais du comte de Comminges, — et de telle sorte qu'ils n'en peuvent plus sortir. — Alors le comte de Montfort crie de manière à être entendu : — « Barons, allons les attaquer d'un autre côté, — tout droit à « Saint-Estève, voir si nous pourrons les forcer. » — Là-dessus le comte et les siens éperonnent si fièrement, — que vers l'orme de Saintes-Carves ils font trembler la terre; — ils débouchent sur le devant de l'église, — mais ils n'atteignent aucun de ceux de la ville. — Le choc des hauberts, des heaumes, le frémissement des enseignes, — les éclats des cors et des trompettes, — font retentir le ciel, la terre et l'air. — Mais aussitôt qu'ils arrivent droit par la croix de Baragnon, ceux de la ville les viennent de telle manière assaillir, — qu'ils brisent et font craquer les poutres et les barrières. — De toutes parts accourent, ardents à repousser (l'ennemi), — les chevaliers, les bourgeois et les servants; — ils vont l'attaquer entre les épées et les massues; — et des deux côtés les combattants commencent à s'entre-frapper,

Que dambas las partidas se prendo al ferir
5175 Dartz e lansas e flecas e cotels per sentir
E espieut ab sagetas e faucil a brandir
Aisi vengo esemble cus no sab on se vir
La donc pogratz vezer tant bel chaple bastir
E tant capmal derompre e tant ausberc mentir
5180 E tant peitz escoichendre e tant elme fronzir
E tant baro abatre e tant caval morir
E lo sanc ab cervelas per la plassa espandir
Aissis van de la vila contra lor afortir
Quel chaple e la batalha lor an faita gequir
5185 Senhors ditz lo coms de vertat vos pusc dir
Ja per esta partida nols poirem dan tenir
Mas ieu los irai decebre sim voliatz seguir
E cil ponhon ensemble cus no sen volc gandir
Per la porta Cerdana cuideron elborcir
5190 Mas aquels que lai eran los van si reculhir
Que per mei las carreiras prendo a escremir
Entre massas e peiras e espazas qui quels tir
E destrals e guazarmas per lo chaple endorzir
Lor feiro la carreira e la plassa sortir
5195 Tant durec la batalha tro se pres a escurzir
E lo coms sen repaira ab ira e ab cossir
El castel Narbones on an fait mant sospir
Els baros de la vila cui ac faitz retenir
Ples dira e de felnia los anec enquerir
5200 Baro so ditz lo coms ges non podetz fugir
E per la mort santisma cui Deus venc aramir
Nulhs avers quel mon sia nous poira pro tenir
Quieu nous fassal cap toldre e del castel salhir
Pero ilh cant lauziro jurar e esfelnir
5205 Non i a I. no tremble per paor de morir
Mas levesques cossira e i met tot son albir

CROISADE CONTRE LES ALBIGEOIS. 361

— à s'envoyer traits, flèches, lances et coutels, — à brandir épieux, dards et faucilles. — Ils s'entrejoignent de si près, que nul ne peut se retourner. — C'est là que vous auriez pu voir une belle mêlée! — rompre les camails, briser les hauberts, — bosseler les heaumes, fendre les poitrines, — abattre les hommes, tuer les chevaux, — et le sang s'épandre sur la place, entremêlé de cervelles. — Mais ceux de la ville reçoivent si bravement (les Français), — qu'ils leur font abandonner le carnage et la bataille. — « Seigneurs, dit le comte de Montfort, je puis vous dire en toute « vérité — que nous ne forcerons pas ces gens-là de ce côté. — Mais « si vous voulez me suivre, je les aurai (d'un autre). » — Ils piquent alors (de l'éperon) tous à la fois; pas un ne reste en arrière. — Ils crurent forcer la porte Sardane; — mais ceux qui la gardent les reçoivent de (rude) façon : — ils les assaillent au milieu des rues; — et à coups de masse, d'épée et de pierres, n'importe qui frappe ou tire, — à coups de hache et de hallebarde pour doubler le carnage, — ils leur font vider la place et la rue. — La bataille dure jusqu'à ce qu'il commence à faire noir. — Le comte alors se retire avec tristesse et souci — au château Narbonnais, où (déjà) ont poussé maints soupirs — les barons de la ville qu'il avait fait arrêter. — Plein de rage et de cruauté, le (comte) va leur parler. — « Barons, dit-il, vous ne pouvez échapper; — et par la « très-sainte mort que Dieu vint subir (sur terre), — il n'y a point « au monde de richesses qui puissent empêcher — que je ne vous « fasse trancher la tête, et ne la fasse jeter du château. » — Quand ils l'entendent ainsi jurer et s'emporter, — il n'y en a pas un qui ne tremble de mourir. — Cependant l'évêque réfléchit et met toute sa pensée — (à découvrir) comment il pourra faire changer la ville et les habitants. — Il leur envoie toute la nuit

Com el puesca la vila els baros covertir
La noit fe los mesatges e anar e venir
Per monstrar e retraire e diire e somonir
5210 Lo sen e la semblansa don cuidero guerir
Aisi que sa doctrina lor a faita obezir
E al mati a lalba cant pres a lesclarzir
Lai fors a Vilanova los an mandatz venir
Pla a lalbor del dia.

CLXXIV.

5215 Pla a lalbor del dia cant parec la clartatz
Lai de dins la maizo cominal nac assatz
Dels milhors de la vila dels rics e dels ondratz
Cavaler e borzes e la cominaltatz
E cant foro ensemble e lo critz fo baissatz
5220 Labas de S. Cerni als primer razonatz
El prior el prebosdes que li estet de latz
E maestre Robertz i. legista senatz
Senhors bars ditz labas Deus vera trenitatz
E la verges Maria de la qual el fo natz
5225 E mo senher lavesques nos a sai enviatz
Que es trist e maritz e dolens e iratz
Car lafars de la vila es peritz e torbatz
E mas que dambas partz es lo glazi tempratz
Sant Esperit i venga ab la sua clartatz
5230 Quentre vos e lo comte meta bo cor e patz
Que ja degus no sia falhitz ni enganatz
E si vos o voletz nius agrada nius platz
Lo vostre acordamens es empres e parlatz
Car mo senher lavesques vos a tant razonatz
5235 Que vencut an lo comte entrel e caritatz
Tant vos defend lavesques que lo coms nes iratz

message sur message, — pour leur dire, pour leur démontrer, pour leur répéter — les sentiments et les raisons par lesquels il peut leur persuader qu'ils se sauveront : — il les amène de la sorte à sa pensée, — et le matin, vers l'aube, lorsqu'il commence à faire clair, — il les appela hors de la ville, à Villeneuve, — au poindre du jour.

CLXXIV.

Au poindre du jour, lorsque la clarté reparut, — là-bas, dans le palais communal, il vint un grand nombre — des meilleurs, des plus puissants et des plus honorés de la ville, — chevaliers, bourgeois et de la communauté. — Quand ils sont réunis et que l'on a fait silence, — l'abbé de Saint-Sernin leur parle le premier, — entre le prieur, le prévôt et maître Robert, un savant légiste, qui sont assis à côté de lui : — « Seigneurs barons, « dit l'abbé, Dieu, vraie trinité, — la Vierge Marie dont il naquit, « — et mon seigneur l'évêque, nous ont ici envoyés. — (L'évêque) « est triste et marri, il est dolent et chagrin — de voir la ville en « un état de trouble et de péril (si grand). — Le glaive étant tiré « des deux côtés, — il faut que le Saint-Esprit vienne par sa lu- « mière, — remettre la paix et l'amour entre le comte et vous, — « afin que personne n'erre ni ne soit trompé. — Si donc vous le « voulez, si c'est chose qui vous agrée et vous plaise, — il sera parlé « et traité de votre accord. — Mon seigneur l'évêque qui déjà vous « a si bien raisonnés, — (a aussi raisonné le comte), et, moitié son « œuvre, moitié charité, le comte est apaisé; — l'évêque vous a « si bien défendus que Montfort en est chagrin. — Voici cepen-

Entrel coms e lavesque son daitant acordatz
Que lavesques vos manda quen sa merceus metatz
El meteis vos fiansa Deu e sa dignitatz.
5240 Elas de lApostoli e de totz los letratz
Que ja cors ni aver ni terra no perdatz
Ni baissament de vila ni autras eretatz
E si vos ent al comte araus humiliatz
Doblament ner complida la vostra amors el gratz
5245 E si es negus homs ni estrans ni privatz
Que de sa senhoria nos tenga per pagatz
Anar sen pot delhivres ab adreitz comiatz
Que pels seus ni pel comte non er pres ni forsatz
E li baro respondo nabas senher sius platz
5250 Trop nos fai gran paor la vostra lialtatz
Vos el coms e lavesques nos avetz castiatz
Car en mantas maneiras nos avetz esaiatz
Que anc re nous tenguetz que mandai nos aiatz
E lo coms es tant mals e tant outracujatz
5255 Que ja re nons tindria cant nos aguetz el latz
Senhor bars ditz labas aquest mot entendatz
Pos que la santa glieiza vos aia aseguratz
No es lo coms tan nescis ni tan outracujatz
Que nulha re vos fessa de quel sia encolpatz
5260 E si re vos fazia que fos tortz ni pecatz
La glieiza cridaria en aisi per totz latz
Que Roma lauciria e la crestiandatz
E no aiatz temensa de re quara fassatz
E ab lo mel e ab la cera niretz sil coms ondratz
5265 Ditz maestre Robert senhors mi escoutatz
Jes lo coms de Montfort nous recep per dampnatz
Ni vol que vostres corses ni la vila perdatz
Mas cant tu solamens que es rics e prezatz
Que sobre totz los autres es ab lui encolpatz

« dant ce qui a été entre l'un et l'autre convenu : — L'évêque de-
« mande que vous vous mettiez à sa merci, — et vous garantit par
« Dieu, par sa dignité (d'évêque), — par celle du Pape et de tous les
« clercs, — que vous n'y perdrez, ni corps, ni bien, ni terre, —
« ni droits, ni autres priviléges municipaux héréditaires ; — et que
« si vous vous soumettez maintenant au comte, — doublés en seront
« pour vous son amour et son gré ; — et s'il y a quelque homme
« étranger ou du pays — qui ne soit pas satisfait de sa seigneurie,
« — il peut s'en aller librement et en prenant congé à son aise, — et
« sans être arrêté ni empêché par le comte. » — « Seigneur abbé,
« lui répondent les barons, permettez-nous de vous le dire, —
« votre loyauté nous est un peu suspecte. — L'évêque, le comte et
« vous, nous avez châtiés — et de diverses façons éprouvés, — sans
« jamais rien faire de ce qui nous avait été promis ; — et le comte
« est si méchant et tellement outrecuidé, — que, nous ayant dans ses
« filets, il ne nous tiendrait aucune parole. » — « Seigneurs barons,
« encore un mot, dit l'abbé. — Une fois que l'église vous aurait donné
« des sûretés, — le comte n'est ni si insensé, ni tellement outre-
« cuidé, — qu'il puisse faire contre vous rien dont il serait blâmé ;
« — et s'il vous faisait le moindre tort ou dommage, — l'église de
« toutes parts pousserait de tels cris (contre lui) ; — que Rome et la
« chrétienté l'extermineraient. — N'ayez aucune défiance de rien
« que vous ayez à faire à présent. — Tout sera pour vous, cire et miel,
« si vous honorez le comte. » — « Seigneurs, écoutez-moi, dit maître
« Robert. — Le comte de Montfort ne vous tient point pour condam-
« nés ; — il ne veut point que vous perdiez la ville ni vos personnes ;
« — il en veut seulement à toi (don Aimeric, à toi), honorable et
« riche, — qui as été plus que tous les autres inculpé auprès de
« lui. » — « Seigneurs, dit don Aimeric, c'est moi qui suis ici le

Senhors ditz nAimirics ieu soi lo menassatz
Mais volh ir que remandre e soi naparelhatz
Ab del mels de la vila e dels emparentatz
Nos irem senher nabas si vos autrens guidatz
Ditz maestre Robert nAimiric no fassatz
E ditz li a laurelha faretz i que membratz
Car entre vos el comte non er bona amistatz
Aisi fol parlamens empres e autreiatz
E apres sen anero dreitament e viatz
Tot dreit a Vilanova on fol cosselh triatz
Mas tals i anet soutz que ner encadenatz
    Si Dieus no lor ajuda.

CLXXV.

Si Dieus no lor ajuda e del tot nols socor
El son vengut al bres e al loc perdedor
Car lo coms e lavesques an cosselh celador
E que pretz e paratges i perdra sa valor
E cant lo jorn sesclaira e pren la resplandor
Sen es ichitz lavesques foras al parlador
Cavalier e borzes e li baro auzor
I vengon de la vila e van al mirador
E lavesque e labas el prebost el prior
E maestre Robertz esteron devan lor
E lavesques comensa sa razo ab dossor
En sospiran sermona ab semblansa de plor
Senhors so ditz lavesques ben ai al cor dolor
Car eu vei entre vos ni trebalh ni ardor
E ieu prec Jeshu Crist e de bon cor lazor
Quen giet la mala saba e la mala humor
E queus do bon coratge eus torne a color
Quentre vos el comte aia bona amor

« menacé; — j'aime mieux aller que rester, et me voici prêt. —
« Avec quelques-uns des plus distingués de la ville et de (mes) pa-
« rents, — j'irai (devant le comte), seigneur abbé, si vous nous y
« conduisez. » — « Ne faites pas cela, don Aimeric, répond maître
« Robert. » — Puis lui parlant dans l'oreille : « Conduisez-vous pru- 5275
« demment, lui dit-il; — car bonne amitié ne règne pas entre le
« comte et vous. » — Ainsi fut octroyé et convenu le parlement; —
après quoi ceux de Toulouse s'en vont vite et droit, — tout droit
à Villeneuve, où était assigné le rendez-vous. — Mais tel y va libre 5280
qui s'y trouvera dans les chaînes, — si Dieu ne leur est en aide.

CLXXV.

Si Dieu ne leur est en aide et ne les assiste efficacement,
— ils sont venus en naufrage, en lieu de perdition; — car le
comte et l'évêque sont d'intelligence en secret, — pour détruire 5285
la noblesse et valeur. — Lors donc que le jour s'éclaircit et reprend de la splendeur, — l'évêque s'est rendu hors de la ville,
au lieu du parlement; — les chevaliers, les bourgeois et les
hommes les plus éminents — y viennent de la ville, et se
rendent à la grande tour : — là l'évêque, l'abbé, le prévôt, le 5290
prieur — et maître Robert se trouvèrent devant eux, — et
l'évêque commence à discourir avec douceur. — Il parle en soupirant, avec semblant de pleurs : — « Seigneurs, dit-il, j'ai grande
« peine au cœur — de voir entre vous des haines et des troubles. 5295
« — J'adore de bon cœur Jésus-Christ, et je le prie — de dis-
« siper cette pernicieuse sève et méchante humeur, — d'adoucir
« vos cœurs, de vous remettre en prospérité, — et de rétablir
« bonne amitié entre le comte et vous. — Et puisque Dieu m'a 5300

5300 E car Dieus ma elegit maestre e doctor
Que a las suas ovelhas ma donat per pastor
Selas me volon creire que no fuian alhor
Defendrai las al lob e al mal raubador
E pois farei las paicher erbas ab bona olor
5305 E conqueriran Dieu e la gloria maior
Que si unan perdia ni la gitava por
Cant ieu redes lo compte al sant comandador
Denan lui non auria tant bo razonador
Que no lam fes sercar e no sabria or
5310 E cel que brandis lalbre nin fai perdre la flor
Ja lan no culhira fruit de bona sabor
E donc sieu vos perdia nius gitava en error
Perdrial fruit el albre e la digna labor
E Jeshu Crist tindriam per fals galiador
5315 Tota la carn el sanc la forsa e la vigor
Voldria que manjesso bestias e voltor
Que vos de re no fossatz forsat ni pecador
E quieu vos pogues metre en la gran resplandor
On estan li apostol e li sant confessor
5320 E si voletz recebre esperit e lugor
Monstrar vos ei la via on anetz al santor
Prec vos quem detz poder em fassatz esta honor
Quentre vos e lo comte meta patz e amor
Ses aver e ses terra e ses cor perdedor
5325 Meteus en son poder e ses tota paor
E queus am eus perdo el tengat per senhor
Si negu ni avia ab cor cambiador
Quel ni sa senhoria li fes nulha paor
Senes tota paor se puesca ir alhor
5330 Ez eli respondero senher per bona amor
Car vos avem per paire e per governador
Trazem vos per guirent e per coselhador

« élu maître et docteur, — puisqu'il m'a donné pour pasteur à
« ses brebis, — pourvu qu'elles veuillent seulement me croire et
« ne point me fuir, — je les défendrai du loup et de tout mé-
« chant ravisseur, — et leur ferai paître des herbes de bonne
« odeur ; — je leur ferai conquérir Dieu et la gloire suprême. — 5305
« Si j'en perdais ou en rejetais une seule, — quand je rendrai
« mon compte au saint maître, — je ne pourrais lui donner si
« bonne raison — qui me dispensât d'aller la chercher, et je ne
« saurais où. — Celui qui secoue l'arbre et en fait tomber la 5310
« fleur, — n'y recueillera point de fruit de bonne saveur ; — et
« pour moi, vous perdre ou vous jeter en erreur, — ce serait
« perdre le fruit, l'arbre et le bon travail. — Nous tiendrions
« alors Jésus-Christ pour faux et trompeur. — J'aimerais mieux 5315
« que les bêtes et les vautours mangeassent toute chair (hu-
« maine), l'épuisassent de sang et de vie, — que de vous voir en
« rien contraints ou fautifs. — Puissé-je vous mettre dans la grande
« splendeur — où sont les apôtres et les saints confesseurs ! — Je 5320
« vous montrerai la voie pour y arriver, — si vous voulez recevoir
« l'esprit et la lumière. — Je vous prie donc de m'honorer du
« pouvoir — de rétablir l'amour et la paix entre le comte et vous,
« — (de manière que), sans perdre ni avoir, ni terres, ni personnes,
« — vous vous mettiez sans aucune frayeur en son pouvoir : 5325
« — lui, vous pardonnant et vous aimant ; vous, le tenant pour
« seigneur. — Si néanmoins il se trouvait quelqu'un de cœur
« changeant — à qui le comte et sa seigneurie fissent ombrage,
« — il pourra sans crainte se retirer autre part. » — « Seigneur, 5330
« lui répondirent-ils tous, de bonne amour, — et parce que nous
« vous tenons pour père et pour gouverneur, — nous vous pre-
« nons pour conseiller et pour garant ; — et au nom du Ré-

Pregam vos per dreitura e per lo Redemptor
Sins donatz bon cosselh o fariam folor
5335 Baros so ditz livesques Dieu von trac ad auctor
E la verges Maria el cor sent Salvador
E trastotas mas ordes el abat el prior
Queu vos do bon cosselh que anc no de milhor
E si el reus fazia quieu nauzissa clamor
5340 Puichas nauriatz.Dieu e mi defendedor
Aisi son las paraulas empresas entre lor
Mas entre grat e forsa son el latz corredor
Car sempre li avesque en Gui sen van am lor
Dreitament ent al comte.

CLXXVI.

5345 Cant ilh viro lo comte creis la ira e lefretz
Senher coms ditz lavesques etz ostages penretz
E daquels de la vila aitans cans ne voldretz
E sabrem vos ben diire los cals ni cui trietz
E si men voletz creire ades i enviaretz
5350 Baros so ditz lo coms totz mos pres mi rendretz
E el lhi respondero sempres los cobraretz
E hom los li amena que non fo mens corretz
El coms tramet messatges que porton bastonetz
Per totas las carreiras dreitament ad espetz
5355 E dizon als pros homes oimais nous rescondretz
Mos senher lo coms manda cals ostatges anetz
El castel Narbones e cades i entretz
Ez amic que aiatz no acomiadetz
E sades noi anatz tot aitant i·perdretz
5360 E ab samor en la vila oimais no remandretz
La donc viratz plorar las donas els tozetz

« dempteur et de droiture, nous vous prions — (de nous dire)
« si votre conseil est bon, et si nous ne ferons pas folie (de le
« suivre). » — « Barons, répond l'évêque, je vous assure par
« Dieu, — la Vierge Marie et le corps du Sauveur, — par mon
« ordre tout entier, abbés et prieurs, — que je vous donne bon
« conseil, et tel que je n'en donnai jamais de meilleur; — et
« si le comte vous faisait la moindre chose dont il me vînt des
« plaintes, — vous auriez alors pour défenseurs Dieu et moi. »
— Ainsi vont les paroles entre eux; — si bien que, moitié
force et moitié gré, ils entrent dans le nœud coulant, — et les
voilà qui, avec l'évêque et don Guy, — s'en vont droit au comte.

CLXXVI.

Dès qu'ils aperçoivent le comte, leur souci et leur crainte
augmentent. — « Seigneur comte, dit l'évêque, voici des otages;
« prenez-les, — et (prenez-en) dans la ville autant d'autres qu'il
« vous plaira : — nous saurons bien vous dire quels vous devez
« trier et choisir; — et si vous voulez m'en croire, vous enverrez
« dès à présent les chercher. » — « Barons, dit d'abord le comte,
« vous allez me rendre tous mes prisonniers. » — « Ils vous seront
« tout de suite rendus, » répondent-ils. — Et on les lui amène
sans qu'il en soit moins courroucé. — Il envoie des messagers
qui portent des bâtonnets; — il en envoie dans toutes les rues,
tout droit et en grande hâte, — qui disent aux hommes
principaux : « Vous ne vous excuserez plus désormais; — mon
« seigneur le comte vous mande de vous rendre auprès des
« otages, — au château Narbonnais, et de vous y rendre aussitôt
« — sans prendre congé de vos amis : — et à ne point y aller sur

Que dizon a lor paires senher cant tornaretz
E cel sen remonteron doi e doi e soletz
Mas lo coms ni mes tant trol castel es repletz
5365 En apres el demanda sos baros dreit e quetz
Senher coms ditz lavesques ara aujam que diretz
Baros so ditz lo coms obs ei quem cosselhetz
Car destruirei Tholoza no sei sius o voldretz
Pero laver quei sia vos autrel partiretz
5370 E so cavetz perdut aras restauraretz
Fraire so ditz en Guis fe queus deg no faretz
Si destruzetz Toloza vos meteus destruiretz
E si enetz la vila lautra terra tindrez
E si vos la perdetz lo mon el pretz perdretz
5375 Car razos es e dreitz e costuma e pretz
Pos elaus humilia que vos la humilietz
E pos que no sorgulha que vos nous orgulhetz
E ieu sai vos ben dire com la gazanharetz
La lor cort e la vostra essems ajustaretz
5380 Els mals e las rancuras els tortz acordaretz
E els que vos perdono e vos quels perdonetz
Nos e vos e la vila en lor merce metretz
Las honors e las terras bonament lor redretz
E las bonas costumas e lor dreitz autreietz
5385 E si mai von demandan que mais lor en donetz
E re quen est mon sia nols talhatz nils forsetz
E pois vostres dampnatges vos lor demonstraretz
E laver quilh vos dono bonamen lor penretz
Que mais val paucs avers per so que nol compretz
5390 Que no fa grans esemble don poichas sospiretz
E si men voeltz creire aisi la conquerretz
Senher coms ditz nAlas lo comte nGui creiretz
E si bel voletz creire sapchatz noi falhiretz
E car son gentil ome a ondrar los auretz

« l'heure vous ne gagnerez rien ; — vous ne resterez point de
« son consentement dans la ville. » — Vous eussiez alors entendu
pleurer les femmes et les petits enfants, — qui disent à leurs
pères : « Seigneur, quand reviendrez-vous ? » — et ceux-ci s'en
vont seuls, ou deux à deux. — Le comte en met dans le château
autant qu'il en peut entrer; — après quoi il mande froidement
et tranquillement ses barons. — « Seigneur comte, dit l'évêque,
« nous voici écoutant ce que vous avez à dire. » — « Barons, ré-
« pond le comte, j'ai besoin que vous me conseilliez ; — car voulant
« détruire Toulouse, je ne sais si vous y consentirez. — Cependant
« le butin en serait partagé entre vous tous, — et vous pourriez
« vous refaire ainsi de ce que vous avez perdu. » — « Frère, ré-
« pond don Guy, par la foi que je vous dois, vous ne ferez point
« cela. — Si vous détruisez Toulouse, vous vous détruisez vous-
« même ; — et si vous la gardez, vous garderez le reste du pays.
« — La perdre, c'est pour vous perdre le monde et tout
« bon renom. — C'est droit et justice, c'est usage et mérite, —
« puisqu'elle se soumet à vous, que vous vous soumettiez à elle;
« — puisqu'elle ne se rebelle pas, que vous ne vous rebelliez
« pas non plus. — Ce que vous devez faire pour la gagner, je
« sais bien vous le dire : — Vous réunirez votre cour à la leur,
« — pour mettre fin aux torts, aux dommages, aux haines : —
« pour qu'ils vous pardonnent et que vous leur pardonniez. —
« Vous nous mettrez, vous, nous et la ville, à leur merci ; — vous
« leur rendrez les honneurs et les terres (qui leur appartiennent),
« — et leur laisserez leurs bonnes coutumes et leurs droits; —
« et s'ils vous en demandent davantage, vous leur en accorde-
« rez davantage. — Ne les forcez ni ne les taillez en quoi que ce
« soit. — Faites-leur seulement connaître vos pertes (et vos be-

5395 Si bona merce troban milhor los trobaretz
Car ges bos nous seria oimais lor deseretz
Per Dieu coms ditz en Folcaut nos veirem esta vetz
Si vos etz pros e sages o si foleiaretz
Car si perdetz Tholoza ja tant vos creicheretz
5400 Que Dieus e pretz e setgles no volha que mermetz
Baros so ditz Lucatz ab vostres mal sabetz
Si lo coms von crezia vos lo dezeretaretz
Lucatz so ditz lo coms vo me cosselharetz
E mos senher lavesque que per dreit jutjaretz
5405 Que voletz tot mon pro e ja non mentiretz
Az una part se trazo e parlero soletz
Senher coms ditz Lucatz aquest mot entendretz
Si vos baissatz Tholoza vos meteis ondraretz
E si vos la ondratz nos e vos baicharetz
5410 So ditz lo reproverbis e demonstra la leitz
Cui mal fist no ti fis perque vos en gardetz
Vos avetz mortz los paires els filhs els parentetz
Perque jamais la ira dels cors nols gitaretz
E pos els no vos aman no es dreitz quels ametz
5415 Tant volon lautre comte el ama lor secretz
Perque ja longament vos noi eretaretz
Si no prendetz cosselh que totz jorns la baichetz
Senher coms ditz lavesques aisi comensaretz
Monstrar vos ei la via com los apoderetz
5420 Eu los prezi a merce per aiso quels sobtetz
E si om vos blasmava que melhs von razonetz
Que de me e de glieiza e de mercels gitez
Trastotas las clausuras els plancatz desfaretz
Els garnimens e las armas en apres lor prendretz
5425 E qui las rescondia que de mort lencolpetz
E per las vostras terras los ostatges partretz
E tot aquel aver quels saubrem nils saubretz

« soins); — et ce qu'ils vous donneront de leur avoir, prenez-le
« tout bonnement ; — car mieux vaut petit bien qui ne coure
« point de hasards, — que grand trésor dont vous ayez ensuite à 5390
« soupirer. — C'est ainsi, si vous voulez m'en croire, que vous
« gagnerez Toulouse. » — « Seigneur comte, dit don Alard, croyez-
« en le comte Guy, — et sachez bien qu'à le croire vous ne fail-
« lirez pas. — Puisque les (hommes de Toulouse) sont nobles
« hommes, vous devez les honorer : — s'ils obtiennent de vous bonne 5395
« merci, vous les trouverez meilleurs, — et vous n'avez aucun
« profit à les ruiner. » — « Par Dieu ! comte, dit don Foucault,
« nous allons voir cette fois — si vous êtes preux et sage, ou si vous
« y ferez folie. — Si vous détruisez Toulouse, votre puissance
« en viendra au point — que Dieu, le monde et valeur ne souf- 5400
« friront plus qu'elle soit abaissée. » — « Barons, dit alors Lucas,
« insensés et (faibles) comme vous l'êtes, — si le comte vous croit,
« vous le perdez. » — « Lucas, fait alors le comte ; vous me con-
« seillerez, — (vous) et mon seigneur l'évêque ; vous déciderez de
« tout ; — car vous voulez mon avantage, et ne mentirez en rien. » 5405
— (Là-dessus) ils se tirent à l'écart (tous les trois) et parlent
entre eux. — « Seigneur comte, dit Lucas, écoutez un seul mot :
« — Si vous abaissez Toulouse, vous vous honorez vous-même ;
« — si vous l'honorez, vous abaissez vous et nous. — Le pro- 5410
« verbe dit, et la loi le confirme : — A celui à qui tu as fait du
« mal ne te fie point : gardez-vous donc d'eux. — Vous avez tué
« ici des pères, des fils, des parents, — et jamais vous n'efface-
« rez dans les cœurs le ressentiment (de ces morts). — Puis donc
« que Toulouse ne vous aime pas, ce n'est point droit que vous
« l'aimiez : — c'est l'autre comte qu'elle désire, qu'elle aime en 5415
« secret ; — aussi n'en serez-vous pas longtemps en possession,

Per deguna maneira von esmanentiretz
Els vostre enemixs ab laver confondretz
5430 E tot vostre linatge e vos enrequiretz
Proensa e Catalonha e Gasconha pendretz
E cobraretz Belcaire.

CLXXVII.

E cobraretz Belcaire so sapchatz verament
Ditz lo coms de Montfort e prendrem venjament
5435 Dels baros de Proensa e del meu auniment
E a dit als baros mot orgulhosament
Ieu tenc aquest cosselh per bo e per valent
Que lafar de la vila tornarai a nient
Senher coms ditz Tibaut be avetz ecient
5440 E podetz ben conoicher cals vos ditz ver o ment
Si vos baichatz Tholosa e lapertenement
E trastota lautra terra tindretz segurament
Tibaut ditz lo coms Gui vos parlatz folament
Car datz cosselh al comte que fassa falhiment

« — si vous ne prenez le parti de l'abattre de jour en jour. » —
« Seigneur comte, dit l'évêque, voici comment vous commence-
« rez ; — voici par quelle voie vous viendrez à bout d'eux. —
« Je les ai reçus à merci pour que vous les soumettiez, — et pour
« que, si l'on vous blâmait, vous ayez de meilleures excuses à
« donner — de les mettre hors de l'église, de merci et de ma ga-
« rantie. — Faites d'abord détruire tous les remparts (de la ville)
« et leurs échafauds, — enlevez aux bourgeois leurs armes et
« leurs armures, — menaçant de mort quiconque les cacherait. —
« Dispersez ensuite les otages par toutes vos terres, — et tout l'a-
« voir que vous ou nous leur saurons : — d'une façon ou d'autre
« vous vous en enrichirez, — et vous en userez pour confondre
« vos ennemis ; — pour vous élever en pouvoir, votre race et vous ;
« — vous prendrez la Provence, la Catalogne et la Gascogne, —
« et recouvrerez Beaucaire.

CLXXVII.

« Vous recouvrerez Beaucaire, sachez-le vraiment. » — « Et je
« prendrai vengeance des barons de Provence et de mon af-
« front, » dit le comte de Montfort. — Et s'adressant à ses
barons, il poursuit d'un grand orgueil : — « Je tiens pour bon
« et pour valable le conseil — de réduire à néant la condition
« de la ville. » — « Seigneur comte, dit Thibaut, vous êtes doué
« d'intelligence, — et vous pouvez bien juger qui vous dit vrai
« ou vous ment. — Si vous anéantissez Toulouse et tout ce qui
« lui appartient, — vous posséderez en sécurité le reste du pays. »
— « Thibaut, vous parlez follement, dit alors le comte Guy, —
« quand vous donnez au comte le conseil de faillir ; — car il

5445 Que si el en Tholosa laicha la flama ardent
Si lains no remano mas lo tertz de la gent
Jamais no la tindra ses afan longuament
Senher coms ditz Feris direi vos mon talent
Si vos laichatz Tolosa en tal milhurament
5450 Que remangan ses perdre e adreit e manent
Membrar lor an li filh e li fraire el parent
Que vos lor avetz mortz don an lo cor dolent
Can auran lautre comte en lo velh fondament
E ab lor bon coratge pendran afortiment
5455 Que vos e lautra terra metran a dampnament
Membreus lo reproverbis de la mala serpent
Cel que ditz al vila sobre lacordament
Can eu veirei la ossa nos sirem be volent
Ni tu veiras la fossa per quieu men vauc fugent
5460 Senhors ditz en Folcaut laichem est parlament
Qui cosselha al comte ni lho fai entendent
Que destruza Tholoza per aur ni per argent
Ni desfassa la vila ni lonrat bastiment
Sa mort vol e sa ira e son destruzement
5465 Que cant perdra Toloza perdra la milhor dent
E si el la rete nil porta ondrament
Que el la aia tota per far son mandament
A totz los reis dEspanha auria pro content
Ab aitant nAmiric e mot dautre valent
5470 E li baro faizit ab assegurament
Sen eisso de la vila tostz e isnelament
E li autre remazon en tal perilhament
Que trop filh de bon paire ne remazo dolent
Don feiro mot sospir angoichos e cozent
5475 Quel coms de Montfort manda que anon li sirvent
Per totas las carreiras los ostages prenent
E aicels los ne menan menassan e firent

« aura beau livrer Toulouse à la flamme ardente, — s'il y reste
« seulement le tiers des habitants, — il ne la gardera point sans
« peine, ni longtemps. » — « Seigneur comte, dit Feris, je vous
« dirai aussi mon sentiment. — Si vous laissez Toulouse en tel
« état — qu'elle reste riche et puissante et ne subisse aucun 5450
« dommage, — ses habitants se souviendront des fils, des frères,
« des parents — que vous leur avez tués, et dont ils ont le cœur
« navré ; — et s'ils ont une fois l'autre comte avec leurs anciens
« usages, — ils prendront telle confiance en leur bravoure, —
« qu'ils vous extermineront, vous et le reste du pays. — Souve- 5455
« nez-vous de la fable du rusé serpent, — et de ce qu'il dit au
« villageois qui voulait faire amitié avec lui : — Nous serons
« amis ensemble quand je verrai tes os, — et quand tu occu-
« peras la fosse par où je m'enfuis. » — « Seigneur, reprend alors 5460
« don Foucault, rompons ce parlement : — celui qui conseille
« au comte et veut lui persuader — de détruire Toulouse pour
« en avoir l'or ou l'argent, — d'en démolir les maisons et les
« nobles murailles, — celui-là veut le mal, la perte et la mort
« (de son seigneur) ; — car s'il perd une telle ville, il perd sa 5465
« meilleure dent ; — au lieu que s'il la garde et l'honore, — de
« manière à l'avoir tout entière obéissante à ses ordres, — il
« aura de quoi tenir tête à tous les rois d'Espagne. » — Cependant don Aimeric, avec beaucoup d'autres braves (de Toulouse),
— et les barons faidits, pour se mettre en sûreté, — sortent de la 5470
ville vite et promptement ; — et les autres restent en tel danger,
— que trop de fils de nobles pères en restèrent dolents — et
en poussèrent de cuisants soupirs d'angoisse. — Le comte de 5475
Montfort ordonne aux servants d'aller — par toutes les rues
enlever des otages, — que ceux-ci amènent, menaçant et frappant,

Ins en la boaria del comte tro ni ac xx.c.
Que tota noit estero a la pluia e al vent
5480 Que degus noi ac joia nis trais son vestiment
E al lalbor del dia ab lo jorn resplandent
Lo coms manda livesque quanon al parlament
Al Sent Peire a Cozinas trastuit cominalment
E cant foro esemble parlec primeirament
5485 Us dels milhors legistas si que cascus lentent
Senhors lo coms mos senher vos a fait mandament
Queus gitetz de merce e de tot lo covent
Cel que vos fe lavesques al prim comensament
Que glieiza ni clercia non tragatz a guirent
5490 E que tuit vos metatz el sieu bon cauziment
Senes mala prizo e ses mort ichament
O que li fassatz dreit que pendran jutjament
Ins en sa cort meteisa aisi co lher parvent
O que laissetz sa terra eus nanetz solament
5495 De lui sout e delivre ab un sagel pendent
Senhors ditz lus a lautre lhivrat em a turment
Car aisi perdonam nostra mort a present
E cals cor pot pessar tan estranh parlament
Ni tant mal ni tant dur ni tal galiament
5500 Un daicels de la vila lor crida autament
Senhor ieu men volh ir e lais lo remanent
E donatz me guidatge quem mena salvament
E ilh li respondero vos lauretz e breument
E mezol en las carcers e no li mezo gent
5505 Mas de dins unas boias que no foro dargent
Tro Dieus e sos bos astres li det delhivrament
El autri cant o viro an tant gran espavent
Anc pois no demandero plevi ni sagrament
Iratz trist e marrit e pessiu e sufrent
5510   Son a merce del comte.

— dans le marché comtal des bœufs, au nombre de deux mille, — qui passèrent la nuit au vent et à la pluie ; — pas un d'eux n'eut le moindre soulagement ni ne quitta ses vêtements. — A l'aube du jour et au jour clair, — le comte mandé à l'évêque de convoquer le parlement, — et tous les autres barons de la ville, à Saint-Pierre de Cuizines. — Quand ils sont là tous réunis, un des meilleurs légistes parle le premier et de manière que chacun l'entend : — « Seigneurs, le comte mon seigneur vous a « mandé — de renoncer à la merci et à toute la convention — « que vous avez d'abord conclue avec l'évêque, — de ne point re- « courir à la garantie de l'église et du clergé, — de vous mettre « tous à sa courtoise discrétion, — sans qu'il y soit besoin de pri- « son et de violence, — et de lui faire droit, à son jugement — « et dans sa propre cour, comme bon lui semblera, — ou de quit- « ter le pays et de vous en aller seuls, — libres et quittes de lui, « avec (une permission munie d')un sceau pendant. » — « Seigneurs, « se disent-ils l'un à l'autre, nous sommes livrés aux tourments, — « nous nous sommes laissé conduire à la mort ; — mais qui aurait « pu prévoir un parlement si étrange, — si pervers, si dur, une telle « perfidie ? » — Là-dessus l'un d'eux hautement s'écrie : — « Sei- « gneur (légiste), je veux m'en aller seul, laissant tout le surplus ; « — donnez-moi seulement un sauf-conduit pour que je m'en aille « en sûreté. » — « Vous l'aurez, et tout de suite, » lui est-il répondu ; — et voilà qu'on le met en prison, non en simple prison, — mais dans des chaînes qui n'étaient pas d'argent, — jusqu'au moment où Dieu et sa bonne étoile l'en délivrèrent. — Voyant cela, les autres sont pris d'une telle frayeur, — qu'ils ne songent plus à demander serment ni garantie : — tristes, mornes, pensifs, souffrants, — ils sont à la merci du comte.

CLXXVIII.

En la merce del comte lor creis ira e dolors
E de la mort maligna e dels mals parladors
El coms de Montfort manda sos ministres tortors
Que van per las carreiras a lei de trotadors
5515 Que prendan i las armas els garnimens majors
E en apres el manda diire als trompadors
Que cavaliers ni dona ni nulhs om valedors
Que sia de paratge ni om sia de valors
Que iescha de la vila e que sen fugua alhors
5520 Senher coms pos que Dieus vos a montat e sors
Co no prendetz venjansa dels enemics pejors
Car anc om a sos obs nols ac plus sordeiors
Pero si remania sia mortz e encors
So ditz en Gui de Levi so recembla folors
5525 Metetz per meg la vila vostres detruzedors
Pero so ditz lo coms ans mudarei alhors
Apres lor a tramesses sos parlans parladors
Que tant aver li dono que merme la errors
E que pagat li aian ans que vengua Martors
5530 Ez els len prometian ca lui no fo sabors
En apres el manda quels ne tragan de cors
De la vila issiron totz lo melhs e la flors
Cavalers e borzes e los cambiadors
Ab malvolens garnitz firens menassadors
5535 Que menassan lor dizo antas e dezonors
E apres los ne menon a lei de trotadors
Mas lo mals e la ira la polvera e la calors
El trebalhs e langoicha el perilhs e lardors
Quab (las) lagrimas mescla laiga e la suzors
5540 Els fai crebar el ventre e ins el cor la dolors

CLXXVIII.

A la merci du comte, il leur vient un surcroît de peine et de mal — (des suites) de cette mortelle trahison et des (dénonciations) des médisants. — Le comte de Montfort envoie ses ministres de torture, — qui s'en vont trottant par les rues, — pour enlever à chacun armes et armures : — il fait ensuite, à son de trompe, crier : — Que ni dame, ni chevalier, ni nulle autre personne — de parage ou de valeur, — ne sorte de la ville pour se retirer ailleurs. — « Seigneur comte, puisque Dieu « vous a élevé et honoré, — pourquoi ne prenez-vous pas ven-« geance de vos pires ennemis? — car jamais homme n'eut les « siens aussi bas, — dit don Guy de Levi. Si donc on négligeait « de les poursuivre et de les faire mourir, cela ressemblerait à « de la folie. — Mettez donc bien vite vos destructeurs (à l'œuvre) « dans la ville. » — « Non, dit le comte, je ferai autre chose; » — et là-dessus il envoie par la ville ses messagers parlants, — pour exiger, en réparation de sa révolte, une somme fixe, — et qui devra être payée avant la Toussaint. — La ville promet, mais le comte n'est point content : — il donne un second ordre de payer la somme tout de suite. — De la ville sortit alors tout le mieux, toute la fleur, — chevaliers, bourgeois et changeurs, — conduits par des ennemis armés, frappant, menaçant, — et joignant aux menaces les injures et les insultes, — et qui les emmènent ensuite comme de vils vagabonds. — Mais bientôt la douleur et le dépit, la chaleur et la poussière, — la fatigue et l'angoisse, la fureur et la crainte, — mêlent (sur leur visage) les flots de la sueur et des larmes, — leur font crever le ventre

Perque creis la felnia e merma la vigors
Permei la vilas leva lo critz el dols el plors
De baros e de donas e dels efans majors
E de filhs e de paires e de maires ab serors
5545 E doncles e de fraires ab motz rics ploradors
E Dieus ditz lus a lautre tant mals governadors
Senher cons avetz meses en mas de raubadors
E vos nos datz la mort ons rendetz als senhors
El coms de Montfort manda per totas las honors
5550 Que nulhs om noi remanga ni pala ni fossors
Ni pics ni palagrilhs ni bos cuns brizadors
Tuit vengan ent al comte e quelh fassan socors
Per destruire Toloza ques ses defendedors
E fa monstrar e diire a sos comandadors
5555 Que per tota la vila anon los picadors
En aisi que la fondan tro com nintre de cors
La doncs viratz abatre los solers e las tors
E los murs e las salas e los dentelhs majors
E dentrencan li ome els tetz els obradors
5560 Els ambans e las cambras complidas de colors
Els portals e las voutas e los pilars ausors
Per totas las partidas es tant grans la rumors
La polvera el frans el trebalhs e lardors
Mesclal soleilh e laire el temps e la brumors
5565 Que sembla terra tremols troncires o tambors
Per totas las carreiras a tans sospiradors
Quel sospirs e langoicha remembra la tremors
Que los cors els coratges destempra la negrors
Car Toloza e paratges fo e ma de trachors
5570   E parec ben a lobra.

et fendre le cœur : — leur vigueur va défaillant, leur peine et leur désespoir toujours croissant. — Du milieu de la ville s'élèvent un cri, des doléances, des pleurs — d'hommes, de femmes, d'enfants, — de fils, de pères, de mères et de sœurs, — d'oncles et de frères, et d'une foule de nobles désolés. — « Oh Dieu ! se disent-ils l'un à l'autre, (peut-il y avoir de) si « méchants gouverneurs ? — Seigneur, comment nous avez-vous « livrés aux mains de larrons ? — Ou donnez-nous la mort, ou « rendez-nous à nos vrais seigneurs. » — Le comte de Montfort ordonne par tout le pays — que tout homme accoure avec pelle ou bêche, — avec pic, poêle, ou bon coin briseur, — que tous viennent au service dudit comte, pour l'aider — à démolir Toulouse, qui n'a plus de défenseurs. — Montfort fait donc signifier et dire à tous ses barons — d'envoyer les démolisseurs par la ville, — pour y abattre tout ce qui empêcherait d'y entrer d'emblée. — Et alors verriez-vous abattre les maisons et les tours, — les murs, les salles et les créneaux ; — renverser les toits et les boutiques, — les galeries et les chambres bien peintes, — les portails, les voûtes et les hauts piliers. — Le vacarme est partout si grand, — partout sont tels le travail, les efforts, la fatigue et la poussière, — partout sont tellement confondus l'air, le soleil et le bruit, — que l'on dirait (un fracas de) tremblement de terre, de tonnerres et de tambours : — il y a dans toutes les rues tant d'hommes qui se lamentent, — que les soupirs et les gémissements augmentent le bruit ; — et la noire douleur abat les âmes et les courages, — en voyant ainsi Toulouse et parage aux mains de traîtres, — comme il paraît bien à l'œuvre.

CLXXIX.

E parec ben a lobra e als captenemens
Als rics palais mirables e als cars bastimens
E a las tors antiquas e als nous obramens
Als murs a las clausuras als edificamens.
5575 Que debrizan e trencan per trastot engalmens
Que trastot om e bestia i pogra intrar correns
Els ostatges quenmenan menasan e dizens
Grans dezonors e ontas e motz descauzimens
Car per estranhas terras es lor departimens
5580 En grans fers e en boias malmenans e sufrens
Lor mals e las engoichas e los perilhamens
Quelh tenian los mortz els vius mescladamens
El coms de Montfort manda breument sos parlamens
Livesques el presboide els baros els parens
5585 Ins en la tor antiqua parlan celadamens
Senhor so ditz lo coms lo cor els pessamens
Me ditz que per la vila an lo barreiamens
E en apres lo glazis e la flama ardens
Car om no poc vezer tant orgulhozas gens
5590 Que si no fos lavesque ques subtil e sabens
Que los a deceubutz ab ditz e ab covens
Trastota ma mainada era morta e perdens
E ma persona aunida e ma valor niens
E si non pren venjansa mos cors ner trist dolens
5595 Senher coms ditz Tibaus datz es lo jutjamens
Que totz homs cals que sia a senhor defendens
Si deu la mort recebre ab glazios turmens
Titbaut so ditz nAlas aquels razonamens
Faran gran mal al comte si Dieus nolh es guirens
5600 E donc lo coms mo senher nols juret sobre sens

CLXXIX.

Il paraît bien à l'œuvre et aux effets, — aux nobles et merveilleux palais, aux précieux bâtiments, — aux antiques tours, aux constructions nouvelles, — aux murs, aux clôtures et aux fortifications, — qui partout sont brisées et renversées, — de manière que tout homme ou bête puisse entrer courant (dans la ville). — Ceux que l'on emmène pour otages, on les menace, on leur adresse — des injures, des insultes, des paroles discourtoises ; — on les disperse dans des pays étrangers, — accablés de fers pesants et de chaînes, tourmentés — de toutes sortes de maux, d'angoisses et de dangers, — sans songer à séparer les morts des vivants. — (Cependant) le comte de Montfort convoque, sous bref délai, son parlement, — l'évêque, le prévôt, ses barons et ses parents ; — ils confèrent tous en secret dans l'antique tour : — « Seigneurs, dit le comte, mon cœur et ma pensée « — me disent de promener dans la ville d'abord le pillage, — puis « le glaive et la flamme brûlante, — car jamais homme ne vit de « si orgueilleuses créatures ; — et si ce n'eût été l'évêque, qui est « subtil et savant, — et qui les a déçus par des paroles et des « traités, — toute ma troupe était vaincue et exterminée, — ma « personne honnie, et ma valeur mise à néant. — Si je ne me « venge pas d'eux, mon cœur en reste (à jamais) contristé. » — « Seigneur comte, dit Thibaut, c'est chose reconnue et jugée, — « — que tout homme, quel qu'il soit, qui se révolte contre son « souverain, — doit subir le tourment du glaive et la mort. » — « Thibaut, dit don Alard, ces propos — porteront au comte « grand préjudice, si Dieu ne l'en sauve. — Eh quoi donc!

Quels fos bos e leials els tengues bonamens
E ilh jureron a lui atresi veramens
E pos que dambas partz es laseguramens
Be devria om gardar don ve lo falhimens
5605 E si ieu so vostre om em captenc leialmens
Eus am de bo coratge eus soi obediens
E nous ei tort ni colpa ni nous soi malmirens
E vos etz mos mal senher em passatz sagramens
E quem vengatz destruire ab fers trencans luzens
5610 Nom deg de mort defendre si dei be veramens
Mas tant de senhoria na lo senher valens
Que sos oms nol cometa nulhs temps primeiramens
Fraire so ditz lo coms G. tant etz pros e valens
Que la vostra felnia vos deu destruire el sens
5615 Tant que de lor vos prengua merces e cauzimens
Que lor cors ni la vila no prenga dampnamens
Mas aiatz de la vila aver cominalmens
Senher coms ditz lavesques tant lor siatz punhens
Que re no lor laichetz mas los cors solamens
5620 Totz lavers sia vostre els diners e largens
XXX. melia marcs que res non sia mens
Da lun Martror a lautre volh que sia rendens
E aquesta primeira er lo comensamens
E so quels remandra er non res e niens
5625 E tenetz los ja sempre coma sers recrezens
Que ja monstrar nous poscan iradamen las dens
Senher ditz en Tibaut men entendetz breumens
Tant es grans lor orgolhs e lor afortimens
El malignes coratges e lor naturals sens
5630 Per que vos e nos autri devem esser temens
Car si vos nols tenetz abaichatz e perdens
Nos e vos e la gleiza i trobarem contens
En aquestas paraulas es faitz lacordamens

« mon seigneur le comte n'a-t-il pas juré par les saints — d'être
« pour (ceux de Toulouse) bon et loyal, et de les bien gouverner,
« — comme ceux-ci lui ont aussi juré fidélité ? — Puis donc que
« l'engagement est réciproque, — il serait bien juste de regarder
« d'où vient la violation. — Quoi! si étant votre homme, je me 5605
« comporte loyalement; — si je vous aime de bon cœur et vous
« sers, — si je n'ai ni tort ni faute envers vous, si je n'ai point
« démérité, — et si vous, mauvais seigneur, (violant) vos ser-
« ments, — venez, armé d'acier tranchant et luisant, m'égorger,
« — je ne dois pas me défendre ? Oh! si fait bien, je le dois. — 5610
« Mais de tout vaillant seigneur la seigneurie a du moins ce
« privilége, — que jamais son homme ne sera le premier à l'at-
« taquer. » — « Frère, dit alors le comte Guy, vous êtes si vaillant
« et si preux, — que votre sens doit triompher de votre cruauté
« — et vous laisser assez d'humanité et de pitié — pour ne dé- 5615
« truire ni Toulouse, ni ses habitants. — Levez seulement sur
« eux, en commun, l'argent (qu'ils peuvent payer.) » — « Seigneur
« comte, dit l'évêque, soyez sévère pour eux, — au point de
« ne leur laisser que leur corps; — que tout leur argent, mon- 5620
« nayé ou non, soit à vous. — Il faut que d'une Toussaint à
« l'autre — ils vous payent trente mille marcs, rien de moins.
« — Exigez cette somme pour commencer; — ce qui leur res-
« tera ne sera rien ou peu de chose. — Tenez-les constamment 5625
« comme des esclaves châtiés, — afin qu'ils ne puissent plus, de
« colère, vous montrer les dents. » — « Seigneur comte, reprend
« Thibaut, écoutez-moi un instant. — Tels sont des hommes de
« Toulouse l'orgueil et l'audace, — le sens naturel et le courage
« pervers, — que nous devons, vous et nous, les redouter; — et 5630
« si vous ne les tenez pas abaissés et opprimés, — l'église, vous

El coms de Monfort manda sos malignes sirvens
5635 Que comenso las talhas e los descauzimens
Las ontas els dampnatges e los grans aonimens
E van per meg la vila menassans e firens
Per totas las partidas demandans e prendens
La doncs viratz las donas e los baros dolens
5640 Marritz e fels e tristz e ploros e suffrens
Per totas las carreiras ab lagrimas cozens
Los olhs e los coratges sospirans e planens
Los de fora comprans e los dedins vendens
Car no lor pot romandre farina ni fromens
5645 Ni cisclato ni polpra ni nulhs bos vestimens
A la gentils Toloza per las ossas franhens
Com vos a deus tramessa e mas de malas gens
Car lo coms de Montfort i estec longamens
Per destruire Toloza e per far sos talens
5650 E pois passec Garona e anec a Sent Gauzens
Dreitament en Gasconha.

CLXXX.

Lo coms venc en Gasconha complitz dalegretat
Cant el ac de Tholoza faita sa volontat
On demonstret gran ira e gran malignitat
5655 E que destruit paratge e mort e decassat
Per que li plus valent nissiro perilhat
El baros de la vila so remazut irat
Els coms venc en Bigorra on al filh molherat
E donec li la terra mas no tot lo comtat
5660 Que de la part del Gavet li an si escornat
Que del castel de Lorda no receup poestat

« et nous, y trouverons (encore) de l'opposition. » — La résolution est prise conformément à ce discours, — et le comte de Montfort envoie aussitôt ses cruels servants, — qui se mettent à lever les taxes, à faire toutes sortes de violences, — d'affronts, d'insultes, de dommages, — et s'en vont de tous côtés par la ville, menaçant et frappant, — partout demandant, partout prenant. — Vous auriez vu là les hommes et les femmes dolents, — tristes, marris, éplorés, indignés, — pleurant à larmes cuisantes dans toutes les rues, — et le cœur gonflé de gémissements et de soupirs. — (De tous côtés) les étrangers achètent et ceux de la ville vendent : — (ils vendent tout;) il ne leur reste ni grain, ni farine, — ni drap de pourpre, ni sisclaton, ni bon vêtement. — O noble cité de Toulouse, brisée dans (tous) tes os! — à quelle gent perverse Dieu t'a livrée! — Le comte de Montfort y resta longtemps (le temps qu'il fallait), — pour la détruire et en faire sa volonté; — puis il passa la Garonne et s'en alla à Saint-Gaudens, — en Gascogne, tout droit.

CLXXX.

Tout droit en Gascogne, et tout joyeux s'en alla le comte, — quand il eut de Toulouse fait sa volonté, — et quand, pour démontrer sa haine et sa colère contre cette ville, — il y eut détruit, exterminé courtoisie et parage, — et contraint les plus nobles à en sortir en détresse, — y laissant les autres dolents et consternés. — Il s'en alla en Bigorre, où il maria son fils, — auquel il donna de la terre, mais non le comté tout entier : — on le lui écorna du côté du Gave de telle sorte, — qu'il n'eut point la seigneurie du château de Lourde. — Après cela il est

E pois venc a Toloza on a lo mal doblat
Quel just el pecador an lo seu tort comprat
Quel demandet las pagas dels ques neran anat
5665 E qui no las li dona ilh lan martiriatz
Del cors e de laver e de la heretatz
E apres el comensa asemblar son barnat
Mont Graner asetja ab fel cor e irat
E a trobet lains ladreit Roger Bernat
5670 E mot bon cavaler ben garnit e armat
E donzels debonaire e mot sirvent triat
Mas lo mals nils dampnatges no er mais restaurat
Car de lains perdero Baset de Montpezat
Quera de ric linatge e den aut parentat
5675 E de bela semblansa e complit de bontat
Tant estel coms el seti tro el son plaideiat
Que per fraitura daiga son ab lui acordat
E conquerit las terras e en lonc e en lat
E anet a Posqueiras on complit so mandat
5680 E pois destruis Berniz a tort e a pecat
On aucis mot bon ome complit de carita
Que fazian almoinas e semenavan blat
E mot bon cavaer que no eran dampnat
E pois pres la Bastida e mot donzel triat
5685 Per que ilh e Dragonetz son essems acordat
E pois a a lavesque de Viviers enviat
Car el en Azemars se son entremesclat
Que navei li trameta belament a celat
Sobre laigua de Rozer e son outra passat
5690 Dont lo valens coms joves a mot lo cor irat
Quel vinher de Valensa om avia talat
Car el se combatera quil ne crezes de grat
E intrec al Montelh on Lambert la menat
Anec al Crest e el a asetiat

revenu à Toulouse, où il a doublé le mal et le dommage ; — se vengeant sur l'innocent et sur le coupable du tort qu'on lui a fait. — Il exige (de ceux qui restent) les taxes de ceux qui sont partis ; — et ceux qui ne payent pas, il les fait torturer — dans leurs personnes, et leur enlève leur avoir et leurs héritages. — Cela fait, il rassemble ses hommes de guerre, — et s'en va, en grand dépit et courroux, assiéger Mont-Grenier, — où il trouve le vaillant Roger Bernard, — plusieurs chevaliers bien armés et en belle armure, — de nobles damoiseaux, et des servants d'élite. — Par là cependant ne fut pas compensé le mal ni le dommage — d'avoir perdu là Bazet de Montpezat, — (chevalier) de grand lignage et de haute parenté, — de bonté accomplie et de bel aspect. — Le comte tint le siége jusqu'à ce que le château, — par le manque d'eau, se rendit à lui ; — et (avec le château) il eut les terres en long et en large. — Il alla de là à Posquières, où il fit ce qu'il voulut. — Il détruisit ensuite, sans droit ni raison, Bernis, — où il fit mourir plusieurs bons hommes vraiment accomplis, — faisant œuvre de charité et semant blé, — et plusieurs bons chevaliers qui n'étaient point jugés (hérétiques). — Après cela il prit la Bastide et grand nombre de damoiseaux d'élite, — et ce fut alors que Dragonet et lui s'accordèrent. — S'étant ensuite pris de querelle avec don Adhémar, — il fit prier l'évêque de Viviers — de lui envoyer vite et en secret des bateaux — par l'eau du Rhône ; et (sur ces bateaux) il a passé (le fleuve). — Le vaillant jeune comte est tout dolent (de ce passage), — et si on l'en eût cru, il aurait volontiers attaqué Montfort — tandis qu'il faisait le dégât parmi les vignobles de Valence. — (Simon) entre ensuite à Monteil, où Lambert l'a conduit, — d'où il se porte à Crest, qu'il assiége, — et où se rendirent à lui

5695 E nac per establida mot bon baro prezat
W. Arnaut de Dia ab fi cor esmerat
En Berbo de Murel mot be acompanhat
El avesques de Dia fetz gran malignitat
Quel castel que tenia la rendut e livrat
5700 Per que cel de Proensa eran tuit mescabat
Tro que Deus i trames .i.ⁿᵃ dossa clartat
Que venc devas Toloza que al mon alumnat
Que restaura paratge e a pretz colorat
Per so quel coms lor senher motas vetz perilhat
5705 Que lo rics Apostolis e li autre letrat
A tort e senes colpa tenon deseretat
Es vengutz en la terra on trobet lialtat
   Den Roger de Cumenge.

CLXXXI.

En Rogers de Cumenge es ben pros e senatz
5710 E complitz de largueza e de totas bontatz
El coms es en sa terra bonament repairatz
E parla e coselha ab sos amics privatz
Senhors so ditz lo coms ara macosselhatz
Car be sabetz vos autri ques destrics e pecatz
5715 Car eu tant longuament estau deseretatz
Mas car orgolhs sabaissa e creis humilitatz
No vulh santa Maria e vera Trinitatz
Quieu longament estia aunitz e abaichatz
Car ieu ei a Toloza messatges enviatz
5720 Als baros de la vila als plus rics e ondratz
Que me aman de coratge e que ieu ei amatz
Sim voldran aculhir o cals er lor pensatz
Ez ilh an me tramesses lors bels ditz sagelatz
Que lo coms de Montfort na ostatges menatz

plusieurs vaillants barons ; — Guillaume Arnaud de Die au franc et noble cœur, — et don Berbon de Murel, avec sa belle troupe. — L'évêque de Die fit alors une grande infamie ; — il rendit et livra le château qu'il tenait. — Ceux de Provence étaient de la sorte perdants et déchus, — lorsque Dieu leur envoya une douce clarté — qui vient de là-bas, devers Toulouse, (une clarté) dont le monde resplendit, — qui restaure noblesse (et courtoisie) et rend couleur au mérite. — Le seigneur comte de Toulouse, qui a couru tant de périls, — celui que le vénérable Pape et les autres lettrés — ont, bien que sans tort de sa part, dépouillé de son héritage, — est venu dans la terre du comte de Comminges, et y a trouvé loyauté.

CLXXXI.

Don Roger de Comminges est un sage et preux (baron), — plein de largesse et de toutes belles qualités. — Le comte s'est réfugié dans sa terre en toute confiance, — et là il s'entretient et délibère avec ses amis privés. — « Seigneurs, leur « dit le comte, conseillez-moi maintenant. — Vous savez bien « tous que c'est malice et méfait — si je suis depuis si long- « temps dépouillé de mon héritage ; — mais avec le temps l'or- « gueil succombe et l'humilité se relève, — et sainte Marie et la « vraie Trinité ne veulent pas — que je reste plus longtemps « honni et abaissé. — J'ai envoyé mes messagers à Toulouse, « — aux plus puissants, aux plus honorés barons de la ville, — « qui m'aiment de cœur, et que j'ai toujours aimés, — pour « leur demander s'ils veulent me recevoir, ou quelle est leur « pensée ; — et ils m'ont, eux, envoyé bien scellées leurs nobles

5725 Mas entre mi e lor es tals lamors el gratz
El bes e la dreitura e la grans lialtatz
Que mais los volon perdre no quieu an essilhatz
E redran me la vila si i puesc anar celatz
E pos del mieu servizi los trob abandonatz
5730 Volh saber e entendre cal cosselh mi donatz
Ditz lo coms de Cumenge senher mi escoutatz
Si vos cobratz Toloza per so que la tengatz
Totz paratges restaura e reman coloratz
E vos e totz nos autres avetz enluminatz
5735 Que pro aurem tuit terra si vos etz eretatz
Apres del ondrat comte parlet Rogers Bernatz
Senher coms ben posc diire si Toloza cobratz
De tot vostre linatge tinetz las claus el datz
E totz pretz e paratges pot esser restauratz
5740 Que be la defendrian si vos sol i anatz
Mais val quen siatz senher e que lains moiratz
No que anetz pel setgle aunitz ni perilhatz
Ditz B. de Cumenge senher aiso crezatz
Bem ditz totz mos coratges e es ma volontatz
5745 Que totz temps fassa e diga aiso que vos vulhatz
No volh aver ni terra si vos non aviatz
E si cobratz Toloza caventura naiatz
Ben es grans obs e coita caisi la defendatz
Que jamais per nulh ome nulh temps no la pergatz
5750 Bels neps so ditz lo coms si farem si Dieu platz
Ditz Rogers de Cumenge senher coms enantatz
Car ieu i serai sempre aisi cum i siatz
Questablirai ma terra quenemics ai assatz
Que de sai no puesca estre deceubutz ni forsatz
5755 Ditz Rogers de Montaut bos faitz can es parlatz
Es destrics e dampnatges can non es acabatz
E pot se melhs atendre can es be comensatz

« paroles : Que le comte de Montfort a pris parmi eux des
« otages ; — mais que tels sont entre eux et moi l'amour, le bon
« gré, — la droiture, la foi et l'extrême loyauté, — qu'ils aiment
« mieux perdre ces otages que de me voir plus longtemps
« exilé ; — qu'ils me livreront la ville si je puis m'y rendre en se-
« cret. — Les trouvant ainsi dévoués à me servir, — je voudrais
« entendre et savoir quel conseil vous me donnez. » — « Seigneur,
« écoutez-moi, dit le comte de Comminges : — si vous recou-
« vrez Toulouse, et si vous en restez en possession, — parage
« et courtoisie sont restaurés et reprennent couleur. — Vous
« nous remettez, vous et nous, en lumière. — Nous avons assez
« de terre, si vous rentrez dans votre héritage. » — Après l'honoré comte (de Comminges) parla Roger Bernard. — « Seigneur
« comte, je puis bien dire, si vous recouvrez Toulouse, — que
« vous tenez les dés et les clefs (de la fortune) de votre race, —
« et que noblesse et courtoisie seront restaurées, — qui bien la
« garderont, si vous y retournez, (y retournassiez-) vous seul :
« — il vaut mieux pour vous mourir là, en seigneurie, —
« que d'aller plus longtemps par le monde, honni et en péril. »
— « Oui, seigneur, croyez cela, reprend Bernard de Comminges;
« — mon cœur me dit, et c'est ma volonté — de faire et dire
« constamment tout ce qui vous agréera. — Je ne veux ni avoir,
« ni terre, si vous n'en avez pas. — Mais si vous recouvrez
« Toulouse, et si vous en avez bonne aventure, — il y aura
« grand besoin et grande urgence de la défendre, — si bien
« que vous ne la perdiez jamais plus par le fait d'aucun homme. »
— « Beau neveu, dit le comte, ainsi ferons-nous, s'il plaît à
« Dieu. » — « Seigneur comte, répond Roger de Comminges, allez
« devant ; — car vous n'y serez pas plutôt, que j'y serai aussi. —

Senher coms ditz labas de Montaut no tematz
Ja no tornetz areire tro Toloza veiatz
5760 Que si ja no aviatz mas nos autres de latz
Ez aquels de la vila en cui tant vos fizatz
Ben la poirem defendre sin lintrar no doptatz
So ditz en G. Guiraut senher coms be sapchatz
Vos cobraretz Toloza e nos las eretatz
5765 E i metrem tot laver e la forsa el bratz
Que la puscatz defendre e que estetz en patz
So ditz W. Unaut si Frances i trobatz
Tant vos ama la vila e tant i etz desiratz
Que res nous pot defendre que totz no los prengatz
5770 Senher ditz nAimerics los messatges triatz
Que digo e que parlo aquo que vos vulhatz
Que dedins en la vilaus trobetz apparelhatz
Cum vos puscan defendre a lora que vengatz
NAimeric ditz lo coms donc vos mo delivratz
5775 Cels que son per la vila los melhs emparentatz
Que eran ab lo comte li dizon a .i. clatz
Per Dieu nostre cars senher a Toloza intratz
Car si vos noi metiatz mas estz baros armatz
Ja noi trobaretz ome ab cui dins contendatz
5780 Car cel que pren e cerca e quier los autruis gratz
Mais li valdria mortz o que ja no fos natz
Baros so ditz lo coms Dieus ne sia lauzatz
Car totz vostres coratges trob fis e esmeratz
De lintrar de Toloza vos vei entalentatz
5785 Anem la donc recebre pos tuit vos i acordatz
Aisi fol parlamens empres e autreiatz
Per que lo focs salumna e resplan la clartatz
Car lo rics coms cavalga bonament e viatz
Dreitament vas Tolosa pels pogs e pels valatz
5790 E traversa las combas e los grans bos fulhatz

« Ayant beaucoup d'ennemis, il me faut fortifier ma terre, —
« afin de n'y être point déçu ni forcé. » — « Noble action parlée, 5755
« dit Roger de Montaut; — devient honte et dommage si elle
« n'est achevée; — et bien commencée, elle s'achève plus aisé-
« ment. » — « Seigneur comte, ne craignez rien, dit l'abbé de
« Montaut; — ne retournez point en arrière; poussez à Tou-
« louse. — N'eussiez-vous à vos côtés que nous autres — et ceux 5760
« de la ville en qui vous avez tant de foi, — c'est assez pour la
« défendre, si vous y entrez sans crainte. » — « Seigneur comte,
« dit don G. Guiraut, sachez-le bien, — vous recouvrerez
« Toulouse, et nous nos héritages. — Nous mettrons notre avoir, 5765
« nos forces, nos bras; — à la défendre et à vous y maintenir
« tranquille. » — « Et si vous y trouvez des Français, ajoute
« Guillaume Hunald, — la ville vous aime tant et vous y êtes
« si désiré, — que rien ne peut vous empêcher de les faire tous
« prisonniers. » — « Seigneur (comte), dit don Aimeric, choisissez 5770
« des messagers — pour aller dire et déclarer à Toulouse ce
« que vous avez résolu, — afin qu'au moment où vous y entre-
« rez, vous trouviez vos partisans tout prêts à vous défendre. »
— « Ainsi donc, don Aimeric, répond le comte, vous aussi vous
« approuvez l'entreprise? » — Ceux de la ville (de Comminges) 5775
les plus noblement emparentés, — qui sont avec le comte,
lui disent tout d'une voix : — « Pour Dieu, notre bien-aimé
« seigneur, entrez (donc) à Toulouse ; — car, n'y eussiez-vous
« pour vous que ces barons armés, — il ne s'y trouvera pas un
« seul homme qui vous résiste. — (Sortez de votre exil); car 5780
« à celui qui désire, recherche et accepte les grâces d'autrui, —
« mieux vaudrait être mort, ou n'être jamais venu au monde. »
— « Barons, répond le comte, Dieu soit loué — de la noblesse

E venc a la Garona e es outra passatz
Rogers Bernatz cavalga que ses aprimairatz
Ab petita companha dels melhs encavalgatz
Ab tres Rogers dels autres gonfainos desplegatz
5795 E va sen dreitament on es la Salvetatz
Encontran se ab Joris.

CLXXXII.

Al encontrar den Joris leva lo bruitz el critz
E ac ni moutz dels nostres qui foro esbaitz
Mas en Rogers de Montaut los a ben adaptitz
5800 Quels defen els contrasta ab lo bran coladitz
En Rogers dAspel broca que ses ben enantitz
Fer nAimart de la Becha sobre lausberc trailitz
Si labat el trabuca que lo cors lesglatitz
Lai venc Rogers Bernatz si co los ac auzitz
5805 Ben dreitament lo porta lo correns Arabitz
Ricartz de Cornados fo si per lui feritz
Que lescut li debriza e lausberc lesmentitz
Si labat a la terra quel briza las cervitz
E de sobre los autres lo chaples es bastitz
5810 Quilh talhan e trencan lai on son cosseguitz
Que mans dels ni remazo debrizatz e croisitz
Man Joris se redopta cant los a resentitz
Si que ses de la cocha decebratz e partitz

« et de la foi que je trouve dans vos cœurs. — Je vous vois
« tous désireux de mon entrée à Toulouse : — allons donc la
« recevoir, puisque vous en êtes tous d'accord. » — Ainsi s'ouvre
et se termine ce parlement, — dans lequel le feu s'allume et
resplendit la clarté. — Le puissant comte chevauche à découvert et rapidement — tout droit vers Toulouse, à travers coteaux et vallées. — Il traverse les combes et les grands bois
feuillés, — arrive à la Garonne et la traverse. — (De son côté)
chevauche, en avant de tous, Roger Bernard, — avec une petite
troupe des mieux montées, — et trois autres Rogers, bannière
déployée; — il se dirige droit sur la Sauveté, — et se rencontre
avec Joris.

CLXXXII.

A cette rencontre de don Joris, s'élèvent une rumeur, des cris,
— et plusieurs des nôtres s'arrêtent ébahis ; — mais don Roger
de Montaut a vaillamment affronté les adversaires, — et de
son épée luisante il s'en défend et les attaque. — Don Roger
d'Aspel pique des deux et se lance en avant; — il frappe don
Aimar de la Besse sur son haubert maillé, — et le renverse de
manière que le cœur lui éclate. — Roger Bernard les ayant entendus, arrive — gracieusement porté par son bon cheval
d'Arabie, — et atteint Richard de Cornardon d'un tel coup,
— qu'il lui fracasse son écu, lui déchire son haubert, — et lui
brise la cervelle contre terre. — Le carnage commence alors
entre les autres, — qui partout où ils s'atteignent vont tranchant et taillant, — de telle sorte que plusieurs d'entre eux
en restent brisés et mutilés. — Mais don Joris, à voir frapper
ceux de (Roger Bernard), s'est effrayé — et s'est retiré fuyant

E fo be encausatz mas el es melhs fugitz
5815 Ab tant vec vos lo comte ponhen e esbaïlitz
E can vit mortz los autres mot sen es esbauditz
Ditz Bernartz de Cumenge ques be de sen aibitz
Senher be mes semblansa que Dieus nos sera guitz
Car al passar de laigua los avem descofitz
5820 Ben cobrarem Tholoza que laur nos o ditz
Bels nebs so ditz lo coms non seretz desmentitz
Tot lo jorn cavalguero per los camis politz
Tro venc la noit escura que lo coms a legitz
Sos bos fizels messatges e breument somonitz
5825 Que digan en la vila als seus amics plevitz
Quel es vengutz la fora ab los autres faizitz
E aisil venhan recebre que no sia falhitz
Mas a lalbor del dia can lo jorn esclarzitz
E cant viro lo jorn lo coms es espauritz
5830 Per so car ac temensa quel pogues estre vistz
E per tota la terra se leves brutla e critz
Mas Dieus li fetz miracles quel temps es escurzitz
E per la neula bruna es laires esbrunitz
Quel coms intra el boscatge on es tost esconditz
5835 Primeiramens dels autres es nUg Joans issitz
E en Ramons Berners quen estet ben formitz
E trobero lo comte lai on es escaritz
E cant ilh se monstrero es lo jois adumplitz
Senher ditz nUgs Joans a Dieu sia grazitz
5840 Venetz cobrar Toloza pos tant be netz aizitz
Que totz vostre linatges i er be obezitz
Que si ja noi metiatz mas ets baros garnitz
Totz vostres enemics avetz mortz e delitz
E vos e totz nos autres per totz temps enriquitz
5845 E no intrem pels pons que seriam sentitz
E mot petita dorals aurian establitz

de la mêlée : — il est vivement et bien poursuivi, mais il fuit
encore mieux. — Mais voici arriver le comte éperonnant et
lancé, — tout ravi de voir les adversaires morts et vaincus. —
« Seigneur comte, lui dit Bernard de Comminges, richement doué
« de sens, — il me semble que Dieu veuille nous conduire. —
« Puisqu'au passage de la rivière nous avons ainsi déconfit nos
« adversaires; — nous recouvrerons Toulouse; cet augure nous
« le dit. » — « Beau neveu, dit le comte, vous n'en serez point
« démenti. » — (Là-dessus) ils cheminèrent tout le jour par chemins planiers, — jusqu'à ce que vint la nuit obscure, où le
comte a choisi — ses bons et fidèles messagers, les chargeant en
peu de mots — de dire à ses amis jurés dans la ville — qu'il
est là hors des murs, avec les autres faidits, — et de ne pas
manquer de venir le chercher. — Mais à l'aube du matin, quand
le ciel s'éclaircit — et qu'il aperçoit le jour, le comte est pris
de frayeur; — il craint d'être vu (et reconnu), — et que la rumeur, le cri (de son arrivée) ne se lèvent alors dans tout le pays.
— Mais Dieu fit là par miracle que le temps fut sombre, — et
l'air obscurci par un brouillard noir; — le comte entre vite
dans un bois, où il reste caché. — Avant tous les autres, sont arrivés de la ville don Hugues Joan, — avec don Ramon Bernier,
qui en sont (tous les deux) fort loués. — Ils ont trouvé le comte
là où il est caché; — et dès qu'ils paraissent, la joie est grande.
— « Seigneur (comte), dit don Hugues Joan, Dieu soit loué —
« de ce que vous venez recouvrer Toulouse, en ayant occasion si
« belle! — Toute votre race y est tellement sûre d'obéissance, —
« que, n'y missiez-vous que ces barons ici armés, — ce serait assez
« pour vaincre et détruire tous vos ennemis, — et vous élever,
« vous et nous, en pouvoir. — Seulement, n'entrons pas par les

Ditz en Ramons Berniers senher vertat vos ditz
Caisi etz esperatz coma sant Esperitz
Tant trobaretz nos autres valens e enarditz
5850 Que jamais no seretz nulhs temps dessenhoritz
Et ab tant cavalguero mentrels an enqueritz
E cant viro la vila non i a tant arditz
Que de laiga del cor non aia olhs complitz
Cascus ditz el coratge Virge emperairitz
5855 Redetz me lo repaire on ai estat noiritz
Mais val que lains viva o i sia sebelhitz
No que mais an pel mon perilhatz ni aunitz
E can eison de laiga son el prat resortitz
Senheiras desplegadas els gonfanos banditz
5860 E cant ilh de la vila an los senhals auzitz
Aisi vengo al comte com si fos resperitz
E cant lo coms sen intra per los portals voltitz
La doncs i venc lo pobles lo maier el petitz
Els baros e las donas las molers el maritz
5865 Que denan sagenolha els baizan los vestitz
E los pes e las cambas e los braces els ditz
Ab lagrimas joiozas es ab joi receubutz
Car lo jois que repaira es granatz e floritz
E si ditz lus a lautre ara avem Jeshu Cristz
5870 El lugans e la estela que nos es esclarzitz
Caiso es nostre senher que sol estre peritz
Perque pretz e paratges qui era sebelhitz
Es vius e restauratz e sanatz e gueritz
E totz nostre linatge per totz temps enriquitz
5875 Aisi an lor coratges valens e endurzitz
Que pren basto o peira lansa o dart politz
E van per las carreiras ab los cotels forbitz
E detrencan e talhan e fan tal chapladitz
Dels Frances quen la vila foro acosseguitz

« ponts ; nous y serions découverts, — et il ne faudrait qu'un ins-
« tant pour les fortifier (contre nous). » — « Seigneur, je vous le
« déclare en vérité, répond Ramon Bernier ; — vous êtes attendu
« comme le Saint-Esprit, — et vous nous trouverez (à vous servir)
« si hardis et si vaillants, — que vous ne serez jamais plus dé- 5850
« pouillé de seigneurie. » — Tout en conversant ainsi, ils vont
chevauchant ; — et quand ils aperçoivent la ville, il n'y en a pas
un d'eux de si ferme courage, — que l'eau du cœur ne lui rem-
plisse les yeux. — « Vierge, impératrice du ciel, dit en lui-même
« chacun d'eux, — rendez-moi le lieu où j'ai été élevé. — Vivant 5855
« ou enseveli, j'aime mieux être là — que d'aller plus longtemps
« par le monde, honni et persécuté. » — Au sortir de l'eau, ils sont
entrés dans les prairies, — enseignes déployées, pennons flottants.
— Aussitôt que ceux de la ville ont entendu le signal (convenu), 5860
— ils accourent tous au comte, comme si c'était un ressuscité ;
— et quand il entre sous les portes voûtées, — tout le peuple y
arrive, les grands et les petits, — les hommes et les femmes,
les épouses et les maris : — chacun s'agenouille devant lui et 5865
lui baise les vêtements, — les pieds, les jambes, les bras, les
mains, — avec des larmes de joie joyeusement accueillies ; —
c'est la joie elle-même qui revient (et revient) en graine et en
fleur. — « Nous l'avons maintenant, se disent-ils l'un à l'autre ;
« nous avons Jésus-Christ, — nous avons notre étoile du matin, 5870
« revenue en splendeur ; — nous avons notre bon et sage seigneur.
« — Parage et courtoisie étaient morts ; — les voilà restaurés, vi-
« vants et florissants, — et notre lignage à jamais remonté en puis-
« sance. » — Ils se sentent le cœur si brave et si animé, — que 5875
chacun d'eux s'arme de bâton ou de pierre, de lance ou de
dard poli, — de couteaux fourbis ; et tous se répandent par les

5880 Et escridan Toloza oi es lo jorns complitz
Que nissira de fora lo senher apostitz
E tota sa natura e sa mala-razitz
Que Dieus garda dreitura quel coms quera trahitz
Ab petita companha ses daitant afortitz
5885 A cobrada Tholoza.

CLXXXIII.

Lo coms receubt Tolosa car na gran desirier
Mas noi a tor ni sala ni amban ni soler
Ni aut mur ni bertresca ni dentelh batalhier
Ni portal ni clauzura ni gaita ni portier
5890 Ausberc ni armadura ni garniment entier
Pero ilh lo receubro ab tant gran alegrier
Que cascus ins el cors cuja aver olivier
E escridan Tolosa oimais siran sobrier
Pos Dieus nos a rendutz lo senhor dreiturier
5895 E si nos son falhidas las armas nilh diner
Nos cobrarem la terra el lial eretier
Car ardimens e astres e coratges enquier
Que cascus se defenda del contrast sobrancer
Que pren massa o pica o baston de pomier
5900 E van per las carreiras li crit el senharer
Que dels Frances que troban fan mazel e chapler
E li autre senfuio al castel volontier
Que dedins los encausan ab crit e ab chapler
Mas del castel ichiro mant valent cavaler
5905 Complit de totas armas e garnit a dobler
E de lor de la vila an tal espaentier
Cus dels noi esperona ni colp noi pren ni i fier

CROISADE CONTRE LES ALBIGEOIS. 407

rues, — tailladant, tranchant et faisant boucherie — des Français qu'ils peuvent atteindre dans la ville, — criant : « Toulouse ! « le jour est venu où (de Toulouse) — sera chassé son faux sei- « gneur — avec toute son espèce, et (où sera extirpée) sa méchante « racine ! — Dieu protège (enfin) droiture : le comte, qui avait été « trahi, — a repris tant de cœur, qu'avec peu de compagnons — « il a recouvré Toulouse. »

CLXXXIII.

Le comte a recouvré Toulouse, (sa ville) tant désirée. — Mais il n'y a plus (dans cette ville) ni tour, ni salle, ni galerie, — ni haut mur, ni bretêche, ni créneau, — ni porte, ni portier, ni guette, ni clôture, — ni haubert, ni armure, ni une arme entière. — Cependant ses habitants ont reçu le comte avec tant d'allégresse, — que chacun, dans son cœur, croit avoir reçu olivier. — « Toulouse ! crient-ils, nous vaincrons maintenant — que « Dieu nous a rendu notre vrai seigneur ! — et si nous manquons « d'armes et d'argent, — nous n'en conquerrons pas moins le pays « et son loyal héritier. — C'est par l'audace, le courage et la for- « tune — que chacun doit se défendre dans cette guerre déci- « sive. » — (En parlant ainsi ils s'arment), qui de pique ou de masse, qui de bâton de pommier ; — et dans toutes les rues s'élève un cri, un signal (de mort). — De ceux des Français qu'ils rencontrent ils font boucherie et carnage ; — les autres s'enfuient précipitamment au château (Narbonnais), — poursuivis de clameurs et de coups. — Du château sortent alors maints vaillants chevaliers, — en armure complète et en cotte à double maille ; — mais ils ont telle frayeur de ceux de la ville, — que pas un

Et estet la comtessa plena de cossirier
Ins larcvout a las estras del ric palai plenier
5910 E apelan Girvaitz en Lucatz en Garnier
En Tibaut de Nouvila e breument los enquier
Baros ditz la comtessa cals son aquest rotier
Que man touta la vila e cel que mal ne mier
Dona so ditz nGirvais no pot estre estiers
5915 So es lo coms Ramons qui Toloza requier
En B. de Cumenge que vei venir primer
Quieu conosc la senheira el seu gomfanonier
E i es nRogers Bernatz filhs den Ramon Roger
En Ramonet dAspel lo filh den Fortaner
5920 Elh cavaler faidit e li dreit eretier
E a ni tans dels autres que so mais du milier
E pos Tolozals ama ni los vol nils sofier
Trastota lautra terra metran a desturbier
E car nos los teniam en aital caitivier
5925 Aran recobrarem gazardo e loguier
Cant lenten la comtessa bat las palmas e fier
Ah lassa so ditz ela tant be manava ier
Dama ditz en Lucatz no fassam a longuier
Trametem ent al comte sagel e messaguier
5930 Que li sapia retraire lo mortal desturbier
Que am tota Proensa si pot fassa acordier
E venga nos socorre el e sei companher
E no lais per aver sirvent ni soldadier
E si gaires si tarda no es pus recobrer
5935 Que sai noelament a noel eretier
Que de tota la terra nolh laiseral cartier
La comtessa apela .I. sirvent latiner
Que va ambla e trota pus de nulh averser
Amics digas al comte .I. cozen reprover
5940 Que perduda a Tholoza els filhs e la molher

d'eux n'éperonne et ne donne ni ne reçoit un coup. — La comtesse, pleine de souci, était pour lors — hors de la salle, sous la voûte du noble palais. — Elle appelle don Gervais, don Lucas, don Garnier, — don Thibaut de Neuville, et d'eux s'enquiert en hâte (de ce qui arrive). — « Barons, dit-elle, quels sont donc ces
« routiers — qui m'enlèvent la ville? Qui a commis ce méfait? » —
« Dame, dit don Gervais, qui est-ce, sinon — le comte Raymond,
« qui reprend (sa ville de) Toulouse? — Celui que je vois s'avan-
« cer le premier, c'est Bernard de Comminges; — je connais bien
« son enseigne et celui qui la porte. — Avec eux sont aussi Roger
« Bernard, le fils de Raymond Roger; — don Raymond d'Aspel,
« le fils de don Fortaner; — les chevaliers faidits, les légitimes
« seigneurs (du pays), — et tant d'autres, plus de mille autres en-
« core. — Puisque Toulouse les aime, les désire et les accueille, —
« ils vont troubler tout le pays, — et nous allons recevoir la récom-
« pense et le salaire — du misérable état où nous les avons réduits. »
— La comtesse, quand elle l'entend, bat ses deux mains l'une contre l'autre. — « Quoi! dit-elle; et j'étais si heureuse hier! » —
« Dame, dit Lucas, ne perdons pas le temps, — envoyons tout
« de suite au comte une lettre par un messager — qui puisse lui
« expliquer ce péril mortel, — afin que, s'il se peut, il fasse sa
« paix avec la Provence — et vienne tout de suite à notre se-
« cours, lui et ses compagnons, — prenant à tout prix des hommes
« de guerre et des servants à la solde; — (qui lui dise) que, pour
« peu qu'il tarde, il n'y aura plus remède (au mal), — car il est ar-
« rivé ici tout nouvellement un nouveau seigneur, — qui de toute
« sa terre ne lui laissera pas un recoin. » — La comtesse appelle aussitôt un servant expert, — qui va plus vite amblant, plus vite trottant que nul autre homme. — « Ami, va-t'en porter au comte

E si gaire si tarda que no pas Montpesler.
Ja mi ni filh que aia no trobara entier
E si sai pert Toloza ni Proensa requer
El fa lobra daranha que no val 1. diner
5945 Cel recep las paraulas e met se el semder
El baros de la vila remazo el terrer.
Ez-en la bela plassa pres del mur batalher
Fan lissas e barreiras e ric mur traverser
Cadafalcs e arqueiras e bocal senestrier
5950 Perques fassan garidas devas la part derer
Pels cairels que lansayan del castel li arquier
E anc e nulha vila no vis tan ric obrer
Que lai obran li comte e tuit li cavaler
E borzes e borzezas e valent marcadier
5955 Elh home e las femmas els cortes monedier
E li tos e las tozas el sirvent el troter
Qui porta pic o pala o palagrilh leugier
Cascus a la fazenda a lo cor viacer
E la noit a la gaita son tuit cominaler
5960 Estan per las carreiras li lum el candeler
E las tambors els tempes fan grailes e temper
Las tozas e las femnas per lo joi vertader
Fan baladas e dansas ab sonet dalegrier
E lo coms saconselha e lautre capdaler
5965 E an triat Capitol car i a gran mester
Per governar la vila e pendre milhorer
E per sos dreitz defendre an elegit viguer
Bo e valent e savi adreit e plazentier
E labas el presbosdes cascus ret so moster
5970 E fo ben establida la pena e lo cloquier
El coms es a Toloza el sieu loc domenger
Mas batalhal cavalgan li seu pejor guerrier
En Guiotz e en Guis son oncle e lautre capdalier

« de cuisantes paroles ; — va lui dire qu'il est en danger de perdre
« Toulouse, son fils et sa femme, — et que s'il tarde tant soit peu à
« repasser par deçà Montpellier, — il ne trouvera plus son fils ni
« moi vivants;—que si, perdant Toulouse ici, il cherche (là-bas) à
« conquérir la Provence, — il fait œuvre d'araignée, œuvre de
« moins d'un denier. » — Le servant a recueilli les paroles et s'est
mis en chemin. — (Cependant) les hommes de Toulouse ont
occupé la ville, — et sur la grande place, près du mur batailler, — ils élèvent des lices, des barrières, des murs de traverse,
— des échafauds, des postes d'archers, des ouvertures obliques,
— derrière lesquels on puisse être à l'abri — des flèches lancées
par les archers du château. — Et jamais, dans aucune ville, on
ne vit si nobles ouvriers ; — car là travaillent les comtes et tous
les chevaliers, — les bourgeois, les bourgeoises, les riches marchands, — les hommes et les femmes, les changeurs, — les petits garçons, les petites filles, les servants et les courtiers. — Qui
porte pic ou pelle, et qui poêlon léger ; — chacun a le cœur empressé à l'œuvre, — et tous prennent part aux guets de nuit.
— Il y a dans toutes les rues des lumières aux chandeliers. —
Les tambours accompagnent les éclats des trompettes. — Trans-
portées de vraie joie, les femmes et les filles — font des ballades
et des danses sur des airs allègres. — Cependant le comte et les
autres chefs délibèrent ensemble : — ils ont nommé des capitouls, dont il y a grand besoin — pour gouverner la ville et rétablir les affaires ; — et pour défendre les droits du (comte), ils
ont élu un viguier, — bon, vaillant, sage, et d'agréables façons.
— L'abbé et le prévôt ont rendu chacun leur église, — dont la fa-
çade et le clocher ont été bien fortifiés. — Mais tandis que le
comte s'établit de la sorte dans son lieu natal, — voici ses pires

Bo mati lo divenres al fer e a lacer
E Dieus pes del defendre.

CLXXXIV.

E Dieus pes del defendre quel temps es avengutz
Quel coms es a Toloza dousamen receubutz
Per que pretz e paratges er totz temps ereubutz
Mas en Guis en Guiot i vengo irascut
Am lors belas companhas e apres lor trautz
En Alas en Folcautz sobrels cavals crenutz
Senheras desplegadas els gonfanos tendutz
Cavalgan a Toloza per los camis saubutz
Dels escutz e dels elmes on es li ors batutz
I vengon tans ensemble co si fossan plogutz
E daurers e densenhas tota la plassa lutz
Al val de Montoliu on eral murs fondutz
Guis de Monfort lor crida e es ben entendutz
Franc cavalier a terra e fon aisi crezutz
Cal reso de las trumpas es cascus deschendutz
Lors batalhas rengadas e an pres los brans nutz
Se son per las carreiras per forsa embatutz
E an totz los passatges debrizat e destriutz
Els baros de la vila los joves els canutz
Cavalers e borzes que los an sostengutz
E ladreitz valens pobles desiratz e volgutz
Que los an durament combaten defendutz
El sirvent e larquier que an lors arcs tendutz
Que lor an colps donatz e pres e receubutz
Mas a lor de la fora es ardimens cregutz
Que de primer lor tolgo las barreiras els futz

ennemis, don Guyot, don Guy son oncle, et les autres chefs, qui chevauchent pour batailler contre lui, — le vendredi de bon matin, au (tranchant du) fer et de l'acier. — Dieu veuille le défendre !

CLXXXIV.

Dieu veuille défendre le comte ! car le temps est venu — où il est accueilli avec amour à Toulouse, — et où parage et courtoisie doivent être à jamais restaurés. — Mais don Guyot et don Guy arrivent courroucés, — avec leurs belles compagnies (de guerre), suivies de leurs bagages. — Don Alard et don Foucault, sur leurs chevaux à beaux crins, — bannières déployées et gonfanons dressés, — marchent sur Toulouse par les chemins fréquentés ; — (derrière eux) viennent des heaumes, des écus ornés d'or battu, — aussi nombreux, aussi serrés que s'il en était tombé une pluie, — et toute la plaine reluit de hauberts et d'enseignes. — Au val de Montolieu, là où les murs sont abattus, — Guy de Montfort crie aux siens, qui bien l'entendent : — « A terre ! francs chevaliers, » (leur crie-t-il ;) et il est obéi. — Au son des trompettes, chaque cavalier a mis pied à terre, — et tous, rangés en bataille et les épées nues, — se sont violemment jetés dans les rues, — brisant et forçant tous les obstacles. — Les hommes de ville, jeunes et vieux, — chevaliers et bourgeois, ont soutenu leur attaque. — Le vaillant et bon peuple, le peuple aimé et bien voulu de son chef, — a durement combattu pour les repousser ; — et les servants, les archers, ont tendu leurs arcs contre eux, — et se sont entremêlés à eux, donnant et recevant des coups. — Mais les Français ont redoublé de hardiesse, — et ils enlèvent d'abord les barrières et les

E dedins las carreiras son ab lor combatutz
Aisi quen pauca dora es lo focs essendutz
Mals els dins lescantiro que no ses espandutz
6005 E es permei la preissa Rogers Bernatz vengutz
Ab tota sa companha que capdela e condutz
E refermals coratges can i fo conogutz
E en P. de Durban de cui es Montagutz
Li portet la senheira que los a revengutz
6010 E deichen a la terra e es enant tengutz
E es Foig e Toloza cridatz e mentaugutz
E lai on se monstrero es lo chaples maugutz
E de dartz e de massas e de brans esmolutz
De peiras de sagetas e de cairels menutz
6015 I vengo tans ensemble co si fosso plaugutz
E desus las maizos ab los cairos agutz
Lor debrizan lor elmes els cristals els escutz
E los poins e las cambas e los braces els brucs
E mantas de maneiras los an be combatutz
6020 Entre colps e coladas e los ciscles els bruitz
Lor an faitz lor coratges temens ed esperdutz
Els bocals els passatges an brizatz e tolgutz
Defendens e perdens e fugens e vencutz
Los menero ensemble dezamparatz e nutz
6025 E pois lor es creguda tals forsa e tals vertutz
Que de fora la vilals gitero rebatutz
E poichas remontero e son tuit corregutz
Dreit a lort de Sent Jagme on son reire vengutz
Mas dedins ne remazo de mortz e destendutz
6030 De cavals e de corses que ilh an retengutz
Ne romas pois vermellia la terra e la palutz
En Bernatz de Cumenge si es ben captengutz
Que ab sa bona companha valens e aperceubutz
De la part del castel on era lor trautz

barricades, — pénètrent en combattant dans l'intérieur de la ville, — et y mettent le feu en un instant. — Mais ceux de Toulouse l'éteignent avant qu'il ne se soit étendu. — (Là-dessus) accourt, à travers la foule, Roger Bernard, — avec toute sa troupe, qu'il commande et conduit, — ranimant les courages partout où il est reconnu. — Don Pierre de Durban, à qui appartient Montagut, — lui porte sa bannière, dont la vue les enflamme. — Il descend de cheval et se place sur un lieu élevé, — criant et nommant Toulouse et Foix ! — et là où ils se montrent, là tombent, poignent et taillent — les épieux, les masses et les épées émoulues, — les dards, les flèches menues, les pierres, — drus et serrés comme si c'était une pluie. — Du haut des maisons (sont lancées) des tuiles tranchantes — qui brisent les heaumes, les panaches et les écus, — les mains et les bras, les jambes et les poitrines. — Ceux de la ville ont de tant de manières attaqué les autres, — ils les ont si fortement assaillis de coups, de cris, de vacarme, — qu'ils les ont faits, de courageux, éperdus et craintifs. — Ils leur ont coupé toute entrée et tout passage, — et les mènent tous à la fois, fuyant, vaincus, — battus, se défendant (mal), et ne sachant où recourir. — Enfin, ceux de Toulouse ont tellement redoublé de courage et de vigueur, — qu'ils les ont hors de la ville jetés recrus et accablés, — montant et se réfugiant tous — droit au jardin de Saint-Jacques, derrière lequel ils se sont retirés. — Mais il est resté dans la ville des Français étendus morts; — il y est resté d'eux des corps d'hommes et de chevaux, — de quoi faire longtemps vermeils la terre et le marais. — Bernard de Comminges a fait œuvre de bon capitaine : — c'est lui qui, avec sa bonne compagnie de braves avisés, — a tenu et défendu les débouchés et les passages — du côté du

6035 Als bocals els passatges establitz e tengutz
Per que len deu ben estre lo lauz el pretz rendutz
Senhors so ditz nAlas totz vos vei recrezutz
Cavalers qui pot estre que nos a deceubutz
Coi es aunida Fransa el nostre pretz perdutz
6040 Car una gens vencuda nos a mortz e vencutz
Mais valgra que degus no fos vius ni nascutz
Can omes senes armas nos an totz abatutz
Li Frances sen repairan mas dins na romazutz
Que foro per la vila trainatz e pendutz
6045 E escridan Toloza venguda es la salutz
Per que lo bes comensa ez es lo mals cregutz
   Dentrambas las partidas.

CLXXXV.

Dentrambas las partidas es crescutz lo mazans
Car fora es de Toloza totz lorgolhs el bobans
6050 Que lo la coms governa e la te en estans
Car el e sos linatges i an estat mans ans
E Dieus a lai renduda e par be als semblans
Que ab petita companha e ses omes estrans
Desgarnitz senes armas ab coratges temprans
6055 A gitat de la fora los Francés els Normans
El Senher que perdonals peccadors perdonans
Pos que la lha renduda e i es sos auribans
Gart razo e dreitura e los tortz els engans
E entenda las rancuras dels seus fizels clamans
6060 E defenda Toloza e governels amans
Quen Guis en Guiotz parlan en Folcautz en Alans
NUcs en Gui de Levi e dautres no sai cans
En Folcaut se razona e a parlat enans
Senhors ieu no soi Bretz Engles ni Alamans

CROISADE CONTRE LES ALBIGEOIS. 417

château où se trouvait le bagage (de l'ennemi). — Louange et
gloire lui en soient rendues! — « Seigneurs, se prend à dire don
« Alard (aux Français), je vous vois accablés. — Qui a pu, bons
« chevaliers, nous malmener de la sorte? — Oh! comme voilà la
« France honnie et notre renom perdu! — Nous voici vaincus 6040
« par des vaincus! — Il vaudrait mieux, pour nous, être morts
« ou n'être pas nés, — que d'avoir été ainsi traités par des gens
« désarmés. » — Ainsi se sont retirés les Français, excepté ceux qui
sont restés — traînés ou pendus dans la ville, — aux cris de « vive 6045
« Toulouse! notre salut est arrivé! — notre bonheur a com-
« mencé! » Mais c'est la misère qui s'est accrue — des deux côtés.

CLXXXV.

Des deux côtés s'est accru le trouble. — Hors de Toulouse
sont désormais l'insolence et l'orgueil. — C'est le comte qui 6050
maintenant la gouverne et la maintient, — ce comte dont la race
l'a longuement gouvernée, — et à qui Dieu vient de la rendre,
comme il est bien manifeste, — puisque sans secours étrangers,
avec si peu d'hommes, — sans armures, sans armes, hors leurs
fermes courages, — il en a chassé les Français et les Normands. 6055
— Puis donc que Dieu (celui) qui pardonne aux pécheurs qui
savent pardonner, — la lui a rendue et que sa bannière y est
(relevée), — que Dieu regarde bien à la raison, à la droiture, et
à la fraude, à l'injustice! — qu'il écoute les plaintes de ses fidèles suppliants! — qu'il protége la ville et ceux qui l'aiment! 6060
— (Grand besoin en sera,) car don Guy, don Guyot, Foucault
et Alard, — Hugues et Guy de Lévi, et je ne sais combien d'autres, sont à délibérer ensemble. — Don Foucault discourt; il

I. 53

6065 Per quieus dic per entendre que aujatz mo romans
Cascus de nos deu esser planhens e sospirans
Car nos avem perdudas las honors els bobans
E tota Fransa aunida els parens els efans
Que no pres maior onta pois que moric Rotlans
6070 Car nos avem pro armas e bos cotels e brans
Ausbercs e armaduras et elmes flameians
E bos escutz e massas e correns alferans
E una gens vencuda mieg morta perilhans
Desgarnit senes armas defendens e cridans
6075 Ab bastos e ab massas e ab peiras lansans
Nos an gitatz de foras si quei morin Joans
Quen tota ma companha no avia melhs armans
Totz temps ner mos coratges perilhos e pessans
Tro quen prengua venjansa ab mos espeutz trencans
6080 Totz lo mons deu ben estre per dreit meravilhans
Car vila desgarnida pot esser contrastans
NAlas ditz lo coms Guis vos etz be remembrans
Dels omes de Tolosa cons vengro merceians
E par que Dieus entenda las rancuras els plans
6085 Car anc lo coms mos fraire tant es mals e tirans
No lor volc samor rendre per ques lo lor dreitz grans
E sil seus mals coratges se tornes cambians
No perderam Toloza nins avengran soans
Car sel que seueis dampna tant es lo sieus dreitz grans
6090 Que per bona dreitura deu remandre pecans
Quieu pas no creiria neis quim juravals sants
Que Dieus iratz nons sia per los nostres engans
E par a la semblansa quel mals sia doblans
Que lor afars senansa el nostre es mermans
6095 Que tot cant nos aviam gazanhat en x. ans
Si Dieus no nos ajudas pot perdre en aquest lans
E en apres apela sos messatges anans

parle le premier : — « Seigneurs, je ne suis point Breton, ni
« Anglais, ni Allemand, — et pour être de vous entendu, je vous
« parle en mon roman. — Chacun de nous doit se lamenter et
« soupirer, — car nous avons perdu l'honneur et la fierté; — par
« nous est honnie la France entière, enfants et pères, — et jamais,
« depuis la mort de Roland, elle ne reçut pareil affront. — En
« effet, nous avons toutes sortes d'armes, bons coutels et bonnes
« épées, — des armures, des hauberts, des heaumes flamboyants, —
« de solides écus, des masses, de rapides auferans; — et une race
« vaincue, à demi anéantie, opprimée, — sans armure, sans
« armes, se défendant avec des cris, — avec des bâtons, des mas-
« sues, et des pierres lancées, — nous a chassés de Toulouse, et
« m'a tué don Juan, — un brave tel qu'il n'y a point son pareil
« dans toute ma compagnie ! — Mon cœur en sera triste et plaintif
« — jusqu'à ce que j'en prenne vengeance de mon tranchant
« épieu. — Le monde entier a bien de quoi s'émerveiller — de ce
« qu'une ville désarmée puisse nous résister. » — « Don Alard,
« répond le comte Guy, il vous souviendra bien — comment les
« hommes de Toulouse vinrent à notre merci : — maintenant,
« il semble fort que Dieu ait entendu leurs plaintes et leurs
« griefs. — Le comte mon frère, dur et tyran comme il est, —
« ne voulut jamais leur rendre son amour, et leur a ainsi donné
« le bon droit; — mais si ce mauvais vouloir eût pu changer
« en lui, — nous ne perdrions pas Toulouse et n'éprouverions
« pas de revers. — Si grand que soit son droit, quiconque se
« condamne lui-même, — doit en bonne justice être réputé
« coupable. — Je ne croirais pas quelqu'un qui me jurerait
« par les saints — que Dieu n'est pas courroucé de nos trom-
« peries; — et les événements font bien voir que notre mal de-

Vos iretz en Guasconha per diire mos comans
Al senher arcevesque ad Aux que el senans
6100 Que nos vengan socorrer e que namenen tans
Per totas las partidas e del lors e destranhs
Que combatam la vila enviro per totz pans
Pero si noi venian ja no sian doptans
Que jamais terra tengan la valensa dus gans.
6105 E lo coms de Toloza ques savis e parlans
A sos baros demonstra los malstraitz els afans
Las obras e las gaitas e los comus els bans
E tramet en Proensa sos sagels e sos mans
Que vol que sos filhs sapcha las honors el gazans
6110 A la vila socorrer,lai vengro esperonants
Londratz coms de Cumenge ben ondratz e parlans
En Espargs de la Barta valens e ben estans
En Rogiers de Cumenge qui restaura los dans
Bertrans Jordas en Otz per lor dreitz demandans
6115 En Guirautz de Gordos de cui es Caramans
Bernart de Montagus e sos fraire, en Bertrans
Ab tota lor mainada en Gualhartz en Armans
NEsteve Savaleta prendens e ben donans
E Raimfres e sos fraire qui contrastals demans
6120 En W. Amaneus tozetz ben comensans
En Amalvis en Ucs de la Motal valhans
NBertrans de Pestilhac que milhurals demans
En W. Arnaudos ab joia e ab bobans
Ab bona companhia e ab trompas sonans
6125 E comensa la joia dels petitz e dels grans
Per trastota la vila el brutles el mazans
Mas estec la comtessa pessiva e cossirans
Al castel a las estras de la tor als ambans
E garda e remira los venens els anans
6130 Els baros e las donas defendens e obrans.

« vient double; — car les affaires de nos ennemis prospèrent,
« et les nôtres déclinent. — Tout ce que nous avons gagné en dix
« ans, — nous pouvons, si Dieu ne nous aide, le perdre en cette
« rencontre. » — (Là-dessus) il appelle ses messagers courants :
— « (Messagers,) allez porter mes ordres en Gascogne; — allez
« dire à l'archevêque d'Auch d'agir et de se presser, — pour qu'il
« nous vienne des renforts, et pour qu'ils viennent nombreux, —
« de toutes les parties du pays et des pays étrangers, — pour at-
« taquer la ville tout à l'entour, de toutes parts; — et que ceux
« qui se refuseraient à venir se tiennent pour assurés — de ne
« jamais posséder de terre l'étendue d'un gant. » — (De son
côté) le comte de Toulouse, qui est bien avisé et (bien) parlant, —
exhorte ses barons aux fatigues, aux privations, — aux travaux,
aux guets, aux tâches communes; — il envoie en Provence ses
lettres et ses ordres, — pour informer son fils des honneurs et
des avantages (qu'il a obtenus). — Cependant arrivent, jouant de
l'éperon, au secours de Toulouse — le vaillant, l'honoré, le bien
parlant comte de Comminges; — don Esparciéux de la Barte, le
sage et le vaillant; — don Roger de Comminges, celui qui répare
les dommages; — Bertrand Jourdain, don Othon qui réclament
leurs droits; — don Guiraud de Gordon, celui à qui appartient
Caraman; — Bernard de Montaigu, et don Bertrand son frère;
— don Gaillard et don Armand, avec toute leur troupe; — don
Estève Savalète, qui bien prend et bien donne; — don Guillaume
Rainfroi et son frère, qui ne donnent pas; — don Guillaume
Amanieu, jeune homme bien commençant; — don Amalvis, don
Hugues de la Motte le vaillant; — Bertrand de Pestillac, qui
donne plus qu'on ne lui demande; — don Guillaume Arnaudon,
ami de la joie et des fêtes, — (qui arrive) trompettes sonnantes,

E auzic las baladas e las rumors els cans
E sospira e trembla e a dit en plorans
Be vei quel meus jois baicha e creis lo dols el dans
Per quieu ai gran temensa de mi e dels efans
6135 Pero lo^csieus mesatges a pres aitant denans
Que ab complidas jornadas e ab viacer enans
Es vengutz ent al comte e ditz li en romans
Denant lui sagenolha e estec sospirans
Can lo sagel li dona.

CLXXXVI.

6140 Can lo sagel li dona comensa a sospirar
El coms lo regarda e pres lha demandar
Amics digatz me novas com va de mon afar
Senher ditz lo mesatges greus so per recontar
Ai perduda la vila oc senher ses doptar
6145 Mas abans quels laichetz garnir ni adobar
Si vos i anatz sempre poiretz la recobrar
Amix qui la ma touta senher assatz mi par
Que a mi e als autres es leu per azemar
Queu i vi lautre comte ab gran joi repairar
6150 Elh baro de la vila que li feiro intrar
Amics a gran companha senher nol sai aimar
Mas aquels cab lui vengo nous fan semblan damar
Quels Frances que i trobero so sempre a chaplar
E lautri que fugiro sempre al encausar

avec une belle compagnie (de guerre). — Alors s'élève par la ville un bruit, un joyeux tumulte : — petits et grands, tous se réjouissent. — Mais la comtesse reste soucieuse et pensive — dans le château; de la terrasse de la tour et des galeries, — elle regarde et voit les allants et les venants, — les hommes et les femmes, ceux qui combattent, ceux qui travaillent; — elle entend les ballades, les airs et les chants. — Elle soupire, elle tremble, et dit en pleurant : — « Ma joie, je le vois bien, est en déclin; « ma douleur et mon mal s'accroissent; — et je crains fort pour « mes enfants et pour moi. » — Cependant son messager a tant cheminé, — à journées si pleines, et d'une allure si prompte, — qu'il est arrivé devant le comte; il lui parle en roman, — s'agenouille devant lui, et se prend à soupirer — quand il rend sa lettre.

CLXXXVI.

Quand il lui rend sa lettre, il se prend à soupirer. — Le comte le regarde, et puis se met à le questionner. — « Ami, donne-« moi des nouvelles; comment mes affaires vont-elles? » — « Sei-« gneur, dit le messager, mes nouvelles sont pénibles à raconter. » — « Ai-je donc perdu Toulouse ? ». « Oui, seigneur, sans aucun « doute; — mais vous pouvez la recouvrer, si vous y allez tout de « suite, et sans laisser aux habitants le temps de s'armer et de se « fortifier. » — « Ami, qui donc me l'a enlevée ? » « Seigneur, c'est « ce qu'il est facile — à tout le monde d'imaginer, ainsi qu'à moi. « — J'ai vu l'autre comte entrer avec grande joie dans la ville, — « en compagnie d'autres barons qui l'y ont introduit. » — « Ami, « a-t-il une troupe nombreuse ? » « Seigneur, je ne saurais le dire; « — mais ceux qui sont venus avec lui n'ont pas l'air de vous

6155 Que fan cels de la vila senher del ben obrar
Els vals e las trencadas els cadafalcs dreissar
Segon mon escientre caisi com a mi par
Lo castel Narbones volon asetiar
Estan dins las comtessas senher oc ben estar
6160 E tristas e marridas complidas de plorar
Car paor an e temensa daucir e de desfar
On eran Gui mos fraire senher auzi contar
Que ab bona companha que vos soletz menar
Dreitament vas Tholoza sen volia tornar
6165 Per la vila combattre e pendre e forsar
Mas ges no mes veiaire quei posca acabar
Amix so ditz lo coms pessa de be celar
Que nulhs hom sit vezia mas rire e jogar
Ieu te faria ardre pendre o peceiar
6170 E quit demanda novas bet sapias razonar
Digas de dins ma terra hom no ausa intrar
Senher ditz lo mesatges no men cal castiar
E cant lo coms repaira del sagel escoutar
Evas lui vengrol princep e trastuit lhautre par
6175 Mas lo coms es tant savis e sab tan ben gardar
E totz sos mals rescondre e sos bes enansar
Ques pres sa boca rire el cor a sospirar
E demandolh novelas e el pres a gabar
Senhors so ditz lo coms beus posc diire e monstrar
6180 Que ben dei Jeshu Crist temer e merceiar
Que anc mais tanta aventura no donec al meu par
Mos frairem tramet letras quem devo alegrar
Quen deguna partida nol pot hom contrastar
E que lo coms R. es anatz perilhar
6185 Pel regisme dEspanha car no a on estar
E quel faidit sen fuio per Bordel a la mar
Com en tota ma terra non ausa .i. trobar

« aimer: — car les Français qu'ils y ont trouvés, ils les ont taillés en
« pièces ; — et ceux qui ont pris la fuite, ils les ont poursuivis. » —
« Que font ceux de la ville? » « Seigneur, ils travaillent avec ardeur
« — aux fossés, aux retranchements, et à dresser des échafau-
« dages ; — ayant le projet, à ce qu'il me semble, — d'assiéger
« le château Narbonnais. » — « Les comtesses y sont-elles? » « Oui,
« seigneur, elles y sont ; — mais tristes, marries et ne faisant que
« pleurer, — de la peur et de l'effroi qu'elles ont d'être égorgées. »
— « Où était mon frère Guy? » « Seigneur, j'ai entendu conter —
« qu'avec la bonne compagnie (de guerre) que vous conduisiez d'or-
« dinaire, — il allait marcher droit sur Toulouse, — pour atta-
« quer la ville et la reprendre de force ; — mais il ne me semble
« pas qu'il puisse la reprendre. » — « Ami, songe à tenir bien se-
« cret tout ce que (tu viens de dire) ; — et (songe) que si per-
« sonne te voit faire autre chose que rire et jouer, — je te fais
« pendre, ou brûler, ou mettre en pièces. — A qui te demandera
« des nouvelles, sache bien répondre ; — dis qu'il n'y a pas au
« monde d'homme qui ose entrer dans ma terre. » — « Seigneur,
« répond le messager, je n'ai pas besoin d'autre leçon. » — Après
avoir entendu le contenu de la lettre, le comte se retire, — et
tous les autres chefs, tous les autres pairs s'en viennent à lui ; —
mais il est si prudent et sait si bien se contenir, — il sait si
bien cacher son mal et faire valoir ses avantages, — qu'il se
prend à rire des lèvres, tandis qu'il soupire du cœur. — Ses barons lui demandent des nouvelles, et le voilà qui se met à plaisanter. — « Seigneurs, leur répond-il, je puis bien vous le dire
« et vous l'assurer : — je dois bien craindre et remercier Dieu ;
« — car jamais à mon pareil Dieu ne donna si haute aventure. —
« Mon frère m'envoie des lettres dont je dois fort me réjouir. —

E quel reis dAnglaterras vol ab mi acordar
E cresser ma de terra per so quel lais estar
6190 Ez el es a Toloza intratz per demandar
E per prendre las pagas que hom mi vol donar
E faram tot laver trametre e enviar
Queu aia pro que metre que tenir e que dar
E dit me que no fassa mas de be garreiar
6195 E conquerir la terra els enemics sobrar
Mas pero sieu podia bon acorder trobar
Can tornes e ma terra sempre al repairar
Lo ric castel de Lorda me faria hom livrar
E Bearn e Bigorra e la terra bailar
6200 Per totas las partidas entro al rei Navar
E pos Dieus me vol creicher e aitant milhorar
Sieu bona fi trobava ses perdre e ses mermar
Volontiers la pendria per lo dreit governar
E pois iria Lorda e la terra cobrar
6205 Per totas las partidas tro a riba de mar
El baro sesbaudiron cels quel volon amar
Mas motz nia ques prendo ins el cor a tremblar
Car ilh agron temensa de lor deseretar
Es en apres parleron de lacordament far
6210 En las mas de lavesque e dels sans de lantar
Aital acordier fero entrel en Azemar
Del filh e de la filha novelament fermar
Perque lus posca lautre decebre e galiar
E lo coms saparelha e a mandat selar
6215 Tota la cort essembles pres a meravilhar
Car fai tant breu paraula a lacomiadar
Mans nia quel seguiro can sen volia anar
Mas cant vengo las novas que nos pogon celar
Quel coms es a Toloza intratz per relevar
6220 E per Frances destruire e per pretz enansar

« (Il me mande) que nulle part personne ne peut lui résister ;
« — que le comte Raymond s'en est allé courir à l'aventure, —
« en Espagne, n'ayant pas un recoin où reposer ; — que les fai-
« dits s'enfuient, par Bordeaux, jusqu'à la mer, — de sorte que
« l'on n'en trouve plus un seul sur ma terre ; — que le roi d'An-
« gleterre veut traiter avec moi — et me céder du pays, pour
« que je le laisse tranquille. — Il vient d'entrer à Toulouse pour
« demander — et recevoir les taxes que l'on m'y doit, — et
« m'en faire parvenir ensuite tout le montant, — afin que j'aie de
« quoi dépenser, de quoi donner et garder. — Il me fait dire
« de ne songer à rien autre qu'à bien guerroyer, — qu'à con-
« quérir terre et soumettre mes ennemis. — Que si toutefois
« je pouvais faire une paix avantageuse, — aussitôt que je serais
« de retour en ma terre, — le fort château de Lourdes me serait
« livré, — avec la seigneurie de Béarn et de Bigorre, — et de
« tout le reste du pays jusqu'au royaume de Navarre. — Puis
« donc que Dieu me veut ainsi exalter et faire prospérer, — si je
« pouvais faire ici bonne paix, sans désavantage et sans perte, —
« je l'accepterais volontiers, pour gouverner selon le droit, — et
« j'irais aussitôt recevoir le château de Lourdes et tout le pays, —
« si loin qu'il s'étend, jusqu'à la rive de la mer. » — (A ces propos)
plusieurs de ses barons se réjouissent, tous ceux qui lui sont af-
fectionnés ; — mais il y en a d'autres qui se prennent à trembler
au fond du cœur, — de la crainte qu'ils ont d'être perdus et
ruinés. — Il est ensuite question de la paix à faire, — par
l'intermédiaire de l'évêque et au nom des saints de l'autel. — Il
fut donc, entre le (comte de Montfort) et Adémar, convenu —
de nouveau d'unir le fils de l'un à la fille de l'autre ; — chacun
des deux voulait par cet accord décevoir et tromper l'autre. —

Per trastotas las terras an cobrat lo parlar
E escridan Toloza cui Dieus capdel e gar
E li valha elh socora e la gard e lampar
E ilh do poder e forsa del perdent esmendar
6225 E de paratge estorcer e del joi alumpnar
Quel coms Simos cavalga per los tortz demandar
E per los dreitz abatre e pel mal enansar
Tota la noit el dia complitz de felenar
E a faitz los messatges els sagels enviar
6230 Per totas las partidas quelh vengan ajudar
Com pusca larcevesque el cardenal trobar
Ab complidas jornadas e ab mant cavalgar
Un dimenge en apres ad ora dalbergar
Es vengutz a Vazeia mas no per sojornar
6235 E a lalbor del dia ab lo jorn bel e clar
Fa garnir sa mainada e las trompas sonar
E las senheiras derzer e los cavals armar
Dreitament vas Toloza complitz de menassar
Coms ditz lo cardenals gran joi vos devetz dar
6240 Coi es vengutz lo termes dels enemics sobrar
Car vos penretz la vila e sempre al intrar
Vos faitz los baros pendre els coms martiriar
E gardatz que nulhs homs no poscha escapar
Senher so ditz lavesques la glieza deu salvar
6245 Totz cels que lains sian ni que veian laltar
No ditz lo cardenals que pres fo al jutjar
Coms no aiatz temensa pos ieu los desampar
Que Dieus los vos deman nils se vulha esmendar
Pero lo cardenals gardec lo sieu esgar
6250 Que lo reis que governa e garda prim e clar
E dec sanc preciosa per guarir de pecar
    Vol defendre Tholoza.

(A peine l'accord conclu,) le comte s'apprête, et ordonne de
monter en selle ; — et tous les barons s'émerveillent fort — de
le voir en si brèves paroles prendre congé : — il y en eut plusieurs qui le suivirent quand il partit. — Mais quand viennent
les nouvelles, quand on ne peut plus cacher — que le comte
de Toulouse est rentré dans sa ville pour se relever, — pour
exterminer les Français et restaurer valeur et courtoisie, — alors
de tous côtés, dans le pays, les habitants ont recouvré la parole. — et crient : « Toulouse! (vive Toulouse!) que Dieu la garde
« et la protége! — qu'il la secoure, la maintienne et la défende! »
— Oh! oui, qu'il lui donne la force et le pouvoir de dédommager celui qui a perdu, — de sauver parage et de rallumer joie!
— Car voilà le comte Simon qui chevauche pour faire triompher le tort, — pour abattre le droit, pour rehausser le mal.
— (Il chevauche) toute la nuit et tout le jour, au comble de la
fureur ; — envoyant par lettres et messagers, — de tous côtés,
l'ordre de venir à son secours, — afin qu'il puisse aller rejoindre l'archevêque et le cardinal. — Et tant a-t-il chevauché
à pleines journées, — que le dimanche après (son départ), à
l'heure de prendre albergue, — il est arrivé à Baziéges, mais non
pour y séjourner. — A l'aube du jour, quand le jour devient
clair et beau, — il fait armer sa troupe, sonner les trompettes,
— lever ses bannières, armer les chevaux, — et marcher vers
Toulouse, au dernier point (terrible) et menaçant. — « Comte,
« lui dit le cardinal, vous devez mener grande joie, — voyant
« venu le moment de vaincre vos ennemis. — Vous allez prendre
« Toulouse, et aussitôt que vous y serez entré, — vous allez
« faire mourir le comte dans les tortures, et pendre tous ses
« hommes. — Et prenez bien garde qu'aucun ne vous échappe. »

CLXXXVII.

Tholoza vol defendre lo reis celestials
Que jutja e governa e gardals bes els mals
6255 Quel coms Simos cavalga el Leos el cristals
E perpren la ribeira e las combas els vals
Dreitament vas Toloza e vengro als pradals
Sos frairelh venc encontra ab motz dautres capdals
E lai on se monstreron ferma lamors corals
6260 Fraire Gui ditz lo coms e vos co etz aitals
Que no avetz fait pendre los prejurs desleials
E la vila cofondre e encedrels fogals
Fraire ditz lo coms Guis anc non poguem far als
Nos combatem la vila e intrem dins los vaus
6265 Aisi que dins carreiras fom ab lor cominals
E trobem cavalers borzes e menestrals
Que ab massas e ab picas e ab talhans destrals
E ab critz e ab ciscles e ab grans colps mortals
Vos an per nos tramessas vostras rendas cessals
6270 E pot vos o ben dire en Gui vostre manescals
Cals marcs dargent nos davan de sobre las canals

— « Seigneur, répond l'évêque, on doit sauver — tous ceux qui 6245
« se trouveront dans l'église ou qui auront aperçu l'autel. » —
« Non, dit le cardinal, déjà jugeant (et condamnant); — non,
« comte, ne craignez point, dès que je vous livre les (hommes de
« Toulouse), — que Dieu vous les redemande ou veuille en
« tirer vengeance. » — Mais le cardinal y perd (cette fois) ses
ordres; — car le Roi suprême qui gouverne, qui regarde sub- 6250
tilement et voit clair, — qui donna son précieux sang pour détruire le péché, — veut défendre Toulouse.

CLXXXVII.

Il veut défendre Toulouse, le Roi du ciel, — celui qui gouverne et juge (tout), qui tient compte du bien et du mal. —
Mais le comte Simon, chevauchant Lion son bon cheval, — et 6255
ayant derrière lui laissé côtes, vallons et combes, — arrive droit
sur Toulouse : ils entrent, lui et les siens, dans les prairies ; —
son frère, avec les autres barons principaux, accourt au-devant
de lui, — et l'un et l'autre, à la rencontre, se témoignent cor-
diale amitié. — « Frère Guy, dit le comte, comment est-il arrivé 6260
« — que vous n'ayez pas (encore) fait pendre les parjures dé-
« loyaux (de Toulouse)? — que vous n'ayez pas déjà détruit la
« ville et brûlé les maisons ? » — « Frère, répond le comte Guy,
« nous n'avons pu faire plus : — nous avons attaqué la ville,
« franchi les murs, — et nous sommes trouvés pêle-mêle avec 6265
« les habitants dans les rues ; — là nous avons rencontré les
« chevaliers, les bourgeois, les ouvriers, — armés de masses, d'é-
« pieux, de haches tranchantes, — qui, avec de grands cris, des
« huées et de grands coups mortels, — vous ont, par nous, trans-

Per la fe quieu vos dei non i es tant vassals
Que cant ilh nos giteron de fora pels portals
Cui mais no valgues febre o batalha campals
6275 Fraire so ditz lo coms est plaitz es vergonhals
Cant homes senes armas foron ab vos cabals
Que ja Dieus no majut nim vala sant Marsals
Si saumiers si descargua ni arnes ni barraus
Tro de dins en la vila on es lo mercadaus
6280 Senher coms ditz nAlas vos no siatz aitals
Quieu cug sia rosada vostre sagramentals
Que per la fe quieus dei encar parlarem dals
E si vos vos fiatz a intrar dins los vals
Ja nos decargaran tro que venga Nadals
6285 Que per lo cors sant Peire sa nos no fossan fals
No vit milhors per armas negus homes carnals
E apres venc la preissa dels rics baros capdals
De sobres totz los autres lo senhor cardenals
Larsevesques el bisbes la mitra el didals
6290 Ab la crotz e la crossa e los libres missals
E parla e sermona e a dit scientals
Senhors a totz vos manda lo reis esperitals
Que dins aquela vila es lo focs enfernals
E trastota complida de pecatz criminals
6295 Car ab lor dins abita lo senhor principals
E calque la combata sera denant Dieu sals
Vos cobraretz la vila e prendretz los osdals
Noi sia traitz a vida oms ni femna carnals
Ni no lor valha glieiza ni sants ni ospitals
6300 Que faitz es lo judicis el sacretz Romanals
Que sobre lor trespassen los fers trencans mortals
E sieu soi sants ni dignes ni bos oms ni leials
E els de dins malignes ni perjurs ni colpals
Sobre totz lor dessenda glazis martirials

« mis vos rentes et votre cens. — Et don Guy, votre maréchal, « peut bien vous dire — quels marcs d'argent ils nous ont en- « voyés de dessus les toits. — Par la foi que je vous dois, il n'y « a parmi nous personne de si brave — qui, quand ils nous « chassèrent hors de la ville par les portes, — n'eût mieux aimé « la fièvre ou une bataille rangée. » — « Frère, répliqua le comte, « c'est un fait honteux — que des hommes sans armes aient eu le « dessus sur vous. — Et que je ne sois jamais aimé de Dieu, ni « assisté de saint Marceau, — si l'on décharge de nos sommiers un « chiffon ou un baril — ailleurs que dans la ville, sur la place du « marché. » — « Seigneur comte, répond don Alard, ne soyez pas si « menaçant ; — je ne crois pas, moi, que votre serment tienne « plus que rosée, — et nous aurons à parler d'autre chose avant « que vous ne gardiez cette parole. — Si vous ne déchargez vos som- « miers que dans la ville, — Noël viendra avant qu'ils ne soient « déchargés ; — car, par le corps de saint Pierre ! si ce n'était qu'ils « nous sont infidèles, — (les hommes de Toulouse) sont si bons « en armes, que nul n'en vit de meilleurs. » — Là-dessus arrive la foule des principaux barons, — et à la tête d'eux tous, le seigneur cardinal, — l'archevêque et l'évêque, avec la mitre et l'anneau, — avec la croix, la crosse et le missel. — (Le cardinal) se prend à discourir, et sciemment a dit : — « Seigneurs, le Roi du ciel vous « fait à tous savoir — que dans cette ville est allumé le feu de « l'enfer ; — qu'elle est toute remplie de péchés et de crimes. « — Parmi ses habitants, se trouve celui qui en fut le seigneur « souverain ; — et quiconque lui fera la guerre, sera sauvé devant « Dieu. — Vous allez recouvrer la ville, prendre les maisons : — « que personne, homme ni femme, n'en soit retiré vivant ; — « qu'il n'y en ait pas un de sauvé, ni en église, ni en sanctuaire,

6305 Cant lo sermos safina deschendo dels cavals
E anc gensor companha no vic nulhs homs carnals
Dels ausbercs e dels elmes on resplandol cristals
E de las entresenhas vermelhas e corpals
E de las esquiletas de lor en lor peitrals
6310 Retendis la campanha el murs sarrazinals
E rengan las batalhas belament pels ortals
Del castel establiron los murs els verjals
De balestas tornissas ab puas aceirals
El baro de la vila el senher naturals
6315 Establiro las lhissas e perprendol terrals
E mantas de maneiras demonstran lors senhals
Las doas crotz vermelhas e lansenha comtals
E permei las corseras de sobrels cadafals
Estan los valens omes els fortz els segurals
6320 Que portan las gazarmas els cairos reversals
E jos bas a la terra en a remazut tals
Que tenian las lansas els dartz porcarissals
Per defendre las lissas quhom non venga als pals
E per mei las arqueiras e per los fenestrals
6325 Los arquiers que defendo los ambans els costals
Ab arcs de mantas guizas balestas e manals
De cairels ab sagetas son las plenas semals
Per tot a la redonda lo pobles generals
Que tenion las apchas e massas e tinals
6330 Las donas e las femnas que portan els grazals
Las peiras amarvidas e grandas e punhals
La vila es establida belament pels frontals
Els baros de la fora belament e engals
Ab foc e ab escalas e ab peiras faichals
6335 E mantas de maneiras perprendro los bocals
En Guis en Amaldrix en Sicart en Folcaus
Garnitz de totas armas i van gent primairals

« ni en hospice. — Il a été décidé dans le (conseil) secret de
« Rome — que le fer tranchant mortel devait passer sur eux
« (tous). — Si donc je suis personne loyale et bonne, digne et
« sainte, — et si ceux de la ville sont pervers, parjures et cou-
« pables, — que le glaive de douleur descende sur eux tous. » —
Le sermon fini, les hommes de Montfort descendent de cheval;
— et jamais homme ne vit plus belle compagnie : — des hauberts et des heaumes à crête resplendissante, — des bannières
vermeilles, des bardes des chevaux — et des sonnettes sus-
pendues à leurs poitrails — retentissent la campagne et les murs,
œuvre sarrasine. — Ils postent en belles rangées leurs bataillons
dans les jardins; — ils arment les murs et les embrasures du
château — d'arbalètes tordues et de flèches aiguës. — De leur
côté les hommes de la ville, avec leur légitime seigneur, — fortifient les barrières, occupent les terrains (d'alentour); — et arbo-
rent, en divers lieux, leur bannière — aux deux croix rouges, avec
l'enseigne du comte; — tandis que sur les échafauds, dans les
galeries, — sont postés les hommes les plus vaillants, les plus
braves, les plus sûrs, — armés de perches ferrées, et de blocs
de pierre à renverser sur l'ennemi. — En bas, à terre, il en est
resté d'autres, — portant lances et épieux, — pour défendre
les barrières et l'approche des palissades. — Aux embrasures
et aux fenestraux, — les archers défendent les ambans et les
côtés — avec des arcs de différentes sortes, avec des arbalètes et des arcs de main; — les cuves sont remplies de carreaux et de flèches. — Partout à la ronde (on voit) la foule du
peuple — armée de haches, de massues, de bâtons ferrés, —
tandis que les dames et les autres femmes leur portent des
vases, — de grosses pierres faciles à empoigner et à lancer. — La

Ab lor bela companha tro foro prob dels vals
La batalha saprosma el perilhos jornals
6340   E Dieus gart la dreitura.

CLXXXVIII.

E Dieus gart la dreitura que sab la veritat
Quel cardenals els bisbes el precios diptat
E labas el presbosdes lavesques elh letrat
Pregan santa Maria e vera Trinitat
6345 Que defenda la vila segon que son dampnat
E que gart la dreitura e la lor leialtat
E lo coms de Monfort ab son gentil barnat
E la sua senheira el leo entalhat
Mas la brumor del aire el gomfaino frisat
6350 El frim de las esquilhas e li escut daurat
Atempran lor coratges els creis dalegretat
El baro de la vila son ben aparelhat
De ferir e datendre ab ferma volontat
E permei las carreiras van li caval armat
6355 E el castel la fora sus el mur dentelhat
E dedins en las lhissas li arquier atemprat
Que traon e destendon mant aceri delgat
Dentrambas las partidas an lo mal refrescat
Mas lo critz e las trompas e li corn remesclat
6360 Fan brandir la Garona el castel e lo prat
E Monfort e Narbona son auzit e cridat

ville est donc bien et bellement fortifiée à toutes ses portes. —
Bellement (aussi) et bien rangés, les barons (de France), —
munis de feu, d'échelles et de lourdes pierres, — s'approchent 6335
par divers moyens des entrées de la ville. — Armés de toutes
pièces, don Guy, don Amaury, don Sicard, don Foucault, s'a-
vancent fièrement les premiers, — avec leurs belles compagnies,
jusqu'aux bords des fossés. — La bataille s'approche; (voici) le
jour de péril. — Que Dieu défende la justice ! 6340

CLXXXVIII.

Que Dieu défende la justice, lui qui sait la vérité ! — Car le
cardinal, l'évêque, le puissant légat, — l'abbé (de Saint-Sernin),
le prévôt, l'évêque (de Toulouse) et les autres clercs, — prient
sainte Marie et la vraie Trinité — de traiter la ville comme une 6345
ville condamnée, — et de défendre leur droiture, leur loyauté,
— le comte de Montfort, ses nobles barons, — et son enseigne
portant l'image du lion. — Mais voici qu'au bruit de l'air, au
frémissement des bannières, — au tintement des grelots, et à 6350
l'éclat des écus dorés, — s'animent les courages et s'accroît l'ardeur (de combattre). — Les barons de la ville sont tout prêts;
— ils ont ferme vouloir d'attaquer et de résister. — Par les rues
viennent les chevaux bardés; — dans le château là-haut, sur les 6355
murs crénelés, — et en bas, en dedans des barrières, les archers
animés — tirent et lancent mainte (flèche à pointe) d'acier
aigu. — De part et d'autre, la rage (de la guerre) s'est rallumée.
— Les clameurs (des hommes), le son des trompettes et des
cors confondus, — font trembler la Garonne, la prairie et le châ- 6360
teau ; — on crie et l'on entend crier : « Narbonne ! Montfort ! » —

E Francis e berzis se son tant aprosmat
Que noi a per defendre mas la lissa el valat
Que mantenent los fero ab peiras al costat
6365 Mas nImbertz de la Volp a tant fort enansat
Que del pertrait lor gieta el mei loc del valat
Mas cant se reire vira al gomfaino frizat
NArmans de Montlanart li a tal cop donat
Que mei pe de lacer li laicha es costat
6370 De dins emei la vila an tal peirer dressat
Que talha e trenca e briza a travers e en lat
El rics coms de Cumenge ab fin cor esmerat
Fetz tendre 1na balesta que laporten de grat
E mes sus una pica de fin acer calhat
6375 E tira e cossira ez albira membrat
E fier nGui de Montfort que vi aprimairat
E dona li tal colp sus en lausberc safrat
Que per meias las costas e pel pan del cendat
Que de la part en oltra li a lacier colat
6380 Aicel cai e trabuca ez els an len levat
E ditz li .i. reproverbi beus cug aver fissat
Pero car etz mos gendre vos darei lo comtat
E escrida Tholoza que lorgolh es baisat
E Cumenge pel comte Foig per Roger Bernat
6385 La Barta per nEsparc e per nOt sant Beat
Montagut e la Islha Montaut e Monpezat
E a las entresenhas an lo chaple levat
Mas li dart e las lansas el cairel empenat
E peiras amarvidas e espeut nielat
6390 E fleccas e sagetas e li basto cairat
Els trensos de las astas el cairo reversat
Dentrambas las partidas lai vengo afilat
Coma ploia menuda per tot entremesclat
Capenas pogratz veire del blanc cel la clartat

et les Français et les Toulousains sont désormais si rapprochés,
— qu'il n'y a plus pour les séparer que les murailles et le fossé,
— et que déjà les pierres lancées par ceux-ci atteignent les
autres au côté. — Cependant don Imbert du Goupil s'est avancé
si fort, — qu'il peut jeter des fascines au milieu du fossé ; —
mais à peine se retourne-t-il en arrière, vers son enseigne flot-
tante, — que don Armand de Montlanard lui a tel coup porté,
— qu'il lui laisse dans les côtes un demi-pied de son acier. —
En dedans, au milieu de la ville, a été dressé un pierrier, — qui
tranche, écrase et brise au long et au large ; — et le puissant
comte de Comminges, au noble cœur sans tache, — tend une
arbalète qu'on lui apporte pour marque d'honneur : — il y place
un carreau de fin acier trempé ; — il regarde, il réfléchit, choisit un but; il tire, — et atteint don Guy de Montfort qu'il voit en
avant ; — il l'atteint de tel coup sur son haubert damasquiné,
— qu'à travers un pan de son manteau et les côtes, — l'acier de
part en part a glissé et passé. — Il tombe sur la face; on le relève, — et le comte de Comminges lui adresse la parole : « Je
« vous ai bien visé, j'espère ; — et comme à mon gendre que
« vous êtes, je vous ai donné mon comté. » — Là-dessus les Toulousains s'écrient que l'orgueil est abattu. — (On crie de toutes
parts :) Comminges ! pour le comte; Foix ! pour Roger Bernard ; —
la Barte ! pour don Esparcieux; Saint-Béat ! pour don Othon. —
(On crie :) « Montagut ! l'Isle ! Montaut et Montpezat ! » — et sous
chaque enseigne le carnage a commencé. — Les dards, les lances
et les flèches empennées, — les cailloux lancés à la main, les
épieux niellés, — les carreaux, les flèches, les bâtons ferrés, — les
tronçons de lance, les grands blocs de pierre, — tombent sans
relâche des deux côtés, — comme pluie menue et si serrée,

6395 La doncs pogratz vezer mant cavaler armat
E mot bon escut fendre e ubrir mant costat
E manta camba fraita e mant bratz detrencat
E mant peitz escoichendre e mant elme brizat
E manta carn perida e mant cap meitadat
6400 E manta sanc esparsa e mant brezo trencat
E mant baro combatre e mant afazendat
Que lus ne porta lautre cant lo ve reversat
E mantas de maneiras son ferit e nafrat
Quentre blanc e vermelh lo camp an colorat
6405 En Guis lo manescalc ditz al comte a celat
Senher mal vitz Tholoza e lautra eretat
Que veus mort vostre fraire e vostre filh nafrat
E tans baros dels autres que totz temps er plorat
A Dieu Gui ditz lo coms oi er tot acabat
6410 Coms dit nUgs de Laici nos em tant mescabat
Caici pendrem martiri oi er tot acabat
Ca mi dona veiaire que del tertz em mermat
Laissem aquesta guerra coi serem perilhat
Que si gaire nos dura tuit em martiriat
6415 La batalha fo granda el perilhs abdurat
Tro li baro de fora so li milhor dampnat
Aissi que las senheiras e lo cap an virat
E dins cridan Toloza que los matz a matatz
Car la crotz escarida al leo abeurat
6420 De sanc e de cervelas novelament temprat
E lo rays de lestela a lescur alumnat
Perque pretz e paratges cobra sa dignitat
E pois dizon al comte pauc avem delhivrat
Que la vostra merces es morta e pecatz
6425 E ab vostre sobresen sabent otracujat
E ab vostre mezers avetz lestan daurat
Que negus cambiaire non a pietz cambiat

— qu'à peine auriez-vous pu voir la blanche clarté du ciel. — Mais vous auriez vu maint chevalier armé, — maint bon écu brisé, maint flanc ouvert, — mainte jambe rompue, maint bras tranché, — mainte poitrine déchirée, maint heaume fracassé, — des membres mutilés, des têtes tranchées par moitié, — des flots de sang répandus, des cottes d'armes percées. — Vous auriez vu des barons combattre ; d'autres occupés (des combattants) — emportent (de la mêlée) ceux qu'ils voient renversés à terre. — Divers sont les coups, diverses les blessures ; — et le champ (de bataille) a pris une couleur (incertaine) entre le rouge et le blanc. — Don Guy le maréchal dit au comte, en secret : — « Seigneur, à la « malheure vîtes-vous Toulouse et ce pays ; — car voici votre frère « mort, et blessés votre fils — et tant d'autres barons, qu'il y a de « quoi en pleurer à jamais. » — « Eh bien ! don Guy, dit le comte, « que tout se décide aujourd'hui. » — « Comte, dit Hugues de Lascy, « nous sommes déjà si maltraités, — que nous allons périr ici ; et « tout sera ainsi décidé. — Nous voici, ce m'est avis, diminués d'un « tiers. — Laissons donc là une bataille où nous sommes si mal aven- « turés ; — car si peu qu'elle dure encore, nous sommes perdus. » — Et dure en effet est la bataille, extrême le péril, — jusqu'à ce qu'enfin des barons de France les meilleurs étant tombés, — les autres font volte-face, eux et leurs bannières. — Dans la ville, on crie : « Vive Toulouse, qui a maté les superbes ! — La croix dé- « sirée a abreuvé le lion — de sang frais et de cervelles ; — et les « rayons de l'étoile ont illuminé ce qui était obscur, — si bien que « noblesse et courtoisie recouvrent leur dignité. » — Mais au comte (Simon) on dit (autre chose) : « Nous y avons peu gagné, « lui dit-on, — et voilà votre gloire surprise et morte en péché. « — Avec votre outrecuidance de sens et de vouloir, — et avec

Que per Poges de creis son li Tolza-donat
E car bo natural senhor an recobrat
6430 Veus lo camp e la lebre per tot temps azinat
E lo coms sen repaira ab cors trist e irat
E trembla de felnia sotz son elme embroncat
Els baros de Gasconha que lai eran mandat
Que venian al comte iradament forsat
6435 Cals que plor o que planha ilh an ris e jogat
E si ditz lus a lautre nos em tuit restaurat
Ai la gentils Toloza complida de bontat
Cui paratges merceia e merces ab bon grat
Cum avetz ab dreitura orgolh dezeretat
6440 Li Frances sen repairan trist e fel e irat
Elh baro de la vila son remazut ondrat
   Que Dieus e dreitz governa.

CLXXXIX.

Que Dieus e dreitz governa en faitz e en parvens
Quorgolhs e desmesura engans e falhimens
6445 Son vencutz ab dreitura car leialtatz los vens
Per quel coms de Toloza ab sas petitas gens
E ab bon aventura e ab paucs garnimens
A cobrada Toloza e pres los sagramens
El baro ab gran joia obrans e defendens
6450 En leial senhoria son remazut gauzens
El coms de Montfort manda los metges sapiens
Que fassan los empastres els enguens ichamens
E que tragan a vida los nafratz els planhens
El senher cardenals los preveires ligens
6455 Que los mortz els fenis metan els monimens

« votre trafic, vous avez en étain changé tant d'or, — que nul
« changeur ne fit jamais change pire. — Car voilà les Toulousains
« qui passent pour Poyets de poids. — Et depuis que ceux de la
« ville ont recouvré un bon seigneur légitime, — voilà le lièvre
« désormais à l'aise dans le champ. » — (Là-dessus) le comte
(Simon) se retire, le cœur triste et courroucé; — frémissant de
rage, et morne sous la visière. — Les barons de Gascogne, qui
avaient été là mandés, — n'étaient venus au comte qu'avec chagrin et de force : — se lamente et pleure qui voudra ; eux rient
et se réjouissent. — « Nous voici tous relevés, se disent-ils l'un à
« l'autre. — O noble Toulouse! (ô cité) accomplie! — bien
« méritante de parage et de courtoisie, — comme vous avez par
« droiture abattu l'orgueil! »—(Ils parlent ainsi,) et les Français
se retirent, marris et furieux. — Les barons de la ville restent
couverts de gloire ; — Dieu et justice les maintiennent.

CLXXXIX.

Dieu et justice maintiennent Toulouse : la chose est manifeste
aux faits et aux semblants. — Orgueil et folie, tromperie et malice — sont vaincus par droiture et loyauté. — Car le comte de
Toulouse, avec son peu de gens, — avec son peu d'armes, mais
par bonne aventure, — a recouvré Toulouse, et en a reçu le serment. — Les hommes de la ville, les travailleurs, les guerroyants,
— sont restés joyeux sous bonne et loyale seigneurie. — Le
comte de Montfort ordonne aux médecins experts — de faire les
emplâtres et les onguents, — et de porter secours aux plaignants
et aux blessés. — (De son côté) le seigneur cardinal (commande)
aux prêtres lisants — de déposer dans les monuments les trépassés et les morts. — Toute la nuit dure et s'accroît le souci

Tota la noit enteira lor creg lor pessamens
E can lo jorns saprosma ab lo temps resplandens
El castel Narbones es faitz lo parlamens
Ins e la tor antiqua desobrels pazimens.
6460 Denant Gui de Montfort ques nafratz malamens
Lo coms e la clercia e los barons valens
E ab lor la comtessa parlon privadamens
Senhors so ditz lo coms ben dei estre dolens
Car en petita dora vei nafrat mos parens
6465 E ma gentil companha e mo filh ichamens
E si sai perc mo fraire ei roman solamens
Per totz temps a ma vida es doblatz mos turmens
Eu captenc santa glieiza e los sus mandamens
Proensa era mia els apertenemens
6470 E fas mi meravilha de Dieu co nes cossens
Pos eu fas sos servizis elh soi obeziens
Cum li platz ni lagrada ni vol mos aunimens
Que ma laichat destruire als sieus contradizens
Coms ditz lo cardenals nous cal estre temens
6475 Car lo vostre esperit es santz e paciens
Vos cobraretz la vila e la pendretz breumens
E no lor valha glieiza ni ospitals ni sens
Que no prengan martiri lains cominalmens
E si negus dels vostres i moria firens
6480 Ieu e lo sante Papa li fam aitals covens
Que portaran coronas engal dels ignocens
Senhor coms ditz nAlas bem paretz conquirens
Mas daquesta aventura vos en etz malmirens
Que Dieus gardals coratges e los captenemens
6485 Car orgolhs e felnia e oltra cujamens
Feron tornar los angels en guiza de serpens
E car orgolhs vos sobra el coratges punhens
E merces nos es cara ens tira cauzimens

(des Français); — et quand le jour, quand le temps clair s'approchent, — le parlement se tient au château Narbonnais, — dans la tour antique, au-dessus des cours, — en présence de Guy de Montfort, qui est grièvement navré. — Le clergé, le comte, les autres vaillants barons, — et la comtesse avec eux, s'entretiennent privément. — « Seigneurs, dit le comte, j'ai bien raison de me
« douloir ; — car j'ai vu en peu d'instants navrer mes proches,
« — mes nobles compagnons, ainsi que mon fils ; — et si je perds
« mon frère, si je reste seul ici, — c'est une douleur pour tout
« le reste de ma vie. — Je soutiens la sainte église, et (j'exécute)
« ses ordres ; — la Provence était à moi, avec tout ce qui en dé-
« pend ; — je sers Dieu, je lui obéis ; — et c'est pour moi mer-
« veille que Dieu consente — à mon déshonneur, qu'il le veuille,
« qu'il s'y complaise, — qu'il me laisse détruire par ses ennemis. »
— « Comte, dit le cardinal, ne craignez rien : — vous avez une
« âme sainte et patiente, — vous recouvrerez la ville ; vous la re-
« prendrez, et bientôt. — Mais qu'il n'y ait ni église, ni saint, ni
« hospice — qui préservent ses habitants d'être tous mis à mort.
« — Et si quelques-uns des vôtres y meurent en combattant, — le
« saint Pape et moi leur sommes garants — qu'ils porteront (au
« ciel) la couronne des innocents. » — « Seigneur comte, dit don
« Alard, vous me paraissez fait pour conquérir ; — mais cette
« aventure, vous avez mal fait de l'entreprendre. — Dieu regarde
« au cœur et aux actions ; — et ce furent l'orgueil, l'outrecuidance
« et la méchanceté — qui transformèrent les anges en serpents.
« — Vous êtes dominé par l'orgueil et par un courage acerbe ; —
« et nous, merci nous est chère, et courtoisie nous attrait. — (Mais
« plus encore) vous plaît rigueur et vous attrait rude vouloir.
« — De là vous a poussé une si énorme surdent, — que nous

Eus abelis eus tira tristeza e avols sens
6490 Per so vos es creguda tant granda sobredens
Que pro i aurem que roire nos e vos engalmens
El Senher qui capdela e dal dreitz jutjamens
No li platz ni lhagrada nilh vol estre cossens
Quel pobles de Tholoza sia mortz ni perdens
6495 El cardenals mo senher nos da tals argumens
Que nos deuriam estre mals e fers e cozens
Mas pero pos nos manda quel nos sira guirens
Be nos podem combatre oimais seguramens
E rendam li merces car nos apela sens
6500 E car tant li agrada lo nostre salvamens.
Que dels baros qui moiran li remandra largens
Cadaus pot conoiser on li crotla la dens
Per que ja Dieus no volha ni majut sent Vincens
Si en aquesta vegada los combat primamens
6505 Senher coms ditz Girvais dirai vos en mo sens
Mas pero lo combatre de la vila es niens
Que a lor dins es creguda valensa e ardimens
E sai demest nos autres trebalhs e dampnamens
Car ges non avem guerra ab homes aprendens
6510 Que sils anam combatre defendos duramens
Ez es mals e salvatges lo lors defendemens
E car totz lor coratges lor avem faitz sagnens
Mais volon mort ondrada que vivre aunidamens
E per la fe quieus dei fan nos o aparvens
6515 Cal amistat vos portan ni cals es lor talens
E ja sils avem trobatz iratz e combatens
Que de nostra mainada na c. LX. mens
Que desta carantena no tindran garnimens
Senher coms din Folcaut tals es mos eciens
6520 Canc nous fo maier coita quius abondes pro sens
E per so quel dampnatges el grans mals recomens

« avons par trop à y limer, nous tous et vous-même. — Le Sei-
« gneur qui gouverne tout, et qui juge avec équité, — ne per-
« met, ne veut, ni ne consent — que le peuple de Toulouse soit
« exterminé, ni abaissé. — Le cardinal, notre seigneur, nous débite 6495
« certaines raisons — que nous devrions trouver mauvaises,
« étranges, cruelles : — cependant, puisqu'il veut être notre ga-
« rant (près de Dieu), — nous pouvons bien désormais guerroyer
« avec sécurité, — et lui rendre merci de ce qu'il nous traite comme
« des saints, — de ce que notre salut lui est si à cœur, — et de 6500
« ce qu'il voudra bien garder l'argent de ceux qui seront tués.
« — C'est à chacun de nous à sentir où la dent lui branle. —
« (Quant à moi,) que Dieu ni saint Vincent ne m'assistent — si
« je combats de nouveau ceux de Toulouse. » — « Seigneur comte, 6505
« fait Gervais, je vous dirai mon sentiment : — Il ne faut plus
« songer à prendre la ville ; — car, en ceux qui la défendent, la
« hardiesse et la valeur se sont accrues, — comme ici, parmi
« nous, les fatigues et les dangers. — Ce n'est plus à des novices
« que nous avons à faire la guerre : — c'est à des hommes qui se 6510
« défendent obstinément quand nous les attaquons, — dont le
« courage a quelque chose de terrible et de sauvage ; — à des
« hommes qui, parce que nous leur avons fait saigner le cœur, —
« aiment mieux une mort honorable qu'une vie honteuse. — Et
« par la foi que je vous dois, ils nous le font bien voir — quel 6515
« amour ils vous portent et quel est leur sentiment. — Nous les
« avons trouvés si furieux au combat, — qu'il nous manque des
« nôtres cent soixante (braves) — qui de cette quarantaine ne
« vêtiront plus armure. » — « Seigneur comte, dit à son tour don
« Foucault, je vous donnerai mon avis ; — car jamais vous n'eûtes 6520
« plus urgent besoin d'être bien conseillé. — Pour recommencer

E quels puscam destruire e aucire laens
Ne sian faitz e ditz tant grans afortimens
Que apres nostras mortz ne parlel remanens
6525 Fassam novela vila ab novels bastimens
Novelament garnida de novels firmamens
Ab novelas clausuras de novels talhamens
Si quels novels estatges estem novelamens
E vindra novels pobles e la novela gens
6530 Ez er Tholoza nova ab novels sagramens
Et anc mais no fo faitz tant rics mercadamens
Car entre carn e glazi e sanc e garnimens
La lor vila e la vostra sira tant contendens
Eu cre que luna a lautra portaral foc ardens
6535 E sela que remanga tindrals eretamens
Mas de la nostra part er lo milhoramens
Quens vindra de las terras los omes els foments
E lo pas e la carns e lo vis el fromens
Els deniers e las rendas els draps els vestimens
6540 El pertraitz e las vendas els comprans els vendens
E per grat o per forsa los bels dos els presens
El pebres e la cera el girofle el pimens
E pessem com estem el seti longamens
Per destruire la vila e prendrels venjamens
6545 Que ja nulhs temps per forsa non seriatz tenens
E anc sa no fo faitz tant rics establimens
E cerquem los terminis cada dia en correns
Per que a lor dins falha el blatz e la semens
Els albres e las vinhas els fruitz els echermens
6550 E la sals e la lenha e laltre garnimens
En aquesta maniera los faretz recrezens
E sils podetz destruire tant er grans londramens
Que tot vostre dampnages von ichira de mens
Senhors ditz lo coms est cosselh es plazens

« le dommage et le mal (de Toulouse), — afin de pouvoir en
« détruire et en exterminer (les habitants), — il nous faut ima-
« giner et faire de tels efforts, — qu'après notre mort il en soit
« parlé par tout le monde. — Faisons une nouvelle ville, avec de 6525
« nouvelles habitations, — munie de fortifications nouvelles, —
« de nouvelles murailles, de nouveaux retranchements ; — et de
« cette nouvelle ville, nous serons les nouveaux habitants. — Il y
« viendra un nouveau peuple, de nouvelles gens ; — ce sera une 6530
« nouvelle Toulouse, avec une nouvelle seigneurie ; — et jamais
« n'aura été pris si noble parti : — car entre cette ville et l'autre
« ne finira point — le démêlé du glaive avec la chair, des armes
« avec le sang, — jusqu'à ce qu'enfin l'une des deux porte le feu
« dévorant dans l'autre ; — et celle des deux qui restera, sera la 6535
« maîtresse du pays. — Mais jusque-là, ce sera nous qui gagne-
« rons à ce parti : — il nous arrivera de tous côtés des hommes
« et des femmes, — du pain et de la viande, du vin et du froment,
« — des draps, des vêtements, des deniers et des rentes, — des 6540
« voitures chargées de choses à vendre, des vendeurs, des ache-
« teurs. — Là, de force ou de gré, vous aurez les dons, les beaux
« présents, — le poivre et la cire, le girofle et le piment. —
« Songeons qu'il nous faut assiéger longuement (cette ville), —
« pour pouvoir la détruire et en prendre notre vengeance. — Ja- 6545
« mais vous ne l'aurez de force ; — car jamais ville ne fut si bien
« défendue. — Parcourons chaque jour à la course (et dévastons)
« les environs, — afin de tout enlever aux assiégés, le blé et la
« semence, — le sel, le bois et toutes les autres choses néces- 6550
« saires ; — c'est ainsi que vous les lasserez (et les exterminerez).
« — Si vous pouvez les détruire, vous en aurez tant d'honneur,
« — que tout votre dommage vous en sortira de l'esprit. » — « Sei-

6555 E bos e rics e savis e cars e covinens
Senher coms ditz lavesques ans val I. petit mens
Que si de la Garona estan delhivramens
Que noi aia nulh seti nils venga espavens
De la part de Gasconhals vindra aitals creicents
6560 Que a tota vostra vida los tindrian manens
Per Dieu senher navesques ditz lo coms veramens
Irai mos cors domens e mot dautres valens
E tindrem la ribeira aisi els passamens
Que de la part de laiga noi intrara mas vens
6565 E mos filhs e mos fraire de la oltra ichamens
En aquesta maneira es pres lacordamens
    Com fassan los dos setis.

CXC.

Cum fassan los dos setis es lo cosselhs donatz
Entrels baros el comte empres e autreiatz
6570 E pois lo cardenals lo pus sabens letratz
El abas el avesques el priors el legatz
Que per totas las terras anon prezicar patz
E cassar los eretges e los ensabatatz
E quen aital maneira amenon los Crozatz
6575 Ditz larsevesques dAux senher mi escoutatz
Can tindretz laltre seti verament sapiatz
Que de part de Gascunha vindra lo vis el blatz
E omes e viandas von trametrem asatz
Senher so ditz lo coms c. merces e M. gratz
6580 Mas no ses meravilha sieu posc esser iratz
Car en ta pauca dora soi aisi mescabatz
Que tant vei de mos homes de mortz e de nafratz
Que lo sens el coratges el talant mes camjatz

« gneurs, dit le comte, ce conseil est agréable ; — il est bon, 6555
« noble, sage, précieux et convenable. » — « Seigneur comte, ré-
« pond l'évêque, il n'est pas tout à fait si excellent ; — car si (ceux
« de la ville) jouissent librement de la Garonne, — s'ils ne sont
« point assiégés, ni inquiétés de ce côté, — il leur viendra de 6560
« Gascogne de tels secours, — que, de tout votre vivant, ils ne
« manqueront de rien. » — « Par Dieu ! seigneur évêque, dit le
« comte, — nous irons, moi et plusieurs autres braves ; — et
« nous garderons si bien la rivière et les passages, — que rien de
« ce côté-là n'entrera, sinon le vent ; — et mon fils avec mon 6565
« frère garderont de même le côté opposé. » — Ainsi est prise la
résolution — de mettre double siége.

CXC.

De mettre double siége le conseil est donné, — agréé et accepté entre les barons et le comte. — (Il est décidé) ensuite que 6570
le cardinal, ce savant lettré, — l'abbé, l'évêque, le prieur et le
légat, — s'en iront par tout le pays prêcher la paix, — chasser
les hérétiques et les Vaudois, — et reviendront amenant de nouveaux Croisés. — « Seigneurs, écoutez-moi, dit l'archevêque d'Auch. 6575
« — Lorsque vous aurez établi le second siége, sachez de vrai —
« que devers la Gascogne il (vous) viendra du blé et du vin ; —
« et (outre) la nourriture, nous vous enverrons aussi beau-
« coup d'hommes. » — « Seigneur archevêque, dit le comte, cent
« remercîments et mille grâces ! — Mais ce n'est point merveille 6580
« que je sois triste : — étant en si peu de temps si fort déchu,
« — et voyant tant de mes hommes morts ou navrés, — le sens,
« le cœur et le désir, tout est bouleversé en moi. — Je m'imaginais

Car ieu cujava estre en bon port arribatz
6585 Ez ei ferit en londa on estau perilhatz
E fas me meravilha en quen pung fui fadatz
Car en tant pauca dora mes lastres so cambjatz
Que so quieu me cujava es ros e vanitatz
Per quem dobla la ira e cug estre encantatz
6590 Car una gens vencuda nos an totz rauzatz
Senher so ditz nAlas cuidars es vanitatz
E paubreza vergonha e vergonha bontatz
E cel que dampna e peca e es outracujatz
Ab saber de mespendre es mespres e dampnatz
6595 E car merces salbira que cauzimens nous platz
Vol merces e dreitura que ab lor contendatz
E totz princeps de terra can es desmezuratz
Can Jeshu Crist lazira par dezaventuratz
E pert lo grat el segle e roma encolpatz
6600 Car vos am de coratge e soi ab vos dampnatz
Vos dei monstrar e dir can falhetz ni pecatz
Si tinetz vil Tholoza vostre sen ner mermatz
Que sis pert aventura cobrar la lialtatz
Ez es laintz paratges cors e riquetatz
6605 E fos en senhoria e cab dins deretatz
Pero eu no diria que vos no la prendatz
Quen breu er conquerida pos tant be comensatz
E poihs que vos najuda tota crestiandatz
Jes non es meravilha si vos lapoderatz
6610 Mas per santa Maria on resplan la clartatz
Avans que sia vostra ni que vos la tengatz
Paradis e eferns er de novel poblatz
E mant esperitz orfes e desacosselhatz
NAlas so ditz lo coms trop me proverbiatz
6615 E can ieu pert ni mermi re vos no gazanhatz
Sieu ai perdut Tholoza eu tenc encarals datz

« être à bon port arrivé,—et me voici relancé sur l'onde, où je suis 6585
« (de nouveau) en péril!—En quel étrange point me fut donc faite
« ma destinée, — pour que ma fortune soit changée si vite?—
« Tout ce que je m'étais figuré s'est dissipé comme rosée et chose
« vaine;—ma douleur redouble, et il me semble être un homme
« enchanté, — quand je vois que ce sont des créatures vaincues 6590
« qui nous ont repoussés..» — « Seigneur, dit don Alard, l'ambi-
« tion n'est que vanité;—la pauvreté est modestie, et la modestie
« vertu. — Celui qui pèche et condamne par outrecuidance, —
« qui se méprend le sachant bien, celui-là est lui-même condamné
« et méprisé.—Merci, droiture et courtoisie, s'apercevant qu'elles 6595
« vous déplaisent,—se sont mises en guerre contre vous. — Tout
« prince terrier qui viole l'équité,—devient odieux à Jésus-Christ
« et tombe en mésaventure : — il perd la grâce et la faveur du
« monde, et s'en attire le blâme. — C'est parce que je vous aime 6600
« de cœur et suis blâmé avec vous — que je dois vous avertir et
« vous dire tout ce en quoi vous faillez et péchez. — Si donc
« vous méprisez Toulouse, c'est que votre prudence est déchue.
« — Quand bonne aventure se perd, c'est par la loyauté qu'il faut
« la recouvrer. — Parage, valeur et richesse fleurissent dans Tou-
« louse;—et si vous aviez sur elle seigneurie et droit d'hérédité, 6605
« —alors je ne vous dirais point que vous ne la prendrez pas;—(je
« dirais au contraire) qu'elle sera bientôt conquise, après un com-
« mencement si beau : — et aidé, comme vous l'êtes, de toute la
« chrétienté, — ce serait merveille que vous ne la prissiez pas. —
« Mais (maintenant), par sainte Marie la resplendissante de gloire! 6610
« —avant qu'elle soit à vous, avant que vous en soyez en possession,
« —le paradis et l'enfer recevront de nouveaux habitants;—mainte
« âme deviendra orpheline et privée de tout conseil. » — « Don

Que per la sancta cresma ab quieu fui bateiatz
Tostemps tant can mais vivals tindrai asetiatz
Tro quei perda la vida o quels aia sobratz
6620 Senher coms ditz lavesques benazet e sagratz
Lo Senher queus fetz naicher sin vol estre ondratz
Gart la vostra drechura e veials lors pecatz
Ab aitant ditz lo coms men tindrai per pagatz
E ab aitant el manda als messatges anatz
6625 Per trastotas mas terras e dizetz e mandatz
Que sel que a mi no vengan tengan per desfiatz
E fetz garnir la vila e bastir per totz latz
Els pals e las clausuras els terriers els fossatz
Els verials e las portas els cunhs els cadenatz
6630 E de dins en la vila es lo poblamens datz
E de totas las terras e dels camis ferratz
Las vendas e las compras els conduitz el mercatz
Els palis e las polpras el vermelh el cendatz
Els cambis e las taulas els diners monedatz
6635 El castel Narbones ben garnitz e gardatz
Ab bars de mantas guizas ab cairels empenatz
E lo coms de Montfort a los sieus meitadatz
E a passada laigua el e la una meitatz
Es vengutz per la riba tot belament rengatz
6640 E lo bans e las senhas el leo figuratz
De la clartat dels elmes e del tems coloratz
E dels autres senhs dobles e descuilh nielatz
E dels escutz mirables e de frezels dauratz
Resplandis la ribeira e tota laiga el pratz
6645 El coms es en la vila de sent Subra intratz
Ab sas belas mainadas per trastot albergatz
Mas mentre que salberga e perpren los terratz
Us cavaliers sen intra que ses aprimairatz
Tant que ferit en laiga mas pois en sembla fatz

« Alard, dit le comte, vous me sermonnez par trop : — là où je
« déchois et où je perds, vous ne gagnez rien. — Si j'ai perdu
« Toulouse, j'ai encore à la main les dés (de ce jeu-là). — Et par
« le saint chrême dont je fus oint au baptême, — je tiendrai cette
« ville assiégée tout le temps de ma vie, — jusqu'à ce que je
« triomphe d'elle ou y périsse. » — « Seigneur comte, dit l'évê-
« que, béni soit et révéré — le Seigneur, qui vous mit au
« monde pour en être honoré ! — qu'il protége votre droiture,
« et tienne compte des péchés (de vos ennemis). » — « S'il est
« ainsi, je serai heureux, » répond le comte. — Et (là-dessus)
il parle à ses messagers : « Allez — par toutes mes terres ; com-
« mandez partout ; dites partout — que quiconque ne viendra
« pas (à mon secours) se tienne pour défié ! » — (Cependant) il
a fait, de tous côtés, ses apprêts pour défendre, pour renforcer
la ville — des assiégeants ; les palissades, les clôtures, les tertres,
les fossés, — les embrasures, les portes, les coins, les cadenas. —
Et dans l'intérieur de la ville il a été pourvu à la distribution des
quartiers — des diverses terres, des chemins ferrés, — (à la
police) des ventes, des achats, des transports, des marchés —
de draps de soie, de pourpre, de sandal, de vermeil, — des
changes, des étalages, des deniers monnayés. — Bien muni,
bien gardé est aussi le château Narbonnais — par des hommes
de guerre de toute espèce, avec des flèches empennées. — Le
comte de Montfort a partagé les siens par moitié, — et avec l'une
des moitiés il a passé l'eau ; — il est venu le long de la rive
(de la Garonne), bien rangé, — avec ses bannières et ses enseignes à l'image du lion. — De la clarté des heaumes, des cottes
de mailles, — des hauberts niellés, des écus luisants, — des
franges d'or, et de l'éclat de l'air coloré, — resplendissent le ri-

6650 Can que tornes als autres fo mortz e debrizatz.
Quel baron de la vila lo borcs e la ciutatz
Ben complit de las armas e ben aparelhatz
Tenon las barbacanas can an los pons passatz
El sirvent el arquier establitz e triatz
6655 An aisi los dos setis feritz e trebalhatz
Quanc pois noit ni dia noi estero empatz
Mas can la noit saprosma el cels es estelatz
Intra permei la vilal coms de Fois en Dalmatz
Car es pros om e savis e gent acosselhatz
6660 E per lo valent comte ses lardiment doblatz
La doncas pogratz veire mans ciris alumpnatz
E brandos e candelas on sespan la clartatz
Los tempes e las trompas els tambors atempratz
Fan retendir la vila e creis lalegretatz
6665 Ez el seti de fora es lo brutles levatz
E tals critz e tal noiza que sembla tempestatz
Si que la ost ne trembla e lo coms ses armatz
E a dit als altres seguramen estatz
E en apres demanda cals es lalegretatz
6670 Que fan cels de la vila ni cals es repairatz
Ditz Robertz de Belmont senher coms sapiatz
Quel coms de Fois mi sembla que los a amparatz
E podetz be saber cum va acompanhatz
Quel a mans cavalers Catalas amenatz
6675 E mant Aragones e del autres assatz
Carmas en la vila lautra cominaltatz
E es per so vengutz novelament celatz
Que auretz la batalha si aisils esperatz
Esperar ditz lo coms ben petit me prezatz
6680 E car es mals e savis e arditz e senatz
A dit a totz ensemble aquest mot entendatz
Oi és vengut lo termes e lo jorns aprosmatz

vage, l'eau et la prairie. — Le comte de Toulouse est dans la 6645
ville; il vient d'y entrer par Saint-Subran, — avec ses belles
troupes qui prennent de tous côtés leurs albergues. — Mais tandis
qu'il s'établit et occupe les divers postes, — un cavalier (ennemi)
paraît, qui s'avance — jusque dans l'eau : mais il fit là folie; —
quoi qu'il en advint pour les autres, il y fut, lui, tué et taillé en 6650
pièces. — Car les hommes de la ville, ceux du bourg et de la
cité, — bien fournis de toutes armes, et en bon appareil, — ont
passé les ponts et occupent les barbacanes; — on y a mis les
servants et les archers d'élite. — Ainsi disposés, ils meuvent si 6655
rude guerre aux deux siéges, — que ni jour ni nuit les Français
n'y trouvent de repos. — Mais quand la nuit est venue, quand le
ciel est étoilé, — dans la ville entrent le comte de Foix et don
Dalmace, — ce preux baron, sage et de bon conseil; — et 6660
à l'arrivée du vaillant comte, la hardiesse a redoublé dans tous.
— Vous auriez alors vu là une multitude de cierges allumés,
— de chandelles, de torches d'où s'épand grande clarté, — tandis que les instruments, les trompettes et les tambours de concert — font retentir la ville et y accroissent l'allégresse. — Parmi 6665
les assiégeants s'élèvent alors un bruit, — des cris, un fracas,
qui ressemblent à une tempête, — tellement que tout en
tremble et que Montfort s'est armé. — « Soyez tranquilles, » dit-il
aux autres. — Après quoi il s'informe du sujet de cette allégresse — que mènent ceux de la ville et de ce qui leur est 6670
arrivé. — « Sachez, seigneur comte, lui dit Robert de Beau-
« mont, — que le comte de Foix, ce me semble, est venu les
« défendre; — et vous savez bien qu'il ne marche point sans
« compagnie; — il a amené maints chevaliers Catalans, — maint 6675
« Aragonnais, et beaucoup d'autres. — (Si bien que) voilà, dans

Que cobrarei Tholoza o remandrei ondratz
Que si venia Espanha totz essems a i. clatz
6685 Totz aurian batalha si vos no la doptatz
Que mais me vulh combatre quesser deseretatz
Senher so ditz en Manasses de contra no fassatz
Que si men voletz creire vos faretz que membratz
Que lo coms de Toloza es ben aventuratz
6690 E lo coms de Cumenge bos cavalers triatz
E lo coms de Fois bos el filhs Roger Bernartz
En B. de Cumenge e tantas poestatz
A cui vos avetz morts los milhors parentatz
Els baros de la vila tuit essems acordatz
6695 E can lor membral glazis on los avetz sagnatz
Metran sen aventura co vos aisi moratz
O quel seti la oltra sia desbaratatz
Perque degus nous manda ni vol queus combatatz
Senhors so ditz lo coms en aital punt fui natz
6700 Que sols nom puesc combatre ni retornar nom platz
Trastotz lo meus coratges reman trist e glassatz
Car poders no maonda coi es la volontatz
E car astratz ma ira e car me desperatz
E car me part del seti aunidamentz forsatz
6705 E ab tant de la vila issiro remesclatz
Cavalers e borzes e mans dautres armatz
E lo setis se leva aisi desamparatz
Que lus non aten lautre enant li ditz anatz
Cel se te per delivres que mais es enantatz
6710 E lo coms sen repaira streitament e sarratz
E fetz lareire garda dels ben encavalgatz
A la riba de laiga es lo naveis acesmatz
E can vengo ensemble cadaus ses coitatz
Que cel trabuca lautre que ses aprimairatz
6715 E lo coms quils reten venc aisi abrivatz

« la ville, un nouveau peuple en armes, — qui est arrivé secrè-
« tement, dans l'intention (de vous livrer bataille); — et la ba-
« taille vous l'aurez, si vous les attendez ici. » — « Si je les attends!
« dit le comte, vous m'estimez bien peu.... » — (Et là-dessus) 6680
Montfort cruel et sage, audacieux et sensé (comme il l'est), — dit
à ses barons : « Écoutez mes paroles; — le temps est venu, le
« jour arrive, — où je recouvrerai Toulouse et serai honoré;
« — et l'Espagne fût-elle ici venue tout entière, en une seule
« masse, — bataille lui sera livrée, si vous ne le craignez pas; — 6685
« car, pour moi, j'aime mieux combattre qu'être déshérité. » —
« Seigneur comte, dit don Manassès, ne les attaquez point; — et,
« si vous m'en croyez, vous ferez chose sensée. — Le comte de
« Toulouse remonte en bonne aventure, — le comte de Com- 6690
« minges est un vaillant chevalier; — vaillants aussi sont le comte
« de Foix, et Roger Bernard son fils. — Bernard de Comminges
« et tant d'autres seigneurs, — dont vous avez fait périr les pa-
« rents, — se sont réunis aux barons de la ville; — et tous se 6695
« souvenant de quel glaive vous les avez saignés, — se mettent
« en aventure et (en péril) jusqu'à ce que vous soyez tué ici, —
« ou que le siége de l'autre côté soit rompu et déconfit. — Ainsi,
« personne ne demande ni ne souhaite que vous combattiez. » —
« Seigneurs, répond le comte, je naquis en mal point : — je ne 6700
« puis combattre seul, et ne veux point m'en retourner. — Tout
« mon cœur demeure triste et glacé, — de sentir que le pou-
« voir manque à ma volonté, — que le chagrin a été mon
« astre, que vous me réduisez au désespoir; — et que je lèverai
« honteusement ce siége, y étant contraint. » — Et voilà tout d'un 6705
coup de la ville sortir pêle-mêle — chevaliers et bourgeois
et autres hommes en armure, — tandis que le siége se lève si

58.

Que trabuquet en laiga cab pauc no es negatz
Mas aicel lo delivra qui lestec acesmatz
Pero lo seu caval i neguet cubertatz
E ac pois las cubertas la flor el fruit el gratz
6720 Per que lo jois sesclaira e lorgolhs es baishatz,
E lo coms de Montfort es a Murel intratz
E venc a lautre seti e es meravilhatz
Perque vi en cal maneira es dezaventuratz
E lo coms de Toloza a sos baros mandatz
6725 E vol son cosselh pendre ab sos amics privatz
Cum defenda la vila.

CXCI.

Per defendre la vila e per constrat de lor
Parlal coms de Toloza e li seu valedor
E lo coms de Cumenge ab complida lauzor
6730 E lo rics coms de Fois qui al pretz e la flor
En Rogers de Cumenge el filh de sa seror
E i es nRogers Bernatz ab sen e ab valor
En Bernatz de Cumenge qui porta lauriflor
De pretz e de largueza e de gaug e donor
6735 En Dalmatz de Creisilh I. valent valvassor
Quen fon de Catalonha dun gentil parentor

brusquement, — que l'un sans attendre l'autre, lui dit : « Va
« donc! » — Pour le plus heureux se tient celui d'entre eux qui
est le plus en avant;—le comte se retire aussi, (mais) en ordre
et en files serrées, — à l'arrière-garde (formée) de tous ceux qui
ont de bons chevaux. — Des bateaux ont été préparés aux bords
de la rivière; — et quand ils y arrivent, chacun se presse, —
chacun culbute celui qui est devant lui. — Le comte, qui veut
les retenir, vient lui-même si vite, — qu'il tombe dans l'eau,
où il est près de se noyer; — celui-là le sauve qui se trouvait
le plus proche de lui, — mais son cheval périt dans la rivière
tout bardé; — et le comte de Toulouse eut ensuite les bardes,
(ce comte de toute courtoisie) la fleur, le fruit et l'honneur, —
par lequel la joie renaît et l'orgueil est abaissé. — Montfort est
ensuite entré dans Muret, — et s'est rendu de là au château
Narbonnais, tout émerveillé — de voir jusqu'où vont ses mésa-
ventures.—Cependant le comte de Toulouse a mandé ses barons;
— il veut, avec ses amis privés, délibérer — comment défendre
la ville.

CXCI.

Pour défendre la ville, et résister aux Français, — le comte de
Toulouse et ses amis parlent entre eux. — (Là sont) le comte de
Comminges de mérite accompli, — le puissant comte de Foix,
la fleur des barons, — (avec) don Roger de Comminges, le fils
de sa sœur, — don Roger Bernard, doué de valeur et de prudence,
— don Bernard de Comminges, qui porte l'oriflamme — de courtoisie, de largesse, de joie et d'honneur, — don Dalmace de
Creisseil, un gentil vavasseur — de Catalogne, de noble lignage; — et beaucoup d'autres illustres barons, de vaillants

E mant baro mirable e mant cosselhador
El baron de la vila li plus ric el milhor
Cavalier e borzes e Capitol ab lor
6740 E feirol parlament a sent Cernil menor
E lo coms de Toloza fetz partir la rumor
Belament se razona e en apres ditz lor
Senhors so ditz lo coms Deu Jeshu Crist azor
E rendam li merces car nos val nins acor
6745 Quel nos a traitz de pena dira e de langor
Car sai nos a tramessa 1.ⁿᵃ gran resplandor
Que mi e totz vos autres a tornatz en color
Car el es sans e dignes e complitz de doussor
Entenda ma rancura e auja ma clamor
6750 E garde la dreitura co del seu pecador
Ens do poder e forsa e coratge e vigor
Co nos aquesta vila defendam ad honor
E es grans obs e coita quens garde de dolor
E per santa Maria ni per sant Salvador
6755 No i a baro ni comte cavalier ni comdor
Que per sa galhardia ni per autra richor
Fes mal a mazo dorde ni a cami de santor
Que no larda o nol penda o no saut de la tor
E pos Dieus ma rendut lo Capdolh de ma honor
6760 El me prenga sil platz oimais a servidor
Ditz lo coms de Cumenge est cosselh ma sabor
Que de Dieu e del setgle naurem grat e lauzor
E si la santa glieiza nils sieus prezicador
Nos fan mal ni dampnatge ja non fassam a lor
6765 Mas preguem Jeshu Crist lo paire redemptor
Que denant lApostolins do tal razonador
Que nos ab santa gleiza aiam patz e amor
E del mal e del be ques entre nos e lor
Ne metrem Jeshu Crist sabent e jutjador

conseillers, — d'hommes de la ville des plus éminents et des
plus puissants, — tant chevaliers que bourgeois, et avec eux les
Capitouls; — et ils assemblèrent le parlement au petit Saint-
Sernin. — Le comte de Toulouse fait cesser le bruit, — recueille
bellement ses raisons, après quoi il leur parle : — « Seigneurs,
« leur dit-il, j'adore Jésus-Christ Dieu ; — et rendons-lui (tous)
« merci de ce qu'il nous a secourus et assistés, — de ce qu'il nous
« a tirés de mal, de tristesse et de langueur, — en nous envoyant
« cette vive clarté — qui nous a remis, vous et moi, en (belle) cou-
« leur. — Saint, vénérable et plein de bonté comme il est, —
« qu'il entende ma plainte, exauce ma prière, — et soutienne
« mon droit à moi pécheur qui suis à lui ; — et qu'il nous donne la
« force et le pouvoir, le courage et la vigueur — de défendre avec
« honneur cette ville ; — car nous avons grand besoin et grande
« hâte d'être par lui préservés de mal ; — et par sainte Marie et par
« saint Sauveur! — il n'y a ni baron, ni chevalier, ni comte, ni
« comtor, — que si vaillant ou si puissant qu'il soit, — s'il
« assaille maison religieuse, ou pèlerin en route, — je ne fasse
« brûler, pendre ou sauter de la tour. — Puisque Dieu m'a rendu
« le Capitole de mes états, — qu'il me prenne désormais, s'il lui
« plaît, pour serviteur. » — « Ce conseil m'agrée, dit le comte de
« Comminges, — nous en aurons de Dieu et du monde louange
« et bon gré ; — et bien que sainte église et ses prédicateurs —
« nous fassent mal et tort, ne leur en faisons pas à eux, — et
« prions J. C. notre père, (notre) rédempteur, — de nous don-
« ner auprès du Pape tel négociateur, — qu'entre nous et sainte
« église reviennent paix et amour. — Quant au bien et au mal
« qui sont entre elle et nous, — faisons-en J. C. confident et
« juge. » — Les plus hauts d'entre les barons approuvent ce

6770 Aquest cosselh autreian li baro pus ausor
E lo rics coms de Fois ab la fresca color
Parlec apres lo comte e dossament ditz lor
Baros vos de Toloza entendetz est auctor
Gran gaug devetz aver car tuit vostre ancessor
6775 Foron bo e leial vas Dieu e vas senhor
E vos avetz ondratz vos meteises e lor
Car avetz espandida novelament tal flor
Per que lescurs salumpna e pareis la claror
Que tot pretz e paratge avet trait a lugor
6780 Ques nanava pel segle e no sabia or
E car vos etz prosome en avetz fait mant plor
Si a entre vos albre caia mala sabor
Prendetz ne la razitz e pois gitatz la por
E podetz ben conoiser est proverbis on cor
6785 Que jamais sa no aia mascarat ni trachor
E car lo coms Simo nos menassa ens cor
Avetz obs cavaliers e quen serquetz alhors
Ab que puscan destruire lorgolh menassador
Ditz Dalmatz de Crissil ab bo entendedor
6790 Deu hom bos cosselhs dire e quen prengal milhor
Pos Dieus nos a rendut nostre capdel maior
Ben devetz vos nos amar per bona amor
Car oimais desta vila nous cal aver paor
Ca totz los enemics em ben defendedor
6795 Eu vengui de ma terra per venjar mo senhor
E estarai en la vila que non irai alhor
Tro quen levetz lo seti o quen cobretz milhor
So ditz Rogers Bernatz pos tuit em en lardor
Dentrambas las partidas a la vera veror
6800 Degus savis no tenga taula ni obrador
Mas estem tot lo dia la fora al trepador
E fassam las trencadas e tal garreiador

conseil. — Après le comte (de Comminges) parla et dit doucement (aux autres) — le puissant comte de Foix à la fraîche
couleur : — « Vous barons, (dit-il,) vous de Toulouse, entendez ce
« dont je suis garant. — Vous devez sentir grande joie, de ce que
« tous vos ancêtres — furent envers Dieu et leur seigneur bons
« et loyaux ; — et vous les avez honorés eux et vous-mêmes, —
« en faisant de nouveau éclore telle fleur, — dont resplendit ce
« qui était obscur et renaît la lumière. — Vous avez remis en
« clarté valeur et noblesse, — qui s'en allaient (errant) par le
« monde, sans savoir où, — après en avoir maintes fois pleuré,
« comme courtois que vous êtes. — (Maintenant) s'il y a parmi
« vous un arbre à mauvais fruits, — arrachez-en la racine et la
« jetez (au loin). — Ce que signifie ce proverbe, vous pouvez
« bien le savoir : — (il signifie) qu'il ne faut ici ni traître, ni
« homme faux ; — mais puisque le comte Simon nous attaque et
« nous assiége, — vous avez besoin de chevaliers, et d'en chercher
« au dehors, — afin de pouvoir anéantir cet orgueil menaçant. »
— (Là-dessus) parle Dalmace de Creissil : « A bon entendeur —
« on doit donner de bons conseils, afin qu'il puisse choisir le meil-
« leur. — Puisque Dieu nous a rendu notre chef principal, —
« vous devez l'aimer (tous) de bon amour, — et ne devez plus
« être en souci au sujet de cette ville, — car nous la défendrons
« contre tous les ennemis. — Je suis venu de ma terre combattre
« ici pour mon seigneur ; — et dans cette ville je resterai, je
« n'irai nulle autre part, — jusqu'à ce que vous en ayez fait lever
« le siége, ou conquis une meilleure. » — Roger Bernard parla
(à son tour) : « Puisque à vrai dire, — nous sommes tous de part
« et d'autre en (égal) péril, — que nul ne tienne plus ici ni éta-
« lage ni boutique, — et que chacun reste tout le jour dehors,

Quel sirvent e larquier e li frondeiador
Cant lor sira gran coita agen bo intrador
6805 Quel baro de la fora son mal envaidor
E cant vindran primer li lor asaltador
Li dart e las sagetas el cairel punhedor
Lor auciran tant cors e tant bo milsoldor
Per que nauran gran joia li corb e li voltor
6810 E si a nos venian amic ni valedor
Ins en las albergadas nos combatam ab lor
Mas ab tant paucas darmas no son combatedor
Ditz nBernart de Cumenge per la nostra paor
Si be son bo per armas e mal combatedor
6815 An li Frances perdut lo tertz de la valor
Que levat an lo seti a tant gran desonor
Canc lo coms de Montfort non pres nulh temps maior
Mas entrels valens comtes se levec demes lor
Us bos savis legista gent parlans e doctor
6820 Lo maestre B. lapelan li pluzor
Ez es natz de Tholoza e respon ab dousor
Senhors merces e gracias del be e de la honor
Que dizetz de la vila e fam a Dieu clamor
De mo senher lavesque quens a dat a pastor
6825 Car las suas ovelhas a messas en error
Que las cuida menar en tal loc perdedor
Que a cada ovelha eran M. raubador
E pos Dieu Jeshu Crist navem amparador
Tals nos cuidan aucire ens son envazidor
6830 Quels aucirem ab glazis e murran a dolor
Que per so devem estre valent e sufridor
Car avem bona vila e farem la milhor
E gaitem ben lo dia e la noit a lalbor
E fassam los peiriers els calabres entorn
6835 El trabuquet que brize el mur Sarrazinor

« sur les remparts, — et faisons de (nouvelles) tranchées, et
« telles barrières — que les servants, les archers et les frondeurs,
« — quand ils seront vivement poursuivis, aient bonne retraite.
« — Les hommes qui nous assiégent sont de redoutables enne- 6805
« mis; — mais ceux de leurs assaillants qui se présenteront les pre-
« miers, — (auront) de dards, de flèches et de traits affilés —
« tant de corps et tant de bons chevaux tués, — que les corbeaux
« et les vautours en auront grande joie. — S'il nous vient des amis 6810
« et des défenseurs, — nous pourrons avec eux guerroyer jusque
« dans les albergues (des assiégeants); — mais si mal armés, nous ne
« pouvons attaquer. » — Bernard de Comminges dit alors : « De la
« peur qu'ils ont prise de nous, — les Français, si bons en armes 6815
« et si rudes combattants qu'ils soient, — ont perdu le tiers de
« leur bravoure; — et ils ont levé leur (second) siége avec tel dés-
« honneur, — que le comte de Montfort n'en eut jamais de plus
« grand. » — (Là-dessus) du milieu des vaillants comtes se lève —
un bon savant légiste, un docteur bien parlant, — maître Ber- 6820
nard, ainsi le nomme la multitude, — et il est né à Toulouse; il
parle doucement : — « Seigneurs, dit-il, grâces et merci du bien et
« des louanges — que vous dites de (notre) ville. Nous nous
« plaignons à Dieu — de mon seigneur l'évêque, qu'il nous a
« donné pour pasteur, — qui a tellement fourvoyé ses brebis, 6825
« — et voulu les perdre en lieu si périlleux, — qu'il s'y trouvait
« mille ravisseurs pour chacune. — Mais maintenant que nous
« avons J. C. Dieu pour défenseur, — tels nous assaillent et
« s'imaginent nous exterminer, — que nous occirons de nos 6830
« glaives et qui mourront de mort douloureuse. — Il ne nous
« faut, pour cela, qu'être vaillants et constants; — car nous avons
« une forte ville, et nous la rendrons plus forte. — Faisons

El castel Narbones el miracle e la tor
E car el son prosomes e bon governador
Eu qui son de Capitol dic per me e per lor
E per tot lautre poble dal maier tro al menor
6840 Que la carn e la sanc la forsa e la vigor
El aver el poder el sen e la valor
Metrem en aventura pel comte mo senhor
Quel retenga Toloza e tota lautra honor
E volem vos retraire per cosselh celador
6845 Quel nostri companhon sen iran a Matror
Per logar cavaliers e nos sabem be or
NArnaut de Montagut lor ditz eu vau ab lor
Quels menarai segur tro a Rocamador
En Bernat de Casnac recebra los al tor
6850 E veiretz nos venir si Dieu platz al Pascor
E vos obratz la vila mentre navetz lezor
Del cosselh se departo ab joi e ab baudor
  E parec ben a lobra.

CXCII.

E parec ben a lobra e als autres mestiers
6855 Que de dins e de fora ac aitans dels obriers
Que garniron la vila els portals els terriers
Els murs e las bertrescas els cadafalcs dobliers
Els fossatz e las lissas els pons els escaliers
E lains en Toloza ac aitans carpentiers
6860 Que fan trabuquetz dobles e firens e marvers
Quel castel Narbones qui lor es frontaliers
Noi remas tor ni sala dentelh ni murs entiers

« bon guet le jour et la nuit jusqu'à l'aube.—Dressons tout à l'en-
« tour des pierriers, des calabres — et des trébuchets qui battent
« les murs œuvre sarrasine, — le château Narbonnais, la vedette
« et la tour. — Et comme les Toulousains sont preux et entendus
« au gouvernement, — moi qui suis du Capitole, je déclare pour
« moi, pour eux, — et pour le reste du peuple, des plus grands aux
« moindres, — que pour le comte mon seigneur, et pour lui con-
« server Toulouse — et le surplus de sa seigneurie, nous met-
« trons (tout) à l'aventure, — chair et sang, force et vigueur, —
« valeur et sens, avoir et pouvoir. — Et je veux bien vous décla-
« rer que d'après notre conseil secret, — nos compagnons s'en
« iront à la Toussaint, — prendre à la solde des cavaliers, nous
« savons où. » — « J'irai avec eux, dit aussitôt don Arnaud de
« Montaigut; — je les conduirai en sûreté jusqu'à Rocamador;—
« (Là) don Bernard de Casnac s'en chargera à son tour; — et vous
« nous verrez, s'il plaît à Dieu, revenir à Pâques.—Vous autres,
« fortifiez la ville, tandis que vous en avez loisir. »—Là-dessus
le conseil se sépare avec joie et allégresse; — et il y parut bien
à l'œuvre.

CXCII.

Il y parut bien à l'œuvre et à tout le reste; — en dedans et en
dehors, ce ne sont (partout) qu'ouvriers, — qui fortifient la ville,
les portes et les terrasses, — les murs, les bretêches, les doubles
échafauds, — les fossés, les lices, les ponts et les escaliers. —
Ce ne sont, dans Toulouse, que charpentiers — qui font des
trébuchets doubles, agiles et battants, — qui dans le château
Narbonnais, devant lequel ils sont dressés, — ne laissent ni tour,
ni salle, ni créneau, ni mur entier. — Le champ de Montolieu

El camp de Montoliu es aisi meitadiers
Per ambas las partidas de sirvens e darquiers
6865 E comensan las guerras els perilhs batalhiers
Que las partis lo glazis e la sanc e laciers
Per que lerba vertz sembla vermelha co roziers
Com noi es pres a vida ni livratz prizoniers
Ez ichic de Toloza lo rics coms plazentiers
6870 E anec Fois recebre per creisels milhoriers
Per restaurar paratge li rend en Berenjers
NArsins de Montesquiu .I. valens cavalers
Que fo natz de Gascunha e es fis e entiers
Per so car pretz labonda e totz bos menesters
6875 Venc amparar Tholoza el comte volentiers
E lo coms de Montfort ques avinens parlers
E mals e rics e savis e subtils fazendiers
A mandat parlament als majors cosselhiers
Belament sarazona denant los capdalers
6880 Senhors so ditz lo coms grans es mos cossirers
Car creguda mes ira e mals e desturbriers
Car ieu cuidava estre als enemics sobriers
E conquerir Proensa e devenir paziers
Ara mes obs e coita quem torne glaziers
6885 Car lo coms R. es vengutz coma tempiers
E lo coms de Cumenge el coms R. Rogers
Sos filhs nRogers B. sos cozis en Rotgers
En Bernat de Cumenge e mot dautres guerriers
Els baros de la vila els sirvens els roters
6890 Que man touta la vila e mortz mos companhers
Per quem creis la felnia els mals e desiriers
E no es meravilha sis pert mos alegriers
Car ieu vei que las lebres an contrast als lebriers
Senher coms ditz lavesques cals es est reprovers
6895 Que cel que mais vos ama vos deu estre esquerriers

est divisé par moitié — entre les servants et les archers des
deux partis. — (Ainsi) ont recommencé la guerre et les périls 6865
de bataille, — les partages de sang entre les glaives et les fers
(aigus) — dont l'herbe devient vermeille comme rosier, — et où
il n'est fait ni grâce de la vie, ni prisonniers. — Cependant le
puissant comte (de Toulouse) le courtois est sorti de la ville;
— il va recevoir Foix, et pour, surcroît de bonne fortune, — 6870
pour restaurer noblesse, lui arrive don Béranger ; — et don
Arsin de Montesquieu, chevalier vaillant, — natif de Gascogne,
(de cœur) noble et entier, — parce qu'il est rempli de valeur
et de toutes bonnes qualités, — est (aussi) venu volontaire- 6875
ment défendre Toulouse et le comte. — Cependant le comte de
Montfort qui est avenant parleur, — qui est cruel et puissant,
prudent et subtil en affaires, — a rassemblé en parlement ses
plus hauts conseillers, — et se prend à discourir bellement devant ces chefs : — « Seigneurs, dit-il, grand est mon souci — et 6880
« (fort) accrus sont mon chagrin, mon mal et mes embarras. —
« Je croyais avoir surmonté mes ennemis, — conquis la Provence,
« et être devenu pacier, — et me voilà forcé et pressé de redeve-
« nir guerrier ; — car, comme un ouragan, sont venus le comte 6885
« Raymond, — le comte de Comminges et le comte Raymond Ro-
« ger, — avec don Roger Bernard son fils et don Roger son cousin,
« — don Bernard de Comminges et beaucoup d'autres ennemis,
« — qui, avec les hommes de Toulouse, les servants et les rou-
« tiers, — m'ont enlevé la ville et tué mes compagnons. — C'est 6890
« là ce qui redouble ma colère, mon mal, et mon désir (de
« vengeance). — Et ce n'est point merveille que je perde toute
« allégresse, — quand je vois les lièvres en guerre avec les lé-
« vriers. » — « Seigneur comte, répond l'évêque, n'y a-t-il pas un

Car a vos nos tang ira ni nulhs'espaenters
Car en breu de termini se doblaral taulers
Quel senher cardenals ques lums e candeliers
A trames per las terras clergues e latiniers
6900 Que preziquen los regnes els comtatz els empers
E per las abadias los altres mesatgiers
Que laver nos trametan e aurem mainaders
E can vindral terminis que passera geniers
Vos veiretz tans venir Crozatz e mainaders
6905 Per trastotas partidas a cens e a milhiers
Que si era Toloza tant alta col cloquiers
Noi remanria clausura ni murs ni traversers
Que no sia partida o brizada a cartiers
Els homes e las femnas e los efans laitiers
6910 Iran tuit a la espaza si no son els mostiers
E pois per totz terminis sira faitz lacorders
Roberts de Pequerni us valens soldadiers
Ques pros om e savis e rics e plazentiers
E es vengutz de Fransa la dit ecienters
6915 A Dieus senher navesques mals es est castiers
Que pos lo coms R. ses faitz aventuriers
A mi dona veiaire que pus cregal braziers
Que cel qui conquier terra can remal cors entiers
Pert lonor conquerida can vol estre sobriers
6920 Que can franh lo coratges la cobrat leretiers
E Frances per natura deu conquerir primers
E conquier tant que puia pus aut cus esparvers
E cant es en la rota es aisi sobrancers
Que lorgolhs franh e brisa e baicha lescaliers
6925 Es el cai e trabuca e rema i engaliers
E pert so que gazanha car no es bos terriers
E per lorgolh de Fransa e pels faitz menudiers
Foron mort en Espanha Rotlans e Oliviers

« proverbe (qui dit) — que celui qui plus nous aime doit nous
« contredire ? — Le chagrin ni la crainte ne vous conviennent
« point, — quand votre revanche est au moment d'être prise. —
« Mon seigneur le cardinal qui est (à la fois) la lumière et le
« candélabre, — a de tous côtés envoyé force clercs et latinistes,
« — prêcher (la Croisade) aux royaumes, aux empires, aux
« comtés. — Il a par d'autres messagers (mandé) aux abbayes —
« — de nous transmettre (de) leur avoir; et nous en lèverons
« des troupes à la solde. — Janvier passé, quand viendra la saison
« (nouvelle), — vous verrez les Croisés et les gens de guerre
« arriver — de tous côtés par centaines et par milliers (de telle
« sorte) — que Toulouse, fût-elle aussi haute que ses clochers, —
« il n'y restera ni mur, ni clôture, ni fortification — qui ne soit
« ébréchée, ou brisée en quartiers. — Les hommes, les femmes
« et les enfants à la mamelle — seront tous au glaive livrés, sauf
« ce qui se sera (réfugié) aux monastères; — après quoi la paix
« sera faite pour toujours. » — Robert de Péquerny, un vaillant
homme de guerre, — un homme de bien, sage, puissant et avenant, — qui est venu de France, a sagement répondu : — « Par
« Dieu ! seigneur évêque, pernicieux est votre conseil : — puis-
« que le comte Raymond s'est mis à l'aventure, — il m'est avis que
« le brasier (de la guerre) doit s'en accroître; — car celui qui a
« conquis une terre (aux habitants de laquelle) le cœur est resté
« entier, — perd (bientôt) les honneurs conquis, s'il veut domi-
« ner (violemment). — Quand le courage lui manque, il re-
« vient à l'héritier (dépossédé). — Le Français par nature est fait
« pour gagner d'abord; — il s'élève à conquérir plus haut qu'éper-
« vier; — mais quand il est (au plus haut) de la roue il est telle-
« ment superbe, — que l'orgueil brise, renverse ou rabaisse

E lo coms pert la terra car no es bos terriers
6930 Et a la conquerida a la crotz e laciers
Pla del port de la Reula tro la sus a Vivers
Que res non es a diir mas cant sols Montpesliers
Et el pren ne las rendas e los marcs els diners
En apres el la messa en poder daversers
6935 Que destruzon los pobles els dampnan volontiers
E Dieus ques sants e dignes e clars e vertadiers
Enten be las rancuras e los faitz sovendiers
Per que nos a trameses aitals novels pariers
Quens fan 1. sobros naicher que nons agra mestiers
6940 E car sufric Tholoza mans mortals enugers
Ges non es meravilha ses faitz lo recobriers
E car ne fe senhors garsos e pautoniers
A nos totz e al comte ner donatz tals loguiers
Que totz nostres linatges pecaran els semdiers
6945 Car cel qui tol e dampna e aucil domengiers
Deu portar foc e ira e sufrir estreniers
Perques en aventura lo nostre milhorers
Coms ditz en Gui de Levi lo parlar es leugiers
Que cant creis lo dampnatges amermal thesauriers
6950 E lafars daquest seti no es mas alonguiers
Ja tant non emprendretz ab vostres ligendiers
Que noi trobetz contenta daquest x. ans entiers
Mas si men voletz creire faitz er lo delivrers
Al mati pla a lalba cant la sonal torriers
6955 Vos aiatz fait garnir totz vostres chivalers
E las bonas companhas e vostres escudiers
E los corns e las trompas e totz los senharers
Et es liverns cozens e mals e freitz e niers
E li ome jairan els lietz ab lors molhers
6960 E mentre que demando los vestirs els cauciers
Metrem en aventura los corses els destriers

« l'échelle (sous lui). — Il tombe alors, il trébuche, il revient à
« ce qu'il était; — ce qu'il avait gagné, il le perd par mauvaise
« seigneurie. — Ce fut pour l'orgueil de la France et pour ses
« chétifs déportements, — que périrent en Espagne Roland et Oli-
« vier. — Si le comte perd la terre, c'est qu'il est mauvais ter-
« rier. — Il l'a conquise par la croix et le fer, — depuis le port
« de la Réole jusque là-bas à Viviers, — sans qu'il y manque
« rien, sinon le seul Montpellier : — il reçoit de tout (cela) les
« rentes et le cens, les marcs et les deniers. — Mais il a mis le
« tout au pouvoir d'adversaires — qui détruisent les peuples et
« les maltraitent volontiers. — Cependant Dieu qui est saint,
« vénérable, clair et vrai, — entend leurs plaintes et (voit) nos
« déportements journaliers; — voilà pourquoi il nous a envoyé
« tels nouveaux compagnons de seigneurie, — qui nous donnent
« un surplus d'ouvrage dont nous n'avions guère besoin. — Tou-
« louse a souffert tant de mortelles vexations, — que ce n'est point
« merveille qu'elle ait été reconquise. — C'est pour y avoir établi
« seigneurs des valets et des goujats, — qu'il nous en revient à
« nous tous et au comte (Simon) un tel loyer, — que tous ceux
« de notre race en deviendront malfaiteurs par les chemins ; —
« le seigneur qui condamne, pille ou tue ses sujets, — doit mar-
« cher armé de feu, de colère, et recourir aux étrangers. — Aussi
« notre réussite est-elle en (grande) aventure. » — « Comte, dit
« don Guy de Lévis, c'est un propos commun, — que là où croît
« le dommage, le bien diminue; — (or) tout ce siége n'est que
« temps perdu; — et de tout ce que vous entreprendrez de l'avis
« de vos prêtres légendiers, — il n'y a rien où vous ne trouviez de la
« résistance pour dix ans. — Mais si vous voulez m'en croire, vous
« voilà tiré d'affaire. — Dès le matin, au point de l'aube, lorsque

E intrem los passatges o passem los semdiers
Dreitament a la porta per aucirels porters
E per tota la vila se relevel chapliers
6965 E lo critz e la noiza e lo focs el carniers
E la mortz e lo glazis e la sanc el flamiers
E de nos o de lor sia lo jorns derriers
Que mortz cant es ondrada val mais que caitivers
Per Dieu en Gui ditz nAlas car vos etz merceners
6970 E bos amics del comte vulh que intretz primers
E sil coms es segons ieu sirai lo tersiers
NAlas so ditz lo coms ja no er fait estiers
Ad aquesta vegada.

CXCIII.

Ad aicesta vegada er en aisi complit
6975 Qua lalbor del dia nos sirem tuit garnit
Ab totas nostras armas e li bo Arabit
E aurem nostrengenh celadament bastit
E las melhors mainadas e li pus escarit
Comensaran la guerra tro quels sian ichit
6980 E cant ilh seran fora per lo camp espandit
Nos vindrem tuit ensemble aisi apoderit
Ponhen e combaten e firen e aizit

« le gardien de la tour chante l'aubade, — faites que tous vos
« chevaliers soient armés, — ainsi que les belles compagnies (de
« guerre) et vos écuyers, — avec les cors, les trompettes et toutes
« les bannières. — L'hiver est cuisant, rigoureux, froid et noir :
« — les hommes (de la ville) seront pour lors couchés dans leurs
« lits avec leurs femmes; — et tandis qu'ils demanderont leurs
« vêtements et leurs chausses, — (nous nous) méttrons à l'aven-
« ture, nous et nos destriers, — et nous nous jetterons à travers
« les passages et les sentiers — droit sur une des portes, pour en
« égorger les gardiens. — Il faut qu'alors se répandent aussitôt par
« toute la ville, la bataille, — le vacarme et le bruit, le feu et le
« carnage, — le glaive et la mort, le sang et la flamme, — et que de
« nous ou d'eux ce jour soit le dernier; — car la mort, pourvu qu'elle
« soit honorable, vaut mieux que l'abaissement. » — « Par Dieu !
« don Guy, fait don Alard, comme vous êtes bien méritant —
« du comte et son bon ami, je veux que vous entriez le premier;
« — et si le comte est le second, moi je serai le troisième. » —
« Alard, dit (alors) le comte, ainsi sera la chose faite — à cette
« fois.

CXCIII.

« A cette fois que la chose soit faite ainsi. — (Demain) à l'aube
« nous serons tous — en armure complète, sur nos bons (chevaux)
« arabes; — et notre attaque aura été en secret concertée. — Nos
« troupes les meilleures et les moins nombreuses — s'avanceront
« les premières jusqu'à ce que (l'ennemi) sorte; — et quand il sera
« une fois dehors, épars dans le champ, — nous fondrons tous à
« la fois (sur lui), et de telle force — piquant et combattant, frap-
« pant à notre aise, — et tellement entre le glaive et l'acier parta-

Quentre lacier el glazi sirem si departit
Quenans quels se remembren ne sian avertit
6985 Nos intrarem ensemble ab lor tant afortit
Que retendrem la vila o i remandrem fenit
Mais val moiram ensemble o que siam guarit
No que tengam lo seti tant longamen aunit
Senher ditz nAmaldric mot ben o avetz dit
6990 Ez eu ab ma mainada comensarai lardit.
Can del cosselh partiro an manjat e dormit
E lor agait bastiron ab lo jorn esclarzit
Elh autre esperonan permei lo camp polit*
E cant cels de la vila o an vist e auzit
6995 Entrels critz e la noiza de totas partz tendit
Aisi prendo las armas cant foro resperit
Que bragas e camizas i mezon en omblit
E perprendo la plassa ez an lo camp sazit
Li corn e las senheiras e las trompas el crit
7000 En B. de Cumenge pres lo capdel el guit
Dels omes de la vila quels no sian delit
En apres lor escrida no serian sofrit
E li Frances ensemble son ins el camp salhit
Lo coms en Amaldric en Alas amarvit
7005 En Folcaut en Robertz en Peire de Vezit
En Robert de Beumont Manases de Cortit
En Ugues de Laici en Rogers dAndelit
Esperonan ensemble e foro tant seguit
Que lai on se monstreron an tan bel colp ferit
7010 Que cels dedins trabucan e cazen escarit
Que mans dels en caseran ins en laiga vestit
E li Frances per forsa an tant be envazit
Que lo fossat e laiga an passat e envait
Et il dedins escridan li gran e li petit
7015 Santa Maria val nos que no siam delit

« gés, — qu'avant qu'il ne revienne à lui et ne s'aperçoive (du
« piége), — nous entrerons avec lui et de telle vigueur, — que
« nous garderons la ville, ou y resterons morts. — Mieux vaut
« périr ou nous sauver ensemble (tout d'un coup), — que de nous
« faire à ce siége plus longuement honnir. » — « Seigneur, dit don
« Amaury, vous avez parlé à merveille; — et je commencerai l'as-
« saut avec ma troupe. » — A l'issue du conseil ils mangèrent et
dormirent; — et puis, au jour clair, les uns se mettent en embuscade, — et les autres piquent de l'éperon à travers la rase campagne. — Ce qu'ayant vu ou entendu, ceux de la ville, — entre
les cris et le tumulte qui se répandent de toutes parts, — se réveillent et prennent les armes en telle (hâte), — qu'ils en oublient
braies et chemises; — ils occupent la place et se jettent dans la
campagne, — (avec) leurs bannières, (au bruit des) cors et des
trompettes. — Don Bernard de Comminges a pris le commandement et la conduite — des hommes de la ville, pour qu'ils ne
soient point exterminés; — et leur crie que l'ennemi ne tiendra
pas contre eux. — (Cependant) les Français sont aussi sortis de
leur camp. — Le comte don Amaury, don Alard le prompt, —
don Foucault, don Robert, don Pierre de Voisin, — don Robert
de Beaumont, Manassès de Cortil, — don Hugues de Lascy, don
Roger d'Andelis, — piquent ensemble de l'éperon, suivis d'une
si grande foule — et frappant si bien, que là où ils s'abattent,
— ceux de la ville sont renversés et tombent en grand nombre,
— et que plusieurs d'entre eux plongent dans l'eau tout armés.
— Les Français ont de telle force et si bien assaillir, — qu'ils ont
franchi l'eau et les fossés; — et ceux de Toulouse, petits et
grands, s'écrient : — « Sainte Marie, secourez-nous! Que nous
« ne soyons pas exterminés! » — Don Roger Bernard pique de l'é-

En Rogers Bernartz broca e al pas establit
E defen e restaura ab lo cors afortit
El ome de la vila ab los baros faizit
Can ilh foron ensemble triat e reculhit
7020 Cavalier e borzes e sirvent enardit
An lo crit e la noiza el chaplament sofrit
Dentrambas las partidas se son tant referit
Quel castel e la vila e lo camps retendit
Mas li dart e las lansas e li espieut brandit
7025 E las massas furbidas e li escut brunit
E las apchas aizidas e li acer bulhit
E li dart e las peiras e li cairel furbit
Ez entrels e las flecchas li caire amarvit
Dentrambas partz lai vengo complidament aizit
7030 Que lauberc e li elme son brizat e croisit
Suffren e abaten e vencen adaptit
Si firen los encausan els ne menan partit
Quins el fossat trabucan abatut e ferit
Que ab ferir e ab massas e ab chaplament trit
7035 Atendent e partent son li baro sortit
E li caval en laiga ins el glatz sebelhit
Entresens e cubertas e li bo Arabit
E li garniment doble e li escut florit
E li fre e las selas e li peitral croisit
7040 E mantas de maneiras i remaso crostit
Al partir de la coita se son tant referit
Que noi a cors ni membre que non aia sentit
E can dins e defora an lo chaple gequit
En la vila sen intran joios e esbaldit
7045 E Frances sen repairan ab coratge endorzit
E can lo coms repaira e foro desgarnit
Lo cardenals el bisbes lai vengo revestit
E saludan lo comte e an lo benazit

peron, occupe le passage, — et d'un cœur intrépide le défend et
le fortifie, — avec les hommes de la ville et les barons faidits. —
(Ainsi) rassemblés, triés et réunis, — les chevaliers, les bourgeois et les hardis servants — résistent aux cris, au tumulte et au
carnage. — Il y a de part et d'autre tant de coups donnés et rendus, — que le château, la ville et le camp (en) retentissent. —
Les dards, les lances et les épieux dressés, — les massues polies
et les écus bronzés, — les haches à la main, l'acier trempé, —
les traits, les pierres, les carreaux luisants, — les flèches et les
cailloux lancés, entre les (combattants) — de l'un et de l'autre
côté tombent si à propos, — que les hauberts et les heaumes en
sont brisés et fracassés. — (Ceux de la ville) assaillis et résistant,
abattant et repoussant, — dispersent et poursuivent les (Français) de telle sorte, — que (ceux-ci) se précipitent dans le fossé,
renversés et blessés. — A coups (de glaive) et de masse, et
menu-taillant, — les barons (de la ville) sont sortis à leur poursuite ; — et voilà, dans la glace, tomber ensevelis les chevaux,
— les bons destriers arabes, les enseignes, les caparaçons, — les
doubles armures, les écus à fleurs (peintes), — les brides, les
selles, les poitrails maillés, — qui y restent de diverses manières
écrasés. — Ils ont des deux parts reçu et donné tant de coups,
— (qu'au départir de la mêlée) il n'y a ni un corps ni un membre
qui ne s'en ressente. — Mais quand dedans et dehors ils ont
abandonné le carnage, — les uns rentrent dans la ville joyeux
et enhardis ; — et de leur côté se retirent les Français au cœur
éprouvé. — Quand le comte est rentré ; et quand (tous) sont désarmés, — le cardinal et l'évêque viennent revêtus (de leurs ornements), — et ayant salué le comte, ils lui donnent la bénédiction.
— « Seigneur comte, dit (alors) l'évêque, ces barons réprou-

Senher coms ditz lavesques est baro contradit
Si Jeshu Crist no pensa greu siran convertit
Abesques ditz lo coms si ma Dieus enantit
Que vos e la clercia cuit que maiatz cazit
Quel Capdolh quieu avia ab la crotz conquerit
Glazis e aventura men a desenhorit
Coms ditz lo cardenals preguatz Sant Esperit
Que la vostra rancura nil mal no aia auzit
Car sel ca la felnia te lo cor endolcit
E merce e dreitura e bon sen e complit
E lai on merces merma e bes torna en omblit
Merces e senhoria i pert lo nom el guit
Senher so ditz lo coms merce daquest falhit
Tant soi iratz e felnes que no sai que mai dit
Ben dei aver gran ira el cor el sen partit
Car una gens perida ma tant dessenhorit
Jamais tant cant ieu viva non o aurai merit
Mas per santa Maria quel seu bel filh noirit
Sieu no pos cosselh pendre co sian descofit
Lo meu afar el vostre vei si afelezit
Que torna en aventura.

CXCIV.

Er torna en aventura tant cugei estre fis
Que jamais mal ni guerra ni trebalh no sufris
Mas cant sol de Proensa e que la comqueris
E totz mos enemics abaiches e delis
E governes mas terras e que tant menrequis
O per grat o per forsa que cascus mobezis
E ames santa glieiza e Jeshu Crist servis
Ara no sai quem diga ni qui ma sobrepris
Car de las meravilhas que recomta Merlis

« vés — seront, si Jésus-Christ n'y pourvoit, difficilement conver-
« tis. » — « Évêque, dit le comte, Dieu m'avait de telle sorte élevé, —
« que je crois que vous et le clergé m'avez voulu faire redescendre
« en moi-même; — le Capitole que j'avais conquis par la croix,
« — je l'ai perdu par glaive et par aventure. » — « Comte, répond le
« cardinal, priez que le Saint-Esprit — n'ait point entendu votre
« plainte et votre méchant (propos), — (lui qui peut) à quiconque
« a (bu) le fiel, tenir le cœur en douceur, — en droiture et en
« merci, en sens bon et parfait. — Mais là où manque la gratitude
« et où le bien tombe en oubli, — noblesse et seigneurie per-
« dent le nom et l'empire. » — « Seigneur (cardinal), dit le comte,
« merci de ce pécheur; — je suis si chagrin et si courroucé, que
« je ne sais ce que j'ai dit : — mais n'ai-je pas raison d'être cha-
« grin et d'avoir perdu le sens, — quand une race déconfite m'en-
« lève une si haute seigneurie? — Non, jamais, si longtemps que
« je vive, je n'en serai assez vengé. — Mais par sainte Marie qui
« allaita son (divin) fils! — si je ne trouve conseil pour battre
« (ces Toulousains), — je vois mon entreprise et la vôtre si
« abaissée, — qu'elle est remise en aventure.

CXCIV.

« Notre entreprise est remise en aventure, et (cependant) je
« me croyais sûr — de n'avoir à endurer d'autres traverses, d'autre
« fatigue en guerre, — que celle (de la guerre) de Provence, et
« que, conquérant ce pays, — j'abaisserais ou détruirais tous
« mes ennemis, — gouvernerais (paisiblement) mes terres, de-
« venu si puissant, — que par force ou de gré chacun m'obéirait,
« — et que je (continuerais de la sorte) à aimer sainte église

A mi dona veiaire quel ne sia devis
7080 Anc no cugei vezer que mos sens perteris
Car ieu cuidava estre ben certas e ben fis
Que fos lo coms. R. intratz mest Sarrazis
O en las autras terras que jamais sa nol vis
Ara vei que salumna e que sa ma mespres
7085 Que ab petita companha ses el Capdolh ases
E defen e contrasta e dampna e afortis
Am la gen contradita quem destruiem aunis
Mas per la santa Verge on Jeshu Crist se mes
Quim donava Espanha ab los marabotis
7090 E trastota la terra que tel reis Marroquis
Eu daici non partria entro que laia pris
E la vila destruita e lo comte malmis
Coms ditz lo cardenals a vos ma Dieus tramis
Queus capdel eus governe e quem siatz aclis
7095 Pos ilh non podon estre cofondutz ni comquis
Si vos men voletz creire autre cosselhs ner pris
Que trametam lo comte dreitament a Paris
Al senhor rei de Fransa quilh ne prenga mercis
E que ara nos atenda so que nos a promis
7100 E irai la comtessa e maestre Guaris
E pregara so fraire els parens els cozis
Que nos vengan socorrer et er lor Caercis
Eu trametrai a Roma aisi co es empris
Que trametan pel setgle los prezics els Latis
7105 Si aquesta vegada no pot estre devis
Tant farem cal autran i vindra Lozois
Per destruire la vila on lo mals se noiris
Mas pero si tant era quel reis nols conqueris
Non sai mais cosselh pendre mas quen sia la fis
7110 Que so que Dius governa garda sens Georgis
Senher so ditz lavesques pos men avetz enquis

« et à servir Jésus-Christ. — Maintenant, je ne sais plus que dire,
« ni de quelle (fascination) je suis pris, — si ce n'est qu'aux merveilles
« racontées par Merlin; — il me semble que lui (seul) pourrait le
« deviner. — Je ne m'attendais pas à voir le sens me faillir (si vite);
« — je me tenais au contraire pour bien certain et bien sûr —
« que le comte Raymond s'était sauvé parmi les Sarrasins, — ou en
« d'autres terres, et que je ne le verrais jamais plus. — Et je le
« vois maintenant qui reprend couleur et me méprise (au point)
« — qu'avec une petite troupe il s'est établi au Capitole, —
« guerroyant et résistant, condamnant et protégeant, — à l'aide
« de cette gent réprouvée qui me détruit et me honnit! — Mais
« par la Vierge sainte où Jésus-Christ s'incarna! — me donnât-
« on toute l'Espagne avec ses marabotins — et toute la terre
« que tient le roi de Maroc; — je ne partirai pas d'ici que je n'aie
« pris — et détruit la ville et châtié le comte. » — « Comte, dit
« le cardinal, Dieu m'a vers vous envoyé, — pour que je vous
« conduise et vous gouverne et que vous soyez docile. — (Or)
« puisque ceux (de Toulouse) ne peuvent être confondus ni
« conquis, — nous prendrons, si vous voulez m'en croire, un
« autre parti : — nous enverrons le comte (Guy) tout droit à
« Paris, — au seigneur roi de France, pour qu'il ait merci de
« nous — et nous tienne maintenant ce qu'il nous a promis. —
« La comtesse ira aussi avec maître Guérin, — et priera son
« frère, ses parents et ses cousins — de venir à notre secours,
« (à la condition que) le Quercy soit à eux. — Moi je manderai
« à Rome, ainsi qu'il est convenu, — que l'on envoie par le
« monde prêcher les latiniers; — et si cette fois encore je suis
« mauvais prophète, — nous ferons si bien que l'année pro-
« chaine le roi Louis viendra — détruire la ville où le mal se

Eu farai lo mesatge tot dreit a sent Danis
Et a la Pentecosta cant lo temps reverdis
E vos amenarei tans Crozatz e pelegris
7115 Que portaran laver els marcs els esterlis
Alamans e Frances Bretos e Peitavis
Normans e Campanes Flamencs e Angevis
E aura ni tans dautres de rics e de fraizis
E per aiga e per terra er ta mangs lo setis
7120 Que la dins en Garona no romandra molis
E ja no nons partrem tro totz los aiam pris
Ez er nostra la vila e totz lautre pais
Senhors on sai quem diga so ditz nUgs de Lacis
Qua mi dona veiaire quab lor es sent Cernis
7125 Quels garda els governa e sembla e lor pais
Tant parleron ensemble tro que lo jorn falis
E al albor del dia cant lo temps abelis
Sen es ichitz lavesques en Folcaut de Berzis
Ez am lor la comtessa en Peire de Vezis
7130 E passan los boscatges per paor dels faizis
E remas en la vila lo rics coms palaizis
En B. de Cumenge en Bernartz Moltaldis
El pros Rotgiers Bernatz quem daura e esclarzis
En Dalmatz de Crissil qui manda e enantis
7135 Bertrans Jordas en Otz e ladreitz nAmalvis
Els bos nUcs de la Mota a cui pretz es anclis
En W. Arnaudos ques be certas e fis
En Bernatz de Cumenge a de lor comjat pris
E vai sen en Gasconha encontrals enemics
7140 Per refermar la guerra e per cercar en Joris
Els baros de la vila ab los cors enteris
Cavalgan per las terras e cercan los camis
Els castels e las vilas e los boscs els trais
Don intra cada dia la carns el pas el vis

« nourrit. — Et s'il arrivait qu'il n'en vînt pas à bout, — je n'y
« sais plus d'autre conseil que d'en finir ; — car ce que Dieu
« gouverne, saint George le défend. » — « Seigneur cardinal, ré-
« pond l'évêque, puisque vous m'en avez requis, — tout droit à
« Saint-Denis je porterai le message ; — et vers la Pentecôte,
« quand le monde aura reverdi, — je vous amènerai tant de Croisés
« et de pèlerins, — chargés d'avoir, de marcs ou de (livres) ster-
« ling, — Allemands, Français, Bretons, Poitevins, — Normands,
« Champenois, Angevins, Flamands, — et riches ou pauvres
« tant d'autres encore, — qui par terre et par eau mettront au
« large le siége (devant Toulouse), — que là-bas sur Garonne il
« ne restera pas un moulin (aux assiégés) ; — et nous ne
« partirons pas que nous ne les ayons tous pris, — et que la
« ville ne soit à nous, avec le reste du pays. » — « Seigneurs, je
« ne sais que dire, fait Hugues de Lascy, — sinon qu'il me semble
« que saint Sernin soit avec ceux (de Toulouse) ; — qu'il les
« garde et les gouverne, eux et leur pays. » — (Ainsi) parlèrent-ils
jusqu'à ce que le jour manquât ; — et à l'aube, le lendemain,
quand le temps redevient (clair) et beau, — l'évêque et don
Foucault de Bercy sont partis, — ayant avec eux la comtesse et
don Pierre de Voisin, — et s'en vont par les bois, de peur des
chevaliers faidits. — Dans la ville (cependant) est resté le puissant comte palatin (Raymond), — don Bernard de Comminges,
don Bernard Moltadis, — le preux Roger Bernard qui me
dore et me polit, — don Dalmace de Cressil qui commande et
s'élève, — Bertrand Jordan, don Othon, et l'adroit don Amalvis,
— le bon Hugues de la Motte à qui valeur est soumise, — don
Guillaume Arnaudon le noble et le résolu. — Don Bernard de
Comminges a pris congé d'eux ; — il s'en va contre les ennemis, en

7145 E el camp de Montoliu es plantatz us jardis
Que tot jorn nais e brolha es plantatz delis
Mas lo blanc el vermelh qui grana e floris
Es carn e sanc e glazis e cervelas geris
Entresperitz e armas e pecatz e mercis
7150 Novelament i pobla iferns e paradis
Cominalment salegra la vila e sesbaudis
E si ditz lus a lautre ar nos creis jois e ris
Per so quen Pelfort intra que es pros e savis
E mals e bos e savis e nostre cars amis
7155 E de dins e de fora cadaus safortis
Mas tals es lo dampnatges e lo mals el trais
Que mans dias estero que degus nos requis
     Tro foro a la Pasca.

CXCV.

Cant foro a la Pasca venc la gentils sazos
7160 E es ichitz de lost nAmaldric en Guios
El coms el cardenals e mot dautres baros
Cosselhavan ensemble e parlan a rescos
Senhors so ditz lo coms grans es la messios
Quieu fas en aquest seti e pert mos companhos
7165 E estau noit e dia pessius e cossiros
Car ieu no posc atendre las promessas els dos
E totz Crestianesmes deu esser vergonhos

Gascogne, — attaquer don Joris et raviver la guerre. — Les 7140
barons de la ville au cœur entier — vont (de leur côté) chevauchant par le pays, visitant les chemins, — les villes et les
châteaux, les bois et les champs, — (si bien) qu'il entre chaque
jour (à Toulouse) du bétail, du pain et du vin. — Mais dans la 7145
plaine de Montolieu a été planté un jardin, — qui chaque jour
fleurit et bourgeonne, (chaque jour) dévasté et replanté. — Mais
le blanc et le vermeil qui y font graine et fleur, — c'est de la
chair et du sang; (ce sont) membres tranchés et cervelles. — (Là)
entre les hasards et les armes, mérite et péché—peuplent de nou- 7150
velles âmes le paradis et l'enfer. — La ville (entière) se réjouit et
s'ébaudit : — « Encore un surcroît de joie et de plaisir, se disent
« (les habitants) l'un à l'autre, — puisque don Pelfort entre parmi
« nous, lui sage et preux, — lui débonnaire et prudent, (lui)
« notre cher ami! » — Au dedans et au dehors chacun se fortifie; 7155
— mais telles étaient les pertes, le mal et le désordre, — que les
(combattants) passèrent plusieurs jours sans s'attaquer, — jusqu'à ce que vint la Pâques.

CXCV.

Quand ce fut la Pâques, quand vint la gentille saison, —
don Amaury et don Guy sortent de l'ost, — (avec) le 7160
comte (Simon), avec le cardinal et maints autres barons, — se
consultant ensemble et parlant en secret. — « Seigneurs, dit le
« comte, grande est la dépense — que je fais à ce siége, où je
« perds mes compagnons, — et où je suis, nuit et jour, soucieux 7165
« et pensif — de ne pouvoir tenir mes promesses ni (faire) mes
« dons, — et toute la chrétienté doit être honteuse — de ce que

Car omes senes armas son defendens à nos
Coms ditz lo cardenals no siatz temeros
7170 Quieu ei trames pel setgle los prezics els sermos
Ez a la Pentecosta ab lo temps amoros
Vindra Crestianesmes e predicatios
E de las terras estranhas tant grans processios
Que de solas gazarmas e de bels capairos
7175 E de capels de feutre e de gans ab bordos
Lor omplirem las lissas els fossatz els fondos
E nos prendrem la vila e recebretz la vos
Els omes e las femnas e las gentils maizos
Passaran per las flamas e devindran carbos
7180 Tuit li baro lescoutan que degus noi respos
Mas Robert de Belmont li es contrarios
Per Dieu nostre car paire esta salvatios
Nous cal de vos a dire ni promettre perdos
Que per santa Maria maire del glorios
7185 Ans que prengam la vila per ditz ni per sermos
Entre colps e coladas e plagas e tensos
Saubra Dieus e diables cals esperitz es bos
E mentre quilh parlan e mostran lor razos
Vengo permei las plassas punhen dels esperos
7190 Li baro de Tholoza firen e coratjos
W. Unaut en Guiraut en Ucs Bos
E ladreitz nAmalvis en W. Arnaudos
El pros nUcs de la Mota els sieus vermelhs leos
E las gentils companhas joves e deleitos
7195 E portec la senheira ladreitz nUgs de Pontos
Que a la porta del seti li bandeial penos
Dedins per las albergas es lo critz el resos
Que tota lost en trembla e de sus e de jos
En auta votz escridan santa Maria val nos
7200 E coron a las armas e a las garnizos

« des hommes désarmés nous résistent. » — Comte, dit le car-
« dinal, ne craignez rien ; — j'ai envoyé par le monde (l'ordre de) 7170
« prêcher et de sermonner ; — et à la Pentecôte, avec l'amoureuse
« saison, — arriveront la chrétienté et le prêche ; — et des terres
« étrangères (viendra) une telle procession (de pèlerins croisés), —
« que de lances seulement, de beaux chaperons, — de chapeaux 7175
« de feutre, de gants et de bourdons, — nous remplirons les
« lices, les fossés et les tranchées ; — nous prendrons la ville, et
« ce sera vous qui la recevrez, — avec les hommes et les femmes ;
« et les belles maisons — passeront par les flammes et deviendront
« charbon. » — Tous les barons l'écoutent, sans que pas un lui 7180
réponde, — à l'exception de Robert de Beaumont qui lui est
contraire. — « Par Dieu ! (dit-il,) notre cher père, de ce salut,
« — de ce pardon que vous nous promettez, il ne nous chaut
« guère ; — car par sainte Marie, mère du glorieux (Sauveur) ! —
« avant que nous prenions la ville par dits et sermons, — à force 7185
« de coups et de bottes, de blessures et de batailles, — Dieu et
« le diable sauront quelles âmes sont bonnes (et quelles mau-
« vaises). » — Tandis qu'ils parlent, tandis qu'ils disent leurs raisons, — voici à travers les places venir, piquant de l'éperon — et 7190
bravement frappant, les hommes de Toulouse, — Guillaume
Hunault, don Guiraud, don Hugues Bos, — le brave don Amalvis, don Guillaume Arnaudon, — le preux Hugues de la Motte
avec son lion rouge, — et sa noble troupe de jeunes (braves)
joyeux. — Hugues de Ponton le vaillant portait leur bannière, 7195
— du haut de laquelle flotte le pennon, à l'entrée du siége.
— Déjà à travers toutes les albergues les cris et le bruit
(s'élèvent) — (tels que) tout l'ost en tremble, en haut et en
bas ; — (tous) s'écrient à haute voix : « Sainte Marie, secourez-

Mentrel coms de Montfort se arma ab los sos
Per los camps de la fora es la chaplatios
Que detrencan e talhan los Normans els Bretos
Si quen Armans Chabreus remas en partizos
7205 Mas la carns e lo glazis e los membres els nos
Elh braci e las cambas elh cabelh els mentos
El pieitz e las coradas el fetge els renhos
Estan permei las plassas a trotz e a cartos
Abtant salh per la porta lo valens coms Simos
7210 En Ugues de Laici en Lambertz de Limos
Robertz de Pequerni nEbratz de Vilapros
En Peire de Vezis Rainier de Caudaros
En Guis lo manescalx en Gautiers lo Bretos
En Simos Galoens en Rainaut lo Frizos
7215 E per las autras portas venc la poblacios
Montfort Montfort escridan Francs cavalers dem los
De tantas partz lai vengon Frances e Bergonhos
Quels baros de Tholoza sen torneron coitos
E los Frances los segon ab coratges felos
7220 En fugen los escrida de la Mota nUgos
Belament cavalier senhors defendam nos
Que mais val mortz onrada quaunida prizos
E ferit lo primer tant adreit lo plansos
Si labat a la terra quen remas polveros
7225 E can sareire garda ferit i. dels garsos
Per quen remas vermelhs lo sieu blancs gonfainos
En Amalvis escrida cavaliers tornem nos
E pren e fier e dona grans colps meravilhos
E defen e contrasta si e sos companhos
7230 En W. Unaut broca son destrier vigoros
E fier i. cavalier quelh falsec lalcotos
E debriza la lansa e remas il trensos
En Robert de Belmont en Guilheumes lo Bos

« nous ! »—et courent à leurs armes et à leurs armures.—Tandis 7200
que le comte de Montfort et les siens (achèvent) de s'armer,—
le carnage s'établit en dehors, dans la campagne ;—(les assiégés)
tranchent et taillent (en pièces) les Bretons et les Normands,
—tellement qu'Armand Chabreuil en reste partagé,— et que 7205
la chair faite par le glaive, les membres, les nez,—les bras et les
jambes, les chevelures et les mentons,— les poitrines, les
cœurs, les foies et les reins— sont épars sur la place, par
tronçons et quartiers. — Cependant par une porte sont sortis
le vaillant comte Simon,— don Hugues de Lascy, don Lambert 7210
de Limon,— Robert de Péquerny, don Éberart de Villepreux,
— don Pierre de Voisin, Raynier de Cauderon, — don Guy le
maréchal, don Gauthier le Breton — don Simon le Gallois,
don Raynaud le Frison, —(tandis que) par les autres portes sort 7215
le peuple (de Toulouse). — « Montfort! Montfort! crient (les pre-
« miers) : francs chevaliers; tombons sur eux ! »—Là, de tant de
côtés arrivent les Bourguignons et les Français, — que les barons
de Toulouse se retirent en hâte, — et les Français les poursuivent avec des cœurs courroucés. — Don Hugues de la Motte, 7220
en fuyant, crie aux (fuyards) :—« Chevaliers, arrêtez! Seigneurs,
« défendons-nous!—Mort glorieuse vaut mieux que honteuse cap-
« tivité. »— Et le premier (qu'il frappe), il le frappe (de sa lance)
si droit — qu'il le renverse à terre où il reste tout poudreux.—
Puis, se retournant, il blesse un des servants (de l'ost), — de 7225
telle façon que, de blanc, son gonfanon devient vermeil. — Don
Amalvis, de son côté, s'écrie : « Chevaliers, volte-face! »— Et
(parlant ainsi), il frappe, donne et reçoit de grands coups merveilleux, — se débattant, se défendant, lui et ses compagnons. —
Don Guillaume Hunault pique son destrier vigoureux, — et 7230

E feric de sa massa car es cavaliers bos
7235 Abtant ilh de la vila de lissir talentos
En auta votz escridan baros segudam los
Cavalers e sirvens e borzes e peos
I eison de las trencadas e perprendon lerbos
E de dins e de fora creis la defensios
7240 Entrels corns e las trompas e los grailes els sos
Trembla laiga e la vila e lo castels el tros
E lai on sencontreron levas la contensos
E fo cridatz Belcaire Tholoza e Avinhos
Li bran e las gazarmas li cairel els brandos
7245 Las lansas e las massas las peiras els cairos
E li dart e las apchas las picas els bastos
E las sagetas doblas els cairelctz dels tos
De tantas partz lai vengon a present e a rescos
Non i es tan malignes que no sia doptos
7250 En Peire de Vezis los fer voluntairos
Eilh feriron lui que labateron jos
E laichet son caval e repairet als sos
E venc Peire sil pres per las regnas amdos
E escrida Toloza baros atendam los
7255 E feri .1. cavaler quel falset los brazos
Si labat el trabuca quen fremit lo campos
Mas Simos Galoers bels cavalers e pros
Lo filh del manescalc quera valens e pros
Montfort Montfort escrida e durament fer los
7260 E abat e trabuca sirvens e donzelos
De tantas partz lo feron el ostal glazios
Que remas en la plassa debrizatz a trensos
Bertran de Pestilhac de ferir cobeitos
Si feri un arquier quel partic los renhos
7265 Quel cors li mes lansenha e la lansa el penos
Si quen remas vermelha la erba el sablos

frappe un cavalier (de telle sorte) qu'il lui fausse sa cotte — et
brise sa lance dont il ne lui reste que le tronçon. — Don Guillaume le Bon, en brave chevalier qu'il est, atteint de sa masse
d'armes don Robert de Beaumont. — Cependant ceux de la ville, 7235
désireux de sortir, — s'écrient hautement : « Barons, marchons à
« eux! » — Chevaliers et servants, bourgeois et piétons — sortent
(alors) des tranchées, et occupent la campagne herbeuse. —
Au dedans et au dehors la défense s'anime. — Au son des cors, 7240
des trompettes et des clairons — frémissent la rivière et la ville,
le château et le ciel; — et là où se rencontrent les deux partis,
s'engage la mêlée. — On crie là « Beaucaire! Toulouse! Avignon! »
— Les épées et les piques, les flèches et les bâtons (ferrés), —
les lances, les masses d'armes, les pierres, les cailloux, — les 7245
dards et les haches, les épieux et les bâtons, — les matras et les
traits (menus) des petits garçons, — viennent là de tant de côtés à découvert, ou à la dérobée, — qu'il n'est personne, tant
soit-il leste, qui ne les craigne. — Don Pierre de Voisin frappe 7250
volontiers les (Toulousains), — et eux lui, (si bien) qu'ils l'abattent à terre. — Mais il se retire parmi les siens, abandonnant
son cheval; — alors vient Pierre, qui le prend par les deux rênes,
— et criant : « Toulouse! barons, tenons ferme contre eux! » —
Il frappe un chevalier, dont il fausse les brassards, — l'abat et 7255
le renverse (si fort) que le champ en retentit. — Mais Simon le
Gallois, bel et preux chevalier, — le fils du maréchal qui luimême était preux et vaillant, — crie « Montfort! Montfort! » et
frappe rudement ceux de Toulouse, — abattant et renversant 7260
servants et damoiseaux; — (mais) il est frappé (lui-même) de
tant de côtés, dans cette forêt de glaives, — qu'il reste taillé par
tronçons sur la place. — Bertrand de Pestilhac, de frapper avide,

E lo coms de Montfort ques mals e orgulhos
Feric ins en la preissa si quen abatec dos
En tantas de partidas lo feron pels giros
Que sos cavals trabuca e debriza larsos
E el chai a la terra e remas els talos
E defen e trastorna e remonta el ros
Ins en la major preissa es W. Arnaudos
Forsatz e retengutz mas el es tan ginhos
Ques laisec a la terra cazer dagenolhos
Mas per lor de la vila es aitant ben rescos
Quei perdec son caval e repairec al sos
Al partir de la guerra ni a tans dengoichos
Car ilh dedins perderon W. P. de Mauros
E Lobs de Fois nafratz e mot dautres baros
El camp de Montoliu el vergier perilhos
On remas cada dia lo blancs el vermelhos
Mas la sanc el cervel e la carn els brazos
E la flors e la folha e lo fruit doloiros
De que mant olhs mirable es remazut ploros
E lo coms sen repaira trist e fel ez iros
E a dit per felnia Jeshu Crist glorios
Senher on es mos astres que sol estre tan bos
E tant cars e tant dignes e tant aventuros
Que per mar e per terra sespandial resos
Anc no cudei vezer que fos tant aleitos
Que nom valguessan armas ni sant ni orazos
E pos la santa glieza no defen se ni nos
Mens ne val sa valensa el sieu nom precios
Perquieus os prec car Senher planhens e cossiros
Quaram venga la mortz o tals milhurazos
Quieu conquera la vila en sia poderos
Abtant lo coms sen intra iratz e corrossos
Els baros de la vila sen repairan joios

— atteint un archer de telle sorte qu'il lui partage les reins, — et lui met, pointe et pennon, sa lance dans le corps, — laissant (du coup) l'herbe et le sable vermeils. — Le comte de Montfort qui est féroce et superbe, — se lance dans la mêlée, et abat deux (ennemis). — Mais on le frappe tout à l'entour, en tant d'endroits, — que son arçon est brisé, son cheval abattu, — et que lui-même à terre tombé reste sur ses talons, — se défend, se retourne et remonte à cheval. — Guillaume Arnaudon se trouve dans la plus grande foule — retenu de force; mais il est si adroit, — qu'il se laisse à terre choir sur les genoux; — il est alors par ceux de la ville si bien rescous, — qu'ayant perdu son cheval, il se retire vers les siens. — Au départir de la mêlée plusieurs restent en angoisse. — Ceux de la ville ont perdu Guillaume-Pierre de Mouron. — Loup de Foix et beaucoup d'autres barons ont été blessés — (là) dans le champ de Montolieu, dans le périlleux verger, — qui fleurit chaque jour blanc et vermeil. — Mais le sang, les cervelles, la chair et les bras, — sont les fleurs, les feuilles et les fruits de douleur, — dont maints beaux yeux sont restés en pleurs. — Le comte (Simon) se retire, triste, sombre, courroucé, — et de colère disant : « Jésus-« Christ glorieux, — Seigneur, où est mon étoile qui soulait être si « propice, — si chère, si brillante et si aventureuse, — et dont le « renom s'épandait par mer et par terre? — Je ne me serais jamais « attendu à la voir à tel point obscurcie, — que ni armes, ni saints, « ni prières ne me valussent rien. — Puis donc que la sainte église « ne se défend, ni elle ni nous, — moindre en sera sa puissance, « et son nom moins respectable. — O mon cher Seigneur (Dieu)! « je vous en conjure, plaintif et soucieux, — que la mort me vienne « aujourd'hui, ou telle grâce — que je conquière la ville et la ré-« duise en ma puissance! » — Tandis que le comte se retire triste et

7300 E ditz lo us a lautre Jeshu Crist es am nos
Quens garda ens governa:

CXCVI.

Jhesu Crist nos governa e devem li grazir
Lo mal el be quens dona e dousament sufrir
Car per aital dreitura nos pot ben mantenir
7305 Quen la sua crezensa volem vivre e morir
Car nos crezem lo Dieu quens garda de falhir
E que fetz cel e terra e granar e florir
El solhel e la luna per lo mon resplandir
E fe ome e femna els esperitz noirir
7310 E intrec en la Verge per la leg acomplir
E pres en carn martiri per pecadors garir
E dec sanc preciosa per lescur esclarzir
E anec al seu paire e al Sen Esperit offrir
E pel sant batisteri recebre e complir
7315 E per la santa glieiza amar e obezir
Devem be Jeshu Crist e samor conquerir
El senher Apostoli quens deuria noirir
Els prelat de la glieiza quens jutjan a morir
Don Dieus sen e coratge escient e albir
7320 Que conoscan dreitura els ne lais penedir
Car per aital nos mandan dampnar ni destruzir
Que de sa senhoria nos volem departir
Per una gent estranha que fal lum escantir
E si Dieus e Toloza o volgues cosentir
7325 Tot pretz e tot paratge agran fait sebelhir
El Senher qui capdela esgardec de mentir
E fe lorgolh abatre e fels angels salhir
Nos do poder e forsa del senhor mantenir

courroucé, — les barons de Toulouse rentrent joyeux, — se disant 7300
l'un à l'autre : « Avec nous est Jésus-Christ, — qui nous garde et
« nous gouverne.

CXCVI.

« Jésus-Christ nous gouverne, et nous devons le remercier —
« du bien et du mal qu'il nous donne, et doucement supporter
« (l'un et l'autre); — et pour ce mérite peut-il bien être assuré
« — que nous voulons vivre et mourir en sa croyance ; — car nous 7305
« croyons en Dieu qui nous garde de faillir, — qui fit le ciel, (qui
« fit) par la terre produire graines et fleurs, — qui fit dans le monde
« resplendir le soleil et la lune, — qui créa l'homme, la femme
« et l'âme, — s'incarna dans la Vierge pour accomplir la loi, — 7310
« qui incarné souffrit le martyre pour sauver les pécheurs, —
« donna son précieux sang pour remettre l'obscurité en lumière,
« — et s'offrit à son père et au Saint-Esprit (en holocauste). —
« Or par recevoir et accomplir (ainsi) le saint baptême, — et par 7315
« bien aimer sainte église et lui obéir, — devons-nous conquérir
« Jésus-Christ et son amour. — Au seigneur Pape qui devrait nous
« protéger, — aux prélats de l'église qui nous condamnent à mou-
« rir, — que Dieu donne sagesse et courage, savoir et volonté — 7320
« de suivre la droiture, et de se repentir — de ce qu'ils nous font
« par tel condamner et détruire — de la seigneurie duquel nous
« voulons nous départir, — et par une race étrangère qui éteint
« la lumière, — et qui, si Dieu et Toulouse l'eussent permis, —
« aurait mis sous terre toute valeur et toute noblesse. — Que Dieu 7325
« qui gouverne (tout) et ne mentit jamais, — qui rabaissa l'orgueil,
« et fit (du ciel) sortir les anges (révoltés), — nous donne la force
« et le pouvoir de maintenir notre (vrai) seigneur, — dont telle

Quel es daital natura cab sen e ab albir
7330 Be deu amar la glieiza e la terra tenir
Dins la kalenda maya can pres az abelir.
Lo cardenals el coms fan carpenters venir
Per comensar la gata ab quels voldran delir
Els castels els calabres els peiriers amarvir
7335 Ab tant veus I. messatge quels a faitz esbaldir
Belament ditz al comte anatz tost reculhir
Lavesque e la comtessa que venon ab desir
E en Michels dels Armes que fai la ost brandir
Gauter de la Betona en Wlmes Melir
7340 Oimais nons pot Tholoza defendre ni gandir
Que totz vostres dampnatges lor podetz car merir
Que ara ve tals Crozada quen levara I. tir
Car ilh son be C. O. M. que la faran brandir
Oimais so ditz lo coms nom pot res dan tenir
7345 E anec los recebre e si eis per offrir
E demenon tal joia can foron al venir
Senhor so ditz lo coms res nous i pot falhir
Que si prendetz Tholoza nous o sai pus carzir
Beuretz de la fontana que nos pot perterir
7350 Eil li respondero nous podon pus tenir
E anero lo seti milhorar e omplir
Mas en breu de termini venon al escremir
Que tota lost ensemble ses prez a esbaudir
Quels coms vai nAmaldric de Trio reculhir
7355 En Guilabert de Rocas en Albert de sent Lir
Ab pus bela companha que nous sabria dir
Elh baro de Tholoza se son anat garnir
Que lus no aten lautre carmas posca sufrir
E aneron las lissas els fossatz establir
7360 Els sirvens els arquiers per las ortas salhir
E can la ost repaira ques pres a revenir

« est la nature, que par prudence et par vouloir — il doit aimer
« l'église et tenir le pays. » — Vers les calendes de mai, quand
il commence à faire beau, — le cardinal et le comte font venir
les charpentiers — pour commencer la gate avec laquelle ils
veulent détruire — la ville, et pour mettre en état les calabres
et les pierriers. — Cependant voici venir un messager qui les a
fait ébaudir, — et qui a dit tout bas au comte : « Allez vite
« recevoir — l'évêque et la comtesse qui arrivent pressés, —
« et don Michel des Armes qui tient l'ost en bataille, — Gau-
« tier de la Betone, don Guillaume Melir. — Toulouse ne peut
« désormais plus se défendre ni nous échapper, — et chère-
« ment pouvez-vous lui faire payer tous vos dommages, —
« maintenant qu'il nous arrive telle Croisade qui en emportera
« une (bonne) partie, — car ils sont bien cent mille qui vont la
« battre. » — « Rien ne peut donc plus me nuire à l'avenir, »
dit le comte. — Là-dessus il va recevoir les (arrivants) et se
présenter à eux ; — et ceux-ci mènent grande joie quand ils
arrivent. — « Seigneurs, leur dit le comte, rien ne peut vous
« résister (désormais) : — or si vous prenez Toulouse, vous en
« aurez la plus haute récompense, — vous boirez à la fontaine
« (de la félicité) qui ne tarit jamais. » — « Vos ennemis, lui ré-
« pondent-ils, ne peuvent plus tenir (contre vous). » — Là-dessus
ils s'en vont renforcer et compléter le siége ; — et ils en viennent,
au bout de peu de temps, à batailler. — L'ost entier s'est pris à
se réjouir, — (voyant) le comte qui allait recevoir don Amaury
de Trion, — don Guillabert des Roches et don Aubert de Senlis,
— avec une troupe plus belle que je ne saurais vous dire. —
(Cependant) les barons de Toulouse sont allés vêtir leur armure,
— l'un n'attendant pas l'autre pour s'armer. — Tous viennent oc-

Ferol pla e la plassa e la terra tremir
La doncas pogratz vezer tant ausberc resplandir
E tant escut mirable e tant elme luzir
7365 E tanta bela ensenha e tant peno bandir
Non i a ı. ni autre la vila no remir
E pois di lus a lautre per ma feus pos ben dir
Que nom dona veiaire que sen volhan fugir
E lo coms de Montfort fetz la ost somonir
7370 Que tuit vengan ensemble lo parlament auzir
El coms fo bels e savis e fels be enardir
E deslaset son elme e comenset a dir
Senhors vos etz vengut per la glieza servir
E per la vila pendre e per mi enantir
7375 En aquesta vegada devetz tant envazir
Quanetz autre seti novelament bastir
Jos al fons de la vila per melhs apoderir
Que per nulha partida no poschan sobre issir
Pois farem los lains jejunar e languir
7380 E si ieu posc la vila nils baros convertir
Totz lavers sera vostre e lonors a partir
Que de re que lai sia no vulh mais retenir
Mas cant sola la vila els baros destruzir
Tuit li baro lescoutan e prendo a grondir
7385 NAmaldric del Oria li respos al fenir
Per Dieu bel senher coms fort vos deu hom grazir
Car en tant pauca dora nos voletz enantir
Mas abans caiso sia vos volem als querir
Que nons vulhatz decebre ni nons cujetz onir
7390 Que totz om cant se coita tart es al repentir
Car nos el caval nostre em tuit las del venir
Per que ja no poiriam lo maltrait sostenir
Que totz om can es febles re no sab on se vir
Mas que tant nos voletz amar e enantir

cuper les lices et les fossés, — (tandis que) par les jardins
sortent les servants et les archers. — Mais l'ost des Croisés revient sur ses pas (au siége), — faisant trembler la terre, la plaine
et la place; — là verriez-vous alors briller les hauberts, — reluire
les heaumes et les écus, — flotter les belles enseignes et les pennons. — Il n'y en a pas un seul (parmi eux) qui ne regarde la
ville, — pas un qui ne dise à l'autre : « Par ma foi! je puis bien
« dire — qu'il ne me semble pas que les (Toulousains) veuillent
« s'enfuir! » — Le comte de Montfort fait alors proclamer dans
l'ost, — que tous viennent ensemble écouter le parlement. —
Bel et sage était le comte; tous s'enhardirent en le voyant; — il
délaça son heaume et se prit à discourir : — « Seigneurs, vous êtes
« (ici) venus pour servir l'église, — pour prendre Toulouse et
« assurer mon avantage. — Il vous faut cette fois étendre vos
« attaques — de manière à planter un autre siége, — là-bas à
« l'extrémité de la ville, pour mieux empêcher — qu'ils ne puis-
« sent d'aucun côté sortir contre nous. — Ainsi les ferons-nous en
« dedans jeûner et languir de (faim); — et si je puis soumettre
« la ville et ses habitants, — vôtre en sera tout le butin, et les
« honneurs à répartir (entre vous); — car de tout ce qui s'y
« trouve je ne veux autre chose garder — que la ville même, dé-
« truisant ses hommes. » — Tous ses barons l'écoutent et se
prennent à murmurer. — Don Amalric de l'Orient lui répond
quand il a fini : — « Par Dieu! beau seigneur comte, bien doit-
« on vous remercier — de ce que vous voulez si vite faire notre
« bien. — Mais avant que la chose n'arrive nous avons quelque
« chose à vous demander : — c'est de ne point vouloir nous
« tromper, ni nous honnir. — Pour qui s'est trop pressé, tardif
« est le repentir. — Nous et nos chevaux nous sommes (encore)

7395 Vos nos laisatz la vila cavetz faita garnir
En quens puscam pauzar e manjar e dormir
Quels baros de la vila no nos fassan sortir
Vos conoisetz la vila el intrar el issir
E en cantas de maneiras los poiram adaptir
7400 E tinetz aquel seti que nos mandatz tenir
E per santa Maria ieu aug comtar e dir
Quel baros de Toloza son greu per adontir
Que sils vol om combatre nils cuja envilanir
Fort bes sabon combatre e durament ferir
7405 Per quens pregam bel senher quens laichetz revenir
E nos e vos ensemble irem los envazir
En tantas de maneiras aisi dreit reculhir
Que lor farem las lissas e los valatz omplir
E si podem la vila els baros comquerir
7410 Tot essems siá vostre e que nos laisetz ir
Car en autra maneira nos poria venir
E cant lo coms enten que nols pot sopartir
El trembla e sospira e pres ad esfelnir
E cavalgan ensemble e van se asezir
7415   Dins la novela vila.

CXCVII.

Dins la novela vila albergan a prezent
E los traps e las tendas permei lo paziment
Elh baro de Toloza feiron lor parlament

« las du voyage, — et pour cela ne pouvons-nous supporter la
« fatigue (du siége). — Car tout homme, quand il est faible,
« ne sait quoi faire de lui-même. — Ainsi donc vous nous aime-
« rez assez, et nous voudrez assez de bien, — pour nous recevoir 7395
« dans cette ville que vous avez fortifiée, — afin que nous y
« puissions reposer, manger et dormir, — sans que l'ennemi
« puisse nous y troubler. — Quant à la ville (assiégée), vous la
« connaissez; (vous en savez) les entrées, les issues, — et de
« combien de manières nous pouvons l'assaillir; — mais ce siége 7400
« que vous nous donnez à faire, vous le faites (il y a longtemps);
« — et par sainte Marie! j'entends dire et raconter — que les
« barons de Toulouse sont durs à attaquer, — et que si on les
« provoque ou les outrage, — ils savent à merveille combattre et
« durement frapper. — C'est pourquoi, beau seigneur, nous vous 7405
« prions (d'abord) de nous laisser reposer; — après quoi nous
« irons, vous et nous ensemble, les assaillir, — les recevoir
« tout droit et de façon — que nous remplirons (de leurs corps)
« les lices et les fossés. — Et si nous pouvons conquérir la ville
« et les habitants, — que tout vous appartienne, et laissez-nous 7410
« seulement partir; — car bien pourrait-il nous advenir pis. »
— Et quand le comte entend qu'il ne peut point les détacher de
lui, — il tremble, soupire, et se courrouce en secret. — Cependant ils chevauchent tous ensemble, et vont s'établir — dans la 7415
nouvelle ville.

CXCVII.

Dans la ville nouvelle ils prennent à l'instant leurs albergues,
— dans les pavillons, sous les tentes, au milieu de champs battus.
— (Cependant) les barons de Toulouse assemblent leur parle-

E foron al cosselh tuit li plus entendent
7420 Man Rogers Bernatz parla suau e dousament
Car es gentils e savis e a valor e sen
E es filhs del bon comte que te Fois e defent
Belament se razona e ditz lor en rizent
Senhors noi a cosselh mas del defendement
7425 Que ja noi trobarem merce ni cauziment
E no aiatz temensa ni nous detz espavent
Que per so devem estre coratjos e valent
Car avem bona vila e bo dreit ichament
E leial senhoria e Jeshu Crist guirent
7430 Quens guida ens governa e fas nos aparvent
E per so que hom conosca lo nostre afortiment
E que la noit el dia lor estem sus la dent
Nos creisserem la vila de novel creissement
E bastirem per forsa tot lo vielh bastiment
7435 E farem i tal obra e tal afortiment
Que nos perdam temensa e ilh siran tement
Ditz nDalmatz de Creissil vos dizet be e gent
Que per esta creguda valdrem mais per I. cent
En sirem pus delhivre e milhor combatent
7440 Senhor ditz en Pelfort senes tot falhiment
Nos e tota la vilan prendrem milhurament
En estarem trop melhs e pus segurament
E ges no podem far milhor amparament
E nom de Jeshu Crist comensem o breument
7445 La doncas van a lobra aisi cominalment
Quels paires ni las maires ni li filh nilh parent
Lus no espera lautre nil paubres lo manent
Pero Rotgers Bernartz bastil comensament
E feron las clausuras el mur el fundament
7450 Els fossatz e las lhissas els dentelhs defendent
Mas per tota la vila levan lesbaudiment

ment, — et tous les plus entendus se réunissent en conseil. —
(Là) Roger Bernard parla doux, tout doucement, — car il est
noble et prudent, (doué de) sens et de valeur, — comme fils qu'il
est du bon comte qui tient et défend Foix. — Il raisonne bellement et leur dit en souriant : — « Seigneurs, il n'y a point pour
« nous d'autre conseil que de nous défendre, — car nous ne
« trouverons merci ni pitié : — n'ayez point de crainte, et ne
« prenez point d'épouvante, — car pour cela devons-nous être
« vaillants et courageux, — que nous avons une forte ville, bon
« droit, — de loyaux seigneurs, et pour protecteur Jésus-Christ
« lui-même, — qui nous guide et nous gouverne (comme) il nous
« le fait bien voir. — Mais afin que l'on connaisse notre bravoure,
« — et afin d'être nuit et jour pour nos (adversaires) os à ronger,
« — nous allons accroître la ville de nouvelles constructions, —
« renforcer toutes les fortifications anciennes, — et faire œuvre
« telle et telle munition, — que nous perdrons toute crainte, et
« que (nos ennemis seuls) craindront. » — « Vous parlez bien et
« noblement, dit don Dalmace de Cressil. — Moyennant ce ren« fort, nous vaudrons mieux cent fois; — nous serons plus à
« l'aise et combattrons plus bravement. » — « Seigneurs, dit don
« Pelfort, sans nul doute, — nous et la ville entière rendrons
« (ainsi) notre condition plus avantageuse, — nous en aurons
« plus de bien-être et de sûreté, — et nous ne pouvons faire
« mieux pour notre défense. — Mettons-nous donc aussitôt à
« l'œuvre, au nom de Jésus-Christ. » — Là-dessus ils vont tous
ensemble à l'ouvrage : — les pères ni les mères, les fils ni
les parents — ne s'attendent l'un l'autre, ni les pauvres les
riches. — Roger Bernard met le premier la main à l'œuvre ; —
et les autres travaillent de même aux fondations, aux clôtures,

E dizen lus a lautre dem nos alegrament
Quen Arnaut es intratz de Vilamur valent.
Qua bon cor e forsa e valor e escient,
7455 E lo coms de Montfort fe ajostar sa gent
Que foro ben c. m. que cadaus lentent
E mostret lor Tholoza e lapertenement.
Senhors so ditz lo coms vec vos la sobredent
De tot crestianesme e de tot salvament.
7460 Tant so mal e felo e gualhart e metent
Que totz lo mons i troba batalha e content.
Tant soi iratz e fels quel cors me part, em fent
Cant ieu creisse de forsa ilh creiso dardiment
E per la lor ondransa e pel meu baichament
7465 An creguda la vila aisi novelament
Sieu no posc cosselh prendre al lor cofondement
Petit pretz ma valensa el vostre acorrement
Mas si men voletz creire ilh son al feniment
Per destruire la vila e prendrel venjament
7470 Nos farem autre seti outra laiga rabent
Que negus dels noi intre nin esca solament
E tindrem es dos setis aisi tant longament
Tro quels prendrem per forsa que sian recrezent
Tota la ost essems autreian est coven.
7475 E laichero el seti lo bo establiment
E li autre passeron a Murel verament
Et agro pro vianda e adreit compliment
E lo coms sen leva al alba pareichent
E fe sonar las trompas e garnir subtilment
7480 E perprendo la plassa e lautre mandament
Li ausberc ab cubertas e li bel escut pent.
E la clartat dels elmes e las boclas dargent
E li caval dEspanha e li capel luzent
E las senhas de pali e li gonfano tent

aux murs, — aux créneaux de défense, aux fossés et aux lices. —
Mais voilà que par toute la ville s'élève une rumeur de joie : —
« Réjouissons-nous, se disent les (habitants) l'un à l'autre, — (ici)
« vient d'entrer Arnaud de Vilamur le vaillant, — celui qui a le
« cœur haut, doué de force, de valeur et de sagesse. » — (Cependant)
le comte de Montfort a fait assembler ses hommes ; — ils sont
bien cent mille dont chacun prête l'oreille ; — lui, leur montrant
Toulouse et les attenances : — « Seigneurs, leur dit-il, voilà la sur-
« dent, (voilà l'écueil) — de toute la chrétienté et de tout salut. —
« (Voilà le repaire de) ces hommes si méchants et si félons, si
« hardis et si dépensiers, — que le monde entier est obligé de
« leur mouvoir guerre et querelle. — Je suis si triste et si cour-
« roucé que mon cœur en éclate et se fend : — plus j'use de
« force (contre eux); plus leur audace s'accroît ; — et pour se
« glorifier et m'abaisser, — ils viennent tout nouvellement d'ac-
« croître leurs fortifications ; — et si je ne puis trouver enfin un
« conseil pour les confondre, — je prise peu ma valeur et votre se-
« cours. — Mais si vous voulez me croire, ils sont à leur fin. — Pour
« détruire la ville et en prendre notre vengeance, — nous mettrons
« un autre siége par delà la rivière courante, — tellement que
« nul d'eux ne puisse (de ce côté) entrer ni sortir ; — et nous tien-
« drons les deux siéges aussi longtemps (que besoin sera) —
« pour que nous les prenions de force ou qu'ils nous soient
« rendus. » — Tout l'ost ensemble s'accorde à ce parti ; — ils
laissent subsister le (premier) siége avec sa bonne défense, —
et d'autres passent devers Muret, — où ils trouvent abondante
nourriture et les choses convenables. — (Le lendemain) le
comte se lève à l'aube naissante, — fait sonner les trompettes et
s'armer soigneusement (ses hommes), — qui occupent la place et

7485 E li corn e li graile e las trompas el vent
Fan brandir la ribeira laiga el element
E cavalgan ensems tant ergulhosament
Quels baros de Toloza los viron a prezent
E feiron de lors eiches aital meitadament
7490 Que lo coms de Cumenge ab bon captenement
En Dalmatz en Pelfortz Sicart de Poglaurens
Am las belas companhas complidas de jovent
Establiro las lissas e lo defendement
E li autre sen eison permiei los pons corrent
7495 Cavalers e borzes e arquer e sirvent
E tuit passeron laiga que negus nos atent
Mas Rotgers Bernatz manda e capdela e defent
En Rotgers de Montaut que venc primeirament
El pros nOt de Tarrida e li ben defendent
7500 E perprendon la grava els ortz el cazament
E lo coms de Montfort ab totz los sieus batent
Vengron permeg la vila de sent Subra baten
E passan las trencadas tant afortidament
Quintreron per la grava e pels ortz dreitament
7505 Mas en Miquels dels Armes a pres envaziment
Gautiers de la Betona en Felip dAiguilent
Primeirament dels autres brocan en contendent
NArnaut de Vilamur ab fin cor e valent
Los atent els espera aperceubudament
7510 E escrida sa senha e baicha e destent
E fer 1. cavalier quel abatec sagnent
E de dins e de fora feron lacordament
E escridan Tholoza e Montfort autament
E lai on sencontreron feiron lo chaplament
7515 Mas las lansas polidas e li bran resplandent
E li dart e las picas e li acier razent
E las peiras redondas e li espieut brandent

les attenances. — Les beaux hauberts recouverts, les beaux écus blasonnés, — les boucles d'argent, l'éclat des heaumes, — les chevaux d'Espagne, les chapels reluisants, — les bannières de soie et les gonfanons peints, — les cors et les clairons, les trompettes 7485 et le vent, — font (resplendir) et trembler la rivière, l'eau et les éléments. — Ils chevauchent tous ensemble fièrement, — et les hommes de Toulouse les aperçoivent aussitôt, — font d'euxmêmes deux moitiés; de telle sorte — que le comte de Com- 7490 minges avec grande bravoure, — don Dalmace, don Pelfort, Sicard de Puy-Laurens, — avec leurs belles troupes de jeunesse accomplie, — occupent les lices et les fortifications, — et que les autres sortent courant à travers le pont. — Chevaliers et bourgeois, 7495 archers et servants, — tous traversent la rivière et pas un n'attend l'autre. — Don Roger Bernard les conduit, les gouverne et les commande, — (secondé par) Roger de Montaut qui arrive le premier, — par le preux don Othon de Tarrida, par tous les plus vaillants d'entre eux, — et ils occupent la grève, les vergers et 7500 les habitations. — Le comte de Montfort et tous les siens s'ébranlant, — s'en viennent de Saint-Subra, contre la ville, éperonnant, — et franchissent les tranchées si vigoureusement, — qu'ils pénètrent tout droit jusqu'à la grève et jusqu'aux vergers. — Don 7505 Michel des Armes a pris son élan; — Gautier de la Betone, don Philippe d'Aguilen, — en avant de tous les autres ont piqué des deux pour attaquer. — (Cependant) Arnaud de Vilamur au cœur noble et vaillant — les observe et les attend sur ses gardes; — (puis) il crie son enseigne, baisse, allonge (sa lance), — et 7510 frappe un cavalier (si fort) qu'il l'abat sanglant. — Ceux de dedans et ceux de dehors (crient) d'accord — et hautement « Tou-
« louse et Montfort! » — et là où ils se rencontrent, ils font car-

E las sagetas primas e li cairel punhen
De la part de la vila van tant espessament.
7520 Que li escut debrizan els elms elh garniment
El baro de la fora ferol departiment
Al partir de la guerra e al perilhament
Li Frances sen repairan envas laiga sortent
Els de dins los persegon encausan e firent
7525 Li omes de la vila milhuran e creichent
Que per meias las ondas se feron mantenent
El cavaler trabucan e li caval franhent
E lo coms de Montfort ab lo leo mordent
Aisis revolvs es vira e fer ardidament
7530 Que defen e restaura totz los seus en perdent
Mas empero, passeron firen e combatent
Lun bratz de la Garona el ribatge engalment
E lo coms sen repaira complitz de mal talent
E can foron essems ditz lor iradament
7535 Baros no sai quem diga ni no sai quem reprent
Ges non es meravilha si mes greu e cozent
Car una gens falhida quem feiro sagrament
Mi crechon trastotz dias dantas e daunimens
E per la lor venjansa e pel meu ondrament
7540 Nos nintrem albergar a sent Subra laent
Que per nulha partida no siran mais fugent
Gautiers de la Betona li respon sobdament
Per Dieu bel senher coms ilh nos an fait parvent
Que no vitz milhors homes ni de milhor sement
7545 Que mot valo per armas e per afortiment
Tant so mal e salvatge e fissan e mordent
Quins el vostre leo an meza la serpent
Si vos non etz Golfers al sieu delhivrament
Nos e vos e li autre em vengut al turment
7550 Per quieu ai gran temensa de prendre dampnament

nage. — Mais les lances polies et les épées fourbies, — les piques, 7515
les dards, les traits d'acier rasant (les armures), — les cailloux
ronds et les épieux brandis, — les flèches menues et les carreaux aigus, — pleuvent si dru, du côté de la ville, — qu'ils 7520
brisent les écus, les heaumes et les armures. — Ceux de dehors
se mettent en retraite, — se départant de la guerre et du péril;
— ils se retirent, se dirigeant vers la rivière. — Ceux de dedans
les poursuivent, pourchassant et frappant, — renforçant et en- 7525
courageant les leurs, — de telle sorte que les (combattants)
arrivent jusqu'au bord de la rivière, — et que les cavaliers et
les chevaux en désordre sont renversés (dans l'eau). — Le comte
de Montfort avec son lion mordant, — se démène, se retourne
et frappe si hardiment, — que repoussé comme il est, il se dé- 7530
fend et sauve tous les siens. — Résistant et combattant (de
la sorte), ceux-ci passent — un des bras de la Garonne jusqu'à
la rive, tous de file; — et le comte se retire rempli de colère. —
Quand ils sont (réunis) ensemble, il confère avec eux : — « Ba- 7535
« rons, je ne sais quoi dire, ni de quoi me plaindre; — mais ce
« n'est point merveille, si (ce que j'éprouve) m'est dur et cuisant :
« — car une race de révoltés qui m'avait juré (fidélité) — ajoute
« chaque jour à mes dommages et à ma honte. — Pour me
« venger d'eux et pour me faire honneur, — nous sommes allés 7540
« prendre poste là-bas à Saint-Subran; — mais où que nous nous
« postions, ils ne nous fuiront jamais. » — Gautier de la Betone lui
répond soudain : — « Par Dieu! beau seigneur comte, ils nous ont
« bien montré — que nul ne rencontra jamais hommes plus braves
« ni de meilleure race; — ils sont excellents en armes et aux faits 7545
« de bravoure, — et si fiers, si sauvages, si obstinés et si mor-
« dants, — qu'ils ont avec votre lion mis le serpent (aux prises);

I. 65

Si tant pres la vila prendrem albergament
E li baro essems fan tal acordament
Que lotjas e caudeiras i laiseron ben cent
E torneron areire mieia lega vertent
7555 E fiqueron las tendas de sobrel paziment
Elh baro de Toloza alegre e jauzent.
  Sen tornan en la vila.

CXCVIII.

Can tornan en la vila mandan als mesatgiers
Quades Bernartz Paraire e maestre Garniers
7560 Anols trabuquetz tendre e comensel chapliers
Ez a las cordas tendre ac ni be x. milhers
E mezon en las frondas los bels cairos grossiers
El castel Narbones els portals frontaliers
Els murs e las bertrescas els ambans meitadiers
7565 E de la tor Ferranda los verials primers
Abaton e trabucan e brizon a cartiers.
Ez escridan Tholoza ara creis lo braziers.
Ques anatz e vengutz lo nostre desiriers
Lo rics valens coms joves el senher dreiturers
7570 Mas en breu de termini se mermec lalegriers
Que lo vens el troneire e laura el tempiers
Tres nogs totas entieiras e tres jorns totz entiers
Fetz deversar e ploure ab los elementiers
Que tant crec la Garona que perpren los graviers
7575 Els camis e las plassas e los ortz els vergers
Que per meia la vila intrec ins els celiers
Aisi que sobre laiga no remas pons entiers
Ni molis ni paichera ni pals ni alabers

« — et si vous n'êtes pas le Golfier qui le délivre, — nous, vous et
« les autres nous sommes venus en perdition. — Pour cela ai-je
« grand' peur que nous ne nous trouvions mal — de camper si
« près de la ville. » — Tous les assiégeants s'accordent à cet avis;
— ils laissent là bien une centaine de loges et de chaudières,
— reculent d'environ une demi-lieue, — et plantent leurs tentes
sur le terrain, — tandis que les hommes de Toulouse contents
et joyeux — s'en retournent dans la ville.

CXCVIII.

Ils rentrent dans la ville et envoient des messagers, — (pour
qu') aussitôt Bernard Paraire et maître Garnier — aillent tendre
les trébuchets (et que) la bataille commence. — Pour tendre
les cordes (des machines) il se trouva bien dix mille (hommes) :
— ils mettent dans les frondes les beaux énormes quartiers de
roche, — (et tirant contre) le château Narbonnais, (contre) la
porte de face, — contre les murs, les meurtrières, les bastions
mitoyens; — et contre les plus hautes embrasures de la tour
Ferrande, — ils les battent, les renversent et les brisent par
quartiers, — criant : « Toulouse! voilà le brasier (de la guerre)
« allumé. — (Il était) parti; (le voilà) revenu celui que nous
« désirions, — le puissant, le vaillant jeune comte; notre légitime
« seigneur ! » — Mais au bout de peu de temps l'allégresse dé-
chut ; — car par le vent et la foudre, par l'orage et la tempête, — durant trois jours entiers et trois pleines nuits, — il
ne cesse de pleuvoir et d'averser, avec grand trouble des éléments; — et la Garonne croît si fort, qu'elle couvre (tout son
gravier), — les chemins et les places, les jardins et les ver-

E mieia de Garona on els fils montaners
7580 Ac doas tors garnidas els dentelhs batalhiers
Dels homes de la vila de bos e de leugiers
E cant laiga samerma e lo flums engaliers
Lo rics coms de Monfort ques mals e sobranciers
Ab sa granda crozada e ab sos grans mainaders
7585 El perpren la ribeira e los pratz els gravers
E mes en lospital los valens soldadiers
E las bonas companhas e los arbalestriers
E fe bonas clauzuras e los valatz raziers
Els murs e las arqueiras els covinens solers
7590 On el leos malignes el sieus gonfanoniers
E conduitz e vianda a moitz e a sestiers
E trames los mesatjes correns e viacers
Que per Agenes venga lo bels naveis corsers
Ez en la bela plassa on sespan lareniers
7595 El bastic lo calabres e de sobrels targers
Que vol la tor abatre ez aver los torrers
E lains en Tholoza es grans lo desturbers
El trebalhs e la ira el mals el caitiviers
E paors e temensa domes e de molhers
7600 E si ditz lus a lautre Jeshu Crist merceners
Vos gardatz las dreituras de vostres dreiturers
E las donas descausas van orar als mostiers
E portan las ufrendas els bels pas els diners
E ciris e candelas per metre els candeliers
7605 E pregueron la Verge on floric lo rozers
De que nasc lo filhs dignes ques clars e vertaders
Que nols laiche cofondre als enemics sobriers
Mas empero mandero als majors capdaliers
En Dalmatz de Creissil ques bel e bos parlers
7610 Belament parla e dicta ab plazens castiers
Senhors sil temps es mals ni durs ni aversers

gers. — Elle entre jusqu'au milieu de la ville, dans les celliers, — et il ne reste pas sur l'eau un pont entier, — pas un moulin ni une écluse, pas un pieu ni un arbre. — Au milieu de la rivière, dans le courant qui descend des montagnes, — étaient deux tours à créneaux de bataille, gardées — par des hommes de la ville, les uns d'élite, les autres du commun. — Quand l'eau baisse et que le fleuve redevient égal (à sa rive), — le vaillant comte de Montfort, le dur et le superbe, — avec sa grande croisade et ses nombreux hommes de guerre, — occupe la rivière, les prés, les grèves, — et poste dans l'hôpital les braves à sa solde, — ses belles compagnies et ses arbalétriers. — Il fait (ensuite) bonnes clôtures, fossés ras, — murs, embrasures, étages convenables; — il place là son féroce lion avec son gonfalonier, — et y rassemble des vivres, des provisions par muids et par setiers. — Il expédie (ensuite) ses diligents et rapides messagers, — pour (ordonner) que ses beaux courants navires arrivent par l'Agénois; — et dans une place unie sur laquelle le sable est épandu, — il dresse ses calabres, portant des hommes armés de targes. — Il veut abattre les tours, et prendre les touriers (qui les défendent). — Il y a (pour lors) dans Toulouse grand trouble, — fatigue et chagrin, peine et misère, — crainte et frayeur d'hommes et de femmes, — qui se disent l'un à l'autre : « Jésus miséricordieux, — défendez le bon droit de vos fidèles « sujets! » — Les femmes s'en vont nu-pieds, prier dans les églises, — portant leurs offrandes, de belles étoffes ou de l'argent, — des chandelles, des cierges à mettre sur les candélabres, — et priant la Vierge où fleurit le rosier, — dont naquit le digne fils qui est lumière et vérité, — de ne point les laisser exterminer par leurs superbes ennemis. — (Cependant) les princi-

Ja no von venga ira ni von cresca espaventers
Que motas vetz per perdre ane grans milhorers
A la vila defendre fon aitals lacordiers
7615 Que lo coms de Cumenge ab los sieus companhers
En Bernartz de Montaut el abas en Rogers
En Guirautz en Pelfortz de sobre lor destriers
El pobles de la vila firitz e firendiers
Tengan be las trencadas els fossatz els portiers
7620 E sai Rotgers Bernartz ques bos e plazentiers
Mandec tost al Capitol e als cominalers
E als autres pros omes borzes e marcadiers
Ques aian los maestres els nautors els brassers
E las bonas cumpanhas els sirvens loguadiers
7625 Ops de las tors socorrer car i a grans mestiers
Ez els li respondero farem o volontiers
E per meia la vila an triatz los obrers
E sus al cap del pont an mezes carpenters
Mas dopterol passatge car es tant esqueriers
7630 Car lo pons es en laiga abatutz a carters
Mas en Peron Domingo us valens escuders
Que fo natz dArago ses faitz aventuriers
E passec per la corda grans dos corses pleniers
Ez anc major perilh no trais nulhs aversers
7635 E de dins e de fora lesgardon c. melhiers
E si ditz lus a lautre aquest hom es leugiers
Pois feron pons de cordas ab cledas traversers
Per que a la tor velha es complitz lo sendiers
Mas al autra socorrer es maier lencombriers
7640 Car noi es lo passatges ni pons ni escaliers
De luna tor a lautra ab loncs filetz dobliers
Quen un vaichel decesca que recemblec carniers
I portan la vianda e los cairels dacier
Pero nUgs de la Mota i. valens cavalers

paux chefs sont mandés (au parlement); — et là Dalmace de
Cressil qui est bel et bon parleur, — parle et discourt avec
agréables raisons : — « Seigneurs, si fâcheux, contraire et dur
« que soit le temps, — qu'il ne vous en vienne ni chagrin ni
« épouvante; — car maintes fois de perdre (quelque chose), pro-
« viennent de grands biens. » — (Là-dessus) pour défendre la
ville, ce fut chose convenue, — que (d'un côté) le comte de Comminges, avec ses compagnons, — don Bernard de Montaut, l'abbé
et don Roger, — don Guiraud, don Pelfort, sur leurs destriers, —
et les hommes de la ville frappant et frappés, — défendront vaillamment les tranchées, les fossés et les portes. — Et (d'un autre
côté) Roger Bernard, le brave et l'avenant, — mande bien vite au
Capitole (dire) à ceux de la communauté, — et autres prud'hommes,
bourgeois et marchands, — d'envoyer les maçons, les nautoniers,
les ouvriers, — et les bonnes compagnies (de guerre), les servants
à la solde, — pour secourir les tours, car grand besoin en est. —
« Nous le ferons volontiers, » répondent (ceux du Capitole); — et
ils font), dans la ville, chercher les ouvriers (nécessaires). — Ils
ont, au bout du pont, placé des charpentiers; — mais ceux-ci re-
doutent le passage, tant il est périlleux : — car le pont a été dans
l'eau renversé par quartiers. — Mais don Péron Domingo, un
vaillant écuyer, — natif d'Aragon, a tenté l'aventure; — il traverse
deux fois la rivière pour attacher des cordes, — et jamais homme
ne fut à tel péril exposé. — En dedans et en dehors cent mille
(personnes) le regardent, — chacun disant à l'autre : « (Certes,)
« cet homme est leste ! » — Ils firent ensuite un pont de corde,
avec des claies en travers, — de manière à former un sentier jusqu'à
la tour vieille. — Plus grande est la difficulté de secourir l'autre
(tour); — car il n'y a, pour y passer, ni (débris de) pont ni

7645 Ben complitz de las armas e dels autres mestiers
Ab bona companhias mes en laiga primers
Per la tor a defendre ab los Capitoliers
Mas tant son grans las ondas e lo flums rabiners
Que sel noi poc atendre e passec li costiers
7650 Aissi cal autre pont fo la guerra el chapliers
De donar e de prendre mot grans colps glaziers
Mas emperol Capitols valens e fazendiers
Permeg laiga prionda foron aventuriers
Can la tor establida e tornon a vivers
7655 E lo coms de Montfort ques afortitz guerriers
Car vol la tor abatre els dentelhs batalhiers
Tota la noit el dia ab cairos traversers
Ez ab peiras redondas et ab colps sovendiers
La combat lo calabres e la franh lo peiriers
7660 Que tot lo mur debrizan en espan lo mortiers
Els portals e las voutas els cairos estremiers
E cels dins cant o viron que no sera estiers
Ab afortitz coratges e ab mals reproers
Receubro motas plagas e motz colps mortaliers
7665 Que de la sanc vermelha an mulhatz los braguers
Iradament per forsa ab los coratges niers
An la tor desparada e montal senhariers
Del comte de Montfort e dels seus bordoniers
Ez escridan la joya.

CXCIX.

7670 Escrideren la joya e Montfort entre lor
Que vengutz es lo termes que cobrarem la onor

échelle. — Mais d'une tour à l'autre, par de longs filets doubles — que l'on descend sur un bateau chargé de viande, — on leur envoie de la nourriture et des carreaux d'acier. — (Là-dessus) don Hugues de la Motte, en vaillant chevalier, — accompli en armes et en toute chose, — avec sa bonne compagnie, s'est le premier aventuré sur la rivière, — suivi des Capitouls, pour munir la tour; — mais si hautes sont les ondes et si rapide le fleuve, — qu'il ne put y atteindre et dériva tout à côté, — de sorte qu'il y eut à l'autre pont guerre et tuerie, — et force grands coups d'épée donnés et reçus. — Mais à la fin les infatigables et vaillants Capitouls, — à l'aventure sur l'eau profonde, — ont approvisionné la tour et regagnent la ville. — Cependant le comte de Montfort, qui est intrépide guerroyeur, — a résolu de renverser la tour et ses créneaux de bataille; — et nuit et jour, à coups redoublés de roches traversières et de pierres rondes, — le calabre la bat et le pierrier la brisé, — de manière qu'ils abattent les murs et font voler le mortier, — (ébranlant) les portes, les voûtes et les pierres du sommet. — Ceux de dedans quand ils voient qu'il n'y a point de remède, — d'un cœur intrépide et avec de fières paroles, — reçoivent maintes blessures et plusieurs coups mortels, — si bien qu'ils ont de sang vermeil mouillé leurs cuissards. — Avec peine, par force, et le cœur tout noir (de chagrin), — ils ont abandonné la tour; et (une autre) enseigne y est montée, — celle du comte de Montfort et de ses bourdonniers, — qui crient victoire.

CXCIX.

Ils crient à ceux de la ville : « Victoire et Montfort! — voici « venir le temps où nous allons recouvrer le pays, — recouvrer

E cobrarem la vila e vos iretz alhor
Mas aquilh responderon que son en lautra tor
Ans la partiran lansas e espazas e plor
7675 E si vos etz maligne e mal e gabador
Nos avem dreit e vila coratge e senhor
Mas non es meravilha sis donero temor
Car non an rei ni comte ni nulh amparador
Mas cant Dieu Jeshu Crist quels ama els socor
7680 E lo coms de Montfort e li sieu valedor
En la tor sobre laiga an messa lauriflor
Pero tant saprosmero li nostre e li lor
Que per meias las ondas li arquier elh nautor
Se combaton essems tota la noit el jor
7685 Que los cavals se nafran ins en labeurador
Ab tant veus per la vila una gran resplendor
Quels defen e restaura els torna en color
En Bernartz de Casnac es vengutz al Santor
Ab bona companhia ab cor defendedor
7690 Per amparar la vila e per defendre lor
Anc no vis per dreitura segon de sa ricor
Pus adreit cavalier per complida lauzor
Quel a sen e largueza e cor demperador
E governa paratge e capdela valor
7695 Per restaurar dreitura e per franher dolor
Venc amparar Toloza el comte per amor
Ab lui R. de Vals ques de son parentor
Vezias de la Mota i. valent valvassor
El baron de Capitol queran governador
7700 Intreron ab gran joya el Braimanso ab lor
El baron de Tholoza ab lo poble menor
Los aneron recebre ab joi e ab baudor
Li crit e las senheiras el corn el trumpador
Fan retendir la vila e esclarzir la brumor

« la ville , et où vous (autres) irez ailleurs. » — Mais ceux qui sont
dans l'autre tour leur répondent : — « Nous avons auparavant à
« partir bien des coups de lance et d'épée, et force pleurs ;
« — et si vous êtes malins, méchants et farceurs, — nous
« avons (pour nous) le droit, une forte ville, du courage et
« un (vrai) seigneur. »—(Cependant) ils prirent peur, et ce n'est
point merveille, — n'ayant (parmi eux) roi, ni comte, ni
autre défenseur, — si ce n'est le seul Jésus-Christ qui les
aime et les secourt. — Le comte de Montfort et ses défenseurs — ont placé son oriflamme dans la tour, sur la rivière ;
— mais si fort s'approchèrent les nôtres et les leurs, — qu'au
milieu des ondes les archers et les nautoniers — combattent
entre eux toute la nuit et tout le jour, — et que les chevaux
sont blessés à l'abreuvoir. — Cependant voici s'élever par la
ville une grande splendeur, — qui protége, restaure les habitants et les remet en (belle) couleur. — Don Bernard de
Casnac est venu vers la Pentecôte, — avec une belle troupe, et
d'un cœur animé à la défense, — pour secourir la ville et
les habitants. — On ne vit jamais son second en noblesse et en
droiture, — ni chevalier plus parfait et plus accompli en mérite ; — car il a sens, largesse et cœur d'empereur : — il gouverne
parage et commande à bravoure. — Pour restaurer la justice et
faire cesser la douleur, — il est venu par amour, défendre le
comte et Toulouse ; — et avec lui sont venus Raymond de Vaux
qui est de sa parenté, — et Voisin de la Motte, vaillant vavasseur.
— Les barons du Capitole qui avaient le gouvernement (de la
ville), — sortirent en grande joie avec les Brabançons, — les
hommes et le menu peuple de Toulouse, — et allèrent avec allégresse les recevoir (tous les deux) ; — les cris, les enseignes,

7705 E lo coms de Montfort cant auzit la rumor
Ab petita companha passec laiga ves lor
E laichec establit lospital e la tor
E es vengutz al seti e a parlat ab lor
Senhors so dit lo coms vostre ennemics pejor
7710 Perdon laiga e la vila els pons e la valor
Ez ai lains auzida tant granda tenebror
Sapchatz canar sen volo o amics lor socor
Ab tant veus i. mesatge quelh a dit la veror
Senher coms en Toloza son intrat valedor
7715 Ab nBernartz de Casnac sinc cens cavalgador
Que defendran la vila e vos combatetz lor
Amics so ditz lo coms ilh an faita folor
Que per la mia intrada nichiran li trachor
Que ja tant cant ieu viva faizit caminador
7720 A mi ni a la gleiza no faran mais paor
Lo coms els cardenals e li cosselhador
NAmaldrics e livesque e li autri doctor
Cosselheron essems a cosselh celador
Senhors so ditz lo coms a totz vos fas clamor
7725 Car tuit mei soldadier sen volon ir alhor
Car ieu non ai quels pague ni no sai dire dor
Sapchatz aquesta vila ma mes en tal error
Que cascun jorn me baicha lo pretz e la valor
Destas doas partidas me don Dieus la milhor
7730 Que per santa Maria ques a Rocamador
O mauciza la vila o ieu auciza lor
Coms ditz lo cardenals aquel Dieus quieu azor
Conoih ben la drechura cal son li pecador
La vespra del dimenge del santisme Santor
7735 Que Dieus dec als apostols clartat e resplandor
Lo coms Simos se leva gran mati a lalbor
Ab sa bela companha e li avantador

les cors, les trompettes, — font retentir la ville et s'éclaircir la brume. — Le comte de Montfort, quand il entend (tout) ce bruit, — avec peu de troupes passe la rivière, — laissant garnison dans l'hôpital et dans la tour. — Il arrive au premier siége et converse avec les assiégeants : — « Seigneurs, leur dit-il, vos pires « ennemis — perdent la ville, la rivière, les ponts et le courage. « — Au tumulte que je viens d'entendre là dedans, — sachez « qu'ils songent à s'en aller, ou qu'un ami vient à leur secours. » — Mais voici venir un message qui lui dit la vérité : — « Sei- « gneur comte, à Toulouse viennent d'entrer des défenseurs, — « cinq cents cavaliers avec Bernard de Casnac : — ils vont dé- « fendre la ville, et vous combattez-les. » — « Amis, répond le « comte, ils ont fait folie; — car à mon entrée, (tous) les traîtres « sortiront; — et aussi longtemps que je vivrai, des faydits et des « vagabonds — ne feront peur ni à moi, ni à l'église. » — (Là-dessus) le comte, le cardinal et les (autres) conseillers, — les autres docteurs, l'évêque et don Amaury, — se réunirent ensemble pour délibérer en secret : — « Seigneurs, fait le comte, « je me plains à vous — de ce que les hommes à ma solde « veulent tous s'en aller, — parce que je n'ai point de quoi « les payer et ne sais point parler de l'or. — Sachez que cette « ville m'a réduit à de tels embarras, — qu'elle me fait chaque « jour déchoir de gloire et de pouvoir. — Dieu me fasse, « entre ces deux partis, choisir le meilleur : — que par sainte « Marie de Rocamador, — j'extermine cette ville, ou cette « ville moi ! » — « Comte, dit le cardinal, ce Dieu que j'a- « dore, — sait bien où est la droiture et où sont les pécheurs. » — La veille du dimanche de la Pentecôte, — où Dieu répandit sur les apôtres splendeur et clarté, — le comte Simon se leva de

Per las vinhas destruire e per lautra labor
E perprendon las plassas vas lolm del Orador
7740 Els baros de la vila li menre el maior
Que so adreit per armas e bon defendedor
Cel se te per delhivres que denant lautre cor
Per garnir las trencadas e la vila entor
Cavaler e borzes e Braiman feridor
7745 El valens adreitz pobles firens cumbatedor
Elh sirvent frontalier e li dardeiador
Prendols ortz e las vinhas e li frondeiador
Els camis e las plassas el bel guerreiador
Dentrambas las partidas saprosman entre lor
7750 Mas li crit e las trompas els corns el atabor
E la clartat dels elmes els aurs am la blancor
Afortih los coratges e lardiment forsor
Aisi vengon essems coma folhas ab flor
Lorgols e la felnia elh esperonador
7755 E lo cels e la terra e lairs e la brumor
Fremih e braila e mescla lacers el gran ardor
Els baros de Tholoza can viro la tremor
Per lor mezeis defendre e per contrast de lor
Comenseron la guerra el perilh e lardor
7760 Ez en la bella plassa denant sent Salvador
Dentrambas las partidas mesclan la tenebror
E comensan la guerra.

CC.

La guerra recomensa el critz e la tenson
E vengon per las plassas la mainadan Simon
7765 Dentrambas las partidas punhen a esperon
Primeiramen dels autres nAmaldrics de Crion

grand matin, dès l'aube, — à la tête de ses belles compagnies (de guerre), — pour détruire les vignes et les autres cultures; — ils se rassemblent dans les champs, autour de l'orme de l'Oratoire. — (De leur côté) les barons de la ville, les moindres et les grands, — qui sont experts en armes et bons défenseurs, — (courent tous); et celui-là pour satisfait se tient qui court devant l'autre, — pour garder les tranchées et la ville tout à l'entour. — (D'autres) chevaliers et bourgeois, et les Brabançons assaillants, — le peuple exercé et vaillant à combattre et à frapper, — les servants et les archers marchant en tête, — joints aux frondeurs, occupent les jardins et les vignes, — les chemins et les places; et les guerroyeurs les plus valeureux — s'approchent des deux côtés les uns des autres. — Les cris, les trompettes, les cors et les tambours, — l'éclat des heaumes, le mélange de l'or et de la blancheur, — rehaussent l'audace et redoublent le courage — de ceux qui piquent de l'éperon ; et de la sorte naissent unis, comme feuilles et fleurs, l'orgueil et la rage. — Le ciel et la terre, l'air et la brume, — frémissent, bruissent et réfléchissent l'acier ardent : — quand ils voient ce tumulte, les hommes de Toulouse, — résolus de se défendre et de résister à leurs (adversaires), — s'engagent dans l'ardeur de la mêlée et du péril ; — et dans la grande place, devant Saint-Sauveur, — des deux côtés se resserre la sombre (mêlée); — et la bataille commence.

CC.

La bataille, les cris et la mêlée commencent; — à travers les places vient la troupe du comte Simon, — des deux côtés on pique de l'éperon, — et en avant de tous viennent Aimeric de

En Gautiers de Cambrais en Tibaut de Blezon
En Gilabert de Rocas en Dragos de Merlon
En Raolf de Niela nAlbert de Caldairon
7770 En Jaufres de la Trena en Rainers dAlbusson
En Johans de Brezi en Raners de Rancom
En P. dEscoralha en Thibaut dOrion
En Girvais lo ventreos Gilabertz Malbusson
En Robertz de Belmon en Robertz de Chalon
7775 En Robertz Penquernis en Robertz de Chinon
En Raolf de Peitieus en Giraus de Lansson
En Raymbautz de Trias en Joans de Bollon
En Guis de Mauretanha en Rainer lo Frizon
NAmaldrics de Lucet en Bertrans de Corsson
7780 E las autras cumpanhas orgolhos e felon
Aissi vengon essems Frances e Bergonhon
E debrizon la terra e lerba el sablon
Els de dins los receubo ab fin cor e ab bon
Ladreitz Rogers Bernartz e li autre baron
7785 Cavaliers e borzes a la comensazon
El pobles de la vila el sirvent elh geudon
E mezon la barreira e la defension
E desus la senheira quera de Mont Aigon
NAlias dAlbaroca i. valent Braimanson
7790 El en Br. Navarra e lautri companhon
Am lor nOtz de Tarrida en Guirautz de Gordon
El valens nAmalvis de la Mota nUgon
En Br. de sent Marti R. de Rossilhon
En Peire de la Isla qui ferit del planson
7795 Lo primers que venia sobre la garnizon
Que debriza la lansa e reten lo trenson
Cels suffriron la guerra a la comensazon
Es escridan Tholoza e Montfort e Crion
E las trompas els grailes fan retendir lo tron

Crion, — don Gautier de Cambray, don Thibault de Blazon,
— don Gilabert des Roches, don Dragon de Merlon, — don
Raoul de Nielle, don Albert de Cauderon, — don Geoffroy de la 7770
Tresne, don Raynier d'Aubusson, — don Jehan de Berzy, don
Raynier de Rancon, — don Pierre d'Escoraille, don Thibault
d'Orion, — don Gervais le ventru, Gilbert Maubuisson, — don
Robert de Beaumont, don Robert de Châlons, — don Robert 7775
Penquernis, don Robert de Chinon, — don Raoul de Poitiers,
don Giraud de Lançon, — don Raimbaud de Tries, don Jehan
de Bouillon, — don Guy de Mortagne, don Raynier le Frison, —
don Amaury de Lucet, don Bertrand de Corson, — suivis des 7780
autres compagnies féroces et fières. — Ainsi s'avancent ensemble
les Bourguignons et les Français, — écrasant la terre, l'herbe et
le sable. — De franc et fier courage les reçoivent ceux de la ville;
— le bon Roger Bernard et les autres barons; — d'abord les 7785
chevaliers et les bourgeois, — puis le peuple de la ville, les servants et les valets. — Ils dressent (contre l'ennemi) une barrière
et une défense, — sur laquelle ils plantent une enseigne, celle de
Mont-Aigon. — Don Élie d'Auberoche, un vaillant Brabançon, —
don Bertrand de Navarre, avec ses autres compagnons, — don 7790
Othon de Tarrida, don Giraud de Gordon, — le vaillant don
Amalvis, don Hugues de la Motte, — don Bernard de Saint-Martin, Raymond de Roussillon, — don Pierre de l'Isle, qui de sa lance 7795
frappa — le premier qui s'avança contre la barrière, — (si fort que)
la lance fut brisée, et qu'il n'en garda que le tronçon : — ceux-là
soutinrent la première attaque (de l'ennemi), — aux cris (confondus) de Toulouse, de Montfort, de Crion. — (Tandis que) les
trompettes et les clairons font retentir le ciel, — les lances, les 7800
dards, les piques, les massues et les tisons brûlants, — les hal-

7800 Lansas e dartz e picas e massas e brandon
E gazarmas e peiras e apchas e bollon
E sagetas e flechas e cairel e pilon
E motas de partidas i vengon daviron
Que lausberc e li elme el escut el arson
7805 Els entresens mirable el frezel el boton
E cavals e las tressas el aur el cisclaton
Que de sanc e de plagas semblavan vermelhon
Tant fon granda la noiza e lo critz el reso
Que motz dels de la vila sen intran a lairo
7810 Ques banheron en laiga del fossat lo mento
E li autres combaton la foras el cambon
Ciutada e borzes e arquier e pezon
Ez an mort en la vinha Guilheumes Caudaron
E li lor e li autre sobre lui contendon
7815 En Sicartz de Montaut los defen abandon
Li cairel e las astas é li teng del penon
El escut e li elme el caval el planson
Hi estan plus espes quespina derison
Pero ilh de la fora lenlevan de randon
7820 Mas una gens estranha Blaventi e Breton
Vengon permei las plassas desgarnit e felon
E portan foc e palha e falhas e tizon
E corron vas la vila e escridan Crion
E de dins los receubon sirvent e donzelon
7825 Que los feron els brizan pel peh e pel brizon
E lo coms sen repaira ab la poblacion
El jorn de Pentecosta can granan li broton
Lo coms auzic la messa e la profession
Ez en apres sen intra de dins I. pabalhon
7830 El cardenals labas el avesque felon
NAmaldrics en Bochartz e so frairen Guio
En Alas en Folcautz e li autre baron

lebardes, les pierres, les haches, les bâtons ferrés, — les carreaux, les flèches et les pieux, — tombent là de divers côtés et d'alentour, — (tellement que) les hauberts, les heaumes, les écus et les arçons, — les riches enseignes, les boutons et les nœuds, — les chevaux et leurs tresses, l'or et les sisclatons, — semblent de sang et de blessures tout vermeils. — Si grands sont le tumulte, les cris et les retentissements (de la mêlée), — que plusieurs de ceux de la ville entrent, à la dérobée, — dans l'eau du fossé plongés jusqu'au menton; — mais les autres combattent là dehors, dans le champ, — citoyens et bourgeois, archers et piétons : — ils ont tué dans les vignes Guillaume de Cauderon, — et des deux côtés on combat autour de son corps. — Don Sicard de Montaut défend intrépidement les siens; — les traits et les piques, les pennons colorés, — les écus, les heaumes, les aigrettes, les bois de lance, — sont là plus serrés que les piquants sur un hérisson. — A la fin ceux de la ville enlèvent le corps de force; — mais une race étrangère de Brabantins et de Bretons — arrive désarmée et féroce à travers les places, — portant de la paille et du feu, des torches et des tisons; — ils courent devers la ville en criant: « Crion ! » — Mais ceux de dedans, damoiseaux et servants, les repoussent, — les frappent, et leur fendent la poitrine et les bliaux. — Le comte et le peuple (de Toulouse) se retirent (chacun de son côté). — Le jour de la Pentecôte, quand les bourgeons font graine, — Montfort entend la messe et l'office, — après quoi il entre dans un pavillon, — avec le cardinal, l'abbé et l'évêque félon, — avec don Amaury, don Bouchard, don Guy son frère, — don Alard, don Foucault et les autres barons. — « Seigneurs, leur dit-il (alors), « c'est avec droit et raison — que je cherche à m'assurer, moi et

Senhors so dit lo coms ben ai dreg e razon
Que mi e totz vos autres meta en ramizon
7835 Cum ieu cobre Tholoza els baros que lains son
E prec Dieu que lam renda o que la mort mi don
Car man ins el cor messa la ira e la tenson
Quieu no los posc combatre ni no sai cum eston
E no posc mais suffrir la granda mession
7840 Car li mieu soldadier man dig ara de non
E las autras companhas car ieu non ai quels don
Mas si men voletz creire ieu darei cosselh bon
Hieu fas far una gata anc tan bona non fon
Formada ni bastida des lo temps Salamon
7845 E no tem trabuquet ni peirier ni cairo
Quelh soler e las alas el trau el cabiron
Elh portal e las voutas el fial el estaon
Son de fer e dacer tuit lassat environ
Quatre cens cavalier dels milhors cab nos son
7850 Cent L. arquiers complitz de garnizon
Metrai ins en la gata e nos tug a peon
El fossat de la vila la metrem el fondon
E can siran essems li filh e li pairon
Entrels brans e las massas farem tal chaplazon
7855 Que de sanc ab cervelas banharem mon leon
Ez ieu metra Toloza a foc e a carbon
O recebrai martiri e mort e passion
Coms ditz lo cardenals santa gleizaus somon
Que non aiatz temensa ni mala sospeison
7860 Quela a poder queus tola e ha poder queus don
E poder queus defenda e poder queus perdon
E si be la sirvetz auretz ne gazerdon
E combatetz la vila que ben es de sazon
Ab tant veus I. messatge qui li ditz I. sermon
7865 Senhors vec vos venir lo ric comte Saishon

« tous vous autres, — de recouvrer Toulouse et les hommes qui
« s'y trouvent. — Je prie Dieu de me les rendre ou de me don-
« ner la mort; — car ils ont dans mon cœur mis le chagrin et le
« souci — de ne pouvoir plus les combattre, et de ne plus savoir
« où j'en suis, (sinon que) — je ne puis plus supporter la grande
« dépense (à faire); — car les hommes à ma solde m'ont déclaré
« ne plus (vouloir me servir), — ainsi que les autres troupes à qui
« je n'ai rien à donner. — Toutefois, si vous voulez m'en croire,
« je donnerai un bon conseil; — je fais faire une gate, la plus forte
« qui fut jamais — faite ou construite depuis les temps de Sa-
« lomon, — ne craignant ni trébuchet, ni pierrier, ni pierre; —
« car les planches, les ailes, les poutres et les chevrons, — la porte
« et les voûtes, les balcons, les filets, — sont tout à l'entour de fer
« et d'acier garnis. — Quatre cents chevaliers de nos meilleurs, —
« cent cinquante archers armés de tout, — je les mettrai dans
« cette gate; et nous tous à pied — l'établirons dans les fossés de
« la ville, tout au fond. — Et quand (ceux de Toulouse), fils et
« pères, seront réunis, — avec nos épées et nos massues nous en
« ferons un tel carnage, — que de sang mêlé de cervelles nous
« baignerons mon lion; — je brûlerai Toulouse et la réduirai en
« charbon, — ou bien je serai martyr et souffrirai mort et pas-
« sion. » — « Comte, dit le cardinal, sainte église vous ordonne
« — de n'avoir ni crainte, ni fâcheux soupçon. — Elle a pouvoir
« de vous donner et pouvoir de vous ôter, — pouvoir de vous
« défendre et pouvoir de vous pardonner; — et si vous la servez
« bien, vous en serez récompensé. — Combattez donc la ville, il
« est désormais temps. » — Là-dessus arrive un message qui lui
tient un discours : — « Seigneurs, voici arrivé le puissant comte de
« Soissons — avec si belle croisade, qu'il ne vous en faudra plus

Ab tant bela crozada que vos hi auretz pron
Amics so ditz lo coms aiso mes bel e bon
Ez anem los recebre.

CCI.

Ez anem los recebre car hi ha gran mester
7870 El coms hi vay ab joya e lautre cumpanher
NAmalrics en Bochartz en Guiot en Rayner
E lay on sencontreron ab bel dig plazenter.
Lo coms de Montfort parla e dousament lenquier
Senher coms de Saisho vostramor volh e quier
7875 E podetz ben conoisser cum nai grand desirier
Mais damor vos ai faita ques a nulh cavalier
Que pos vi vostras letras e vostre Latiner
Quem vendriatz socorrer ab nOtes dAngelier
Ai bastida la gata el castel el peirier
7880 E per so que naguessatz lo nom el pretz entier
No vulh Toloza prendre tro quei fossatz primer
Ez auretz del aver lo quint o lo carter
Ez apres seran vostre tuit li melhor destrier
E vos darnetz a cels qui nauran gran mestier
7885 E diiran per las terras li estranh messatgier
Que lo rics coms Saishos pres Tholoza lautrier
El coms se pres a riire e ditz 1. reprover
Senher coms de Montfort cent merces von refer
Car en tant pauca dora mavet fait thesaurier
7890 De laver de Tholoza quem donatz a doblier
E si prendetz la vila nieu mezeis la comquier
Totz lavers sia vostre que ja part no von quier
E si men voletz creire ans o faretz estiers
Que a mi ni als autres non donetz 1. denier
7895 Tro que pagat ne sian tuit vostre soldadier

« d'autre. » — « Amis, dit le comte, voici qui m'est bel et bon,
« — allons les recevoir.

CCI.

« Allons les recevoir, car nous avons grand besoin d'eux. » —
Et il va les recevoir avec grande joie, avec ses autres compagnons, — don Amaury, don Bouchard, don Guyot, don Raynier.
— Là où ils se rencontrèrent, en belles avenantes paroles, —
le comte de Montfort parla au comte de Soissons et doucement
lui dit : — « Seigneur comte de Soissons, je cherche et vous
« requiers votre amitié, — et vous pouvez bien savoir à quel
« point je la désire : — je vous ai montré plus d'amour qu'à
« nul autre chevalier; — car aussitôt après avoir vu vos lettres
« et su de votre latinier — que vous viendrez me secourir avec
« don Othon d'Angelier, — j'ai fait construire la gate, le château
« et le pierrier, — afin que vous en eussiez (tout) le renom et la
« gloire entière. — Je n'ai point voulu prendre Toulouse que
« vous n'y fussiez le premier; — vous aurez du butin le cinquième ou le quart; — vous aurez en sus tous les meilleurs
« destriers, — pour les distribuer à ceux qui en auront besoin;
« — et les messagers étrangers iront par tout pays disant : — Le
« puissant comte de Soissons a pris Toulouse l'autre jour. » —
Le comte de Soissons se prit à rire et fit une belle réponse : —
« Seigneur comte de Montfort, je vous rends mille grâces — de
« ce que si promptement vous me faites le possesseur — de tout
« l'avoir de Toulouse, et me le donnez à pleines mains; — mais
« soit que vous preniez la ville, soit que je la conquière moi, —
« que tout le butin en soit à vous : je ne vous en demande rien.

Mas de la perparansa vos darai bo loguier
Que si prendetz Tholoza de quest i. an entier
Can lauretz comquerida ieus darei Montpeslier
Que per santa Maria a mi comtec hom her
7900 Quilh an dins la vila tot cant que an mester
E bon cor e gran forsa e senhor dreiturier
E valon tant per armas e son tant bon guerrier
Que can vos lor datz glazis ilh vos redon carnier
Nos em destranha terra novèl penedenser
7905 E servirem la glieiza de grat e volentier
Tota la carantena trol termini derrier
E poish tornar nos nem per aquel eish sender
Tant parleron essems tro al loc domengier
On lo coms de Montfort tel seti frontalier
7910 E lains en Tholoza estan en cossirier
Car de motas partidas son lenemic guerrier
Que totz crestianesmes los menassa els fier
Mas lo filhs de la Verges per donar milhorier
Lor trames una joya ab un ram dolivier
7915 Una clara estela el luga montaner
Lo valent comte jove clartat ez eretier
Intra permeg la porta ab la crotz e lacer
Mas Dieus li fe miracle e signe vertadier
Quel metra en cadena lo leo glazier
7920 Que de la tor del pont del dentelh estremer
Cavian li Frances conquerida primer
Cazec la ensenha en laiga el leos el gravier
Dont tuit cels de la vila nan complit joi plener
Ez aneron recebre lo comtel cavalier
7925 Els baros de la vila els borzes el viguier
E donas e borguezas que nan gran desirier
E noi remas piuzela en cambra ni en soler
El pobles de la vila li gran el menuzer

« — Et si vous voulez m'en croire, (tout) autrement ferez-vous :
« — vous n'en donnerez ni à moi ni à personne un seul denier,
« — jusqu'à ce que tous les hommes à votre solde soient payés. — 7895
« Vous aurez (du reste) de moi un bon retour de vos offres. — Si
« d'ici à un an complet vous prenez Toulouse, — dès que vous
« l'aurez conquise je vous donne Montpellier ; — car par sainte
« Marie ! on m'a raconté hier — que ceux de la ville ont tout ce 7900
« dont ils ont besoin, — bon courage, de grandes forces, légi-
« time seigneur, — et sont en armes si vaillants et si bons guer-
« riers, — que si vous leur donnez des glaives, ils vous rendent
« de la chair. — Nous sommes de nouveaux pénitents (venus)
« de terre étrangère, — et nous servirons l'église volontiers et 7905
« de bon gré, — toute la quarantaine, jusqu'au dernier mo-
« ment, — après quoi nous nous en retournerons par le même
« chemin. » — Ils s'entretinrent de la sorte jusqu'à l'endroit occupé, — où le comte de Montfort avait établi le siége (devant la
ville). — Cependant ceux de Toulouse sont en grand souci — de 7910
ce que les assaillants arrivent de divers côtés, — et de ce que
toute la chrétienté les menace et les frappe. — Mais le fils de
la Vierge, pour les consoler — leur envoie un (sujet de) joie
avec un rameau d'olivier : — une brillante étoile, la flamme 7915
(luisant) sur la montagne ; — le vaillant jeune comte, la lumière et l'héritier (de son père), — la croix et le fer, entrent
(ensemble) par une des portes. — Dieu fit alors un miracle ; il
donna un signe véridique — de vouloir mettre à la chaîne le lion
dévorant ; — car des derniers créneaux de la tour du pont, — 7920
que les Français avaient prise auparavant, — l'enseigne tomba
dans l'eau et le lion sur le gravier, — ce dont tous ceux de la
ville eurent complète joie. — Cependant pour recevoir le comte

Tuit remiran lo comte coma flor de rozer
7930 De lagremas joiozas de joy e dalegrier
Son complidas las plassas els palais elh verger
E lo coms ab gran joya dechendec al mostier
Del baro sent Cerni vertudos mercener
Que anc no volc paria de Frances ni la quier
7935 Las trompas e li graile el corn el senharer
Els senhs e las esquilas que brandichol cloquier
Fan retendir la vila e laiga el graver
Ez amb aquela joya issiron v. milher
E perprendon las plassas sirvent e escudier
7940 Dreitament vas lo seti li corrent el leugier
En auta votz escridan sa Robi sa Gautier
A la mort a la mort Frances e bordoner
Que nos avem doblatz los pungs de lesquaqier
Que Dieus nos a redut lo cap el hereter
7945 Lo valent comte jove qui aportal brazer
E lo coms de Montfort can au lo reproer
El a passada laiga e venc al arener
Ez anerol recebre siei baro domenger
El coms se pres a riire e demanda ez enquier
7950 Senher coms ditz en Joris ara avetz parier
Que porta sanc e glazi e flama e tempier
Ez er nos a defendre al fer e al acier
Joris so ditz lo coms nom detz espaventer
Qui no sap cosselh prendre lora quel a mestier
7955 Ja a la cort del Poi no prengua lesparvier
Totz temps maura Toloza el coms a frontalier
Que ja non aurem trevas ni patz ni accorder
Entro quieu la comquerra o que elam comquer
E pel meu avantatge e per lor desturbier
7960 En aquest hospital fare castel entier
Ab dentelhs e ab lissas e ab mur batalhier

CROISADE CONTRE LES ALBIGEOIS. 539

allèrent les chevaliers, — les hommes de la ville, les bourgeois
et le viguier, — les dames et les bourgeoises qui le désirent
fort. — Ni en chambre, ni en étage, il ne resta pas une jeune
fille; — les habitants de la ville, grands et petits, — regardent tous
le comte comme fleur de rosier; — (des cris) d'allégresse, de bonheur, de joyeuses larmes, — éclatent dans les places, dans les
vergers, dans les palais. — En grand contentement le comte descend au monastère — du baron Saint-Sernin, le patron puissant,
— qui jamais ne voulut ni n'agréa la compagnie des Français.
— Les trompettes, les clairons et les cors, les sonneurs, — les
clochettes et les cloches qui ébranlent les clochers, — font retentir la ville, la rivière et la grève. — Au milieu de cette joie sont
sortis cinq mille (Toulousains), — écuyers et servants, qui occupent (toutes) les places. — Les (plus) lestes, les (mieux) courants, (s'en vont) droit au siége, — criant à haute voix : « Ici, Robin!
« ici, Gautier! — Mort aux Français! mort aux porte-bourdons! —
« Nos points sont doublés à notre partie d'échecs, — car Dieu nous
« a rendu le chef et l'héritier (du pays), — le vaillant jeune comte
« qui apporte le brasier (de la guerre)!. » — Lorsque le comte de
Montfort en apprend la nouvelle, — il passe la rivière et vient (à
l'autre bord), sur la grève; — où ses barons s'en vont le recevoir.
— Le comte se prend à sourire; il interroge et s'enquiert (de ce
qui est arrivé). — « Seigneur comte, dit don Joris, vous avez désormais un compagnon de seigneurie, — qui apporte avec lui
« sang et glaive, flamme et tempête, — et nous devons maintenant nous défendre par le fer et l'acier. » — « Joris, répond le
« comte, ne m'épouvantez pas. — Que celui qui ne sait point
« prendre un parti là où il le faut, — ne prenne point l'épervier à la cour du Puy. — A tout jamais je serai de Toulouse

E de la part de foras pal linhat de carter
Per tot a la redonda gran fossat traverser
E de sa deves laiga bel mur ez aut terrier
7965 E de lai vas Gascuenha lo pont el escalier
Ez aurai la ribeira lo condug el viver
Ab tant vengon per laiga borzes e nautonier
El crit e las senheiras el sirvent el arquier
Ilh escridan Toloza et eichon el gravier
7970 Pero silh de lai fora sirvent e balestier
Recomensan la guerra el perilh el chaplier
En las tors sobre laiga se combatol torrer
   Tota la noit el dia.

CCII.

Tota la noit el dia se combaton manes
7975 Li baro de la fora lo coms e li Frances
Pero cil de la vila son durament defes
E lo coms de Montfort ques mals en totas res
Ab mot bela companha ses ins en laiga mes
Ez ab genh e ab forsa los an tant sobrepres
7980 Que lautra tor a preza e lo pont a malmes
E met hi sa senheira el leo els aurfres
Elh baro de la vila los an molt be comes
Per aiga e per terra cavalers e borzes
El pobles elh sirvent se son tant entremes
7985 Que sus el cap del pont an i. peirer asses

« et du comte l'ennemi guerroyant; — et il n'y aura (entre nous)
« ni trêve, ni paix, ni accord, — jusqu'à ce que j'aie conquis la
« ville ou qu'elle m'ait vaincu. — Pour mon avantage et pour leur
« dommage, — de cet hôpital (là-bas) je ferai une forteresse com- 7960
« plète, — avec lices et créneaux, avec murs de bataille, — avec
« pieux alignés en dehors, (faits) de quartiers d'arbres, — avec
« de grands fossés de défense tout à l'entour. — De ce côté près
« de l'eau, je ferai en avant un fort retranchement de terre; — de 7965
« l'autre côté devers Gascogne, un escalier et un pont, — et je
« serai de la sorte maître de la rivière, des navires et des vivres. »
— Cependant voici par l'eau venir des nautoniers et des bourgeois, — des servants et des archers (qui) criant leurs bannières, — criant : « Toulouse! » descendent sur la grève. — Alors 7970
ceux du siége, servants et arbalétriers, — renouvellent la guerre,
le péril et le carnage, — et les gardiens des tours sur la rivière
s'entre-combattent — la nuit et le jour.

CCII.

Toute la nuit et tout le jour combattent sans relâche — les 7975
hommes du dehors, le comte et les Français; — mais bravement se défendent ceux de la ville. — Le comte de Montfort
en toute chose redoutable, — s'est avec une belle troupe avancé
dans l'eau, — et de force ou de ruse a si bien assailli ceux de
Toulouse, — qu'il a battu le pont, pris la seconde tour, — et y a 7980
mis son lion et sa bannière d'orfroi. — Mais fièrement (alors)
l'ont attaqué par terre et par eau les barons de la ville, les
chevaliers et les bourgeois, — les servants et le peuple; et tant
ont-ils fait, — qu'au bout du pont ils ont dressé un pierrier, — 7985

Ez ab peiras redondas ez am cairels turques
Los nafran els debrizan soendet e espes
En tantas de maneiras los an aisi repres
Que senes grat per forsa son de la tor deches
7990 Ez an la desperada ez an lains foc mes
E nautor de la vila que son bo e cortes
Corron per tota laiga e en lonc e en tes
E sercan las ribeiras e perprendol paes
E meto y las viandas e los conduitz el bes
7995 Ab tant cil de la vila e Braimans e Ties
Prendols brans e las massas e los bos arcs turques
Ez an passada laiga c. e lx. e tres
Cels de lost los remiran cavalers e pages
Adoncs escridan Joris de las tendas on es
8000 En P. de Vezis senher mal nos es pres
Quel ome de la vila se son contra nos mes
E corro a las armas e als cavals Morés
E veston los aubercs els elmes Pabies
Ez an passada laiga e vengon esdemes
8005 E de dins en la greva comensa lo chaples
Entrels brans e las massas e los fers mortales
Dentrambas las partidas se feron demanes
Peiras e dartz e flechas hi vengon tant espes
Que las boclas pessian e cristals e orfres
8010 Els escutz e las selas e los peitrals els fres
Pero cels de la vila los an aisi repres
Que firen los enmenan e vencutz e malmes
Que ins en laiga trabucan dos e dos tres e tres
E lains abateron Raulil Campanes
8015 E qui sap nadar nada e qui no sap mortz es
Capels e dartz e lansas els gonfanos els fres
Sen dechendon per laiga que la onda los pres
Al partir de la guerra ni remazo destes

et qu'avec des pierres arrondies, avec des flèches turquoises, —
— ils écrasent et blessent dru et menu les Français ; — ils les
pressent ainsi de tant de manières, — que par force et contre
leur gré (ceux-ci) sont descendus de la tour, — et désespérant 7990
de la (défendre), y ont mis le feu. — Alors les nautoniers de
la ville qui sont braves et courtois, — parcourent toute la rivière
en long et en large, — visitent les deux bords, se répandent
dans le pays, — et introduisent (dans Toulouse) des vivres, 7995
des denrées et les choses nécessaires. — (Un jour) ceux de la
ville, Brabançons et Thiois, — prennent leurs masses, leurs
epées et leurs bons arcs turquois, — et ont passé la rivière
(au nombre de) cent soixante-trois. — Ceux de l'ost, cavaliers et piétons, les regardent, — et de sa tente où il est, don
Joris s'écrie, — (parlant à) Pierre de Voisin : « Seigneur, mal 8000
« nous va, — les hommes de la ville s'avancent contre nous. »
— (Là-dessus) ils courent aux armes et à leurs destriers moreaux,
— ils vêtent leurs haub019erts et leurs heaumes de Pavie : — les
voilà qui ont passé l'eau et s'avancent d'un (même) élan ; — et 8005
dans la ville même, sur la grève, commence la bataille. — Entre
les épées, les massues et les fers meurtriers, — on se frappe in-
continent des deux parts ; — les pierres, les dards et les flèches
y tombent si menu, — qu'ils brisent les boucles, les aigrettes et
les bannières d'orfroi, — les écus, les selles, les poitrails et les 8010
freins. — Mais ceux de la ville ont si bien accueilli (les Français),
— qu'ils les mènent battant, vaincus et maltraités, — et les
renversent dans l'eau deux à deux, trois à trois, — et Raulin le
Champenois avec les autres. — Qui sait nager, nage ; qui ne le 8015
sait pas, périt. — Les armets, les lances et les dards, les enseignes
et les brides, — descendent le long de la rivière, pris qu'ils sont

E li Frances repairan de gran felnia ples
8020 E lo coms de Montfort durament los enques
Senhors beus deu hom dar cavals e palafres
Tuit devem aver joya car tan be vos es pres
Dels homes de la vila cavetz vencutz e pres
Mas per santa Maria tant son pros e cortes
8025 Que laichat lor avetz del pretz e dels arnes
E lo coms passec laiga am Lambert de Cales
E parla e cosselha el castel Narbones
E fo y lo cardenals el senher avesques
E lo coms de Saisho en Aldrics lo Flames
8030 NAimerics de Crio en Americs de Bles
En Gilabertz de Rocas en Ricartz de Fores
En Bocartz en Alas en Ugo de Lasses
Senhors so ditz lo coms be sabetz que vers es
Quel senher Apostolis ma lhivrat Carcarsses
8035 Quieu capdeles la terra e qua dreit la tengues
En aital covenensa que ja no la pergues
Ez ai la conquerida e la crotz e la fes
Ara mes a veiaire quieu sia si repres
Que sieu no preng la vila ans que venga I. mes
8040 Mais me valdria mort o que ja no nasques
Que per santa Maria ieu soi tant fort esmes
Que lavers nom aonda nil dos nil pretz nil ces
E sieu me part del seti entro quels aia pres
Mens en valdra la glieiza ez er morta la fes
8045 E lo coms de Saisho li respon demanes
Senher coms de Montfort si a Jeshu Crist plagues
Quorgolhs fos drechura e pecatz fos merces
Vostra fora la vila el avers el arnes
Mas nom da a veiaire cara sia comques
8050 Per so quel coms R. que es dux e marques
La clama per linatge e sabem que vers es

par la vague. — Au départir de la mêlée, il y reste des (combattants) étendus. — Les Français se retirent pleins de grande rage ; — et le comte de Montfort les point durement (de paroles) : — « Seigneurs, leur dit-il, bien doit-on vous donner chevaux et pa- « lefrois ; — et nous devons tous nous réjouir de votre grande « victoire — sur les hommes de la ville, que vous deviez prendre « et vaincre; — mais, par sainte Marie! ils sont si preux et si « courtois, — que vous leur avez cédé (une part) de votre renom « et de vos armes. » — (Là-dessus) le comte passe l'eau avec Lambert de Calais, — et s'en va tenir conseil au château Narbonnais. — Le cardinal y vint avec le seigneur évêque, — le comte de Soissons, don André le Flamand, — don Aimeric de Crion, don Aimeric de Blois, — don Gilabert des Roches, don Richard de Forez, — don Bouchard, don Alard, don Hugues de Lascy. — « Seigneurs, dit le comte, vous savez bien qu'il est vrai — que « le seigneur Pape m'a livré le Carcassais, — pour que je com- « mandasse la terre et la tinsse par droit, — et à condition qu'elle « ne me fût point ôtée (une fois gagnée); — et nous l'avons con- « quise, moi, la croix et la foi. — Mais il me semble que je suis « aujourd'hui en telle détresse, — que si je ne prends cette ville « avant un mois, — mieux vaudrait pour moi être mort ou n'être « pas né ; — car, par sainte Marie! j'ai tant dépensé, — qu'avoir, « dons et cens ne me suffisent plus. — Mais si j'abandonne le « siége avant d'avoir soumis (mes adversaires), — moins en vaudra « l'église, et morte en va rester la foi. » — Le comte de Soissons lui répond aussitôt : — « Seigneur comte de Montfort, s'il plaisait « à Jésus-Christ — que l'orgueil fût droiture et le péché mérite, « — la ville serait à vous, (avec) tout son avoir et son bagage ; — « mais il ne semble pas qu'elle soit (de sitôt) conquise, —

E sos fils lo coms joves ques nebs del rei Engles
Ei es Roger Bernartz e lo coms Cumenges
Els homes de la vila be fan semblant quels pes
8055 Car vos los avetz mortz e destruitz e malmes
Pero si lApostolis ni la glieiza volgues
Quez entre vos e lor fos acordiers ni bes
Per so que li laichesatz la terra e son heres
Mais ne valdria Roma el crestianesmes
8060 Ez aguessatz la terra que del vescomte es
Pero us frugs i brolha que ditz ben que sieu es
E voldra la cobrar cui que plassa o pes
Ditz lo coms de Monfortz senher so non es res
Car ieu ai conquerit Tolza e Agenes
8065 Caerci e Bigorra Cumenge ez Albiges
E sieu conquer Tholoza nil senher que dins es
Ieu e la santa glieiza sirem encontrapes.
E lo mati al alba can resplandral tetes
Nos menarem la gata pel mur Sarrazines
8070 Tro de dins en la vila quen aisi es empres
E per tota la vila lor metrem foc Grezes
O morirem essems o ilh seran comques
Ja no tarzara gaire.

CCIII.

Ja no tarzara gaire que vos tuit o veiretz
8075 Quieu cobrare Toloza e que vos la tindretz
El aver e la honor engalment partiretz

« puisque le comte Raymond, qui est duc et marquis, — par
« droit de race et justement, comme nous savons, la réclame,
« — (ainsi que) son fils, le jeune comte, neveu du roi d'An-
« gleterre, — (ainsi que) Roger Bernard et le comte de Com-
« minges. — (Quant) aux hommes de la ville, ils font assez voir
« qu'il leur déplaît — d'être par vous maltraités, détruits et occis.
« — Si donc le Pape et l'église voulaient — qu'il y eût entre eux
« et vous paix et amitié, — à condition que vous laisseriez la terre
« à son héritier, — mieux en vaudraient Rome et la chrétienté. —
« (Vous,) vous auriez la terre qui fut du vicomte, — où pourtant
« pousse un rejeton qui dit que le (pays) est à lui, — et qui
« voudra un jour le recouvrer, n'importe à qui (la chose) plaira
« ou déplaira. » — « Seigneur, dit le comte de Montfort, ce que
« vous dites est néant ; — j'ai conquis le Toulousain et l'Agénois,
« — le Quercy, le Bigorre, le Comminges et l'Albigeois ; — et si
« je conquiers maintenant Toulouse et le comte qui est dedans,
« — sainte église et moi nous sommes affermis en pouvoir. — Le
« matin (donc), vers l'aube, quand brillera la lumière, — nous
« mènerons la gate à travers le mur, œuvre sarrasine, — jusque
« dans l'intérieur de la ville ; ainsi les choses sont-elles disposées.
« — Par toute la ville nous jetterons du feu grégeois, — et nous
« mourrons ensemble, ou les (ennemis) seront vaincus : — la
« chose tardera peu. »

CCIII.

« Elle tardera peu, et tous vous le verrez, — que je reprendrai
« Toulouse, et que vous l'occuperez — et partagerez également
« le butin et l'honneur. » — « Seigneur, dit Amaury de Crion, ne

Senher ditz nAmaldrics de Crio no gabetz
Quencara nes a raire tot lo maier peletz
Nous pes sieu vos deman vos com la cobraretz
8080 Car non es en la vila destreitz ni fams ni setz
E ja tantas vegadas lo jorn nols combatretz
Que fora de las lissas ins el camp nols trobetz
E ja de dins la vila nulh temps nols enclauretz
El cardenals respon tant cant los mantindretz
8085 NAmaldrics santa glieiza ni dreit non amaretz
Dau vos per penedensa que dema dejunetz
Que re mas pa et aiga no bevatz ni mangetz
E car ieu vos am tant prec vos que no pequetz
Que Jeshu Crist vos manda que er von castietz
8090 Vos el coms de Saisso que mais nols razonetz
Senher ditz nAmaldrics ligetz e trobaretz
Que ja per esta colpa encuzar nom deuretz
Que no ditz la escriptura ni demonstra la leitz
Que nulh princep de terra a tort dezeretetz
8095 E si lo coms R. pert ara sos heretz
Leialtat e dreitura lailh rendra autra vetz
Ez es grans meravilha car per autres desleitz
Es abaichatz paratges e perilhos e fretz
Sieu saubes e ma terra caitals fos lo secretz
8100 Ni ieu ni ma companha noi foram esta vetz
NAmaldrics ditz lo coms de Montfort falhiretz
Can ab lo cardenal mo senhor contendretz
No es dreitz ni razos que de rel contrastetz
Vos amaretz la glieiza can lui obeziretz
8105 Tant parlero ensemble tro que lo jorns es quetz
E al albor del dia can lo jorns esclaretz
Lo coms de Montfort manda mei amic sa vindretz
Ez anc en milhor ora nom valguetz nim valdretz
Ar empenhetz la gata que Toloza prendretz

« plaisantez pas; — car le plus difficile nous reste à faire; — et
« que cela ne vous déplaise pas, si je vous demande comment
« vous reprendrez (Toulouse), — puisqu'il n'y règne encore
« ni détresse, ni famine, ni soif. — Vous n'attaquerez jamais
« (ses gardiens) tant de fois en un jour, — que vous ne les trou-
« viez hors des lices, en pleine campagne, — et jamais vous ne
« les enclorez dans la ville. » — « Et vous, don Amaury, répond
« le cardinal, tant que vous les soutiendrez, — vous n'aimerez
« ni sainte église, ni justice. — Je vous donne pour pénitence de
« jeûner demain; — que nulle autre chose que pain et eau vous
« ne mangiez ni ne buviez. — C'est parce que je vous aime fort
« que je vous prie de ne point pécher; — et Jésus-Christ vous
« ordonne de vous corriger sur l'heure, — vous et le comte de
« Soissons, de discourir en faveur (des Toulousains). » — « Sei-
« gneur, dit don Amaury, lisez et vous trouverez — que vous ne
« devez point nous blâmer pour cette faute; — car l'écriture ne
« dit point, ni la loi ne démontre point, — que vous deviez à
« tort dépouiller aucun prince de sa terre. — Si donc le comte
« Raymond perd maintenant son héritage, — loyauté et droi-
« ture le lui rendront une autre fois; — et c'est grande mer-
« veille que pour les méfaits d'autrui, — noblesse soit (ainsi)
« abaissée, refroidie et mise en péril. — Si j'avais su, dans ma
« terre, le secret de cette affaire, — ni moi ni mes hommes ne
« serions cette fois (ici). » — « Don Amaury, dit le comte de
« Montfort, vous aurez tort — toutes les fois que vous disputerez
« avec mon seigneur le cardinal. — Ce n'est ni droit ni raison
« que vous le contredisiez sur rien; — et vous aimerez l'église
« quand vous obéirez à lui. » — Ils conversent ensemble jusqu'à ce
que le jour vient à poindre; — et à l'aube du matin, quand le

8110 E totz mos enemics els vostres dampnaretz
E si prendetz Tholoza Jeshu Crist ondraretz
E totz vostres dampnatges el meus restauraretz
La doncs sonan las trompas e li corn els grailetz
Ez empenhon la gata ab critz e am riscletz
8115 Entrel mur el castel ela venc de sautetz
Aisi com lesparver que menals auzeletz
I venc tot dreit la peira que menal trabuquetz
E feric la tal cop els pus autz solaretz
E fier e trenca e briza totz los cors els correitz
8120 El coms de Montfort crida Jeshu Crist que faretz
Que si gaires me dura la ira nil effretz
Mi e la santa glieiza e la crotz abatretz
E li baro respondo senher nous ahiretz
Que si viratz la gata al colp la gandiretz
8125 Per Dieu so ditz lo coms ara doncs o veiretz
E cant la gatas vira e complic los passetz
Lo trabuquetz albira ez abriva sos gietz
E dona li tal colp a la segonda vetz
Que lo fer e lacier els fustz els claveletz
8130 Fer e trenca e briza e lo grutz e la petz
Que mans dels que la menan ni laisset mortz e freitz
De totas partz sen fugen el coms remas soletz
En auta votz escrida per Dieu sai remandretz
Tot menaretz la gata o trastotz i morretz
8135 Ez els li respondero aicels que dins metretz
Mais lor valdria plaga febres o malavetz
E lo coms de Tolosa e sos baros secretz
Parlan am lo Capitol aissi cum auziretz
Trastuit essems dicheron Jeshu Crist esta vetz
8140 Nos es grans obs e coita que vos nos cosselhetz
Ditz lo coms de Cumenge senher mi entendetz
Qui ques perga en la gata vos hi gazanharetz

jour éclaire, — le comte de Montfort commande : « Amis, suivez-
« moi ; — car jamais en pareil besoin vous ne m'aidâtes ni ne m'ai-
« derez. — Poussez maintenant la gate (en avant), car vous allez
« prendre Toulouse, — et confondre mes ennemis et les vôtres. 8110
« — Or si vous prenez Toulouse, vous honorez Jésus-Christ, — et
« restaurez vos dommages et (tous) les miens. » — Là-dessus
sonnent les trompettes, les cors et les clairons ; — et les Français
poussent la gate avec des cris et des sifflements ; — entre le mur 8115
et le château elle marche à petits sauts, — comme l'épervier qui
chasse les petits oiseaux. — Tout droit vient une pierre lancée par
le trébuchet, — et de tel coup la frappe à son plus haut étage, —
qu'elle (en) brise, enfonce et déchire les cuirs et les courroies ;
— et le comte de Montfort alors s'écrie : « Seigneur Jésus-Christ, 8120
« que voulez-vous faire ? — Si peu que me durent encore la dou-
« leur et l'angoisse, — vous nous anéantissez, moi, la sainte
« église et la croix ! » — « Seigneur, lui répondent ses barons, ne
« vous chagrinez pas ; — si vous retournez la gate, vous la pré-
« serverez des coups. » — « A merveille ! dit alors le comte, 8125
« c'est ce que nous verrons sur l'heure. » — Et quand la gate a
été retournée, elle continue ses petits sauts. — Le trébuchet (la)
vise (de nouveau), renforce son élan, — et pour la seconde
fois lui donne tel coup, — que le fer, l'acier, les poutres, les
clous, — la poix et le bitume sont brisés, rompus, tranchés, 8130
— et que plusieurs de ceux qui la mènent en restent morts et
glacés. — (Les autres) s'enfuient de toutes parts, et le comte
reste seul. — « Par Dieu ! s'écrie-t-il à haute voix, vous res-
« terez ici, — vous pousserez tous la gate ou vous y mourrez
« tous. » — « Pour ceux que vous mettrez dedans, lui ré- 8135
« pondent-ils, — mieux vaudrait ulcère, fièvre ou infirmité. »

Sapchatz quelaus salva las vinhas els bladetz
Que mentre que la gaitan lo talar no lor letz
8145 E no von donetz ira ni nous nespaventetz
Que re no vos pot toldre cab ela nous nintretz
Senher dit Rog. Bernartz no vos en esmaietz
Que ja nulh temps per gata la vila no perdretz
E si aissi la menan aissi la destruiretz
8150 Car entre nos e lor er aitals lo chapletz
Dels brans e de las massas e dels talans ferretz
E de sanc ab cervelas ne farem gans als detz
Ditz nBr. de Casnac senhors aissi o faretz
De re cara veiatz temensa nous donetz
8155 Vec vos que ven la gata el castells el cairetz
On mais la menaran e mielhs la lor tolretz
E si ve a la lissa lor e la gata ardretz
Ditz nEstoltz de Linars senhors daisom creiretz
E si men voletz creire de re noi falhiretz
8160 De dins aquesta lhissa farem bonas paretz
E sian grans e autas ez ab grans dentelhetz
Aitals que sobrebatan los fossatz els paletz
E pois per totz terminis de lor vos defendretz
E negun genh que fassan de re no temeretz
8165 E sios venon combatre trastotz los auciretz
Ditz Dalmatz de Creichel aquest cosselh tindretz
Car el es bos e savis e ja noi pecaretz
Er es grans obs e coita que tuit essems obretz
La doncs sonan li graile e li corn a sonetz
8170 E corro a las cordas e tendols trabuquetz
Els baros de Capitol portan los bastonetz
E lhivran las viandas els bels dos els larguetz
E lo pobles aporta pics palas e espleitz
E noi remas nulh autz ni cunhs ni marteletz
8175 Ni semal ni caudeira ni cuba ni paletz

— Cependant le comte de Toulouse et ses barons affidés —
s'entretiennent au Capitole comme vous entendrez : — « Sei-
« gneur Jésus-Christ, disent-ils tous ensemble, à cette fois —
« nous avons grand et urgent besoin d'être conseillés. » —
« Écoutez-moi, seigneurs, dit le comte de Comminges : — perde
« à la gate qui voudra, nous y gagnons, nous : — sachez qu'elle
« sauve nos vignes et nos blés ; — car tandis que les (ennemis) la
« gardent, ils ne peuvent tailler (ni faire le dégât). — N'en pre-
« nez donc point de souci, et ne vous en effrayez pas, — puisque
« rien ne peut vous empêcher de vous en emparer. » — « Seigneur
« (comte), dit Roger Bernard, ne vous déconcertez pas : — ja-
« mais pour gate qu'il y ait au monde vous ne perdrez la ville,
« — et si on l'amène ici, ici vous la détruirez ; — car il y aura
« entre les ennemis et nous une mêlée — où il sera telle-
« ment frappé d'épées, de masses et de tranchants, — que de
« sang et de cervelles nous nous ferons des gants aux mains. » —
« Ainsi ferez-vous, seigneurs, dit Bernard de Casnac ; — pour
« le moment ne vous effrayez de chose aucune que vous voyiez. —
« Laissez venir la gate, sa tour et ses flèches : — plus ils la pous-
« seront, plus (sûrement) vous la leur prendrez ; — et si elle
« vient jusqu'aux lices, vous la brûlerez elle et eux. » — « Sei-
« gneurs, dit Estoul de Linar, croyez-moi en ceci, — et si vous
« m'en croyez, vous n'y faillirez pas. — Faisons dans cette lice
« de bonnes murailles, — qui soient longues, hautes et avec de
« grands créneaux, — tels qu'ils battent les fossés et les palis-
« sades ; — résistez-leur alors de toutes parts ; — de quelques
« stratagèmes qu'ils usent, vous ne craindrez rien ; — et s'ils
« viennent vous attaquer, vous les occirez tous. » — « Vous sui-
« vrez ce conseil, dit Dalmace de Creissil, — il est bon et sage,

E comensan las obras els portals els guisquetz
Cavalers e borzes recebrols caironetz
E donas e donzelas e tozas e tozetz
E donzelas piuzelas li gran els menoretz
8180 Que cantan las baladas e cansos e versetz
Mas li peirer de fora lor gietan mantas vetz
E li arc e las frondas peiras e cairelëtz
Que dels caps lor abato orzols e grazaletz
E lor rompon las manjas e los cabessaletz
8185 E passan per las cambas e pels mas e pels detz
Mas tant an los coratges e bos e fortaletz
Cus no sen espaventa.

CCIV.

Us no sen espaventa ans lor agrada els platz
Que fassan las garidas per defendrels fossatz
8190 Ez obret ab gran joya tota la cominaltatz
Mas li peirier de fora ab los arcs asesmatz
Lor gietan tantas peiras e cairels empenatz
Que cazon e la preicha e lor feron de latz
E passan per las cambas e pels pieitz e pels bratz
8195 Que bancs e traus e lissas hi hac ameitadatz

« et vous n'y faillirez point. — Mais il y a grand et urgent be-
« soin de vous mettre tous ensemble à l'œuvre. » — Là-dessus
les clairons et les cors sonnent leurs fanfares; — et chacun court
aux cordes, chacun tend les trébuchets. — Les serviteurs des
Capitouls, portant leurs bâtonnets, — font délivrer les vivres, les
présents, les largesses. — La foule apporte force pelles, pics et
outils, — et rien ne reste en arrière, ni levier, ni coin, ni mar-
teau, — ni pieu, ni poêle, ni chaudière, ni cuve. — On commence les ouvrages, les portes et les guichets; — les chevaliers
et les bourgeois apportent les briques; — les dames et les demoiselles, les petits garçons, les petites filles, — les jeunes pu-
celles, les petits et les grands, — (vont et viennent) chantant
ballades, chansons et versets. — Mais de dehors contre eux tirent fréquemment les pierriers, — les arcs et les frondes; ils
lancent des pierres et des carreaux, — qui de dessus leur
tête abattent cruches et gréaux, — leur déchirent manches
et coiffures, — et leur passent entre les jambes, les pieds et
les mains; — mais ils ont le cœur si vaillant et si brave, —
que nul ne s'épouvante.

CCIV.

Nul ne s'épouvante; il leur agrée et leur plaît au contraire
— de faire des fortifications pour défendre les fossés, — et
toute la communauté travaille de grande joie. — Mais du dehors
les pierriers et les arcs bandés — leur lancent force pierres et
flèches empennées — qui tombent dans la foule, les frappent
de côté, — leur passent au travers des jambes, ras les poitrines
et sous les bras, — brisant par moitié bancs, poutres et lices.

Mas lo filhs de la Verge los te aseguratz
Que de dins en la vila non a gaires dampnatz
El coms de Montfort a sos cavaliers mandatz
Los pus valens del seti e los melhs esproatz
8200 E fe bonas garidas ab los frontals cledatz
E mes hi sas companhas e cavalers armatz
Ben garnitz de las armas ab los elmes lassatz
Ez amenan la gata belament e viatz
E lains en la vila son be asabentatz
8205 Ez an los trabuquetz tendutz ez atempratz
E mezon en las frondas los bels cairos talhatz
Ez alargan las cordas e venon abrivatz
E fero si la gata pel pieitz e pels costatz
Els portals e las voutas els giros entalhatz
8210 Quen mantas de maneiras en volon li asclatz
E de cels que la menan ni laissa de versatz
E per tota la vila escridan az un clatz
Per Dieu na falsa gata jamais no prendretz ratz
E lo coms de Montfort es tan fel e iratz
8215 En auta votz escrida Dieus per que maziratz
Senhors so ditz lo coms cavalers esgardatz
Esta dezaventura ni com soi encantatz
Quez ara nom val glieiza ni saber de letratz
Ni nom ten pro lavesques ni nom val lo legatz
8220 Ni nom te pro valensa ni nom val ma bontatz
Ni nom tenon pro armas ni sens ni larguetatz
Quieu per fust o per peira no sia rahuzatz
Car ieu cujava estre tant be aventuratz
Que per aquesta gata fos preza la ciutatz
8225 Ara no sai quem diga ni re no sai quem fatz
Senher ditz Folcaus en als vos percassatz
Que jamais esta gata no valdria tres datz
E ges nous tenc per savi car tan fort la menatz

— Mais le fils de la Vierge les maintient en sécurité, — et il n'y en a guère d'atteints dans la ville. — (Cependant) le comte de Montfort a rassemblé ses cavaliers, — les plus vaillants et les mieux éprouvés du siége; — il a muni (sa gate) de bonnes défenses à (fortes) clefs, — et là il a logé ses compagnies de cavaliers, — bien couverts de leurs armures, et les heaumes lacés, — (tandis que) fort et vite on pousse la gate. — Mais ceux de la ville sont bien appris (de guerre); — ils tendent, ils montent les trébuchets, — placent sur les frondes les grands blocs de roche taillés; — qui, les cordes lâchées, volent impétueux, — et frappent tellement la gate sur le devant et sur les flancs, — aux portes, aux voûtes, aux cerceaux entaillés (dans le bois), — que les éclats en volent de tous côtés, — et que maints de ceux qui la poussent, en sont renversés. — Et par toute la ville les (habitants) s'écrient d'une voix : — « Par « Dieu! dame fausse gate, vous ne prendrez pas souris (ici). » — Et le comte de Montfort est si dolent et courroucé, — qu'à haute voix il s'écrie (de son côté): « Dieu! pourquoi me haïssez-« vous ? » — « Seigneurs et cavaliers, poursuit-il, considérez — « cette mésaventure, et comme je suis (à ce point) enchanté — « en ce moment, que ni l'église ni tout le savoir des lettrés ne « me servent de rien, — que l'évêque ne peut m'aider, ni le « légat me seconder, — que vaillance m'est inutile, ma (propre) « bravoure chose vaine, — et que ni armes, ni sens, ni largesse « ne me préservent — d'être par le bois ou la pierre accablé. — « Je me croyais assez sûr de bonne aventure, — pour prendre la « ville avec cette gate; — mais je ne sais maintenant plus quoi « dire ni quoi faire. » — « Seigneur (comte), dit Foulques, pour-« voyez-vous d'autre chose, — car cette gate ne vaut désormais

Enans que torn areire cug be que la pergatz
8230 En Folcaut ditz lo coms daiso volh quem crezatz
Que per santa Maria don Jeshu Crist fo natz.
O ieu prendrai Tholoza ans de VIII. jorns passatz
O ieu sirei al prendre mortz o martiriatz
So ditz nUgs de Levi no siretz si Dieus platz
8235 E lains en Tholoza es lo cosselhs triatz
Dels baros de la vila e de las poestatz
Cavaliers e borzes entendutz e celatz
Ez a dig lus a lautre oimais es temps asatz
Que sia lor o nostra tota la heretatz
8240 Mas entre las personas car es gent enparlatz
Parla dicta e sermona lo maestre Bernatz
Ez es natz en Tholosa e dels endoctrinatz
Senhors franc cavalier escotatz me sius platz
Yeu soi be de Capitol el nostre cossolatz
8245 Esta la noit el dia garnitz e acesmatz
De complir e datendre las vostras volontatz
E car floris e grana lamors e lamistatz
Que nos e vos el comte e paratge amparatz.
Volh vos mostrar e dire per re quo entendatz
8250 Ins el vostre coratge on ira est dictatz
Acra fo asetjada enviro per totz latz
E tenc la be a seti nostra crestiandatz
Mas en petita dora li falhic vis e blatz
E lo reis Saladis quera fort aturatz
8255 Tenc los baros del seti de fora asetiatz
E plac al rei sanctisme on complit Trinitatz
Quel senher reis de Fransa ques mager coronatz
Aportec las viandas ei aduis las plantatz
Ez es al seti dAcra bonament arribatz
8260 E per totas las tendas es tals lalegretatz
Quei ac mantas candelas e ciris alumnatz

« pas trois dés ; — et je ne vous tiens point pour sage de la pous-
« ser si avant, — car je crains fort que vous ne la perdiez
« avant qu'elle s'en retourne en arrière. » — « Don Foulques, ré- 823
« pond le comte, croyez-moi en cela, — que par sainte Marie dont
« Jésus-Christ est né ! — ou je prendrai Toulouse avant que huit
« jours ne se passent, — ou je serai, à la prendre, occis et mar-
« tyrisé. » — « Non, répond Hugues de Lévi, vous ne le serez
« point, s'il plaît à Dieu ! » — (Cependant) dans Toulouse est con- 8235
voqué le conseil — des hommes de la ville et des magistrats, —
des chevaliers et des bourgeois prudents et discrets. — Là l'un dit
à l'autre : « Il est désormais bien temps — que cette ville soit la
« nôtre ou celle de nos adversaires. » — Alors, du milieu des as- 8240
sistants, car il est gracieux parleur, — parle, discourt et raisonne
maître Bernard, — qui est né à Toulouse et des bien endoctrinés :
— « Seigneurs, francs chevaliers (dit-il), écoutez-moi s'il vous plaît :
« — je suis du Capitole, et notre consulat — se tient le jour et 8245
« la nuit prêt et disposé — à exécuter et à remplir vos volontés :
« — or comme (on voit) fleurir et faire graine le zèle et l'amour
« — avec lesquels vous secourez (à la fois) nous et le comte, pa-
« rage et vous-mêmes, — je veux avec vous discourir et raisonner
« et que vous compreniez — dans votre esprit où tend ma parole. 8250
« — Acre fut (une fois) de tous côtés et tout à l'entour assiégé,
« — et bien clos le tenait toute notre chrétienté. — Mais bientôt
« (aux chrétiens) manquèrent le vin et le blé ; — et le roi Saladin,
« en grande sécurité, — tenait en dehors assiégés les assiégeants 8255
« de la ville. — Or il plut au très-saint roi qui comprend la Tri-
« nité, — que le seigneur roi de France, lequel est la plus grande
« des couronnes, — apportant des vivres, et amenant l'abon-
« dance, — arrivât heureusement au siège d'Acre ; — et telle 8260

E per mar e per terra es tant grans la clartatz
E Saladis demanda als sieus enlatinatz
Lost del crestianesme per que ses alegratz
8265 Ez els li responderon senher reis per vertatz
Car lo rics reis de Fransa es al seti intratz
E Saladis per forsa ses tant apropiatz
Quen mens de tersa lega ses de lor albergatz
Apres no triguet gaire quel bes es restauratz
8270 E lo reis dAnglaterra ques ples dalegretatz
Es ins el seti dAcra bonament repairatz
E per totas las tendas es lo jois redoblatz
E lo reis Saladis ses tant apropiatz
Caz un trait de balesta ses de lor aizinatz
8275 Que las gaitas entendo lo parlar el solatz
Ez a lalbor del dia sajostec lo barnatz
De Fransa e dAnglaterra e dels autres regnatz
Cadaus e son cor ses fort meravilhatz
Can lo rei Saladi se conogon de latz
8280 Pero us arsevesques ques savis e letratz
Mostra per escriptura e las divinitatz
Robertz de Salventina i. cavalers prizatz
Auzent tot lo barnatge ses en votz escridatz
Bel senher arsevesque vostra razo viratz
8285 E preguem Jeshu Crist que nos garde silh platz
Quautre reis noi venga ni autra poestatz
Car si autre rei y ve verament sapiatz
Cab nos albergara lo reis desbateiatz
Ab tota sa conipanha e ab los almiratz
8290 Senhors est reproverbi vos dic que lentendatz
Per que lo setis dAcra es a nos comparatz
On mais avem de forsa plus nos teno sobratz
Que can lo coms mos senher ez en Roger Bernatz
E lo coms de Cumenge e mos senhen Dalmatz

« dans toutes les tentes en fut l'allégresse, — qu'il y eut maintes
« chandelles et maints cierges allumés, — dont par mer et par
« terre grande s'épandait la clarté. — Saladin demande alors
« aux plus experts des siens : — Pourquoi l'ost de la chré-
« tienté se réjouit-il ainsi? — Seigneur roi, lui répondirent- 8265
« ils, en vérité, — c'est parce que le puissant roi de France est
« arrivé au siége. — Saladin s'est alors de force tant approché,
« — qu'il a campé à moins d'un tiers de lieue des (assiégeants). —
« Cette joie passée, elle ne tarda guère à recommencer : — le roi 8270
« d'Angleterre, qui excite la vaillance, — est heureusement par-
« venu au siége d'Acre; — et par toutes les tentes l'allégresse a
« redoublé. — Le roi Saladin s'approche alors si fort, — qu'il
« s'établit à un trait d'arbalète des assiégeants, — et que les 8275
« guets (sarrasins) entendent leurs propos et leurs divertisse-
« ments. — A l'aube du jour s'assemblent les barons — de France,
« d'Angleterre et des autres royaumes, — et chacun d'eux est en
« lui-même fort émerveillé — de voir le roi Saladin à leur côté.
« — Cependant un archevêque savant et lettré (se met à les féli- 8280
« citer), — débitant l'écriture et les choses de Dieu. — Mais (alors)
« Robert de Sauventine, un brave chevalier, — oyant tout le camp,
« s'est écrié tout haut : — Beau seigneur archevêque, retournez
« votre discours, — et prions Jésus-Christ de nous préserver, s'il 8285
« lui plaît, — qu'un autre roi ou une autre puissance ne nous
« arrive; — car sachez bien que s'il nous en vient un autre, — le
« roi sans baptême va venir héberger parmi nous, — avec tout
« son ost et ses émirs. — Seigneurs, ce propos, je vous prie de 8290
« le comprendre : — nous pouvons bien au siége d'Acre compa-
« rer le nôtre; — car plus nous avons de forces, plus l'ennemi
« nous presse. — Quand le comte mon seigneur, avec don Roger

8295 Eran dins esta vila ab nos autres privatz
Lo rics coms de Montfort que es oltracuiatz
Estava dins las tendas en aisi acerratz
Que si nos lo laissesam el nos laichera em patz
Ara can de Casnac venc mos senhen Bernatz
8300 Ab sen e ab largueza e be acompanhatz
Ses lo coms de Montfort aissi abandonatz
Que tantas de garidas nos an faitas de latz
Tota la noit el dia nos te afazendatz
E can venc lo coms joves ques la nostra clartatz
8305 Nos a faita bastida que dins los olhs vos jatz
E pois ab sas garidas ses tant apropiatz
Cab us sautet que prenga pot intrar els fossatz
Si autre coms venia sils auria sobratz
E ab nos albergarian Simos ab sos crozatz
8310 Francs cavalers mirables en aiso nos acordatz
Pus que dins e de foras es lo jocs entaulatz
Oimais no pot remandre tro lus sia matatz
Que per la santa Verge on floric castetatz
Ara er lor o nostra la terra el cumtatz
8315 Car per la Crotz sanctisma sia sens o foldatz
Nos irem per la gata si vos o comensatz
E si vos non o faitz lo borcs e la ciutatz
Son aissi tuit essems danar acoratjatz
Que de sobre la gata i aura tans colps datz
8320 Que de sanc ab cervelas ner lo camps ejoncatz
O tuit morrem essems o remandrem ondratz
Car mais val mortz ondrada que vivre laguiatz
E li baro respondon veus nos aparelhatz
En grant bonaventura sial faitz comensatz
8325 Que nos e vos essems si a Jeshu Crist platz
    Irem ardre la gata.

« Bernard, — le comte de Comminges et mon seigneur Dalmace,
« — était seul avec nous dans la ville, — le puissant comte
« de Montfort, si outrecuidé qu'il soit, — restait dans ses tentes
« tellement resserré, — qu'il nous eût laissés en paix si nous l'y
« avions laissé. — Mais quand est venu mon seigneur Bernard de
« Casnac, — doué de sens, de largesse et bien accompagné, —
« le comte de Montfort s'est démené si fort, — et a contre nous
« dressé tant de batteries, — qu'il nous a tenus le jour et la nuit
« occupés. — Puis encore, quand est venu le jeune comte qui est
« notre lumière, — (Simon) a construit une machine que vous
« avez dans les yeux ; — et puis à l'aide de cette forteresse, il s'est
« tellement avancé, — qu'il n'a plus qu'un petit saut à faire pour
« entrer dans les fossés. — S'il nous venait un autre comte, les
« (fossés) seraient franchis, — et Simon, avec ses croisés, hé-
« bergerait parmi nous. — (Toutefois,) francs et merveilleux che-
« valiers, nous serons d'accord sur cela, — que puisque la partie
« est engagée (entre le) dedans et (le) dehors, — elle ne peut
« finir que l'un (des joueurs) ne soit maté, — et qu'au gré de la
« sainte Vierge, fleur de chasteté, — nôtres ou leurs ne soient la
« terre et le comté. — (Ainsi donc) par la très-sainte Croix ! et sage
« ou folle que soit la chose, — nous marcherons contre la gate,
« si vous marchez les premiers. — Si vous ne le faites point, le bourg
« et la cité — sont d'y aller ensemble résolus ; — et il sera sur la gate
« frappé tant de coups, — que la place restera de sang et de cervelles
« jonchée. — Ou nous mourrons tous ensemble, ou nous vivrons
« avec honneur, — car mieux vaut mort honorée que lâche vie. »
— « Nous voici prêts, répondent les barons. — Que le fait soit en
« bonne aventure entrepris, — de façon que, s'il plaît à Jésus-
« Christ, vous et nous ensemble — allions brûler la gate.

CCV.

Nos irem per la gata car be nos a mestiers
E nos e vos essems la prendrem engaliers
E Tholoza e paratges er totz temps pariers
8330 Tota la noit complida lor creis lor desiriers
Ez al albor del dia irem pels ostaliers
NArnaut de Vilamur car es mals e guerriers
E fe garnir e emprendre los milhors cavaliers
E las bonas cumpanhas els valens soldadiers
8335 E garniro las lhissas els fossatz els solers
De balestas tornissas e do bos arcs maniers
E cairels e sagetas e puas de liniers
En Escotz de Linars atendens e obriers
De la part de la fora pels costals senestriers
8340 Fe bastir las escalas e bastir los semdiers
E bocals e passatges e camis traversers
E can foro essems es aitals lacordiers
Dels baros de la vila e de los capdaliers
Que de la gata prendre sian cominalers
8345 En Br. de Casnac ques bos e bels parlers
Lor mostra els esenha e ditz escienters
Baros vos de Tholoza veus vostre frontaliers
Queus an mortz filhs e fraires e datz mans cossiriers
E sils podetz aucire er vostrel milhorers
8350 Yeu conosc las costumas dels Frances bobanciers
Quilh an garnitz los corses finament a dobliers
E de jos en las cambas non an mas los cauciers
E sils datz a las garras nils firetz soendiers
Al partir de la coita i remandral carniers
8355 Ez el li responderon ben er datz est loguers
Ez a dit lus a lautre avem pro companhiers

CCV.

« Nous irons attaquer la gate, c'est là ce qu'il nous faut (faire);
« — et nous la prendrons ensemble, vous et nous également,
« — car de tout temps parage et Toulouse furent pairs (entre
« eux). » — Pendant toute la nuit leur croît le désir (de combattre), 8330
— et à l'aube du jour ils descendent tous par les escaliers (des
murs). — Arnaud de Vilamur, le redoutable, (le bon) guerrier, —
fait armer et disposer les meilleurs chevaliers, — les bonnes compagnies (de guerre), les braves à la solde, — qui garnissent les 8335
lices, les fossés, les soliers, — de bons arcs de main et d'arbalètes
tournoyées, — de traits, de flèches et de pieux (de bois) aigus.
— Don Escot de Linar, à la tête des travailleurs, — en dehors des
murs, à gauche (de la ville), — fait mettre en défense les escaliers, 8340
les galeries, — les embrasures, les passages et les chemins d'entrée.
— Les hommes de la ville et les seigneurs (auxiliaires), — quand
ils sont ensemble, conviennent — qu'ils attaqueront la gate de
concert. — Don Bernard de Casnac qui est vaillant et beau parleur, 8345
— les exhorte, les enseigne et leur parle sciemment : — « Hommes
« de Toulouse, voici vos adversaires, — ceux qui ont tué vos
« frères, vos fils, et vous ont donné tant de soucis. — Si vous les
« détruisez, vous serez heureux. — Je sais les coutumes des Fran- 8350
« çais fanfarons : — ils ont le corps couvert (de cottes) et de fins
« doubliers, — mais ils n'ont aux jambes rien de plus que leurs
« chaussiers. — Si donc vous les visez et les frappez là fort et
« dru, — au départir de la mêlée, il y restera de (leur) chair. »
— « Et ce sera bonne justice, » répondent-ils. — « Nous avons de 8355
« nombreux compagnons, » se disent-ils (ensuite) l'un à l'a .re.

So dits nUcs de la Mota aisi-na a sobriers
Mas als colps dar e pendre er lo comtes entiers
Ez ab aitant salhiro fora pels escaliers
8360 Ez intron en las plassas e perprendols terriers
Ez escridon Tholoza er alumpnal braziers
A la mort a la mort quesser no pot estiers
E de lai los recebo Frances e Berriviers
Montfort Montfort escridan ar seretz mensongiers
8365 E lai on sencontreron es lo chaples pleniers
Dels brancs e de las lansas e dels trencans aciers
Se feron es combaton els elmes de Bainiers
Mas nArnautz de Lomanha lor ditz dos reproers
Firetz doussa mainada membreus lo delivrers
8370 Que oi issira paratges del poder daversiers
Ez els li responderon ben siretz vertadiers
E refrima la noiza e lo critz el chaplers
Dels borzes de la vila e dels Capitolers
En R. de las Bordas valens e fazendiers
8375 Bernartz de sant Marti coitos e viacers
W. P. de Montlaur combatens batalhiers
En P. de la Illa suffrens e fazendiers
En Br. de Cumenge arditz e prezentiers
Ei es W. Br. de Luzenac marviers
8380 En Gaudis en Ferrands coratgos e leugers
Godafres en Arbois en Enrics Campaners
Els baros de la vila quels feron volunters
En R. Yzarns crida dem lor als taverners
Cavaler a las armas menbreus lo castiers
8385 Dels brans e de las lansas e dels cairels grossiers
Recomensa la guerra el trebalhs el chapliers
Pero ilh de la vila lor son tant sobrancers
Que de dins en las cledas foro contra engalers
E firen lor abaton los cristals els ormers

— « Nous en avons de reste ici, répond Hugues de la Motte, — « mais c'est à recevoir et à rendre les coups que le compte doit « être entier. » — Et les voilà qui descendent dehors, par les escaliers; — qui entrent dans les places, qui occupent le terrain (autour des fossés), — criant : « Toulouse ! le brasier (de la « guerre) est allumé ! — Mort ! mort ! il n'en peut être autrement. » — Du côté opposé, les reçoivent les Français et ceux de Berry, — criant : « Montfort ! Montfort ! vous en aurez menti cette fois. » — Là où ils se rencontrent, (là) taillent largement — les épées, les lances et les armes d'acier tranchant; — là s'entre-choquent et se combattent les heaumes de Bavière —(A ceux de la ville) Armand de Lomagne adresse un propos : — « Frappez, nobles « enfants; songez à la délivrance, — (songez) que parage doit être « aujourd'hui affranchi du pouvoir de ses adversaires. » — « Vous « aurez dit vrai, » lui répondent-ils. — Et là-dessus redoublent le bruit, les cris et les coups tranchants — des bourgeois de la ville et de ceux du Capitole.—Don Raymond de Bordes, vaillant et actif; —Bernard de Saint-Martin, prompt et zélé; — Guillaume Pierre de Montlaur, vaillant en bataille; — don Pierre de l'Isle, le tenace et l'entreprenant; — don Bernard de Comminges, le hardi, le libéral; — Guillaume Bernard de Luzenac, l'adroit; — don Gaudin, don Ferrandon brave et leste; — Godefroy, don Arbois, don Henri Campanais, — avec les autres barons de Toulouse, frappent volontiers (leurs adversaires). — Don Raymond Isarn s'écrie : « Fort sur les taverniers ! — Aux armes, chevaliers ! son- « gez à la leçon ! » — Ainsi, des épées, des lances et des fortes flèches — ont recommencé la mêlée, la fatigue et les taillades. — Mais ceux de la ville ont le dessus. — De l'intérieur des palissades, ils tiennent (ferme) contre ceux de dehors, — les blessent,

8390 Mas aicels de la fora venc aitals desturbiers
Quelh no podon suffrir los perilhs turmenters
E laichen las gueridas mas de sobrels destriers
Recomensal martiris ab aitals glaziers
Que pes e punhs e braces hi volan a cartiers
8395 E de sanc ab cervelas es vermelhs lo terriers
E per laigals combaton sirvent e nautoniers
E fora a Montoliu es lo chaples pleniers
Quen Bartas esperona trol bocal dels porters
Ab tant venc vas lo comte cridan us escuders
8400 Senher coms de Montfort trop paretz talieners
Huei prendretz grand dampnatge car etz tant sentorers
Quel omes de Tholoza an mortz los cavalers
E las vostras mainadas els milhors soldadiers
E lai es mort Wes. e Thomas e Garniers
8405 En Simonetz del Caire ei es nafratz Gauters
En P. de Vezis en Aymes en Rayners
Contraston la batalha e defendols targiers
E si gaires nos dura la mortz ni lencombriers
Jamais daquesta terra no seretz heretiers
8410 El coms trembla e sospira e devenc trist e ners
E ditz ai sacrifizi Jeshu Crist dreiturers
Huei me datz mort en terra o que sia sobrers
Ez en apres el manda diire als mainader
Ez als baros de Fransa ez als sieus logadiers
8415 Que tuit vengan essems els Arabitz corsers
Ab aitant ne repairan ben lx. milhers
El coms denant los autres venc abrivatz primers
En Sicartz de Montaut el sieus gonfanoniers
En Joans de Brezi el Folcautz en Riquers
8420 Ez apres las grans preichas de totz los bordoners
E lo critz e las trumpas el corns el senharers
Lo glazis de las frondas el chaples dels peiriers

rabattent leurs aigrettes, leurs ornements d'or; — et telle de 8390
ceux-ci devient la détresse, — qu'ils n'en peuvent plus souffrir
le péril ni le tourment. — Ils abandonnent l'attaque des fortifications; mais (plus loin), sur les destriers, — recommence le
combat mortel avec un tel jeu d'épées, — que les pieds, les poings
et les bras volent par quartiers, — et que de sang et de cervelles 8395
la terre est vermeille. — Sur la rivière combattent de même les
servants et les nautoniers; — et dans la plaine, à Montolieu, le carnage est complet. — Don Bartas a piqué de l'éperon jusque sous la
voûte de la porte, — lorsque arrive au comte un écuyer criant:
— « Seigneur comte de Montfort, vous semblez par trop endu- 8400
« rant, — par trop bonhomme de saint ; de quoi vous recevez
« aujourd'hui grand dommage. — Les hommes de Toulouse ont
« défait vos chevaliers, — vos bonnes troupes, vos meilleurs
« guerriers à la solde. — Là-bas sont morts Guillaume, Thomas,
« Garnier, — don Simonet du Caire, et blessé y est Gautier. 8405
« — Don Pierre de Voisin, don Aymar, don Raynier, — tiennent
« (encore) à la bataille et protégent les hommes armés de targes.
« — Mais pour peu que durent pour nous la détresse et la mort,
« — vous n'aurez jamais la seigneurie de cette terre. » — (A ces paroles,) le comte soupire et tremble, il devient triste et noir, 8410
— et dit : « Mon sacrifice est fait. O Jésus, roi de droiture,
« — faites de moi aujourd'hui un mort en terre, ou (faites) que je
« sois vainqueur ! » — Cela dit, il envoie à ses hommes de guerre,
— aux barons de France et à ceux à sa solde — l'ordre de venir 8415
tous ensemble sur leurs coursiers arabes (vers Montolieu); — et il
en arrive bien soixante mille, — en tête desquels tous le comte
s'élance le premier impétueusement — avec son porte-enseigne,
don Sicard de Montaut, — don Jean de Berzy, don Foulques,

Sembla vens o auratge troneires o tempiers
Si quen trembla la vila e laiga el graviers
8425 Ez a lor de Toloza venc tal espaventers
Que motz en abateron els fossatz vianders
Mas en petida dora es faitz lo recobriers
Car ilh salhiron fora entrels ortz els vergers
E perprendon la plassa sirvens e dardacers
8430 De sagetas menudas e de cairels dobliers
E de peiras redondas e de grans colps marvers
Dentrambas las partidas es aitals lo flamers
Que sembla vens o ploia o perilhs rabiners
Mas de lamban senestre dessarra us arquiers
8435 E feric Gui lo comte sus el cap del destriers
Que dins la cervela es lo cairels meitaders
E can lo cavals vira us autre balestiers
Ab arc de corn garnit lintrec de costal [ers]
E feric si en Gui els giros senestriers
8440 Que de dins la carn nuda les remazuts lacers
Que del sanc es vermelhs lo costatz él braguers
El coms venc a so fraire quelh era plazentiers
E dechen a la terra e ditz motz aversers
Bels fraire ditz lo coms mi e mos companhers
8445 Ha Dieus gitatz en ira ez amparals roters
Que per aquesta plagam farai Ospitalers
Mentren Guis se razona e deve clamaders
Ac dins una peireira que fec us carpenters
Ques de sant Cerni traita la peira el sorbers
8450 E tiravan la donas e tozas e molhers
E venc tot dreit la peira lai on era mestiers
E feric si lo comte sobre lelm ques dacers
Quels olhs e las cervelas els caichals estremiers
El front e las maichelas li partic a cartiers
8455 Els coms cazec en terra mortz e sagnens e niers

don Riquier, — après lesquels vient la grande foule des porte-bourdons. — Les cris (des hommes), le signal des trompettes et des cors, — le sifflement des frondes, le choc des pierriers, — ressemblent à un ouragan, à une tempête, à des tonnerres — dont tremblent la ville, la rivière et la grève. — Ceux de Toulouse sont pris alors d'une telle épouvante, — que plusieurs sont abattus dans les fossés du chemin, — (ou repoussés dans la ville.) Mais ils ont bientôt repris courage; — ils sortent (de nouveau) à travers les jardins et les vergers; — les servants et les archers ressaisissent la place; — et là, des flèches menues et des gros traits, — des pierres arrondies et des grands coups à plein, — telle des deux côtés est la chute, — qu'elle semble vent, pluie ou cours de torrent. — De l'amban gauche, un archer lance (une flèche) — qui frappe à la tête le destrier du comte Guy — (si fort), qu'elle lui entre à moitié dans la cervelle. — Et quand le cheval se retourne, un autre archer, — de son arc garni de corne, (lance une autre flèche — qui) atteint don Guy au côté gauche, tellement — que l'acier lui est resté dans la chair nue, — et que son flanc et son braguier sont vermeils de sang. — Le comte (de Montfort) vient alors à son frère qu'il aimait fort ; — il descend à terre proférant des paroles amères : — « Beau « frère, fait-il, mes compagnons et moi, — Dieu nous a pris en « haine, il protége les routiers ; — et pour votre blessure, je me « ferai frère de l'Hôpital. » — Tandis que don Guy converse et se lamente (avec son frère), — il y a (dans la ville) un pierrier, œuvre de charpentier, — qui de Saint-Sernin, de là où est le cormier, va tirer sa pierre. — Il est tendu par les femmes, les filles et les épouses. — La pierre (part), elle vient tout droit où il fallait, — elle frappe le comte Simon sur son heaume d'acier d'un tel coup, — que les

Cela part esperonan Gaucelis en Aimers
Ez an cubert lo comte coitos e scienters
Ab una capa blava e crec lespaventers
La doncs auziratz planher tant baros cavalers
8460 E planher sotz los elmes e dir els reproers
En auta votz escridan Dieus non est dreiturers
Car tu la mort del comte nil dampnatge sofers
Ben es fols qui tampara ni es tos domengers
Quel coms quera benignes e ben aventurers
8465 Es mortz ab una peira cum si fos aversers
E mas los teus mezeiches deglazias e fers
Jamais en esta terra nos non aurem mesters
Ab tant portan lo comte al clergues legendiers
El cardenals el abas e levesques Folquiers
8470 Lo receubron ab ira ab crotz e ab essesiers
E lains en Toloza intrec us messatgers.
Quels comtec las noelas ez es tals lalegriers
Que per tota la vila corron ves los mostiers
Ez alumnan los ciris per totz los candelers
8475 Ez escridan la joya car es Dieus merceners
Car paratges alumpna es er oimais sobrers
El coms quera malignes e homicidiers
Es mortz ses penedensa car era glaziers
Mas li corn e las trompas el gaug cominalers
8480 Els repics e las mautas els sonetz dels clochiers
Las tabors els tempes els grailes menuders
Fan retendir la vila e los pazimenters
La doncs se'leval setis per trastotz los semdiers
Ques era doutra laiga e tenials graviers
8485 Mas empero laichero los avers els saumers
E los traps e las tendas els arnes els diners
Els homes de la vila nagro motz prizoners
Mas de lains perdero tal qui era mestiers

yeux, la cervelle, le haut du crâne, — le front et les mâchoires
en sont écrasés et mis en pièces. — Le comte tombe à terre
mort, sanglant et noir. — Aymar et Gaucelin piquent à lui, — et
l'ont couvert bien vite et par prudence, — avec une cape bleue.
Mais l'épouvante est déjà (partout) répandue, — et vous entendriez alors pleurer barons et chevaliers; — (vous entendriez)
sangloter sous les heaumes; (vous entendriez) des propos (déses-
pérés), — et crier hautement : « O Dieu ! tu n'es pas juste, —
« puisque tu as voulu la mort du comte, et que tu as souffert (un
« tel) dommage. — Bien fol est qui te défend et se fait ton ser-
« viteur, — quand le comte, lui qui était si bon et de si haute
« aventure, — est mort d'un coup de pierre, comme s'il eût été
« ton ennemi, — et (quand) tu frappes et martyrises les tiens de
« préférence. — (Non,) jamais nous n'aurons commandement dans
« cette terre. » — Cependant on porte le comte aux clercs légendiers; — et le cardinal, l'abbé et l'évêque Folquet — le reçoivent
dolents, avec la croix et l'encensoir. — Mais là dedans, à Toulouse, est entré un messager — qui leur a raconté la nouvelle; et
par toute la ville telle est alors l'allégresse, que tous courent
aux églises, — allument les cierges sur tous les candélabres, — et
s'écrient de joie : « Que Dieu est miséricordieux ; — qu'il a remis
« parage en clarté et le fera désormais triompher ; — que le comte
« qui était pervers et tueur d'hommes, — est mort sans pénitence,
« parce qu'il frappait du glaive. » — Mais les cors, les trompettes,
les cris de la joie commune, — les carillons, les volées et le chant
des cloches, — les tambours, les tympans, les grêles clairons —
font retentir la ville et les places. — Dès lors par tous les sentiers est levé le siège — qui avait été mis outre l'eau et qui occupait toute la grève : — mais (les assiégeants) y laissèrent néanmoins

NAimeriguet lo jove cortes e plazentiers
8490 Don fo grans lo dampnatges el mals el desturbiers
A totz cels de la vila.

CCVI.

A totz cels de la vila car en Symos moric
Venc aitals aventura que lescur sesclarzic
Car la clartatz alumpna que granec e fluric
8495 E restaurec paratges e orgolh sebelic
E las trompas els grayles e li corn el repic
E lo joys de la peira que lo comte feric
Los poders els coratges el talant enardic
E cascus en la plassa ab sas armas salhic
8500 E van ardre la gata que res no la escantic
Tota la noit el dia la vila sesbaudic
E lo setis de fora sospirec e fremic
E can lo jorn sesclaira e lo temps abelic
Lo cardenals de Roma el autre baron ric
8505 El avesque el abas que portal crucific
Cosselheron essems el paziment antic
E lo cardenals parla si que cascus lauzic
Senhors baro de Fransa entendetz que vos dic
Gran mal e gran dampnatge gran ira e gran destric
8510 Nos a fait esta vila el nostre enemic
Que per la mort del comte em en aital destric
Que perdem la forsa e lo gra el espic
E fort men meravilha cum Dieus lo cossentic
Car a la santa glieiza e a nos nol giquic
8515 E pos lo coms es mortz negus ara nos tric

sommiers et bagage, — pavillons et tentes, harnais et deniers; — et
les hommes de la ville en eurent plusieurs de prisonniers. —
Mais aussi y perdirent-ils tel dont ils avaient besoin, — don
Aimeric le jeune, l'aimable, le courtois; — dont grands furent
le dommage, le mal et le regret, — pour ceux de la ville.

CCVI.

A tous ceux de la ville, la mort de don Simon — fut une
heureuse aventure qui éclaira ce qui était obscur, — qui fit
renaître la lumière (à laquelle le mérite) fleurit et (porte) graine,
— restaura parage, et mit orgueil en terre. — Les trompettes,
les clairons, les cors, le son des cloches, — et la joie causée par
cette pierre qui a frappé le comte, — enhardissent les cœurs,
les volontés et les forces. — Chacun se rend avec ses armes sur
la place, — et tous vont faire de la gate un feu que rien n'éteignit. — Toute la nuit et tout le jour la ville est en réjouissance ;
— et dehors, ceux du siége frémirent et soupirèrent. — Mais
dès que le jour devient clair et l'air riant, — le cardinal de Rome
et les autres puissants barons, — l'évêque et l'abbé portant crucifix, — délibérèrent ensemble dans la vieille salle. — Le cardinal
parle (le premier), de manière que chacun l'entend : — « Seigneurs
« barons de France, écoutez ce que j'ai à vous dire : — grand mal
« et grand dommage, grand chagrin et grande détresse — nous
« sont venus de cette ville et de nos ennemis. — Nous voici par
« la mort du comte en tel embarras, — que nous avons perdu
« toute vigueur ; (nous avons perdu) le grain et l'épi. — Je m'émer-
« veille fort que Dieu ait consenti à telle chose, — et ne nous ait
« point laissé (le vaillant comte), à l'église et à nous. — Mais

E fassam ades comte de so filh nAmaldric
Quel er pros homs e savis ez a bon cor e ric
E donem li la terra quel paire comqueric
Ez ano per las terras li sermo el prezic
8520 Caissi moram essems car lo coms i moric
E trametrem en Fransa al bo rei nostr amic
Qua lautran nos trameta lo sieu filh Lozoic
Per la vila destruire que res noi edific
Senhors so ditz lavesques re nous i contradic
8525 El senher Apostolis que lamec el legic
Metral el consistori on sant Paul sebelic
E fassal cors santisme car la gleiza obezic
Car el es sant e martirs e daitant lescondic
Quez anc coms en est segle mens de lui no falhic
8530 Que pus Dieus pres martiri ni en crotz saramic
Maior mort de la sua no volc ni cossentic
Ni el ni santa glieiza no ac milhor amic
Senhors so ditz lo coms de Saisho beus castic
Per so que santa glieiza non aia mal respic
8535 No lapeletz santisme que anc melhs no mentic
Nulhs homs que sant lapela car descofes moric
Mas si la santa glieiza be amec ni servic
Pregatz Dieu Jeshu Crist que larma no destric
Cascus e son coratge lo mandament grazic
8540 En Amaldrics la terra trastota possedic
Elh cardenals lalh livra e poih lo benazic
E lo valens coms joves de Tholoza ichic
Quen Br. Jordas manda e primers safortic
Quaissi el comte jove amec ez enantic
8545 Car li rendec la Ilha e per lui la establic
E li baro del seti ab fel cor e ab ric
Esteron poih cart dia que negus noi sortic
        Tro foron al dimenge

« puisque le comte est mort, que personne ne perde le temps ; —
« faisons tout de suite comte son fils, don Amaury,—qui est homme
« preux et sage, portant bon et noble cœur. — Donnons-lui la terre
« que son père a conquise.—Que par tout pays aillent les prédica-
« tions et les sermons, — et mourons s'il le faut ici tous ensemble,   8520
« comme le comte y est mort. — Nous manderons aussi en France
« au bon roi notre ami, — de nous envoyer l'an prochain son fils
« Louis,—afin de détruire la ville et qu'il n'y soit jamais plus bâti. »
— « Seigneurs, dit l'évêque, je ne vous contredirai en rien. —
« Que le seigneur Pape qui aimait notre comte et l'avait élu, —   8525
« le mette en la même sépulture où saint Paul est enseveli, — et
« qu'il le proclame corps-saint, car il a obéi à l'église, — car il est
« vraiment saint et martyr, j'en suis garant. — Jamais, en ce monde,
« comte ne faillit moins que lui ; — et depuis que Dieu endura le   8530
« martyre et fut mis en croix, — il ne voulut et ne souffrit jamais
« une aussi grande mort que celle du comte ; — jamais Dieu ni
« sainte église n'auront meilleur ami que lui. » — « Seigneurs, dit
« le comte de Soissons, je vous reprends à bon droit, — pour que
« sainte église n'ait pas (de votre dire) mauvais renom : — ne le   8535
« nommez pas sanctissime : car nul ne mentit jamais si fort — que
« celui qui l'appelle saint, lui qui est mort sans confession. — Mais
« s'il aima et servit bien la sainte église, — priez Dieu et Jésus-
« Christ de ne point châtier l'âme du défunt. »—Chacun dans son
cœur approuva le discours. — Don Amaury est mis en possession   8540
de toute la terre, — le cardinal la lui livre, et le bénit ensuite.
— Cependant le vaillant jeune comte (Raymond) sortit de Toulouse,—parce que don Bernard Jordan, après s'être mis en sûreté,
mande — qu'il aime tant le comte et lui est si favorable, — qu'il   8545
veut lui rendre l'Isle et la garder pour lui. — Mais les hommes

CCVII.

Can foron al dimenge es troblatz lelemens
8550 El vens e la tempesta e laura el turmens
Sespandish per las terras e brandish la semens
Els baros de Tholoza e lo pobles jauzens
Establiron las gaitas per los establimens
Ez intran per la vila manjar cominalmens
8555 E la foras el seti es faitz lo parlamens
E cujan be la vila prendre seguramens
Ez en petita dora es lo comensamens
Que sobre las carretas meton los ichermens
E lo foc e la lenha e las falhas ardens
8560 E menan las carretas a la vila correns
Que al fossat de la vila es lo retenemens
Que la palha salumpna e lo focs espandens
E las gaitas escridan tot engoichozamens
Que per tota la vila es levatz lespavens
8565 E corro a las armas sempre viassamens
Noi remas filhs ni paire ni nulhs hom defendens
Ni cavalers ni comte ni cozis ni parens
Tuit eicho per las portas a milhers e a cens
E perprendo las plassas els apertenemens
8570 Las donas e las femnas las tozas avinens
Portan laiga e la peira remembrans e dizens
Santa Maria dona hoi nos siatz guirens
E cilh de las carretas sen tornero fugens
Pero ilh dins trobero garnitz e combatens
8575 Los baros de la fora e Frances atendens

du siége au cœur dolent et brave, — restent quatre jours sans sortir (de leurs tentes), — jusqu'à ce que vienne le dimanche.

CCVII.

Quand vient le dimanche, les éléments sont troublés; — le vent et la tempête, l'orage et la tourmente,— se répandent par le pays, et arrachent les moissons. — Les barons de Toulouse et le peuple (toujours) joyeux — ayant établi leurs guets dans les fortifications, — rentrent ensemble dans la ville pour prendre leur repas. — Au dehors, ceux du siége ont tenu parlement : — ils croient en toute assurance prendre la ville, — et l'œuvre est en un instant commencée. — Ils chargent sur les chars des sarments, — du bois, du feu et des torches brûlantes, — et mènent à la course les charrettes vers la ville. — Les charrettes s'arrêtent aux fossés de la place : — là la paille est allumée, et le feu prompt à s'épandre. — Alors les guets se mettent à crier si douloureusement, — que dans toute la ville l'épouvante se lève. — Chacun vite et sur-le-champ court aux armes. — Pas un combattant ne reste (en arrière), ni comte, ni chevalier, — ni fils, ni père, ni cousin, ni parent : — tous sortent par les portes par centaines et par milliers, — et occupent les postes et les attenances. — Les dames, les femmes, les fillettes gentilles, — apportent de l'eau et des pierres, priant et disant : — « Dame sainte Marie, secourez-nous « aujourd'hui ! » — Les hommes des charrettes s'en retournent en fuyant, — quand ils voient venir les assiégés armés et prêts à combattre. — Mais les Français, les hommes du siége, demeurent pour les attendre, — et des deux côtés la bataille reste engagée — (à coups) de lance, d'épée, de (fer) tranchant brandi, — de

Dentrambas las partidas es bastitz lo contens
De lansas e despazas e de talhans brandens
E de dartz e de peiras e de cairos batens
Se feron es combaton de lans e mantenens.
8580 E cairels e sagetas van si espessamens
Coma ploia primeta can cai menudamens
A Montoliu la fora es lo perilhamens
El trebalhs e la guerra e lo chaples tenens
E lo fums e la flama e la polvera el vens
8585 Per totas las bathalhas intran mescladamens
E la foras el seti es faitz lacordamens
Que li baro sarmeron tuit essems engalmens
De bonas armaduras e los cavals correns
E intran en la plassa menassans e punhens
8590 Ez escridan lor senhas e Montfort ichamens
Saisonha e Bretanha i cridon autamens
E de lor de la vila es tals lafortimens
Quels abelig la guerra e lor creish ardimens
Que negus no si crotla ans estan duramens
8595 E gardan e atendo e esperan sufrens
Los rencs e las batalhas accorens e vinens
E escridan Tholoza que restaura e vens
E Cumenge pel comte car es pros e valens
E Casnas e Creishil e Vilamur firens
8600 Car la sua senheira lor es sus en las dens
Mas la clartaz dels elmes e laurs fis e largens
E lo blans el vermelhs e la colors el tems
E las senhas del pali clareians e batens
Els grailes recisclans e las trompas tindens
8605 Afortish los coratges e atemprals talens
E lai on sencontreron es faitz lo chaplamens
E de faucilhs e dapchas e de picas razens
De gazarmas ab flecas e de cairels punhens

dards, de pierres et de briques lancées. — De près et de loin l'on
frappe et l'on se blesse, — car les carreaux et les flèches volent   8580
aussi dru — que fine pluie qui tombe menu. — Mais c'est en
dehors, à Montolieu, qu'est le (grand) péril ; — que la fatigue,
la guerre, le carnage sont sans relâche ; — (que) la flamme et la
fumée, la poussière et le vent, pénètrent confondus parmi toutes 8585
batailles. — Là-bas, au siège, l'accord a été fait — entre tous
les barons (français) de s'armer tous et à la fois — de leurs bonnes
armures, eux et leurs chevaux courants ; — et ils entrent dans la
place menaçant et poignant, — criant tous ensemble leurs ensei- 8590
gnes et Montfort! — On crie (de même) à haute voix Saxe et
Bretagne! — Mais telle est la bravoure de ceux de la ville, —
que la guerre leur plaît ; et leur audace y redouble — à tel point
que pas un ne s'ébranle ; (tous) restent fermes ; — (tous) regar- 8595
dent, attendent et reçoivent — les files et les batailles rangées
qui surviennent, — criant : « (vive) Toulouse, qui se refait et qui
« triomphe ! — (criant) Comminges, pour le comte vaillant
« et preux ! — et Casnac et Cressil et Vilamur qui frappent (de
« près), — car leur bannière bat sur le front (de l'ennemi) ! » — 8600
Mais la clarté des heaumes, l'or fin et l'argent, — le blanc, le
vermeil, l'éclat de l'air, — les enseignes de soie qui brillent et
qui flottent, — les clairons bruyants et les trompettes réson-
nantes, — renforcent les courages et retrempent les âmes. — Par- 8605
tout où (les deux partis) se rencontrent, commencent à jouer —
les haches, les faux, les piques qui rasent (les armures), — les
hallebardes, les flèches et les carreaux aigus, — les coutels fourbis
sur les écus resplendissants ; — ils se frappent et se combattent   8610
si fièrement, — qu'ils tranchent et taillent les membres et
les armures ; — et des pieds, des jambes, des bras tranchés

E dels escutz mirables e de coutels luzens
8610 Se feron es combaton tan orgulhosamens
Que detrencan e talhan las carns els garnimens
E de pes e de cambas e de brasses a tens
E de sanc ab cervelas es tals lo pazimens
Quels camis e las plassas son vermelhs e sagnens
8615 Tant es grans la batalha lira el mals talens
Que dambas las partidas lus e lautre prendens
Se hurtan ab las armas es prendo ab las dens
E de dins e de fora es tals lacordamens
Que noi a cors ni membre que no sia temens
8620 Pero ilh de la vila sobrans e comquirens
Entre lacer el glazi detrencans e franhens
Per trastotz los passatges los ne menan firens
Si trencan las batalhas els primers intramens
Ca las portas del seti es lo defendemens
8625 Aitant durec la guerra el dans el perdemens
Tro venc la nog escura que partic los perdens
Anc pos Dieus pres martiri no vic nulhs hom vivens
Batalha tant ferida de tant petitas gens
Al partir de la coita es tals lo partimens
8630 Que lus torna ab ira lautre ab alegramens
La doncs auziratz planher los nafrats els planhens
E demandar los metges e cercar los unguens
E cridar Dieus ajuda per las plagas cozens
Pueilh esteron motz dias aissi paziblamens
8635 Que negus enves lautre nos combat ni nos vens
E poih nos tarza gaire ques faitz lo mandamens
Quel cardenals de Roma e lavesques prezens
E las autras personas estan celadamens
Mas Guis de Montfort parla e dit privadamens
8640 Senhors baros est setis nons es mas dampnamens
E nom platz ni magrada oimais est salvamens

— et du mélange du sang et des cervelles tel est le champ de bataille, — que les chemins et les places en sont humectés et vermeils. — Si forte est la mêlée, et telles en sont la rage et la colère, — que des deux côtés les (combattants) s'attaquent un à un, — se heurtent des armes et se prennent aux dents. — Dedans et dehors, tout est pareil en cela, — qu'il n'y a ni un cœur ni un membre qui ne frémissent. — Mais ceux de la ville ont le dessus ; ils triomphent : — entre les glaives qui tranchent et les (masses) d'acier qui brisent, — par toutes les issues, ils mènent (les assiégeants) battant — et les taillent (en pièces) jusqu'aux avenues (de leur camp), — (tellement que) ceux-ci en viennent à se défendre aux portes du siége. — La guerre, le dommage et la perte durèrent — jusqu'à ce que vint la nuit obscure qui sépara les vaincus (et les vainqueurs) ; — depuis que Dieu souffrit le martyre, nul homme vivant ne vit — bataille si fière entre tant de combattants sans renom. — Quand la mêlée cesse, tel est le départir — que les uns se retirent dolents, et que les autres reviennent joyeux. — Mais vous entendriez alors les blessés se lamenter, — demander les chirurgiens, chercher les onguents, — et crier : « Secours, oh mon Dieu ! ô les cuisantes plaies ! » — Ils restèrent après cela quelques jours si paisibles, — qu'il n'y eut entre eux ni combat ni victoire. — Mais peu tarde ensuite à être pris un autre parti : — le cardinal de Rome, l'évêque présent — et les autres seigneurs s'assemblent secrètement. — Là Guy de Montfort parle et dit en confidence : — « Seigneurs barons, ce siége n'est « pour nous que dommage, — et cette entreprise ne me plaît ni « ne me convient plus désormais. — Nous y perdons (tous) corps, « parents et chevaux, — comme y est déjà mort mon frère, qui « seul tenait la ville en crainte. — Si nous n'abandonnons pas ce

Car nos perdem los corses els cavals els parens
E mas es mortz mos fraire quels tenia temens
Si nons partem del seti falhir nos i a sens
8645 Senhors dit nAmaldric prenda vos cauzimens
De mi cavetz fait comte aras novelamens
E sieu me part del seti aisi aonidamens
Mens ne valdra la glieiza ez ieu serai niens
E diiran per las terras quieu soi vius recrezens
8650 E que la mortz del paire mes ichida de mens
NAmaldric ditz nAlas araus falh esciens
Qua tot vostre barnatge es semblans e parvens
Que si tenetz lo seti creichera launimens
E podetz ben conoicher que cel ques vencutz vens
8655 Car anc mais no vitz vila que gazanhes perdens
Quelh ne meton tot dia los blatz e los fromens
E la carn e la lenha quels te gais e punhens
Ez a nos creih la ira el perilhs el turmens
E no mes a veiaire que siatz tant manens
8660 Quei puscatz tener seti ni estar longamens
Senhors so ditz lavesques ara soi tant dolens
Que jamais tant can viva no posc esser jauzens
El cardenals ab ira respon felnessamens
Senhors partam del seti quieu vos fas ben covens
8665 Que per trastot lo segle iral prezicamens
Si qua la Pentecosta vindra sen veramens
Lo filhs del rei de Fransa ez aurem tantas gens
Que los frugs e las folhas e las erbas creichens
E laiga de Garona lor semblara pimens
8670 E destruirem la vila e aicels de laens
Iran tug a la espaza tals es lo jutjamens
Adoncs se leval setis aitant coitadamens
Que lo jorns de sent Jagme ques clars e bos e sens
Elh mezon foc e flama a totz lor bastimens

« siége, notre savoir y faillira. » — « Seigneurs, dit don Amaury,
« ayez égard — à moi que vous avez fait comte tout récemment. —
« Si j'abandonne ainsi honteusement ce siége, — l'église en vaudra
« moins, et moi je ne serai rien ; — l'on dira par tout pays que plein
« de vie je suis recru (de guerroyer), — et que la mort de mon père
« m'est sortie de l'esprit. » — « Amaury, dit don Alard, vous ne
« songez pas maintenant — que toute votre milice est d'avis et pense
« — que si vous poursuivez ce siége, la honte sera plus grande. —
« Vous pouvez bien le savoir, ceux qui étaient vaincus sont victo-
« rieux ; — et jamais vous ne vîtes une autre ville (que celle-ci), ga-
« gner ayant perdu. — Les habitants reçoivent chaque jour des blés
« et du froment, — de la viande et du bois qui les maintiennent
« gais et joyeux, — tandis que vont croissant pour nous le chagrin,
« le péril et la détresse ; — et il ne me semble pas que vous soyez
« si riche — que vous puissiez tenir ce siége encore longtemps. »
— « Seigneurs, dit l'évêque, je suis à cette heure si dolent, —
« que jamais du reste de ma vie je ne pourrai être joyeux. » —
Le cardinal répond avec chagrin et colère : — « Seigneurs, levons
« donc le siége ; — mais je vous suis bon garant — que partout sera
« prêchée la Croisade, — et qu'à la Pentecôte viendra infaillible-
« ment ici — le fils du roi de France ; — et nous aurons (alors)
« tant d'hommes, — que les fruits, les feuilles et les herbes
« des champs (ne suffiront pas à les nourrir), — et que l'eau
« de Garonne leur semblera piment. — Nous détruirons la ville ;
« et ceux qui sont dedans — seront tous livrés à l'épée : telle est
« ma sentence. » — Alors le siége est levé précipitamment ; — et
le jour de Saint-Jacques, qui est clair, sain et beau, — ils mettent le feu et la flamme à toutes leurs constructions — et au
merveilleux château ; mais soudain, et sur l'heure, — par les

8675 Ez al castel mirable mas ades sobtamens
Dels homes de la vila fo faitz lescantimens
Li Frances sen partiro mas laichero i tens
Mans mortz e mans perdutz e lor coms que nes mens
Mas lo cors ne porteron en loc dautres prezens
8680   Tot dreit a Carcassona.

CCVIII.

Tot dreit a Carcassona len portan sebelhir
El moster S. Nazari celebrar et ufrir
E ditz el epictafi cel quil sab ben legir
Quel es sans e martiris e que deu resperir
8685 E dins el gaug mirable heretar e florir
E portar la corona e el regne sezir
Ez ieu ai auzit dire caisis deu avenir
Si per homes aucire ni per sanc espandir
Ni per esperitz perdre ni per mortz cosentir
8690 E per mals cosselhs creire e per focs abrandir
E per baros destruire e per paratge aunir
E per las terras tolre e per orgolh suffrir
E per los mals escendre e pels bes escantir
E per donas aucire e per efans delir
8695 Pot hom en aquest segle Jeshu Crist comquerir
El deu portar corona e el cel resplandir
E lo filhs de la Verge que fals dreitz abelir
E dec carn e sanc digna per orgolh destruzir
Gart razo e dreitura li cal devon perir
8700 Quen las doas partidas fassal dreg esclarzir
Car Montfort e Toloza tornan a escrimir
Que per la mort del paire vol lo filhs afortir
Ez a faitas las terras els baros somonir
E tenc sa cort complida per son dreg devezir

hommes de la ville il fut éteint. — Les Français partent, mais ils laissent là étendus — maints morts; d'autres sont perdus et leur comte leur manque; — et au lieu d'autre butin, ils emportent son corps — tout droit à Carcassonne. 8680

CCVIII.

Tout droit à Carcassonne ils le portent ensevelir, — (et font) dans l'église de Saint-Nazaire célébrer son office; — et son épitaphe, à qui bien la sait lire, dit: — Qu'il est saint, qu'il est martyr et qu'il doit ressusciter, — pour hériter (du ciel) et fleurir 8685 dans la joie éternelle, — pour (y) porter couronne et s'asseoir sur le trône. — Et moi j'ai ouï dire qu'il en doit être ainsi: — si pour avoir occis des hommes et répandu du sang; — si pour avoir perdu des âmes, consenti des meurtres; — pour avoir cru 8690 de faux conseils et allumé des incendies; — pour avoir détruit les barons et honni parage; — pour avoir ravi des terres et encouragé la violence; — si pour avoir attisé le mal et éteint le bien, — égorgé des femmes et massacré des enfants, — un 8695 homme peut en ce monde conquérir (le règne de) Jésus-Christ, — (le comte) doit porter couronne et resplendir dans le ciel. — Mais que le fils de la Vierge qui fait trouver la justice belle, — qui donna sa chair et son sang pour détruire l'orgueil, — protége raison et droiture, et voie qui doit périr (d'elles ou de leurs adversaires); — qu'il manifeste clairement le droit entre les deux 8700 partis, — car Toulouse et Montfort reviennent à guerroyer. — De la mort du père le fils veut faire son profit; — il a fait semondre les terres et les barons, — et tient cour complète pour

8705 E parla e cosselha e comensec a dir
Senhors mortz es mon paire quieu solia car tenir
E car no posc lo seti de Toloza complir
Ajudatz me las terras defendre e mantenir
Coms ditz lo cardenals aujatz queus volh querir
8710 Que fassatz vostras vilas els castels establir
E metets hi tals gardas que o sapchan ben tenir
E vos senher navesques anatz tost enquerir
Lo senher rei de Fransa que non o laish perterir
E a la kalenda maya noi poscan pas falhir
8715 Venga en esta terra la gleiza essenhorir
Ens fassa la corona e so filh amarvir
Amque puscam Toloza confondre e destruzir
Que nos a mort lo comte e nos dona cossir
Ez ieu trametrai letras e sagel per legir
8720 Al senhor Apostoli caras deu enantir
Per la gleiza defendre e per se enriquir
E ara es morta l'estela que solia luzir
E diirai de Toloza per so que melhs lazir
Que no la pot la gleiza ni nulha res blandir
8725 Tant es mala e salvatja e greus per convertir
Que focs ni carns ni glazis no la pot conquerir
Ez el fassa las terras prezican somonir
Els prelatz de la gleiza per las guerras formir
Los coratges escendre e las lenguas forbir
8730 Ez ano per lo setgle los prezics espandir
E tot crestianesme aflamar e brandir
Si que fassam los pobles levar e enardir
Que negus noi remanga que si sapia garnir
E porten crotz e glazi per lo rei aseguir
8735 Ez a la Pentecosta dic vos be ses mentir
Que veiretz tals crozadas e tantas gens venir
Que pro fara la terra si los pot sostenir

faire valoir son droit; — il veut parler, délibérer, et commence à
dire : — « Seigneurs, mon père que j'aimais est mort ; — et si je
« ne puis venir à bout du siége de Toulouse, — aidez-moi (du
« moins) à me défendre et à me maintenir dans ma terre. » —
« Comte, dit le cardinal, entendez ce que j'ai à requérir de vous :
« (c'est) que vous fassiez mettre en défense vos villes et vos châ-
« teaux, — et y mettiez telles milices qui sachent bien les garder.
« Et vous, seigneur évêque, allez bien vite prier — le seigneur roi
« de France de ne point laisser passer (le temps), — et qu'aux
« calendes de mai, sans que la chose puisse faillir, — il vienne
« en ce pays remettre l'église en seigneurie, — et qu'il nous ac-
« corde (l'appui de) sa couronne et son fils, — afin que nous
« puissions confondre et détruire (cette) Toulouse, — qui nous a
« tué le comte et nous donne tant de souci. — Moi j'enverrai
« mon sceau et mes lettres à lire — au seigneur Pape, (lui disant)
« qu'il doit maintenant agir — pour défendre l'église et monter
« en puissance; — car morte est à présent l'étoile qui resplendis-
« sait autrefois. — Et pour le courroucer davantage je lui dirai
« de Toulouse, — que ni l'église ni chose qui soit au monde ne
« peuvent apprivoiser (cette ville), — tant elle est perverse, sauvage
« et difficile à convertir; — qu'il n'y a ni feu, ni glaive, ni bataille
« qui puissent en venir à bout. — Je lui dirai de faire par tout
« pays semondre à prêcher — les prélats de l'église, pour qu'ils
« trouvent de quoi subvenir à la guerre, — (pour qu'ils) animen
« les cœurs, fourbissent les langues, — et s'en aillent par le
« monde répandant leur parole, — afin d'exciter et d'enflammer
« toute la chrétienté, — de lever et d'enhardir les peuples, — si
« bien qu'il ne reste (en arrière) pas un homme sachant vêtir une
« armure, — afin de porter le glaive et la croix à la suite du roi. —

Ab que poirem Toloza del tot apoderir
E farem ne tals obras can vindra al partir
8740 Que negus hom nons auze contrastar ni grondir
Senher so ditz lavesques ieu ai cor e dezir
Cum an aquest messatge acabar e furmir
Ez es mal e salvatge e estranh per auzir
E fas me meravilhas Dieus com pot cossentir
8745 La mort del sieu filh digne quel solia servir
Mas pero per natura e segon quieu malbir
Autre paire sirascra cant vei so filh morir
Mas Dieus no fa semblansa quel sia greu nil tir
Que can lor degra aucire fa nos dezenantir
8750 E car nos fa Toloza trebalhar e languir
Anem sercar tal metge que nos poscha guerir
E car Dieus so oblida nos pessem del merir
Que si en nulha maneira nos podion gandir
Ni en cel ni en terra escapar ni fugir
8755 Jamais nos ni la gleiza noi poirem revenir
Ditz lo coms nAmaldrics senhors beus dei grazir
Car la mort de mon paire voletz tant car merir
Senhors so ditz lo coms de Saischo ieu volh ir
Ab tota ma companha e pos vos aitant dir
760 Si men voliatz creire per lo dreg azumplir
Dirai vos cum poiriatz de gran trebalh ichir
Si la gleizas volia ab merce adossir
La merces e la vila se podo esdevenir
E si gleiza sorgolha lai on se deu blandir
8765 La merces sen rencura es penet dobezir
E si non faitz la gleiza ab Toloza avenir
Motz esperitz se perdo ques poirian noirir
Coms ditz lo cardenals als 'er al departir
Cabans nos laichariam debrizar e croisir
877 Que de la mort del comte nols fassam penedir

« Aussi vous dis-je, sans mentir, qu'à la Pentecôte — vous verrez 8_735
« venir telles croisades, et tant d'hommes, — que la terre aura
« assez à faire de les porter; — avec (ces hommes) nous pour-
« rons nous emparer entièrement de Toulouse, — et en faire
« tels exemples, quand nous en viendrons à la fin, — que nul 8_740
« homme n'osera plus contre nous se révolter ni murmurer. » —
« Seigneurs, dit l'évêque, ma pensée et mon désir (sont que) —
« ce message soit entrepris et achevé. — (Il y a ici) quelque
« chose de fâcheux, de sauvage, d'étrange à ouïr; — et je m'é-
« tonne que Dieu ait pu consentir — à la mort de son digne fils, 8_745
« de celui qui le servait (si bien en guerre). — C'est chose selon
« nature, à ce qu'il me semble, — qu'un père s'afflige quand il
« voit son fils mourir; — mais Dieu ne fait (cette fois) aucun sem-
« blant que cela lui soit contraire ou lui déplaise. — Quand il
« devrait exterminer (ses ennemis), c'est nous qu'il abaisse. — Puis 8_750
« donc que Toulouse nous fait souffrir et mal être, — mettons-nous
« en quête d'un médecin qui nous guérisse; — et bien que Dieu
« (nous) oublie, songeons à nous sauver; — car si de quelque
« manière (nos adversaires) peuvent nous résister, — s'enfuir et
« nous échapper dans le ciel ou sur la terre, — jamais nous ni 8_755
« l'église ne pourrons revenir (en puissance). » — « Seigneurs,
« fait alors le comte Amaury, je dois bien vous rendre grâces, —
« quand vous voulez à si haut prix compenser la mort de mon
« père. » — « Seigneurs, dit (à son tour) le comte de Soissons, je
« veux m'en aller, — avec toute ma troupe; — mais je vous dirai
« en attendant, — si vous voulez m'en croire, comment droit 8_760
« serait fait, — et comment vous pourriez sortir de cette grande
« détresse. — Si l'église voulait s'adoucir à merci, — cette merci
« et la ville peuvent s'accorder; — mais si l'église se montre su-

Que per la fe queus deg una reus posc plevir
No valon tant per armas ni per guerra bastir
Que nos a Pentecosta non aiam tal i. tir
Que noi aura archangel que non giet i. sospir
8775 Senhors so ditz lo coms cels ne lais Dieus gauzir
Que mantenon dreitura els autres penedir
La crotz es sopartida e torna en azir
Que vengutz es lo termes del dar e del ferir
Que Toloza senansa que voldra retenir
8780 Tot pretz e tot paratge que no poscan perir
Car lo valens coms joves quel mon fa reverdir
E colora e daura so ques sol escurzir
Sen intra per las terras recebre e bandir
E Condom e Marmanda e Clairac az apertir
8785 Ez Agulho combatre e prendre e sazir
E los Frances confondre destruire e aucir
En Br. de Cumenges sa ops a enantir
Quen Joris lo cavalga el manda requerir
  E li gasta sa terra.

CCIX.

8790 Joris gasta la terra e ses essenhoritz
E cerca e cavalga e menassals faizitz

« perbe là où il faut être caressant, — merci se lamente et (Tou-
« louse) refuse d'obéir. — Or si vous ne mettez Toulouse et l'é-
« glise d'accord, — beaucoup d'âmes seront perdues qui auraient
« pu être sauvées. » — « Comte, dit le cardinal, — c'était autre
« chose à la levée (du siége) : — nous avons dit que nous nous lais-
« serions broyer et mettre en pièces, — plutôt que de ne point faire
« repentir Toulouse de la mort du comte. — Mais par la foi que
« je vous dois, je vous garantis une chose : — les (Toulousains) ne
« sont point si vaillants en armes, ni (si prompts) à mener guerre,
« — que nous n'ayons à la Pentecôte un tel démêlé avec eux, —
« qu'il n'y aura pas (au ciel) un archange qui n'en soupire. » —
« Seigneurs, répond le comte (de Soissons), que Dieu tienne en
« joie ceux — qui soutiennent droiture et fasse se repentir les au-
« tres ! » — La Croisade est (de rechef levée et) repartie et recommence ses invasions, — car la saison est venue de frapper et de
guerroyer; — et Toulouse s'apprête (aussi), car elle veut protéger — mérite et parage afin qu'ils ne puissent périr. — Le vaillant jeune comte, qui fait reverdir le monde, — qui dore et colore
ce qui est sujet à s'obscurcir, — parcourt les terres pour les recevoir et y être reconnu; — pour occuper Condom, Marmande et
Clairac; — pour attaquer, prendre et tenir Aiguillon, — confondre, occire et détruire les Français. — Mais il faut que Bernard de
Comminges s'avance aussi, — car don Joris chevauche contre lui,
le provoque, — et lui ravage sa terre.

CCIX.

Joris ravage sa terre et s'en empare; — il fouille le pays, chevauche et menace les faidits. — Il entre à Saint-Gaudens dont il

A sent Gauzens sen intra car nes essenhoritz
Ab belas armaduras e ab bos Arabitz
En Br. de Cumenge bels e bos e grazitz
8795 El castel de Salinas de mainada escaritz
E de las entresenhas es lor cors esfelnitz
E tramet sos messatges coitos e amarvitz
Als baros de Tholoza e als melhs enarditz
E al comte son paire ques de bos aips garnitz.
8800 Que socors li trameta car lo vera aizitz
En Joris ab gran joya es de la terra ichitz
E venc per la ribeira ab sos senhals banditz
En Br. de Cumenge ab los baros legitz
Los milhors els pus savis e los pus afortitz
8805 Ben complitz de lor armas e belament garnitz
E can lo jorns repaira e lo temps abelitz
Lors senheiras aussadas els gonfainos banditz
Se son per la ribeira apres lor aculhitz
E can vengron a Martras Joris nera ichitz
8810 E can no la troberon de sobre sent Felitz
Es en la bella plassa lo parlamens bastiz
Ez a dig lus a lautre arals avem seguitz
Ab tant nInartz de Punhtis ques pros e ichernitz
Denant totz se rasona e als be enqueritz
8815 Senher Br. bem me sembla saisils avem giquitz
Vos meteis e nos autres avetz vius sebelhitz
Mas si men voletz creire ja no siretz falbitz
Cavalguem tot lo dia trols aiam cosseguitz
E sins volon atendre er aitals lescroichitz
8820 Tro de luna partida sia lo camps gurpitz
E si nols atrobam si ja nuls homs lor ditz
Quels aiatz per batalha encausatz ni seguitz
Totz temps nauran temensa e auretz nos gueritz
Senhors ditz Marestahns mos neps sia obezitz

a la seigneurie, — (avec des compagnons) en belle armure et sur de bons chevaux arabes. — Don Bernard de Comminges, le bon, le bel, le gracieux; — (se trouve dans) le château de Salinas avec une milice peu nombreuse; — et le cœur courroucé des nouvelles (qu'il entend de don Joris), — il envoie aussitôt ses rapides et sûrs messages — aux hommes de Toulouse, à ceux (qu'il sait) les plus vaillants, — et au comte son père, doué de toutes bonnes qualités, — le priant de lui envoyer du secours, aussitôt qu'il en verra l'occasion. — Cependant don Joris court avec grande joie la terre (du comte), — et s'en vient tout le long de la rivière, enseignes déployées. — (Alors) Bernard de Comminges, avec ses hommes choisis, — les plus nobles, les plus experts et les plus braves, (tous) en belle et complète armure, — quand le jour vient et que le temps s'embellit, — enseignes dressées et gonfanons flottants, — se sont le long de la rivière derrière les autres avancés. — Quand ils arrivent à Martres, Joris en est sorti : — ne l'ayant point trouvé (non plus) à Saint-Félix, — ils ont sur la belle place tenu leur parlement; — et là ils se disent l'un à l'autre : « Nous les avons (assez) poursuivis. » — Mais don Hinart de Puntis qui est bon et preux, — dit ses raisons devant tous et requiert sagement don Bernard : — « Seigneur Bernard, « il me semble que si vous abandonnez la poursuite, — vous « nous ensevelissez tous, nous et vous-même. — Mais si vous « voulez m'en croire, vous ne faillirez point (de la sorte) : — « chevauchons tout le jour jusqu'à ce que nous les ayons atteints; « — et s'ils veulent nous attendre, il y aura (entre eux et nous) « un rude choc, — jusqu'à ce que l'un des deux partis déguer- « pisse de la place. — Si nous ne les rencontrons pas, et que « quelqu'un leur dise — que vous les avez pour bataille poursui-

8825 Ez ab aitant sacolho per los camis politz
E cant a Palmers vengo us hom de la lor ditz
Senhors veus aqui Joris que ades nes partitz
Si nols anatz socorre tost aura convertitz
Los omes de Melha e mortz e destruzitz
8830 Ditz nOtz de sent Beat Dieus ne sia grazitz
Anc sempre gaban Joris que nos arramitz
E si men voletz creire ara ner desmentitz
Ditz Ramonat dAspel ans quens aian sentiz
Nos accordem essems cals sera nostrarditz
8835 Que si ilh sen anavan trols aiam conqueritz
Nos e nostres lhinatges ner totz temps escurzitz
Senhors ditz nEspanels pos lo faitz er cumplitz
Cum que sia dels autres Joris sia sazitz
Perquen Rogers dAspel sia soutz e guaritz
8840 E can foron essems al parlament aizitz
An Br. de Cumenge los baros somonitz
Belament se rasona ez als totz esbauditz
Senhors francs cavaliers lo vers Dieus Jeshu Crist
Nos ama ens governa e nos ha benaizitz
8845 Quels nostres enemics quens avian delitz
Nos ha be totz essems lhivratz e amarvitz
Nos aurem la batalha senes totz contraditz
E sera ben vencuda quel coratges mo ditz
Senhors ara vos membre cum nos teno feblitz
8850 Quen totas nostras terras a senhors apostitz
Que silh an mortz los paires e los efans petitz
Ez an mortas las donas e destruitz los maritz
Ez an mort tot paratge e lor eis enriquitz
E nos fan ir pel setgle perilhatz e marritz
8855 E nos cassan tot dia pels bocatges floritz
E per santa Maria vergena emperairitz
Mais valh moiram ab armas e ab glazis forbitz

« vis et pourchassés, — ils auront désormais peur de nous, et vous
« nous aurez délivrés. » — « Seigneurs, dit Marestang, suivons le
« conseil de mon neveu. » — (Et là-dessus) ils se mettent par le 8825
chemin planier; — et quand ils viennent à Palmer, un homme
du lieu leur dit : — « Seigneurs, voici que don Joris vient tout
« à l'heure de partir; — et si vous n'allez au secours des hommes
« de la Melha, — il les aura bientôt soumis, ou détruits et tués. »
— « Que Dieu soit remercié ! dit don Othon de Saint-Béat : — 8830
« don Joris quand il nous défie, veut toujours se jouer de nous; —
« mais si vous voulez m'en croire, il en sera cette fois démenti. » —
« Avant qu'ils nous aient aperçus, dit Ramonat d'Aspel, — déci-
« dons tous (d'abord) de quelle façon nous allons les attaquer;
« — s'ils se retirent avant que nous ne les ayons battus, — nous 8835
« en sommes pour toujours abaissés, nous et notre race. » — « Sei-
« gneurs, dit don Espanel, puisque la chose est décidée, — quoi
« qu'il arrive des autres (ennemis), que Joris soit pris, — afin
« que Roger d'Aspel soit racheté et délivré. » — Comme ils 8840
étaient encore tous réunis en parlement, — don Bernard de
Comminges s'adresse (à son tour) à ses barons, — et par ses belles
raisons les anime tous : — « Seigneurs francs chevaliers, Jé-
« sus-Christ le vrai Dieu — nous aime, nous gouverne et nous
« a bénis, — puisque les ennemis qui nous ont maltraités, — 8845
« il nous les livre ici tous à la fois et nous les met sous la main.
« Nous aurons la bataille sans aucun doute, — et nous la ga-
« gnerons, mon cœur me le dit. — Seigneurs, qu'il vous sou-
« vienne (seulement) comment on nous tient opprimés, — et 8850
« comment il n'y a dans toutes nos terres que des seigneurs re-
« négats, — qui ont égorgé les pères et les petits enfants, — qui
« ont mis à mort les femmes et les maris, — qui ont détruit toute

No que ja semprens tengan abaichatz ni peritz
E si bens troban ara firens e afortitz
8860 Totz temps ner mais paratges ondratz e obezitz
E si men voletz creire pos los trobam aizitz
Lo lor afar el nostre er aisi devezitz
Qu'inferns e paradis aura dels esperitz
Que mais val mortz ondrada caissi vivre aunitz
8865 Pero lavers que i sia ni pres ni comqueritz
Er be entre nos autres belament departitz
Trastuit essems escridan ben o ditz ben o ditz
Cavalguem la batalha que Dieus nos sera guitz
E cavalgan essems trols an vistz e auzitz
8870 Els castelas en Joris en Ancelmes aizitz
E li Frances essems am bos cors endurzitz
Combatian la vila lo cap e la cervitz
Ez abtant ilh salhiron e commensan los critz
E cant li Frances viron los senhals esclarzitz
8875 E la crotz e la pencha el taur e la berbitz
E las autras ensenhas del baros enarditz
E las bonas companhas que los an perseguitz
Ges non es meravilha sis foron esbaitz
De dins la barbacana son essem aculhitz
8880 Ez an be los passatges els bocals establitz
En Br. de Cumenge que lor a contraditz
Primeirament dels autres los a ben envazitz
El e nInartz de Pungtis durament azaptitz
En Ot de sent Beat que sen es enantitz
8885 E Pen. Br. de Saischac es sin Ancelm feritz
Que labat el trabuca mas el ses erebitz
En Rogers de Montaut es a terra salhitz
Que los combat els dona e los fer amarvitz
Peron W. de Saiches ques valens e arditz
8890 Los fer els esperona ez es si referitz

« noblesse et se sont élevés (par le pillage), — qui nous font par
« le monde aller en péril et dolents, — et nous pourchassent
« chaque jour à travers les bois feuillés. — Oh! par sainte Marie
« l'impératrice vierge! — il vaut mieux mourir par les armes et
« par les glaives fourbis, que d'être tenus sans cesse en misère et
« en abaissement. — Si (nos ennemis) nous trouvent aujourd'hui
« braves et bien frappants, — parage en sera pour toujours ho-
« noré et obéi. — Si (donc) vous voulez m'en croire, puisque
« nous les avons à notre disposition, — leur affaire et la nôtre
« seront (de telle sorte) décidées, — que le paradis et l'enfer y
« gagneront chacun des âmes ; — car vaut mieux mort honorable
« que de vivre ainsi honni. — Quant au butin que nous pourrons
« y faire et gagner, — il sera entre nous justement partagé. » —
« Bien parlé! bien parlé! s'écrient-ils tous à la fois; — chevau-
« chons à la bataille, Dieu sera notre guide. » — Et ils chevauchent ensemble, jusqu'à ce que les ont entendus et vus à leur
aise, — don Joris, le châtelain, don Anselme, — et tous les
Français, qui d'un cœur intrépide et brave — attaquaient la
ville (de la Melha), la citadelle et la crête; — et les voilà qui arrivent et commencent à crier (leurs enseignes). — Quand les
Français virent clairement les bannières, — la croix sur laquelle
sont peints le taureau et la brebis, — et les autres enseignes
des hardis barons, — et les belles compagnies de guerre qui les
ont poursuivis, — ce n'est point merveille s'ils furent ébahis ; —
ils se sont tous rassemblés dans la barbacane, — et se sont
mis à munir les entrées et les passages. — Don Bernard de
Comminges, pour les en empêcher, — fond vaillamment sur
eux en avant des autres, — et durement les frappe avec Hinart
de Puntis, — et don Othon de Saint-Béat qui s'est lancé en

Que sos cavals trabuca mas el es ressortitz
En Rogers de Montaut lor crida e lor ditz
Firetz ben a delivre sobrels encorrotitz
La doncas esperonan los destriers Arabitz
8895 Que per totas partidas los an ben requeritz
Ez ilh se defenderon ab los brans coladitz
Dentrambas las partidas es lo chaples bastitz
Peiras e dartz e lansas e los espeutz branditz
E flecas e sagetas e cairels rebulhitz
8900 Los feron e los nafron par los ausbercs trailitz
Que de la sanc vermelhan los costaz els samitz
Ez aquels de la vila cant los agron cauzitz
Los feron ab las peiras e ab cairels petitz
El castelas ab ira es aisi esferzitz
8905 Quez aissis volvs es vira cum fai singlars feritz
Que franh e trenca e briza lai on es cosseguitz
Que de trosses de lansas lor i faitz plaischaditz
En Ancelmes en Joris se son tant escrimitz
En Rogers de Lhineiras tro foron afeblitz
8910 En Inartz lor escrida araus er car meritz
Totz lo mals el dampnatges quens avetz cossentitz
E rendetz vos a vida ans queus aiam carpitz
Ez els lor responderon cals nos seria guitz
Ab aitant esperonan tuit essem a devitz
8915 Que per totas partidas an los bocalhs umplitz
Que dins la barbacana son ab lor reculhitz
E comensa la noiza e lo chaples el critz
Dels brans e de las massas e dels talhans forbitz
E debrizan e talhan los vertz elmes brunitz
8920 Mas non es meravilha sils an apoderitz
Car ilh an tan grans colps receubutz e feritz
Que dins las armaduras an los osses cruischitz
Peron Joris remonta ez es foras ishitz

avant. — Par Bertrand de Saissy, don Anselme est atteint de manière — qu'il est renversé sur la face, noir et privé de sens. — A terre s'est élancé don Roger de Montaut, — qui combat et frappe résolument (les Français); — don Guillaume de Saissy qui est vaillant et hardi, — pique contre eux, les assaille et en est lui-même tellement accueilli, — que son cheval est renversé, mais lui s'est dégagé. — Don Roger de Montaut dit aux (siens), il leur crie : — « Frappez bravement, frappez sur ces détestés! » — Ils piquent alors de l'éperon leurs destriers arabes, — et attaquent de tous côtés (leurs adversaires); — mais ceux-ci se défendent avec leurs épées luisantes. — Des deux côtés la bataille est engagée : — de pierres, de dards, d'épieux brandis, de flèches, de sagettes, de carreaux trempés, — les combattants sont atteints et blessés à travers leurs hauberts maillés; — de telle sorte qu'ils en ont vermeils de sang les flancs et (leurs doubliers) de samit. — Ceux de la ville, quand ils peuvent viser les (Français), — lancent contre eux des pierres et des flèches menues. — Le châtelain aux abois est si furieux, — qu'il se tourne et retourne comme fait sanglier blessé, — qui brise, tranche et rompt tout quand il est atteint, — et se fait, des tronçons des lances des chasseurs, une palissade. — Don Anselme et don Joris se sont défendus, — avec don Roger de Linières, — jusqu'à ce qu'ils ont perdu toute vigueur. — Don Hinart leur crie (alors) : « Vous nous le payez cher maintenant, — tout le mal et le dommage que vous nous avez faits. « — Rendez-vous, la vie sauve, avant que nous vous prenions. » — « Et qui de vous nous emmènerait (si nous étions pris)? » répondent-ils. — Et là-dessus (ceux de Bernard) piquent de nouveau tous ensemble de l'éperon, — et de tous côtés ils ont occupé les entrées (de la place), — et se trouvent dans la barbacane

Ez el cazec en terra tant fort fo referitz.
8925 Ez en las autras plassas sels que son cosseguitz
An en motas maneiras debrizatz e partitz
E pes e punhs e braces e cervelas e ditz
E testas e maichelas e cabelhs e cervitz
E tant dels autres membres na el camp espanditz
8930 Que lo sols e la terra nes vermelhs e crostitz
Adoncas pogratz diire ans quel camps fos culhitz
Que be sembla de guerra.

CCX.

La doncs resembla guerra can rema lo chaples
Que de sanc ab cervelas e dhols e de membres
8935 E de pes e de cambas e de brasses estes
Lo camis e las plassas ne son complitz e ples
El castelas en Joris en Ancelmes son pres
E li autre perderon las vidas els arnes
En Br. de Cumenge en W. de Toges
8940 Livrat a gran martire e en loc mortales
E cant auzic las novas lo rics coms Cumenges
Ges no mes a veiaire quel sia greu nilh pes
Apres venc a Tholoza lo valens coms joves
Per defendre la terra e per cobrar leres
8945 E lo coms nAmaldrics sen vai en Agenes

avec les Français. — Là recommencent le bruit et les cris, les
coups — des épées, des masses et des armes tranchantes bien
fourbies, — qui brisent et taillent les heaumes brunis; — et ce
n'est point merveille si ceux de Bernard ont pris les autres —
qui ont reçu de tels coups, — qu'ils en ont les os brisés dans
leur armure. — (Toutefois) don Joris remonte (à cheval) et il
est sorti de la place; — mais il est si durement poussé, — qu'il
tombe renversé à terre. — Ceux (des siens) qui sont atteints en
d'autres endroits, — sont de diverses manières rompus et taillés
en pièces; — et de pieds, de poings, de bras, de doigts, de
cervelles, — de têtes, de mâchoires, de cheveux, de cervelles —
et d'autres membres il y en a tant de semés dans la plaine, —
que la terre en est encroûtée et vermeille; — et vous auriez bien
pu dire, avant que le champ ne fût moissonné, — que c'était
un véritable champ de guerre.

CCX.

Bien ressemblait (le champ à champ) de guerre, quand finit
la bataille; — car des pieds, des jambes et des bras gisants, —
les chemins et les places sont couverts et remplis. — Don Joris
le châtelain et don Anselme sont pris; — tous les autres ont
perdu la vie et leurs armes. — Don Bernard de Comminges a mis
don Guillaume de Toge — en grande souffrance et en lieu
de mort. — Quand le puissant comte de Comminges apprit ces
nouvelles, il n'en fut point, ce me semble, attristé ni fâché. —
Après cela le vaillant jeune comte revint à Toulouse — pour
défendre sa terre et en recouvrer l'héritage; — et le comte
Amaury s'en est allé en Agénois, — ayant en sa compagnie force

Ez ac en sa cumpanha cavalers e clergues
Els baros de la terra els crozatz els Frances
E fo il senher abas cui Rocamadors es
Ab lor de Caerci e ab los Clarmontes
8950 NAmaneus de Lebret del linh Armanhagues
Rics e galhartz e coindes del melhs de Bazades
E complitz de largueza e senher de Saishes
Ez ab motz baros dautres e ab els del paes
Ses lo coms nAmaldrics denan Marmanda asses
8955 Mas el sen penedera si lo reis noi vengues.
Car la vila gardavan Centholh dEstaragues
Us rics valens coms joves enarditz ez apres
Et el pros Amaneus el valens Azamfres
NArnautz de Blanchafort Vezias Lomanhes
8960 NAmaneus de Boclo en Gastos en Sifres
En W. Amaneus elh doi Pampelones
Els baros de la vila els sirvens el pobles
El donzel el arquier el Braiman el Ties
Establiron la vila els fossatz els torres
8965 Despazas e de lansas e de bos arcs turques
E lo coms nAmaldrics los a tant fort comes
Que per aiga e per terra es los glazis entes
El baro de la vila son saisi ben defes
Que dedins é de fora an tans colps datz e pres
8970 Dels brans e de las massas delhs talhans Colonhes
Que sancs e carns e glazis hi rema tant espes
Que pro i romas vianda als auzels e als ches
Ara laichem lo seti ques mals e mortales
E parlem del bon comte senhor de Savartes.
8975 Ab lui Rotgers Br. el Lops de Foish tuit tres
Et i es Br. Amelhs senher de Palhares
W. Br. dAsnasvas e nIzarns Jordanes
En Rotbertz de Tinhes ab lor de Carcasses

clercs et chevaliers, — des barons de la terre, — des croisés et
des Français. — Avec lui y allèrent le seigneur abbé à qui appartient Rocamador, — ainsi que ceux du Quercy et de Clermont,
(ainsi que) — don Amanieu de Lebret du lignage d'Armagnac, — 8950
puissant, vigoureux, gentil, des plus nobles du Bazadois, — de
largesse accomplie et seigneur de Saissy. — Avec les hommes du
pays et beaucoup d'autres, — le comte Amaury a campé devant
Marmande; — de quoi se serait-il bien repenti, si le roi n'y 8955
était venu. — Car la ville était gardée par Centul d'Estarac, —
— un comte puissant, jeune, hardi et bien appris; — par Amanieu le preux, le vaillant Audefroy, — don Arnaud Blanchefort,
Vézian de Lomagne; — par Amanieu de Boclon et don Gaston; 8960
(par) don Sifroy — et don Guillaume Amanieu, tous les deux de
Pampelune. — Les barons de la ville, les servants, le peuple,
— les damoiseaux, les archers, les Brabançons et les Thiois, —
ont occupé les murs, les fossés et les tours, — (armés) d'épées, 8965
de lances et de bons arcs turquois. — Le comte Amaury les a
si fortement assaillis, — que par terre et par eau la bataille
s'est étendue. — Mais ceux de la ville se sont si bien défendus,
— ils ont dedans et dehors donné et reçu tant de coups —
d'épée, de masse et d'armes tranchantes, — que du sang et 8970
de la chair et des membres dru parsemés, — il est resté abondante pâture aux oiseaux et aux chiens. — Mais laissons (là) ce
siége dur et périlleux, — et parlons du bon comte, seigneur du
Savarthès. — Avec lui sont Roger, Bernard et Loup de Foix, 8975
tous les trois. — Le seigneur de Paillarés, Bernard Amiel, y
est aussi, — (ainsi que) Bernard d'Asnave, don Isarn Jordan, —
don Robert de Tigne et ceux du Carcassais; — Bernard, A. du
Pueg, don Aimeric s'y trouvent, (avec) — don Guillaume de Niort 8980

Br. A. del Pueh en Aimerics que i es
8980 En W. de Niort Jordas de Cabares
Ab lo comte de Foish intran en Lauragues
E prendon bous e vacas e vilas e pages
E venon a Vazeias e an los ostals pres
Mas nFolcaut de Merli ab lo sieu parentes
8985 Ques mals e pros e savis e fortz et entremes
En Johans en Thibautz el vescoms Lauragues
En Johans de Bulho nAmaldrics de Luces
En Ebrart de Torletz nAlbarics en Jacques
En Johans de Mozencs en Johans Lomanhes
8990 Ab bonas armaduras e ab cors leones
Cavalgan la batalha on lo coms de Foishs es
E cant lo jorns repaira el terminis seres
Es ichitz de Toloza lo coms joves marques
Del linatge de Fransa et del bo rei Engles
8995 Ez ac en sa companha motz baros Tolzanes
NArnautz de Vilamur en Bertrans Jornandes
Et i es Guirautz Unautz Rodrigos e Ugues
En Bertrans de Gordo e labas Montalbes
E i es W. Unautz en R. Unaudes
9000 En Amalvis en Ugs de la Mota entremes
Garcias Serbolera en P. Navarres
E de lor de Toloza cavalers e borzes
Ez ab motz baros dautres ab los cors enteres
Son vengutz vas lo comte si cum era empres
9005 E can foron essems que pus no i cregues
A lo rics coms de Foish lo comte jove enques
Senher coms aram sembla queus creish honors e bes
Que nos aurem batalha verament ab Frances
Quieu conosc las senheiras els senhals els aurfres
9010 Qu'en Folcautz en Alas en Ugues de Lasses
En Sicartz de Montaut ab lor de cest paes

et Jourdain de Cabaret. — Ils entrent tous avec le comte de
Foix en Lauraguais, — enlevant bœufs et vaches, villageois et
paysans. — Ils sont de la sorte arrivés à Vazeilles, et y ont
pris leurs logements : — mais (là), avec les siens, don Foucault
de Merlin, qui est preux, redoutable, sage, fort et entreprenant, 8985
— don Juan, don Thibaut, le vicomte de Lauraguais, — don
Jean de Bullon, don Amaury de Luc, — don Ébrard de Torlet, don Albéric, don Jacquet, — don Jean de Mozencs, don
Jean de Lomagne, — en bonnes armures et (portant) cœur de 8990
lion, — menacent la chevauchée que mène le comte de Foix.
— (Cependant) quand le jour revient et que le temps est clair,
— de Toulouse est sorti le jeune comte marquis, — du lignage
de France et du bon roi d'Angleterre, — ayant avec lui maints 8995
barons de Toulouse, — don Arnaud de Vilamur et don Bertrand
Jornand. — Avec lui sont aussi Guiraud, Hunault, Rodrigue
et don Hugues, — don Bertrand de Gordon, l'abbé de Montalbe, — Guillaume Hunault, don Raymond Hunaudet, — don 9000
Amalvis, don Hugues de la Motte, — Garcias de Sabolera, don
Pierre Navarrais, — avec des cavaliers et des bourgeois de Toulouse et maints autres barons au cœur entier. — Tous ont joint
le comte de Foix, comme il était convenu. — Quand ils furent 9005
tous réunis, sans qu'il y manquât personne, — le puissant comte
de Foix parla au jeune comte : — « Il me semble, seigneur
« comte, qu'aujourd'hui que vous croissez en honneurs et en
« biens, — nous allons avoir bataille avec les Français. — Je
« vois leurs bannières, leurs gonfalons d'orfroi, — et je crois 9010
« que don Foucault, don Alard, Hugues de Lascy, — don Sicard
« de Montaut, avec les hommes du pays, — se sont à nous com-
« battre déterminés : — et jamais je n'ai vu bataille qui me plût

'Per nos autres combattre par ques sian empres
Ez anc no vi batalha que tant fort me plagues
Quez anc pos portei armas nom albir ni nom pes
9015 Vis tant bona mainada cum cesta cab nos es.
Que segon mon veiaire si la batalha es
Hoi perdran lor valensa orgolhs e mala fes
So ditz Rogers Br. ques complitz de totz bes
Senhors franc cavaler huei parra qui pros es
9020 Trastotz lo cors mesclaira car vei quen aissi es
La flors daquesta terra e de tot Carcasses
El coms se pres a riire e a dig que cortes
Si Dieus mi sal ma dona el castel Narbones
No virarai ma senha trols aia mortz o pres
9025 Si i era tota Fransa e tug li Montfortes
Tug auran la batalha tro lus sia conques
Ez en apres escrida aisi que lan entes
Cavaliers a las armas de mentre que locs es
E fassam o de guiza que no siam repres
9030 Que per santa Maria on Jeshu Crist se mes
Si nos volon atendre o lor plassa o lor pes
Hoi auran la batalha.

CCXI.

Hoi auran la batalha veramen si Dieu platz
Ez a la departida veirem cals tendrals datz
9035 Quels nostres ennemics vezem si aprosmatz
Que lor podem car vendre las nostras heretatz
E podetz be conoicher cols a Dieus aziratz
A mort e a martiri los nos a amenatz
Senher coms ditz nArnaut de Vilamur sius platz
9040 En aquesta batalha no seriatz hondratz
Nos tanh de vostre par cab lor vos combatatz

« si (fort que celle-là) ; — (non) jamais depuis que je vêts armure, « je n'ai imaginé ni ne me suis figuré — une troupe aussi vaillante « que celle qui est avec nous. — Aussi m'est-il avis, si la bataille « se donne, — qu'orgueil et déloyauté y perdront leur pouvoir. »
— Là-dessus parle Roger Bernard orné de toutes bonnes qualités : — « Seigneurs, dit-il, francs chevaliers, on saura aujourd'hui qui est preux, — et tout le cœur me brille à voir ici — la fleur de cette terre et de tout le Carcassais. » — Le comte alors se prend à sourire et dit chose courtoise : « Si Dieu me sauve ma dame « et me garde le château Narbonnais, — je ne tournerai point ma « bannière que je n'aie pris ou détruit (nos adversaires) ; — la « France fût-elle entière ici avec tous les Montfort, — tous auront « bataille jusqu'à ce qu'eux ou moi soyons pris. » — Il s'écrie ensuite de façon que tous l'ont entendu : — « Aux armes ! chevaliers, « c'en est ici le lieu ; — comportons-nous de manière à n'être « point blâmés ; — car par sainte Marie où Jésus-Christ prit chair ! « — s'ils veulent nous attendre, que la chose leur plaise ou non, « — ils auront aujourd'hui bataille (avec nous).

CCXI.

« Ils auront bataille, s'il plaît à Dieu ; — et nous verrons au « départir à qui resteront les dés. — Nos ennemis sont maintenant si proche, — que nous pouvons leur faire chèrement « payer nos héritages. — Vous pouvez bien connaître à quel point « Dieu les a pris en haine, — puisqu'il nous les amène à châtier « et à occire. » — « Seigneur comte, dit don Arnaud de Vilamur, « (écoutez-moi,) s'il vous plaît : — cette bataille ne serait point « honorable pour vous ; — et il ne vous convient pas de combattre

Sin Amaldrics noi era o coms o pozestatz
NFolcautz es pros e savi mas noi es la rictatz
Per quen esta ventura lo vostre cors metatz
9045 Empero sil prendetz gaire noi gazanhatz
Que non auriatz terra ni acordier ni patz
Pero si la batalha vos agrada eus platz
A destre e a senestre me trobaretz al latz
NArnaut so ditz lo coms per que men castiatz
9050 Hieu darei la batalha eus prec que la vulhatz
Que cel que ara men falha ner totz temps encolpatz
Que totz hom cals que sia si era reis coronatz
Deu metre en aventura son cors e sa rictatz
Per enamics destruire trols aia abaichatz
9055 E pessem dest lengatge com sia milhoratz
So ditz lo coms de Foish senher coms a mi datz
La primeira batalha dels plus afazendatz
E lo coms li respons vos en Roger Bernatz
Ab lor de Carcasses car los sai bos armatz
9060 E firens en batalha e ben aventuratz
E cels de vostra terra en cui melhs vos fizatz
Ez ab vostra companha aital com la aiatz
Lor daretz la batalha e prec que bels feratz
Els baros de ma terra quieu ai ben esproatz
9065 E ab ma companhia e ab los meus privatz
Ez ab lor de Tholoza on es ma fizeltatz
Ez ab Bertran mo fraire que nes aparelhatz
Vos irai si socorre ans que gairels sufratz
Cal partir de la guerra ne remandrem ondratz
9070 Senhors so ditz lo coms per so no tematz
O de mort o de vida calque vos la fassatz
Mort o viu o delhivre me trobaretz delatz
Que daquesta batalha soi aisi acordatz
Quieu i perdrei la vida o remandrei ondratz

« (de tels ennemis,) — Amaury n'y étant pas, ni autre comte ou
« noble seigneur. — Don Foucault (qui s'y trouve), est homme
« preux et sage, mais non de si haute seigneurie, — que vous
« mettiez votre personne en cette aventure : — vous gagneriez peu 9045
« à le faire prisonnier, — et n'en obtiendriez ni terre, ni paix, ni
« trêve. — Toutefois si la bataille vous agrée et vous plaît, —
« vous me trouverez à vos côtés, à gauche et à droite. » — « Don
« Arnaud, répond le comte, pourquoi me reprenez-vous (ici)? —
« Je donnerai la bataille et vous prie de l'agréer; — car quicon- 9050
« que m'y manquerait, en serait à jamais blâmé. — Tout homme
« quel qu'il soit, et fût-il roi couronné, — doit mettre en aven-
« ture sa personne et sa dignité — pour combattre ses ennemis,
« jusqu'à ce qu'il les ait abaissés. — Pensons à relever le sort de 9055
« ce pays. » — « Seigneur comte, dit alors le comte de Foix, don-
« nez-moi — la première bataille, celle qui aura le plus à faire. »
— Et le comte lui répond : « Vous et don Roger Bernard, —
« avec ceux de Carcassais que je sais bons en armes, — bien 9060
« frappants et aventureux au combat, — et ceux de votre terre
« auxquels vous vous fiez le plus, — avec votre compagnie (de
« guerre), telle que vous l'avez (d'ordinaire), — engagez la bataille;
« et frappez, je vous prie, fort sur (l'ennemi). — (Moi, avec) les
« barons de ma terre, ceux que j'ai le mieux éprouvés, — avec 9065
« ma propre compagnie, mes amis intimes, — avec ceux de Tou-
« louse en qui j'ai mis ma foi, — et mon frère Bertrand qui est
« (là) tout prêt, — j'irai vous soutenir aussitôt que vous serez
« attaqué, et de manière — qu'au départir de la mêlée nous en
« resterons honorés. — Seigneurs, ajoute le comte, ne craignez 9070
« rien : — à la vie et à la mort, quoi que vous fassiez, — vous
« me trouverez parmi vous mort ou vivant et libre; — car, dans

9075 E lo filhs de la Verge qui fo martiriatz
Conosca la dreitura e veials lors pecatz.
So ditz lo coms de Foish fort be e gent parlatz
E pessem del dampnatje com sia comensatz
E fassam los comettre al melhs encavalgatz
9080 So ditz Rogers Bernartz totz los asabentatz
Que si negus falhia en aisso que mandatz
Per totz temps tant cant viva sia dezeretatz
Senhor ditz P. Navar cavaler tug gardatz
Lo cors del comte jove que noi sia nafratz
9085 Que totz pretz e paratges es en lui restauratz
Ez es morta valensa si el era mescabatz
El Lops de Foish escrida senher coms enansatz
Cavalguem la batalha que lo temps es passatz
NArnaut de Vilamur es de mest totz triatz
9090 En Guiraus de Gordo nUcs d'Alfar e labatz
En Bertrans de la Islha nGarcias Coradiatz
En W. en R. Unautz ben assesmatz
Ramon A. del Pog el tinhos dels juratz
Rodrigos e li autre quels an esperonatz
9095 E li baro cavalgan apres lor assignatz
Las senheiras baichadas els penos desplegatz
En Folcaut de Brezi los a ben esgardatz
E vic las entresenhas dels baros presentatz
E perpren la ribeira e ditz al sieus estatz.
9100 Belament los ensenha e a los sermonatz
Senhors baros de Fransa el meus rics parentatz
Dieus e ieu e la gleiza vos te asseguratz
Que paor ni temensa ni regart non aiatz
Aiso es lo coms joves que nos a aziratz
9105 E lo pros coms de Foish quez es mals e senatz
Eveus Roger Br. els baros ajustatz
Ez an los capdaliers els faizitz amenatz

« cette bataille, je suis résolu — à perdre la vie, ou à vaincre avec
« honneur. Que le fils de la Vierge, qui souffrit le martyre, — 9075
« reconnaisse la droiture et considère le péché ! » — « Voilà qui
« est bien et noblement parlé, dit le comte de Foix; — pensons à
« exterminer (l'ennemi) et à la manière de l'assaillir. »—« Faisons-
« le attaquer par nos meilleurs cavaliers, — dit Roger Bernard; 9080
« et faites à tous ceux-ci savoir — que si quelqu'un manque à ce
« que vous ordonnerez, — il sera pour tout le temps de sa vie
« déshonoré. » — « Seigneurs chevaliers, dit Pierre de Navarre,
« — gardez bien tous — la personne du jeune comte; et qu'il
« ne soit pas frappé. — C'est par lui que mérite et parage seront 9085
« restaurés; — et valeur est morte, s'il vient à périr. » — « En
« avant! seigneur comte, s'écria Loup de Foix; — le temps se
« perd; donnons à notre bataille l'ordre de chevaucher. »—Alors
du milieu d'eux tous se sont en avant élancés Arnaud de Vilamur,
— don Guiraud de Gordon, don Hugues et l'abbé d'Alfar,—don 9090
Bertrand de l'Isle, don Garcie Coradias, — don Guillaume et don
Raymond Hunault en bel appareil, — Ramon du Puy, masse
levée, — Rodrigue et d'autres qui ont piqué de l'éperon; — et 9095
derrière eux vient, chevauchant de file, le corps de la bataille, —
bannières baissées et pennons déployés.—Foucault de Berzy les
regarde attentivement, — il voit les enseignes des barons qui
s'avancent; — il occupe le bord de la rivière, et dit aux siens :
« Halte! » — Il leur parle (alors) et les enseigne par belles rai- 9100
sons : — « Seigneurs barons de France, ma haute parenté, —
« Dieu, l'église et moi nous devons vous rassurer — contre toute
« frayeur, toute crainte ou inquiétude. — Voici le jeune comte
« qui nous hait fort, — le preux comte de Foix redoutable et pru- 9105
« dent, — Roger Bernard et d'autres barons réunis, — qui amè-

E sil so bo per armas nos valem mais assatz
Caisi es tota Fransa e Monfortz aturatz
El melhs daquesta terra e la flor dels Crozatz
E si negus moria totz nos ha perdonatz
Lavesques de Tholoza e mosenhel legatz
Bels fraire ditz Johans de be ferir pessatz
Que per estas miraclas de nos e dels Crozatz
Saura hoi a combatre la merces el pecatz
Ditz lo vescoms de Lautrec senhors mi escotatz
Hieu ai be las personas els baros albiratz
E semblara folia si aisils esperatz
Vescoms so ditz Titbaut sius voletz von anatz
Nos atendrem lo comte e parra la foldatz
Entrels ditz els coratges els faitz atermenatz
Sasemblan las batalhas els cavaliers armatz
Dentrambas las partidas son aissi aprosmatz
Que noi es pons ni planca mas us petitz fossatz
Can lo coms de Foish passa el seus valens barnatz
Dentrambas las partidas fero doas meitatz
Mas nFolcaut de Brezi tot belament rengatz
Los aten els espera ab ferma volontatz
Lo refrims de las trompas els sonetz acordatz
Fan retendir las plassas la ribeira els pratz
Ez es Foish e Toloza mentaugutz e cridatz
E Montfortz e Brezis auzitz e reclamatz
E lai on sencontreron ab los tens coloratz
Ez ab las entresenhas alumnec la clartatz
E baicheron las astas els gomfainos frezatz
E van sentreferir ab fis cors esmeratz
Que las astas pessian sobrels ausbercs safratz
A tant vec vos la preischa dels baros ben armatz
Que cels quels esperonan los an environatz
Que sobre las feridas los an esperonatz

« nent (contre nous) les faidits et leurs chefs. — S'ils sont bons en
« guerre, nous y valons mieux qu'eux ; — car ici sont réunis la
« France et Montfort, — les plus vaillants hommes de cette terre, 9110
« et la fleur des Croisés. — Et si quelqu'un de nous vient à être
« tué, nous sommes tous (absous et) pardonnés — par l'évêque
« de Toulouse et monseigneur le légat. » — « Beau frère, dit
« Jean, songez à bien frapper ; — car grâces aux miracles opérés
« pour les Croisés et pour nous, — ce sont mérite et péché qui 9115
« vont ici s'entre-combattre. » — « Seigneurs, écoutez-moi, dit le
« vicomte de Lautrec : — j'ai bien considéré (l'ennemi), hommes
« et chefs ; — et c'est chose qui me semble folle de les attendre
« ici. » — « Vicomte, répond Thibaut, retirez-vous, si cela vous plaît ;
« nous, — nous attendrons le comte, et la folie se verra. » — 9120
Entre les propos, les encouragements et les apprêts, — les batailles,
les chevaliers armés se sont tellement approchés, — qu'il n'y a
plus, (entre les deux partis,) ni pont ni barrière, mais seulement
un petit fossé. — Le comte de Foix le franchit avec ses vaillants 9125
barons, — et de chaque côté l'on se divise en deux moitiés.
— Don Foucault de Berzy, bellement rangé, — attend (les adversaires) de pied ferme. — Les éclats des trompettes, le concert des
instruments — font retentir les places, la rivière et les prés. — 9130
On nomme, on crie : « Foix et Toulouse ! » — On proclame, on fait
entendre : « Montfort et Berzy ! » — Et quand ils se rencontrent,
le visage teint (de colère), — et que l'air s'enflamme (au choc) des
bannières, — ils baissent leurs lances aux gonfalons dentelés, 9135
— et vont de cœur noble et vaillant s'entre-frapper — (si fort),
que les lances se brisent sur les hauberts bronzés. — Cependant
voici la seconde bataille des barons (de Toulouse) bien armés,
— qui pique (aussi) de l'éperon, entoure (les adversaires), — et 9140

En Peyre W. escrida de Seguret tug datz
Baros al comte jove tot dreg on lo veratz
Que res nom fai temensa mas la sua bontatz
E sa cavalaria e la sua feretatz
9145 Que si no labatem ans quens aia sobratz
Al partir de la guerra nos fara totz iratz
Al tant venc lo coms joves denan totz abrivatz
Com leos o laupartz can es descadenatz
Ben dreitament len porta lo seus cavals Moratz
9150 E venc asta baichada de sotz lelm embroncatz
Dedins la maior preischa lai on los vi mesclatz
Fer Joan de Brezi qui ses aprimairatz
E donec li tal colp sos espieutz nielatz
Que lausberc li debriza el perpung el cemdatz
9155 Que labat el trabuca e es otra passatz
E escrida Tholoza franc cavaler chaplatz
Sobre la gent estranha e firetz e trencatz
E revolv e revira e refer vas totz latz
Ez es per sa mainada defendutz e gardatz
9160 Quen Arnautz lor aporta la senheira en la fatz
En Johans de Brezi es a sos pes levatz
E fer e trenca e briza lo sieus branc aceiratz
E venc Peyre W. de Seguret viatz
E feric si lo comte lai on les aizinatz
9165 Pla de sobre las rengas on es lausbercs serratz
Que la singla li briza e lacer es asclatz
Montfort Montfort escrida franc cavaler bel datz
Mas lo coms no si crotla ni ses desparelhatz
Entrels critz e la noiza els baros aturatz
9170 Per las totas partidas es lo chaples levatz
Dels brans e de las massas e dels talhans tempratz
De colps e de coladas ab los escuelhs dauratz
Se feron es combaton pels peitz e pels costatz

les frappe (à son tour), quand elle se choque avec eux. — Don
Pierre Guillaume de Séguret s'écrie alors : « Frappez tous, —
« barons, (piquez tous) droit où vous verrez le jeune comte ; —
« — car je ne suis en souci de nulle chose, sinon de sa valeur,
« — de sa chevalerie et de sa fierté : — si nous ne l'abattons avant
« qu'il ne prenne le dessus, — au départir de la guerre il fera
« (de) nous tous (des hommes) dolents. » — Cependant voici
de tout son élan venir le jeune comte en avant de tous, —
comme lion ou léopard déchaîné ; — emporté droit par son cheval
moreau, — il vient lance baissée, menaçant et courroucé sous
le heaume. — Au plus fort de la mêlée où il l'a vu, — il
frappe Jean de Berzy qui s'est avancé, — et de son épieu
fourbi lui donne un tel coup, — qu'il lui brise le haubert, (sous)
le pourpoint et le cendal, — le fait trébucher, l'abat, et passe
outre, — criant : « Toulouse ! » criant : « Taillez, francs chevaliers !
« — frappez, mettez en pièces cette race étrangère. » — Et (criant
de la sorte), il se tourne, se retourne et frappe de tous côtés, —
bien gardé, bien défendu par les siens, — à la tête et sur la face
desquels don Arnaud porte sa bannière. — Don Jean de Berzy
s'est relevé sur ses pieds, — frappant, taillant, brisant de son
glaive aigu, — (tandis que) Pierre Guillaume de Séguret arrive
rapidement — et frappe le comte là où il peut, juste sur les
courroies où le haubert est fixé, — de manière que les nœuds
sont tranchés et l'acier brisé. — « Montfort ! Montfort ! s'écrie-t-il
« (alors), francs chevaliers, frappez-le ! » — Mais le comte n'a ni
vacillé, ni reculé. — Au milieu du tumulte et des cris, (dans la
mêlée) des francs barons, — de tous les côtés se lèvent et (retombent) les coups des épieux, des masses, du tranchant acier bien
trempé : — de la pointe et du fil de leurs glaives dorés, — ils

Que talhan e que trencan los vertz elmes vergatz
9175 Els ausbercs e las malhas e los escutz boclatz
E lo coms de Foish crida arregnatz arregnatz
En Folcaut de Brezi franc cavalier estatz
NEbratz en Amaldrics en Tibautz asemblatz
En Johans de Bolho en Jaques acostatz
9180 El vescoms de Lautrec ques en la preischa intratz
E li Frances essems son el camp refermatz
Chabertz en Aimerics el bos Rogers Bernatz
Lops de Foish en W. de Niort ques nafratz
E i es Bernatz Amiels el tos W. Bernatz
9185 En Amalvis en Ucs de la Mota prezatz
Ez ab lor de Tholoza quels an ben aziratz
E li baro del comte tug essems az un clatz
Si trencan las batalhas ab los aciers colatz
Que per totas partidas los an voutz e viratz
9190 Que los feron els nafran pels peitz e pels costatz
E li Frances trabucan dos e dos enversatz
Ab tant venc la grans preischa dels sirvens acolpatz
Que dins en la batalha son ab lor encarnatz
Quentre lacier el glazi abatutz e sobratz
9195 Cavaliers e sirvens tug essems remesclatz
Los an mortz e vencutz e destruhs e trencatz
Que dolhs e de cervelas e de punhs e de bratz
E cabels e maichelas e membres amaitatz
E fetges e coradas departitz e cebratz
9200 E sancs e carns e glazis espanditz a tot latz
Que lai ac tant Frances mortz e deglaziatz
Quel camps e la ribeira nes vermelhs e juncatz
Mas lo vescoms de Lautrec en es vius escapatz
En Folcautz en Joans en Titbautz son triatz
9205 E retengutz a vida e rendutz e livratz
E li altri rimano el camp martiriatz

s'attaquent et s'entre-frappent la poitrine et les flancs, — brisant, taillant les heaumes verts rayés, — les hauberts, les mailles et les écus bouclés. — « Serrez, serrez vos rangs! » crie le comte de Foix (aux siens). — « Tenez bon, francs chevaliers! (crie de son côté aux « Français) Foucault de Brezi : — don Éberard, don Amaury, don « Thibaut, ralliez (vos hommes); (et vous) don Jean de Bouillon, « don Jacquet, appuyez-nous. »—(Alors) le vicomte de Lautrec qui s'est jeté dans la mêlée, — et les Français tous ensemble, sont rentrés dans leur camp. — Mais Chabert, don Aimeric, le bon Roger-Bernard, — Loup de Foix, don Guillaume de Niort (quoique) blessé, Bernard Amiel, le jeune Guillaume Bernard, — don Amalvis, le vaillant Hugues de la Motte, — ceux de Toulouse auxquels déplaisent si fort ceux (de France), — les barons du comte, tous à la fois, et tous au même cri, — ont tellement de leurs armes d'acier mené les Français, — qu'ils leur ont de tous côtés fait tourner le dos, — les frappant et les blessant à la poitrine et dans les flancs, — les renversant et les abattant deux à deux.—(Là-dessus) arrive la grande foule des servants, — qui les secondent dans la bataille : — tellement qu'entre l'acier et le glaive, renversés et renversant, —(combattant) pêle-mêle, les chevaliers et les servants (de Toulouse) — ont vaincu, occis et taillé en pièces les (Français).—D'yeux, de cervelles, de poignets, de bras, — de chevelures, de mâchoires, de moitiés de membres, — de foies, de cœurs séparés et tranchés, — de sang, de chair, de restes du glaive il y en a d'épars de tous côtés; — car il y a de Français morts un si grand nombre, — que la campagne et la rivière en sont jonchées et vermeilles. — Le vicomte de Lautrec s'est échappé vivant : — don Foucault, don Juan, don Thibaut sont épargnés, — et retenus prisonniers, la vie sauve. — Les autres restent sur le champ (de bataille) occis. — Et la (vraie)

Lai fetz aital miracle la vera Trinitatz.
Que de la part del comte non i es homs dampnatz
Mas cant us escudiers que sera aprimairatz
9210 La batalha es vencuda el camps desbaratatz
Lai fon Peyre W. de Seguret penjatz
E lo coms ab gran joya es lo jorn repairatz
Cant vengon las novelas els messatgiers coitatz
A nAmaldrics lo comte quelh conta las vertatz
9215 Podetz saber que riire nolh agrada nilh platz
Al seti de Marmanda.

CCXII.

Al seti de Marmanda es mesatgiers vengutz
Que lo valens coms joves a los Frances vencutz
En Folcaus en Joans en Thibaut retengutz
9220 E los autres son mortz e dampnatz e destrutz
E lo coms nAmaldrics sen es tant irascutz
Que per aiga e per terra los a ben combatutz
Elh baro de la vila son aissi defendutz
Que foras en la praeria es lo chaples tengutz
9225 Dentrambas las partidas an tans colps receubutz
Despazas e de lansas e delhs talhans agutz
Que dedins e de fora ni a mans remazutz
De cavals e de cors de mortz e destendutz
Ab afortitz coratges se son si captengutz
9230 Que la nog e lo dia son entrels contendutz
Mas en petita dora lor es tals mals cregutz
Que jamais lo dampnatges no sera revengutz
Que lavesques de Santas que la Crozada adutz
En Wmes. des Rocas lo senescalcs temutz
9235 Que menan las cumpanhas els avers els trahutz
Per tot a la redonda on es lo camis batutz

Trinité fit là tel miracle, — que du côté du (jeune) comte nul homme ne périt, — si ce n'est un seul écuyer qui s'était mis en avant. — La bataille est gagnée, le camp ennemi mis en déroute, — et pendu y fut Pierre Guillaume de Séguret. — Le comte s'est retiré joyeux ce jour même. — Quand ces nouvelles et les messages pressés arrivent — au comte Amaury lui apprendre la vérité, — vous pouvez bien croire qu'il n'a nulle envie de rire et de se réjouir — au siège de Marmande.

CCXII.

Au siège de Marmande est venu un messager (annonçant) — que le preux jeune comte a battu les Français, — fait prisonniers don Foucault, don Jean et don Thibaut, — défait, exterminé, occis les autres. — Le comte Amaury en a eu si grand dépit — que, par terre et par eau, il a fortement pressé les assiégés. — Mais les hommes de la ville se sont de telle sorte défendus, — que hors des murs, dans la prairie, il y a eu bataille continue; — et les (combattants) ont, de part et d'autre, reçu tant de coups — de lance et d'épée, de fers aigus et tranchants, — que dedans et dehors sont restés — morts étendus maints corps d'hommes et de chevaux. — Les assiégés se sont montrés si braves et de si ferme courage, — qu'ils ont, nuit et jour, bataillé contre leurs (adversaires). — Mais en peu d'instants leur détresse est à tel point montée, — que le désastre n'en sera jamais réparé. — L'évêque de Saintes (arrive), amenant la Croisade; — don Guillaume des Roches, le sénéchal redouté, — conduit les compagnies de guerre qui viennent avec leurs équipages et leurs bagages. — De tous côtés à la ronde, tout le long du che-

An los traps e las tendas els pavalhos tendutz
E pel mieg loc de laiga lo naveis espandutz
Apres no tarzec gaire ques lo temps avengutz
9240 Cardimens e folatges los a totz deceubutz
Quel filhs del rei de Fransa lor es aparegutz
Ez a en sa companha xxv. milia escutz
De cavaliers mirables ab los cavals crinutz
E foron li x. milia ilh els cavals vestutz
9245 Del fer e de lacier ques replendens e lutz
E de cels ca pe foron es lo comte perdutz
E menan las carretas els arnes els condutz
E perprendon las plassas e las ortas els frutz
E lo reis ab gran joya es al trap dechendutz
9250 Can per lor de la vila es los reis conogutz
Ges non es meravilha si foron desperdutz
Cascus ditz el coratge que ja no fos nascutz
La primeira batalha quelh los an combatutz
Los fossatz e las lissas lor an pres e tolgutz
9255 Els pons e las barreiras debrizatz e fondutz
Ez apres la batalha es parlamens tengutz
Perque cels de la vila cujan estre ereubutz
Cab volontat saubuda et a covens saubutz
Lo coms Centolhs e lautri se son al rei rendut
9260 Dedins lo trap domini on es li or batutz
Li prelat de la glieiza son al rei atendutz
E li baro de Franza a denant lui aseguiz
En i. coichi de pali ses lo reis sostengutz
E pleguet son gant destre que fo ab aur cozutz
9265 E lus escoutec lautre e lo reis semblec mutz
Mas lavesques de Santas ques ben aperceubutz
Denant totz se razona e fo ben entendutz
Rics reis ara creihs joya e honors e salutz
Del regisme de Fransa est ichitz et mogutz

min battu, — sont dressés des cabanes, des tentes, des pavillons, — et des navires çà et là épars sur toute la rivière. — Bientôt après vient le moment — où (les assiégés se trouvent) par audace et folie tous déçus; — car le fils du roi de France arrive contre eux, — ayant à sa suite vingt-cinq mille (hommes armés) d'écus; — et de nobles cavaliers sur chevaux à beaux crins, — il en a dix mille, tous, hommes et chevaux, vêtus de mailles, — et tous de fer et d'acier fourbi resplendissants. — De ceux qui sont à pied le compte en est perdu. — Ils (marchent) menant les charrettes, les bagages et les vivres, — et occupent les campagnes, les jardins et les vergers. — Le (fils du) roi est avec grande joie descendu dans son pavillon; — et quand ceux de la ville l'ont reconnu, — ce n'est point merveille s'ils sont éperdus, — (et si) chacun se dit en lui-même qu'il voudrait n'être point né. — Dans le premier combat qui leur a été livré, — les fossés et les lices leur ont été enlevés et pris; — leurs ponts et leurs barrières ont été renversés et brisés. — Après le combat, le parlement s'est assemblé, — et (ceux de Marmande) se tiennent pour sauvés; — car volontairement et par convention publique, — le comte Centul et les autres se sont rendus au roi. — Dans la tente royale (resplendissante) d'or battu, — les prélats de l'église se sont présentés au roi, — aux côtés duquel sont assis les barons de France. — Il s'appuie sur un coussin de soie, — jouant avec son gant droit tout cousu d'or. — Les (assistants) parlent et s'écoutent (d'abord) entre eux, et le roi semble muet. — Mais l'évêque de Saintes, qui est de grande prudence, — se prend, en présence de tous, à parler, et il est bien écouté : — « Puissant roi (dit-il), notre joie, nos honneurs et notre salu « sont maintenant assurés. — Tu t'es, du royaume de France, mis

9270 Per governar la gleiza e las suas vertutz
E pos la santa gleiza governas e condutz
Aisit manda la gleiza e per re non o mutz
Que tu redas lo comte quez a tu ses rendutz
Al comte nAmaldrics car li es covengutz
9275 Que larga o quel penda e tu que len aiutz
E lhivra li la vila per eretges saubutz
Que la mort e lo glazis lor es sobrevengutz
Ditz lo coms de sent Pol que sen es irascutz
Per Dieu senher navesque non seretz pas crezutz
9280 Si lo reis ret lo comte quel sia cofondutz
Lo barnatges de Fransa ner totz temps abatutz
Ditz lo coms de Bretanha pos quel fo receubutz
Falhira la corona sils coms es deceubutz
Senher so ditz lavesques de Bezers defendutz
9285 Sen er lo reis de Fransa sin era mentaugutz
Si ditz que santa gleiza lo ha cobratz e volgutz
Baros so ditz lo reis pos la gleiza madutz
Ja lo dreitz de la gleiza no sera contendutz
Pos lo coms ab la gleiza sera dezavengutz
9290 Gleiza fassa ques volha dels seus encorregutz
Mas larsevesques dAugs li es tost respondutz
Per Dieu bel senher reis si dreitz es conogutz
Lo coms ni sa mainada non er mortz ni perdutz
Quel non es pas eretges ni fals ni descrezutz
9295 Ans a la crotz seguida els seus dregs mantengutz
Sitot ses vas la gleiza malament captengutz
Car el non es eretges ni de la fe tengutz
Gleiza deu be recebre los pecadors vencutz
Que lesperitz nos perda ni sia cofondutz
9300 En Folcautz a Tholoza es pres e retengutz
E si lo coms se dampna nFolcautz sera pendutz
Bel senher narsevesques vos ne seretz crezutz

« en marche et avancé — pour soutenir l'église et son pouvoir 9270
« miraculeux. — Puis donc que tu soutiens et gouvernes l'église,
« l'église te commande, et pour rien au monde ses ordres ne
« doivent être changés, — de livrer le comte qui vient de se rendre
« à toi au comte Amaury ; c'est chose entre nous convenue, — afin 9275
« qu'il le brûle ou le pende, à quoi tu l'aideras. — Livre-lui aussi
« la ville, pleine d'hérétiques reconnus, — sur lesquels doivent
« descendre le glaive et la mort. » — Le comte de Saint-Paul, qui
s'est fâché de cette (demande), a répondu : — « Par Dieu! mon
« seigneur l'évêque, vous ne serez pas cru. Si le roi rendait le 9280
« comte pour le faire périr, — la noblesse de France en serait
« à jamais honnie. » — « Puisque le comte s'est rendu (par con-
« vention), dit le comte de Bretagne, — la couronne de France
« faillirait à le trahir. » — « Seigneurs, dit alors l'évêque de Bé-
« ziers, (à telle convention) — le roi se serait opposé s'il eût 9285
« été consulté, — sachant que l'église a pris le comte et le ré-
« clame. » — « Barons, répond le roi, puisque l'église me dirige,
« — son droit ne lui sera point (par moi) disputé. — Le comte
« s'est brouillé avec l'église, — que l'église fasse ce qu'elle veut 9290
« de ses accusés. » — Mais sur-le-champ lui répond l'archevêque
d'Auch : — « Par Dieu! beau seigneur roi, si le droit est res-
« pecté, — le comte et les siens ne seront point trahis ni mis à
« mort, — car il n'est ni hérétique, ni traître, ni apostat ; —
« bien au contraire, il a suivi la Croisade et l'a maintenue. — 9295
« Bien qu'il ait (ensuite) mal agi envers l'église, — il n'est
« pourtant point hérétique, il n'a point failli contre la foi ; — et
« l'église doit accueillir le pécheur soumis, — afin que l'âme
« ne soit point confondue ni perdue. — (D'ailleurs) don Fou- 9300
« cault est à Toulouse détenu captif ; — et si le comte (Cen-

Ditz Wilmes de Rocas quel coms no er destriutz
Ans er nFolcautz pel comte lhivratz e rezemutz
9305 En aquesta maneira es lo coms remazutz
Ab iiii. baros dautres e leval critz el brutz
E corron vas la vila ab los trencans agutz
E comensal martiris el chaplamens temutz
Quels baros e las donas e los efans menutz
9310 Els homes e las femnas totz despulhatz e nutz
Detrencan e detalhan am los brans esmolutz
E la carns e lo sancs e los cervels els brutz
E membres e personas meitadatz e fendutz
E fetges e coradas decebratz e romputz
9315 Estan per meg las plassas co si eran plogutz
Car de lo sanc espars qui lai ses espandutz
Es la terra vermelha el sols e la palutz
Noi remas hom ni femna ni joves ni canutz
Ni nulha creatura si no ses rescondutz
9320 La vila es destruita e lo focs escendutz
Apres no tarzec gaire que lo reis es mogutz
Per venir a Tholoza.

CCXIII.

De venir a Tholoza es vengutz deziriers
Al filh del rei de Fransa si quel seus senhariers
9325 Se mes denant los autres ez a pro companhers
Que los poys e las planhas els camis els sendiers
Son complidas e plenas domes e de molhers
E perprendon las terras Frances e Berriviers
Flamenc e Angevi Normans e Campaniers
9330 Bretos e Peitavis Alamans e Baiyers

« tul) est condamné, don Foucault sera pendu. » — « Beau sei-
« gneur archevêque, vous serez cru, — dit Guillaume des Roches,
« et le comte ne périra point : — on le donnera, au contraire,
« en échange et pour rançon de don Foucault. » — Ainsi le comte
a été retenu (sauf), avec quatre autres seigneurs. (Cependant) un
tumulte, des cris s'élèvent, — et les (barons de France) courent
vers la ville avec leurs armes tranchantes; — et là commencent
(alors) des massacres, une terrible boucherie. — Les barons, les
dames et les petits enfants, les hommes, les femmes dépouillés
et nus sont au fil des glaives émoulus passés et taillés, — de sorte
que la chair, les cervelles, les poitrines, — les membres, les
corps par moitié tranchés ou fendus, — les foies, les cœurs ar-
rachés et déchirés — sont au milieu des places épars comme s'il
en avait plu; — et du sang qui a été versé, — la terre, le sol et
le marais sont restés vermeils. — Il n'est échappé ni homme, ni
femme, ni jeune, ni vieux, — ni créature quelconque, à moins
qu'elle ne se soit (bien) cachée : — la ville est détruite et le feu
y est mis. — Après cela, peu de temps se passe jusqu'au jour où
le roi se met en marche pour venir à Toulouse.

CCXIII.

Désireux de venir à Toulouse, s'est mis en marche — le fils
du roi de France, si bien que son enseigne — se meut devant
toutes les autres, avec tant de compagnons — que les coteaux
et les plaines, les chemins et les sentiers, — sont remplis et
encombrés d'hommes et de femmes. — Les terres sont envahies
par les Français et par ceux de Berry, — par les Flamands, les
Angevins, les Normands et les Champenois, — les Bretons, les

Ez es tant grans la preischa dels homicidiers
Que dins en lost complida na XIII. cens milhers
E menan las carretas e los muls els saumers
E los traps e las tendas els condutz els diners
9335 E feron breus jornadas per atendrels derriers
El cardenals de Roma els prelatz dels mostiers
Arsevesques avesques e abatz e Templiers
E monges e canonges que de blancs que de niers
Na en la ost v. melia dictans e legendiers
9340 E prezican e mandan quel glazis an primers
E no ses meravilhas sin venc espaventiers
A totz cels de Tholoza can virols mesatgiers
Els cossuls de la vila coitos e viassiers
Trameton los messatges ben coitos e marviers
9345 Als baros de las terras e a totz los guerriers
Que nulhs homs noi remanga ni sirvens ni arquiers
Ni cavaliers mirables ni negus soudaders
Ni faizitz de boscatge ni negus hom leugiers
Qui vol pretz e paratge e tornar heretiers
9350 E si meteish defendre e tornar galaubiers
Del venir a Tholoza eraitals lo loguiers
Que dels bes que lai sian er totz temps parsoners
Per la vila socorrer vengron M. cavalers
Bos e arditz per armas e D. dardacers
9355 E can foron essems el parlament pleniers
Dels homes de la vila e dels lor capdalers
Pelfortz denant los autres car es gentils parlers
Se razona els mostra los faitz els milhoriers
Baros vos de Toloza ara vos a mestiers
9360 Sabers e conoichensa e sens e milhoriers
Lafars del rei de Fransa nos es grans e sobriers
El mena gens estranhas e homes glaziers
Ez abans quel albergue de foras pel vinhers

Poitevins, les Allemands et les Bavarois; — et si grande est la foule des tueurs d'hommes, — qu'il y en a bien dans l'ost entier trois cent mille. — Les charrettes, les mulets et les sommiers — portent les pavillons et les tentes, les vivres et l'argent. — Ils vont à petites journées pour attendre les traînards. — Le cardinal de Rome (est avec eux); et de prélats de monastère, — d'archevêques, d'évêques, d'abbés, de Templiers, — de chanoines et de moines blancs ou noirs, — il y en a dans l'ost cinq mille qui dictent, qui lisent, — qui prêchent, qui commandent que le glaive marche le premier. — Ce n'est donc pas merveille si l'épouvante prend — ceux de Toulouse quand ils entendent la nouvelle. — Les consuls de la ville, en souci et en grande hâte, — expédient des messagers rapides et sûrs — aux barons des terres et aux hommes de guerre, — (leur enjoignant à tous de venir) sans qu'il en manque un, ni servant, ni archer, — ni preux chevalier, ni homme à la solde, — ni faidit des bois, ni homme de bas rang. — Quiconque veut (restaurer) valeur et noblesse, ou recouvrer son héritage, — se défendre lui-même et mener vie de chevalier, — venant à Toulouse y trouvera tel avantage — que de tous les biens de la ville il aura sa part. — Au secours de la place il arrive mille cavaliers — vaillants et bons en armes, et cinq cents arbalétriers. — Quand ils sont tous réunis dans le plein parlement — des hommes de Toulouse et de leurs chefs, — Pelfort, qui est gracieux parleur, se met le premier — à discourir, et montre aux autres comment faire et se sauver : — « Barons, dit-il, vous, hommes de Toulouse, c'est « maintenant que vous avez besoin — de sens et de savoir, de « prudence, et d'un surcroît de bravoure. — Notre affaire avec « le roi de France est pour nous grande et suprême affaire, — car

Mos senher lo coms joves car es sos fevaters
9365 E sos melher parens el melhers parentiers
Li trameta mesatges valens e prezentiers
Que nol a tort ni colpa ni es fals ni mensongiers
E sil vol son dreg prendre fara li volontiers
A lui e a la glieiza e al seus clamaters
9370 O si ve a Tholoza ab petitz companhiers
De lui prendra sa terra e zer seus domengiers
E li rendra la vila el i metra torrers
E mas el dreg prepara el dregs es capdalers
Nol deuria destruire per dig de lauzengiers
9375 E sil aisso soana ni era aversers
Jeshu Christ nos defenda que er gonfanoniers
E li baro respondo est cosselhs es entiers
Baros ditz lo coms joves ques ben aventurers
Lo cosselh es ben savis mas nos farem estiers
9380 Lo reis er mos senher sil me fos dreiturers
Ez ieu foralh ja sempre leyals e vertaders
Mas car el mes malignes e fortz e sobrancers
E ma comes ab glazis e ab sanc totz primers
E ma touta Marmanda e mort mos cavalers
9385 Ni sobre mi cavalgua ab aitans bordoners
Mentrem membre la ira nil mals nil destorbers
Nolh trametrai mesatges nilh serai plazenters
Que la gens orgulhozas e felos cosselhiers
E ja pro nom tindria sieu lera graciers
9390 Ans doblaria lanta el dans els reproers
Mas cant lo filhs del rei er aissi frontalers
E tota noit el dia lo glazis el carners
E veirem per las plassas los baros els destriers
Trabucar e abatre el serem engalhiers
9395 Sil trametem mesatges el nos er merceners
E si men voletz creire mas sabrazel brazers

« le roi vient suivi d'étrangers et de bourreaux. — Avant qu'il ne
« s'établisse autour (de nos murs), dans nos vignes, — que mon
« seigneur le comte, qui est son feudataire — et le plus haut
« personnage de sa parenté, — lui envoie d'habiles et de nobles
« messagers (pour lui représenter) — qu'il n'est ni en tort ni en
« faute (à son égard); qu'il ne lui a été ni faux ni traître, — et
« qu'il est prêt, s'il l'exige, à lui faire droit sur tout, — à lui ou à
« l'église et à ses chargés de pouvoir; — que si le roi veut venir à
« Toulouse avec un petit nombre de compagnons, — le comte
« recevra sa terre de lui, se reconnaîtra son vassal, — et lui rendra
« la ville et les tours pour qu'il y mette ses hommes. — Si le roi
« ne cherche que le droit, si le droit le gouverne, — il ne détruira
« point le comte pour des propos de flatteurs. — S'il méprise ces
« raisons, s'il (nous) est ennemi, — que Jésus-Christ nous dé-
« fende, lui qui est notre gonfalonier! » — « Ce conseil est sage, »
répondent les barons. — « Barons, dit alors le comte jeune au
« cœur aventureux, le conseil est peut-être prudent : (néanmoins)
« nous agirons d'autre manière. — Si le roi était juste envers moi,
« je le tiendrais pour mon seigneur — et je lui serais à jamais
« loyal et fidèle; — mais puisqu'il est pour moi méchant, vio-
« lent et superbe, — puisqu'il m'a le premier assailli du glaive
« et au sang, puisqu'il m'a pris Marmande et égorgé mes cavaliers,
« — et qu'il marche contre moi avec tant de bourdonniers, —
« je ne lui enverrai point de message et ne lui serai point amical,
« — tant que je me souviendrai du chagrin, du mal et du tort que
« m'ont fait — ses conseillers félons et ses hommes cruels. — Je
« ne gagnerais rien à lui demander grâce; — je ne ferais que
« doubler pour moi l'affront, le dommage et le blâme. — Mais
« quand le fils du roi sera ici campé en face (de nous); — quand

Enans quel reis nos sia senher ni pariers
Lo lor afars el nostre er aissi engalhiers.
Que veirem de Tholoza ab los trencans aciers
9400 Si tendra vi o aiga o brizaral morters
Si la podem defendre espandir sal rozers
E tornara paratges e gaugs e alegriers
En aquestas paraulas es empres lacorders
E li cossol respondo tot cant quels er mestiers
9405 Als baros de las terras lor darem volontiers
Ez a las companhias dels sirvens logadiers
Darem bonas viandas e gentils ostalers
E mandan per la vila que totz los escudiers
Vengan livrazo prendre largamens ses diners
9410 E los pas e las carns e los vis dels celiers
E civada e ordi a mueitz e a sestiers
E pebre e candelas e los frugs dels fruchiers
Que re nols calha diire mas can boca que quiers
E sil reis mo senher vol esser maligners.
9415 Be nos poirem defendre daquetz v. ans pleniers
Can del cosselh partiren lo comensars primers
En la sobrana vouta on es lgentils cloquers
Mezon sant Exuperi e lums e candelers
Bisbes fo de Tholoza dignes e santorers
9420 E defen e restaura totz loz sieus heretiers
Ez en apres mandero als milhors carpenters
Que per tota la vila dins los pazimenters
Bastiscan los calabres els engenhs els peirers
E quen Bernatz Paraire e maestre Garners
9425 Anols trabuquetz tendre car ne son costumers
Per totas las partidas trian cominalhers
Cavalers e borgues els milhors mercaders
Questabliscan las portas e que mandols obriers
Ez obreron ab joya totz lo pobles grossiers

« le carnage et la guerre régneront ici nuit et jour, — et que
« nous aurons vu de tous côtés les hommes et les chevaux —
« s'abattre et tomber, et nous serons montrés aussi forts que lui,
« — alors seulement, si nous lui envoyons un message, il sera 9395
« gracieux pour nous. — Si donc vous voulez m'en croire, que le
« brasier de la guerre continue à brûler, — avant que nous re-
« connaissions le roi pour seigneur et pour parier. — Son affaire et
« la nôtre sont en si égale aventure, — que (du haut des murs) de
« Toulouse nous pouvons de l'acier tranchant essayer — si c'est 9400
« du vin ou de l'eau que contient le vase, et s'il peut ou non être
« cassé. — Si nous pouvons défendre la ville, (alors) s'épanouira
« le rosier, alors renaîtront noblesse, joie et allégresse. » — Sur
ces paroles ils restent tous d'accord, — et les consuls répondent :
« Tout ce qui sera nécessaire — aux barons des terres, nous le 9405
« leur donnerons volontiers ; — aux troupes de servants à la
« solde, — nous fournirons bonne nourriture et bon logement. »
— Et (là-dessus) ils font (aussitôt) par la ville crier que tous
les hommes portant écu — viennent, sans argent, prendre largement leur provision : — le pain, la viande et le vin des cel- 9410
liers, — l'orge et l'avoine par setiers et par boisseaux, — le
poivre, les chandelles et les fruits (gardés dans) les fruitiers, —
n'ayant à dire autre chose sinon : « Bouche, que veux-tu ? » —
(et disant aussi :) « Si le roi mon seigneur veut être méchant, —
« nous pouvons, durant cinq ans entiers, nous défendre (contre 9415
« lui). » — Quand le conseil se sépara, pour premier acte (les
Capitouls), — dans la plus haute voûte du beau clocher, — entre
lampes et candélabres, placent (les reliques de) saint Exupère,
qui ayant été de Toulouse le digne et saint évêque, — défend 9420
et protége les descendants (de son peuple). — Ils ordonnent

9430 E donzels e donzelas e donas e molhers
E tozetz e tozetas e efans menuziers
Qui cantan las baladas e los versetz leugiers
E feiron las clauzuras els fossatz els terriers
Els pons e las barreiras els murs els escaliers
9435 Ez ambans e corseiras e portals e solers
E lhissas e arqueiras e dentelhs batalhiers
E bocals e gueridas e guisquetz traversers
E trencadas e voutas e camis costeners
Totas las barbacanas e celas dels gravers
9440 An lhivradas als comtes e als fis capdaliers
La vila es establida finament a doblers
Contra lorgolh de Fransa.

CCXIV.

Contra lorgolh de Fransa es faitz lemprendemens
Quel coms joves defenda si mezeish e sas gens
9445 E lains en Tholoza es aitals mandamens
Que per tota la vila essems cominalmens
E lo valens coms joves sials comenssamens
Els baros de las terras acordans e garnens
Las obras e las gaitas partiscan engalmens
9450 E que la nog el dia porton los garnimens
Els cossols de la vila ab los baros prezens

ensuite que les meilleurs charpentiers — dressent dans toute la
ville, aux divers postes, — les machines, les calabres et les pierriers; — et que Bernard Paraire et maître Garnier — s'en aillent 9425
tendre les trébuchets, car c'est là leur office. — Ils désignent
dans tous les quartiers des commissaires — chevaliers, bourgeois
ou des plus riches marchands, — pour faire fortifier les portes
et commander aux ouvriers. — Et tous se mettent à l'œuvre, le
menu peuple, les damoiseaux, les demoiselles, les dames et les 9430
femmes, — les jeunes garçons, les jeunes filles et les petits enfants, — qui chantant leurs ballades et leurs simples chansons,
— travaillent aux clôtures, aux fossés, aux retranchements, —
aux ponts, aux barrières, aux murs, aux escaliers, — aux ambans, 9435
aux corridors, aux portes, aux salles, — aux lices, aux embrasures, aux guichets de traverse, — aux tranchées, aux voûtes, aux
sentiers de côté. — Toutes les barbacanes, et (en particulier)
celles sur la grève, — ils les ont confiées aux comtes et aux (plus) 9440
nobles seigneurs. — La ville est ainsi mise en défense et doublement fortifiée — contre l'orgueil de France.

CCXIV.

Contre l'orgueil de France, le parti en est pris, — le jeune
comte se défendra lui-même et ses sujets. — Et dans Toulouse 9445
les ordres sont donnés — pour que tous ceux de la ville en
commun, — à commencer par le vaillant jeune comte, — et les
barons des terres (voisines), d'accord à la défense, — partagent
également entre eux les travaux et les guets, — pour que nuit 9450
et jour chacun soit en armes. — Les consuls de la ville, en présence du peuple, — des chevaliers et des bourgeois en bon ordre,

80.

Cavalers e borgues ben acesmadamens
Las portas de la vila lhivran als baros dens
Als milhors al pus savis ez als melhs entendens
9455 E pueish las barbacanas els novels bastimens
An lhivradas als comtes ez als baros prendens
Ez an Dor de Barasc on es pretz e jovens
NArnaut de Montagut coratjos e valens
Br. de Rocafort en Ar. Barasc gens
9460 Ab lors belas cumpanhas complidas dardimens
Son de la barbacana de Bazagle establens
En W. de Menerba car es ben conoichens
W. de Belafar on es valors e sens
Ez ab lor nArnaut Feda essems e bonamens
9465 La comtal barbacana tenon seguramens
E ladreitz nFrotars ben e gent captenens
El en Br. de Pena francs e larcs e metens
W. Froters en Bertrans de Monester jauzens
Retengon la Baussana barbacana firens
9470 El bos Rogers Br. que restaurals perdens
On es sens e valensa sabers e esciens
El en Br. Amelhs qui venc primeiramens
Jordas de Cabaretz en Chatbertz defendens
En Aimerics de Rocanegada gentilmens
9475 Son de la barbacana de las Crozas tenens
NArnautz de Vilamur la forsa e lardimens
Rics e galhartz e savis e dans e prometens
Sos neps W. Unautz ques ab lui veramens
W. Br. dAsnava car i es ichamens
9480 En W. Arnaudos ben e delhivramens
Que fe genhs e brocidas els primers faizimens
Tenon la barbacana nArnaut Br. formens
En Espas de Lomanha que lai intrec correns
Ab sas belas companhas amics e be volens

CROISADE CONTRE LES ALBIGEOIS. 637

— livrent les portes de la ville aux barons qui sont là, — aux
plus braves, aux plus sages, aux plus habiles. — Les barbacanes 9455
avec les fortifications nouvelles, — ils les ont confiées aux comtes
et aux prudents barons. — Don Dore de Barasc, dans lequel
fleurissent mérite et jouvence, — don Arnaud de Montagut, vaillant
et courageux, — les nobles Bernard de Roquefort et Arnaud de
Barasc, — avec leurs belles compagnies de guerre pleines de har- 9460
diesse, — défendent la barbacane de Bazacle. — Don Guillaume
de Minerve, qui a été bien enseigné de guerre, — Guillaume de
Belafar, doué de sens et de valeur, — et conjointement avec
eux le brave Arnaud Feda, — tiennent en sûreté la barbacane 9465
comtale. — L'expert don Frotaire, de noble et courtoise conduite, — et avec lui Bernard de Pène, qui est franc, libéral et
dépensier, — Guillaume Frotaire, le joyeux don Bertrand de
Moustier, — occupent, tout prêts à (bien) frapper, la barbacane
du Baussan. — Le bon Roger Bernard, qui restaure ceux qui 9470
perdent, — riche de sens et de bravoure, d'intelligence et de
savoir, — don Bernard Ameil, qui s'est l'un des premiers présenté, Jordan de Cabaret, don Chabert, brave à la défense, —
et don Aimeric de Roche-Noyée, hardiment — s'établissent dans 9475
la barbacane des Crozes. — Don Arnaud de Vilamur, qui est la
force et l'audace (mêmes), — puissant, vigoureux et sage, pro-
mettant et donnant, — son neveu Guillaume Hunaut qui le suit
fidèlement, — Guillaume Bernard d'Asnave qui est aussi (avec
lui), — don Guillaume Arnaudon, celui qui vite et bien — fit 9480
les machines et les traits lors des premières attaques, — prennent de même une barbacane (à défendre). Don Arnaud, Bernard le Fort, — don Espas de Lomagne qui est arrivé à la course,
— avec ses belles compagnies, comme ami et défenseur de la

9485 Retenc la barbacana on venial turmens
Ez apres nAmalvis donans e combatens
El bos nUcs de la Mota firens e refirens
Bertrans de Pestilhac fort be ardidamens
Tenon la barbacana Pozamila suffrens
9490 Los trebalhs e las guerras e los perilhamens
Pelfortz ques pros e savis e adreitz e plazens
En Raters de Caussada mals e bos e punhens
El en Ratiers de Bosna Johans Martis fazens
Tenon la barbacana Matabou finamens
9495 E la porta Galharda on eral chaplamens
Don ichien tot dia cavaliers e sirvens
Li baron de Tholoza aperceubudamens
Que comensan las guerras els trebalhs els contens
Per quels camps e las plassas en remano sagnens
9500 Tenon cels de la vila els anans els vinens
Per gardar e defendre los intrans els ichens
E mos senhel coms joves on es valors valens
Que restaura paratge e los orgulhos vens
E colora e daura los perdutz els perdens
9505 En Bertrans de Tholoza en Ucs d'Alfar garnens
Son de la barbacana Vilanova establens
En Br. de Cumenge ques bels e bos e gens
E pros e savis e dans e comquerens
En Br. de Cumenge sos cozis ichamens
9510 NArnaut R. dAspel ben afortidamens
Ez ab los cavaliers de Montaigo prezens
Tenon la barbacana faita novelamens
El bos nInartz de Puntis car es pros e valens
En Marestanhs sos oncles ques de bon pretz manens
9515 En Rogers de Montaut mandans e defendens
En Rogers de Noer car es ben avinens
Tenon la barbacana del Pertus belamens

ville, — retiennent (pour eux) la barbacane la plus exposée. — 9485
Après cela don Amalvis, qui sait combattre et donner,—le bon Hugues de la Motte, qui ne se lasse point à frapper,—Bertrand de Pestillac, garderont la barbacane de Pozamile, endurant (en braves) — les fatigues, et les périls et la guerre. — Pelfort le preux et 9490
le sage, l'adroit et l'avenant, — don Ratier de la Caussade, qui est bon (ami), dur et poignant (adversaire), — don Ratier de Bosne, Jean Martin, — se chargent avec courage de la barbacane de Matabo. — La porte Gaillarde, celle où se livraient les 9495
combats, — par laquelle, chaque jour, sortaient vaillamment— les hommes de Toulouse, servants et chevaliers, — pour engager les batailles, les attaques, les mêlées, — dont les places et les champs restaient ensanglantés, — ceux de la ville la tiennent 9500
pour la défendre et la garder — contre ceux qui vont et viennent, entrent et sortent, — avec mon seigneur le jeune comte, celui dans lequel séjourne haute valeur, — qui restaure noblesse, qui triomphe des orgueilleux, — colorant et dorant les perdants et les perdus. — Don Bertrand de Toulouse, don Hugues d'Alfar, 9505
bien armés, — sont postés dans la barbacane de Villeneuve. — Don Bernard de Comminges, le bel, le bon et le noble, — le preux et le sage, celui qui sait gagner et donner, — conjointement avec son cousin Bertrand de Comminges, — don Arnaud, 9510
Raymond d'Aspel, avec les cavaliers — de Montaigon qui sont là, intrépidement—défendent la barbacane nouvellement faite.
— Le bon Hinart de Puntis, le vaillant et le preux,—son oncle don Marestang, riche en mérite, — don Roger de Montaut, qui 9515
(bien) commande et (bien) guerroie, — l'avenant et brave don Roger de Noër, — ont occupé fièrement la barbacane du Pertuis ;—tandis que don Raymond Hunaut, plein d'adresse et d'a-

Guirautz Unautz ques savis e bos e paciens
El en R. Unautz quez adreitz e plazens
9520 En Jordas de Lantar ab afortitz talens.
Son de la barbacana sent Estevet e nens
En Sicartz lo delhivres senher de Poglaurens
El en Ucs de Montelh en Paderns ichamens
Tenon la barbacana de Montoliu leumens
9525 Apres Br. Meuder ab los seus solamens
De mainada escarida percassans e prendens
Retenc la barbacana de Montgalhart fortmens
E lo vescoms Bertrans tozetz e aprendens
El en Bartas essems aperceubudamens
9530 Tenon la barbacana del castel fermamens
En Br. de Montaut ab afortitz talens
En Guilabertz de Labas en Frezols mantenens
Ab lor belas cumpanhas damics e de parens
Tenon la barbacana del pont vielh duramens
9535 El senher de la Islha Br. Jordas valens
El en Bertrans Jordas en Otz ques conoichens
En Guirautz de Gordo ben acordadamens
El en Br. Bainac car es francs e metens
En Escots que governa las garidas els genhs
9540 Ab lor belas companhas sobrans e atendens
Tenon la barbacana del pont nou finamens
Sus lo pont del Bazagle ques faitz novelamens
Son li arquier mirable que tiron primamens
Que defendol ribatge e los abeuramens.
9545 Que nulha naus noi venga ni negus mal volens
Li baro tuit essems an jurat sobre sens
Que per nulha temensa ni per envazimens
Ni per colps ni per plagas ni per nulhs espavens
Ni per mort ni per glazis mentre sian vivens
9550 Negus de lor nos parta de lors establimens

venance, — et don Jordan de Lantar au ferme vouloir, — s'é- 9520
tablissent dans la barbacane de Saint-Estève. — Le seigneur de
Puy-Laurens, don Sicard le prompt,—don Hugues de Monteilh,
conjointement avec don Padern,—occupent lestement la barbacane de Montolieu. — Après (tous ceux-là), Bernard Meuder, 9525
avec les siens seulement, — troupe peu nombreuse, vivant de
quête et de pillage, prend à défendre fortement la barbacane
de Montgaillard. — Le vicomte Bertrand, jeune garçon qui apprend,—et don Bartas avec lui, soigneusement — et d'un cœur 9530
ferme garderont la barbacane du château. — Don Bernard de
Montaut au cœur intrépide, — don Guilabert de Labe, don
Fredol, (bons) défenseurs, — avec leurs belles compagnies de
parents et d'amis,—garderont bravement la barbacane du vieux
pont. — Le seigneur de l'Isle, Bernard Jordan le vaillant,—don 9535
Bertrand Jordan, don Othon le courtois,—de bon concert avec
Guiraud de Gordon—et avec don Bernard Bainac, qui est franc
et libéral, — don Escot, qui a le gouvernement des fortifications et des machines,—fermes et constants, à la tête de leurs 9540
belles troupes, — défendront noblement la barbacane du pont
neuf. — Sur le pont de Bazacle nouvellement construit, — ont
été postés les meilleurs archers qui tirent habilement, — pour
défendre la rive (du fleuve) et les abreuvoirs, — et empêcher 9545
tout navire et tout ennemi d'en approcher. — Les barons tous
ensemble ont juré sur les (reliques des) saints, — que ni pour
fatigue, ni pour assaut, — ni pour coup, ni pour blessure, ni
pour épouvante, — ni pour glaive, ni pour (danger de) mort,
aucun d'eux,—tant qu'il vivra, n'abandonnera son poste.—Les 9550
hommes de Toulouse, tous d'accord entre eux, — désignent
des chevaliers, des bourgeois et des servants — des plus émi-

Els baros de Tholoza ben acordadamens
Retengon cavaliers e borzes e sirvens
Dels milhors de la vila e dels melhs combatens
Que sus la maior coita sia lacordamens
9555 La vila es establida dels baros finamens
E de lor de Tholoza ab els mescladamens
E del glorios martir e dels autres cors sens
Car lo filhs de la Verge ques clars e resplandens
E dec sanc preciosa perque la merces vens
9560 Gart razo e dreitura elh prenga cauzimens
Que los tortz e las colpas sian dels mals mirens
Quel filhs del rei de Fransa ve orgulhozamens
Ab xxxiiii. comtes e ab aitantas gens
Que non es en est setgle negus hom tant sabens
9565 Que puesca azesmar los miliers ni los cens
Quel cardenals de Roma prezicans e ligens
Que la mortz e lo glazis an tot primeiramens
Aissi que dins Tholoza nils apertenemens
Negus hom no i remanga ni nulha res vivens
9570 Ni dona ni donzela ni nulha femna prens
Ni autra creatura ni nulhs efans latens
Que tuit prengan martiri en las flamas ardens
Mas la verges Maria lor en sira guirens
Que segon la dreitura repren los falhimens
9575 Perque la sanc benigna non sia espandens
Car sent Cernis los guida que non sian temens
Que Dieus e dreitz e forza el coms joves e sens
  Lor defendra Tholoza. Amen.

FINITO LIBRO.

nents de la ville, et des plus braves en guerre, — pour courir
de concert là où serait le plus urgent (besoin). — Ainsi noblement
la ville est mise en défense par les barons (du dehors), — d'accord
avec les hommes de Toulouse, — avec le glorieux martyr (saint
Étienne) et les autres saints. — (Puisse maintenant) le fils de la
Vierge, qui est splendeur et lumière, — qui donna son précieux
sang pour faire vaincre merci, — garder raison et droiture, leur
être propice, — et donner aux méchants le prix du mal et du
péché ! — Car voici le fils du roi de France qui arrive tout orgueilleux — avec trente-quatre comtes, et avec tant de peuple,
qu'il n'y a pas en ce monde d'homme si savant, — qu'il puisse en
estimer les centaines ni les milliers. — Et le cardinal de Rome,
lisant et prêchant, — (a prêché) que la mort et le glaive doivent
marcher devant eux, — de telle sorte qu'à Toulouse, ni dans
ses attenances, — il ne reste rien de vivant, ni homme, ni donzelle, ni dame, ni femme enceinte ; — ni enfant à la mamelle,
ni nulle autre créature ; — que tous reçoivent le martyre dans
les flammes ardentes. — Mais la vierge Marie les en préservera,
— elle qui châtie, selon la droiture, ceux qui ont failli. — Le
sang innocent ne sera point versé ; — car saint Sernin guide (les
siens), les préserve de crainte ; — et Dieu, le (bon) droit, la
force, les saints et le jeune comte — sauveront Toulouse.

FIN DE L'HISTOIRE EN VERS
DE LA CROISADE CONTRE LES ALBIGEOIS.

NOTES,
CORRECTIONS ET CONJECTURES

RELATIVES

AU TEXTE ET A LA TRADUCTION

DE L'HISTOIRE DES ALBIGEOIS.

NOTES.

1.

Que lavia trames lo reis qui te Tudela.
Couplet V, v. 113 et les sept suivants.

Dans ces huit vers, le poëte fait allusion à la fameuse bataille de *las navas de Tolosa* ou du Muradal, gagnée, le 16 juillet 1212, par les rois chrétiens de l'Espagne sur les Musulmans de l'Afrique et de la Péninsule. Il célèbre particulièrement la bravoure de Sanche VII, roi de Navarre, lequel eut effectivement une part signalée à cette victoire. Mais il y a dans ce passage un vers inintelligible, historiquement parlant; c'est le suivant :

E sap o Miramelis que los Frances capdela.

C'est indubitablement par une méprise de copiste que le nom de *Frances* s'est glissé dans ce vers : il faut de toute nécessité y substituer un nom applicable aux Musulmans, soit Maures, soit Andalous, sujets de Mohamed-el-Nazir, roi de Maroc, qui prenait le titre d'*Emir el Moumenin*, titre que notre poëte travestit en celui de *Miramolin*. La traduction doit être rectifiée dans ce sens, à moins que le vers cité ne fasse allusion à quelque circonstance absolument inconnue de la bataille des *navas de Tolosa*, hypothèse peu admissible.

2.

Per trastota la terra e *per tot Costantin*.
Coup. VI, v. 130.

Je ne saurais dire positivement quel pays notre troubadour veut désigner ici par la dénomination de *Costantin;* c'est comme au hasard, et sans plus grave motif que la ressemblance de son entre ce nom et celui de *Constantinople*, que j'ai eu recours à ce dernier.

3.

Ancs mais tan gran ajust no vis pos que fus nat
Co fan sobrels *eretges* e sobrels *sabatatz*.

Coup. VIII, v. 168.

L'auteur ne donne jamais le nom d'*hérétiques* qu'aux Albigeois proprement dits. L'épithète de *sabatatz*, d'*ensabatatz*, s'applique toujours aux Vaudois, selon toute apparence aussi nombreux que les premiers dans les pays livrés aux Croisés, mais beaucoup moins haïs et moins hétérodoxes. Quant au motif de ce surnom d'*ensabatatz* donné aux Vaudois, je l'ignore.

4.

Per larsevesque dAux qui era sos compaire
Trames lai en Gasconha car li era *negaire*
Quel ira, etc.

Coup. X, v. 226.

Il y a dans tout ce passage une obscurité qui, en y réfléchissant de nouveau, me paraît tenir à une erreur de copie. Au lieu de *negaire*, qui n'est pas provençal, il faut, je pense, lire *veiaire*, et rectifier la traduction comme il suit : « A l'archevêque d'Auch, son compère, il envoie « (ses messages); car il lui est avis qu'il acceptera la mission et ne s'y « refusera pas. »

5.

Quabans que sian *prizi* ni *morti* ni *vencu*.

Coup. XVI, v. 385.

Prizi, morti et *vencu* sont des fautes de copiste, au lieu de *pres, mortz* et *vencut*. Peut-être aussi entre ce vers et le suivant en manque-t-il un troisième; mais à travers ces diverses incorrections, le sens du passage reste clair.

6.

Qui lor dec per coselh *caicela dioneza*.
Coup. XVIII, v. 431.

Dioneza est certainement, dans ce vers, une erreur de copie que j'ai tâché, sinon de corriger, au moins d'éluder en traduisant. On pourrait lire : *Caicela esa diana*. Cette légère transposition ferait reparaître la rime perdue dans *dioneza*, et donnerait à peu près le sens que j'ai suivi.

7.

Sire so li ditz el *gi soi* vostre *parent*, etc.
Coup. XXXI, v. 710 sqq.

Gi pour *ieu*, se trouve une seconde fois à la fin de la même tirade, et une troisième fois dans la tirade suivante. Il est difficile d'attribuer une leçon, ainsi répétée trois fois de suite dans une même page, à une pure inadvertance de copiste; il est plus naturel de l'attribuer au texte, où elle offre quelque chose d'assez singulier. Le personnage qui est censé prononcer le discours où *gi* se rencontre pour *ieu* est un Français, et je suis porté à croire que l'auteur provençal a eu la fantaisie de faire parler ce personnage en français. Le pronom *gi* (je) pour *ieu* n'est pas l'unique indice de cette fantaisie : on peut y ajouter les mots *sire*, étranger au provençal, *soi* (suis) pour *son*, *le* pour *el*. Les copistes provençaux auront facilement ramené aux formes et au son de leur idiome d'autres mots français ou voulant l'être, qui devaient se trouver de même dans le discours en question, et ce discours n'aura plus conservé, de tout le français que le poëte avait voulu y mettre, que les traits déjà cités. Si fugitifs qu'ils soient, ces traits ne s'expliquent guère que par cette supposition.

8.

Lo vescoms de Bezers ichit a parlament.
Coup. XXXII, v. 731 sqq.

Les sept premiers vers de cette tirade ne sont que la répétition littérale et gratuite des sept premiers vers de la tirade précédente. Une telle répétition ne peut provenir que d'une distraction du copiste. En supprimant les sept vers dont il s'agit, le récit conserve son intégrité et sa suite.

9.

Lo reis dArago i venc a lui *donc* Murel.
Coup. XLV, v. 1022.

J'ai traduit comme s'il y avait *devas Murel*, ou *ent a Murel*, ou quelque chose d'équivalent. La leçon du manuscrit ne signifie rien.

10.

E mot ric *drap de seda* e mot ric pavalhon.
Coup. LVI, v. 1256.

Au lieu de *drap de seda*, il est, je crois, mieux de lire *trap de seda*, et d'appliquer cette correction à la version.

11.

La doncs R. de Termes diz *que hom latendes*
Quel tornara lains *e com lo atendes*.
Coup. LVII, v. 1303.

La répétition d'un même hémistiche dans deux vers de suite ne peut guère être qu'une faute de copiste; mais c'est une faute sans importance, dont j'ai cru pouvoir faire abstraction en traduisant.

12.

E cant la ac auzida ditz em patz simplament
Be fai amilhorar pel paire omnipotent.
Coup. LIX, v. 1364.

Le premier hémistiche du second vers est d'un vague et d'une obscurité que je n'ai pu ni éluder ni surmonter, et ma version de ce trait n'en est qu'une paraphrase aventurée. En y pensant de nouveau, il m'est venu une conjecture plus spécieuse que les précédentes et que le lecteur appréciera. Les paroles que le troubadour des Albigeois met dans la bouche de Pierre II, roi d'Aragon, dans le moment critique dont il s'agit, ne sont peut-être pas du provençal, mais de l'espagnol, ou un mélange des deux. Il est du moins sûr que, rapporté à l'espagnol, le premier hémistiche du second vers donne un sens beaucoup plus net et plus naturel que celui que je lui ai attribué en le supposant provençal. Lu comme de l'espagnol ancien, cet hémistiche s'écrirait ainsi : *Ben faze a mi llorar*, vraiment cela me fait pleurer. Quant au motif pour lequel le troubadour aurait bigarré son mauvais provençal de quelques mots castillans, ce serait une fantaisie qui s'expliquerait assez aisément, si la chose en valait la peine. Je me bornerai à rappeler ici que nous avons déjà noté au couplet XXXI l'exemple d'une fantaisie tout à fait analogue.

13.

A lintrar de caresma cant baicha la freidor.
Coup. LXII, v. 1427 sqq.

Toute cette tirade est si obscure que j'ai peine à croire que le texte n'en soit point altéré et tronqué.

14.

Lo coms P. dAusurra e cel de Cortenai, etc.
Coup. LXXI, v. 1615 sqq.

Le poëte répète ici, et à peu près dans les mêmes termes, les particularités du siége et de la prise de Lavaur, dont il a déjà parlé au couplet LXVIII. Il n'y a cependant pas lieu d'y soupçonner une méprise de copiste; il est plus simple d'y voir une distraction ou une maladresse de narrateur.

15.

Car era dels roters cuja morir a estros.
Coup. LXXIII, v. 1658.

La traduction de ce vers est trop vague; il fallait dire : « *Qui s'atten-dait à mourir sur l'heure*, parce qu'il était routier. »

16.

Elh e lautre faidit que i son pelan la grua.
Coup. CII, v. 2207.

Plumer la grue qui vole était une expression proverbiale qui allait à merveille à des guerriers d'aventure, n'ayant pour vivre que le butin qu'ils pouvaient faire sur l'ennemi.

17.

Per las vinhas defors pogran ben escapar
De so que val lor vis ques a vendemiar.
Coup. CXVII, v. 2477.

Il faut, entre ces deux vers, en supposer un troisième omis par le copiste. J'ai rempli cette lacune par conjecture dans la traduction.

18.

Mes la man a lespea e sauta avan *en pis*.
Coup. CXXIX, v. 2720.

En pis est ici pour *en pes* (sur ses pieds). C'est une licence provoquée, mais non justifiée, par ce besoin de rimer qui fait commettre tant de barbarismes à notre poëte.

19.

.... mas en aiso macort
Quen Simos laia tota *car ais lai cofort.*
Coup. CXLVII, v. 3395.

Ce dernier hémistiche est inintelligible, et tout le passage dont il fait partie fort obscur. Il y a indubitablement là une erreur ou des erreurs de copiste; mais ces erreurs sont difficiles à corriger; et je ne suis pas sûr d'avoir bien indiqué par la traduction en quel sens la correction doit être faite. Au lieu de *car ais lai cofort*, on pourrait lire : *car eis lac comfort*,

et modifier comme il suit la traduction du passage entier : « Ce ne serait
« point là chose juste à faire. Je consens néanmoins, puisque le comte
« Simon a conquis cette terre par bravoure, qu'il garde (jusqu'à nouvel
« ordre) celle des hérétiques du Rhône aux Pyrénées, mais non celle
« des veuves et des orphelins du Puy à Niort. »

20.

Bel fraire so ditz en Gui be sia *aregutz*.
Coup. CLXIV, v. 4529.

Si ce mot *aregutz* n'est point une faute de copiste, j'ignore ce qu'il veut dire. Mais je suis porté à croire qu'il faut lire : *be siatz auregutz* ou *auragutz*, et donner à cet adjectif le sens de *ben auguratz* (ayant de bons augures, arrivant sous de bons auspices).

21.

E denant 1. calabre que trenca e briza e fier
Lo portal *de la vinha*, etc.
Coup. CLXVI, v. 4610.

J'ai traduit comme s'il y avait dans le texte *lo portal de la vila*; mais la vraie leçon paraît être *lo portal de la vinha*, et semble désigner spécialement l'une des portes de Toulouse, alors nommée *de la vigne* ou *des vignes*.

22.

Arc manal o balesta o bon *bran de planso*.
Coup. CLXXII, v. 5113.

Bran signifie ordinairement *épée, glaive*, comme *brando* en italien. C'est ainsi que je l'ai entendu ici comme partout ailleurs. Mais ne sachant plus dès lors que faire de *planso*, je l'ai pris pour un nom propre, pour celui de quelque fameux fabricant d'épées. En revoyant cette traduction, je crains d'y avoir fait une méprise. *Planso* signifie proprement une jeune pousse, une jeune branche d'arbre, et par extension le bois d'une lance. Il semble donc plus naturel d'entendre ici par *bran de planso*, soit une lance, soit toute autre arme pointue ajustée au bout d'une tige plus ou moins longue.

23.

Los de fora comprans e los dedins vendens.
Coup. CLXXIX, v. 5643.

J'ai peine à croire que ces expressions d'*acheteurs* et de *vendeurs* doivent être ici prises à la lettre et dans leur acception commune. Mais je n'en devine point le sens métaphorique ou détourné.

24.

Dels escutz e dels elmes on es li ors batutz
I vengon tans ensemble co si fossan plogutz
E *daurers* e densenhas tota la plassa lutz.
Coup. CLXXXIV, v. 5986.

Aurers, que donne clairement le texte, est ou une faute de copiste, ou un mot dont le sens m'est inconnu. J'ai lu et traduit *hauberts*.

25.

E car orgolhs vos sobra el coratges punhens
E merces *nos* es cara *ens tira* cauzimens
Eus abelis eus *tira* tristeza e avols sens.
Coup. CLXXXIX, v. 6487 sqq.

Ce dernier vers donnerait, je crois, un sens plus conforme au sens général de tout le passage, s'il était modifié comme il suit :

E merces *nous* es cara *ens tira* cauzimens;

mais alors il faut traduire : « Merci vous est déplaisante et courtoisie « vous importune, (tandis que) rigueur vous charme et que cruauté « vous attrait. » Le verbe *tirar* a effectivement en provençal les deux significations opposées qu'il présente ici dans les deux vers où il se rencontre.

26.

Quens vindra de las terras los omes *els foments*.
Coup. CLXXXIX, v. 6537.

Foments ne signifie rien, que je sache. J'ai donc entendu ce mot comme l'altération d'un autre terme voulant dire *femmes*. Mais c'est une liberté mieux motivée, je l'avoue, par la logique et la vraisemblance que par le vocabulaire provençal.

27.

Irai mos cors domens e mot dautres valens.
Coup. CLXXXIX, v. 6562.

Il y a, dans le premier hémistiche de ce vers, quelque chose d'obscur qui provient, selon toute apparence, d'une incorrection du texte. Ce trait n'étant d'aucune importance pour le sens du passage, j'ai mieux aimé l'omettre que de le corriger arbitrairement.

28.

E de dins en la vila es lo poblamens datz.
Coup. CLXXXIX, v. 6630.

Je n'ai point assez marqué, dans la traduction, que la ville où sont prises toutes les mesures décrites dans ce passage, est, non pas Toulouse, non pas la ville des assiégés, mais bien celle que les assiégeants ont bâtie tout à côté, ainsi que l'a proposé plus haut don Foucault.

29.

A nos totz e al comte ner donatz tals loguiers
Que totz nostres linhatges pecaran els semdiers.
Coup. CXCII, v. 6944.

Le sens de ce vers est assez obscur, et je ne sais si je l'ai rendu. Peut-être aurais-je mieux traduit en disant : *Que tous ceux de notre race pécheront sur nos traces*, c'est-à-dire entraînés par notre exemple.

30.

Que tot jorn nais e brolha es plantatz delis.
Coup. CXCIV, v. 7146.

J'ai laissé le texte de ce vers tel que le donne le manuscrit. Mais j'ai traduit comme s'il y avait *plantatz e delitz*, correction que paraît exiger le sens et la mesure.

31.

Que lotjas e *caudeiras* i laiseron ben cent.
Coup. CXCVII, v. 7553.

Je ne connais point au mot de *caudeira* d'autre sens que celui de *chaudière*, qui a bien l'air de ne point convenir ici. Le copiste s'est peut-être mépris; mais le passage n'a point assez d'importance pour motiver des conjectures destinées à l'éclaircir.

32.

Car ieu non ai quels pague ni *no sai dire dor*.
Coup. CXCIX, v. 7726.

Si subtil ou si hardi que soit le sens dans lequel j'ai entendu et rendu ce vers, je ne saurais cependant lui en donner un autre qui me semble plus littéral ou plus exact.

33.

E lo mati al alba can resplandral *tetes*.
Coup. CCII, v. 8068.

Le mot *tetes*, nominatif de *tete*, est si clairement et si nettement écrit dans le manuscrit, qu'il ne peut laisser aucune incertitude sur la manière dont il doit être lu. Or si l'on admet cette leçon pour la vraie, et si l'on donne au mot de *tetes*, ou pour mieux dire de *tete*, la signification indiquée et déterminée par le sens du passage, on ne pourra lui en donner d'autre que celle de *soleil*, et l'on s'étonnera de trouver, dans une langue néolatine, un synonyme si étrange à ce dernier mot. Si l'on cherche ensuite l'origine de ce mot, on pourra aisément croire l'avoir trouvée dans l'irlandais, où le radical *teith* signifie chaleur, et son dérivé *tethin*, soleil. L'explication du fait paraîtra peut-être alors plus singulière que le fait lui-même. Toutefois l'irlandais est indubitablement un reste et un représentant de l'une des langues primitives de la Gaule; et comme on retrouve dans l'ancien provençal une multitude de mots dont il est impossible de méconnaître l'identité avec des mots irlandais du même sens et du même son, il n'y aurait au fond rien d'étonnant à trouver, parmi ces mots, celui de *tete*, signifiant soleil.

Mais réduit à sa valeur précise, le cas n'a point tant d'importance ni de singularité. Le fait pur et simple est que ce mot de *tete* ou *tetes*, si clairement qu'il se lise dans le manuscrit, et si naturellement qu'il se prête à la signification de *soleil*, est une leçon très-suspecte. L'hémistiche dans lequel se rencontre ce mot paraît ne devoir être considéré que comme une sorte de formule de rhétorique, pour dire *demain, le jour suivant*; or dans cette formule on trouve d'ordinaire, au lieu de *tetes*, *seres*, *sere*, dérivé du latin *serenus, serenitas*, qui, pris avec une certaine latitude, signifie *clarté, lumière, jour*. Ainsi, par exemple, au vers 4981, pag. 346, on trouve : *Can resplan lo seres*, quand brille la clarté (du jour).

De ces deux leçons de *tetes* ou de *seres*, l'une, il est vrai, n'exclut pas rigoureusement l'autre; mais l'une est beaucoup plus simple, plus naturelle que l'autre, et doit dès lors lui être préférée. Je n'hésite donc pas à regarder *tetes* comme une erreur de copiste; et tout en laissant subsister cette leçon dans le texte, j'ai lu et traduit *seres*.

34.

Senher coms de Montfort trop paretz *talieners*
Huei prendretz, etc.

Coup. CCV, v. 8400.

Ce mot de *talieners* paraît signifier un Italien; mais dans le doute de sa vraie signification, je me suis borné à rendre le sentiment général exprimé par les deux vers.

35.

Ques de sant Cerni traita la peira el sorbers.
Coup. CCV, v. 8449.

Tout en soupçonnant quelque incorrection de copie dans ce vers, je n'ai rien trouvé de mieux à faire que de le traduire littéralement.

36.

Batalha tant ferida *de tant petitas gens.*
Coup. CCVII, v. 8628.

Petitas gens peut s'entendre du nombre ou de la condition des assiégés; et peut-être s'entendrait-il plus littéralement du premier que de celle-ci. Cependant l'auteur ayant représenté plus d'une fois les Toulousains comme aussi nombreux, ou même plus nombreux que les assiégeants, j'ai pensé qu'il avait eu l'intention de les désigner ici comme des hommes peu accoutumés à la guerre, inhabiles aux exercices chevaleresques, et d'autant plus dignes de louange qu'ils résistaient victorieusement à des guerriers consommés dans leur profession.

37.

Que los frugs e las folhas e las erbas creichens
E laiga de Garona lor semblara pimens.
Coup. CCVII, v. 8668.

Il y a, ce me semble, entre ces deux vers, une légère lacune que j'ai indiquée et remplie dans la traduction.

Il serait, je pense, inutile de multiplier les observations et les conjectures sur un texte qui a si peu de chances de devenir un sujet de curiosité et d'études. Je me bornerai à noter encore, aussi sommairement que possible, quelques-uns des passages de ce texte que je crois fautifs, et à indiquer les corrections que j'y ai faites dans la traduction :

NOTES, CORRECTIONS, ETC.

Couplet XXXV,   v. 807 : Aisel *voldran* pregar.
                 Correction : Aisel *volgron*, etc.

Coup. XLV,   v. 1021 : Pel mon *en ot a* mont Gibel.
                 Corr. Pel mon *en oltra* mont Gibel, etc.

Coup. LV,   v. 1237 : Dels *peires* cant escozes.
                 Corr. Dels *peirers* cant, etc.

Coup. LVI,   v. 1257 : Mota *nipa* de seda.
                 Corr. Mota *jupa*, etc.

Coup. LXIV,   v. 1477 : Ni can *vera* a la fin.
                 Corr. Ni can *venra*, etc.

Coup. LXXXVII,   v. 1938 : *Que vi* anc si fort gent.
                 Corr. *Qui vic* anc, etc.

Coup. CXVII,   v. 2504 : E vai *aicels* de Moissac.
                 Corr. E vai *cels* de., etc.

Coup. CXXX,   v. 2735 : Cuna vetz *ven* la.
                 Corr. Cuna vetz *veu* la.

Coup. CXLVIII,   v. 3435 : Que no *nols* sa paria.
                 Corr. Que no *vols* sa, etc.

Coup. Id.   v. 3463 : *Dor* eu no so sabens.
                 Corr. *Don* eu no, etc.

Coup. CLIX,   v. 4134 : Se son faitz *cabalers*.
                 Corr. Se son faitz *cabdalers*.

Coup. CLXI,   v. 4256 : *Podem* estre sufrit.
                 Corr. *Poden*, etc.

Coup. CLXIII,   v. 4399 : Cui non platz ni *agradra*.
                 Corr. Cui non platz ni *agrada*.

Coup. CLXXII,   v. 5118 : Li escon e las *archas*.
                 Corr. Li escon e las *apchas*.

NOTES, CORRECTIONS, ETC.

Couplet CLXXIII, v. 5185 : Senhors ditz lo coms.
  Corr. Senhors so ditz, etc.

Coup. CLXXIV, v. 5253 : Que anc re *nous* tenguetz.
  Corr. Que anc re *nons*, etc.

Coup. CLXXXII, v. 5842 : Mas *ets* baros garnitz.
  Corr. Mas *estz* baros, etc.

Coup. CLXXXV, v. 6050 : Que *lo la* coms governa.
  Corr. Que *lo* coms *la* governa.

Coup. CLXXXVI, v. 6210 : E dels sans *de lantar.*
  Corr. E dels sans de *lautar.*

Coup. CLXXXVIII, v. 6369 : Li laissa *es* costat.
  Corr. Li laissa *el*, etc.

Coup. CCIX, v. 8893 : Firetz ben *a delivre.*
  Corr. Firetz ben *e delhivre.*

GLOSSAIRE.

Le poëme précédent contient un assez grand nombre de mots que l'on ne trouve point dans les autres monuments qui nous restent de l'ancienne langue provençale. Beaucoup d'autres termes provençaux qui sont communs à ces monuments et au poëme se présentent dans celui-ci avec des acceptions et sous des formes particulières également inconnues aux premiers. Par ces raisons, la lexicographie du poëme dont il s'agit est d'une véritable importance, non-seulement pour l'étude du provençal, mais pour celle des idiomes romans en général, et j'ai cru bien faire d'en donner un aperçu. Voici donc un glossaire compilé dans cette intention.

Ce glossaire aurait pu être beaucoup plus long, sans être plus intéressant ou plus utile. Je n'ai voulu y comprendre que les mots les plus remarquables et ceux qui s'éloignent le plus du français par leur acception, par leur forme ou leur origine. J'ai cru devoir y admettre aussi quelques mots dont je n'ai point connu la signification précise et n'ai pu donner qu'une interprétation conjecturale. J'ai voulu par là les signaler à des recherches plus heureuses ou à des connaissances plus complètes que les miennes.

GLOSSAIRE.

A

A pour *Ab* ou *Am*. — *A mot granda dolor*, avec *ou* en grande douleur.

Ab, *Am*, avec.

Abando, en toute liberté, de tout son élan.

Abans, la même chose que *Ans*, *Enans*, avant.

Abastar, suffire.

Abdurat, dur, formidable, se dit tant des choses que des hommes.

Abelir, plaire, paraître beau, gracieux, devenir beau, agréable.

Abetz, habitudes, qualités, inclinations.

Abitz. Voy. *Aibitz*.

Abrandir, allumer, mettre le feu.

Abrivatz, lancé, ayant pris son élan, se mouvant avec force.

Acabar, achever, conduire à bout.

Acausar, *Acalsar*, écraser, couvrir de pierres.

Accorre, défendre, secourir, venir en aide.

Aceimar. Voy. *Acesmar*.

Aceiral, adj. d'acier, fait d'acier.

Acesmar, *Asesmar* (s'), s'apprêter, se disposer à une chose.

Aco, cela, ce que.

Acomiadar, prendre congé, congédier.

Acullhir (s'), se réunir, se rassembler pour une entreprise commune.

Adaptir, *Azaptir*, attaquer, assaillir.

Ades, soudain, à l'instant.

Adobar (s'), se préparer, s'apprêter, s'orner.

Adontir, braver, défier, abaisser, vaincre.

Adreit, bien disposé, propre à une chose.

Adreituratz, redressé, traité selon le droit.

Aed, âge, temps, durée, vie.

Aesmar, imaginer, penser, concevoir, estimer par réflexion.

Afans, peine, fatigue morale ou physique, chagrin.

Afazendatz, affairé, occupé.

Afelezitz, empiré, gâté. (Leçon douteuse.)

Afinar, épurer, raffiner, ennoblir.

Afinar (s'), conclure, finir avec quelqu'un, faire la paix avec lui.

Afolcar, appuyer, secourir.

Aformar, arranger, mettre en ordre.

Afortitz, brave, vaillant, ferme.

Afozenc, ouvrier qui travaille à la terre, fossoyeur?.

Agradar, plaire, agréer, approuver.

Aguar (s'), se disposer, s'exciter, se préparer.

Aibitz, ayant des habitudes caractéristiques, doué de certaines qualités. — *De sen aibitz*, doué de sens.

Aiga, eau.

Aiguilent, églantier.

Aips, qualités naturelles, habitudes, penchants.

Air, air menaçant, fierté. — *Pertal air,* d'un air si menaçant.

Airar. Voy. *Azirar.*

Aizinar, avancer, améliorer, rendre plus facile.

Aizinar (s'), prendre ses mesures, s'apprêter, se disposer, se camper, s'établir.

Aizitz, paisible, tranquille.

Ajudar, aider, secourir.

Alabers, roue de moulin, ou l'arbre de cette roue.

Alban, espèce d'oiseau de proie, probablement de vautour.

Albercs. Voy. *Albergada.*

Albergada, en vieux français *Albergue, Héberge,* l'action ou le lieu d'héberger, de prendre son logement, son quartier.

Albers, pour *Albercs.*

Albirar (s'), croire, s'imaginer, penser.

Albor, l'aube du jour.

Albors, arbre.

Alcotos, en vieux français *Auqueton,* cotte de mailles ou la partie du vêtement dont cette cotte était recouverte.

Aleitos, disgracié, hors de faveur, et comme hors de la loi commune.

Alferan, cheval de bataille, *Auferan.*

Almiran, titre par lequel les troubadours désignent les rois arabes de l'Espagne.

Almiratz, émir, chef musulman.

Alquitran.—*Focalquitran,* espèce de feu grégeois dont on faisait usage à la guerre, surtout dans les siéges.

Altrezi, aussi, de même.

Alugorar, illuminer, mettre en splendeur.

Alzar, Auzar, lever, élever, dresser.

Amagatz, réfugié, abrité, mis en sûreté, caché, du verbe *Amagar.*

Amaire, ami, amateur.

Amarvir, saisir, prendre, tendre, mettre aux mains d'un autre.

Amarvitz, saisi, en possession d'une chose, dispos, prêt, habile.

Ambans, terme de fortification qui, pour revenir fréquemment, n'en reste pas moins impossible à préciser. Il me paraît désigner des espèces de tours ou de bastions en saillie sur la ligne générale des murs pour défendre les abords de ceux-ci.

Ambos, Ambas, et *Amdoi, Amdui,* les deux, tous les deux.

Amermar, affaiblir, diminuer, amoindrir.

Amiyvir, expression dont je ne connais pas d'autre exemple, et qui signifie: traiter en ami.

Et pos tant vos ai dat ni vos amiyvitz.
V. 4217.

Amparaire, protecteur, défenseur.

Anal, annuel, de chaque année.

Ancessor, ancêtres, devanciers.

Angevina, angevine, pièce de monnaie de l'Anjou.

Anta, honte, opprobre, affront.

Aondar, aborder, seconder, aider, être utile.

Aordenar, mettre en ordre, donner les derniers sacrements.

Apas (d'), tout doucement, sans bruit.

Apenre, Apendre, dépendre de, être annexé à, faire partie de.

Aperceubutz, avisé, prudent, sur ses gardes, prêt à agir.

Apert, expert, habile.

Apoderar, s'emparer, se rendre maître.

Apostitz, imposés de force, illégitimes.

Apostolis, Apostols, le pape, le chef de l'église.

Aprimairar (*s'*), s'avancer, se mettre en avant, au premier rang.
Aprobiar, approcher.
Aprosmar (*s'*), s'approcher.
Arabitz, cheval arabe ou cheval en général.
Aranha, araignée. — *Obra d'aranha*, œuvre d'araignée, pour dire fragile.
Aratge, voyage, chemin, course.
Arca, coffre.
Arditz, la première attaque, le premier moment d'une bataille.
Ardor, inimitié, discorde.
Ardre, brûler, jeter au feu.
Aremaner, Aremandre, demeurer, rester.
Areners. Voy. *Areniers*.
Arengar (*s'*), se mettre de file, se ranger, prendre son rang.
Areniers, terrain sablonneux, rivage, grève.
Aribar, prendre rive, aborder.
Arlotz, bandits, mendiants organisés en bandes qui suivaient les expéditions de guerre, en quête des occasions de piller.
Arnes, équipages, bagages, meubles.
Arotea, Arotada, réunie, rangée, tenue ensemble d'une troupe de guerre.
Arquier, archer.
Arramir, engager sa foi, sa parole avec serment.
Arrezar, orner, garnir, mettre en état de service.
Asabentar, faire savoir, informer.
Asazado, a. adjectif que je n'ai point vu ailleurs et qui paraît ici signifier : riche, florissant, abondant en productions.
Asclar, briser, mettre en pièces, en éclats.
Asclatz, débris, éclat, morceau.
Asesmar, apprêter, assaisonner.
Asiz, a. adj. situé, assis, posé.

Assatz, fort, beaucoup.
Asseguratz, assuré, résolu, intrépide.
Asta, lance, pique.
Astrar, mettre sous l'influence d'un astre, d'une étoile.
Astre, astre, étoile; au figuré : fortune, destinée bonne ou mauvaise.
Astruc, ayant un astre, une étoile bonne ou mauvaise; par extension : heureux, fortuné.
Atabors, tambour.
Atemprar, mettre en état de service, arranger, disposer, animer, exciter, retremper.
Atizar, exciter, encourager, attiser.
Atras, en arrière.
Atrazai, à l'avenir, désormais.
Atrobar, trouver, rencontrer.
Aturea, Aturada, ferme, brave, intrépide; à l'abri, en sûreté.
Auca, oie.
Aucir, occire, tuer.
Auctor, garant, répondant.
Aunir, Aonir, honnir, déshonorer.
Aur, augure, auspice.
Auriban, oriflamme, drapeau.
Ausor, forme comparative de *Aut. Ausor*, plus haut, plus élevé.
Autreiar, accorder, consentir, octroyer.
Auzel, oiseau.
Auzelo, oisillon, oiseau.
Auzir, entendre, ouïr.
Avairos, avare, sordide.
Avantar (*s'*), se porter en avant, s'avancer, réussir.
Aventuros, aventureux, qui cherche avidement les occasions d'acquérir de la gloire, du pouvoir.
Aver, avoir; toute sorte de propriété et de richesse.
Aversers, Aversiers, ennemi, adversaire.
Avespratge, soirée, approche de la nuit.

Avinens, avenant, plaisant, gracieux.
Avols, bas, vil, mauvais.
Azes, âne.
Azirar, prendre en haine, en déplaisance.

B

Badatge, Vatatge, retard, délai.
Bailia, pouvoir, gouvernement, autorité.
Bailir, gouverner, diriger. — *Malbailir,* mal gouverner.
Balada, chant de danse.
Balansa, incertitude, danger, crise.
Bandeiar, agiter, faire voltiger.
Bar, Baro, Baros, homme dans le sens le plus général.
Baratar, trafiquer, entreprendre des affaires, négocier.
Barbacana, partie des murs munie de contre-forts et dans laquelle on pratiquait des ouvertures pour tirer sur l'ennemi.
Barnad, gens, troupe, compagnie.
Barnat, race, famille.
Barnatge, troupe, multitude d'hommes armés, de braves.
Barreiamens, attaque, assaut; dégât, dévastation, destruction.
Barreiatz, attaqué, pris d'assaut.
Bassetament, tout bas, à voix basse.
Batalhier, épithète appliquée aux murs et à certaines parties des fortifications d'une ville de guerre, comme qui dirait murs de bataille, de défense.
Batbaten, adverbe d'une forme particulière consistant dans la répétition de l'adjectif dont il est formé. *Batbaten* pour *Batenbaten,* piquant, éperonnant fort, en hâte.
Baudor, assurance, vivacité, hardiesse.
Bauds, joyeux, animé, hardi.
Bautz. Voy. *Bauds.*

Bauzaire, traître, faux.
Bauzar, trahir, tromper.
Belazor, comparatif de *Bella.*
Belsas, sorte de flèche. — *Sagetas e belsas d'arc manal.*
Benanans, prospère, fortuné.
Benazet, Benezetz, béni.
Benestans, salutaire, convenable.
Bescalo, terme de fortification que je suppose signifier double escalier.
Bisbe, évêque.
Biz, Biza, adj. brun, tirant sur le noir.
Blandir, apprivoiser, soumettre, flatter.
Blizo, surtout, vêtement de dessus.
Blos, nu, dépouillé, privé de.
Bobanciers, magnifique, dépensier, aimant l'apparence et l'éclat.
Bobans, faste, le goût et l'habitude de la pompe, du luxe; étalage d'opulence, de noblesse et de grandes manières.
Bocal, entrée des lices, des palissades, de toute avenue fortifiée.
Bofo, bouffon, machine de guerre.
Boias, chaînes, entraves.
Bordoner, Bourdonnier, porte-bourdon. Nom par lequel les habitants des pays envahis par la croisade albigeoise désignaient les Croisés.
Bosson, machine de guerre pour l'attaque des places.
Bossos, espèce de trait, de grosse flèche lancée par les arbalétriers.
Bot, forme tronquée et populaire de *Nebot,* neveu.
Bragas, braies.
Braguers, braguier, la partie de l'armure

qui était faite pour couvrir les cuisses.

Braidis, hennissant, criard.

Brailar. Voy. *Braire.*

Braire, faire du bruit, bruire, brailler, crier.

Bran, épée, glaive, épieu.

Brandir, agiter, secouer, trembler, vaciller, s'agiter.

Brandos, torche, tison brûlant.

Brazos, brassards, partie de l'armure destinée à couvrir les bras.

Brega, mêlée, embarras, tumulte, querelle.

Bres, berceau.

Bres, ruine, naufrage, destruction.

Els son vengut al bres e al loc perdedor.

Breu, charte, bref, contrat.

Brezo. Voy. *Blizo.*

Brico, coquin, fripon, traître.

Brocar, piquer au moyen d'une chose aiguë.

Brocida, terme de guerre, désignant, je présume, une palissade formée de pieux aigus.

Brolhar, poindre, percer, bourgeonner.

Brotos, bourgeon, bouton de fleurs ou de feuilles.

Brufol, buffle.

Brumor, état brumeux, obscurité. — *La brumor de l'aire.*

Brunit, bronzé.

Brutla, forme féminine du substantif *Brutles*, vacarme, tumulte.

Brutz, le sein, la poitrine.

C

Cab, tête, commencement.

Termes ques el cab de Serdenha..

Cabal, le capital, le fort, le principal d'une chose.

Cabal (tot de), en entier.

Cabessaletz, dimin. de *Cabessal*, coiffure, coiffe.

Cabirou, chevron, pièce de charpente.

Cada, indécl. chaque.

Cadafaus, échafaud, échafaudage, galerie.

Cadaus, chacun.

Cairel, carreau, flèche.

Cairos, pierre, tuile.

Cais (el), le gosier, la gorge, la face, le visage.

Caissals, dent molaire. — *Els caissals estremiers*, les dernières dents, celles du fond de la bouche.

Caitiu, pauvrets, misérables.

Caitiviers, misère, état chétif.

Calabre, calabre, machine de guerre.

Calcina, Caucina, chaux, ciment, mortier.

Caler, chaloir, être à cœur.

.... *a no men cal.*
V. 4845.

Calina, la chaleur de l'été, le temps chaud.

Calomjar, réclamer par-devant justice.

Cambos, plaine cultivée, champ de blé.

Canha, Cagna, chienne.

Canonge, chanoine.

Cantels, pièces, morceaux, quartiers.

Canutz, chenu, blanc de vieillesse.

Capa, cape, manteau.

Capdal, chef, capitaine, commandant.

Capdel, chef, gouverneur.

Capdelaire, chef, guide, conducteur.

Capdolh, capitole, citadelle, la partie la plus élevée d'une ville.

Capitol. Voy. *Capdolh.*

Captelar, Capdelar, conduire, commander, particulièrement en guerre.
Captenemens. Voy. *Captenensa.*
Captenensa, conduite, façon de vivre et d'agir.
Captenir, soutenir, maintenir.
Car, précieux, excellent, rare.
Cara, face, visage, aspect.
Caratrona, visage refrogné, mine mécontente.
Carbe, chanvre.
Carcers, prison, cachot.
Carnal, carnaval, saison où il est permis de manger de la chair.
Carner, boucher, marchand de chair.
Carpir, saisir, prendre, arrêter.
Carpitz, pris, saisi.
Carrel, carreau, trait. Voy. *Cairel.*
Carzir, rendre cher, précieux.
Cascavels, grelots, sonnettes.
Castiar, Castigar, châtier, punir, corriger, enseigner.
Castiat, corrigé, réprimandé.
Castiers, leçon, sermon.
Casutz, tombé.
Caus, Cals, chemin, rue.
Cauzimens, ménagement, égard, courtoisie, merci.
Cavalgada, chevauchée, expédition de guerre en général, détachement de cavalerie, cavalerie.
Cazir, abaisser, faire déchoir.
Celadament, en secret, à la dérobée.
Cembels, Cembeus, appel, signal, particulièrement celui du combat, donné par divers instruments de musique.
Cendatz, Sendatz, drap de soie.
Certz, ferme, assuré, résolu.
Cervigal, cervelle, oreiller.
Cervitz, crête, sommité d'une forteresse.
Cessal, le revenu du cens, capitation?
Chaplar, tailler, trancher.

Chaplei, carnage, boucherie, tuerie.
Ches pour *Chis,* chiens.
Ciscles, sifflements.
Clamar, demander, exiger, réclamer.
Clams, réclamations, plaintes, plaid.
Clatz, bruit, voix. — *A un clatz,* d'une voix.
Cobeitos, avide, désireux.
Cobrir (se), s'excuser, se justifier.
Cocha, hâte, l'action de hâter, de presser; angoisse, péril, foule.
Cochos, en grande hâte, pressé.
Coinde, élégant, gracieux, beau, bien paré.
Coisna, peau, fourrure.
Coita, attaque, assaut; hâte, presse, mêlée, foule.
Coitatz, pressés, serrés, mis en détresse.
Coladitz, coulant, bien poli, bien affilé.
— *Motz coladitz,* paroles flatteuses, s'insinuant doucement dans la pensée.
Colonhes, épée fabriquée à Cologne.
Colpal, fautif, criminel.
Combas, vallées.
Comdor, comte relevant immédiatement du roi.
Cometter, attaquer.
Cominaltatz, la communauté, la partie de la population d'une ville distincte de l'ordre des chevaliers et de celui des bourgeois.
Comjat, congé.
Comprar, acheter, acquérir par échange.
Condutz, provisions, vivres, fourniture de vivres.
Congauzir, se réjouir réciproquement, s'entre-féliciter.
Conreetz, au lieu de *Conreatz,* défrayé de toutes choses en voyage.
Conrei, équipages, bagages.
Conres, l'action de défrayer quelqu'un

de sa dépense, hospitalité; provisions, vivres.

Contens, guerre, débats.

Contensa, guerre, dispute, opposition, débats, résistance.

Contenso, résistance, lutte, opposition.

Contenson (per), à l'envi.

Contenta, leçon douteuse. Voy. *Contensa*.

Contrastar, disputer, quereller.

Coral, adj. de cuir, fait de cuir.

Coral, adj. cordial, venant du cœur.

Coralha, le cœur, pris au matériel.

Coratge, cœur, pensée, courage.

Coronatz, tonsuré.

Corossos, plein de courroux, sujet à se courroucer.

Cosseguitz, atteint, attaqué, pris.

Cossirar (se), réfléchir, considérer en soi-même.

Cossiros, soucieux, pensif.

Costals, terme de fortification qui semble indiquer une partie des *ambans*, d'où les assiégés lançaient des projectiles parallèlement aux murs de la place pour en défendre l'approche ou l'escalade.

Costumat, accoutumé, usité.

Cotofle, bouteille, carafe, vase de verre.

Covent, condition, convention, traité.

Covina, arrangement, accord.

Coviro, mot dont je ne connais qu'un seul exemple, dans le vers 5146, où il paraît signifier rue, place ou quartier.

Crebeia, Crebada, qui point, qui vient de poindre, en parlant de l'aube.

Cregutz, Crescutz, accru, arrivé au terme de sa croissance ou de son accroissement.

Cremat, brûlé, consumé par le feu.

Crenutz, garni de crins.

Cridaditz, bruit de cris confondus, criailleries.

Cristal, crête, sommité d'une ville.

Nos cobrarem Belcaire el castel el cristal.

Cristals, crêtes, panaches.

Cros, trou, fosse.

Crotlar, ébranler, branler, chanceler.

Cruichir, Croichir, Cruchir, briser, mettre en pièces.

Cruzitio, méchanceté, perversité, bassesse.

Cuidar, croire, penser.

Cuidars (lo), prétendre, ambitionner.

Cujar, croire, penser, imaginer.

Cumenjar, communier, recevoir la communion.

Cumenjatz, communié, ayant reçu la communion.

Cunhatz, beau-frère.

Cura, soin, souci.

D

Dam, Damn, Dans, dommage, perte.

Dardacers, archer.

Dardasier, archer, habile à lancer des dards.

Datz, dés à jouer.

Davalar, descendre, se mettre à val.

Debonnaire, épithète d'un sens très-complexe, qui équivaut à peu près à celles de noble, de généreux, de gracieux, et s'entend également du caractère et des manières.

Decasar, exterminer, chasser.

Decebre, décevoir, jouer, vaincre, surpasser.

Deglaziar, détruire, exterminer.

Deleitos, charmé, satisfait, content.
Delhivrament, vite, lestement.
Delir, détruire, anéantir.
Delitz, détruit, anéanti.
Demorea, *Demora*, demeure, délai, retard.
Denant, devant, en avant.
Dentelh, créneau.
Dentelhatz, crénelé.
Deport, récréation, plaisir, divertissement.
Dereire, adverbe de lieu, par derrière.
Derenan, désormais.
Derocar, jeter de haut en bas, renverser.
Derubant, lieu escarpé, pente rapide, précipice.
Derubent. Voy. *Derubant*.
Derzer, lever, dresser.
Desavenir (*se*), l'opposé de *convenir*, se brouiller, se diviser.
Desaventuratz, tombé en mésaventure, devenu malheureux.
Desbaratar, déconfire, battre, mettre en déroute.
Descauzimens, cruauté, dureté, mauvais traitement.
Descominal, extraordinaire, étrange, insolite.
Desconortar, déconforter, troubler.
Desduire (*se*), se divertir, prendre son déduit.
Desenantir, abaisser, faire déchoir.
Desfizar, défier, déclarer la guerre, retirer la foi donnée.
Desmentir, fausser, fracasser.
Desmesura, injustice, violence.
Desparelhar (*se*), perdre son rang, se mettre hors de file, reculer.
Despoestadir, ôter de pouvoir, ôter la juridiction.

Dessenhorir, mettre hors de seigneurie, ôter la seigneurie.
Destemprar, détremper, déconcerter, amollir.
Destral, hache, cognée.
Destrapar, décamper, lever les tentes.
Destrig, embarras, détresse.
Destrigar, embarrasser, gêner, contraindre.
Desturbier, empêchement, obstacle, trouble.
Devezir, partager, diviser.
Devezitz, décidé, déclaré.
Dezamparar, abandonner, priver de secours.
Dezeretar, déshériter; dans un sens plus général, abattre, ruiner, détruire.
Dia, jour.
Dictantz, bon parleur, bon conseiller.
Didals, anneau épiscopal.
Dinnar (*se*), prendre son repas principal; il paraît qu'à l'armée ce repas se prenait de grand matin, aussitôt après le lever des troupes.
Diptatz, légat, du latin *deputatus*.
Domengers, *Domesyers*, au plur. familiers, serviteurs, amis.
Domnhon, *Domnon*, la partie la plus élevée d'un château fort, celle habitée par le seigneur; le donjon.
Dona, dame.
Doncs, alors.
Donzella, donzelle, jeune fille.
Donzelos, damoiseau.
Doptansa, crainte, inquiétude.
Doptar, craindre, redouter.
Doptos, craintif, alarmé.
Dotzes, douzième.
Dreit (*en*), tout de suite, à l'instant.
Dromnon, *Dromnhon*. Voy. *Domnhon*.
Drut, *Drud*, ami, affectionné, attaché.

E

Echermens, Esserments, sarments, menu bois, bois de fagots.

Eleish, au lieu de *Elegut*, participe régulier du verbe *elegir*, élire.

Elemens (*l'*), l'air, le ciel.

Elementiers (*los*), les éléments.

Fetz deversar e ploure ab los elementiers.

Elme, heaume, pièce de l'armure défensive destinée à couvrir la tête et la face.

Em pour *Sem*, forme prise du verbe εἰμι, de même que *sem* l'est du verbe *sum*.

Embaratar (*s'*), s'embarrasser, s'intriguer.

Embatre (*s'*), se jeter, se lancer.

Embroncar (*s'*), prendre un air mécontent et courroucé, se refrogner.

Emparlatz, doué du talent de la parole.

Empris, Empres, entrepris, résolu.

Enan, adv. au contraire, au lieu de.

Enans, subst. avancement, progrès, succès.

Enansar, exhausser, élever.

Enantitz, avancé, ayant eu bonne réussite.

Enbrugitz, ébruité, dont on fait bruit.

Encalsar ou *Encausar*, chasser, poursuivre à la piste.

Encantatz, enchanté, ensorcelé.

Encaus, attaque, poursuite.

Encombratz, encombré, embarrassé.

Encombrier, difficulté, détresse.

Encontrea, Encontrada, pays, contrée.

Encuzar, accuser, incriminer.

Endemes, adv. tout d'un élan, avec vitesse.

Endorzir. Ce mot, l'un de ceux qui ne se présentent qu'une fois, et partant incertain et obscur, paraît signifier ici : rendre plus dur, plus cruel, endurcir.

Enfanso, petit enfant.

Engan, tromperie, fraude.

Enganar, tromper.

Enganatz, trompé, joué, surpris, pris par surprise.

Enjotglaritz, fait, rendu jongleur.

Ent, préposition de temps et de lieu, qui signifie vers, devers, devant, près. — *Es vengut ent al comte.* — *Tot dreit ent a Murel.* — *Tro lai ent al caresme.*

Entalentatz, ayant conçu le désir, la volonté.

Entensa, pensée, réflexion, idée.

Entremesclar, s'entremêler, combattre pêle-mêle.

Entro, jusqu'à.

Enugers, ennuis, chagrin. — *Mans mortal enugers.* — *Enogs, Enueitz, Enueg, Enut*, sont autant de formes diverses du même mot.

Envaia, assaut, attaque.

Envaiment. Voy: *Envaia*.

Envaziment. Voy. *Envaia*.

Envazir, attaquer, assaillir.

Erebitz, sauvé, échappé, pour *Ereubutz*.

Erransa, erreur, égarement.

Esbailitz, emporté, fougueux.

Ab tant vec vos lo comte ponhen e esbailitz.

Esbaldir, Esbaudir (*s'*), se réjouir, exulter, s'ébaudir.

Esbaya, Esbahia, stupide, ébahie.

Escaer, convenir, tomber à propos.

Escalar, échelonner, disposer par échelons.

Escantimens, l'action d'éteindre soit le

feu, soit quelque autre chose d'analogue.

Escantir, éteindre un feu, une flamme.

Escaritz, ida. adj. de significations très-diverses. Chéri, précieux, privilégié; abandonné, délaissé; familier, privé, secret.

Escarnir, railler, se moquer, contrefaire.

Escas, avare, chiche.

Escendre, allumer le feu, embraser quelque chose.

Escodre, délivrer, racheter. En vieux français *rescourre.*

Escoissendre, déchirer, partager en deux.

Escondir, dans un sens actif, justifier, excuser.

Escondir (s'), s'excuser, se justifier, se disculper.

Escost, partic. passif du verbe *escondre,* caché, mis en lieu secret.

Escoz, rescous, délivré.

Escudiers, escudier, homme de guerre armé d'un écu.

Esfelenar, rendre ou devenir cruel.

Esfelnir, s'emporter de colère, devenir furieux.

Esferzitz, effarouché, emporté, devenu cruel.

Esfondrar, enfoncer, abattre.

Esforzar (s'), devenir fort, prendre de l'énergie, s'animer.

Esfrei, Efrei, effroi, trouble, épouvante.

Esglais, épouvante, terreur, trouble.

Esglas, crainte, frayeur. Voy. *Esglais.*

Esglatir, rendre le dernier soupir, pousser le dernier gémissement.

Esglaziat, maltraité, blessé, frappé du glaive.

Esgremir, se fâcher, se brouiller, se prendre de querelle, guerroyer.

Eslit pour *Elegut,* vrai participe des verbes *eslir, elegir,* choisir, élire.

Esmag, trouble, souci, émoi.

Esmai. Voy. *Esmag.*

Esmaiar (s'), se troubler, se déconcerter, se décourager.

Esmanentir, s'enrichir, devenir riche.

Esmansa, opinion, idée, pensée.

Esmendar, réparer, corriger, compenser.

Esmentir, fausser, briser.

Esmeratz, éclairci, épuré, rendu joyeux.

Esmes, obéré de dépenses, ruiné.

Espaoritz, effrayé, épouvanté.

Espaorzir, effrayer, épouvanter.

Espauritz, effrayé.

Esperar, attendre.

Espleitar, exploiter, aller en avant dans une œuvre, la suivre jusqu'au bout.

Espleitz, outil, instrument.

Esquern, moquerie, raillerie.

Esquerriers, contraire, contradicteur, d'un avis opposé, incommode.

Esquiletas, sonnettes, clochettes.

Esquis, adj. âpre, difficile.

Essarrar, enserrer, enclore.

Essenhorir, mettre en seigneurie, en possession.

Essessiers, encensoir.

Establir, fortifier, munir.

Estans (en), debout, sur pied.

Estiers, adv. autrement, à part, sans compter.

Estivar, être en été, à la saison de l'été.

Estorcer, extraire, arracher.

Estornir, attaquer, livrer bataille, combattre.

Estorns, combat, guerre, assaut.

Estortz, délivré, sauvé.

Estorzer, délivrer, tirer de danger.

Estraire, se soustraire, se retirer, s'exempter de.

Estranh, a. adj. étranger, d'un autre pays ou d'une autre langue; étrange, extraordinaire.

GLOSSAIRE.

Estras, les diverses parties de l'intérieur ou des alentours d'une maison.

Estraus, *Estrals*. Je ne sais pas le sens de ce mot, mais il paraît vouloir dire ici une sorte de bateau ou la partie des bords du Rhône qui servait de port à Tarascon et où étaient amarrés les bateaux et les navires des Tarasconnais.

Estreia, *Estrada*, chemin pavé, chaussée, grande route.

Estremiers, le dernier, celui qui vient après tous les autres.

Estriub, étrier.

Estros (a), directement, immédiatement, franchement, tout de suite.

Estuziar, étudier.

F

Fadatz, mot difficile à rendre en français sans périphrase ; c'est l'italien *fatato*, celui à qui en naissant est échu tel ou tel sort, telle ou telle destinée.

Faichals, *Faissals*, lourd, pesant, ramassé de manière à s'adapter aisément à la main.

Fais, fardeau, paquet. — *A un fais*, tous ensemble, tous à la fois.

Faisos, aspect, façons, manières ; les traits du visage.

Faizimentz, persécutions, traverses, dommages.

Faizit, exilé, banni, à la suite d'une faide ou querelle.

Falha, torche, flambeau.

Fanha, fange, boue.

Fat, insensé, imbécile, sot.

Favelar, parler, discourir.

Fazendiers, actif à l'ouvrage, expéditif en affaires.

Felenar. Voy. *Esfelenar*.

Felnessamens, avec colère.

Felnia, colère, méchanceté, cruauté.

Felonia. Voy. *Felnia*.

Felos, indigné, irrité, mécontent, cruel.

Fer, *Fera* (*ferus*, *a*), sauvage, féroce, terrible, de difficile accès.

Feretad, fierté, bravoure guerrière.

Ferir, donner dans, tomber dans, s'abattre dans.

Fetges, foie.

Fevaters, feudataire, tenant fief.

Feziciaire, feudataire, tenancier de fief.

Ficar, planter, ficher.

Ficor, jeune, celui qui est dans la fraîcheur de l'âge.

Fils, cours, courant de rivière, le courant principal.

Finar, finir, cesser.

Fivela, boucle ; lat. *fibula*.

Flameians, étincelant, flamboyant, luisant.

Fluria, où sont peintes des fleurs.

Fogairo, foyer, les cendres du feu.

Fogal, foyer, logement.

Foleiar, agir et parler follement.

Folor, folie, sottise.

Fondre, abattre, démolir, renverser.

Formir, soutenir, achever, fournir.

Fors, hors, dehors.

Forsa, forteresse.

Forsor, comparatif de *Fort*, plus fort.

Fossors, bêche, outil de fossoyeur.

Fraiche, *Fraisse*, frêne, arbre.

Fraitura, manque, besoin, pauvreté, misère.

Fraizitz, pauvre, dénué.

Franher, briser, mettre en pièces.

Frans, brisement, l'action de briser.
Frevol, faible, mal fortifié, frêle, pauvre, misérable.
Frim, frémissement, bruit, bruissement.
Fronia, brisée, rompue.
Frontaliers, adversaires, ceux que l'on a en face de soi à la guerre.
Fronzir, fausser, bosseler.
Fronzit, plissé, froncé. — *E tant cervel fronzit.*
Fulhos, feuillé (*foliosus*). — *Lo tems fulhos*, le temps des feuilles.
Fust, bois brut, tronc d'arbre.
Fusta, forme féminine de *Fust*.

G

Ga, gué de rivière.
Gabador, farceur, mauvais plaisant, moqueur.
Gabar, plaisanter, folâtrer, se moquer.
Gabei, plaisanterie, moquerie, action ou propos pour faire rire.
Gaire, peu, rien, nullement.
Gaita, guet, sentinelle en observation devant l'ennemi; l'action de guetter.
Galaubier, tout seigneur, tout personnage se piquant de courtoisie et d'actions nobles et chevaleresques.
Galcant, le chant du coq, pour dire le poindre du jour.
Galiador, trompeur, faussaire.
Galiament, tromperie, fraude.
Gambais, jambard, pièce de l'armure défensive destinée à couvrir la jambe.
Gandir, échapper, se sauver, se défendre.
Gandir, garantir, préserver.
Garnimens, armure défensive.
Garnir, s'armer, se munir d'armes offensives ou défensives.
Gartz, garçons, gars; dans un mauvais sens : vauriens, bandits.
Gat, Gata, chat, chatte, machines employées à l'attaque des places.
Gaug, joie, plaisir.
Gauh, joie, réjouissance. Voy. *Gaug*.
Gazanhar, gagner, acquérir.
Gazardos, Gazerdos, qui se dit aussi *Guizardos*, récompense, prix, compensation.
Geldos, Guedos, troupe, bande de piétons.
Genhs, engins, machines de guerre.
Gensor, comparatif de *Gent*, gracieux, agréable, noble.
Gequir, abandonner, laisser, rejeter.
Geris. J'ignore le sens de cet adjectif, que l'on peut suspecter d'incorrection. Dans le vers 7148, où il est employé comme épithète de cervelle, il semble signifier froncé, plissé, *crispus* en latin.
Ges, adverbe de négation. Nullement, point.
Gesta, histoire, récit.
Gietar por, au lieu de *porgietar*, jeter en avant, lancer, repousser. C'est un des exemples fréquents en provençal d'une préposition isolée d'un verbe qu'elle modifie.
Ginhos, rusé, trompeur.
Giquir, laisser, abandonner, quitter, renoncer.
Giroflatz, jaunâtre, couleur de giroflée. Épithète appliquée aux vins.
Giros, cercle, cerceau.
Girval, de nature de gerfaut, brave, vaillant.

Glatir, gémir, crever, éclater en gémissant.

Glazios, appartenant au glaive, causé par le glaive, redoutable, terrible.

Glot, terme de mépris. Un misérable, un pleutre.

Gonios, gonion, pièce de l'armure défensive.

Gousa, chienne, espèce de machine de guerre.

Goutz, terme injurieux dont j'ignore la signification précise. C'est peut-être une réminiscence de la domination des Goths.

Graciers, celui qui fait profession de demander grâce ou de la faire.

Grageus, Grayels. Ce mot dérivé du verbe *gragelar*, fourmiller, germer, pousser, est employé ici figurément comme synonyme de *coup, blessure*.

Graiels, Graieus, bruit, son d'instruments aigus.

Graile, clairon, fifre, hautbois.

Gramaire. Voy. *Gramazi*, qui a la même signification.

Gramazi (*grammaticus*), latiniste, savant en général.

Granha, grêle, la mauvaise saison.

Grazaletz, diminutif de *Grazal*, petit vase de terre.

Grazals, vase de terre, vase en général.

Grazir, remercier, rendre grâce.

Greu, va. adject. pénible, difficile, grave.

Greva, grève, gravier.

Grondir, murmurer, frémir.

Guarambels, Guarambeus, tournoi, combat, attaque, poursuite.

Guarizo, défense, ressource, expédient, remède.

Guerida, défense, toute espèce de fortification.

Guia, Guisa, guise, façon, manière.

Guidonatge, impôt sur les chemins, sur le transport des marchandises.

Guirens, garant, sauvegarde.

Guiscos, adroit, intelligent, ingénieux.

Guisquetz, guichet, petite porte.

Guizar, mener, conduire.

H

Homicidiers, meurtrier.

I

Ichament, Issament, de la même manière, de même.

Ichernit, Issernit, distingué, éminent entre plusieurs.

Ir, aller, partir, s'en aller.

Ira, chagrin, ennui, colère.

Irascut, courroucé, chagrin, mécontent; part. pass. du verbe *irascer*.

Iratz, chagrin, attristé, courroucé; participe du verbe *irar*.

Iror, fâcherie, dépit, rancune.

Isnel, vite, prompt.

Isnelament, promptement, vite.

Issament. Voy. *Ichament*.

Issarratz, en détresse, embarrassé, enserré.

Isseda, Issida, issue, sortie.

Issir, sortir.

Istra, pour *Issira*, il sortira, futur du verbe *issir*.

85.

J

Jai, joie, réjouissance.
Jauzir, jouir, se réjouir.
Jornal (a), en plein air, sous le ciel.
Jos (en), bas, en bas.
Jotglar, jongleur.
Junquia pour *Joncada*, jonchée, couverte de joncs.
Justar, la même chose qu'*Ajustar*, réunir, mettre ensemble.

L

Lagremas, larmes.
Laguiatz, indolent, paresseux, sans gloire.
Laguitz, honte, opprobre, mollesse.
Laiens, là dedans, là-bas dedans.
Laire, voleur, larron.
Lairo (a), en secret.
Laitiers, vivant de lait, à la mamelle.
Lamela, diminutif de *Lama*, lame, épée.
Lans, crise, coup de dé, de fortune; péril, épreuve.
Lans, l'action de s'élancer, de se précipiter sur l'ennemi.
Laor, adverbe de temps. Lorsque.
Larcs, libéral, donnant volontiers.
Largor, aisance, abondance.
Lata, perche, long bâton.
Latiners, latinier, homme instruit, lisant ou parlant le latin.
Latz, côté. — *Devas trastotz los latz*, de tous les côtés.
Latz, lacet, lien, nœud coulant.
Lauz, louange, mérite.
Lauzengiers, *lauzengers*, suspect, mauvais conseiller, flatteur, ennemi, calomniateur.
Lauzor, louange, éloge.
Legismes, légitime.
Legitz, d'élite, de choix.
Legueia pour *Legada*, la durée, l'espace d'une lieue.
Lenha, bois.
Leo, *lea*, adject. joyeux, joyeuse, forme tronquée de *Ledo*; *Leda*.
Leones, adject. de lion. — *Cor leones*.
Letz, joyeux, content.
Letz, large, vaste.
Letzer, être loisible, être permis.
Liar, de couleur roussâtre ou gris pommelé.
Ligendiers, sachant lire, accoutumé à lire.
Lin, navire, bateau.
Lins, au pluriel, vaisseaux, bateaux.
Lo, article employé au lieu du pronom démonstratif *celui-ci*, *celui-là*. — *I ac lo jorn cruicia*. Voy. le mot *Sel*.
Logombart. Ce nom désigne proprement ici les envahisseurs germaniques de l'Italie généralement connus sous ce nom, et non vaguement les Italiens auxquels on avait approprié la dénomination de *Lombards*, qui n'est qu'une légère variante de la première.
Loguadiers, homme de guerre à la solde.
Loguiers, loyer, salaire, solde.
Lombardia, l'Italie en général.
Lotja, loge, baraque.
Lugans, Lucifer, l'étoile du matin.
Lugor, clarté, lumière du jour.
Lumdar, le seuil d'une porte.

M

Maichela, Maicela, Maissela, mâchoire, la partie inférieure de la figure.

Mainada, troupe de guerre aux ordres d'un seul chef, famille.

Mainader, Mainadier, chef de bande armée.

Malastruc, malheureux, misérable, né sous un mauvais astre.

Malaudeiar, être malade, infirme.

Malauratz, malheureux, ayant pour lui de mauvais augures.

Malaurea, mauvaise, méchante.

Malaut, malade, infirme.

Malautia, maladie, infirmité, indisposition.

Malavetz, infirmité, maladie.

Malestansa, malaise, inconvenance, mal-être.

Malevar, engager, mettre en gage, garantir.

Malgoires, Melgores, monnaie de l'ancien comté de Melgueil.

Malmenar. — *Se malmenar vas alcun*, se mal conduire, se mal comporter envers quelqu'un.

Mancips, valet, jeune garçon.

Mandament, ordre, commandement.

Manejar, au lieu de *Manjar*, manger.

Manens, riche, enrichi.

Manentia, richesse, particulièrement richesse territoriale.

Manentias, richesses foncières ou mobiliaires de toute espèce.

Manes (de), tout de suite, à l'instant.

Maniers, fait pour la main, apte à la main, maniable.

Mans (els), au pluriel, les ordres, les commandements.

Mant, en grand nombre.

Mantenens, de près, corps à corps.

Mantenent, sur-le-champ, tout de suite.

Marabotis, marabotins, monnaie des Arabes d'Espagne.

Marces, peut-être *Murces*, le royaume, le pays de Murcie en Espagne.

Marritz, chagrin, mécontent, malheureux, troublé.

Marviers, Marvers, prompt, rapide. Voy. *Amarvitz*.

Mas, seulement, pas plus de.

Mascarat, déguisé, masqué, perfide, faux.

Masmudina, masmudine, pièce de monnaie musulmane d'Afrique ou d'Espagne.

Massa, formule de superlatif. — *Massa bos guerrers*, fort bon guerrier.

Masseta, massette, petite massue.

Matar, tuer, mater.

Matz, fou, écervelé, insensé.

Mautas, branle de cloches, volées.

Mazans, bruit, tumulte, particulièrement celui d'une fête, celui que font beaucoup d'hommes affairés qui vont et viennent, s'ébattent ou se réjouissent.

Mazels, boucherie, tuerie.

Membrar, se souvenir de, penser à.

Membratz, sage, réfléchi, prudent.

Menazon, dyssenterie.

Mendigueiar, mendier.

Mens, esprit, pensée.

Que la mortz del paire mes ichidu de mens.

Mentir, la même chose que *Esmentir*, fausser, déchirer, rompre.

Tant capmal derompre et tant ausberc mentir.
V. 5179.
Que lescut li debriza e lausberc li mentitz.
V. 5809.

678 GLOSSAIRE.

Menudiers, chétifs, mesquins.
Mercadal, la place du marché, le marché.
Merceiar, remercier, rendre grâce.
Mermar, diminuer, s'amoindrir.
Mermatz, diminué, amoindri.
Mescabar, malmener, perdre, ruiner.
Mescabetz, pour *Mescabatz*, diminué, déchu, ruiné.
Mesclar, brouiller, diviser, mettre aux prises.
Mesclar (se), se brouiller, se prendre de querelle.
Mesclatz, ada. adject. mêlé, contigu à un autre.
Mescrezuda, mécréante.
Messio, dépense.
Mestier, service, usage, besoin.
Meteish ou *Meteis*, lui-même (*ipsemet*).
Metge, médecin.
Mia, négat. point, pas, aucunement.
Mialsoldor. Voy. *Misoldor*.
Miracle. Voy. *Mirador*.
Mirador, vedette, tour d'où l'on découvre au loin le pays (*specula*).
Miramelis, altération du titre arabe *emir el mumenin*, signifiant: roi, chef.
Misoldor, cheval de guerre, de bataille. — *Caval misoldor*.

Lor auciran tant cors e tant bo milsoldor.
V. 6808.

Mogut, partic. passé de *moure*, *mover*, se mouvoir, marcher, aller.
Molher, femme, épouse.
Molherar, donner ou prendre femme, marier quelqu'un, se marier.
Mon, monceau.
Monedier, monnayeur, ayant le privilége de battre monnaie.
Monge, moine, religieux.
Monton, tas, monceau.
Mores, moreau, noir, en parlant d'un cheval.
Mortz, mortalité, carnage, tuerie.
Mostela, fouine, genre de machine de guerre.
Motz, *Molt*, en grand nombre, plusieurs.
Mudar (se), se remuer, changer de place.

N.

Nadal, Noël, la fête de la Nativité.
Nadar, nager.
Nafrar, blesser.
Nafratz, blessé.
Natural, franc, vrai, légitime.
Nautors, nautonier, homme de rivière.
Nazal, la partie du heaume où le nez était logé.
Negatz, noyé.
Negrors, obscurité, temps sombre.
Negus, personne, nul.
Neps, neveu.
Nesci, ignorant, stupide, sot.
Neula, brouillard.
Neus, neige.
Nielatz, épithète dont je ne puis déterminer la signification précise; elle paraît désigner un genre d'ornement usité sur diverses pièces de l'armure offensive ou défensive, particulièrement sur l'épieu et l'écu.
Nient, rien, néant. — *Aver e nient, a nient*, tenir pour rien, mépriser.
Nog, nuit.
Noiza, tumulte, bruit.
Notz, noix.

O

Obrador, boutique, atelier.
Obs, œuvre, besoin, nécessité.
Oc, oui.
Ocaisos, accusation, inculpation, procès.
Ola, marmite, vase de terre ou de métal.
Olor, odeur, parfum.
Oltracujatz, outrecuidé, insolent, injurieux.
Om, Hom, pronom indéterminé : on.
Omenatge, hommage féodal.
Oncas, jamais, onques.
Ondratz, honoré, considéré.
Ongan, adverbe de temps. Maintenant, cette année.
Onor, au féminin, honneur, s'entend toujours de la portion de terre, grande ou petite, tenue en fief ou possédée à raison d'une concession reconnue, et à des conditions de service déterminées.
Onque, en tout lieu, où que ce soit.
Onta. Voy. *Anta.*
Orar, prier.
Orbs, aveugle.
Orfes, orphelin.
Ortas, jardins, lieux plantés de jardins.
Ortz, jardin, verger.
Orzols, cruche.
Ostal, maison, habitation.
Osteiador, celui qui est dans l'*ost*, qui en fait partie.
Osteiar, lever ou faire marcher un *ost*.
Ovelha, ouaille, brebis.

P

Pabies, de Pavie, fait à Pavie.
Pagar (se), se contenter, être satisfait.
Pages, paysans, les habitants, les hommes du pays, du district rural d'une cité, du *pagus*.
Paichera, réservoir à poissons, arche à poissons.
Palafre, palefroi.
Palagrilhs, poêle à frire.
Palaizis, palatin, attaché au service des palais. — *Lo rics coms palaizis,* le puissant comte du palais.
Paletz, pieu, piquet de palissade.
Pali, drap de soie.
Palma, la main, la paume de la main.
Paloteiar, escarmoucher, faire la petite guerre, la guerre à la légère.
Palutz, marais, tout lieu fangeux.
Pan, quartier, bloc d'une chose, pan de mur.
Pan, côte, face, partie. — *Per totz pans,* en tous sens, de tous côtés.
Paratge, terme générique par lequel on désignait soit les diverses classes de l'ordre féodal, soit les qualités et les vertus chevaleresques accompagnement obligé de la noblesse.
Parentor, parenté, famille.
Paret, Pared, muraille.
Paria, société, compagnie, cosuzeraineté, coseigneurie.
Parsoner, participant.
Parvensa, avis, manière de voir, opinion.
Pascor, Pâques.
Pascutz, repu, nourri. Participe passé du verbe *pascer* ou *paisser*.

Pauc, ca. adj. peu, en petit nombre ou en petite quantité.

Paus, ais, planches.

Pautonier, au pluriel, gens de néant, misérables, canaille.

Pazier, pacier, officier de l'institution de la paix.

Pazimens, pavé, carreau, lieux battus, fréquentés.

Ab tant prendon la vila et totz los pazimens.
V. 2864.

Peciar. Voy. *Pesseiar.*

Peh, poitrine. Voy. *Peitz.*

Peiratz, roche, masse de rochers.

Peirin, a. adj. de pierre, bâti en pierre.

Peiros, perron, balcon.

Peitz, poitrine, lat. *pectus.*

Pejor, pire, plus mauvais.

Pelegris, pèlerins, Croisés.

Peletz, barbe, poil.

Pelhar, peler, écorcher.

Pena (la), le comble d'un édifice.

E fo ben establida la pena e lo cloquier.

Pendant, pente, colline.

Penedensar, être absous, faire pénitence de ses péchés.

Penedensatz, celui qui a fait pénitence ou à qui une pénitence a été imposée.

Penedir, se repentir, faire pénitence.

Penjatz, pendu.

Perchasar, procurer, obtenir, faire qu'une chose arrive.

Percucio, fléau, maladie, plaie.

Perdo, pardon, indulgence ecclésiastique, rémission des péchés à condition du service militaire contre les hérétiques.

Per fort, la même chose que *Per forsa*, de force, violemment.

Perilhar (se), s'exposer au péril.

Perilhat, mis en péril.

Pero, pourtant, néanmoins.

Perparansa, offrande, destination, intention.

Perpendre, couvrir, occuper.

La Garona que perprend los graviers.

Perpessar, penser continûment, réfléchir.

Perterir, passer, disparaître, se dissiper.

Pertrait, fascines, matières jetées dans les fossés d'une place assiégée pour les remplir et les franchir.

Pervis, habile, capable.

. . . . pervis e sabens.
V. 4954.

Pesar, ennuyer, chagriner, accabler.

Pessa (gran), longtemps, durant un long espace.

Pesseiar, mettre en pièces, déchirer.

Pezansa, ennui, souci, chagrin.

Pezos, piéton, fantassin.

Picar, abattre, démolir avec le pic.

Pig, pic, outil de maçonnerie.

Pilo, trait, dard, flèche.

Pitensa ou *Pietansa*, pitié, commisération.

Pla, juste, précisément. — *Pla a l'alba*, précisément à l'aube.

Pla, simplement, clairement, à découvert. — *Lo fe el pla mostrar.*

Pla, tout à fait, entièrement.

Plait, jugement, sentence.

Plan (de), nettement, clairement.

Planier, plain, uni.

Plansos, bois de lance.

Plata, argent.

Plegar, plier, replier.

Plenetatz, abondance.

Pleniers, complet, rempli.

Plevir, donner, engager sa foi, sa parole; garantir.

Plevitz. — *Amics plevitz*, ami juré, vassal.

Ploros, en pleurs, pleurant.

Poderos, puissant. — *De tot poderos*, tout-puissant.

Poestadis, haut seigneur, suzerain, homme puissant.

Poges, pièce de monnaie du Puy.

Pogs, coteaux, collines, hauteurs.

Poldreus, *Podrels*, poulains, jeunes chevaux.

Politz, unis, ras, battus. — *Camis politz*.

Polvera, poussière.

Polveros, poudreux, couvert de poussière.

Ponh (*el*), le poing, la main.

Porcarissals, épithète fréquente d'une espèce de dard ou de pique; peut-être de celle dont on se servait à la chasse du sanglier, en latin *venabulum*.

.... *Els dartz porcarissals*.
V. 6322.

Porcatz, acquisition, profit, gain.

Porpessar, penser en soi-même, réfléchir. Voy. *Perpessar*.

Ports, montagnes en général.

Tro als ports en Alamanha.

Portz (*los*), nom populaire des Pyrénées dans les provinces, soit françaises, soit espagnoles, voisines de ces montagnes.

Portz de Lombardia, les Alpes.

Potz, puits.

Pradal, pré.

Pradaria, pré, prairie.

Preso, au lieu de *Perso*, pour cela, à cause de cela.

Prestir, pétrir du pain.

Preveires, prêtre.

Prezic, prédication.

Prim, *a*. adject. subtil, fin, mince, délicat.

Primairan, *a*. adj. premier, première, initial, en tête.

Primeta, diminutif de *Prim*, fine, subtile, menue.

Prion, *da*, adj. profond, profonde ; secret, caché.

Pro, adv. beaucoup, assez.

Pro, subst. utilité, profit, avantage.

Que mais nolh tindra pro.
V. 4031.

Professios, procession, marche religieuse, cérémonial.

Prolec, charte, diplôme, acte notarié; discours, propos, raison.

Proverbiar, faire des remontrances, sermonner, critiquer.

Pruzens, demangeaison, gale.

Pua, pointe, aiguillon.

Pudnais, punais, au propre; au figuré, détestable, abject, repoussant.

Pudor, puanteur.

Puiar, monter, s'élever.

Pujar. Voy. *Puiar*.

Punha, fatigue, peine, travail.

Punhals, *Punhaus*, adapté au poing, de grosseur et de forme à être facilement saisi et lancé par la main.

Punher, poindre, vexer, tourmenter.

Q

Que, pronom neutre. Quelque chose (*aliquid*). — *Fe que cortes e bar*, fit chose courtoise et virile.

Que, de quoi, quelque chose.

Aver que beure que manjar....

Que, ayant *que* pour corrélatif, signifie

tant. — *Que pezos que sirvent*, tant piétons que servants.

Quecs, chacun (*quisque*).

Quei, la même chose que *Quetz*, coi, tranquille.

Queque, quoi que, quelque chose que.

Querellar (se), se plaindre, se quereller.

Querir, chercher, demander.

Quidament, adv. tout coi, en secret.

Quinha, quelle.

R

Rabin, a. Ce mot, pris ici comme adjectif, paraît signifier : escarpé, situé sur une pente rapide.

Rabiners, adj. semblable à un torrent, de nature de torrent. — *El flums rabiners*. — *Aiga rabineira*.

Rai, flamme, clarté, rayon.

Raiar, couler tout du long.

Raire, au propre, tondre, raser ; au figuré, priver, dépouiller.

Rama, ramée, toute sorte de verdure et de branchages.

Ramondenc, ca. adj. formé du nom propre de Raymond, *Raymondin*, appartenant aux Raymond, ou plus précisément aux comtes de Toulouse.

Rancura, plaintes, haine, rancune, ressentiment.

Randon (de), de file, sans relâche, vivement.

Rauba, butin, bagage.

Rauzar, battre, atterrer, terrasser.

Rauzet, pour *Rauzatz*, chassé, mis en déroute.

Rauzeus, Rauzels, campagne, la pleine campagne. — *E lerba els rauzeus*.

Rays, rayon.

Raziers, de niveau avec le sol. — *Valatz raziers*.

Razitz, racine.

Razos, discours, parole. — *Mettre a razo*, discourir avec quelqu'un, s'entretenir avec lui.

Reblo, remblai, matériaux pour remplir l'intérieur d'un mur.

Rebondre, déposer, jeter.

Rebòst, enterré, mis, déposé en terre.

Recisclantz, rendant un son aigu, sifflant.

Recrezen, recru, changé, découragé.

Redonda (a la), à la ronde, à l'entour.

Redoptar (se), être pris de crainte.

Redorta, terme de fortification dont je ne puis préciser le sens : c'était peut-être le défilé par lequel on passait d'une première enceinte à une seconde, défilé tortueux et anguleux où l'on pouvait à chaque pas résister à l'ennemi.

Refiechor, réfectoire de couvent.

Reganhar, Regagnar, braire, hurler.

Regart, égard, considération, respect.

Regisme, royaume, état monarchique.

Regnas, rênes.

Regnat, royaume.

Remadors, rameur.

Remazut, demeuré, resté ; part. pas. du verbe *remandre, remaner*.

Remembrar (se), revenir à soi, reprendre ses sens, sa réflexion.

Renoier, Renouvier, usurier.

Renou, usure, prêt à usure.

Repairar, se retirer, se réfugier.

Repics, carillon.

Repig, bruit d'instruments. Voy. *Repics*.

Reprover, proverbe, sentence, bon mot.

Reproverbis, sentence, propos.

Res (*non*), néant, rien.
Rescos, caché, disparu. — *Ans del solelh rescos.*
Rescos (*a*), en cachette, secrètement.
Rescossa, recousse, délivrance.
Resos, bruit, renom, résonnement, tumulte.
Resperir, revivre, ressusciter.
Resperitz, ressuscité, revenu de l'autre monde.
Resplandir, dans un sens actif, éclairer, rendre resplendissant.
Resso, bruit, rumeur.
Retraire, exposer, expliquer, raconter.
Reuzatz, battu, déconfit. Voy. *Rauzar.*
Revenir, encourager, exciter, animer.
Reversals, se dit, mais je ne vois pas bien pourquoi, ni en quel sens, des blocs de pierre lancés du haut des murs sur les assiégeants.
Revestir, investir, dans le sens féodal.
Revironar, entourer, environner.
Rezesmer, se racheter, payer sa rançon.
Rezesmos, rançon, rachat.
Ribauts, ribaud, brigand, bandit.
Ric, puissant, glorieux.
Ricor, puissance.
Riquetatz, puissance, seigneurie.
Rocal, roche, masse de rochers.
Roci, roussin, cheval de voyage.
Rodela, diminut. de *Roda,* roue, cercle, assemblée.
Roelha, sermon, discours ennuyeux, rabâchage.
Roine (*el*), nom francisé du Rhône.
Roire, ronger, limer.
Romans, idiome roman, langue romane, par opposition à l'anglais, à l'allemand, au breton et au latin.
Ros, cheval, destrier.
Ros, rosée; au figuré, chose fragile et passagère.
Rota, foule, multitude.
Rozal, campagne, plaine. — *Perprendol rozal.* Voy. *Rauzeus.*
Rozer, ancien nom provençal du Rhône, encore aujourd'hui nommé *Roze.*
Rozer, nom provençal de la ville de Saint-Gilles.
Rumar, brûler, incendier.

S

Saba, séve, humeur.
Sabor, contentement, douceur, plaisir.
Sabrier, le même que *Sabor.*
Sagel, sceau, cachet, lettre scellée.
Saine, Saxon, né en Saxe.
Salhir, assaillir, attaquer.
Salhir, sauter, franchir d'un saut.
Sarrazinal, Sarrazinesc, Sarrazinis, Sarrazinor, appartenant aux Sarrásins, fait par les Sarrasins; dans le goût sarrasin.
Saubuda, subst. fem. connaissance, intelligence.
Saumers, animaux de somme.
Saur, a. adj. brun, tirant sur le noir.
Savenal, adj. de toile, fait de toile.
Savi, a. adj. sage, prudent.
Sazos, temps en général, saison.
Seguar, suivre, venir après.
Seguentre, adv. à la suite, après.
Sel (*aicel*), pron. dém. employé comme article : *en sel dompnhon,* dans ce donjon, pour dire dans *le* donjon. Les exemples de cette affinité remarquable entre les pronoms démonstratifs et l'article, ne sont pas rares dans

le provençal ni dans l'ancien français.
Sem, race, lignée, semence.
Semals. On nomme encore aujourd'hui à Toulouse *semals*, les vases de bois dans lesquels on transporte le raisin au temps de la vendange.
Sembels. Voy. *Cembels*.
Semdier, chemin, sentier.
Sempres, tout de suite, sur-le-champ.
Sen, sentiment, avis.
Senat, doué de sens, sage, prudent.
Senestriers, de gauche, du côté gauche.
Senha, drapeau, bannière.
Senhar, bénir, donner la bénédiction.
Senheira, la même chose que *Senha*, drapeau, bannière.
Senhs, les cloches.
Sentir, entendre, apercevoir.
Seria, adj. fémin. claire, sereine.
Seror, sœur.
Setgles, le temps d'une manière vague et générale, le monde.
Sezir, siéger.
Sisclaton, Cisclaton, Ciclaton, long manteau de soie ou de toute autre riche étoffe: M. Reinaud fait, et je crois avec raison, venir ce mot de *segalaton* qui a la même signification en arabe.
Soanar, oublier, négliger.
Soans. Ce mot, qui signifie d'ordinaire oubli, négligence, est employé une fois dans cette histoire, dans le sens de *malheur, revers, pertes*.

No perderam Tolosa nins avengran soans.

Sobdament, soudainement.
Sobiran, victorieux, souverain, le plus élevé en condition.
Sobranciers, superbe, orgueilleux, dominateur.
Sobrar, surmonter, vaincre, surpasser.

Sobredens, surdent, dent double; au fig. obstacle, embarras.
Sobredir, trop parler ou dire plus qu'il ne faut.
Sobresens, sagesse outrecuidée, habileté accompagnée d'orgueil et de présomption, opinion téméraire, extravagance.
Sobriers, supérieur, victorieux.
Sobros, reste, surplus, nécessité, besoin.
Sobtar, soumettre, subjuguer.
Sofrachos, dénué, pauvre, misérable.
Sojorn, repos, divertissement.
Sojornar, se récréer, passer le temps agréablement.
Soldadier, homme de guerre à la solde d'un chef.
Solers, les divers étages d'une maison, d'un édifice quelconque.
Solt, Sout, délié, délivré.
Somonir, semondre, avertir, sommer.
Somonutz, leçon qui a tout l'air d'être fautive, pour *Somogutz*, participe passé de *somoure*, exciter, porter, exhorter.
Sonar, prononcer, proférer, dire.
Sonet, air, musique d'un chant populaire.
Sonets (els), les airs, les fanfares des instruments.
Sopartir, diviser, partager.
Sopartir (se), se quitter l'un l'autre, s'en aller chacun de son côté.
Sopleiar, se courber, s'incliner devant quelqu'un.
Sospeissos, idée, désir, espoir.
Sovendiers, fréquent, journalier.
Suau, adverbe, doucement, tout doux. Voy. *Suavet*.
Suavet, adverbe, diminutif de *Suau*, doucement, doucettement.
Suzor, sueur.

T

Tabustar, heurter, frapper.
Tafur, voleur, coquin, vaurien.
Talant (de), volontiers, avec goût.
Talens, volonté, disposition, caractère.
Talentos, désireux, avide.
Tanher, convenir, être à propos, convenable.
Tardor, délai, retard.
Targa, targe, écu.
Targer, Targier, homme de guerre armé de targe.
Taula, étalage, table.
Taulers, échiquier.
Temer, craindre, redouter.
Temor, crainte, terreur.
Temoros, craintif.
Tempiers, mauvais temps, bourrasque.
Tendir. Voy. *Tindre.*
Tenso, dispute, querelle.
Tensoner, pour *Tensonar,* disputer, quereller, guerroyer.
Tents, coloré, teint, rouge de colère.
Termini, terme, une certaine durée de temps.
Terriers, seigneur de terre, seigneur à fief.
Tetes. Voyez la note 33, p. 655.

> E lo mati al alba can resplandral tetes.
> CCII, v. 8068.

Ties; c'était ainsi que les habitants du midi de la France rendaient en leur langue le mot *Teutsch,* celui par lequel les Allemands désignaient les peuples de leur race.
Tinal, gros bâton, massue.
Tindre, résonner, retentir.
Tirar, ennuyer, vexer, fâcher, déplaire.
Tizon, tison, charbon ardent.
Toalha, nappe, serviette.
Tolzan, pièce monnayée de Toulouse.
Torbatz, troublé, mis en désordre, bouleversé.
Tornar (se), se changer, se transformer.
Tornei, guerre, combat.
Torrer, gardien, défenseur d'une tour.
Tos, fils, enfant.
Toza, jeune fille.
Tozel, diminutif de *Tos.*
Tozestz, autre diminutif de *Tos,* petit garçon.
Trabuar. Voy. *Trabucar.*
Trabucar, tomber ou se renverser sur la face.
Trachor, traître.
Trafas, perfide, pervers, scélérat.
Trailitz, bouclé, maillé.
Tramettre, envoyer, transmettre.
Trap, tente.
Tras, adverbe qui, ajouté à un adjectif, lui donne un sens superlatif. *Trastotz,* absolument tous.
Trastorner, reculer, tourner le dos.
Trastotz. Voy. *Tras.*
Trastug, Trastuit. Voy. *Trastotz.*
Trau, poutre, pièce de charpente.
Trau, bagage, convoi, charroi.
Trautz, bagages, convois de guerre.
Trazitz, trahi, livré.
Trebalh, peine, fatigue, au moral comme au physique.
Trebalha, substantif, forme féminine de *Trebalh,* fatigue, traverse, détresse.
Trebalhar (se), se fatiguer, prendre du souci.
Tremolar, trembler.
Trensos, tronçon, morceau d'une chose brisée.

Trepador, trottoir, pavé.
Trespassar, éviter, laisser en arrière.
Trespassar, passer à côté de quelqu'un, outre-passer.
Treus, campagne, plaine cultivée.
Tricar (se), tarder, perdre le temps.
Trigar (se). Voy. *Tricar.*
Triguar, tarder, retarder, s'arrêter à des futilités.
Tristor, chagrin, tristesse.
Trit, fréquent, pressé, serré.
Tro, adverbe de temps ou de lieu. Jusque, jusqu'à un lieu, un terme donné.
Tro, Tron, tonnerre.
Tron, l'air, l'espace, le vide apparent du ciel.
El grailes fan retendir lo tron.
Tron, ciel. — *Lo rei del tron,* le roi du ciel, Dieu.
Trosca, jusqu'à.
Tróter, courtier?
Trotz, tronçon, morceau.
Truans, synonyme d'*Arlotz,* gueux, mendiants, qui, organisés en bandes, suivaient les expéditions de guerre, aux aguets de toutes les occasions de piller.

U

Uca, crieur de l'ost, héraut.
Ucar, crier, appeler à haute voix; en vieux français, *hucher, huer.*
Ulhal, la partie du heaume ouverte pour les yeux.
Umbral, couvert, abri.

V

Valatz, vallons.
Valatz, les fossés d'une ville fortifiée.
Valedor, partisan, défenseur.
Vals, murs, remparts.
Valvassor, vavasseur, le vassal en rapport immédiat avec son suzerain.
Var, Vair, de diverses couleurs changeantes, mélangé de blanc et d'azur.
Vasalatge, bravoure, vaillance, héroïsme.
Vassal, homme de guerre en général, un homme vaillant, un brave.
Vedar, prohiber, interdire.
Vegia, Vegea, fois. — *Tropa mota vegia,* beaucoup de fois.
Veiaire, avis, semblant.
Veirial, ouverture, fenêtre, embrasure.
Vensezon, victoire, l'action de vaincre.
Vergatz, rayés, bariolés.
Vergonhal, honteux, déshonorant.
Vergonhos, honteux.
Verjal, vergers, jardins.
Verset, pièce de poésie, chant populaire.
Vertent, révolu, achevé, complet, ou sur le point de l'être.
Vertut, prodige, miracle.
Vesprada, en ancien français *vesprée,* veille, soirée.
Vetz, fois. Voy. *Vegia.*
Veuza, veuve.
Vezentre, adjectif formé du verbe *vezer* et de l'affixe latin *ter* changé en *tre.* A la vue, en présence.
Via, chemin, voie, voyage.

Viacer, prompt, leste, dispos.

Viala; usité dans plusieurs idiomes du Midi pour *Cieutat* et *Villa*.

Vianders, adject. appartenant à la voie publique, qui se trouve le long du chemin.

Vias, *Viatz*, adv. fort, beaucoup, vite.

Viassamen, vite, promptement.

Viguer, viguier, officier du comte ou du seigneur suzerain, rendant la justice en son nom.

Vilanalha, ramassis de vilains, canaille.

Vinher, portion du pays cultivée en vignes, tous les vignobles d'un pays.

Vintes, vingtième.

Virar, tourner, changer.

Virar (se), se tourner, se retourner.

Vitalha, victuailles, vivres.

Volpilha, lâcheté, timidité, irrésolution.

Voltitz, voûtés, faits en voûte.

FIN DU GLOSSAIRE.

TABLE GÉNÉRALE

DES NOMS ET DES MATIÈRES.

A

A. du Pueg (*A. del Pueh*), prend part à l'expédition du comte de Foix en Lauraguais, v. 8979.

Acre (S. Jean d') en Syrie, *Acra*. Comparaison entre la situation des Toulousains et celle des Croisés au siége de cette ville, v. 8251 et suiv.

Adalbert Faulx (*Azalbert Faus*), chevalier croisé, v. 3931.

Adélaïde (*Alazais*), mère de Raoul de Cambray, v. 516.

Adhémar Jourdan (*Azemar Jordan*), engage les habitants de S. Antonin à résister aux Croisés, v. 2368. — Il est fait prisonnier, v. 2387.

Adhémar de Poitiers (*Azemar de Peitieus*), IIe du nom, comte de Valentinois et de Diois, prend part à la Croisade, v. 269. — Il se déclare pour le comte de Toulouse, v. 3855. — Il se brouille de nouveau avec le comte de Montfort, v. 5687. — Il feint de se réconcilier avec lui et promet de donner sa fille au fils du comte, v. 6211.

Agde (l'évêque d') (*l'ivesques d'Aguades*), v. 307.

Agen (*Agen*), ville capitale de l'Agénois. Le comte de Toulouse y publie la sentence prononcée contre lui par le concile d'Arles, v. 1369. — Indignation des habitants, v. 1413. — Ils lui fournissent des troupes, v. 1915. — Les environs d'Agen sont ravagés par une bande de routiers, v. 2698.

Agen (le sénéchal d'). Voy. Hugues d'Alfar.

Agénois (*Agenes*), est traversé par une partie des Croisés, v. 300. — L'évêque de Toulouse et l'abbé de Cîteaux y prêchent contre les hérétiques, v. 1031. — Il se lève en masse pour le comte Raymond, v. 1947, 1967. — Le comte de Montfort y pénètre, v. 2400. — Il s'en empare, v. 3505. — Le comte Amaury le traverse pour aller assiéger Marmande, v. 8945.

Agout (l') (*Agot*), rivière, v. 2303.

Aigolant (*Aigolant*). Allusion à la prétendue victoire de Charlemagne sur ce prince sarrasin, v. 2069.

Aiguillon (*Agulho*) en Agénois, rentre

sous l'obéissance du comte de Toulouse, v. 8785.

AIMAR DE LA BESSE (*Aimart de la Becha*), chevalier croisé, est tué par Roger d'Aspel, au combat de la Salvetat, v. 5802.

AIMERIC (*Aimeric, Amerig*), chevalier croisé, v. 1976, 4119, 4696.

AIMERIC, baron toulousain, v. 5270, 5274, 5469, 5770, 5774, 8979, 9182.

AIMERIC le jeune (*Aimeriguet*), chevalier toulousain. Sa mort, v. 8489.

AIMERIC DE BLOIS (*Americ de Bles*), chevalier croisé, v. 8030.

AIMERIC DE CRION (*Aimerics de Crio*), chevalier croisé, v. 8030.

AIMERIC DE ROCHE-NOYÉE (*Aimerics de Rocanegada*), chevalier toulousain, v. 9474.

AIMERIGATZ (*Aimerigatz*), frère de Giraude, dame de Lavaur, défend cette ville contre le comte de Montfort, v. 1542. — Il est pendu avec quatre-vingts chevaliers, v. 1552, 1622.

AISMES (*Aimes*), chevalier croisé, v. 4841.

ALARD (*Alas*), l'un des principaux chevaliers croisés, v. 4040, 4119, 7832, 8032, 9010. — Conseils qu'il donne au comte de Montfort, v. 4162, 4821, 5030, 5392, 5598, 6280, 6482, 6591. — Ses exploits au siége de Beaucaire, v. 4274, 4554, 4696, 4850; au siége de Toulouse, v. 5981, 6061, 6082, 6969, 7004. — Reproches qu'il adresse aux Croisés repoussés par les Toulousains, v. 6037. — Il engage Amaury de Montfort à lever le siége de Toulouse, v. 8651.

ALARD DE ROISY ou ROUSSY (*Alas de Roci*), chevalier croisé, v. 2345, 4599.

ALBARON (*Albaros*), chevalier toulousain, v. 3860.

ALBÉRIC (*Albarics*), chevalier croisé, v. 8988.

ALBERT DE CAUDERON (*Albert de Caldairon*), chevalier croisé, v. 7769.

ALBETAN (*Albeta*), chevalier toulousain, v. 4372.

ALBIGEOIS (*Albeges* ou *Albiges*), pays avec titre de comté, v. 295, 1420, 1962, 3505, 8065. — L'hérésie y fait des progrès rapides, v. 33. — Les Croisés s'en emparent, v. 1703.

ALBIGEOIS hérétiques. Voy. HÉRÉTIQUES.

ALBY (*Albi*), ville capitale de l'Albigeois, se soumet aux Croisés, v. 1314. — L'abbé de Cîteaux se rend dans cette ville, v. 1914. — Montfort la traverse pour aller assiéger Cauzac, v. 2331. — Après avoir levé le siége de S. Marcel, les Croisés se dirigent vers cette ville, v. 2349, où de nombreux renforts viennent les rejoindre, v. 2363.

ALBY (l'évêque d'), v. 1704.

ALEN ou ALOS (le comte d') (*lo coms d'Alo*), chevalier croisé, v. 1659. — Il abandonne la Croisade, v. 1878.

ALFAN ROMIEU (*Alfans Romeus*), chevalier toulousain, v. 4548.

ALIX DE MONTMORENCY, femme de Simon comte de Montfort, vient rejoindre son mari à Pennautier en Carcassais, v. 1090. — Elle prend part à divers conseils tenus par les chefs des Croisés, v. 1106, 1142, 2515, 6462. — Elle amène un renfort de quinze mille hommes, v. 2562. — Elle assiste, du château Narbonnais, à la révolte des Toulousains contre les Croisés, et se hâte d'envoyer un messager au comte de Montfort, pour l'en prévenir, v.

DES NOMS ET DES MATIÈRES. 691

5908 et suiv. 6127. — Elle part pour aller implorer l'appui de Philippe-Auguste contre les hérétiques, v. 7100, 7129 et suiv. — Elle ramène une armée de cent mille hommes, v. 7337.

ALLEMANDS (*Alamans*); prennent part à la Croisade contre les Albigeois, v. 285, 1080, 1261, 1648, 1846, 2353, 2409, 2636, 9330. — Cinq mille d'entre eux sont défaits près de Mont-Joire par le comte de Foix, v. 1578 et suiv.

ALPHONSE (le comte) (*el comte Anfos*), Alphonse-Jourdain, comte de Toulouse, aïeul de Raymond VI, v. 3176, 3865.

AMALRIC (*Amaldrics*), chevalier toulousain, v. 9178.

AMALRIC DE L'ORIENT (*Amaldrics del Oria*), chevalier croisé, v. 7385.

AMALVIS (*Amalvis*), vient avec le comte de Comminges au secours de Toulouse, v. 6121. — Ses exploits contre les Croisés, v. 7135, 7192, 7227, 7792, 9000, 9185. — Il est chargé de défendre la barbacane de Pozamile, v. 9486.

AMANIEU (*Amaneus*), prend part à la défense de Marmande contre les Croisés, v. 8958.

AMANIEU DE BOCLON (*Amaneus de Boclo*), prend part à la défense de Marmande, v. 8960.

AMANIEU DE LEBRET (*Amaneus de Lebret*), Amanieu IV, sire d'Albret, se croise contre les hérétiques, v. 1265. — Prend part à la défense de Marmande contre les Croisés, v. 8950.

AMANIEU DE LENGON (*Amaneus de Lengon*), chevalier croisé, v. 1265.

AMAURY DE CRION (*Amaldrics de Crio*), chevalier croisé, v. 7766. — Il est réprimandé par le cardinal-légat, à cause de ses opinions favorables aux Toulousains, v. 8077 et suiv.

AMAURY DE LUCET ou DE LUC (*Amaldrics de Lucet*), chevalier croisé, v. 7779, 8987.

AMAURY DE MONTFORT (*Amaldrics*), fils aîné du comte de Montfort, prend part aux expéditions de son père contre les hérétiques, v. 3864, 4035, 4040, 4695, 4850, 6336, 6989, 7004, 7160, 7722, 7831, 7871. — Les Croisés le reconnaissent pour chef après la mort du comte Simon, v. 8540. — Il refuse de lever le siége de Toulouse, v. 8645. — Il réunit les chefs de la Croisade en assemblée générale, v. 8756. — Il se rend en Agénois, et assiége Marmande, v. 8945 et suiv.

AMAURY DE TRION (*Amaldrics de Trio*), chevalier croisé, v. 7354.

AMIS (le seigneur d') (*en Amistet*), Guiraud de Sabran, v. 2315.

ANGEVINS (*Angevi*), prennent part à la Croisade, v. 1079, 1262, 7117, 9329.

ANGLETERRE (*Englaterra*). Le jeune Raymond quitte ce pays pour venir rejoindre son père au concile de Latran, v. 3168.

ANGLETERRE (le roi d'), Jean-sans-Terre, oncle du jeune Raymond, v. 4973, 6188, 8052, 8270, 8994. — Il écrit au Pape en faveur du comte de Toulouse, v. 3575.

ANGLETERRE (les barons d'), v. 8277.

ANJOU (*Anjau*), v. 2081.

ANSELME (*Ancelm*), chevalier croisé, v. 8870. — Il est blessé par Bertrand de Saissy au combat de la Melha, v. 8885. — Il continue de se défendre, v. 8908. — Il est fait prisonnier, v. 8937.

87.

ANSELME, chevalier toulousain, v. 3888.

ANTIOCHE (Chanson d'), v. 29.

ANTONIN (S.) (*S. Antoni*), ville du Rouergue, est rançonnée par l'évêque du Puy, v. 327. — Le comte de Montfort s'y arrête, v. 1909, 1911. — Ses habitants traitent avec les Croisés, v. 1700. — Elle rentre sous l'obéissance du comte de Toulouse, v. 2318. — Adhémar Jourdan engage inutilement ses habitants à résister aux Croisés, v. 2367. — Ceux-ci s'en emparent et la ravagent, v. 2377 et suiv. — Montfort en confie la garde au comte Baudouin, v. 2397.

ARAGON (le roi d'). Voy. PIERRE II.

ARAGON (les barons d'), prennent parti pour le comte de Toulouse contre les Croisés, v. 2778.

ARAGONNAIS (*Aragones*), v. 1307, 6675.

ARBERT le chapelain (*Arbert lo capelas*). Exhortations qu'il adresse aux habitants de Beaucaire, v. 3997.

ARBOIS (*Arbois*), chevalier toulousain, v. 8381.

ARDENT DE SAINT-MARCEAU (*Ardent de S. Marsal*). Allusion à son supplice, v. 4816.

ARGENCE (*Argensa*), pays qui comprenait la partie du diocèse d'Arles située en deçà du Rhône. — Il est offert par le Pape au jeune Raymond, v. 3714.

ARLES (*Arle*) en Provence, v. 201, 4374. — Le concile tenu dans cette ville par l'abbé de Cîteaux condamne le comte de Toulouse, v. 1348 et suiv.

ARLES (l'archevêque d'), v. 4221.

ARMAND (*Armans*), vient au secours de Toulouse, v. 6117.

ARMAND CHABREUIL (*Armans Chabreus*), chevalier croisé. Sa mort, v. 7204.

ARMAND DE MONTLANART (*Armans de Monlanart*), marche avec le comte Baudouin contre les gens de Montauban, v. 2581. — Il prend part à la défense de Toulouse et tue Imbert du Goupil, v. 6368.

ARNAUD (*Arnautz*), chevalier toulousain, v. 9160, 9482, 9510.

ARNAUD AMALRIC (*A. abas de Cistel*), successivement abbé du Poblet, de Grandselve, de Cîteaux, et archevêque de Narbonne, légat du Pape contre les hérétiques, v. 60 et suiv. — Propose la Croisade, v. 125. — Est chargé par le Pape de la prêcher dans toute la France, v. 140. — Il refuse d'absoudre le comte de Toulouse, v. 185. — Il fait élire Simon de Montfort chef de la Croisade et seigneur des pays conquis, v. 765. — Ses efforts pour dissuader le comte de Toulouse de se rendre à Rome, v. 9112. — Il conclut la paix avec le comte, entré à Toulouse et prend possession du château Narbonnais, v. 1007. — Il a une entrevue à Portet avec le roi d'Aragon, v. 1022. — Il fait de vains efforts pour convertir les hérétiques, v. 1026. — Il préside le concile de Saint-Gilles, devant lequel comparaît le comte de Toulouse, v. 1331. — Il signifie au comte la sentence prononcée contre lui par le concile d'Arles, v. 1352. — Il se retire à Cahors dans un cloître, v. 1895. — Il requiert les barons du pays et ses amis de Provence de ne point abandonner le comte de Montfort, v. 1900. — Il parcourt la province, v. 1910, 1914.

ARNAUD D'AUDIGIER (*Ar. Audegers*), parle au comte de Toulouse au nom des Avignonnais, v. 3752 et suiv.

ARNAUD DE BARASC (*Arnaud Barasc*), est chargé de défendre une des barbacanes de Toulouse, v. 9459.

ARNAUD DE BLANCHEFORT (*Arnautz de Blanchafort*), prend part à la défense de Marmande contre les Croisés, v. 8959.

ARNAUD DE COMMINGES (*Ar. de Cumenge*), accompagne le comte de Toulouse au concile de Latran, v. 3378.

ARNAUD FEDA (*A. Feda*), chevalier toulousain, v. 4710, 9464.

ARNAUD DE LOMAGNE (*Arnautz de Lomanha*), exhorte les Toulousains à se défendre vigoureusement, v. 8368.

ARNAUD DE MONTAGUT (*Arnautz de Montagut*), chevalier croisé, guide l'armée des Croisés en Agénois, v. 2401. — Le comte de Montfort lui confie la garde du château de Biron et du pays d'alentour, v. 2458.

ARNAUD DE MONTAIGUT (*Arnaut de Montagut*), chevalier toulousain, v. 6847.

ARNAUD TOPINA (*Arnaut Topina*), gouverneur du jeune Raymond, v. 3170.

ARNAUD DE VILLEMUR (*Arnaut de Vilamur*), chevalier toulousain; se rend au concile de Latran, v. 3156. — Discours hardi qu'il y prononce, v. 3275 et suiv. — Il vient au secours de Toulouse, v. 7453. — Ses exploits contre les Croisés, v. 7508, 8332, 8996, 9089. — Il engage le comte de Toulouse à ne point livrer bataille à don Foucault, v. 9039. — Il est chargé de défendre une des barbacanes de Toulouse, v. 9476.

ARSIN DE MONTESQUIEU (*Arsins de Montesquiu*), chevalier gascon, vient au secours de Toulouse, v. 6872.

ASPE (routiers d'), à la solde du comte de Toulouse, v. 1965.

ASSEMBLÉE de Pamiers. Voy. PAMIERS.

AUBENAS (*Albenas*) en Vivarais. Le comte de Toulouse se rend au concile tenu dans cette ville par l'abbé de Cîteaux, v. 187.

AUBERT DE SENLIS (*Albert de sent Lir*), chevalier croisé, v. 7355.

AUCH (*Aux*), ville du comté de Fezensac, v. 6099.

AUCH (l'archevêque d'), est envoyé vers le Pape par le comte de Toulouse, v. 226 et suiv. — Il parle en faveur de Simon de Montfort au concile de Latran, v. 3436. — Le comte Guy lui demande des renforts, v. 6099 et suiv. — Il promet d'en envoyer en abondance, v. 6575 et suiv. — Il parle en faveur du comte Centule au siége de Marmande, v. 9291.

AUDART (l'abbé de S.) (*l'abat de S. Auzart*), est envoyé vers le Pape par le comte de Toulouse, v. 902.

AUDE (*Audes*), rivière, v. 580, 1220.

AUDE LA BELLE (*Roda la belha*), v. 1034.

AUDEFROY (*Azamfres*), prend part à la défense de Marmande, v. 8958.

AUDESSAN (*Eldessa*), château en Provence, v. 4047.

AUDRI ou ANDRÉ LE FLAMAND (*Aldric lo Flames*), chevalier croisé, v. 5029, 8029.

AUSTOR (*Austor*), chevalier toulousain, v. 4427.

AUVERGNE (*Alvernha, Alvernhe*). Ses habitants et ses barons prennent part à la Croisade, v. 283, 2354, 2410.

AUXERRE (le comte d'). Voy. PIERRE DE COURTENAY.

AVIGNON (*Avinhos*), v. 201, 1988, 2399, 2874, 4064, 4784, 5059. — Ses habitants envoient une députation aux deux comtes de Toulouse, v. 3742 et suiv. — Ils les reçoivent avec enthousiasme, v. 3812 et suiv. — Ils viennent au secours de Beaucaire, v. 3921.

AYMAR (*Aymes*), chevalier croisé, v. 8406. — Il cherche à cacher la mort du comte de Montfort, v. 8456.

AYMES DE CARON (*Aimès de Caro*), chevalier tarasconnais, v. 4051.

AYMES DE CORNEIL (*Aimes de Corneus*), chevalier croisé, v. 4555.

B

B. DE CASTELNOU (*B. de Castelnou*), se croise avec tout le Quercy, v. 309.

B. DE ROQUEFORT (*B. de Rocafort*), chevalier toulousain, v. 4716.

BAR (le comte de) (*lo coms de Bar*), Milon III, vient rejoindre à Mont-Guiscard le comte de Montfort, v. 1742. — Il le détermine à marcher sur Toulouse, v. 1747. — Il donne un premier assaut avec le comte de Châlons, v. 1788.

BAR (les Croisés de), contribuent à la prise du château de Penne en Agénois, v. 2422.

BARAGNON (la croix de) (*la crotz Baranho*) à Toulouse, v. 5169.

BARCELONE (l'évêque de), v. 150.

BARRAL (*Barraus*), chevalier croisé, v. 3926.

BARTAS (*Bartas*), chevalier toulousain, v. 8398, 9529.

BARTE (la) (*la Barta*), château en Bigorre, v. 6385.

BASTIDE (la) (*la Bastida*), château en Albigeois. Le comte de Montfort s'en empare, v. 5684.

BATAILLES de Baziéges, v. 8933. — De Castelnaudary, v. 2074. — De la Melha, v. 8870. — De Montaudran, v. 1764. — De Mont-Joire, v. 1580. — De Muret, v. 3033. — Des *navas de Tolosa* (allusion), v. 115. — De la Salvetat, v. 5795.

BAUDILE ou BAUSILE (S.) (*Sta. Bazelha*), v. 1032. Lisez Ste. BAZEILLE.

BAUDOUIN (le comte) (*lo coms Baldois* ou *Baudois*), frère du comte de Toulouse, défend le château de Montferrand contre les Croisés, v. 1642 et suiv. — Il capitule et promet, avec ses chevaliers, de ne plus porter les armes contre la Croisade, v. 1686 et suiv. — Il empêche les habitants de Bruniquel d'incendier cette ville, v. 1706. — Il reçoit leur serment de fidélité, v. 1722. — Il traite avec le comte de Montfort, v. 1726 et suiv. — Il va trouver à Toulouse le comte son frère, qui le délie de ses serments, v. 1731. — Il part de Cahors avec le comte Simon, v. 1908. — Un messager vient lui apprendre, à Montagut, la révolte des habitants de Gaillac, v. 2287. — Après avoir repris cette ville, il se rend à Bruniquel, v. 2308. — Il rejoint à Cauzac le comte de Montfort, v. 2333. — Celui-ci lui confie la garde de S. Antonin et de Montaut, v. 2396. — Une partie des renforts amenés par la comtesse de Montfort lui sont destinés, v. 2466. — Il dirige les machines de guerre au siége de Moissac, v. 2525. — Un de ses damoiseaux est tué devant cette ville, v. 2534. — Il marche contre les gens de Montauban et les met en fuite, v. 2579. — Il revient au siége de Moissac, v. 2586. — Le comte de Montfort lui donne le châ-

teau de Montaut, v. 2617. — Il approuve le plan d'attaque du comte à la bataille de Muret, v. 3050.
BAUMES (*Balmas*), château du Venaissin. — Le jeune comte le met en défense, v. 3844.
BAUSAN LE ROUTIER (*Bausas lo mainaders*), contribue à la défense de Penne contre les Croisés, v. 2414.
BAUSSAN (la barbacane du) (*la Baussana barbacana*) à Toulouse, v. 9469.
BAUX (le seigneur de) (*lo Baus*), prend parti contre le comte de Toulouse, v. 3848.
BAVAROIS (*Baivers*), prennent part à la Croisade, v. 1261, 9330.
BAZACLE (la barbacane de) (*la barbacana de Bazagle*) à Toulouse, v. 9461. — Le pont de Bazacle, v. 9542.
BAZADOIS (*Bazades*), partie de la basse Gascogne, v. 8951.
BAZAS (l'évêque de), v. 305.
BAZEILLE (Ste.) (*Sta. Bazelha*), ville sur la Garonne, dans le comté de Bordelais, v. 1032.
BAZET DE MONTPEZAT (*Baset de Montpezat*), chevalier croisé. Sa mort, v. 5673.
BAZIÉGES (*Vazeia*), ville dans le comté de Toulouse, v. 6234. — Victoire remportée sous ses murs par les comtes de Foix et de Toulouse, sur Foucault de Brezi, v. 8983 et suiv.
BÉARN (*Bearn*), v. 1421, 6199.
BEAUCAIRE (*Belcaire*), ville du diocèse d'Arles, dans le pays d'Argence, v. 88, 221, 3573, 3714, 3891, 5008, 5059, 5432. — Elle ouvre ses portes au jeune comte de Toulouse, qui fait le siége du château, v. 3916 et suiv. — Le comte de Montfort fait en même temps le siége de la ville. Détails sur les événements de ce double siége,

v. 4031 et suiv. — Le château capitule, et Montfort est obligé de se retirer, v. 4960 et suiv.
BÉDERRES ou BÉDARRES (*Bederres*), pays de Béziers, v. 1949, 3526. — Le comte de Montfort y envoie Guillaume d'Encontre, v. 849.
BÉRANGER (*Berenjers*), vient au secours du comte de Toulouse, v. 6871.
BERBON DE MUREL (*Berbo de Murel*), prend parti pour le comte de Montfort, v. 5697.
BERGERAC (*Bragairac*), ville du Périgord, v. 1919.
BERNARD (*Bernartz*), chevalier croisé, v. 3931.
BERNARD, prend part à l'expédition du comte de Foix en Lauraguais, v. 8979.
BERNARD (maître), légiste toulousain, 6820. — Discours dans lequel il compare la situation des Toulousains à celle des Croisés devant S. Jean d'Acre, v. 8241 et suiv.
BERNARD AMIEL, SEIGNEUR DE PAILLARÈS (*Bernatz Amiel, senher de Palhares*), chevalier toulousain, v. 9184. — Il prend part à l'expédition du comte de Foix en Lauraguais, v. 8976. — Il est chargé de défendre une des barbacanes de Toulouse, v. 9472.
BERNARD BAINAC (*Br. Bainac*), est chargé de défendre une des barbacanes de Toulouse, v. 9538.
BERNARD BOVON (*B. Bovon*), prend part à la défense de Penne contre les Croisés, v. 2414.
BERNARD DE CASNAC (*Bernat de Casnac*), chevalier toulousain, v. 6849. — Il amène cinq cents cavaliers au secours de Toulouse, v. 7688, 7715, 8299. — Il exhorte les Toulousains, v. 8153, 8345.

BERNARD DE COMMINGES (*Bernartz de Cumenge*), neveu du comte de Toulouse, prend part à la guerre contre les Croisés, v. 5743, 5817, 5916, 6032, 6692, 6733, 6813, 6888, 7000, 7132, 8378. — Il quitte Toulouse pour aller en Gascogne combattre don Joris, v. 7138.—Détails sur cette expédition, v. 8787, 8794, 8803. — Il exhorte ses barons, v. 8841. — Il remporte une victoire complète sous les murs de la Melha, v. 8881 et suiv. — Il fait supplicier Guillaume de Toge, v. 8939. — Il est chargé de défendre une des barbacanes de Toulouse, v. 9507.

BERNARD D'ESGAL (*B. d'Esgal*), poëte provençal. Citation d'une de ses maximes, v. 2494.

BERNARD LE FORT (*Br. formens*), est chargé de défendre une des barbacanes de Toulouse, v. 9482.

BERNARD JORDAN (*B. Jorda*), seigneur de l'Isle, chevalier croisé, v. 2668. — Il prend parti pour le comte de Toulouse, v. 8543, 9535.

BERNARD DE SAINT-MARTIN (*Bernartz de sant Marti*), chevalier toulousain, v. 7793, 8375.

BERNARD MEUDER (*Br. Meuder*), chef d'une bande d'aventuriers, est chargé de défendre une des barbacanes de Toulouse, v. 9526.

BERNARD MOLTADIS (*Bernatz Moltadis*), chevalier toulousain, v. 7132.

BERNARD DE MONTAIGU (*Bernart de Montagus*), vient au secours de Toulouse, v. 6116.

BERNARD DE MONTAUT (*Bernartz de Montaut*), chevalier toulousain, v. 7616. — Il est chargé de défendre une des barbacanes de Toulouse, v. 9531.

BERNARD PARAIRE (*Bernatz Paraire*), ingénieur toulousain, v. 7559, 9424.

BERNARD DE PÈNE (*Br. de Pena*), chevalier toulousain, v. 9467.

BERNARD DE ROQUEFORT (*Br. de Rocafort*), chevalier toulousain, v. 9459.

BERNIS (*Berniz*), château dans le comté de Nîmes. Le comte de Montfort s'en empare, v. 5680.

BERNIS DE MURET (*Bernis de Mureus*), prend parti pour le comte de Toulouse, v. 3857.

BERRY (les gens du) (*Berriviers*), prennent part à la Croisade, v. 8363, 9328.

BERTRAND (*B.*), v. 4174.

BERTRAND (*Bertran*), fils naturel de Raymond VI, comte de Toulouse, v. 9067.

BERTRAND, cardinal du titre de S. Jean et S. Paul, légat du Pape dans la province, v. 6231. — Il témoigne en faveur du comte de Foix au concile de Latran, v. 3244. — Exhortations qu'il adresse au comte de Montfort et aux Croisés, v. 6239 et suiv. 6474, 7053, 7093, 7169, 7732, 7857, 8084 et suiv. — Il fait reconnaître Amaury de Montfort chef de la Croisade, v. 8508 et suiv. — Il ne consent qu'avec peine à lever le siége de Toulouse, et annonce qu'il va faire de nouveaux efforts contre les hérétiques, v. 8663 et suiv. — Il invoque contre eux l'appui du roi de France, v. 8709 et suiv.

BERTRAND, fils du comte de Montfort, est fait prisonnier, v. 1774.

BERTRAND (le vicomte), est chargé de défendre une des barbacanes de Toulouse, v. 9528.

BERTRAND D'AVIGNON (*Bertrans d'Avi-*

nho), prend part à la défense de Beaucaire contre les Croisés, v. 4239.

BERTRAND DE CARDALHAC (*Bertran de Cardelhac*), l'un des chefs des Croisés venus par l'Agénois, v. 308.

BERTRAND DE COMMINGES (*Br. de Cumenge*), est chargé de défendre une des barbacanes de Toulouse, v. 9509.

BERTRAND DE CORSON (*Bertrans de Corsson*), chevalier croisé, v. 7779.

BERTRAND DE GORDON (*Bertran de Gordones*), se croise contre les hérétiques, v. 308. — Combat avec les Toulousains à la bataille de Baziéges, v. 8998.

BERTRAND DE L'ISLE (*Bertrans de la Islha*), chevalier toulousain, v. 9091.

BERTRAND JORNAND (*Bertrans Jornandes*), chevalier toulousain, v. 8996.

BERTRAND JOURDAIN ou JORDAN (*Bertrans Jordas*), vient au secours de Toulouse, v. 6114. — Prend part à la défense de cette ville, v. 7135, 9536.

BERTRAND DE MONTAIGU (*Bertrans de Montagus*), vient au secours de Toulouse, v. 6116.

BERTRAND DE MOUSTIER (*Bertrans de Monester*), chevalier toulousain, est chargé de défendre la barbacane du Baussan, v. 9468.

BERTRAND DE NAVARRE (*Br. Navarra*), prend part à la défense de Toulouse, v. 7790.

BERTRAND DE PESTILLAC (*Bertrans de Pestilhac*), vient au secours de Toulouse, v. 6122. — Il tue un archer croisé, v. 7263. — Il est chargé de défendre une des barbacanes, v. 9488.

BERTRAND DES PORCELLETS (*Bertrans Porcelencs*), prend parti pour le comte de Toulouse, v. 3861.

BERTRAND DE SAISSY (*Br. de Saischac*), se distingue au combat de la Melha contre les Croisés, v. 8885.

BERTRAND DE TOULOUSE (*Bertrans de Tholoza*), est chargé de défendre une des barbacanes, v. 9505.

BÉZIERS (*Bezers*), ville épiscopale, v. 35, 2901, 3527. — Elle est investie par les Croisés, v. 180, 421. — Exhortations adressées aux habitants par leur vicomte, v. 370 et suiv. — Ils refusent d'écouter les conseils de leur évêque, v. 396. — Ils commencent les hostilités, v. 440 et suiv. — La ville est prise d'assaut et complétement détruite, v. 460 et suiv.

BÉZIERS (l'évêque de), se rend à Béziers, et fait de vains efforts pour déterminer les habitants à se soumettre aux Croisés, v. 380 et suiv.

BÉZIERS (le vicomte de). Voy. RAYMOND-ROGER.

BIGORRE (*Bigorra*), pays avec titre de comté, compris dans le duché de Gascogne, v. 6199, 8065. — Le comte de Montfort en donne une partie à son fils, v. 5658.

BIRON (*Biron*), château en Agénois, occupé par Martin Algai, v. 2447. — Les Croisés s'en emparent, v. 2452.

BLAYE (*Blaia*), près Bordeaux, v. 521.

BOLBONE (*Bolbona*), abbaye dans le comté de Toulouse, v. 3287.

BORDEAUX (*Bordel, Bordela*), capitale du comté de Bordelais, v. 35, 110, 1414, 6186. — Entrevue dans cette ville entre le comte de Toulouse et Savari de Mauléon, v. 2593.

BORDEAUX (l'archevêque de), prend part à la Croisade, v. 306, 1264.

BOUCHARD (*Bochart*), l'un des principaux chevaliers croisés, gouverneur de Saissac pour le comte de Montfort; il est fait prisonnier par ceux de Cabaret, v. 954 et suiv. — Il est mis en liberté par P. Roger, seigneur de ce château, v. 1446 et suiv. — Il engage les Croisés à aller en prendre possession, v. 1504 et suiv. — Il reçoit du comte de Montfort l'ordre de se rendre auprès de lui, v. 1973. — Il part de Lavaur pour aller secourir le comte, assiégé dans Castelnaudary, v. 2039. — Détails de la victoire qu'il remporte sur le comte de Foix, v. 2056 et suiv. — Il fait une tentative infructueuse pour attaquer les Toulousains dans leur camp, v. 2242 et suiv. — Il prend part au siége de Toulouse et assiste à divers conseils tenus par le comte de Montfort, v. 7831, 8032. — Il va au-devant du comte de Soissons, v. 7871.

BOURGOGNE, BOURGUIGNONS (*Bergonha, Bergonho*), prennent part à la Croisade, v. 284, 748, 1148, 2410, 2550, 2708, 4014, 5124, 7217, 7781.

BOURGOGNE (le duc de), Eudes III, prend la croix en même temps que le comte de Nevers, v. 170. — Il fait bon accueil au comte de Toulouse, v. 981.

BRABANÇONS (*Braiman, Braimanso*), mercenaires à la solde des Toulousains, v. 1276, 7700, 7744, 7995, 8963.

BRABANTINS (*Blaventi*), mercenaires à la solde du comte de Montfort, font une tentative inutile pour incendier Toulouse, v. 7820.

BRAINE (le comte de) (*lo coms de Brena*), l'un des chefs de la Croisade, v. 428.

BRAMANT (le roi) (*lo rei Braimant*), prince sarrasin, père de Galiane, v. 2070.

BRETAGNE (*Bretanha*), v. 2081.

BRETAGNE (le comte de), Pierre Mauclerc, parle en faveur du comte Centule après la prise de Marmande, v. 9282.

BRETONS (*Breton*), prennent part à la Croisade, v. 1079, 1262, 2408, 2552, 2571, 7116, 7203, 7820, 9330.

BRUNIQUEL (*Brunequel*), château en Quercy, v. 1741, 2308, 2320, 2334. — Le comte Baudouin empêche les habitants d'y mettre le feu, v. 1707. — Ils se donnent aux Croisés, v. 1713.

BULGARIE (ceux de) (*cels de Bolgaria*), nom sous lequel on désignait les hérétiques, v. 45.

BURGOS (l'évêque de), v. 153.

C

CABARET (*Cabaretz*), château, chef-lieu du pays de Cabardès dans le comté de Carcassonne, v. 956, 1075, 1177, 1183, 1446. — Les Croisés en prennent possession, v. 1512, 1522.

CABARET (le seigneur de). Voy. PIERRE ROGERS.

CAHORS (*Caortz*), capitale du Quercy, v. 1635, 1895, 1902, 2575.

CAHORS (l'évêque de) prend part aux expéditions des Croisés, v. 307, 2044, 2150.

CAHORSINS (*Caersines, Caercis*). Voy. QUERCY.

CAHUZAC (*Cauzac*), château en Albigeois, est assiégé et pris par le comte de Montfort, v. 2332, 2336.

CARAMAN (*Caramans*), château dans le Lauraguais, v. 6115.

CARCASSAIS (*Carcasses*), pays de Carcassonne, v. 34, 293, 1422, 1964, 2637, 2913, 3500, 4974, 8034, 8978, 9021, 9059.

CARCASSONNE (*Carcassona*), ville épiscopale, v. 141, 295, 376, 1187, 1443, 1506, 1913, 1957, 2046. — Siége fabuleux de cette ville par Charlemagne, v. 562. — L'évêque d'Osma et les autres légats y tiennent une conférence contre les hérétiques, v. 46 et suiv. — Le vicomte de Béziers s'y renferme, v. 252. — Elle est assiégée par les Croisés, v. 538 et suiv. — Ils s'en emparent, v. 779 et suiv. — Le comte de Montfort en prend possession, v. 847. — Il y fixe sa résidence, v. 861. — Il en confie la garde à Guillaume d'Encontre, v. 1120, 1153, 1156. — Il y réunit en conseil trois cents barons, v. 1980 et suiv. — Il y est transporté et enseveli dans l'église de S. Nazaire, v. 8680 et suiv.

CARCASSONNE (l'évêque de), administre les derniers sacrements au vicomte de Béziers, v. 923.

CARDINAL (le) (*lo cardenals*), Bertrand, cardinal du titre de S. Jean et S. Paul, légat du Pape dans la province. Voy. BERTRAND.

CARVES (l'orme de Saintes-) (*l'olm de santas Carvas*) à Toulouse, v. 5162.

CASSENEUIL ou CHASSENEUIL (*Cassanolhs*), château en Agénois, est assiégé par les Croisés, v. 312 et suiv.

CASSER ou LES CASSEZ (*Cassers* ou *Chacer*), château dans le Lauraguais, v. 325. — Est pris par les Croisés, v. 1883, 2360.

CASTELNAUDARY (*Castelnou*, *Castelnoudarri*), ville du Lauraguais, v. 4819. — Le comte de Montfort se rend dans cette ville, v. 2018, 2038. — Elle est assiégée par le comte de Toulouse, v. 2022 et suiv. — Victoire remportée sous ses murs par don Bouchard et le comte de Montfort sur le comte de Foix, v. 2074 et suiv.

CASTEL-SARRASIN (*Castel Sarrazi*), ville du Toulousain, v. 1932, 2713. — Ses habitants prennent parti pour le comte de Toulouse, v. 1946. — Ils se soumettent aux Croisés, v. 2482. — La ville est donnée à Guillaume d'Encontre, v. 2616. — Ses environs sont ravagés par des routiers, v. 2673, 2693.

CASTILLE (le roi de), Alphonse VIII, v. 117.

CASTRES (*Castras*), ville d'Albigeois, v. 2045.

CATALANS (*Catala*), prennent parti contre les Croisés, v. 1307, 2804, 2812, 2892, 6674.

CATALOGNE (*Catalonha*), v. 609, 1274, 5431, 6736.

CATUN (*Catus*), ville du Quercy, v. 2463.

CAUSSADE (*Causada*), château en Quercy, est rançonné par l'évêque du Puy, v. 326.

CENTULE, comte d'Estarac ou d'Astarac (*Centholh d'Estaragues*), défend Marmande contre Amaury de Montfort, v. 8956 et suiv. — Il rend cette ville au prince Louis de France, v. 2959 et suiv. — L'évêque de Saintes et celui de Béziers demandent qu'il soit mis à mort comme hérétique, v. 9266 et suiv. 9284 et suiv. — Le comte de S. Pol, le comte de Bretagne et l'archevêque d'Auch s'y opposent, v. 9278, 9282, 9291 et suiv. — On le réserve, avec quatre autres chevaliers, pour être échangé contre don Foucault, v. 9303 et suiv.

CERDAGNE (*Serdenha*), v. 1075.

CHABERT (*Chabertz*), chevalier toulousain, v. 9182, 9473.

CHALONS (le comte de) (*lo coms de Chalo*), Jean le Sage, engage le comte Baudouin, assiégé dans Montferrand, à traiter avec les Croisés, v. 1680 et suiv. — Il donne, avec le comte de Bar, un assaut à Toulouse, v. 1789.

CHAMPAGNE (*Campanha*). Ses habitants prennent part à la Croisade, v. 1078, 2073, 7117, 9329.

CHAMPAGNE (la comtesse de), Blanche de Navarre, tutrice de Thibaut IV, fait un bon accueil au comte de Toulouse, v. 979.

CHARLEMAGNE (*Karlemaine*), v. 562, 2069.

CHARTRES, ville, v. 521.

CITEAUX (l'abbaye de) (*abadia de Cistel*), v. 15.

CITEAUX (l'ordre de), est chargé par le Pape de combattre l'hérésie, v. 42.

CITEAUX (l'abbé de). Voy. ARNAUD AMALRIC.

CLAIRAC (*Clairac*), château en Agénois, se soumet au comte de Toulouse, v. 8784.

CLERMONT (ceux de) (*Clarmontes*), prennent part à la Croisade, v. 8949.

COMMINGES (le pays de) (*Cumenges*), se lève en masse pour le comte de Toulouse, v. 1948. — Le comte de Montfort s'en empare, v. 8065.

COMMINGES (le comte de), Bernard IV, l'un des principaux seigneurs partisans du comte de Toulouse, v. 1421, 1926, 2803, 6690, 6886, 8053, 8294. — Ses exploits contre les Croisés, v. 1753, 1798. — Il contribue à la prise de Pujols, v. 2811. — Dispositions du roi d'Aragon à son égard, v. 2900. — Il assiste au conseil tenu par ce prince avant la bataille de Muret, v. 2994. — L'évêque de Toulouse parle contre lui au concile de Latran, v. 3423. — Il exhorte le comte Raymond à marcher sur Toulouse, v. 5731. — Il se rend dans cette ville et la défend contre les Croisés, v. 6111, 7490, 7615. — Il blesse d'un coup d'arbalète Guy de Montfort, v. 6372. — Il prend part à divers conseils tenus par le comte de Toulouse, v. 6729. — Ses discours, v. 6761, 8141. — Il apprend avec joie les succès de Bernard de Comminges, son fils, en Gascogne, v. 8941.

COMMINGES (le palais du comte de) à Toulouse, v. 5156.

COMMINGES (Bernard de). Voy. BERNARD.

COMTALE (la barbacane) (*la comtal barbacana*) à Toulouse, v. 9465.

CONCILES d'Arles, v. 1348. — De S. Gilles, v. 1321. — De Latran, v. 3161, 3599. — De Narbonne, v. 1345. Voy. ARLES, S. GILLES, etc.

CONDOM (*Condom*), ville épiscopale en Gascogne, se soumet au comte de Toulouse, v. 8784.

CONDOM (l'abbé de), est député vers le Pape par le comte de Toulouse, v. 229.

CONFÉRENCE de Carcassonne. Voy. CARCASSONNE.

CONSTANCE (la reine) (*dama Constansa*), femme de Raymond V, comte de Toulouse, et mère de Raymond VI, v. 2271.

CONSTANTINOPLE (*Costantin*), v. 130.

COTIGNAC (*Cotinhac*), chevalier toulousain, vient au secours de Beaucaire, v. 4393.

COURTENAY (le comte de) (*lo coms de Cortenai*). Voy. PIERRE DE COURTENAY.

CRÉPIN DE ROQUEFORT (*Crespi de Rocafort*), chevalier croisé, v. 1144. —

Ses exploits contre les gens de Cabaret, v. 1228.

CREST (*Crest*), château dans le comté de Valentinois. Le comte de Montfort s'en empare, v. 5694.

CROISADE (*Crozada*) contre les hérétiques Albigeois, est ordonnée par le Pape, v. 106 et suiv. — L'abbé de Cîteaux et les moines de son ordre sont chargés de la prêcher, v. 141 et suiv. — Elle est accueillie avec enthousiasme dans toute la France et les pays voisins, v. 166 et suiv. — Elle est de nouveau prêchée par l'évêque de Toulouse, v. 1437 ; par le cardinal, l'abbé de Cîteaux, l'évêque de Toulouse et plusieurs autres prélats ; v. 6570.

CROISÉS (*los Crozats, los Frances*). Noms de leurs principaux chefs, v. 258 et suiv. — Ils envahissent la province en trois bandes : la plus nombreuse, par la vallée du Rhône, v. 279 et suiv. ; l'autre, par l'Agénois, v. 300 ; la troisième, par le Rouergue, v. 325. Ces deux dernières, après s'être réunies sous les murs de Chasseneuil, v. 328, vont rejoindre l'armée principale au siége de Béziers. (Voy. la carte, sur laquelle leurs routes sont tracées.) — Ils s'emparent de cette ville et la saccagent, v. 421 et suiv. — Ils assiégent et prennent Carcassonne, v. 537 et suiv. — Suite de leurs conquêtes, de leurs victoires et des revers qu'ils éprouvent dans le cours de la guerre. (Voy. les mots SIÉGES, BATAILLES, RAYMOND VI et RAYMOND VII, SIMON et AMAURY DE MONTFORT). — Ils élisent pour chef suprême Simon seigneur de Montfort, comte de Leicester, v. 807. — Ils se retirent presque tous à l'approche de l'hiver, pour revenir au printemps, v. 825, 972, 1427. — Nouveaux renforts de Croisés qui viennent, à diverses époques, secourir Simon et Amaury de Montfort, v. 1261, 1440, 1742, 2352, 2464, 3115, 7337, 7865, 9233, 9241.

CROZES (la barbacane des) (*la barbacana de las Crozas*) à Toulouse, v. 9475.

D

DALMACE (*Dalmatz*), entre à Toulouse avec le comte de Foix, v. 6658. — Prend part à la défense de cette ville, v. 7491, 8294.

DALMACE DE CRESSEIL (*Dalmatz de Creisilh*), chevalier catalan, contribue à la défense de Toulouse, v. 6735, 7134. — Discours qu'il prononce, v. 6789, 7437, 7609, 8166.

DALMACE D'ENTOISEL (*Dalmatz d'Enteisehl*), jette l'alarme dans l'armée toulousaine ; à la bataille de Muret, v. 3079.

DARIUS (*Daire*), roi de Perse, v. 3578.

DATIL (*Datils*), chevalier toulousain, v. 4427.

DENIS (S.) (*S. Danis*) en France, v. 7112.

DENIS (le chantre de S.) (*el chantres S. Daniza*), assiste au conseil dans lequel est résolu le siége de Moissac, v. 2514.

DIE (*Dia*), ville et château en Dauphiné, v. 5698.

DIE (l'évêque de), livre au comte de Montfort le château de cette ville, v. 5698.

DOAT ALAMAN (*Doat Alamant*), partisan du comte de Toulouse à Gaillac, v. 2296.

DORE DE BARASC (*Dor de Barasc*), est chargé de défendre une des barbacanes de Toulouse, v. 9457.

DOUAY (*Doais*). Comparaison entre la destruction de cette ville par Raoul de Cambray et le sac de Béziers par les Croisés, v. 515.

DRAGON DE MERLON (*Dragos de Merlon*), chevalier croisé, v. 7768.

DRAGONET (*Dragonetz*), gouverneur du jeune Raymond, comte de Toulouse, v. 3859, 3870. — Discours qu'il lui adresse, v. 4400, 4702. — Il négocie la capitulation du château de Beaucaire, entre le jeune comte et le comte de Montfort, v. 4954 et suiv. — Il embrasse la cause de ce dernier, v. 5685.

E

ÉBERART DE VILLEPREUX (*Ebratz de Vilapros*), chevalier croisé, v. 7211.

ÉBRARD (*Ebratz*), chevalier toulousain, v. 9178.

ÉBRARD DE TORLET (*Ebrart de Torletz*), chevalier croisé, v. 8988.

ÉDESSE (*Roais*), ville de la Mésopotamie, v. 521.

ÉLÉAZAR D'UZÈS (*Aliazar d'Uzest*), chevalier toulousain, v. 3860.

ÉLÉONORE D'ARAGON (*Elionor*), femme de Raymond VI, comte de Toulouse. Son éloge, v. 359 et suiv.

ÉLIE D'AUBEROCHE (*Alias d'Albaroca*), chevalier brabançon au service du comte de Toulouse, v. 7789.

ESCLAVONIE (les barons d') (*els baros d'Esclarvonia*), prennent part à la Croisade, v. 2354.

ESCOT DE LINAR (*Escotz de Linar*), dirige la construction des fortifications de Toulouse, v. 8338. — Il est chargé de défendre une des barbacanes, v. 9539.

ESPAGNE (*Espanha*), v. 757, 2071, 2072, 3874, 3898, 6185, 6684, 6928, 7089. — Départ du comte de Toulouse pour ce pays, v. 3912.

ESPAGNE (les ports d') (*los ports d'Espanha*), les Pyrénées, v. 152, 1074.

ESPAGNE (les rois d'), v. 5468.

ESPANEL (*Espanels*), chevalier toulousain. Son avis dans le conseil tenu à Saint-Félix par Bernard de Comminges, v. 8837.

ESPARCIEUX DE LA BARTHE (*Espargs de la Bartha*), vient avec le comte de Comminges au secours de Toulouse, v. 6112.

ESPAS DE LOMAGNE (*Espas de Lomanha*), vient au secours de Toulouse, et se charge de défendre une des barbacanes, v. 9483.

ESTELLA (le château d') (*lo castel de la Estela*) en Navarre, v. 114.

ESTÈVE (la place S.) (*elh pla S. Estefe*) à Toulouse, v. 5142, 5160.

ESTÈVE (la barbacane S.) à Toulouse, v. 9521.

ESTÈVE SAVALÈTE (*Esteve Savaleta*), vient avec le comte de Comminges au secours de Toulouse, v. 6118.

ESTOUL DE LINARD (*Estoltz de Linars*), chevalier toulousain. Son avis dans un conseil tenu au Capitole par le comte de Toulouse, v. 8158.

EUSTACHE DE CAUX (*Estaci de Caus*), chevalier croisé. Sa mort, v. 1840 et suiv.

EXUPÈRE (S.) (*S. Exuperi*), ancien évêque de Toulouse. — Les Capitouls mettent la ville sous la protection de ses reliques, v. 9418.

F

FANJEAUX (*Fanjaus*), château dans le Lauraguais, v. 1959, 2000, 2151. — Les Croisés s'en emparent, v. 489. — Ils y mettent garnison, v. 781.

FÉLIX (S.) (*S. Felitz*), château en Lauraguais. — Bernard de Comminges y tient conseil, v. 8810.

FÉRIS (*Feris*), chevalier croisé. Son avis au sujet de Toulouse dans le conseil tenu par le comte de Montfort, v. 5448.

FERRANDE (la tour) (*la tor Ferranda*) à Toulouse, v. 7565.

FERRANDON (*Ferrands*), chevalier toulousain, v. 8380.

FERRIER (*Ferrers*), chevalier croisé, v. 4112, 4663.

FLAMANDS (*Flamenc*), prennent part à la Croisade, v. 2552, 7117, 9329.

FOIX (*Foiss, Foix*), pays avec titre de comté, est ravagé par les Croisés, v. 1889. — Ses habitants viennent renforcer l'armée du comte de Toulouse, v. 1948.

FOIX, ville capitale du pays de ce nom, v. 3331, 3506. — Son château résiste aux Croisés, v. 2649 — Il est remis par le comte de Foix à l'abbé de S. Thibéry, v. 3235, 3245.

FOIX (le comte de). Voy. RAYMOND-ROGER.

FOREZ (le comte de) (*lo coms de Fores*), Guignes V, v. 270.

FORTANER (*Fortaner*), père de Raymond d'Aspel, v. 5919.

FOUCAUD DE MERLIN (*Folcaut de Merli*), chevalier croisé, v. 2433, 2564, 8984.

FOUCAULT ou FOULQUES DE BERCY ou BREZI (*Folcaut de Beizi*), l'un des principaux chevaliers croisés, v. 4041, 7832, 9010, 9043. — Ses exploits au siége de Beaucaire, v. 4274, 4554, 4696, 4850. — Paroles qu'il adresse à l'évêque de Toulouse, v. 4327 et s. 4336 et suiv. — Conseil qu'il donne au comte de Montfort pour surprendre cette ville, v. 4741 et suiv. — Il assiste au conseil tenu pour décider du sort de Toulouse, v. 5029. — Son avis, v. 5397, 5460. — Il marche avec Guy de Montfort contre les Toulousains révoltés, v. 5981. — Discours qu'il prononce dans un conseil tenu par Guy et ses principaux chevaliers, v. 6061 et suiv. — Ses exploits au siége de Toulouse, v. 6336, 7005, 8419. — Il conseille au comte de Montfort de bâtir une ville nouvelle, v. 6519 et suiv. — Il part avec la comtesse de Montfort, v. 7128. — Il engage le comte à abandonner la gate qu'il avait fait construire, v. 8226. — Il marche contre le comte de Foix en Lauraguais, v. 8984. — Il le rencontre près de Baziéges, et fait ses dispositions, v. 9097 et suiv. — Ses exploits pendant le combat, v. 9127. — Il est battu et fait prisonnier, v. 9204. — Douleur du comte Amaury à cette nouvelle, v. 9219. — On réserve le comte Centule, fait prisonnier à Marmande, pour être échangé contre lui, v. 9300 et suiv.

FOULQUES DE MARSEILLE (*Folquet de*

Masselha), évêque de Toulouse. Il entre dans cette ville, et prend possession du château Narbonnais, v. 1013. — Il fait de vains efforts pour convertir les hérétiques, v. 1026. — Il relève les habitants de Toulouse de l'excommunication, et va en France prêcher la Croisade, v. 1431 et suiv. — Il bénit l'armée des Croisés avant la bataille de Muret, v. 3052. — D'accord avec le cardinal-légat, il propose le sac et l'incendie de Toulouse, v. 3123. — Discours qu'il prononce au concile de Latran, v. 3254 et suiv. 3404 et suiv. — Il engage les habitants de Toulouse à recevoir le comte de Montfort, v. 5072 et suiv. — Ses intrigues pour amener leur soumission, v. 5206 et suiv. 5294 et suiv. 5335 et suiv. 5345 et suiv. — Il prend part au conseil tenu par le comte pour décider du sort de Toulouse, v. 5366. — Il l'engage à démanteler cette ville, 5418 et suiv. — Il réunit les principaux habitants à Saint-Pierre de Cuizines, v. 5482. — Il conseille au comte d'exiger des Toulousains une contribution de trente mille marcs d'argent, v. 5618 et suiv. — Il l'engage à se rendre maître de la Garonne, v. 6556. — Exhortations qu'il lui adresse, v. 6620, 6894 et suiv. 7049. — Il accepte la mission d'aller en France chercher des renforts, v. 7111. — Il part avec la comtesse de Montfort, v. 7128. — Il revient avec cent mille hommes, v. 7337. — Il reçoit le corps de Simon de Montfort, v. 8469. — Il propose de demander au Pape sa canonisation, v. 8524. — Discours qu'il prononce dans l'assemblée tenue par le comte Amaury, v. 8741 et suiv.

FRANÇAIS (*Frances*), pris pour désigner les Croisés en général. Voyez ce mot.

FRANÇAIS, dans un sens plus restreint, prennent part à la Croisade, v. 284, 748, 1053, 1078, 1648, 1855, 2073, 2408, 2550, 2571, 2960, 3503, 4014, 5124, 6055, 7116, 7217, 7781, 8363, 9328.

FRANCE (*Fransa*). Ce mot désigne ordinairement les pays situés au delà de la Loire par rapport au Languedoc, et quelquefois, dans le sens le plus restreint, l'Ile-de-France proprement dite, v. 127, 166, 429, 794, 909, 947, 976, 999, 1437, 1501, 2080, 2708, 3139, 3142, 3169, 3176, 4109, 4973, 6039, 6068, 6914, 6927, 8521, 8994, 9025, 9109, 9442, 9443.

FRANCE (les barons de), v. 570, 634, 1148, 2272, 3039, 8277, 8414, 8508, 9101, 9262, 9281.

FRANCE (le roi de). Voy. PHILIPPE-AUGUSTE.

FRANCE (le fils du roi de). Voy. LOUIS.

FREDOL (*Frezols*), chevalier toulousain, est chargé de défendre une des barbacanes, v. 9532.

FRISONS (*Friso*), prennent part à la Croisade, v. 1080, 1261, 1565, 2409.

FROTAIRE (*Frotars*), chevalier toulousain, est chargé de défendre une des barbacanes de Toulouse, v. 9466.

G

G. Guiraut (*G. Guiraut*), exhorte le comte de Toulouse à s'emparer de cette ville, v. 5763.

Gaillac (*Galhac*), ville et château en Albigeois, v. 1910, 1912. — Les Croisés s'en emparent, v. 1697. — Ses habitants ouvrent leurs portes au comte de Toulouse, s'emparent du château et marchent sur la Grave, v. 2286 et suiv. — Ils retombent au pouvoir des Croisés, v. 2305, 2364.

Gaillard (*Gualhartz*), vient avec le comte de Comminges au secours de Toulouse, v. 6117.

Gaillarde (la porte) (*la porta Galharda*), l'une des portes de Toulouse, v. 9495.

Galafre (*Galafre*), émir d'Espagne, vaincu par Charlemagne, v. 2071.

Galiane (*Galiana*), fille du roi Bramant, prince sarrasin, vaincu par Charlemagne, v. 2070.

Garcias de Sabolera (*Garcias Serbolera*), vient avec le comte de Toulouse rejoindre le comte de Foix à Baziéges, v. 9001.

Garcie Coradias (*Garcias Coradiatz*). Ses exploits contre les Croisés à la bataille de Baziéges, v. 9091.

Garde (la) (*la Garda*), château en Albigeois, se soumet aux Croisés, v. 1699. — Il se remet sous l'obéissance du comte Raymond, v. 2315. — Il est repris par les Croisés, v. 2372.

Garnier (*Garnier*), chevalier croisé, v. 5910. — Sa mort, v. 8404.

Garnier (maître) (*maestre Garnier*), ingénieur toulousain, v. 7559, 9424.

Garonne (*Guarona* ou *Garona*), rivière, v. 142, 3084, 5650, 5791, 6360, 6557, 7120, 7532. — Ravages qu'elle cause dans un débordement extraordinaire, v. 7574 et suiv.

Gascogne (*Gasconha*), province avec titre de duché, v. 227, 5431, 5650, 5652, 6098, 6577, 6873, 7965. — Elle est envahie par les Croisés, v. 2644. — Expédition de Bernard de Comminges dans ce pays, v. 7139.

Gascogne (les barons de), servent à regret le comte de Montfort; leur joie en apprenant les succès du comte de Toulouse, v. 6433.

Gascons (*Gascos*), se croisent contre les hérétiques, v. 286, 1263, 2401. — Ils défendent Chasseneuil contre les Croisés, v. 314. — Ils se trouvent en nombre dans l'armée du comte de Toulouse et prennent part à la bataille de Castelnaudary, v. 1950, 1967, 2106.

Gaston (*Gastos*), prend part à la défense de Marmande contre les Croisés, v. 8960.

Gaston (la terre de) (*la terra Gaston*), le Béarn, est envahie par les Croisés, v. 2647.

Gaucelin (*Gaucelis*), chevalier croisé, cherche à cacher la mort du comte de Montfort, v. 8456.

Gaucelin de Porteil (*Gauceli de Porteus*). Sa mort, v. 4568.

Gaudens (S.) (*S. Gauzens*), château dans le comté de Comminges, v. 1926, 5650, 8792. — Il tombe au pouvoir des Croisés, v. 2645.

GAUDIN (*Gaudis*), chevalier toulousain, v. 8380.

GAUTHIER (*Gauters*), chevalier croisé, est blessé par les Toulousains, v. 8405.

GAUTHIER DE LA BETONE (*Gauters ou Gautier de la Betona*), chevalier croisé, arrive au siége de Toulouse, v. 7339. — Ses exploits contre les Toulousains, v. 7506. — Il fait l'éloge de leur bravoure, v. 7542 et suiv.

GAUTHIER LE BRETON (*Gautier lo Bretos*), chevalier croisé, v. 7213.

GAUTHIER DE CAMBRAY (*Gautiers de Cambrais*), chevalier croisé, v. 7767.

GAUTHIER DE PRADELLES (*Galters de Pradeus*), chevalier croisé, v. 4554.

GAVE (*Gavet*), le Gave de Pau, rivière, v. 5660.

GÊNES (*Genoa*), ville d'Italie. Le comte Raymond et son fils se réunissent dans cette ville, v. 3665, 3733.

GÉNESTAT (*Genestet*), canton renommé pour son vin, v. 4028, 4444, 4808.

GEOFFROY DE LA TRESNE (*Jauffres de la Trena*), chevalier croisé, v. 7770.

GERVAIS (*Girvaitz*), chevalier croisé, v. 5910, 5914. — Il conseille au comte de Montfort d'abandonner le siége de Toulouse, v. 6505.

GERVAIS LE VENTRU (*Girvais lo ventreos*), chevalier croisé, v. 7773.

GERVAIS (*maestre Gervais*), architecte, auteur de la cathédrale de Béziers, v. 523.

GILABERT DES ROCHES (*Gilabert de Rocas*), chevalier croisé, v. 7355, 7768, 8031.

GILBERT MAUBUISSON (*Gilabertz Malbusson*), chevalier croisé, v. 7773.

GILLES (S.) (*S. Gilh* ou *Geli* ou *Rozer*), ville du comté de Nîmes, avec un port sur le Rhône. Pierre de Castelnau y excommunie le comte de Toulouse, v. 80. — Il y est assassiné et enterré, v. 95. — Milon, légat du Pape, meurt dans cette ville, v. 245. — L'abbé de Cîteaux y tient un concile, devant lequel comparaît le comte de Toulouse, v. 1321.

GILLES (le comte de S.). Voy. RAYMOND VI.

GIRAUD DE LANÇON (*Giraus de Lansson*), chevalier croisé, v. 7776.

GIRAUD DE MONTFAVENT (*Girauds de Montfavens*), bailli de Montcuc, contribue à la défense du château de Penne d'Agen contre les Croisés, v. 2415.

GIRAUD DE PÉPION ou PÉPIEUX (*Girauds de Pepios*), se révolte contre Simon de Montfort, v. 940 et suiv. — Ses exploits contre les Croisés, v. 2108. — Il abandonne les habitants de Moissac, v. 2501.

GIRAUDE (*Girauda*), dame de Lavaur, v. 1542. — Son supplice, v. 1557, 1625.

GIRAUDON (*Guiraudos* ou *Giraudetz*), fils de Giraud Adhémar, prend parti pour le comte de Toulouse, v. 3858. — Le comte Raymond lui confie son fils avant de partir pour l'Espagne, v. 3871.

GODEFROY (*Godafres*), chevalier toulousain, v. 8381.

GOLFIER (*Golfers*). Allusion au combat dans lequel un chevalier de ce nom tua un serpent monstrueux, v. 7548.

GONTAUT (*Gontau*), château en Agénois, est détruit par les Croisés, v. 311.

GRAND-SELVE (abbaye de) (*abadia de Gran Selva*), au diocèse de Toulouse, v. 63.

GRAVE (la) (*la Grava*), château sur le

Tarn en Albigeois, v. 2290. — Les habitants de Gaillac se mettent en marche pour s'en emparer, v. 2294.

Guépie (la) (*la Guæpia*), château en Albigeois, tombe au pouvoir des Croisés, v. 1702. — Il est repris par le comte de Toulouse, v. 2316.

Guérin (maître) (*maestre Guaris*), accompagne la comtesse de Montfort dans son voyage en France, v. 7100.

Guigo de Galbert (*Guiguo de Galbert*), vient au secours de Beaucaire, v. 4395.

Guilabert de Labe (*Guilabertz de Labas*), est chargé de défendre une des barbacanes de Toulouse, v. 9532.

Guillaume (*Wes.*), chevalier croisé. Sa mort, v. 8404.

Guillaume (maître) (*maestre W.*), de Tudèle en Navarre, auteur supposé du poëme. Son éloge, v. 2 et suiv. — Il le composa à Montauban, et commença à l'écrire en 1210, v. 207 et suiv.

Guillaume comte de Genevois (*el coms W. de Genoa*), prend part à la Croisade, v. 268.

Guillaume Amanieu (*W. Amaneus*), vient avec le comte de Comminges au secours de Toulouse, v. 6120. — Il prend part à la défense de Marmande, v. 8961.

Guillaume Arnaud de Die (*W. Ar. de Dia*), prend parti pour le comte de Toulouse, v. 3856. — Il se rend au comte de Montfort, v. 5696.

Guillaume Arnaudon (*W. Arnaudos*), vient avec le comte de Comminges au secours de Toulouse, v. 6123. — Ses exploits contre les Croisés, v. 7137, 7192, 7273. — Il se charge de défendre une des barbacanes, v. 9480.

Guillaume de la Barre (*Guilheumes de la Barra*), dispose en trois corps l'armée des Croisés à la bataille de Muret, v. 3053.

Guillaume de Belafar (*W. de Belafar*), vient au secours de Beaucaire, v. 4392. — Il tue don Philippot, v. 4689. — On le charge de défendre une des barbacanes de Toulouse, v. 9184.

Guillaume de Berlit (*Guilheumes de Berlit*), chevalier croisé. Son supplice, v. 4287.

Guillaume Bernard (*W. Bernatz*), chevalier toulousain, v. 9184.

Guillaume Bernard d'Asnave (*W. Br. d'Asnasvas* ou *d'Asnava*), prend part à l'expédition du comte de Foix en Lauraguais, v. 8977. — Il est chargé de défendre une des barbacanes de Toulouse, v. 9479.

Guillaume Bernard de Luzenac (*W. Br. de Luzenac*), chevalier toulousain, v. 8379.

Guillaume le bon (*Guilheumes lo bos*), chevalier toulousain; blesse Robert de Beaumont, v. 7233.

Guillaume Cat (*W. Catz*), attaque avec les gens de Cabaret les machines de guerre envoyées au siége de Termes par Guillaume d'Encontre, v. 1185.

Guillaume de Cauderon (*Guilheumes Caudaron*), chevalier croisé, est tué par les Toulousains; combat sanglant autour de son corps, v. 7813.

Guillaume au court nez (*Guilhelmet al cort nes*). Allusion au courage qu'il déploya durant le siège d'Orange par les Sarrasins, v. 4106.

Guillaume d'Encontre (*W. d'Encontre*), l'un des principaux chevaliers croisés, reste avec le comte de Montfort pour défendre les pays conquis,

v. 833. — Il est envoyé dans le Béderres, v. 848. — Il prend part au conseil dans lequel le siége de Termes est résolu ; son éloge, v. 1110 et suiv. — Il se charge de garder Carcassonne, v. 1126 et suiv. — Il se rend dans cette ville, v. 1151 et suiv. — Il envoie au comte Simon un convoi de machines de guerre, v. 1173. — Victoire qu'il remporte sur les gens de Cabaret, qui viennent attaquer ce convoi, v. 1188 et suiv. — Il prend part au conseil dans lequel on décide le siége de Moissac, v. 2517. — Service signalé qu'il rend au comte de Montfort, v. 2559. — Le comte lui donne Castel-Sarrasin, v. 2616. — Ses exploits contre les routiers, v. 2664, 2677, 2688, 2700, 2710, 2718, 2729, 2734.

GUILLAUME FROTAIRE (*W. Froters*), est chargé de défendre une des barbacanes de Toulouse, v. 9468.

GUILLAUME HUNALD ou HUNAULT (*W. Hunaut*), engage le comte de Toulouse à marcher sur cette ville, v. 5767. — Ses exploits contre les Croisés durant le siége, v. 7191, 7230. — Il vient avec le jeune Raymond rejoindre le comte de Foix à Baziéges, v. 8999. — Ses exploits dans cette bataille, v. 9092. — On le charge de défendre, avec son oncle Arnaud de Vilamur, une des barbacanes de Toulouse, v. 9475.

GUILLAUME MELIR (*Wlmes Melir*), chevalier croisé, v. 7339.

GUILLAUME DE MINERVE (*W. de Menerba*), défend ce château contre les Croisés, qui s'en emparent, v. 1076 et suiv. — Ses exploits pendant le siége de Beaucaire, v. 4718, 4877. — Il est chargé de défendre une des barbacanes de Toulouse, v. 9462.

GUILLAUME DE LA MOTTE (*Guilhelmes* ou *Wles. de la Mota*), chevalier croisé, prend part à la défense du château de Beaucaire, v. 3931. — Étrange proposition qu'il fait à Lambert de Limou et à ses compagnons, v. 4634 et suiv.

GUILLAUME DE NIORT (*W. de Niort*), prend part à l'expédition du comte de Foix en Lauraguais, v. 8981. — Ses exploits à la bataille de Baziéges, v. 9183.

GUILLAUME PIERRE DE MONTLAUR (*W. P. de Montlaur*), chevalier toulousain, v. 8376.

GUILLAUME PIERRE DE MOURON (*W. P. de Mauros*), chevalier toulousain. Sa mort, v. 7279.

GUILLAUME DES PORCELLETS (*W. Porcelencs*), reste à Rome avec le jeune Raymond, v. 3678.

GUILLAUME DES ROCHES (*Wmes. de Rocas*), amène au siége de Marmande une bande nombreuse de Croisés, v. 9234. — Il parle en faveur du comte Centule, v. 9303.

GUILLAUME DE SAISSY (*W. de Saiches*). Ses exploits contre les Croisés au combat de la Melha, v. 8889.

GUILLAUME DE TOGE (*W. de Toges*), chevalier croisé, est fait prisonnier au combat de la Melha. Son supplice, v. 8939.

GUILLAUMON (*Guilhamos*), fils d'Adhémar de Poitiers, prend parti pour le comte de Toulouse, v. 3855.

GUIRAUD (*Guiraut*), chevalier croisé, v. 7191.

GUIRAUD (*Guirautz*), chevalier toulousain, v. 7617.

GUIRAUD ou GUIRAUDET ADHÉMAR (*Gui-*

raut ou *Guiraudet Azemar*), prend parti pour le comte de Toulouse, v. 3858. — Celui-ci lui recommande son fils en partant pour l'Espagne, v. 3871. — Paroles qu'il adresse à ses compagnons d'armes au moment de combattre, v. 4253. —Le jeune Raymond lui confie un poste périlleux durant le siége de Beaucaire, v. 4425. — Il se met à la tête d'une sortie contre les Croisés, v. 4547.

GUIRAUD. DE GORDON (*Guirautz de Gordos*), seigneur de Caraman, vient avec le comte de Comminges au secours de Toulouse, v. 6115. — Ses exploits contre les Croisés, v. 7791, 9090. — Il est chargé de défendre une des barbacanes de Toulouse, v. 9537.

GUIRAUD HUNAULT (*Guirautz Unautz*), vient avec le comte de Toulouse rejoindre le comte de Foix à Baziéges, v. 8997. — Il est chargé de défendre une des barbacanes de Toulouse, v. 9518.

GUY (*Guis*), chevalier toulousain. Le comte Raymond lui recommande son fils en partant pour l'Espagne, v. 3870.

GUY COMTE D'AUVERGNE (*Guis lo coms d'Alvernhas*), se croise contre les Albigeois, v. 303. — Il empêche les Croisés de s'emparer de Chasseneuil, et se querelle à ce sujet avec l'archevêque de Bordeaux, v. 319.

GUY CAP DE PORC (*Gui Cap de Porc*), légiste toulousain, accompagne le comte de Toulouse au concile de S. Gilles, v. 1325.

GUY DE CAVAILLON (*Guis de Cavalho*). Exhortations qu'il adresse au jeune comte de Toulouse, v. 3789. — Ses exploits contre les Croisés durant le siége de Beaucaire, v. 4019, 4286.

GUY DE LERME (*Guis de Lerm*), chevalier croisé, v. 4828.

GUY DE LÉVIS (*Gui de Levi*), chevalier croisé, marche avec le comte de Montfort contre Beaucaire, v. 4041. — Il engage le comte à détruire Toulouse, v. 5524. — Il prend part au conseil tenu par Guy de Montfort, après que les Croisés eurent été expulsés de cette ville, v. 6062. — Il propose au comte de Montfort de faire une tentative pour la surprendre, v. 6948.

GUY LE MARÉCHAL (*Gui lo manescals*), chevalier croisé, reste avec le comte de Montfort pour défendre les pays conquis, v. 835.—Il prend part au conseil dans lequel est résolu le siége de Termes, v. 1109. — Avertissements qu'il donne au comte Simon durant le siége de Toulouse, v. 6405 et suiv.— Ses exploits contre les Toulousains, v. 6270, 7213.

GUY DE MONTFORT (*lo coms Gui ou Guio*), frère de Simon, vient rejoindre les Croisés au siége de Penne en Agénois, v. 2432. — Il délivre, avec Guillaume d'Encontre et quelques autres chevaliers, le comte de Montfort, au moment où il allait être pris par les gens de Moissac, v. 2564.—Il l'aide à défendre ses conquêtes pendant l'hiver, v. 2653. — Il se hâte d'accourir au secours de Pujols, v. 2873. — Sa douleur en apprenant que ce château a été pris et la garnison massacrée, v. 2882. — Il est chargé par le comte Simon de convoquer tous leurs adhérents pour marcher sur Beaucaire, v. 4037. — Ses exploits au siége de cette ville, v. 4119, 4275, 4529, 4555, 4695. — Il engage son frère à en lever le siége, v. 4931. — Conseils de clémence qu'il lui donne au sujet de Toulouse, v. 5048, 5371, 5443, 5613. — Il est attaqué par les Toulousains révoltés, et forcé d'abandonner la ville, v. 5137. — Après leur soumission, il les conduit, avec l'évêque, au comte son frère. v. 5343. — Il s'avance pour reprendre Toulouse, dont le comte Raymond s'était emparé, v. 5973, 5979. — Il pénètre dans la ville, et finit par être repoussé, v. 5988. — Discours qu'il prononce en diverses circonstances pendant le siége de Toulouse, v. 6082, 6263. — Ses exploits contre les Toulousains, v. 6336. — Il est dangereusement blessé par le comte de Comminges, v. 6376. — Conseil tenu en sa présence dans le château Narbonnais, v. 6460. — Il prend part à plusieurs autres conseils tenus par son frère et les principaux chefs, v. 7160, 7831. — Il est de nouveau blessé d'un coup de flèche, v. 8435 et suiv. — Il propose de lever le siége de Toulouse, v. 8639.

GUY DE MORTAGNE (*Guis de Mauretanha*), chevalier croisé, v. 7778.

GUYOT (*Guios*), frère de Simon le Saxon, accompagne à Carcassonne Guillaume d'Encontre, v. 1146.

GUYOT ou GUY (*Guyotz*), fils puîné de Simon de Montfort, épouse Pétronille de Comminges, héritière du comté de Bigorre, v. 5658.. — Il marche avec le comte Guy son oncle contre les Toulousains révoltés, v. 5973, 5979, 6061.

H

HAUTERIVE (*Autariba*), château sur l'Ariége, dans le comté de Toulouse, v. 1873, 2636.

HAUVILAR (*Autvilar*), château sur la Garonne, dans le Condomois, v. 3049.

HÉLÈNE (*Elena*), femme de Ménélas, v. 425.

HENRI CAMPANAIS (*Enrics Campanes*), chevalier toulousain, v. 8381.

HÉRÉTIQUES (*los eretges*), désignés aussi sous le nom de *Bulgares*, v. 45; d'*Ensabatés* ou *Vaudois*, v. 6573. — Leurs doctrines sont convaincues d'hérésie dans la conférence de Carcassonne, v. 45. — Vains efforts de l'abbé et des moines de Cîteaux pour les convertir, v. 73 et suiv. — Leur extermination est décidée par le Pape, v. 106. — Nouvelle tentative faite pour leur conversion par l'abbé Arnaud et l'évêque de Toulouse, v. 1026. — Ceux qui sont pris dans le château de Minerve sont livrés au feu, v. 1082. — Le même supplice est infligé à quatre cents habitants de Lavaur, v. 1556; à quatre-vingt-quatorze hérétiques pris à Casser, v. 1884. — L'évêque de Toulouse reproche au comte de Foix de leur avoir ouvert un asile dans son château de Montségur, v. 3260. — A la sollicitation de l'évêque de Saintes et de plusieurs prélats, les habitants de Marmande sont exterminés comme hérétiques, v. 9307 et suiv.

HINART DE PUNTIS (*Inartz de Punhtis*), prend part à l'expédition de Bernard de Comminges en Gascogne; conseils qu'il lui donne, v. 8813. — Ses exploits contre les Croisés au combat de la Melha, v. 8883, 8910. — Il est chargé de défendre une des barbacanes de Toulouse, v. 9513.

HÔPITAL (le prieur de l') (*lo priors de l'Ospital*), est député vers le Pape par le comte Raymond, v. 231.

HUGUES (*Ugues*), baron toulousain, 8997.

HUGUES D'ALFAR (*Uc d'Alfar*), sénéchal d'Agen, fait une sortie contre les Croisés au siége de Toulouse, malgré le comte Raymond, v. 1318. — Il défend contre Simon de Montfort le château de Penne en Agénois, v. 2413, 2425. — Il prend part au conseil tenu par le roi d'Aragon avant la bataille de Muret, v. 2995. — Ses exploits à la bataille de Baziéges, v. 9090. — Il est chargé de défendre une des barbacanes de Toulouse, v. 9505.

HUGUES DE LA BALASTE OU BABALASTE (*Ugs de la Balasta* ou *Babalasta*), chevalier toulousain. Ses exploits contre les Croisés durant le siége de Toulouse, v. 4549, 4875.

HUGUES BOS (*Ucs Bos*), chevalier toulousain, v. 7191.

HUGUES DU BREUIL (*Uc del Brolh*), aide le comte Baudouin à défendre le château de Montferrand contre les Croisés, v. 1655. — Ses fils contribuent à la victoire remportée par le comte sur les gens de Montauban, v. 2582.

HUGUES DE CAVAILLON (*Ucs de Cavalhos*), prend parti pour le comte de Toulouse, v. 3854.

HUGUES JOAN (*Ug Joans*), bourgeois toulousain, vient avec Ramon Bernier au-devant du comte de Toulouse, v. 5835. — Discours qu'il lui adresse, v. 5839.

HUGUES DE LANS (*Ugos de Laens*), chevalier toulousain, v. 4875.

HUGUES DE LASCY (*Uges de Laisi* ou *Lasses*), chevalier croisé, reste avec le comte de Montfort pour défendre les pays conquis, v. 841. — Il lui conseille de prévenir l'attaque du comte de Toulouse, v. 1994. — Il marche avec lui sur Beaucaire, v. 4040. — Ses exploits au siége de cette ville, v. 4696. — Paroles pleines d'aigreur qu'il adresse au comte de Montfort, v. 4789 et suiv. — Il est appelé à divers conseils tenus par le comte, v. 5028, 8032. — Ses exploits au siége de Toulouse, v. 6410, 7007, 7123, 7210. — Il prend part à la bataille de Baziéges, v. 9010.

HUGUES DE LÉVI (*Ugs de Levi*), chevalier croisé, v. 6062, 8234.

HUGUES DE MONTEILH (*Ucs de Montelh*), est chargé de défendre une des barbacanes de Toulouse, v. 9523.

HUGUES DE LA MOTTE (*Ucs de la Mota*), vient avec le comte de Comminges au secours de Toulouse, v. 6121. — Ses exploits contre les Croisés durant le siége de cette ville, v. 7136, 7193, 7220, 7644, 7792, 8357. — Il va rejoindre le comte de Foix, v. 9000. — Il prend part à la bataille de Baziéges, v. 9185. — On le charge de défendre une des barbacanes de Toulouse, v. 9487.

HUGUES DE PONTON (*Ugs de Pontos*), chevalier toulousain, v. 7195.

I

IMBERT (*Imbert*), chevalier toulousain, v. 4875.

IMBERT DU GOUPIL (*Imbertz de la Volp*), chevalier croisé, est tué par Armand de Montlanard, v. 6365.

IMBERT DE LAIE (*Imbert de Laia*), chevalier croisé, renverse Gaucelin de Porteil, v. 4567.

INNOCENT III (*Innocens, l'Apostolis, lo Papa*), charge les moines de Cîteaux de combattre l'hérésie, v. 38. — Il choisit pour légat leur abbé Arnaud, et lui donne plein pouvoir contre les hérétiques, v. 70. — Son indignation en apprenant le meurtre de Pierre de Castelnau, v. 97. — Il réunit un concile et décide l'extermination des hérétiques, 106. — Il ordonne à l'abbé de Cîteaux de prêcher la Croisade, v. 140. — Il reçoit une ambassade du comte de Toulouse, v. 235. — Il exige du comte sept de ses plus forts châteaux en échange du pardon qu'il lui accorde, et envoie Milon son notaire pour les recevoir, v. 240 et suiv. — Le comte de Toulouse députe vers lui Raymond de Rabastens et l'abbé de Saint-Audard, v. 897 et suiv. — Il reçoit le comte avec bienveillance et lui donne l'absolution, v. 985. — Il préside le concile de Latran, se montre favorable au comte de Toulouse et aux seigneurs de son parti, et témoigne à son fils le plus tendre intérêt, v. 3162, 3172, 3180, 3186, 3199, 3206, 3375, 3391. — Il confirme Simon de Montfort dans la possession des pays conquis, v. 3476 et suiv. — Il reproche amèrement aux prélats la sentence qu'ils lui ont arrachée, v. 3514 et suiv. — Il promet de dédommager le jeune Raymond, v. 3568 et suiv. — Il rappelle une prédiction de l'enchanteur Merlin, relative à la mort tragique de Simon de Montfort, v. 3590. — Les comtes de Foix et de Toulouse viennent prendre congé de lui, v. 3600. — Il les encourage et garde auprès de lui pendant quelque temps le jeune Raymond, qu'il traite avec la plus grande bienveillance, v. 3633, 3731.

ISARD DE PUY-LAURENS (*Isarts de Pui Laurens*), l'un des chevaliers du comte de Foix, se distingue à la bataille de Castelnaudary, v. 2206.

ISARN (*Izarns*), prieur du vieux Muret, l'une des autorités citées à l'appui de son récit par l'auteur du poëme, v. 1887.

ISARN JOURDAN (*Izarns Jordanes*), prend part à l'expédition du comte de Foix en Lauraguais, v. 8977.

ISCART DE DIE (*Iscartz de Dia*), vient au secours de Beaucaire, v. 4391.

ISLE-JOURDAIN (l') (*la Isla en Jordan*), ville du comté de Toulouse, v. 2668, 2670. — Ses habitants prennent parti pour le comte Raymond, v. 1946, 3854. — Elle tombe au pouvoir des Croisés, v. 2646. — Bernard Jourdan la remet sous l'obéissance du comte de Toulouse, v. 8545.

ITALIE (*Lombardia*), v. 997. — Ses habitants prennent part à la Croisade, 1053, 1263, 1540, 2353.

J

Jacques (le jardin S.) (*l'ort de sent Jagme*) à Toulouse, v. 6028.

Jacquet (*Jacques*), chevalier croisé, v. 8988, 9179.

Jaufre de Poitiers (*Jaufre de Peitieus*), prend soin de l'éducation du jeune comte de Toulouse, v. 880.

Jean (*Joans*), chevalier croisé, cousin de Roger de Beaumont, reste avec le comte de Montfort pour défendre les pays conquis, v. 838.

Jean de Bouillon (*Joans de Bollon*), chevalier croisé, v. 7777.

Jean de Brezi (*Johans de Brezi*), chevalier croisé. Ses exploits au siége de Beaucaire, v. 4840; au siége de Toulouse, v. 7771, 8419; à la bataille de Baziéges, v. 9113, 9152, 9161. — Il est fait prisonnier, v. 9204.

Jean de Bullon (*Johans de Bulho* ou *Bolho*), chevalier croisé, v. 8987, 9179.

Jean de Lomagne (*Johans Lomanhes*), chevalier croisé, v. 8989.

Jean Martin (*Johans Martis*), est chargé de défendre une des barbacanes de Toulouse, v. 9493.

Jean de Mozencs (*Johans de Mozencs*), chevalier croisé, v. 8989.

Jean de Nagor (*Joans de Nagor*). Le jeune Raymond lui confie la défense d'un poste important durant le siége de Beaucaire, v. 4427.

Jean de Semic (*Johan de Semic*), prend parti contre le comte de Toulouse, v. 3850.

Jordan de Lantar (*Jordas de Lantar*), est chargé de défendre une des barbacanes de Toulouse, v. 9520.

Joris (*Joris*), chevalier croisé, est battu par Roger Bernard près de la Salvetat, v. 5796 et suiv. — Bernard de Comminges vient l'attaquer en Gascogne, v. 7140. — Il prend part au siége de Toulouse, v. 7950, 7953, 7999. — Il ravage le pays de Comminges, v. 8788 et suiv. — Il est atteint par Bernard de Comminges sous les murs de la Melha, v. 8870. — Ses exploits pendant le combat, v. 8908, 8923. — Il est fait prisonnier après avoir été complétement battu, v. 8937.

Jourdain (*Jordan*), fleuve en Palestine, v. 1401.

Jourdain de Cabaret (*Jordas de Cabares*), prend part à l'expédition du comte de Foix en Lauraguais, v. 8980. — Il est chargé de défendre une des barbacanes de Toulouse, v. 9473.

Joux-Aigues (*Juzaigas*) à Toulouse, v. 5141.

Juan (*Joan*), chevalier croisé, frère de Foucault de Merlin, v. 8986. — Il prend part au siége du château de Penne en Agénois, v. 2434.

L

Lambert de Calais (*Lambert de Cales*), chevalier croisé, v. 8026.

Lambert de Crécy (*Lambert de Creissis*), chevalier croisé, reste avec le comte de Montfort, pour défendre les pays conquis, v. 836. — Il est envoyé à Limou, v. 857. — On le propose au comte de Montfort pour garder Carcassonne, v. 1122.

LAMBERT DE LIMOU (*Lambertz de Limos*), l'un des principaux chevaliers croisés, v. 3851. — Il engage le comte de Montfort à faire le siége de Moissac, v. 2519. — Il se renferme dans le château de Beaucaire et le défend contre le jeune Raymond jusqu'à la dernière extrémité, v. 3930 et suiv. 4032, 4082, 4616 et suiv. — Ses exploits au siége de Toulouse, v. 7210.

LAMBERT DE MONTEIL (*Lambert de Montelhs*), prend parti contre le comte de Toulouse, v. 3851.

LANTAR (*Lantar*), château dans le comté de Toulouse, v. 1612, 2798.

LAURAC (*Laurac*), capitale du Lauraguais, v. 1913. — Elle est prise par les Croisés, v. 1545.

LAURAGUAIS (*Lauragues*), pays avec titre de vicomté, partie du comté de Toulouse, v. 1968, 4977. — Est envahi par l'hérésie, v. 34. — Le comte de Foix y fait une expédition contre les Croisés, et y gagne la bataille de Baziéges, v. 8981.

LAURAGUAIS (le vicomte de), combat dans les rangs des Croisés à la bataille de Baziéges, v. 8986.

LAUTREC (le vicomte de) (*lo vescoms de Lautrec*), engage Foucault de Brezy à ne point livrer la bataille de Baziéges, v. 9116. — Il se retire de la mêlée, v. 9180. — Il parvient à s'échapper, v. 9203.

LAVAUR (*Lavaurs*), ville dans le comté de Toulouse, v. 1912, 1961, 1973, 2039, 2268. — Elle est assiégée et prise par le comte de Montfort, v. 1524-1574, 1618-1639.

LAVAUR (le châtelain de), perd plusieurs de ses fils à la bataille de Castelnaudary, v. 2130, 2215.

LEICESTER (le comte de) (*lo coms de Guinsestre*). Voy. SIMON DE MONTFORT.

LÉON (le royaume de) (*lo regnes de Leon*), v. 852.

LERIDA (*Leire*), ville en Catalogne, v. 59.

LERIDA (l'évêque de), v. 150.

LERS (*Ertz*), rivière. Les Croisés la traversent à gué pour marcher sur Toulouse, v. 1750.

LIMOGES (l'évêque de) (*l'ivesques de Limotges*), prend part à la Croisade, v. 305.

LIMOU (*Limos*), ville dans le comté de Razès. Le comte de Montfort y envoie Lambert de Crécy, v. 857. — Le gouverneur de cette ville lui donne avis des forces rassemblées par le comte de Toulouse, v. 1987.

LIMOUSIN (*Lemozi*), v. 127. — Ses habitants prennent part à la Croisade, v. 284.

LION (*Leos*), nom du cheval de guerre du comte de Montfort, v. 6255.

LOMBARDIE (les ports de) (*los portz de Lombardia*), les Alpes, v. 290.

LONGOBARDS (*Logombart*), nom des envahisseurs germaniques de l'Italie, v. 1263. Voy. le Glossaire.

LORRAINS (*Loarenc*), prennent part à la Croisade, v. 1080, 2409, 2552.

LOUIS, depuis Louis VIII, fils de Philippe-Auguste (*Lozois, el filh del rei de Fransa*), se croise, et, sur l'invitation du cardinal-légat, il vient prendre part à la guerre contre les hérétiques, v. 3114. — Il entre à Toulouse avec le comte de Montfort, et propose le sac et l'incendie de cette ville, v. 3122. — Il retourne à la cour de France, v. 3139 et suiv. — Le cardinal-légat l'appelle de nouveau dans la province, v. 8667. — Il arrive devant Marmande avec une armée formidable, v. 9241. — Il reçoit la soumission de cette ville, qui n'en est pas moins ravagée de fond en comble, v. 9259 et suiv. — Il marche sur Toulouse, v. 9321 et suiv. — Il arrive devant cette place et en forme le siège, v. 9324.

Loup de Foix (*Lops de Fois*), est blessé au siége de Toulouse, v. 7280. — Il prend part à l'expédition du comte de Foix en Lauraguais, v. 8975. — Ses exploits à la bataille de Baziéges, v. 9087, 9183.

Lourde (*Lorda*), château en Bigorre, v. 5661, 6198, 6204.

Lucas (*Lucatz*), chevalier croisé, excite le comte de Montfort à traiter les Toulousains avec la dernière rigueur, v. 5401, 5407. — Il engage la comtesse de Montfort à prévenir au plus tôt son mari de la révolte des Toulousains, v. 5928.

Lyon sur Rhône (l'archidiacre de) (*l'arquidiagues del Leo sobrel Roine*), parle au concile de Latran en faveur du comte de Toulouse, v. 3445.

M

Maguelone (l'évêque de) (*l'ivesque de Magalona*), v. 151.

Malaucène (*Malaucena*), château en Provence. Le jeune Raymond en prend possession, v. 3844.

Manassès (*Manasses*), chevalier croisé, engage le comte de Montfort à ne point attaquer les Toulousains, v. 6687.

Manassès de Cortil (*Manasses de Cortil*), chevalier croisé, v. 7006.

Manseaux (*Mancel*), prennent part à la Croisade, v. 1079, 1262.

Marc (l'église de S.) à Viterbe, v. 3663.

Marcel (S.) (*S. Marcel*), château en Albigeois, retourne sous l'obéissance du comte de Toulouse, v. 2316. — Il est assiégé par les Croisés, qui se retirent la veille de Pâques, v. 2340 et suiv. — Ils s'en emparent et le détruisent, 2376.

Marestang (*Marestahns*), prend part à l'expédition de Bernard de Comminges en Gascogne, v. 8824. — Il est chargé de défendre une des barbacanes de Toulouse, v. 9514.

Marmande (*Marmanda*), ville d'Agénois, se soumet au comte de Toulouse, v. 8784. — Elle est assiégée par Amaury de Montfort et défendue par Centule d'Estarac, v. 8954 et suiv. 9216 et suiv. — Elle se rend au prince Louis de France, v. 9257. — Sac et incendie de cette ville, v. 9308 et suiv.

Maroc (le roi de) (*lo reis Marroquis*), v. 7090.

Marseille (*Maselha*), ville du comté de Provence. Elle accueille avec enthousiasme les deux comtes de Toulouse, v. 3737. — Elle leur fournit des troupes, v. 3853. — Le comte Raymond, en partant pour l'Espagne, recommande à son fils d'avoir pour les habitants de cette ville la plus grande déférence, v. 3885.—Haine des Marseillais contre les Croisés, v. 4063. — Ils viennent par le Rhône au secours de Beaucaire, v. 4460.

MARSEILLE (l'évêque de). Voy. FOULQUES, évêque de Toulouse.

MARTIN ALGAI (*Marti Algai*), chef de routiers au service du comte de Montfort, v. 1975. — Il vient avec don Bouchard rejoindre le comte à Castelnaudary, v. 2042. — Paroles qu'il adresse à don Bouchard au moment d'en venir aux mains avec le comte de Foix, v. 2088.—Il prend la fuite au milieu du combat, v. 2145. — Posté dans le château de Biron, il ravage le Périgord et la Saintonge, v. 2448. — Le comte de Montfort vient l'assiéger dans ce château, s'en empare et le fait écarteler, v. 2454 et suiv.

MARTIN-LES-BORDES (S.) (*S. Marti a las Bordas*) près Castelnaudary, v. 2099.

MARTIN DOLITZ (*Marti Dolitz*), chevalier croisé, contribue à la prise de Gaillac, v. 2302.

MARTINET LE HARDI (*Martinet l'ardit*), chevalier croisé, v. 2288.

MARTRES (*Martras*) en Gascogne, v. 8809.

MASCARON (la tour de) (*la tor en Mascaro*) à Toulouse, v. 5143.

MATABO (la barbacane de) (*la barbacana Matabou*) à Toulouse, v. 9494.

MELHA (la) ou MELLES (*la Melha*), château dans le comté de Comminges, est assiégé par les Croisés, et secouru par Bernard de Comminges, qui remporte sous ses murs une victoire complète, v. 8829, 8871 et suiv.

MÉNÉLAS (l'armée de) (*la ost Menalau*), v. 425.

MERLIN (*Merlis*) l'enchanteur, v. 7078. — Sa prédiction relative à la mort tragique du comte de Montfort, v. 3590.

MICHEL DES ARMES (*Michels ou Miquels dels Armes*), chevalier croisé, v. 7338, 7505.

MICHEL DE LUZIAN (*Miquels de Luzia*), prend la parole contre le roi d'Aragon et le comte de Toulouse dans le conseil tenu avant la bataille de Muret, v. 3015.

MILAN (ceux de) (*aicel de Mila*), v. 1940.

MILAN (l'ost de) (*la ost de Mila*), v. 262.

MILON (*Milos*), légat d'Innocent III, assiste au concile dans lequel la Croisade est résolue, v. 104. — Il vient prendre possession pour le Pape des châteaux livrés par le comte de Toulouse, v. 244. — Sa mort, v. 1324.

MINERVE (*Menerba*), chef-lieu du Minervois dans le comté de Narbonne. Son château est assiégé par le comte de Montfort, v. 1059. — Il s'en empare et y fait brûler quantité d'hérétiques, v. 1088 et suiv.

MOISSAC (*Moyshac ou Moissac*), ville du Quercy, v. 1369, 1373. — Ses habitants refusent d'obéir à la sentence rendue par le concile d'Arles, v. 1413. — Ils fournissent des troupes au comte de Toulouse, v. 1916, 1945. — Détails sur le siège de cette ville par le comte de Montfort, qui finit par s'en emparer, v. 2472, 2504, 2508, 2524, 2531, 2546, 2588, 2610.

MOLVAR (la rue) (*la via Molvar*) à Toulouse, v. 2792.

MONTAGUT ou MONTAIGU (*Montagut*), château en Albigeois, v. 2288, 2307.

— Il est pris par les Croisés, v. 1697.
— Il retourne sous l'obéissance du comte de Toulouse, v. 2319.

MONTAIGON (les chevaliers de) (*los cavaliers de Montaigo*), sont chargés de défendre une des barbacanes de Toulouse, v. 9511.

MONTAIGON (l'enseigne de), est plantée sur leurs remparts par les Toulousains, v. 7788.

MONTALBE (l'abbé de) (*l'abas de Montalbes*), va rejoindre, avec le jeune Raymond, le comte de Foix à Baziéges, v. 8998.

MONTAT ou MONTAUT (*Montog ou Montaut*), château dans le Toulousain, est donné par Simon de Montfort au comte Baudouin, v. 2617.

MONTAUBAN (*Montalba*), ville du Quercy, v. 207, 1369, 1372, 2343, 2682, 3227, 3415, 3506. — Elle fournit des troupes au comte de Toulouse, v. 1931, 1945. — Ses habitants attaquent une bande de Croisés et sont battus par le comte Baudouin, v. 2576 et suiv. — Les Croisés viennent pour l'assiéger, v. 2620. — Le fils du comte de Foix s'y renferme avec cent chevaliers, et les force à renoncer à leur projet, v. 2622 et suiv.

MONTAUDRAN (*Montaldran*) près Toulouse. Les Toulousains y tiennent l'assemblée dans laquelle est résolu le siége de Pujols, v. 2793. — Combat entre les Toulousains et les Croisés près du pont de Montaudran, v. 1764 et suiv.

MONTAUT (l'abbé de) (*l'abas de Montaut*), engage le comte de Toulouse à marcher sur cette ville, v. 5758.

MONTCLAR (*Montclar*), château en Quercy avec le titre de vicomté. — Le vicomte de Montclar aide le comte Baudouin à défendre le château de Montferrand contre les Croisés, v. 1654.

MONTCUC (*Moncuc*), château en Quercy, v. 2468. — Le comte Baudouin en prend possession, v. 2398, 2403.

MONTDRAGON (*Mondragos*), château en Provence, sur le Rhône, v. 3861.

MONTEIL (*Montelh*), château en Dauphiné. Le comte de Montfort en prend possession, v. 5693.

MONTFERRAND (*Montferran*), château en Lauraguais, v. 1988, 2232. — Il est assiégé et pris par les Croisés, v. 1641 et suiv. — Il tombe une seconde fois en leur pouvoir, v. 2360.

MONTFORT (le comte de). Voy. SIMON et AMAURY.

MONTFORT (la comtesse de). Voy. ALIX DE MONTMORENCY.

MONTFORT (la famille des) (*li Montfortes*), v. 9025.

MONTGAILLARD (la barbacane de) (*la barbacana de Montgalhart*) à Toulouse, v. 9527.

MONT-GIBEL (*mont Gibel*), château en Lauraguais, v. 1021.

MONT-GRENIER (*mont Graner*), château dans le comté de Foix. Il est assiégé et pris par le comte de Montfort, v. 5668.

MONT-GUISCART, (*Montguiscart*), château dans le Toulousain, v. 1607, 1744, 4980.

MONT-JOY ou MONT-JOIRE (*Mont Joi*), château dans le Toulousain. Cinq mille Allemands sont taillés en pièces sous ses murs par le comte de Foix, v. 1580 et suiv. — Les Croisés s'en emparent et le détruisent, v. 1592. — Allusion à la bataille de Mont-Joire, v. 3268.

MONTOLIEU (le champ ou le val de) (*lo camp* ou *lo val de Montoliu*) près Toulouse. Les Croisés et les Toulousains s'y livrent de fréquents combats, v. 5987, 6863, 7145, 7281, 8397, 8582.

MONTOLIEU (la barbacane de) à Toulouse, v. 9524.

MONTPELLIER (*Montpeslier*), ville du comté de Maguelone, v. 110, 151, 337, 885, 894, 1960, 2903, 5941, 6932, 7898.—Ses habitants prennent parti contre les Croisés, v. 4063.

MONTPEZAT (*Monpezat*), château dans le Toulousain, v. 6386. — (Il existait dans la province trois autres châteaux de ce nom, en Quercy, dans le comté de Nîmes et dans celui de Narbonne.)

MONTRÉAL (*Monreials*), château dans le comté de Carcassonne, v. 1545, 1959, 2125, 4819. — Les Croisés s'en emparent, v. 489. — Ils y mettent garnison, v. 781.

MONT-SÉGUR (*Mont Segur*), château dans le Toulousain, v. 3260, 3289.

MOREL (*Maureus* ou *Moreus*), chevalier croisé, v. 2678. — Aide à délivrer le comte de Montfort au moment où il allait être fait prisonnier par les gens de Moissac, v. 2560. — Il rend le même service à Guillaume d'Encontre, près de Castel-Sarrasin, v. 2722.

MURCIE (le roi de) (*lo reis de Marces*), v. 1066.

MURET (*Murel*), ville et château dans le Toulousain, v. 1022, 2665, 6721, 7476. — Elle est prise par les Croisés, v. 2645. — Elle est assiégée par le roi d'Aragon et le comte de Toulouse, v. 2889 et suiv. — Arrivée du comte de Montfort dans cette ville, v. 2982 et suiv. — Bataille de Muret, v. 3033 et suiv.

MYCÈNES (*Miscena*). Comparaison de l'armée des Croisés sous les murs de Béziers et de celle des Grecs à Mycènes, v. 426.

N

NARBONNAIS (*Narbones*), pays de Narbonne, v. 1975.

NARBONNAIS (le château) (*lo castel Narbones*), château des comtes de Toulouse, v. 1012, 5040, 5197, 5357, 6158, 6458, 6635, 6836, 6861, 7563, 8027, 9023.

NARBONNE (*Narbona*). Concile tenu dans cette ville, auquel se rendent le comte de Toulouse et le roi d'Aragon, v. 1345.

NARBONNE (le duc de), prend part à la Croisade, v. 264.

NARBONNE (l'archevêque de). Voy. ARNAUD, abbé de Cîteaux.

NAVARRAIS (les) (*li Navar*), prennent parti contre les Croisés, v. 1845. — Ils contribuent à la défense de Toulouse, v. 1754, 1965; à la défense du château de Penne en Agénois, v. 2424.

NAZAIRE (l'église de S.) (*el moster S. Nazari*) à Carcassonne. Simon de Montfort y est enseveli, v. 8682.

NEVERS (*Nivers*), ville capitale du Nivernais, v. 1113.

NEVERS (le comte de). Voy. PIERRE DE COURTENAY.

NICOLAS (maître) (*maestre Nicholas*), ami de l'auteur du poëme, cité comme témoin oculaire de la bataille de Castelnaudary, v. 2162 et suiv.

NÎMES (*Nemzes*). Ses habitants prennent parti contre le comte de Toulouse, v. 3849.

NÎMES (l'évêque de). Exhortations qu'il adresse au comte de Montfort pendant le siége de Beaucaire, v. 4314 et suiv.

NIORT (*Niort*), ville, v. 3397.

NORMANDS (*Normans*), prennent part à la Croisade, v. 527, 1148, 1262, 2408, 2552, 2571, 3503, 6055, 7117, 7203, 9329.

NUGNEZ (*Nunos*), cousin du roi d'Aragon, v. 2958.

O

OBICIN (l'archevêque d') (*l'arsevesque d'Obezin*), parle en faveur du jeune Raymond au concile de Latran, v. 3552 et suiv.

OINE (le vicomte d') (*lo vescomte d'Onie*), est envoyé par le comte de Montfort vers don Bouchard, v. 1972.

OLÉRON (*Olaro*), ville en Béarn. Les Croisés s'en emparent, v. 2646.

OLIVIER (*Oliviers*), paladin, neveu de Charlemagne. Allusion à ses exploits et à sa mort, v. 1643, 6928.

ORANGE (*Aurenca*), ville et principauté en Provence, v. 3889. — Alliance entre le comte de Toulouse et le prince d'Orange, v. 3849. — Allusion au siége soutenu dans Orange par Guillaume au court nez, v. 4107.

ORATOIRE (l'orme de l') (*l'olm del Orador*) à Toulouse, v. 7740.

OSMA (l'évêque d') (*l'avesque d'Osma*) préside la conférence de Carcassonne, v. 44.

OTHON (l'empereur) (*l'emperador Otes*), v. 978.

OTHON (*Otz*), vient avec le comte de Comminges au secours de Toulouse, v. 6114. — Il prend part à la défense de cette ville contre les Croisés, v. 7135, 9536.

OTHON D'ANGELIER (*Otes d'Angelier*), chevalier croisé, v. 7878.

OTHON DE SAINT-BÉAT (*Otz de sent Beat*), prend part à l'expédition de Bernard de Comminges en Gascogne, contre Joris et les Croisés, v. 8830, 8884.

OTHON DE TARRIDA (*Otz de Tarrida*), contribue à la défense de Toulouse contre les Croisés, v. 7499, 7791.

P

P. COMTE D'AUXERRE (*el coms P. d'Aussorre*). Voy. PIERRE DE COURTENAY.

P. BERMONT DE NOUZA (*P. Bermons de Nouza*), se croise contre les hérétiques, v. 272.

PADERN (*Paderns*), chevalier toulousain, est chargé de défendre une des barbacanes de Toulouse, v. 9523.

PALMER (*Palmers*), château en Lauraguais, v. 8826.

PAMIERS (*Pamias*), ville du comté de Foix. La sœur du comte de Foix y fait sa résidence et y propage l'hérésie, v. 3263 — Elle est occupée par les Croisés, v. 2630.—Le comte de Montfort y tient une assemblée générale, dans laquelle il règle les coutumes des pays conquis, v. 2658.

PAMIERS (l'abbé de), sollicite les Croisés d'aller assiéger Saverdun, v. 2628.

PAMPELUNE (*Pampalona*) en Navarre, v. 114, 8961.

PAMPELUNE (l'évêque de), v. 152.

PAQUES (S^{te}) (*santa Pasca*) près Beaucaire, est occupée par les troupes du comte de Toulouse, v. 3953. — Il la fait fortifier, v. 4016.—Il y établit un bosson pour battre le château de Beaucaire, v. 4487.

PARIS (*Paris*), fils de Priam, v. 425.

PARIS (*Paris*), château, est assiégé et pris par le comte Raymond, v. 2317.

PARIS (*Paris*), capitale du royaume, résidence ordinaire des rois de France, v. 826, 884, 1442, 3113, 7097. — Le comte de Toulouse s'arrête dans cette ville, v. 999.

PARIS (les barons de), prennent part à la Croisade, v. 481, 876, 2073.

PARIS (le chantre de), amène, avec le comte d'Auxerre et Robert de Courtenay, une armée nombreuse au comte de Montfort, v. 1441.— Il prend part au siége du château de Penne en Agénois, v. 2435.

PAUL (le comte de S.) (*lo cons de sant Pol*), l'un des principaux chefs de la Croisade, v. 266. — Il refuse le commandement suprême qui lui est offert par l'abbé de Cîteaux, v. 792.—Il fait bon accueil au fils du comte de Toulouse, v. 882.
— Il parle en faveur du comte Centule au siége de Marmande, v. 9278.

PELFORT (*Pelfort*), partisan du comte de Toulouse, v. 3403. — Joie des Toulousains à son arrivée parmi eux, v. 7153. — Il approuve la proposition d'augmenter les fortifications de Toulouse faite par Roger Bernard, v. 7440. — Ses exploits contre les Croisés, v. 7491, 7617.—Il engage le comte de Toulouse à envoyer des députés pour traiter avec le prince Louis, v. 9356.

PENAUTIER (*Pog Nautier*), château dans le comté de Carcassonne, v. 1089, 1152, 1155.

PENDUS (la colline des) (*el poi dels Pendutz*) près Beaucaire, v. 4523.

PENNE (*Pena*); château en Agénois, v. 1929.— Il est assiégé et pris par le comte de Montfort, v. 2404-2444. —L'armée des Croisés se réunit sous les murs de ce château, v. 2467.

PÉRIGORD (*Perigorc, Perragorzin*), pays avec titre de comté, v. 128. — Il est ravagé par Martin Algai, v. 2449.

PERNES (*Paernas*), château en Provence. Le jeune Raymond en prend possession et le met en défense, v. 3843.

PÉRON DOMINGO (*Peron Domingo*), écuyer aragonnais. Courage qu'il déploie pendant le siége de Toulouse, v. 7631.

PERRIN DE SAISSY (*Perrin de Saissy*), chevalier croisé, v. 2667, 2679. — Le comte de Montfort lui donne Verdun-sur-Garonne, v. 2618.

PERTUIS (la barbacane du) (*la barbacana del Pertus*) à Toulouse, v. 9517.

PHILIPPE D'AGUILENT (*Felip d'Aguilent*), chevalier croisé, v. 7506.

PHILIPPE-AUGUSTE, roi de France (*lo rei Felip*), v. 725, 8257, 8266, 9361.— Il accueille avec bienveillance le comte de Toulouse, lors de son départ

DES NOMS ET DES MATIÈRES. 721

pour Rome, v. 927. — Il le reçoit froidement à son retour, v. 1000. — Il est désigné par le concile d'Arles comme arbitre souverain de toutes les réclamations des habitants de la province, v. 1400. — Il envoie son fils contre les hérétiques, v. 3114. — Il se montre peu satisfait des succès du comte de Montfort, v. 3145. — Le cardinal-légat propose d'implorer son appui contre les Toulousains, v. 7098. — La comtesse de Montfort part avec l'évêque de Toulouse et deux chevaliers pour se rendre auprès de lui, v. 7127. — Après la mort du comte de Montfort, le cardinal-légat lui dépêche de nouveau l'évêque de Toulouse, v. 8713.

Philippot (*Filipot*), chevalier croisé. Ses exploits et sa mort au siége de Beaucaire, v. 4686 et suiv. — Don Guy le fait ensevelir, v. 4723.

Pierre (*Peires*), aide le comte Baudouin à défendre le château de Montferrand contre les Croisés, v. 1653.

Pierre II, roi d'Aragon (*lo rei P. d'Arago*), assiste à la conférence de Carcassonne, v. 47. — Il remporte, avec les rois de Castille et de Navarre, la victoire du Muradal sur les Sarrasins, v. 117. — Il se rend à l'armée des Croisés, devant Carcassonne, v. 599 et suiv. — Il va trouver le vicomte de Béziers et lui offre sa médiation, v. 611 et suiv. — Il fait de vaines démarches pour amener un accommodement, v. 652 et suiv. — Il retourne en Aragon, v. 678. — Il a une entrevue à Portet avec l'abbé de Cîteaux, v. 1022. — Il se rend au concile de Narbonne avec le comte de Toulouse, et de là au concile d'Arles, v. 1346 et suiv. — Son indignation en entendant la sentence prononcée contre le comte, v. 1359 et suiv. — L'auteur rappelle le double mariage des deux sœurs de ce prince avec les deux comtes de Toulouse, v. 2740. — Il convoque ses barons et les détermine à prendre parti pour le comte son beau-frère contre les Croisés, v. 2765 et suiv. — Il met le siège devant Muret, v. 2888. — Le comte de Toulouse vient le joindre avec toutes ses forces, v. 2935. — Il témoigne son mécontentement d'une attaque précipitée qui contrarie ses projets, v. 2950 et suiv. — Il les expose dans un conseil tenu par les principaux chefs, v. 2998 et suiv. — Il est tué à la bataille de Muret; détails sur cet événement, v. 3061 et suiv.

Pierre l'Aragonnais (*Peires Aragones*), chef d'aventuriers, pille Montréal et Fanjeaux, v. 783.

Pierre Arcès (*P. Arces*), frère d'Hugues d'Alfar, sénéchal d'Agen, tente une sortie contre les Croisés malgré le comte de Toulouse, v. 1820.

Pierre Bonassan (*P. Bonassa*), vient au secours de Beaucaire, v. 4393.

Pierre de Chateauneuf ou de Castelnau (*Peyre del Castelnou*), légat du Pape dans la province, vient à S. Gilles, où il excommunie le comte de Toulouse, v. 79. — Il est assassiné, v. 85 et suiv.

Pierre I de Courtenay (*P. de Cortenai*), comte de Nevers, d'Auxerre et de Tonnerre, l'un des principaux chefs de la Croisade, v. 171, 265. — Le vicomte de Béziers est amené dans sa tente, sous les murs de Carcassonne, v. 739, 746. — Il refuse le commandement qui lui est offert par l'abbé de Cîteaux, v. 790. — Il fait un bon accueil au comte de Toulouse, lors du voyage de celui-ci en France, v. 982. — Il amène au comte de Montfort une armée nombreuse, v. 1440. — Il contribue à la prise de Lavaur, v. 1615.

Pierre de Cuizines (S.) (*sent Peire a Cozinas*), l'une des églises de Toulouse. L'évêque Foulques y réunit les habitants en assemblée générale, pour leur signifier les résolutions du comte de Montfort, v. 5483.

Pierre de Durban (*P. de Durban*), seigneur de Montagut, porte-bannière du comte de Foix. Ses exploits durant le siége de Toulouse, v. 6008.

Pierre d'Escoraille (*P. d'Escoralha*), chevalier croisé, v. 7772.

Pierre Guillaume de Séguret (*Peyre W. de Seguret*), chevalier croisé, excite les Croisés à diriger tous leurs coups contre le jeune comte de Toulouse à la bataille de Baziéges, v. 9141. — Il lui brise son haubert, v. 9163. — Il est fait prisonnier et pendu par les Toulousains, v. 9211.

Pierre de l'Isle (*Peire de la Isla*). Ses exploits contre les Croisés à la défense de Toulouse, v. 7794, 8377.

Pierre de Lambesc(*Peire de Lambesc*), vient au secours de Beaucaire, v. 4394.—Ses exploits contre les Croisés, v. 4548.

Pierre-Latte (*Peira Lada*), château en Provence, se déclare pour le comte de Toulouse, v. 3854.

Pierre de Livron (*P. de Lhivro*), chevalier croisé, v. 2347, 2518. — Contribue à délivrer le comte de Montfort au moment où il allait être fait prisonnier par les gens de Moissac, v. 2563.

Pierre Mirs (*P. Mirs*), chevalier croisé. Ses exploits au siége de Beaucaire, v. 4275, 4555, 4841.

Pierre Navarrais ou de Navarre (*P. Navarres*), combat contre les Croisés à la bataille de Baziéges, v. 9001, 9083.

Pierre Raymond de Rabastens (*P. de Rabastencs*), assiste au concile de Latran, v. 3157. — Il demeure avec le jeune Raymond pendant son séjour à Rome, v. 3675.— Encouragements qu'il lui adresse au siége de Beaucaire, v. 4439, 4707.

Pierre Rogers (*P. Rotgiers*), seigneur de Cabaret, conseille au vicomte de Béziers d'attendre les Croisés dans Carcassonne, v. 552 et suiv. —Il fait une tentative infructueuse pour s'emparer d'un convoi de machines de guerre envoyé par Guillaume d'Encontre au siége de Termes, v. 1184 et suiv. — Il délivre don Bouchard, gouverneur de Saissac, qui avait été fait prisonnier par ses gens, et se remet, lui et son château, sous sa garde, v. 1455 et suiv.

Pierre de Saint-Priest (*Peire de sent Prais*), l'un des chevaliers croisés assiégés avec Lambert de Limou dans le château de Beaucaire, demande à sortir du château pour se rendre au comte de Toulouse, v. 3975.

Pierre de Voisin (*Peire de Vezit*), chevalier croisé. Ses exploits au siége de Toulouse, v. 7005, 7212, 7250, 8000, 8406. — Il part avec la comtesse de Montfort pour aller en France chercher des renforts, v. 7129.

Poblet (le) (*abaya del Poblet*), abbaye de l'ordre de Cîteaux, près de Lerida en Catalogne, v. 59.

Poitou (*Peitau*), v. 128.—Ses habitants (*Peitavis*) prennent part à la Croisade, v. 286, 2081, 2551, 7116, 9330.

Pons (*Pons*), vicomte de S. Antonin, est fait prisonnier par les Croisés, v. 2388.

Pons de Beaumont (*Pons de Belmont*), chevalier croisé, reste avec le comte de Montfort pour défendre les pays conquis, v. 838. — Sa mort, v. 2306.

Pons de Mela (*Pons de Mela*), émissaire du roi d'Aragon, l'une des autorités citées par l'auteur du poëme, v. 112.

Pons de Mesoa (*P. de Mesoa*), chevalier toulousain, v. 4717.

Pons de Montdragon (*Pons de Mondragos*), prend parti pour le comte de Toulouse, v. 3861.

Pons le Roux de Toulouse (*Pons de Tolosal Ros*), aide le comte Baudouin à défendre le château de Montferrand contre les Croisés, v. 1654.

Pons de Saint-Just (*Pons de sent Just*), prend parti pour le comte de Toulouse, v. 3862.

Porada (*Porada*), l'un des chevaliers du comte de Foix. Ses exploits à la bataille de Castelnaudary, v. 2205.

Portet (*Portel*), dans le comté de Toulouse. Le roi d'Aragon a une entrevue dans cette ville avec l'abbé de Cîteaux, v. 1023.

Ports (les) (*los Ports*), nom populaire des Pyrénées, v. 3398.

Portugal (le royaume de) (*Portugals*), v. 852.

Posquières ou Vauvert (*Posqueiras*), château dans le comté de Nimes, est pris par le comte de Montfort, v. 5679.

Pozamile (la barbacane) (*la barbacana Pozamila*) à Toulouse, v. 9489.

Provence (*Proenza*), divisée en comté et en marquisat, faisait partie des domaines du comte de Toulouse, v. 201, 1906, 2082, 3227, 4783, 5043, 5431, 6108, 6883. — Une grande partie de ses habitants se croise contre les hérétiques, v. 274, 289, 1263. — Le marquisat de Provence est réservé par Innocent III pour le jeune Raymond, v. 3568 et suiv. — La province presque entière se déclare pour les comtes de Toulouse contre Simon de Montfort, v. 3749, 3750, 3765, 3884, 3916, 3939, 3967, 4155, 4183, 4300, 4857, 5009, 5047, 5435, 5700, 5931, 5943, 6469, 7072. Voy. Avignon, Beaucaire, Marseille.

Puilaurent ou Puy-Laurens (*Poglaurens*), château dans le Toulousain, v. 9522. — Ses habitants renient les serments qu'ils avaient faits au comte de Montfort, et s'adonnent à l'hérésie, v. 2265.

Pujol ou le Pujol (*Pujols*), château dans le Toulousain, est assiégé et pris d'assaut par le comte de Toulouse, v. 2788-2880.

Puy (le) (*el Poi*), ville capitale du Vélay, v. 3397.

Puy (l'évêque du), se met à la tête d'une bande de Croisés, qui prend sa route par le Rouergue, rançonne Caussade et S. Antonin, et va rejoindre au siége de Chasseneuil les Croisés conduits par l'archevêque de Bordeaux, v. 325 et suiv.

Puy-Celsi ou Puicelsi (*Pog Celsi* ou *Poi Celsi*), château en Albigeois, est pris par les Croisés, v. 1699, 1702. — Il est repris par le comte de Toulouse, v. 2315. — Il tombe de nouveau au pouvoir des Croisés, v. 2372.

Puycerda (*Pog Serdan*), ville dans les Pyrénées, v. 1950, 2621.

Puy-la-Roque (*Pegua Rocha*), château en Quercy, est pris par les Croisés, v. 310.

Q

Quercy (*Caerci*), v. 3505, 7102, 8065. — Ses habitants prennent part à la Croisade, v. 309, 1967, 8949.

R

R. Gaucelin ou Gaucelm (*R. Gaucelin ou Gaucelm*). Conseil qu'il donne pour protéger la ville de Beaucaire contre l'attaque de Simon de Montfort, v. 3986. — Il engage le jeune Raymond à se rendre maître du Rhône, v. 4370.

R. Mirs (*R. Mirs*), attaque avec Pierre Rogers et les gens de Cabaret le convoi de machines de guerre envoyé par Guillaume d'Encontre au siége de Termes, v. 1185.

R. de Rochemaure (*R. de Rocamaura*), l'un des chevaliers assiégés dans le château de Beaucaire par le jeune Raymond; il accède à la proposition désespérée de Guillaume de la Motte, v. 4644.

Rabastens (*Rabastencs*), ville et château en Albigeois, se soumet aux Croisés, v. 1697. — Retourne sous l'obéissance du comte Raymond, v. 2275, 2286, 2313. — Tombe de nouveau au pouvoir du comte de Montfort, v. 2364.

Raimbaud de la Calme (*Reimbaltz de la Calm*), prend parti contre le comte de Toulouse, v. 3851.

Raimbaud de Trie (*Raymbautz de Trias*), chevalier croisé, v. 7777.

Raimond. Voy. Raymond.

Rainfroi (*Raimfres*), frère d'Estève Savalète, vient avec le comte de Comminges au secours de Toulouse, v. 6119.

Rainier. Voy. Raynier.

Ramon Bernier (*Ramons Berniers*), bourgeois toulousain, vient avec Hugues Joans au-devant du comte de Toulouse, v. 5847.

Ramon du Puy (*Ramon del Pog*), combat contre les Croisés à la bataille de Baziéges, v. 9093.

Ramon de Roquefeuille (*Ramon de Rocafolhs*), parle énergiquement en faveur du fils du vicomte de Béziers au concile de Latran, v. 3358 et suiv.

Raoul d'Agin (*Raolf d'Agis*), chevalier croisé, demeure avec le comte de Montfort pour défendre les pays conquis, v. 837.

Raoul de Cambray (*Raolf cel de Cambrais*), v. 514. Voy. Douay.

Raoul du Gua (*Raolf del Gua*), prend part à la défense de Beaucaire contre les Croisés, v. 4368, 4879.

Raoul de Nielle (*Raolf de Niela*), chevalier croisé, v. 7769.

Raoul de Poitiers (*Raolf de Peitieus*), chevalier croisé, v. 7776.

Ratier de Bosne (*Ratiers de Bosna*), est chargé de défendre une des barbacanes de Toulouse, v. 9493.

Ratier de la Caussade (*Raters de la Caussada*), est chargé de défendre une des barbacanes de Toulouse, v. 9492.

Raulin le Champenois (*Raulil Campanes*), chevalier croisé, v. 8014.

Raymond VI, comte de Toulouse, marquis de Provence, etc. (*Ramon, coms de Tolosa, lo coms dux e marques*, etc.) est excommunié à Saint-Gilles, par Pierre de Castelnau, v. 81 et suiv. — Sa douleur en apprenant la publication de la Croisade, v. 181. — Il se rend à Aubenas auprès du légat, qui le renvoie au Pape pour en obtenir l'absolution, v. 186. — Il se brouille avec son neveu le vicomte de Béziers, v. 196. — Il se rend en Provence, v. 201. — Il envoie à Rome une ambassade solennelle pour se justifier, v. 221. — Il remet au Pape sept de ses plus forts châteaux et en reçoit l'absolution, v. 240. — Il guide l'armée des Croisés et prend part avec eux au siége de Béziers, v. 338. — Il fait venir son fils à Carcassonne et le présente aux chefs de la Croisade, v. 875. — Il se dispose à partir pour Rome, et envoie une ambassade au Pape pour lui annoncer son arrivée, v. 895. — Vains efforts de l'abbé de Cîteaux pour le détourner de ce voyage, v. 912. — Il traverse la France, et visite successivement Philippe-Auguste, la comtesse de Champagne, le duc de Bourgogne et le comte de Nevers, v. 974. — Le Pape le reçoit avec bienveillance et lui donne l'absolution, v. 984. — Il revient à Toulouse, v. 1002. — Dans une entrevue avec le comte de Montfort et l'abbé de Cîteaux, il conclut la paix, v. 1005. — A la nouvelle de la prise de Termes, il se rend à Saint-Gilles, où l'abbé de Cîteaux tenait concile, et se retire sans avoir pu s'accorder avec ce légat, v. 1320. — Il se rend au concile de Narbonne, où le roi d'Aragon vient le rejoindre, v. 1345. — Sentence prononcée contre lui par le concile d'Arles, v. 1348. — Il parcourt le pays en publiant cette sentence qui excite une indignation générale, v. 1366. — Il se résout à la guerre et appelle à son aide ses amis de l'Albigeois, du Carcassais et du Béarn, v. 1420. — Il se brouille avec le comte Baudouin son frère, qui prend parti pour la Croisade, v. 1733. — Il dispute le passage du Lers à Simon de Montfort, v. 1764. — Il défend Toulouse contre les Croisés, qui sont bientôt forcés d'en lever le siége, v. 1788. — Il convoque tous ses alliés et ses vassaux, v. 1915. — Il s'avance dans le Lauraguais à la tête d'une armée de deux cent mille hommes, v. 1951. — Il assiége la ville de Castelnaudary dans laquelle Montfort s'était renfermé, v. 2021. — La défaite du comte de Foix par les Croisés le force à se retirer précipitamment, v. 2260. — A l'aide de faux bruits qu'il fait répandre, il s'empare de plusieurs châteaux qui lui sont enlevés quelques mois après, v. 2312. — Il néglige une occasion favorable d'attaquer les Croisés, v. 2343. — L'auteur rappelle son mariage avec Éléonore, sœur du roi d'Aragon, v. 2741. — Ce prince prend parti pour lui contre les Croisés, v. 2756. — Il assiége et prend d'assaut le château de Pujol, v. 2809. — Il se met à la tête de l'armée toulousaine pour aller rejoindre le roi d'Aragon devant Muret, dont ils font le siége, v. 2907. — Ils sont attaqués par le comte de Montfort et complétement défaits, v. 3057. — Il quitte Toulouse avec son fils, v. 3103. — Il arrive à Rome et comparaît devant le concile de Latran, v. 3153. — Dispositions bienveillantes du Pape à son égard, v. 3171. — L'archidiacre de Lyon parle en sa faveur, v. 3445. — Décret du concile qui lui enlève la partie de ses domaines conquise par les Croisés, pour l'adjuger à Simon de Montfort, v. 3478. — Il prend congé du Pape et lui laisse son fils, v. 3600. — Il s'arrête à Viterbe, v. 3660. — Il est rejoint à Gênes par le jeune Raymond, v. 3665. — Ils arrivent à Marseille, v. 3738. — Une partie de la Provence se déclare en leur faveur contre Simon de Montfort, v. 3784. — Il recommande son fils à quelques-uns de ses chevaliers et part pour l'Espagne, v. 3870. — Il se rend auprès du comte de Comminges, v. 5708. — Il tient conseil avec ce seigneur et ses principaux partisans, qui l'engagent vivement à marcher sur Toulouse, v. 5711. — Il entre dans cette ville aux acclamations des habitants, qui en chassent les croisés, v. 5886 et suiv. — Il la défend contre Guy, Simon et Amaury de Montfort qui en lève le siège, v. 5946-8672. Voy. les sommaires CLXXXIII-CCVIII.

RAYMOND VII (*lo coms jove*), fils de Raymond VI et de Jeanne d'Angleterre, est présenté par son père aux chefs de la Croisade, v. 875 et suiv.
— L'auteur rappelle son mariage avec Sancie, sœur du roi d'Aragon, v. 2742.
— Il quitte la province avec son père après la défaite de Muret, v. 3109.
— Il se rend à Rome avec lui, v. 3153.

— Il se jette aux genoux du Pape, qui lui témoigne le plus tendre intérêt, v. 3178. — Innocent III plaide énergiquement sa cause au concile de Latran, v. 3521. — L'évêque d'Obicin invoque en sa faveur le contrat de mariage de la comtesse Jeanne sa mère, v. 3552. — Sur la demande du Pape, son père le laisse à Rome, v. 3650. — Il demeure dans cette ville pendant quarante jours, v. 3672. — Il vient prendre congé du Pape, qui lui propose de partager avec le comte de Montfort les états de son père, v. 3713.
— Il rejette cette offre et ne demande que l'autorisation de tout reconquérir, v. 3716. — Innocent l'encourage et le bénit, v. 3726. — Il rejoint son père à Gênes, v. 3733. — Il se rend avec lui à Marseille, v. 3737. — Avignon et une partie de la Provence se lèvent en leur faveur, v. 3746. — Il parcourt le Venaissin et met en défense plusieurs châteaux, v. 3842.
— Il tient conseil avec son père, qui, avant de partir pour l'Espagne, lui fait ses recommandations, v. 3870.
— Les habitants de Beaucaire lui ouvrent leurs portes, v. 3919. — Il assiège les Croisés dans le château, v. 3930. — Il est assiégé lui-même dans la ville par le comte de Montfort, v. 4044. — Ses exploits pendant ce double siége, v. 3952, 4077, 4142, 4231, 4365, 4370, 4424, 4701. — Il force Montfort à lever le siége de la ville, et accorde une capitulation au château, v. 4958. — Il apprend avec douleur les progrès du comte de Montfort en Provence, et se dispose à le combattre, v. 5690. — Son

père lui fait savoir qu'il s'est emparé de Toulouse sur les Croisés, v. 6109. — Il se rend dans cette ville, dont les habitants le reçoivent avec enthousiasme, v. 7906. — Il va prendre possession de l'Isle que lui livre Bernard Jordan, v. 8542. — Il occupe Condom, Marmande, Clairac, et s'empare d'Aiguillon, v. 8781. — Il vient rejoindre le comte de Foix à Baziéges et prend part à la victoire remportée sur Foucault de Brezi, v. 8992. — Il refuse d'envoyer des députés au prince Louis pour lui demander grâce, et fait tous ses préparatifs pour soutenir un nouveau siége dans Toulouse, v. 9378 et suiv.

RAYMOND D'ASPEL (*Ramonet d'Aspel*), contribue à chasser les Croisés de Toulouse, v. 5919. — Il prend part à l'expédition de Bernard de Comminges contre don Joris, v. 8833. — Il est chargé de défendre une des barbacanes de Toulouse, v. 9510.

RAYMOND BELAROT (*R. Belarots*), chevalier tarasconnais. Ses exploits contre les Croisés au siége de Beaucaire, v. 4051.

RAYMOND DE BORDES (*R. de las Bordas*), baron toulousain, v. 8374.

RAYMOND DE CASTELBON (*R. de Castelbo*), l'un des chevaliers du comte de Comminges. Sa mort, v. 1800.

RAYMOND HUNAULT ou HUNAUDET (*R. Unautz* ou *Unaudez*), chevalier toulousain, prend part à la bataille de Baziéges, v. 8999, 9092. — Il est chargé de défendre une des barbacanes de Toulouse, v. 9519.

RAYMOND ISARN (*R. Izarns*), baron toulousain, v. 8383.

RAYMOND DE MONTAUBAN (*R. de Montalba*), prend parti pour le comte de Toulouse, v. 3859. — Il vient au secours de Beaucaire, v. 4390. — Le comte de Toulouse lui confie la défense d'un poste périlleux, v. 4428.

RAYMOND PELETZ (*R. Peletz,*) prend parti contre le comte de Toulouse, v. 3849.

RAYMOND DE PÉRIGUEUX (*R. de Peirigorc*), aide le comte Baudouin à défendre le château de Montferrand contre les Croisés, v. 1657.

RAYMOND DE RABASTENS (*R. de Rabastencs*), est envoyé vers le Pape par le comte Raymond, v. 230. — Son retour, v. 900.

RAYMOND DE RICAUT (*R. de Recaut*), amène le jeune Raymond au camp des Croisés devant Carcassonne, v. 878. — Il prend la fuite en apprenant la défaite du comte de Foix à Castelnaudary, v. 2231.

RAYMOND-ROGER, comte de Foix, conclut un traité avec Simon de Montfort, et lui donne en otage son plus jeune fils, v. 935 et suiv. — Le comte de Toulouse l'appelle à son aide, v. 1422. — Il taille en pièces cinq mille Allemands à Mont-Joire, v. 1575 et suiv. — Il se retire à Mont-Guiscard, v. 1605. — Il prend part à la défense de Toulouse, v. 1754. — Les Croisés marchent contre lui, v. 1872 et suiv. — Il rejoint le comte de Toulouse, v. 1927. — Il attaque don Bouchard près de Castelnaudary; détails sur ce combat, où il est complétement battu, v. 2049 et suiv. — A l'approche des Croisés il abandonne Saverdun, v. 2641. — Il contribue à la prise de Pujol, v. 2810. — Il assiste au conseil tenu par le roi d'Aragon devant Muret, v. 2993. — Il se rend au concile de Latran, v. 3155, 3177. — Il prend la parole, v.

3200. — Discours remarquable qu'il prononce, v. 3206 et suiv. 3282 et suiv.—Il vient, avec le comte de Toulouse, prendre congé du Pape, v. 3600. —Il reste quelque temps à Rome pour poursuivre la restitution de ses terres, v. 3655.—Il rejoint à Viterbe le comte de Toulouse, v. 3661. — Il entré à Toulouse aux acclamations des habitants, v. 6658 et suiv. — Il assiste à un conseil tenu par le comte de Toulouse, v. 6730. — Discours qu'il y prononce, v. 6771 et suiv. — Il fait une expédition en Lauraguais, et pénètre jusqu'à Baziéges, v. 8981 et suiv. — Les Croisés marchent contre lui sous les ordres de Foucault de Bercy, v. 8984. — Un grand nombre de barons, le comte de Toulouse à leur tête, viennent le rejoindre, v. 8993 et suiv. — Discours qu'il leur adresse, v. 9006 et suiv.—Il demande au comte le commandement de l'avant-garde, v. 9056. — Ses exploits durant le combat, v. 9125, 9176 et suiv.

RAYMOND-ROGER, vicomte de Béziers, d'Alby, de Carcassonne, de Razès, etc., apprend avec douleur la publication de la Croisade, v. 183.—Il a une entrevue avec le comte de Toulouse et se brouille avec lui, v. 195 et suiv. — Après avoir fait de vains efforts pour traiter avec les Croisés, il se retire à Carcassonne, v. 246 et suiv.—Il se prépare à la plus vigoureuse résistance, v. 342. — Son éloge, v. 344 et suiv. — Il se rend à Béziers, et encourage les habitants à se défendre, v. 366 et suiv. —Il repart pour Carcassonne, v. 377. — A l'approche des Croisés il tient conseil avec ses principaux chevaliers, v. 540 et suiv. —Il attaque l'ennemi le lendemain à la pointe du jour, v. 568 et suiv. — Il a une entrevue avec le roi d'Aragon, v. 614 et suiv. — Il accepte la médiation de ce prince, v. 647 et suiv. —Il refuse les conditions que les Croisés lui imposent, v. 670. — Il repousse un de leurs assauts, v. 687. — Il a une entrevue avec l'un des chefs de la Croisade, v. 707 et suiv. — Il se laisse conduire au camp des Croisés, où on le retient prisonnier, v. 738 et suiv. — Sa mort, v. 862. — Détails sur cet événement, v. 918 et suiv. — Réclamation adressée au Pape en faveur de son fils, par Ramon de Roquefeuille, v. 3361.

RAYMOND DE ROUSSILLON (*R. de Rossilhon*), prend part à la défense de Toulouse, v. 7793.

RAYMOND DE SALVAGNAC (*Ramon de Salvanhac*), riche marchand de Cahors, reçoit le butin fait à Lavaur, en payement de l'argent qu'il fournissait pour entretenir la Croisade, v. 1634 et suiv.

RAYMOND DE VAUX (*R. de Vals*), vient avec Bernard de Casnac au secours de Toulouse, v. 7697.

RAYNAUD LE FRISON (*Rainaut lo Frizos*), chevalier croisé, v. 7214.

RAYNIER (*Rayner*), chevalier croisé, v. 7871, 8406.

RAYNIER D'AUBUSSON (*Rainérs d'Albusson*), chevalier croisé, v. 7770.

RAYNIER DE CHAUDERON (*Rainers del Caudaro*), chevalier croisé, demeure avec le comte de Montfort pour défendre les pays conquis, v. 837. — Il ne veut point se charger de la garde de Carcassonne, v. 1123. — Il se renferme, avec Lambert de Limou, dans le château de Beaucaire, v. 4032. — Il exhorte ses compagnons à se défendre

jusqu'à la dernière extrémité, v. 4105.
— Il propose de tenter une dernière sortie pour périr ou se frayer un passage, v. 4648.—Ses exploits au siège de Toulouse, v. 7212.

RAYNIER LE FRISON (*Rainer lo Frizon*), chevalier croisé, v. 7778.

RAYNIER DE RANCON (*Raners de Rancon*), chevalier croisé, v. 7771.

RAZÈS (*Rezes*), pays avec titre de comté, sous la mouvance des comtes de Toulouse, v. 4975.

REDAIS. Lisez RAZÈS.

REIMS (l'archevêque de) (*l'arsevesques de Rems*), préside le conseil dans lequel est décidé le siège de Moissac, v. 2512.

RÉMEZI (S.) (*sant Remezi*) à Toulouse, v. 5141.

RÉOLE (le port de la) (*el port de la Reula*), v. 6931.

RHODEZ (*Rodes*), ville capitale du Rouergue. Ses habitants prennent part à la Croisade, v. 290.

RHÔNE (*Rozer, Roine*), fleuve, v. 3769, 3921, 4369, 4461, 5689.

RICAU (*Rical*), chevalier toulousain, v. 338.

RICAUT DE CARON (*Ricals de Carro*), prend parti pour le comte de Toulouse, v. 3862.

RICHARD (*Richart*), roi d'Angleterre, oncle du jeune Raymond, v. 4174.— Seigneur suzerain du château de Penne en Agénois, v. 2406.

RICHARD DE CARON (*Ricartz de Caro*), prend part à la défense de Beaucaire contre les Croisés, v. 4434.

RICHARD DE CORNARDON (*Ricartz de Cornados*), chevalier croisé, est renversé par Roger Bernard, au combat de la Salvetat, v. 5806.

RICHARD DE FOREZ (*Ricartz de Fores*), chevalier croisé, v. 8031.

RIQUIERS (*Riquers*), chevalier croisé, v. 8419.

RIVET (*Rivel*) près Muret, v. 3076.

ROBERT (maître) (*maestre Robertz*), savant légiste, parle au comte de Montfort en faveur des Toulousains, v. 5060. — Il assiste à l'assemblée tenue par ceux-ci à Villeneuve, v. 5222. — Il les engage à se soumettre au comte de Montfort, v. 5265. — Avertissement qu'il donne à don Aimeric, v. 5274.

ROBERT (*Robert*), chevalier croisé, v. 4840, 7005.

ROBERT DE BEAUMONT (*Robertz de Belmont*), chevalier croisé, avertit le comte de Montfort de l'entrée du comte de Foix à Toulouse, v. 6671.— Ses exploits au siège de cette ville, v. 7006, 7774.—Réponse qu'il adresse au cardinal-légat, v. 7181. — Il est blessé par Guillaume le bon, v. 7233.

ROBERT DE CHALONS (*Robertz de Chalons*), chevalier croisé, v. 7774.

ROBERT DE CHINON (*Robertz de Chinon*), chevalier croisé, v. 7775.

ROBERT DE COURTENAY (*Rotbertz de Cortenai*), fils de Pierre de Courtenay, comte de Nevers, d'Auxerre et de Tonnerre, amène avec son père une armée nombreuse au comte de Montfort, v. 1440.

ROBERT DE FORCEVILLE (*Roberts de Forsovilla*), chevalier croisé, reste avec le comte de Montfort pour défendre les pays conquis, v. 836.

ROBERT DE MAUVOISIN (*Robertz de Malvezi*), chevalier croisé, v. 1108.

ROBERT DE PEGUE (*Roberts de Pequi*), chevalier normand, reste avec le comte de Montfort pour défendre les pays conquis, v. 832.

ROBERT DE PÉQUERNY (*Roberts de Pequerni*), chevalier croisé, blâme les rigueurs du comte de Montfort envers les Toulousains et le reste de la province, v. 6912. — Ses exploits au siége de Toulouse, v. 7211, 7775.

ROBERT DE SAUVENTINE (*Robertz de Salventina*). Paroles qu'il prononce au siége de S. Jean d'Acre en Syrie, v. 8282.

ROBERT DE TIGNE (*Rotberts de Tinhes*), prend part à l'expédition du comte de Foix en Lauraguais, v. 8978.

ROCAMADOUR (*Rocamador*) en Quercy, v. 1893, 1900, 2903, 6848, 8948.

RODRIGUE (*Rodrigos*), chevalier toulousain, va rejoindre le comte de Foix, v. 8997. — Il prend part à la bataille de Baziéges, v. 9094.

ROGER (*Rogers*), chevalier croisé, v. 4119.

ROGER (*Rotgers*), cousin du comte de Foix, v. 6887, 7616.

ROGER DES ANDELYS OU D'ANDELIS (*Rotgiers d'Andeles*), chevalier croisé, reste avec le comte de Montfort pour défendre les pays conquis, v. 840. — Ses exploits au siége de Toulouse, v. 7007.

ROGER D'ASPEL (*Rogers d'Aspel*), l'un des chevaliers du comte de Foix, v. 8839. — Il tue Aimar de la Besse, v. 5801.

ROGER BERNARD (*Rotgiers Bernarts*), fils du comte de Foix. Ses exploits contre les Croisés, à la bataille de Castelnaudary, v. 2204. — Il se renferme dans Montauban avec cent chevaliers, et force les Croisés à renoncer au siége de cette ville, v. 2621. — Il prend part au siége de Pujols, v. 2810. — Il défend Mont-Grenier contre Simon de Montfort, v. 5669. — Il engage le comte de Toulouse à s'emparer de cette ville, v. 5736. — Avantage qu'il remporte sur don Joris à la Salvetat, 5792. — Il tue Richard de Cornardon, v. 5804. — Il contribue à chasser les Croisés de Toulouse, v. 5918. — Ses exploits pour la défense de cette ville, v. 6005, 6732, 7016, 7133, 7448, 7497, 7620, 7784. — Discours qu'il prononce dans divers conseils tenus par le comte de Toulouse, v. 6798, 7420, 8147, 9018. — Il prend part à l'expédition du comte de Foix en Lauraguais, v. 8975. — Ses exploits à la bataille de Baziéges, v. 9058, 9080, 9106, 9182. — Il est chargé de défendre une des barbacanes de Toulouse, v. 9470.

ROGER DE COMMINGES (*Rogers de Cumenge*) donne asile dans ses domaines au comte Raymond, v. 5708. — Il l'engage à faire tous ses efforts pour recouvrer Toulouse, v. 5751. — Il vient pour défendre cette ville contre les Croisés, v. 6113, 6731.

ROGER DE LESSART (*Rogers de Lissart*), chevalier croisé, reste avec le comte de Montfort pour défendre les pays conquis, v. 841.

ROGER DE LINIÈRES (*Rogers de Lhineiras*), chevalier croisé, v. 8909.

ROGER DE MONTAUT (*Rogers de Montaut*), engage le comte de Toulouse à reconquérir cette ville, v. 5755. — Ses exploits contre les Croisés au combat de la Salvetat, v. 5799; à la défense de Toulouse, v. 7498; au combat de la Melha, v. 8887, 8892. — Il est chargé de défendre une des barbacanes de Toulouse, v. 9515.

ROGER DE NOËR (*Rogers de Noer*), est

DES NOMS ET DES MATIÈRES. 731

chargé de défendre une des barbacanes de Toulouse, v. 9516.

Roger de Termes (*Rogers cel de Terme*), défend ce château contre les Croisés, v. 1266 et suiv. — Il est fait prisonnier, v. 1303.

Roland (*Rotlan*), paladin, neveu de Charlemagne. Allusions à ses exploits et à sa mort, v. 1643, 2068, 6069, 6928.

Rome (*Roma*), v. 50, 232, 236, 896, 974, 3659, 3666, 3667, 3732, 4303, 4403, 5262, 7103, 8059.

Roqueville (*Rocovila*), château dans le Toulousain. Ses habitants favorisent les hérétiques, v. 1885.

Rostain du Pugau (*Rostant del Pugal*), prend part à la défense de Beaucaire contre les Croisés, v. 4876.

Rostans de Charbonnières (*Rostans de Carboneiras*), prend part à la défense de Beaucaire contre les Croisés, v. 4234.

Rouergats (*Roergas*), habitants du Rouergue, prennent part à la Croisade, v. 286.

Roussillon (*Rosilhon*), pays avec titre de comté, v. 1274.

S

S. Sauveur (*S. Salvador*), près Toulouse, v. 7760.

S. Sernin (*S. Cerni*), église et monastère à Toulouse, v. 7933, 8449. — Assemblée tenue au petit Saint-Sernin, v. 6740.

S. Sernin (le baron), patron de ce monastère, v. 7933.

S. Sernin (l'abbé de), engage les Toulousains à se soumettre au comte de Montfort. v. 5080 et suiv. 5220 et suiv.

S. Subran (*sent Subra*), faubourg de Toulouse sur la rive gauche de la Garonne, v. 6645, 7502, 7540.

Saintes (l'évêque de) (*l'avesques de Santas*), amène des renforts aux Croisés devant Marmande, v. 9233. — Il demande au prince Louis l'extermination des habitants de cette ville, comme hérétiques, v. 9266.

Saintes (le vicomte de) (*el vescoms Centonges*), reste avec le comte de Montfort pour défendre les pays conquis, v. 840.

Saintonge (*Sentonge*), est ravagée par Martin Algai, v. 2449.

Saintongeois (*Centonges*), prennent part à la Croisade, v. 286.

Saissac (*Saichac*), château dans le comté de Carcassonne, est confié à la garde de don Bouchard, v. 954, 1914.

Saissy (le seigneur de) (*lo senher de Saichés*). Voy. Amanieu de Lebret.

Saladin (*lo reis Saladis*), v. 8254, 8263, 8267, 8273, 8279.

Salas (la porte de) (*la porta de Salas*) à Toulouse, v. 3037.

Salinas (le château de) (*lo castel de Salinas*), v. 8795.

Salomon (le roi) (*Salamos*). Citation d'un de ses proverbes, v. 407.

Salomon (*Salamo*), chevalier croisé, v. 4041.

Salon (*Selho*), ville près Marseille. Les deux comtes de Toulouse s'y arrêtent, v. 3782.

Salvaignac (*Salvanhac*), château en Albigeois, est enlevé au comte Baudouin, v. 2309.

SAMATAN (*Samata*), château dans le Toulousain, est pris par les Croisés, v. 2646.

SANCHE ESPADE (*Sanc Espaza*), aide le comte Baudouin à défendre le château de Montferrand contre les Croisés, v. 1656.

SARDANE (la porte) (*la porta Cerdana*) à Toulouse, v. 5189.

SAUVETÉ (la) ou LA SALVETAT (*la Salvetatz*) près Toulouse. Roger Bernard y remporte un avantage sur don Joris, v. 5795.

SAVARI DE MAULÉON (*Savaric de Malleo*), sénéchal d'Aquitaine pour le roi d'Angleterre, promet son aide au comte de Toulouse, v. 1423. — Il lui amène des renforts, v. 1918, 1949. — Joie des Toulousains à son arrivée, v. 1934. — Il reste avec le comte Raymond au siége de Castelnaudary, tandis que le comte de Foix va attaquer don Bouchard, v. 2055. — Il s'efforce d'empêcher l'armée toulousaine de se débander, v. 2219. — Il a une entrevue à Bordeaux avec le comte de Toulouse, v. 2593.

SAVARTHÈS (*Savartes*), pays compris dans le comté de Foix, v. 8974.

SAVERDUN (*Savardu*), ville principale du bas Foix, est abandonnée par le comte de Foix et ses habitants, et prise par les Croisés, v. 2632 et suiv.

SAXONS (*Saine*), prennent part à la Croisade, v. 1261.

SEGUIN DE BALENC (*Segui de Balencs*), défend Chasseneuil contre les Croisés, v. 317 et suiv.

SICART DE MONTAUT (*Sicart de Montaut*), chevalier croisé, porte-enseigne du comte de Montfort. Ses exploits au siége de Toulouse, v. 6336, 7815,

8418. — Il prend part à la bataille de Baziéges, v. 9011.

SICART DE PUY-LAURENS (*Sicart de Pog Laurens*), prend part à la défense de Toulouse contre les Croisés, v. 7491, 9522.

SIÉGES du château de Beaucaire, par le jeune Raymond, v. 3916 et suiv.; de la ville, par le comte de Montfort, v. 4114. — De Béziers, par les Croisés, v. 421. — De Biron, par Simon de Montfort, v. 2447. — De Carcassonne, par les Croisés, v. 538. — De Castelnaudary, par le comte de Toulouse, v. 2021. — De Lavaur, v. 1524; de Saint-Marcel, v. 2341, 2375, par Simon de Montfort. — De Marmande, par Amaury de Montfort et le prince Louis, v. 8954. — De la Melha, par les Croisés, v. 8871. — De Minerve, v. 1059; de Moissac, v. 2523; de Montferrand, v. 1641; de Mont-Grenier, v. 5668, par Simon de Montfort. — De Muret, par le comte de Toulouse et le roi d'Aragon, v. 2935. — De Pennautier, v. 1089; de Penne, v. 2404, par le comte de Montfort. — De Pujol, par le comte de Toulouse, v. 2808. — De Termes, par le comte de Montfort, v. 1241. — De Toulouse, 1er siége, par Simon de Montfort, v. 1780. — 2e siége par Simon et Amaury de Montfort, v. 6257. — 3e siége par Amaury de Montfort et le prince Louis, v. 9321 et suiv. Voyez ces différents noms.

SIFROY (*Sifres*), chevalier navarrais, prend part à la défense de Marmande contre les Croisés, v. 8960.

SIMON LE GALLOIS (*Simos Galoens* ou *Galoers*), chevalier croisé. Ses exploits au siége de Toulouse, v. 7214, 7257.

SIMON DE MONTFORT, comte de Leicester (*en Simos, lo coms de Monfort*), l'un des chefs de la Croisade, est élu, à Carcassonne, chef suprême des Croisés et seigneur des pays conquis, v. 799 et suiv. 869. — Il est abandonné par la plupart des barons croisés, v. 825. — Il envoie Guillaume d'Encontre à Béziers, Lambert de Crécy à Limou, et se réserve la garde de Carcassonne, v. 847. — Sa conduite envers le vicomte de Béziers son prisonnier, v. 917. — Il traite avec le comte de Foix, qui lui donne un de ses fils en otage, v. 935. — Giraud de Pépieux se révolte contre lui, v. 940. — Il perd pendant l'hiver une partie de ses conquêtes et les regagne au printemps, v. 971. — Il a une entrevue et s'accorde avec le comte de Toulouse, v. 1005. — Il assiége et prend le château de Minerve, v. 1060. — Il assiége le château de Pennautier où la comtesse sa femme vient le rejoindre, v. 1089. — Il confie la garde de Carcassonne à Guillaume d'Encontre, et va assiéger le château de Termes, v. 1097. — Il s'empare de cette place après neuf mois de siége, v. 1286. — Le château d'Alby lui ouvre ses portes, v. 1314. — De nombreux renforts lui arrivent à Carcassonne, v. 1440. — Il approuve la convention conclue entre Bouchard et Pierre Roger, seigneur de Cabaret, et prend possession de ce château, v. 1496, 1510. — Il assiége et prend Lavaur, v. 1524. — Il paye Raymond de Salvagnac avec le butin fait dans cette ville, v. 1634. — Il se trouve maître de toute la province jusqu'au château de Montferrand qu'il assiége, v. 1641. — Le comte Baudouin qui défendait ce château, capitule et embrasse son parti, v. 1676. — Il s'empare de Rabastens, Gaillac, Montagut, la Garde, Puy-Celsi, la Guépie et S. Antonin, v. 1696. — Il va au-devant du comte de Bar et marche ensuite sur Toulouse, v. 1743. — Il force le passage du Lers au pont de Montaudran, v. 1764. — 1er siége de Toulouse, v. 1780. — Il se retire faute de vivres avec la plus grande partie de ses troupes et se dirige vers le pays de Foix, v. 1868. — Il fait brûler à Casser quatre-vingt-quatorze hérétiques, v. 1884. — Après avoir ravagé le pays de Foix il se rend à Rocamadour, v. 1889. — Il vient à Gaillac avec l'abbé de Cîteaux et le comte Baudouin, v. 1910. — Il arrive à Carcassonne, v. 1913. — Il convoque tous ses adhérents pour résister à l'armée réunie par le comte de Toulouse, v. 1970. — Entouré à Carcassonne de trois cents barons, il leur annonce les projets des Toulousains, v. 1980. — Il quitte Carcassonne et va attendre le reste de l'armée à Castelnaudary, où le comte de Toulouse vient l'assiéger, v. 2016. — Il vient au secours de don Bouchard, attaqué par le comte de Foix, v. 2172. — Victoire de Castelnaudary, v. 2185. — Il fait une tentative inutile pour forcer les Toulousains dans leur camp, v. 2240. — Les faux bruits répandus par le comte de Toulouse lui font perdre un grand nombre de places, v. 2322. — Quelques mois lui suffisent pour réparer cet échec, v. 2326. — On lui livre les Toelles dont il extermine les habitants,

v. 2327. — Il passe le Tarn à Alby, v. 2330. — Il s'empare de Cauzac, v. 2332. — Il commence le siége de Saint-Marcel qu'il est obligé d'abandonner, v. 2340. — Il reçoit de nombreux renforts, v. 2352. — Montferrand, Casser, Gaillac, Rabastens, la Garde et Puy-Celsi retombent en son pouvoir, v. 2360. — Il prend et saccage Saint-Marcel et Saint-Antonin, v. 2376. — Il confie la garde de ce château au comte Baudouin, v. 2395. — Il assiége et prend le château de Penne en Agénois, v. 2404. — Il s'empare du château de Biron et fait écarteler Martin Algai, v. 2452. — Il confie la garde de ce château à Arnaud de Montagut, v. 2458. — Il marche sur Moissac, v. 2459. — La comtesse sa femme lui amène quinze mille hommes, v. 2462. — Il tient un conseil dans lequel le siége de Moissac est résolu, v. 2514. — Danger qu'il court durant le siége de cette ville, v. 2555. — Il s'en empare, rançonne les habitants, et fait mettre à mort trois cents routiers, v. 2610. — Tout le pays d'alentour se soumet à lui, v. 2615. — Il donne Castel-Sarrasin à Guillaume d'Encontre, Montaut au comte Baudouin, Verdun sur Garonne à Perrin de Saissy, v. 2616. — Il renonce à faire le siége de Montauban et marche sur Saverdun, v. 2621. — Cette ville est abandonnée, v. 2640. — Toute la Gascogne lui est ouverte. Saint-Gaudens, Muret, Samatan, l'Isle, tout le pays jusque vers Oléron tombe en son pouvoir, v. 2644. — Il préside l'assemblée de Pamiers, v. 2658. — Il entre dans Muret assiégé par le roi d'Aragon et le comte de Toulouse, v. 2982. — Il leur livre bataille et remporte une victoire complète, v. 3055. — Il distribue à ses soldats le riche butin fait sur l'ennemi, v. 3100. — Toulouse lui ouvre ses portes, v. 3110. — D'accord avec le prince Louis il fait démanteler cette ville et désarmer les habitants, v. 3122. — Il reste maître de tous les domaines du comte de Toulouse situés en deçà du Rhône, v. 3135. — Sa cause est plaidée avec chaleur au concile de Latran par l'évêque Foulques et la plupart des prélats, v. 3407, 3436, 3440, 3490, 3499. — Décret de ce concile qui lui adjuge les pays conquis, v. 3478, 3548, 3715. — Il marche sur Beaucaire et fait le siége de cette ville, tandis que le jeune Raymond assiége le château, v. 4030, 4130. — Conseils qu'il tient durant ce siége, v. 4145, 4296, 4725, 4919. — Discours qu'il y prononce, v. 4150, 4185, 4209, 4299, 4524, 4730, 4772, 4817, 4923. — Ses exploits contre les assiégés, v. 4274, 4557. (Voy. les sommaires CLVIII-CLXXI.) — Il conclut une capitulation pour le château avec le jeune Raymond, et lève le siége de la ville, v. 4960. — Il dirige toutes ses forces sur Toulouse, v. 4974. — Il fait emprisonner les députés qui lui sont envoyés par les habitants de cette ville, v. 5040. — Il rejette les conseils de clémence que lui donnent le comte Guy son frère et plusieurs chevaliers, et pousse les Toulousains à une révolte générale, v. 5054. — Grâce aux intrigues de l'évêque de Toulouse, il reprend cette ville dont les Croisés avaient été chassés, et traite les habitants avec la dernière rigueur, v. 5204. — Il se rend en Gascogne, v. 5651. — Il marie Guy, son fils puîné, avec Pétronille de Comminges, héritière du comté de Bigorre, v. 5658. — Il revient à Toulouse, où il continue ses cruautés et sès exactions, v. 5662. — Il assiége et prend Mont-Grenier, v. 5668. — Il s'empare de Posquières, v. 5679. — Il détruit Bernis, v. 5680. — La Bastide tombe en son pouvoir, v. 5684. — Il traite avec Dragonet, v. 5685. — Il se brouille avec Adhémar comte de Valentinois, et marche contre lui, v. 5687. — Il passe le Rhône, ravage les vignobles de Valence et s'empare de Monteil et de Crest en Dauphiné, v. 5689. — L'évêque de Die lui livre le château de cette ville, v. 5698. — Il apprend, par une lettre de sa femme, la prise de Toulouse par le comte Raymond, et le massacre des Croisés, v. 6139. — Il défend au messager, sous peine de mort, de répandre cette nouvelle, v. 6169. — Il se hâte de conclure avec Adhémar un traité dans lequel ils stipulent le mariage de leurs enfants, v. 6212. — Il marche sur Toulouse avec toutes ses forces, v. 6238. — Il arrive devant cette ville et en commence le siége, v. 6257. — Conseils qu'il tient durant ce siége, v. 6461, 6876, 7369, 7721, 7828, 8026. — Paroles et discours qu'il y prononce, v. 6260, 6275, 6463, 6569, 6699, 6880, 6972, 7051, 7163, 7288, 7347, 7373, 7535, 7709, 7953, 8021, 8063, 8101, 8125, 8214, 8411, 8444. — Ses exploits contre les Toulousains, v. 6715, 7209, 7267, 7500, 7528, 7583, 7655, 7680, 7764, 7833, 7977, 8132, 8198, 8417. (Voy. les sommaires CLXXXVII-CCVI.) — Le 25 juin 1218 une pierre lancée de la ville le frappe à la tête et l'étend roide mort, v. 8452. — Il est transporté à Carcassonne et enseveli dans l'église de Saint-Nazaire, v. 8686. — Son épitaphe, v. 8683 et suiv.

Simon de Saissy (*Simos de Saissis*), chevalier croisé, reste avec le comte de Montfort pour défendre les pays conquis, v. 831.

Simon le Saxon (*Simo lo Saine*), chevalier croisé, v. 1145.

Simonet du Caire (*Simonetz del Caire*), chevalier croisé. Sa mort, v. 8405.

Soissons (le comte de) (*lo coms de Saisho*), Raoul de Nesle, IIIe du nom, amène aux Croisés une armée nombreuse, v. 7865 et suiv. — Sa réponse ironique aux compliments du comte de Montfort, v. 7886. — Il assiste à un conseil tenu par le comte, v. 8029. — Reproches qu'il lui adresse, v. 8045. — Il s'oppose à la proposition faite par l'évêque de Toulouse pour la canonisation du comte Simon, v. 8533. — Il annonce son départ, et engage le comte Amaury à pacifier le pays, v. 8758.

T

Tarascon (*Tharoscos*), château en Provence sur le Rhône, v. 4784. — Ses habitants prennent parti pour le comte de Toulouse, v. 3853. — Celui-ci recommande à son fils de se conduire par leurs conseils et de condescendre à toutes leurs demandes, v. 3889. — Ils viennent au secours de Beaucaire, v. 3922, 4048.

Tarn (*lo Tarn*), rivière, v. 2303, 2330, 2473, 2683, 2716.

Tarragone (l'archevêque de) (*l'arsevesques de Terragona*), v. 149.

Templiers (*Templiers*), prennent part à la Croisade, v. 9337.

Termes (*Terme*), château, chef-lieu du Termenois, dans le comté de Narbonne, v. 1075. — Il est assiégé par le comte de Montfort, et défendu par Guillaume Termes, v. 1097, 1114, 1150, 1167, 1241, 1255. — Les Croisés en prennent possession, v. 1286 et suiv.

Terrasone (l'évêque de) (*l'evesque de Terrasona*), v. 153.

Thédise (*Tezis*), chanoine de Gênes, légat du Pape contre les hérétiques, signifie au comte de Toulouse la sentence rendue contre lui par le concile d'Arles, v. 1353. — Il parle en faveur du comte de Montfort au concile de Latran, v. 3489.

Thibaud (*Tibal* ou *Titbautz*), chevalier croisé. Ses exploits au siége de Beaucaire, v. 4840. — Il excite le comte de Montfort à détruire Toulouse, v. 5439, 5595, 5627. — Ses exploits à la bataille de Baziéges, v. 8986, 9119.

— Il est fait prisonnier, v. 9204, 9219.

Thibaut de Blazon (*Tibaut de Blezon*), chevalier croisé, v. 7767.

Thibaut de Neuville (*Tibaut de Nouvila*), chevalier croisé, v. 5911.

Thibault d'Orion (*Thibaut d'Orion*), chevalier croisé, v. 7772.

Thibéry (l'abbé de S.) (*l'abas de S. Tubery*), reçoit au nom du Pape le château du comte de Foix, v. 3249, 3250.

Thiois (*Ties*), nom des Allemands, dérivé du mot germanique *Teutsch*. Ils prennent part à la Croisade, v. 285, 7995, 8963.

Thomas (*Thomas*), chevalier croisé. Sa mort, v. 8404.

Toelles (les) (*las Toellas*), château dans le Rouergue, est pris par Simon de Montfort, v. 2328.

Tonel (le château de) (*lo castel de Toneu*) près Marseille, v. 3740.

Tonneins (*Tonencs*), ville sur la Garonne en Agénois, est ravagée par les Croisés, v. 311.

Toulouse (*Toloza*), capitale de la province sur la rive droite de la Garonne, avec un faubourg, S. Subran, sur la rive gauche. — Ses portes, ponts et fortifications : la porte Gaillarde, la porte de Salas, la porte Sardane; le pont de Bazacle; le château Narbonnais; la tour Ferrande, la tour Mascaron; les barbacanes du Baussan, de Bazacle, Comtale, des Crozes, S. Estève, de Matabo, de Montgaillard, de Montolieu, du Pertuis, Pozamile, de Villeneuve. — Ses églises : S. Pierre de Cuizines, S. Sernin. — Ses rues, jardins, quar-

DES NOMS ET DES MATIÈRES.

tiers, etc. : la rue Molvar, Joux-Aigues, la place Saint-Estève, le jardin Saint-Jacques, l'orme de Saintes-Carves, l'orme de l'Oratoire, la croix Baragnon. (Voyez ces différents noms.) — Les Croisés la somment de se soumettre, v. 888. — Refus des habitants, v. 890. — Ses consuls accompagnent le comte Raymond à Rome, v. 975. — L'abbé de Citeaux et l'évêque Foulques y entrent et prennent possession du château Narbonnais, v. 1011. — Elle est le théâtre de combats fréquents entre une partie de ses habitants et les membres de la confrairie instituée par l'évêque, v. 1038. — Premier siége de cette ville par le comte Montfort, qui est bientôt obligé de se retirer, v. 1746-1875. (Voy. les sommaires LXXVII - LXXXIV.) — Une armée formidable s'y rassemble et va assiéger le comte de Montfort dans Castelnaudary, v. 1939 et suiv. — Ses habitants, assemblés par les Capitouls dans les prés de Montaudran, consentent à marcher sur le château de Pujol, qu'ils prennent d'assaut, v. 2790 et suiv. — Ils vont rejoindre au siége de Muret le roi d'Aragon, et sont taillés en pièces sous les murs de cette ville, v. 2907 et suiv. (Voy. les sommaires CXXXVI-CXLI.) — Ils font leur soumission au comte de Montfort, v. 3116. — Celui-ci, d'accord avec le prince Louis de France, les fait désarmer et rase leurs fortifications, v. 3130. — Ils lui envoient une députation qu'il fait emprisonner. v. 4985. — La ville est livrée au pillage, v. 5095. — Les Toulousains se soulèvent en masse et parviennent à chasser les Croisés, v. 5105 et suiv. — Trompés par leur évêque, ils font leur soumission au comte de Montfort, qui les traite avec la dernière rigueur, v. 5206 et suiv. (Voy. les sommaires CLXXI - CLXXX.) — Ils écrivent à leur comte Raymond VI, pour qu'il vienne se mettre à leur tête contre les Croisés, v. 5728. — Ils le reçoivent avec enthousiasme, attaquent les Croisés, et les forcent à se retirer dans le château Narbonnais, v. 5861 et suiv. — Vains efforts de Guy de Montfort pour reprendre la ville, v. 5979 et suiv. — Arrivée du comte de Montfort; second siége de Toulouse, v. 6255 et suiv. (Voy. les sommaires CLXXXVII - CCVI.) — Un pierrier placé près de l'église de Saint-Sernin, et dirigé par des femmes, tue Simon de Montfort, v. 8450 et suiv. — Le siége est continué par son fils Amaury et levé bientôt après, v. 8505-8676. — Amaury de Montfort et le prince Louis menacent Toulouse d'un troisième siége; préparatifs de défense; noms des barons toulousains; indications des différents postes qui leur sont assignés, etc., v. 9323-9578. (Voy. les sommaires CCXIII et CCXIV.)

Troyes (*Trias*) en Champagne, v. 884.

Tudèle (*Tudela*), ville de la Navarre, patrie de l'auteur supposé du poëme, v. 3, 113.

Turenne (le vicomte de) (*lo vescoms de Torena*), se croise contre les hérétiques, v. 304.

U

Uzès (l'évêque d') (*l'ivesque d'Uzes*), v. 1355.

V

Valabrègue (*Volobrega*), château sur le Rhône dans le comté d'Uzès. Ses habitants prennent part à la défense de Beaucaire, v. 4020, 4376.

Valence (*Valensa*), capitale du comté de Valentinois. Montfort ravage les vignobles qui entouraient cette ville, v. 5691.

Valentinois (*Valentines*), pays avec titre de comté, v. 5009.

Vaudois (*Valdres*), hérétiques, v. 3502.

Vazeilles. Lisez Baziéges.

Venaissin (*Veneici*), partie de la Provence, est réservé par le Pape pour le jeune Raymond, v. 3570, 3713. — Celui-ci le parcourt et le met en défense, v. 3842.

Verdun-sur-Garonne (*Verdu sus Garona*), ville du comté de Toulouse, v. 2671. — Elle est donnée par Simon de Montfort au comte Baudouin, v. 2618.

Vezian de Lomagne (*Vezias Lomanhes*), prend part à la défense de Marmande contre les Croisés, v. 8959.

Viennois (*Vianes*), pays avec titre de comté. Ses habitants en masse prennent part à la Croisade, v. 289.

Villemur (*Vilamur*), château sur le Tarn, dans le Toulousain, est incendié par sa garnison, qui prend la fuite à l'approche des Croisés, v. 330.

Villeneuve (*Vilanova*) près Toulouse, v. 5213, 5279.

Villeneuve (la barbacane de) à Toulouse, v. 9506.

Viterbe (*Viterba*) en Italie. Le comte de Toulouse et le comte de Foix s'arrêtent dans cette ville, v. 3660.

Viviers (*Vivers*), capitale du Vivarais, v. 6931.

Viviers (l'évêque de), procure au comte de Montfort des bateaux pour traverser le Rhône, v. 5686.

Voisin de la Motte (*Vezias de la Mota*), vient avec Bernard de Casnac au secours de Toulouse, v. 7698.

FIN DE LA TABLE.

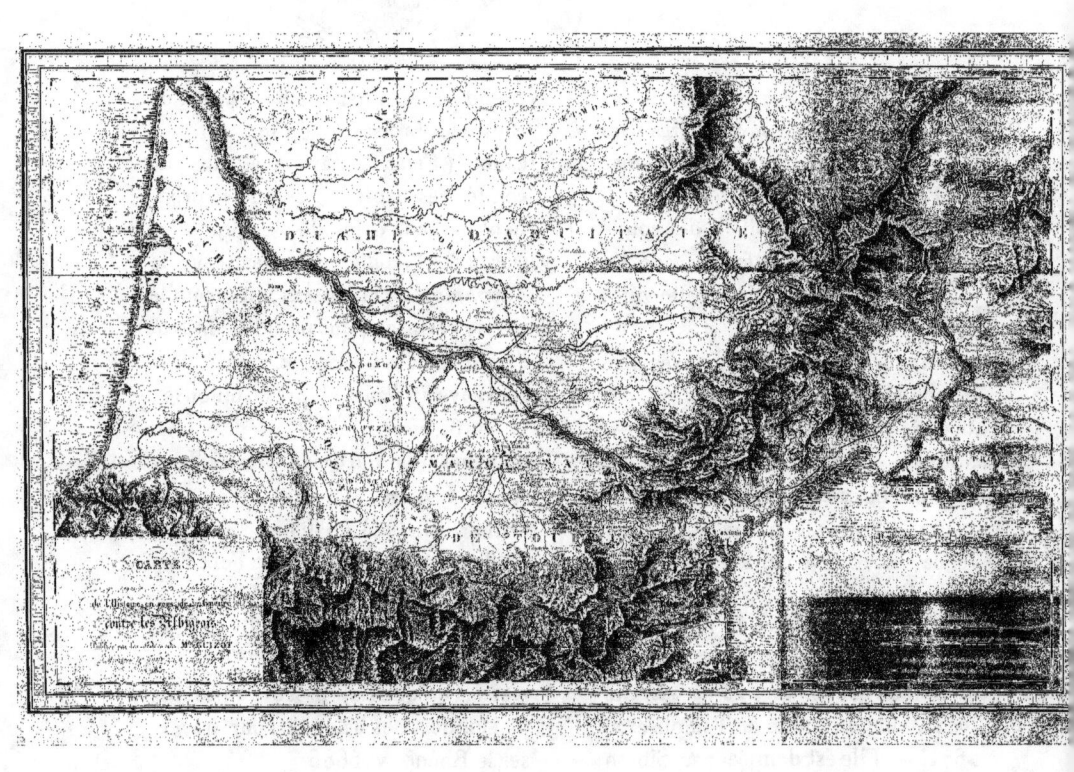

www.ingramcontent.com/pod-product-compliance
Lightning Source LLC
Chambersburg PA
CBHW070857300426
44113CB00008B/870